LA DEUXIÈME
ARMÉE DE LA LOIRE

L'auteur et les éditeurs déclarent réserver leurs droits de reproduction et de traduction à l'étranger. — Ce volume a été déposé au ministère de l'intérieur (direction de la librairie) en août 1871.

PARIS. TYPOGRAPHIE DE E. PLON et Cie, IMPRIMEURS-ÉDITEURS
8, RUE GARANCIÈRE.

CAMPAGNE DE 1870-1871

LA DEUXIÈME ARMÉE DE LA LOIRE

PAR

LE GÉNÉRAL CHANZY

SEPTIÈME ÉDITION

PARIS

E. PLON ET Cie, IMPRIMEURS-ÉDITEURS

10, RUE GARANCIÈRE

1876

Tous droits réservés.

PRÉFACE.

Je n'ai pas la prétention de faire un livre, mais seulement un récit. Je crois obéir à un devoir, et j'espère qu'on ne se méprendra pas sur le motif qui me fait agir.

Au moment où chacun discute sur ce qui s'est passé pendant la guerre si fatale que nous venons de soutenir, lorsqu'on cherche à se rendre compte des causes de nos désastres, j'ai jugé utile de publier les faits importants auxquels il m'a été donné de prendre part dans des conditions qui m'ont permis de voir les choses d'assez près pour les exposer fidèlement.

J'ai commandé une de nos armées les plus importantes; je lui dois de raconter ses efforts pour défendre le pays et sauver son honneur. Je rapporte les faits militaires sans les commenter, avec une exactitude qui ne sera contestée par personne. Plus tard, j'écrirai peut-être mes propres impressions et les enseignements qui me paraissent pouvoir être tirés des événements.

Je ne dissimulerai pas nos imperfections, nos défaillances et nos défaites; mais je dirai, sans les exagérer, nos efforts et les quelques succès dont le pays a le droit de s'enorgueillir. Ne voulant écrire que ce que j'ai vu, je ne parlerai pas des autres armées. C'est à ceux qui les commandaient à faire comme moi et à fournir leur appoint à l'histoire.

Je ne me suis jamais occupé de politique avant la guerre. L'existence militaire que j'ai menée presque constamment hors de la France m'a toujours assez occupé pour absorber toutes mes pensées et tout mon temps. Je ne m'en suis pas mêlé pendant cette campagne, ma mission m'ayant paru trop élevée pour songer à autre chose qu'à la défense du pays. Je n'en ferai pas dans ce récit, exposé sans esprit de parti et pour tous.

J'écris avec sincérité ; tout mon désir est d'être lu avec indulgence.

Versailles, le 20 juin 1871.

GÉNÉRAL CHANZY.

LA DEUXIÈME ARMÉE DE LA LOIRE

LIVRE PREMIER

ORLÉANS

SOMMAIRE

Situation générale au début de la campagne sur la Loire. — Le général d'Aurelle de Paladines. — Le 15e corps. — Affaires de Lailly, d'Ourcelles et de Binas. — Formation du 16e corps. — Le général Chanzy remplace le général Pourcet. — L'armée sur la rive droite de la Loire. — Positions du 16e corps aux abords de la forêt de Marchenoir. — Combat de Vallières. — L'armée se porte sur Orléans. — Ordre de marche. — Instructions pour la journée du 9. — Bataille de Coulmiers. — L'ennemi se met en retraite et évacue Orléans. — Brillant coup de main du commandant de Lambilly à Lignerolles. — Les 15e et 16e corps prennent position en avant d'Orléans. — Situation de l'armée du général de Thann. — Ordre du jour du général d'Aurelle. — Description du terrain en avant d'Orléans. — Importance de la Conie. — Coups de main de nos avant-postes sur Viabon, Orgères, le château de Cambrai, Santilly, etc. — Projets de l'ennemi. — Dispositions prises par l'armée de la Loire pour la défense d'Orléans. — Le 17e corps à Châteaudun; combat de Brou; sa retraite sur la forêt de Marchenoir. — Démonstration de l'ennemi sur le flanc gauche de l'armée; combats de Varize et de Tournoisis. — Mouvements de concentration des Allemands. — Conseil de guerre tenu le 30 novembre au soir à Saint-Jean-de-la-Ruelle. — Plan d'opérations notifié par le délégué du ministre. — Instructions données au 16e corps pour la journée du 1er décembre. — Combat de Villepion. — Le 17e corps s'avance sur Patay. — Instructions pour la journée du 2 décembre. — Bataille de Loigny. — Résultats de la journée du 2 décembre. — Retraite de l'armée sur ses positions en avant d'Orléans; dispositions prises pour l'effectuer. — Combat de l'Encornes. — Instructions du 3 décembre. — Châteaudun réoccupé par nous. — Journée du 4 décembre; combats de Patay et de Boulay. — L'ennemi refoule le centre et la droite de l'armée et marche sur Orléans. — Combats de Bricy et des Barres. — Retraite des divisions Barry et Maurandy sur Bucy-Saint-Liphard et Meung. — Tentative des 16e et 17e corps sur la gauche de l'ennemi; leur retraite sur Huisseau. — Le 15e corps passe la Loire. — L'ennemi entre à Orléans. — Instructions pour la journée du 5 janvier. — Compte rendu au ministre de la guerre. — Les 16e et 17e corps sur les lignes de Josnes.

SITUATION GÉNÉRALE AU COMMENCEMENT DE LA CAMPAGNE SUR LA LOIRE.

Après le grand désastre de Sedan, l'armée du maréchal Bazaine cernée à Metz par le prince Charles et Paris investi, il ne restait à la France aucune force sérieusement organisée à opposer au flot toujours croissant de l'invasion allemande. Déjà l'ennemi se répandait sur les deux rives de la Seine, pénétrait dans la Beauce, dont la richesse devait assurer ses approvisionnements, et entrait dans Orléans, le 13 octobre, après avoir repoussé les quelques troupes réunies à la hâte avec lesquelles les généraux de Polhès et de la Motterouge avaient essayé de défendre le Loiret.

Cependant la grande nation que la fortune trahissait avec tant de persistance depuis le commencement de la campagne, n'était à bout ni de confiance, ni de patriotisme, ni de ressources. Sans se dissimuler la gravité du danger, elle avait encore foi dans la délivrance, et se préparait à tous les efforts, à tous les sacrifices qu'elle sentait qu'il lui fallait faire pour y arriver. La délégation que le gouvernement de la défense nationale avait envoyée à Tours se mit de suite à l'œuvre pour reconstituer une armée avec les moyens que présentaient encore les dépôts de nos régiments, déjà si affaiblis par les contingents qu'ils avaient fournis aux corps engagés dans la première partie de la lutte, la garde mobile incomplétement organisée, et les magasins et arsenaux qui nous restaient.

Ce fut sur la rive gauche de la Loire, en Sologne, que se forma, dans les premiers jours d'octobre 1870, le 15⁰ corps, qui devait être la base de la nouvelle armée; bientôt il comptait 50,000 hommes en position derrière le Beuvron, bien encadrés, bien disciplinés, et pourvus de ce qui leur était nécessaire en artillerie et en matériel de toute sorte. Ce premier résultat si encourageant était dû au général d'Aurelle de Paladines, qui, d'abord placé à la tête du 15⁰ corps, reçut quelques jours après le commandement en chef de toutes les forces organisées dans cette partie du pays.

Le 16⁰ corps, à l'historique duquel le premier livre de cet ouvrage est spécialement consacré, parce qu'il devint lui-même plus tard la base de la deuxième armée de la Loire, fut constitué dans la seconde quinzaine d'octobre, et se forma, à Blois et à Bourges, sous le commandement direct du général de division Pourcet. Il avait à l'origine la composition ci-après :

16⁰ CORPS D'ARMÉE.

Commandant : Pourcet, général de division.
Chef d'état-major général : Renault, général de brigade [1].
Commandant de l'artillerie : Robinot-Marcy, colonel.
Chef d'état-major de l'artillerie : Suter, lieutenant-colonel.
Commandant le génie : Javain, colonel.
Chef d'état-major du génie : Lagrenée, lieutenant-colonel.
Intendant : Brou, intendant militaire.
Prévôt : Mora, chef d'escadron de gendarmerie.

1ʳᵉ DIVISION D'INFANTERIE.

Commandant : N., général de division.
Chef d'état-major : Vuillemot, colonel.
Commandant de l'artillerie : Rabatel, chef d'escadron.

---

[1] Remplacé par le général Lallemant, auquel succéda le colonel Vuillemot.

Commandant du génie : BOITEL, chef de bataillon.
Sous-intendant : MÉRY, sous-intendant militaire.
Prévôt : DE BOURDINEAU, capitaine de gendarmerie.

1re Brigade.

Commandant : MAURANDY, général de brigade.

GIEN. . . .
- 8e bataillon de marche de chasseurs à pied
- 36e régiment de marche d'infanterie.
- 8e régiment de la garde mobile (Charente-Inférieure).

2e Brigade.

Commandant : DEPLANQUE, général de brigade.
- 37e régiment de marche d'infanterie.
- 33e régiment de la garde mobile (Sarthe).

ARTILLERIE.
- 19e batterie du 7e régiment.
- 18e batterie du 8e régiment.
- 19e batterie du 10e régiment.

GÉNIE. . . . 1re section de la 20e compagnie du 3e régiment.

2e DIVISION D'INFANTERIE.

Commandant : BARRY, général de division.
Chef d'état-major : MASSON, chef d'escadron.
Commandant de l'artillerie : DE NOUE, chef d'escadron.
Commandant du génie : COSTE, chef de bataillon.
Sous-intendant : MALLET, sous-intendant militaire.
Prévôt : OUDIN, sous-lieutenant de gendarmerie.

1re Brigade.

Commandant : GAULARD, général de brigade (n'a pas rejoint [1]).
- 3e bataillon de marche de chasseurs à pied.
- 31e régiment de marche d'infanterie.
- 22e régiment de la garde mobile (Dordogne).

2e Brigade.

Commandant : N.[2], général de brigade.
- 38e régiment de marche d'infanterie.
- 66e régiment de la garde mobile (Mayenne).

---

[1] Remplacé plus tard par le général Desmaisons.
[2] Cette brigade a été donnée ensuite au colonel auxiliaire Bérard, capitaine de frégate.

ARTILLERIE. { 19ᵉ batterie du 9ᵉ régiment.
5ᵉ batterie du 12ᵉ régiment.
6ᵉ batterie du 12ᵉ régiment.

GÉNIE. . . . 2ᵉ section de la 20ᵉ compagnie du 3ᵉ régiment.

3ᵉ DIVISION D'INFANTERIE.

Commandant : CHANZY, général de division.
Chef d'état-major : DE VERDIÈRE, chef d'escadron d'état-major [1].
Commandant de l'artillerie : LAHAYE, chef d'escadron.
Commandant du génie : DE LA RUELLE, chef de bataillon.
Intendant militaire : VERGNES, sous-intendant de 2ᵉ classe.
Prévôt : BARBIER, lieutenant de gendarmerie.

1ʳᵉ *Brigade.*

Commandant : BOURDILLON, général de brigade.
  8ᵉ bataillon de marche de chasseurs à pied.
  39ᵉ régiment de marche d'infanterie.
  67ᵉ régiment de la garde mobile (Haute-Loire).

2ᵉ *Brigade.*

Commandant : SÉATELLA, général de brigade, n'a pas rejoint.
  40ᵉ régiment de marche d'infanterie.
  71ᵉ régiment de la garde mobile (Hᵗᵉ-Vienne).

ARTILLERIE. { 19ᵉ batterie du 13ᵉ régiment.
19ᵉ batterie du 14ᵉ régiment.
20ᵉ batterie du 14ᵉ régiment.

GÉNIE. . . . 1ʳᵉ section de la 18ᵉ compagnie du 1ᵉʳ régiment.

DIVISION DE CAVALERIE.

Commandant : RESSAYRE, général de division [2].
Chef d'état-major : SÉGUIER, chef d'escadron.
Sous-intendant : GATUMEAU, sous-intendant militaire.
Prévôt : MORIOT, lieutenant de gendarmerie.

1ʳᵉ *Brigade.*

Commandant : TRIPART, général de brigade.
  1ᵉʳ régiment de marche de hussards.
  2ᵉ régiment de marche mixte (cavalerie légère).

---

[1] Le commandant de Verdière, qui n'a pas rejoint sa division, a été remplacé par le capitaine Marois et ensuite par le capitaine de Lambilly.
[2] Remplacé après Coulmiers, où il fut blessé, par le général Michel.

2ᵉ *Brigade*.

Commandant : DIGARD, général de brigade.
- 6ᵉ lanciers.
- 3ᵉ régiment de marche mixte (cavalerie légère).

3ᵉ *Brigade*.

Commandant : ABDELAL [1], général de brigade.
- 3ᵉ régiment de marche de cuirassiers.
- 4ᵉ régiment de marche de dragons.
- 4ᵉ régiment de cavalerie légère mixte.

RÉSERVE D'ARTILLERIE.

Direction : CARRÉ, lieutenant-colonel.

2ᵉ batterie *bis*.... du 7ᵉ régiment d'artillerie	} mixte.
8ᵉ batterie principale du 1ᵉʳ — du train	
14ᵉ batterie...... du 7ᵉ — d'artillerie	} mixte.
8ᵉ batterie *ter*.... du 1ᵉʳ — du train	
12ᵉ batterie...... du 16ᵉ — d'artillerie	} mixte.
12ᵉ batterie principale du 1ᵉʳ — du train	
17ᵉ batterie...... du 16ᵉ — d'artillerie	} mixte.
12ᵉ batterie *ter*.... du 1ᵉʳ — du train	
15ᵉ batterie...... du 18ᵉ — d'artillerie.	
6ᵉ batterie...... du 20ᵉ — d'artillerie.	
7ᵉ batterie...... du 20ᵉ — d'artillerie.	

PARC.

Directeur : ASTRUC, lieutenant-colonel.

14ᵉ compagnie *bis* du 1ᵉʳ régiment du train d'artillerie.

5ᵉ compagnie *bis* } du 2ᵉ régiment du train d'artillerie.
15ᵉ compagnie *bis* }

Détachement à pied de la 2ᵉ batterie *bis* du 14ᵉ régiment.
Détachement à pied de la 2ᵉ batterie d'ouvriers.

RÉSERVE DU GÉNIE.

2ᵉ section de la 18ᵉ compagnie du 1ᵉʳ régiment du génie.
Détachement de sapeurs conducteurs du 3ᵉ régiment du génie.

---

[1] Nommé général de division dans le courant de novembre et remplacé par le général de Tucé.

TROUPES D'ADMINISTRATION.

14e compagnie du 3e régiment du train des équipages militaires.

20e compagnie du 3e régiment du train des équipages militaires.

21e compagnie légère du train des équipages militaires.

Cependant l'ennemi, qui avait renforcé sur la Loire le 1er corps bavarois aux ordres du général de Thann, commençait à se préoccuper de cette armée qui apparaissait, et cherchait par ses opérations sur les deux rives du fleuve à en empêcher la formation. Châteaudun tombait en son pouvoir, le 18 octobre, après une résistance héroïque des francs-tireurs de Paris soutenus par les habitants ; le Perche et Vendôme étaient menacés, et, aux environs de Blois, les partis allemands, après avoir détruit les ponts de la Loire jusqu'à Beaugency, cherchaient à s'installer dans la forêt de Marchenoir et à attaquer successivement nos avant-postes, composés en grande partie de francs-tireurs et de gardes mobiles, à Lailly, à Ourcelles et à Binas.

EMPLACEMENTS DE L'ARMÉE DANS LES DERNIERS JOURS D'OCTOBRE.

Les premières troupes du 16e corps durent être envoyées à Mer avec le général Tripart et dans la forêt de Marchenoir avec le général Deplanque, pour couvrir les divers mouvements de la concentration qui allaient se faire sur la rive droite, en vue de l'effort que l'on allait tenter pour reprendre Orléans, le gouvernement voulant en faire la base des opérations dont le but était la délivrance de Paris. Nous n'entrerons pas ici dans le détail des divers petits engagements qui eurent lieu à nos avant-postes, avec assez de succès pour empêcher l'ennemi d'étendre son occupation. Nous dirons seulement que le mouvement sur Orléans ayant été résolu le 25 octobre, l'armée du général d'Aurelle, qui devait l'exécuter, occupait, le 31 du même mois, les emplacements ci-après, au moment où lui parvint la nouvelle de la capitulation de Metz :

La 1ʳᵉ division du 15ᵉ corps, à Argent, sous le commandement du général Martin des Pallières, ayant l'ordre de se porter sur Gien, d'y prendre les troupes du 15ᵉ corps envoyées de Bourges sur ce point avec le général Maurandy, pour marcher sur Orléans par la rive droite de la Loire ;

Les 2ᵉ et 3ᵉ divisions du même corps ayant franchi la Loire à Mer et à Blois, entre Avaray et Lussay ;

Le 16ᵉ corps, comptant seulement alors deux divisions formées : la première (général Chanzy), composée avec les brigades Bourdillon (1ʳᵉ de la 3ᵉ) et Deplanque (2ᵉ de la 1ʳᵉ), et la 2ᵉ division (général Barry), de Seris à Roches, par Concriers ;

Les bataillons de garde mobile non encore enrégimentés, et les francs-tireurs en formation gardant tous les débouchés de la forêt de Marchenoir, depuis Moré jusqu'à Lorges.

Ce n'est réellement qu'à partir de ce moment que l'armée de la Loire est organisée et en mesure d'entreprendre des opérations sérieuses.

Le général d'Aurelle de Paladines, qui, bien qu'au cadre de réserve depuis deux ans, s'était empressé de mettre son énergie et son expérience au service du pays, avait créé cette armée avec un soin et une promptitude qui lui font le plus grand honneur. C'est à lui qu'elle doit son existence et ses succès ; c'est à ses hautes capacités militaires que la France doit cette formation, qui fut le type de toutes celles que la délégation du gouvernement en province allait faire surgir avec une volonté et un patriotisme que les menées politiques qu'on lui reproche ne peuvent faire oublier. Qu'on ne perde pas de vue, si l'on veut être équitable, la situation dans laquelle se trouvait alors le pays, les difficultés qu'il fallait surmonter, le danger qui menaçait de toute part. Qu'on se rappelle enfin l'impression causée, par ces créations incroyables. sur nos ennemis et chez toutes les puissances européennes, qui, malgré leur indifférence, applaudissaient aux efforts sublimes d'une grande nation se roidissant contre la mauvaise fortune.

LE GÉNÉRAL CHANZY PREND LE COMMANDEMENT DU 16ᵉ CORPS.

Le 2 novembre, sur une décision du ministre qui lui fut notifiée par le télégraphe, le général Pourcet, dont la santé laissait fort à désirer depuis quelque temps, remit le commandement du 16ᵉ corps au général Chanzy.

Dans l'après-midi du même jour, une de nos reconnaissances signala un parti ennemi à Ouzouer-le-Marché, où il s'était porté pour faire des réquisitions. Nous ne pouvions subir plus longtemps de tels faits en vue de nos avant-postes. Il fallait, pour donner de la confiance à nos jeunes troupes aussi bien que pour rendre les Allemands moins entreprenants, préluder par quelques coups de main et des combats partiels aux grandes opérations qui se préparaient. La 2ᵉ brigade de cavalerie reçut immédiatement l'ordre de se porter sur Ouzouer avec une des batteries à cheval, et d'en déloger l'ennemi. Ce mouvement était appuyé par un bataillon d'infanterie et deux batteries d'artillerie de la 1ʳᵉ division qui allèrent prendre position à Marolles. A la vue de cette colonne, les Bavarois, qui étaient du reste beaucoup moins nombreux que les gens du pays l'avaient prétendu, évacuèrent le village dans la crainte d'être tournés par la cavalerie, et se replièrent sur leurs cantonnements.

Les jours suivants furent employés à rectifier les positions que le général d'Aurelle de Paladines voulait faire prendre à l'armée, afin de la mettre à même de résister dans de bonnes conditions si elle venait à être attaquée pendant qu'elle achevait de se compléter et de s'organiser, ou pour se porter en avant quand le moment serait venu.

Tandis que ces mouvements s'opéraient, nos avant-postes, poussant au loin leurs reconnaissances, eurent quelques petits engagements avec celles que l'ennemi faisait de son côté pour réquisitionner dans les villages, aussi bien que pour chercher à pénétrer le but des dispositions qu'il nous voyait prendre.

POSITIONS DU 16ᵉ CORPS.

Le 6 novembre, le 16ᵉ corps était ainsi réparti :

Le quartier général et les grands services à Marchenoir ;

La 1ʳᵉ division, commandée par le général Deplanque, à Saint-Léonard : la 1ʳᵉ brigade à gauche du village jusqu'au Grand-Orme ; la 2ᵉ brigade, provisoirement commandée par le lieutenant-colonel Bazelis du 39ᵉ de marche, du Grand-Orme à Viévy-le-Rayé ; les avant-postes en avant de la forêt, formés par le 1ᵉʳ bataillon de Loir-et-Cher échelonné de Roches à Saint-Laurent-des-Bois, par Briou, Lorges et Poisly ; les francs-tireurs du commandant Liénard (Seine-et-Marne, Indre-et-Loire et Calvados) à Saint-Laurent-des-Bois et Villegruau, occupant les fermes des Boëches et du Bois-d'Enfer ; la brigade Abdelal (4ᵉ dragons et 4ᵉ cavalerie mixte), moins le 3ᵉ cuirassiers laissé en réserve à Marchenoir, à Autainville, avec une batterie d'artillerie et un bataillon du 39ᵉ de marche ; un bataillon du 33ᵉ mobile (Sarthe) réparti entre la Colombe, le Jaunet et Écoman, gardant les défilés du

Grand-Étang et du Bourbeux, par lesquels on peut déboucher sur Viévy-le-Rayé; cinq compagnies des mobiles de Maine-et-Loire à Écoman; deux autres à la Girardière et à la Boissière; le 2ᵉ bataillon du Gers à Morée, détachant une compagnie à la Charonnière et une autre à Saint-Jean-Froidmentel pour se relier avec le 1ᵉʳ bataillon du même département en position à Cloyes; les francs-tireurs de la Haute-Loire sur la rive droite du Droué, surveillant cette partie du Perche; enfin les francs-tireurs de Paris (lieutenant-colonel Lipouski) et ceux de la Sarthe (commandant de Foudras) couvrant Cloyes, occupant la Chapelle-du-Noyer, Thiville et la Ferté-Vilneuil, pour éclairer l'aile gauche de l'armée dans la direction de Châteaudun.

Tous ces avant-postes, protégés par des retranchements en terre, des coupures et des abatis sur les routes et les chemins, étaient sous les ordres du général Abdelal, établi de sa personne à Autainville.

En arrière de la 1ʳᵉ division, chargée de la défense de la forêt de Marchenoir, la 2ᵉ, sous les ordres du général Barry, était placée en seconde ligne à Pontijoux, avec la réserve d'artillerie, les parcs et les deux autres brigades de la division de cavalerie.

Le général Abdelal informa, le 6, que l'ennemi semblait préparer un mouvement et avait requis un grand nombre de moyens de transport aux environs d'Épieds et de Coulmiers. Il demandait en même temps à se porter lui-même sur Verdes avec des renforts, qui lui furent immédiatement envoyés. Son but était de pousser le plus loin possible dans la direction de la grande route qui va d'Orléans à Châteaudun, et de se rabattre ensuite sur les positions à droite de la forêt en tournant Ouzouer-le-Marché, de façon à bien reconnaître les emplacements occupés par l'ennemi, qui paraissait établi principalement à Saint-Péravy, Saint-Sigismond, Cheminiers, Coulmiers, le

Grand-Luz, la Renardière, Baccon, et tout le long des Mauves de Huisseau jusqu'à Meung.

COMBAT DE VALLIÈRE.

Cette forte reconnaissance s'était mise en marche dès le 7 au matin dans la direction de Verdes, lorsqu'à dix heures et demie on entendit des détonations fréquentes d'artillerie en avant de Saint-Laurent-des-Bois. La canonnade devint bientôt assez vive pour que le général commandant le 16° corps jugeât nécessaire de se porter sur les lieux, emmenant le 3° bataillon de chasseurs à pied et deux mitrailleuses, tandis que la brigade Bourdillon se disposait à appuyer le mouvement.

Une colonne ennemie composée de deux bataillons du 13° régiment d'infanterie bavaroise, d'environ 2,000 cavaliers prussiens (cuirassiers, uhlans et hussards) et de dix pièces d'artillerie, venant de la direction de Baccon, s'était, en effet, portée par Villermain sur la forêt, qu'elle semblait vouloir longer pour reconnaître nos positions. Accueillie d'abord par le feu de nos francs-tireurs embusqués aux Boëches et au Bois-d'Enfer, elle s'était avancée sur Marolles, d'où elle canonnait Saint-Laurent-des-Bois, et marchait sur Vallière, lorsque arrivèrent les premiers renforts expédiés de Marchenoir. Déjà les tirailleurs allemands avaient atteint la lisière de la forêt, incendié la ferme du Bois-d'Enfer et le moulin de Marolles, et ne se trouvaient plus qu'à cinq cents mètres environ de Saint-Laurent. Le 3° bataillon de chasseurs à pied et les compagnies des mobiles de Loir-et-Cher, postés dans le village, n'hésitèrent pas à se porter en avant, bien que sur un terrain découvert et exposés au feu de l'artillerie ennemie, qu'il n'était point encore possible de contre-battre, la nôtre arrivant par les routes de la forêt. Pendant près de deux heures ces troupes tinrent sous le feu le plus violent, aux prises avec l'infanterie ennemie qui s'était déployée. Le général Abdelal, qui de son côté avait entendu la canonnade, avait fait rentrer sa reconnaissance, parvenue à Verdes, et dirigé sur Vallière le régiment de dragons, en même temps qu'une batterie à cheval soutenue par un escadron de cuirassiers se portait d'Autainville sur Villegruau par la lisière de la forêt. Ces renforts apparaissaient déjà vers deux heures, lorsque la brigade Bourdillon déboucha de Saint-Laurent. Bientôt une batterie de quatre et les mitrailleuses purent entrer en ligne et ouvrir leur feu, tandis que deux colonnes d'infanterie se portaient résolûment en avant. L'ennemi, après avoir vigoureusement résisté jusque-là, se retira alors sur Vallière, qu'il dut bientôt abandonner en voyant arriver les dragons du général Abdelal, qui entourèrent la partie ouest du village et s'y jetèrent résolûment, faisant prisonnière toute une compagnie bavaroise qui n'avait pas eu le temps d'évacuer.

La lutte avait été des plus vives et avait duré jusqu'à cinq heures. Nos troupes, admirables d'élan et de sang-froid, n'avaient pas eu un moment d'hésitation dans cette première rencontre, et étaient restées maîtresses du champ de bataille. L'ennemi n'avait pu emporter qu'une partie de ses morts et de ses blessés, nous en abandonnant une centaine sur le terrain. D'après les habitants de Chantôme, qu'il incendia en se retirant, ses pertes en officiers et en hommes auraient été considérables. De notre côté, nous n'avions eu que quatre hommes tués et une quarantaine de blessés, parmi lesquels le commandant Labrune et un lieutenant du 3ᵉ bataillon de chasseurs.

Ce bataillon avait d'ailleurs soutenu seul et pendant longtemps les efforts de l'ennemi, et avait fait preuve de la plus grande solidité; les honneurs de la journée lui revenaient : il fut mis à l'ordre du 16ᵉ corps. Ce combat de

Vallière était le premier engagement sérieux de l'armée réunie sur la rive droite de la Loire ; il fut un véritable succès et eut sur nos jeunes troupes une grande influence.

Le même jour, le lieutenant-colonel Lipouski avait fait une reconnaissance sur Châteaudun avec les francs-tireurs de Paris, les mobiles du Gers et un peloton de chasseurs. 200 cuirassiers blancs surpris dans cette marche, avaient eu 25 hommes tués ou blessés et laissé entre nos mains des armes et des chevaux.

Le général commandant le 16ᵉ corps, en rentrant à six heures du soir à Marchenoir du combat de Vallière, reçut du général en chef l'ordre qui prescrivait à l'armée les mouvements ci-après pour le lendemain :

Le grand quartier général, du château de Dizier à Poisly ; le 15ᵉ corps, sa 2ᵉ division entre Messas et Cravant, sa 3ᵉ division de Rilly au château du Coudray, sa réserve d'artillerie à Ourcelles, les parcs d'artillerie et du génie à Séris et à Poisly, la brigade de cavalerie Boërio à Montsouris.

Le 16ᵉ corps avait ses emplacements fixés entre le château du Coudray et Ouzouer-le-Marché. Les deux divisions de cavalerie, sous le commandement du général Reyau, devaient s'établir à l'aile gauche de l'armée entre Ouzouer et Prénouvellon.

L'ARMÉE SE PORTE SUR ORLÉANS.

Ces mouvements s'exécutèrent le 8, par un temps très-favorable, sans que l'ennemi tentât de s'y opposer, et de la façon suivante pour le 16ᵉ corps :

La brigade Bazelis, de la 1ʳᵉ division d'infanterie, se réunit à la Colombe et se mit en route à dix heures et demie pour se porter, par Binas et la grande route du Mans à Orléans, sur Ouzouer-le-Marché, où elle établit sa gauche au village et sa droite à Aupuy.

A onze heures, la brigade Bourdillon, de la même division, renforcée de deux bataillons de Loir-et-Cher réunis pour former le 75ᵉ mobile, déboucha par Saint-Laurent-des-Bois, et passant par Chantôme et l'Orne, vint se placer entre Aupuy et Bizy.

La 2ᵉ division (général Barry), partie de Pontijoux à cinq heures du matin, se dirigea par la Madeleine, Bourichard, Plessis-l'Échelle, la route du Comte, le moulin des Boëches, la ferme de la Villette, et vint s'établir, sa 1ʳᵉ brigade entre Bizy et le château du Coudray, sa 2ᵉ brigade en réserve à hauteur du château de Mézières.

La division de cavalerie du 15ᵉ corps (général Reyau), arrivé la veille à Marchenoir, s'avança à sept heures du matin sur Séronville par Saint-Laurent-des-Bois, Chantôme et Boussy.

Les deux brigades de la division de cavalerie du 16ᵉ corps (général Ressayre) qui étaient à Maves, se portèrent dès cinq heures du matin par la Vacherie, Saint-Léonard, sur Autainville, où elles rallièrent la brigade Abdelal, pour gagner de là par Binas, Ablainville et la Moissonnière, les positions que le général Reyau, chargé du commandement de toute la cavalerie, leur assigna entre Gaudonville et Prénouvellon.

Le parc et la réserve d'artillerie furent portés à Chantôme, la réserve des vivres et le convoi à Villesiclair, le quartier général du corps d'armée à la ferme de Mézières.

Comme il importait de continuer à occuper les principaux passages de la forêt et de surveiller la vallée du Loir pour empêcher tout mouvement de l'ennemi de Châteaudun sur Vendôme, les deux bataillons de la mobile du Gers furent maintenus à Cloyes, Morée, Saint-Jean-Froidmentel, et le bataillon de Maine-et-Loire sur ses positions d'Écoman. Enfin, pour éclairer l'aile gauche de l'armée, les francs-tireurs de Paris (lieutenant-colonel Lipouski) s'avancèrent de Thiville sur Villevêque et la route de Châteaudun, ceux de la Sarthe, de la Ferté-Verneuil par Membrolles sur Prénouvellon, et ceux du commandant Liénard, de Saint-Laurent-des-Bois sur Chérenelle.

ORDRE DE MARCHE.

L'infanterie, sauf en traversant les bois, avait pu marcher à travers champs sur une ligne de bataillons en colonne à distance de déploiement, son front couvert par deux lignes de tirailleurs, la première à 1200 mètres, la deuxième à 600 mètres, avec ses réserves à hauteur des intervalles qui séparaient les bataillons. L'escadron de cavalerie légère attaché à chacune des divisions avait en outre des éclaireurs à 500 mètres en avant des premiers tirailleurs. Une fois les bois franchis, deux des batteries de chaque division s'étaient portées dans les intervalles des bataillons sur les points les plus favorables, et la troisième avait été laissée en réserve derrière la ligne. Les bagages divisionnaires suivaient à une distance de 8 kilomètres. On avait pu ainsi éviter l'enchevêtrement des troupes et l'encombrement des routes, tout en se maintenant dans une formation qui permettait de combattre, sans mouvement préalable, si l'ennemi se présentait. Au bivouac on campa en colonne par division, couvert par des grand'gardes placées à 1 kilomètre en avant, protégées elles-mêmes par des avant-postes poussés à 500 mètres, et des vedettes de cavalerie sur toutes les routes et sur tous les chemins. Les tentes n'avaient été dressées que dans les lignes, et les feux, qui s'aperçoivent de si loin dans ces plaines immenses de la Beauce, n'avaient été tolérés que pour les cuisines, en les dissimulant dans des trous.

L'armée de la Loire avait ainsi quitté les positions défensives dans lesquelles elle s'était maintenue pendant son organisation, et marchait sur Orléans, tandis que la 1re division du 15e corps, qui avait quitté ses emplacements en Sologne et rallié à Gien les troupes du général Maurandy, allait faire une diversion en descendant la Loire sur la rive droite. L'ennemi, auquel l'occupation d'Orléans avait livré la Beauce, avait pris toutes ses mesures pour conserver cette position importante : il s'était fortement retranché derrière tous les obstacles et dans tous les villages qui commandent et défendent les débouchés des bois qui entourent la ville, des routes et des chemins qui y aboutissent. Il avait sur tous ces points une nombreuse artillerie, et de ses observatoires établis dans les clochers et sur la tour de Baccon, il suivait facilement nos mouvements dans toute la plaine.

Une victoire pouvait nous rendre l'Orléanais, nous donner une base d'opérations facilitant notre marche sur Paris, et inspirer à cette armée, créée depuis quelques jours à peine, la confiance qui lui était nécessaire pour accomplir la grande tâche qu'elle avait à remplir. L'esprit des troupes était du reste excellent, et la discipline, ramenée par la volonté énergique du général d'Aurelle, ne laissait alors rien à désirer. Les services étaient bien organisés, les vivres et les munitions assurés; l'habillement seul était incomplet, surtout dans les régiments de mobiles, et l'armement avait le défaut de compter trop de modèles différents.

Le 8 au soir, le général en chef donna les ordres généraux suivants :

INSTRUCTIONS DU GÉNÉRAL EN CHEF.

Ordre de mouvement (15e corps).

« Demain, 9 novembre, réveil à 5 heures du matin;

» pas de sonnerie ; on mangera la soupe à sept heures et
» demie et on partira à huit heures.

» La 2ᵉ brigade de la 2ᵉ division, avec 2 batteries d'ar-
» tillerie, ira s'établir entre les Monts et le Bardon à
» droite, et le château de la Touane à gauche.

» La 3ᵉ division, soutenue au besoin par la réserve d'ar-
» tillerie du 15ᵉ corps et la brigade de réserve, 1ʳᵉ brigade
» de la 2ᵉ division, enlèvera Baccon et le château de la
» Renardière. Dans le cas où ces deux points seraient dé-
» fendus, ainsi que le château de Lus, elle s'établira entre
» ce dernier château et celui de la Renardière, ayant der-
» rière elle la brigade de réserve et la réserve d'artillerie.

» Si Baccon était fortement occupé et sérieusement dé-
» fendu, le général commandant la 3ᵉ division attendrait
» pour l'attaquer l'arrivée de la réserve d'artillerie.

» Dans le cas où les châteaux de la Renardière et de
» Lus opposeraient une grande résistance, on attendrait
» pour les attaquer que le 16ᵉ corps attaquât en même
» temps Coulmiers.

» La 1ʳᵉ brigade de la 2ᵉ division, destinée à former la
» réserve du 15ᵉ corps, se portera vers Thorigny pour se
» placer en arrière de la 3ᵉ division, dont elle suivra le
» mouvement en avant.

» La réserve d'artillerie suivra le mouvement de cette
» brigade en passant par Cravant. Le parc d'artillerie se
» rendra à Saint-Laurent-des-Bois en passant par Lorges et
» Poisly.

» La brigade Boërio suivra le mouvement de la 3ᵉ divi-
» sion, et ira s'établir vers Baccon.

» Le général commandant en chef le 16ᵉ corps [1] a reçu

---

[1] Les dispositions pour l'attaque des positions autour d'Orléans avaient été discutées et arrêtées le 6 au château de Dizier, près de Mer, dans une conférence chez le général en chef, à laquelle avaient pris part le commandant du 16ᵉ corps et le général Borel, chef d'état-major général.

» des instructions pour faire un mouvement tournant vers
» la gauche, soutenu par dix régiments de cavalerie et six
» batteries d'artillerie qui, avec quelques corps francs,
» doivent chercher à déborder la droite de l'ennemi.

» La droite du 16ᵉ corps sera à Coulmiers. Le général
» commandant le 16ᵉ corps donnera au général Reyau,
» commandant la cavalerie, les instructions nécessaires
» pour son mouvement de demain.

» Les troupes du 15ᵉ corps ne s'installeront au bivouac,
» sur les endroits ci-dessus indiqués, que lorsqu'elles en
» recevront l'ordre.

» Le général en chef recommande instamment aux
» généraux de division et de brigade d'être en relation
» constante avec leurs voisins de droite et de gauche, afin
» de pouvoir se prêter un mutuel appui ; il recommande
» également de marcher sur plusieurs colonnes, afin de se
» déployer plus rapidement au besoin.

» En raison de la proximité de l'ennemi, il importe de
» redoubler de soin pour les grand'gardes et les postes
» avancés.

» Lorsque les bivouacs seront installés, les généraux de
» division devront établir des postes de correspondance
» pour communiquer avec leurs voisins et le quartier
» général.

» Toutes les fois que cela sera possible, on se complé-
» tera en vivres (trois jours d'avance sans compter la
» journée courante.)

» Le quartier général de demain sera indiqué plus tard.

Au quartier général à Poisly, le 8 novembre 1870.

» *Le général commandant en chef les* 15ᵉ *et* 16ᵉ *corps,*

» Signé : D'AURELLE. »

Le général commandant le 16ᵉ corps adressa le soir

même les instructions ci-après aux troupes sous ses ordres. Elles indiquent les mouvements préparatoires de la bataille qui devait avoir lieu le lendemain :

INSTRUCTIONS DONNÉES AU 16ᵉ CORPS POUR LA JOURNÉE DU 9.

« Au quartier général de Mézières, le 8 novembre, dix heures du soir.

» Demain, 9 novembre, le 16ᵉ corps, pour exécuter
» l'opération prescrite par l'ordre de mouvement du géné-
» ral en chef, prendra les dispositions suivantes :
» Les hommes devront avoir mangé la soupe à sept
» heures et demie, de façon à ce que sur toute la ligne on
» s'ébranle à huit heures précises.
» Le résultat à atteindre est de débusquer l'ennemi de
» Charsonville, Épieds, Coulmiers, Saint-Sigismond, et
» de prononcer sur la gauche un mouvement tournant, de
» façon à venir occuper solidement, à la fin de la journée,
» la route de Châteaudun à Orléans, en s'avançant le plus
» possible dans la direction des Barres, tout en tenant
» toutes les positions qui doivent nous rendre maîtres des
» bois en avant de Rozières.
» Le général Reyau avec ses 2 divisions de cavalerie
» doit, pendant cette opération, couvrir l'aile gauche de
» l'armée en se portant dans la direction de Patay, et
» observer avec soin la direction de Paris, sans perdre de
» vue celle de Châteaudun, pour éviter toute surprise de
» ce côté.
» Les francs-tireurs du lieutenant-colonel Lipouski et
» du commandant de Foudras ont reçu l'ordre de recon-
» naître, dès la pointe du jour, Tournoisis et Saint-Péravy ;
» ils concourront au rôle de la cavalerie, et seront pen-
» dant tout le mouvement aux ordres du général Reyau.
» La 1ʳᵉ brigade de la division Barry marchera par

» Champdry et Villorceau sur Coulmiers, qu'elle devra
» enlever en tournant le Grand-Lus, qui doit être attaqué
» par des troupes du 15ᵉ corps; elle aura avec elle deux
» des batteries divisionnaires et la section de mitrailleuses.
» La 2ᵉ brigade suivra le mouvement à une distance de
» 2 kilomètres avec la 3ᵉ batterie de la division et une
» batterie de 12 tirée de la réserve.

» La 2ᵉ brigade de la 1ʳᵉ division (général Deplanque),
» éclairée à sa gauche par les francs-tireurs du comman-
» dant Liénard, avec deux batteries d'artillerie et une
» section de mitrailleuses, marchera sur Charsonville,
» Épieds, Gémigny, qu'elle devra enlever successivement.
» La 1ʳᵉ brigade (général Bourdillon), avec la 3ᵉ batterie
» et une section de mitrailleuses, ne quittera Ouzouer-le-
» Marché que quand l'autre brigade aura dépassé Char-
» sonville; elle suivra à cette même distance les mouve-
» ments de cette dernière. Le rôle de la brigade Bourdillon
» est de servir de réserve à l'aile gauche de l'armée; le
» général Reyau devra toujours se relier avec elle. Le
» général commandant le 16ᵉ corps marchera par Char-
» sonville et Épieds, entre les deux brigades.

» La réserve d'artillerie quittera Chantôme à huit
» heures, passera par Lormes, Ouzouer, suivra la route
» par Charsonville en se maintenant à hauteur de la bri-
» gade Bourdillon, qui, au lieu de suivre cette route, se
» prolongera parallèlement en se tenant constamment à
» 1 kilomètre sur la gauche.

» Les bagages de la division Barry rejoindront à Mé-
» zières ceux de la division Jauréguiberry, le convoi de
» vivres quittant Villesiclair à neuf heures, ralliera à Mézières les bagages des deux divisions. Tous devront
» avoir les escortes prescrites. Le grand convoi se mettra
» en marche à dix heures par Bizy, Champdry, Villeray,
» et, arrivé à Saintry, il attendra des ordres pour conti-

» nuer avant de s'engager sur la grande route de Char-
» sonville à Coulmiers.

» Le grand parc qui est à Chantôme suivra par Mézières
» la même route que le grand convoi, et arrivé à Champ-
» dry il attendra de nouveaux ordres

» Pendant la marche de demain les différents corps
» prendront les mêmes dispositions que pour celle d'au-
» jourd'hui, en redoublant de surveillance et en s'éclai-
» rant le plus loin possible.

» Afin de couvrir ce mouvement et d'éviter toute sur-
» prise sur les derrières, une brigade de cavalerie désignée
» par le général Reyau, ne quittera Prénouvellon que
» quand les têtes de colonnes auront pris position à Coul-
» miers et à Gémigny.

» Si on est attaqué pendant la marche, les bataillons
» pairs d'infanterie se déploieront rapidement, les batail-
» lons impairs seront arrêtés, resteront en colonnes, et
» ne se remettront en mouvement que quand ils auront
» été dépassés de 500 mètres par les premiers, formant
» ainsi une seconde ligne destinée à renforcer la première
» sur les points faibles.

» On devra éviter d'engager trop de monde à la fois,
» et on ne recourra aux brigades de réserve qu'en cas de
» nécessité bien constatée.

» On devra recommander aux hommes de ne tirer que
» le moins possible, pour ménager les munitions.

» Les corps armés de remingtons devront être engagés
» les derniers[1].

» L'artillerie ne doit pas hésiter à se porter rapidement
» en avant de la ligne sur des positions bien choisies; on
» la fera appuyer par des forces suffisantes placées en de-
» hors du champ de tir et aussi dissimulées que possible.

---

[1] Ces corps étaient des régiments de mobiles; quelques-uns n'avaient pas encore reçu de baïonnettes.

» En arrivant aux bivouacs, messieurs les généraux de
» division enverront au quartier général deux cavaliers
» connaissant parfaitement les chemins.

» Les corps qui n'ont pas touché ce soir les vivres de
» consommation pour les journées des 9 et 10, les rece-
» vront demain avant le départ.

» Le général commandant le 16° corps,

» *Signé :* CHANZY. »

BATAILLE DE COULMIERS.

La nuit du 8 au 9 novembre avait été des plus calmes, et le matin les reconnaissances poussées en avant des lignes ne signalèrent aucun mouvement de l'ennemi, qui s'était évidemment décidé à la défensive, et nous attendait sur les positions qu'il avait choisies et préparées. A huit heures les corps s'ébranlèrent; la marche en avant commença avec un ordre et une régularité qui donnaient bon espoir pour la fin de la journée. Le temps quoique sombre était favorable; la température était douce, et comme il n'était tombé depuis quelques jours ni pluie ni neige, le sol était assez ferme pour qu'infanterie, cavalerie et même artillerie pussent se mouvoir à travers champs sans trop de difficulté. L'aspect de cette grande ligne de bataille traversant la plaine nue et à peine accidentée qui la séparait encore de l'ennemi, était des plus imposants.

Les deux divisions d'infanterie du 16° corps marchaient dans le même ordre que la veille, sur deux lignes de bataillons à demi-distance, à intervalles de déploiement, leur front couvert par de nombreux tirailleurs, précédés eux-mêmes par des éclaireurs de cavalerie. Vers neuf heures et demie le canon se fit entendre sur la droite : c'était le 15° corps qui cherchait à déloger les Prussiens de Baccon. Bientôt les tirailleurs de la division Barry eurent à subir le feu de deux batteries ennemies placées sur ce point et les prenant d'écharpe. Il fallut répondre à cette canonnade; les deux batteries qui marchaient avec la 1re brigade se portèrent en avant, soutenues par des compagnies de chasseurs à pied, pendant que la première ligne s'arrêtait pour attendre le résultat, et ne se remettre en mouvement que quand tout danger d'une manœuvre de l'ennemi sur son flanc serait passé.

Cet incident produisit un retard pendant lequel la 1re division continua à se porter en avant; elle était à dix heures trente à hauteur de Saintry et d'Épieds. Là, des renseignements positifs et le rapport des éclaireurs de cavalerie qui avaient poussé bravement jusqu'à quelques centaines de mètres des carrières où les tirailleurs ennemis étaient embusqués, firent connaître que le village de Coulmiers était fortement défendu. Le bruit du canon, qui commençait à diminuer du côté de Baccon, augmentait d'intensité au château de la Renardière et au Grand-Lus. En attendant la division Barry, et pour ne pas laisser vide l'espace qu'elle eût dû occuper dans la ligne de bataille, aussi bien que pour faciliter son mouvement et aider à la prise de la Renardière, le commandant du 16e corps fit établir une batterie de 12 sur le chemin de Saintry au Grand-Lus, forçant ainsi l'artillerie allemande des deux châteaux à diviser ses feux, dirigés tout entiers jusque-là sur le 15e corps.

Cependant la brigade Deplanque avait traversé Épieds et se portait sur Cheminiers. Assaillie par une grêle d'obus, elle déploya ses tirailleurs, mit ses batteries en position, et continua sa marche en couvrant son front de mousqueterie. La lutte qu'elle soutint fut d'abord d'autant plus sérieuse qu'elle resta longtemps exposée non-seulement au feu partant de Saint-Sigismond et de Gémigny, mais aussi à ceux des défenses de Coulmiers et de

Rosières, que n'attirait point encore la division Barry. Enfin celle-ci arriva en ligne à midi, et son artillerie, placée en avant de Saintry, commença à tirer sur Coulmiers. L'action était dès lors engagée sur tout le front de l'armée. A droite, la Renardière et le Grand-Lus étaient vigoureusement attaqués par le 15° corps, aidé par la batterie de 12 dont il vient d'être parlé; au centre, Coulmiers devenait l'objectif de la division Barry; plus loin, Rosières, Saint-Sigismond et Gémigny résistaient à la brigade Deplanque; tandis qu'à l'extrême gauche la cavalerie du général Reyau au lieu de tourner les villages faisait canonner par ses batteries à cheval ceux de Saint-Sigismond et de Champs, fortement occupés et défendus.

L'ennemi paraissait partout en forces considérables. On pouvait apercevoir de grandes lignes d'infanterie en avant des bois du Buisson et de Rosières; sa cavalerie elle-même s'était avancée un instant jusqu'auprès des fermes de Vaurichard et d'Ormeteau, pour chercher à repousser nos tirailleurs et à tourner notre gauche; de nombreuses batteries balayaient de leurs feux tout le terrain découvert qu'il nous fallait encore parcourir. Vers deux heures seulement, la Renardière et le Grand-Lus purent être emportés par le 15° corps, et Coulmiers fut enfin abordé par les tirailleurs de la 1re division du 16°, auxquels se joignirent ceux de la division Peytavin. Ce premier effort contre cette position si importante nous avait rendus maîtres des jardins, mais la résistance principale était celle du village. Le général Barry dut faire appuyer sa 1re brigade par une partie de la 2°. Enfin vers trois heures et demie notre artillerie ayant forcé celle des Allemands à ralentir son feu, le même général lança quatre bataillons sur sa droite pour faire un mouvement tournant, et prononça avec le reste de ses troupes une attaque de front. On fut reçu sur tous les points par une fusillade très-vive et des feux à mitraille; il y eut alors un mouvement d'hésitation que le général Barry fit promptement cesser en se mettant lui-même, à pied, à la tête de la principale colonne et en se précipitant sur le village aux cris de : Vive la France! En avant les mobiles! Les chefs de corps imitant cet exemple, l'élan de nos troupes devint bientôt irrésistible; l'ennemi dut se replier successivement des jardins et du parc, laissant entre nos mains un assez grand nombre de prisonniers. A quatre heures, Coulmiers était entièrement à nous, et trois de nos batteries, placées sur le côté qui fait face à Rosières et à Gémigny qui tenaient encore, rendirent dès lors tout retour offensif impossible.

Pendant que ces faits se passaient sur la droite du 16e corps, l'amiral Jauréguiberry était parvenu avec la brigade Deplanque à faire occuper le village de Champs par un bataillon du 37e de marche; mais à peine entré ce bataillon fut obligé de céder devant une artillerie puissante et de nouvelles colonnes d'infanterie bavaroise qui entraient en ligne. Au même moment, les batteries établies en arrière de Champs et de la Robrechère et celles en avant de la Mouise et de Gémigny redoublant leurs feux, jetèrent de l'indécision dans toute la brigade. De ce côté nos pertes étaient sensibles et incessantes; il fallut toute l'énergique volonté de l'amiral pour maintenir nos jeunes troupes dans les positions qu'elles avaient conquises. Enfin une batterie de 12 de la réserve, réapprovisionnée en munitions, parvint à maîtriser l'artillerie ennemie. A cinq heures, toutes les troupes de la 1re division se portèrent en avant et s'emparèrent au pas de course de Champs et d'Ormeteau; le premier était crénelé et disposé à merveille pour repousser notre attaque; le second était moins important et moins bien préparé, on y fit quelques prisonniers. La prise de ces deux villages fut le signal de la retraite de l'ennemi, qui fut poursuivi, tant que l'on put y voir, par le feu de notre artillerie.

Si le succès avait été complet à droite et au centre, les résultats obtenus sur la gauche auraient pu être plus satisfaisants. Dès deux heures le général Reyau avait fait prévenir que son artillerie avait fait de grandes pertes en hommes et en chevaux, qu'elle n'avait plus de munitions, et que sa cavalerie avait éprouvé partout une résistance sérieuse. Il paraissait redouter un mouvement tournant de l'ennemi, et informait qu'il se croyait obligé de se replier. Le commandant du 16° corps avait alors porté en avant la brigade Bourdillon, maintenue jusque-là en réserve, et l'avait dirigée sur Saint-Sigismond, pour donner un appui solide à la cavalerie. A ce moment les batteries de la réserve allaient prendre part au combat que soutenait si vigoureusement l'amiral, et empêcher l'ennemi de faire aucune menace sérieuse sur notre flanc.

Vers cinq heures, le général Reyau avait de nouveau fait prévenir qu'une colonne d'infanterie lui était signalée dans la direction de Villamblain, et qu'il croyait dès lors indispensable de se retirer sur les emplacements d'où il était parti le matin. On sut bientôt que la colonne signalée n'était autre que celle des francs-tireurs Lipouski marchant dans la direction de Tournoisis; malheureusement le mouvement en arrière de la cavalerie s'opérait déjà, la nuit arrivait, et il ne fut plus possible de la reporter en avant. Du reste, on ne savait pas encore exactement l'étendue du succès que l'on venait d'obtenir; comme l'action continuait malgré les ténèbres, on pouvait penser que si l'ennemi avait dû abandonner ses positions, il allait profiter de la nuit pour se préparer à les reprendre le lendemain.

Telle est pour le 16° corps la bataille de Coulmiers. Sa part y avait été large, difficile et glorieuse; il avait eu affaire à la fin de la journée à presque toute l'armée du général de Thann, dont les derniers corps, arrivés en toute hâte d'Orléans et des bords de la Loire au secours des défenseurs de Baccon, de la Renardière et du Grand-Lus, s'étaient trouvés en grande partie réunis pour essayer de conserver Coulmiers et l'accès des bois en arrière de Gémigny et de Rosières, dans le but de couvrir les grandes routes du Mans et de Châteaudun, qui devaient nous amener à Orléans.

Nos troupes d'infanterie de ligne et de garde mobile, qui pour la plupart voyaient le feu pour la première fois, avaient été admirables de courage et d'entrain; les chasseurs à pied surtout avaient montré beaucoup d'aplomb et de solidité. L'artillerie méritait les plus grands éloges, et les devait à l'activité et à l'énergie du colonel de Marcy et de ses officiers. Malgré des pertes très-grandes en hommes, en chevaux et en matériel, elle n'avait pas hésité un instant à se porter en avant chaque fois qu'elle en avait trouvé l'occasion, et avait manœuvré sous une grêle de projectiles avec une précision et une intrépidité remarquables. La cavalerie n'avait pas été moins brillante : elle s'était portée avec beaucoup d'audace sur la droite de l'ennemi, avait parfaitement supporté un feu des plus meurtriers, et n'avait eu que le tort de ne pas comprendre le rôle important qu'elle eût pu jouer à la fin de la bataille si elle se fût trouvée à la chute du jour sur les positions qui lui avaient été assignées, au lieu d'engager contre les défenses des villages une lutte dans laquelle son artillerie, exposée de trop près, s'était épuisée en vain, et avait beaucoup souffert sans produire d'autre résultat sérieux que de s'attirer à elle-même des pertes qu'elle eût pu éviter.

RÉSULTATS DE LA JOURNÉE.

Le 16° corps avait eu dans cette bataille 146 tués dont 5 officiers, parmi lesquels le colonel de Fonlonges du

31ᵉ de marche, le capitaine d'état-major de Gravillon, atteint à côté du général Barry dont il était l'aide de camp, et le commandant Jaquain du 1ᵉʳ hussards de marche; 918 blessés dont 37 officiers, et 220 hommes disparus. Le général Ressayre, commandant la division de cavalerie du 16ᵉ corps, était au nombre des blessés [1].

Les pertes de l'ennemi étaient considérables, de l'aveu même des officiers bavarois qui se trouvaient parmi les 2,000 prisonniers environ qui tombèrent entre nos mains par suite de la reprise d'Orléans.

Le combat n'ayant cessé que lorsque la nuit était venue depuis longtemps déjà, nos troupes durent coucher sur le champ de bataille. Le temps devint alors très-mauvais; la pluie et la neige qui ne cessèrent de tomber augmentèrent les difficultés que présentait la recherche des blessés, la distribution des vivres, et le réapprovisionnement des munitions. L'obscurité était telle que les corps ne parvinrent qu'à grand'peine à se reformer; les hommes, couchés dans une boue épaisse, sans feu, le pays n'offrant aucune ressource en bois, ne purent prendre aucun repos. Il fallut attendre le jour pour se reconnaître, juger de la position et aviser.

RETRAITE DE L'ENNEMI.

L'amiral Jauréguiberry, qui s'était maintenu à Champs, fut le premier à se rendre compte que la défaite de l'ennemi était complète, et qu'il n'avait prolongé sa résistance jusqu'à la nuit que pour couvrir sa retraite. Dès le jour il fit reconnaître Saint-Sigismond, qu'il trouva évacué. Un habitant de Patay, le docteur Verdineau, vint alors le prévenir qu'une colonne ennemie avait défilé toute la nuit sur la route de Patay, dans le plus grand désordre. L'amiral n'avait

---

[1] Voir à la fin de ce volume les notes relatives aux régiments de la garde mobile, et à la part que chacun d'eux a prise aux divers combats de la campagne.

sous la main, comme cavalerie, que son escorte, composée d'une trentaine de dragons et de quinze hussards. Le commandant de Lambilly, son chef d'état major, n'hésita pas, avec cette faible troupe, à se mettre sur les traces de cette colonne, pendant qu'un bataillon le suivait à distance pour l'appuyer. Cet officier supérieur après avoir dépassé Saint-Péravy, aperçut la queue du convoi ennemi qui s'engageait dans Lignerolles; il se précipita au galop dans cette direction, atteignit la tête de la colonne, et après une résistance de peu de durée parvint à ramener deux pièces d'artillerie bavaroise avec leurs attelages et leurs servants, vingt-cinq caissons de munitions, trente voitures de bagages parmi lesquelles celle de plusieurs généraux, et 130 prisonniers dont 5 officiers.

Dans la nuit du 9 au 10 novembre, les troupes du 16ᵉ corps avaient campé dans l'ordre suivant :

L'amiral Jauréguiberry à Champs avec une partie de la 1ʳᵉ brigade et une batterie d'artillerie;

Le général Deplanque avec le reste de sa brigade entre la ferme de Villaumoy et Cheminiers;

Le général Barry avec la 1ʳᵉ brigade de sa 2ᵉ division à Ormeteau, appuyé par la brigade Dariès (1ʳᵉ de la 2ᵉ division du 15ᵉ corps), mise à la fin de la journée sous les ordres du commandant du 16ᵉ corps, et occupant Coulmiers et ses abords pour se relier par sa droite au 15ᵉ corps, qui bivouaquait sur le reste des positions conquises :

La 2ᵉ brigade de la division Barry, l'ambulance et le quartier général du 16ᵉ corps à Épieds, le convoi, la réserve d'artillerie et les parcs en arrière de Saintry sur la route de Charsonville.

Les villages d'Épieds, Champs, Ormeteau et Coulmiers furent mis en état de défense dans la soirée même.

Le général Reyau, qui s'était replié sur ses emplacements de la veille, reçut de nouveau l'ordre d'envoyer à

Épieds la brigade Tillon, qu'il avait rappelée à tort à la fin de la bataille, cette cavalerie ayant pu être d'une très-grande utilité si le commandant du 16° corps l'avait eue sous la main au moment où l'ennemi, chassé d'Ormeteau et de Vanrichard, dessina définitivement son mouvement de retraite.

De Prénouvellon, le général Reyau dut s'éclairer dans les directions de Tournoisis et de Villampuy en poussant ses avant-postes jusqu'à la route de Châteaudun, tandis que la brigade Bourdillon s'établissait entre Villemare et Poiseaux pour couvrir l'aile gauche de l'armée et appuyer le mouvement de la cavalerie sur Lignerolles, Villardu et Bricy s'il y avait lieu de le reprendre.

La nuit se passa à ramasser les blessés, à distribuer les vivres et à compléter les munitions, malgré la pluie qui ne cessa de tomber. On eût donc été le 10 au matin prêt à un nouvel effort s'il eût été nécessaire. Mais l'ennemi avait pris son parti de sa défaite, et employait la nuit à opérer sa retraite par toutes les routes qui pouvaient le conduire sur Janville et sur Toury, où il se retirait. Nos reconnaissances de cavalerie, à part celles faites par le commandant Lambilly, ne trouvèrent plus les Bavarois et ne purent que constater leurs traces et la rapidité de leur retraite.

La nouvelle de cet échec était parvenue bien vite à Orléans, où d'ailleurs il ne restait plus que très-peu de troupes allemandes, toutes ayant été dirigées successivement sur le terrain de la bataille. Le général de Thann prescrivit immédiatement d'évacuer la ville et d'acheminer tout le matériel sur Artenay. Un assez grand nombre de soldats et même d'officiers ne purent cependant se retirer assez à temps, et lorsque nos avant-gardes et les volontaires de Cathelineau, qui s'étaient avancés par la rive gauche de la Loire, pénétrèrent dans Orléans, on put faire des prisonniers et s'emparer d'une partie du matériel.

3

Nos troupes étaient si fatiguées de la veille et le temps tellement mauvais, que le général en chef ne reprit que vers midi, le 10, son mouvement dont le but était de venir s'établir en avant de la route de Châteaudun pour couvrir Orléans en occupant fortement la trouée des Barres et en se reliant par sa droite à la première division du 15e corps, qui n'ayant pu arriver assez à temps pour couper à l'ennemi sortant d'Orléans sa retraite par la grande route de Paris, se portait sur Chevilly.

La marche fut lente dans tous les corps et surtout pour les convois, qui ne pouvaient suivre que les grandes routes, les chemins ordinaires étant complétement défoncés. Aussi ce ne fut que le 11 au soir que l'armée se trouva tout entière établie sur les positions qui lui avaient été assignées, et qui étaient les suivantes :

POSITIONS DE L'ARMÉE LE 11 NOVEMBRE.

Les deux divisions de cavalerie du général Reyau : une brigade (1re du 15e corps) aux Hôtels, Machelainville, Pierre-Percée et Liconey; la 2e brigade, à Allonnes, la Couture, la Vallée et Tournoisis; la 3e, à Coulimelle et à Renneville, détachant le 4e de cavalerie légère mixte à Lignerolles et à Patay pour éclairer le front des lignes. La division de cavalerie du 16e corps réunie et campée entre Coulimelle et Tournoisis, en arrière et parallèlement à la route de Châteaudun.

La 1re division du 16e corps (amiral Jauréguiberry), ayant sa première brigade de Saint-Sigismond à Coulimelle; la 2e de Saint-Péravy par le Mesnil, Roumilly, Coinces et Bricy jusqu'à Boulay.

La 2e division (général Barry), la première brigade de la ferme de Nuisement à la Haute-Épine; la 2e brigade à Gémigny, Rosières et Coulmiers.

Le quartier général du 16° corps, à Saint-Péravy; le convoi en arrière de Saint-Sigismond; les parcs et les réserves à Clos-Aubry; enfin, aux avant-postes, pour soutenir les reconnaissances de cavalerie et éclairer le pays, les francs-tireurs de Paris (lieutenant-colonel Lipousky), à Patay; ceux de la Sarthe (commandant de Foudras), à Sougy et Terminiers; ceux de Saint-Denis (commandant Liénard), à Péronville.

Le 15° corps s'étendait à droite entre Gidy et Chevilly, ayant ses réserves et ses parcs aux Barres, aux Ormes et tout le long des routes qui d'Orléans mènent dans la direction du nord; une brigade à Orléans.

Le grand quartier général aux Ormes.

SITUATION DE L'ARMÉE DU GÉNÉRAL DE THANN.

Pendant ce temps, les corps allemands battus à Coulmiers se retiraient sur Étampes pour s'y refaire, laissant de la cavalerie appuyée par quelques colonnes d'infanterie, en observation à hauteur de Toury, pour se relier avec les forces que le grand-duc de Mecklembourg réunissait à Chartres. Si le gouvernement de Tours avait été moins préoccupé de la position d'Orléans, dont il voulait faire la base des opérations ultérieures, et si le général en chef avait cru l'armée de la Loire assez complète et assez outillée pour continuer à se porter en avant, il eût peut-être été possible, en mettant à profit l'enthousiasme produit par la victoire du 9, d'atteindre et d'achever de battre l'armée du général de Thann avant qu'elle eût pu être secourue par celle du grand-duc, sur laquelle on se serait porté ensuite, et de prendre ainsi les Allemands en détail avant l'arrivée des renforts que le prince Charles, parti de Metz, amenait avec la plus grande célérité dans la vallée de la Loire.

ORDRE GÉNÉRAL A L'ARMÉE.

Le 10 au soir, le général d'Aurelle de Paladines avait adressé à l'armée l'ordre du jour suivant :

« Au grand quartier général du Grand-Lus,
le 10 novembre 1870.

» Officiers, sous-officiers et soldats de l'armée de la
» Loire,

» La journée d'hier a été heureuse pour nos armes.
» Toutes les positions attaquées ont été enlevées avec
» vigueur; l'ennemi est en retraite.

» Le Gouvernement, informé par moi de votre conduite,
» me charge de vous adresser des remercîments, je le fais
» avec bonheur.

» Au milieu de nos malheurs, la France a les yeux sur
» vous ; elle compte sur votre courage. Faisons tous nos
» efforts pour que cet espoir ne soit pas trompé.

» Le général commandant en chef l'armée de la Loire,

» *Signé* : D'AURELLE DE PALADINES[1]. »

Les jours qui suivirent furent employés à achever l'organisation des convois, à compléter le matériel d'artillerie et à procurer des vêtements aux soldats, l'infanterie manquant encore de capotes, et les gardes mobiles n'ayant que les vareuses et les pantalons de médiocre qualité avec lesquels ils avaient été habillés pendant l'été. Le temps était devenu de plus en plus mauvais; la pluie et la neige ne cessaient pas ; les bivouacs étaient de véritables bourbiers; la paille et le bois, enlevés en grande partie par les Allemands, étaient insuffisants ; les villages et les quelques fermes qui se trouvaient dans les lignes étaient encom-

---

[1] Voir à l'appendice, note 1, le rapport officiel adressé au ministre de la guerre par le général d'Aurelle sur la bataille de Coulmiers.

brés par les malades, dont la petite vérole augmentait chaque jour le nombre ; les chevaux sans abri, piétinant dans la boue, réduits à leur ration d'orge, s'affaiblissaient à vue d'œil, et les troupes bivouaquées sous la petite tente souffraient horriblement de l'humidité et du froid, dont rien ne les abritait dans ces plaines nues de la Beauce.

Puisqu'on devait rester ainsi sur la défensive pendant un certain temps, il fallait tenir l'ennemi au loin, surveiller les mouvements par lesquels il allait se préparer à des opérations auxquelles on devait s'attendre, éviter toute surprise, habituer nos jeunes troupes à se garder à grande distance, et employer à fatiguer l'ennemi ce système de reconnaissances continuelles et hardies dont il se servait avec tant de succès contre nous depuis le commencement de la campagne.

DESCRIPTION DU PAYS.

En avant des positions que l'armée de la Loire occupait pour couvrir Orléans, le pays est complétement plat, et n'offre d'autres obstacles naturels que les marais de la Conie, qui depuis Patay par Péronville, Varize, Conie et Marboué, où le ruisseau qui les forme se jette dans le Loir, présentent une bonne ligne de défense parallèle à la route d'Orléans à Châteaudun. Ces marais sont impraticables en hiver, même à l'infanterie ; on ne peut les traverser que sur les quelques ponts qui desservent les principaux villages, et qu'il est facile d'interdire à l'ennemi, si on ne veut pas les détruire, par suite de la disposition du terrain généralement dominant sur la rive gauche.

IMPORTANCE DE LA CONIE.

Il était important de ne pas laisser l'ennemi s'emparer de ces marais et de leurs passages ; aussi le commandant du 16° corps demanda-t-il instamment à faire occuper le cours de la Conie, pour se relier par sa gauche avec le 17° corps que le Gouvernement réunissait à Châteaudun pour défendre le Perche, couvrir Vendôme, et former l'aile gauche de l'armée de la Loire. Il insistait même pour porter sa ligne à hauteur de Patay, derrière la Conie, pousser ses avant-postes jusqu'à la seconde branche de ce ruisseau qui couvre Bazoche en Dunois, Cormainville et Orgères, et nous rendre ainsi complétement maîtres de la grande route de Châteaudun à Janville, que l'ennemi sut si bien utiliser dans les premiers jours de décembre. On assurait de plus à notre cavalerie les ressources de cette partie de la Beauce, qui avait moins souffert des réquisitions que les environs d'Orléans et les abords de la grande route d'Étampes.

Ce projet n'ayant point été approuvé, le commandant du 16° corps dut se borner à établir solidement ses avant-postes sur la Conie, à Patay, à Terminiers et jusqu'à Sougy. Toute cette ligne fut garnie de francs-tireurs appuyés à distance par des détachements d'infanterie, placés à Lignerolles, Villardu et Bricy, avec la mission de soutenir les reconnaissances de cavalerie et de combiner avec elles, de jour et de nuit, des coups de main sur les partis ennemis qui se présenteraient. Tout ce service d'avant-postes était sous le commandement du colonel Barbut, du 4° de cavalerie légère mixte, officier des plus vigoureux, et auquel un long séjour en Afrique avait donné l'habitude de ces sortes de missions. Il se trouvait de sa personne à Patay, avec deux escadrons de son régiment et la plus forte partie des francs-tireurs du lieutenant-colonel Lipouski. Jusque-là les éclaireurs prussiens s'étaient montrés très-entreprenants en venant constamment jusqu'en vue de nos lignes; à partir de ce moment les rôles changent, et notre cavalerie, soutenue par nos francs-tireurs, bat constamment le pays, et s'avance à son tour jusqu'au milieu des cantonnements ennemis [1].

COUP DE MAIN SUR VIABON.

C'est ainsi que le 14 novembre une de nos reconnaissances pénétrait jusque dans Viabon et en délogeait un régiment de uhlans prussiens qui s'y trouvait avec le prince Albrecht. Ce dernier avait dû monter à cheval si précipitamment qu'il avait laissé sur sa table, dans son logement, l'ordre de mouvement que le grand-duc de Mecklembourg lui avait envoyé le 12, et qui indiquait les dispositions qu'il comptait prendre contre l'armée de la Loire. Nous reviendrons plus tard sur ce document important [2], qu'on trouvera reproduit dans les notes à la fin de cet ouvrage. Il ne se passe dès lors pas de jour sans un succès à nos avant-postes. Nos cavaliers, encouragés et renforcés par un escadron d'éclaireurs formé d'hommes choisis et commandé par le capitaine Bernard, un des officiers d'ordonnance du général Chanzy, n'hésitent dans aucune circonstance à aborder les cavaliers prussiens, auxquels ils font bon nombre de prisonniers. Le colonel Lipouski, à la tête de ses francs-tireurs, s'avance lui-même jusqu'à Bazoche-les-Hautes, à Orgères, au château de Cambrai, à Sancheville, et jusqu'à Voves, repoussant partout les partis ennemis, tandis que ses hommes, déguisés, pénètrent au milieu de leurs cantonnements.

DISPOSITIONS PRISES PAR L'ENNEMI.

Les Allemands de leur côté commençaient à se remettre de l'inquiétude que leur avait causée leur échec du 9 no-

---

[1] Voir à l'appendice, note 2, diverses dépêches rendant compte de quelques coups de main exécutés par les avant-postes du 16e corps.
[2] Voir la copie de cette pièce à l'appendice, note 3.

vembre. Voyant que nous restions immobiles en avant d'Orléans, ils prirent toutes leurs dispositions pour nous observer attentivement, arriver à connaître nos projets, et, selon leur tactique habituelle, pour réunir le plus de monde possible de leurs forces disponibles, afin d'attaquer à leur heure et d'écraser cette armée de la Loire qui surgissait devant eux alors qu'ils croyaient la France aux abois depuis que sa dernière armée régulière lui avait été enlevée par la capitulation de Metz. Le prince Charles avait quitté cette dernière ville, et, après avoir envoyé des renforts au général Werder, qui opérait dans l'Est, il arrivait avec le reste de ses troupes, se dirigeant ostensiblement sur Orléans ; le général de Thann réunissait ses Bavarois à Étampes, et recevait de l'armée d'investissement de Paris des hommes pour combler les vides faits à Coulmiers ; enfin le grand-duc de Mecklembourg, qui allait prendre le commandement de l'aile droite de l'armée allemande, massait ses forces à Chartres, tout en menaçant le haut de la vallée du Loir, et en manœuvrant en avant de la ligne de Chartres à Étampes pour attirer notre attention de ce côté, et nous donner le change sur des projets dont l'exécution ne dépendait plus que de la concentration des forces qu'on allait nous opposer.

Ces mouvements préparatoires du grand-duc ont lieu du reste comme l'indiquait l'ordre trouvé sur la table du prince Albrecht dans son logement de Viabon, et on peut suivre jour par jour les marches du 1er corps bavarois, des 17e et 22e divisions d'infanterie prussienne, des brigades de cavalerie Græben et Bausch, couverts par les deux divisions de cavalerie Stolberg (2e) et prince Albrecht (4e) ; la première établie aux environs de Toury pour observer Pithiviers, Orléans et nos positions en avant de la route de Châteaudun, la seconde battant le pays en avant de Chartres sur la rive gauche du Loir jusqu'à la Conie.

Les 16 et 17 novembre, le lieutenant-colonel Lipousky repoussait en avant d'Orgères une forte reconnaissance ennemie, d'infanterie, cavalerie et artillerie, qui s'était avancée jusqu'à la Maladerie; et le 21, le capitaine Chabrillat, des francs-tireurs de Paris, avec sa compagnie, faisait dans la nuit une pointe hardie jusqu'à Santilly, et y enlevait un poste du 6° hussards poméranien.

Il devenait évident qu'une attaque de nos lignes se préparait. Le général en chef avait prescrit partout l'exécution d'épaulements pour les batteries et de retranchements pour la défense de nos positions; des pièces de marine arrivaient à Orléans pour armer les ouvrages préparés autour de cette ville. A l'aile droite, les 18° et 20° corps se massaient en avant de la forêt, reliés aux corps de gauche par la division de cavalerie du 15° reportée à Saint-Lyé et s'appuyant sur les volontaires de Cathelineau, qui l'occupaient et en gardaient les débouchés. Le 17° corps, dont le général de Sonis venait de prendre le commandement, quittait la forêt de Marchenoir, où il s'était organisé et où il allait être remplacé par le 21° corps, pour se porter sur Châteaudun, occuper les deux rives du Loir jusqu'à Bonneval, et se rattacher par sa droite, le long de la Conie, aux avant-postes que le 16° corps avait établis jusqu'à Varize.

N'ayant à nous occuper dans ce récit que du 16° corps, nous croyons devoir reproduire les documents ci-après qui indiquent les mouvements prescrits par le général en chef pour l'occupation définitive des positions de défense, et les dispositions prises par le commandant du 16° corps pour parer aux éventualités qui pouvaient se présenter.

INSTRUCTIONS DU 17 NOVEMBRE, AU 16° CORPS.

« Au quartier général de Saint-Péravy, 17 novembre 1870.

« Pour l'exécution des ordres du général en chef, en
» date des 16 et 17 de ce mois, le 16° corps se tiendra

» prêt à exécuter les mouvements suivants, qui se feront
» le 18 dans la matinée :

» La division de cavalerie resserrera ses cantonnements
» en profitant de ceux abandonnés par la division du
» 15ᵉ corps, partie aujourd'hui pour Saint-Lyé, et les éta-
» blira entre Tournoisis, Nids, Saint-Sigismond et Couli-
» melle, sans dépasser ces points extrêmes. Le général
» Michel désignera des points de concentration de façon
» à ce qu'on puisse se rallier rapidement à la moindre
» alerte, et il s'éclairera sur sa gauche.

» Deux batteries d'artillerie à cheval resteront à Tour-
» noisis ; les deux autres rejoindront la réserve du 16ᵉ corps
» à la Haute-Épine ; l'ambulance et le convoi de la divi-
» sion de cavalerie, à Coulimelle.

» Le général Michel, à Coulimelle.

» Le 4ᵉ mixte de cavalerie légère restera chargé des
» avant-postes ; il aura un escadron à Villeneuve-sur-
» Conie, détachant un peloton à Péronville ; deux esca-
» drons à Patay, détachant un peloton à Rouvray ; un es-
» cadron à Brilly, détachant un peloton à l'Encornes
» (Sougy étant en avant des positions du 15ᵉ corps, sera
» gardé par les soins de ce corps). Ces escadrons et ces
» pelotons seront partout cantonnés dans les fermes, dans
» les conditions prescrites pour assurer les rassemblements
» rapides en cas d'alerte.

» 1ʳᵉ DIVISION D'INFANTERIE (amiral Jauréguiberry).

» Quartier général à Saint-Péravy.

» 1ʳᵉ *Brigade* (général Bourdillon).

» 39ᵉ de marche : deux bataillons à Coinces avec une
» compagnie à Villardu ; un bataillon au Chêne avec une
» compagnie à Roumilly ; 3ᵉ bataillon de chasseurs à pied
» de marche, entre Saint-Péravy et la ferme du Mesnil.

» 75° mobiles : les trois bataillons en avant de Saint-
» Péravy et à droite de la route de Patay, détachant deux
» compagnies à Lignerolles.

» 2° *Brigade* (général Deplanque).

» 37° de marche : 1ᵉʳ bataillon à Coulimelle ; deux ba-
» taillons à Saint-Sigismond avec une compagnie à la
» Vallée et une à Villarçon.

» 33° mobiles : deux bataillons à Saint-Sigismond,
» l'autre à Champs.

» L'artillerie de la 1ʳᵉ division, une batterie à Coinces ;
» quatre mitrailleuses à Saint-Péravy ; la 3° batterie à
» Saint-Sigismond. La réserve d'artillerie et l'ambulance
» à Saint-Péravy ; le convoi à Nuisement.

» 2° DIVISION (général Barry).

» Quartier général à Gémigny.

» 1ʳᵉ *Brigade*.

» 7° bataillon de chasseurs à pied : à Gémigny.

» 31° de marche : les 3 bataillons à Gémigny, détachant
» 2 compagnies à Cheminiers.

» 22° mobiles : les 3 bataillons à Rosières, détachant 2
» compagnies à Coulmiers, une à Banneville et une à
» Ormeteau.

» *La 2° brigade.*

» En avant de Bucy-Saint-Liphard, à droite et à gauche
» de la route qui conduit à Coulmiers. Cette brigade aura
» 2 compagnies à Descures sur la route de Coulmiers, pour
» se relier avec la 1ʳᵉ brigade ;

» Les 3 batteries d'artillerie à Gémigny, ainsi que la
» section de mitrailleuses ;

» Le convoi et la réserve d'artillerie à Bucy-Saint-Li-

» phard, en arrière du village, dans la direction des
» Ormes, sans encombrer la route;

» L'ambulance à Bucy-Saint-Liphard.

» 3ᵉ Division (général Maurandy).

» Aux Barres, à droite et à gauche de la route de Châ-
» teaudun, en avant du village et face à Saint-Péravy;

» L'ambulance, le convoi et l'artillerie de cette divi-
» sion, en arrière du village des Barres, touchant aux
» dernières maisons du côté d'Orléans;

» La réserve d'artillerie du 16ᵉ corps à la Haute-Épine,
» de façon à déboucher facilement et rapidement sur la
» route de Châteaudun;

» Les parcs, le convoi, la réserve, en arrière des Ormes
» dans la direction d'Orléans, à droite et à gauche de la
» route;

» L'ambulance aux Barres;

» Le quartier général du 16ᵉ corps à Saint-Péravy.

» Le colonel commandant le génie fera étudier dès de-
» main les défenses à établir à Coinces, au Chêne, à
» Saint-Péravy, Coulimelle, Saint-Sigismond, Gémigny
» et Coulmiers.

» L'artillerie étudiera, de son côté, les meilleurs empla-
» cements pour les batteries sur toute cette ligne de dé-
» fense. Un rapport sera adressé aussitôt que possible au
» général commandant le 16ᵉ corps.

» Toutes les dispositions devront être prises pour que
» ces travaux puissent commencer dès le lendemain au
» matin du jour où les troupes auront pris leurs nouvelles
» positions, et être poussés avec la plus grande rapidité.

» Les avant-postes eux-mêmes devront être mis en état
» de défense, en crénelant les murs des maisons ou en
» élevant des ouvrages en terre.

» Les francs-tireurs conserveront les positions suivantes

» et concourront, avec le régiment de cavalerie du colonel
» Barbut, au service des avant-postes et des reconnais-
» sances, de façon à éclairer le 16ᵉ corps le plus loin
» possible en avant de ses lignes :
» Les francs-tireurs de la Sarthe, commandant de Fou-
» dras, à Sougy et Terminiers ;
» Les francs-tireurs de Paris (lieutenant-colonel Li-
» pouski), à Patay, Rouvray et Guillonville ;
» Les francs-tireurs de Saint-Denis (commandant Lié-
» nard), à Péronville, surveillant toute la ligne de la
» Conie, jusqu'à hauteur de Varize.
» Ces trois groupes de francs-tireurs relèveront, pour
» tout ce qui est du service des avant-postes, du lieute-
» nant-colonel Lipouski, qui s'entendra lui-même avec le
» colonel Barbut pour combiner et exécuter les recon-
» naissances:
» Le 15ᵉ corps doit faire de son côté les mouvements
» ci-après :
» 1ʳᵉ division, à Chevilly et Saint-Lyé ;
» 2ᵉ division, entre Gidy et Chevilly, occupant la Pro-
» venchère et Huêtre ;
» 3ᵉ division, entre Gidy et Boulay, occupant Bricy ;
» La cavalerie du 15ᵉ corps, à Saint-Lyé.
» Le grand quartier général de l'armée de la Loire, à
» Villeneuve-d'Ingrée. »

« Saint-Péravy, 19 novembre 1870.

» *Instruction pour le cas d'une attaque de l'ennemi.*

» Si l'ennemi se présentait en force en avant de nos
» positions, les avant-postes, après avoir tenu jusqu'à la
» dernière extrémité, se replieraient :
» Ceux de Terminiers, Rouvray et Guillonville, sur
» Patay, pour concourir à la défense de ce point ; de là

» sur Saint-Péravy, par Lignerolles, s'ils ne pouvaient
» tenir dans Patay jusqu'à l'arrivée des secours; celui de
» l'Encornes sur Brilly ; ceux de Brilly et Villardu, sur
» Coinces ; ceux de Péronville et environs, sur la Cha-
» pelle-Onzerain, Tournoisis, Nids et Champs; ceux de
» Villeneuve-sur-Conie, soit sur Patay, soit sur Allonnes
» et Saint-Péravy.

» Un bataillon et deux mitrailleuses de la 1ʳᵉ division
» d'infanterie se porteraient à Lignerolles pour protéger
» la retraite des avant-postes, et se retireraient ensuite
» sur Saint-Péravy sous la protection des batteries de
» Roumilly et du Mesnil.

» La cavalerie, réunie au sud de la route de Châteaudun
» à Orléans, à hauteur du hameau de Renneville, donné
» comme point de concentration, se porterait en arrière
» sur Champs si elle était trop exposée aux feux de bat-
» teries s'avançant en deçà de Patay, tout en se tenant
» en position de couvrir l'aile gauche, et de charger ou de
» poursuivre l'ennemi, s'il cherchait à nous tourner ou s'il
» battait en retraite; elle devrait se défiler le mieux pos-
» sible de ses vues. Ses bagages, son convoi, s'engage-
» raient de suite sur les chemins qui conduisent de Cou-
» limelle sur Saint-Sigismond et Gémigny, pour se porter
» au besoin par Rosières, Descures et la route de Bucy-
» Saint-Liphard, en arrière des Ormes.

» Son ambulance irait s'établir à Gémigny.

» La 1ʳᵉ brigade de la 1ʳᵉ division défendrait Coinces,
» le Chêne, Saint-Péravy, aidée par deux bataillons de la
» 2ᵉ brigade qui se porteraient sur Coulimelle.

» Le reste de la 2ᵉ brigade défendrait Saint-Sigismond
» et Champs.

» Si rien ne menaçait au sud de la route de Château-
» dun, la 2ᵉ division concentrerait sa 1ʳᵉ brigade à Gémi-
» gny, la 2ᵉ à Rosières.

» La 3ᵉ division se porterait au Clos-Aubry et y pren-
» drait position comme réserve, ayant son artillerie sur
» la route de Châteaudun, sans l'encombrer.

» La 1ʳᵉ division placerait, dès que l'attaque serait cer-
» taine, deux batteries de 4 derrière les épaulements pré-
» parés à Coinces et à Roumilly ; la réserve, trois batte-
» ries de 12 au Mesnil et au Chêne.

» Dès que les avant-postes se retireraient, chaque di-
» vision dirigerait son convoi, ses bagages et son ambu-
» lance par des chemins reconnus à l'avance, de façon à
» ne pas obstruer les routes, et à assurer un mouvement
» rapide :

» La 1ʳᵉ division, sur les Barres ;
» La 2ᵉ division, son ambulance sur Rosières, son
» convoi et ses bagages sur Bucy-Saint-Liphard ;
» La 3ᵉ division, son ambulance sur les Barres, son
» convoi et ses bagages sur les Ormes.

» Le grand convoi et le parc d'artillerie, au delà de
» Villeneuve-d'Ingré.

» Le général commandant le 16ᵉ corps serait de sa per-
» sonne à hauteur de Haute-Épine.

» Les équipages et les voitures autres que ceux des di-
» visions se replieraient en arrière des Ormes, en suivant la
» route d'Orléans, sur laquelle ils s'engageraient, ne for-
» mant qu'une file sur le côté droit de la route. La réserve
» d'artillerie, moins les batteries désignées pour prendre
» position, resterait à la Haute-Épine.

» Si le 16ᵉ corps était obligé de quitter ses positions de
» Coinces à Gémigny par Rosières, il se replierait :

» La 1ʳᵉ division, sur les Barres ;
» La 2ᵉ division, sur Bucy-Saint-Liphard et Ingrée, par
» le nord du bois ; la 3ᵉ division, sur les Ormes. Ce mou-
» vement ne s'effectuerait que lentement, en disputant le
» terrain à l'ennemi.

» La division de cavalerie, par Rosières, Descures et
» Bucy-Saint-Liphard, en arrière d'Ingrée.

» Les deux premières divisions d'infanterie prendraient
» position derrière les ouvrages préparés pour la défense
» d'Orléans : la 1re, des Barres, en avant des Ormes ; la 2e,
» de la gauche de la première, dans la direction du bout
» des Gouttes, couvrant Ingrée ; la 3e division en réserve
» à Villeneuve-d'Ingrée.

» Il est très-important que les généraux de division, les
» commandants des convois et des parcs, fassent recon-
» naître à l'avance les routes et les chemins praticables
» par lesquels ces convois et ces parcs pourraient effec-
» tuer le plus rapidement possible le mouvement de re-
» traite sur les points indiqués, sans s'enchevêtrer les uns
» dans les autres. Il est également de toute nécessité que
« la garde et la police de chacun de ces groupes soient
» organisées à l'avance, de telle façon qu'il ne se produise
» ni confusion ni désordre.

» Le général commandant le 16e corps,

» *Signé :* CHANZY. »

Telles étaient, au 20 novembre, les positions occupées et les dispositions prises par l'armée de la Loire et plus particulièrement par le 16e corps. A cette même date, les mouvements de concentration de l'aile droite de l'armée ennemie paraissaient terminés. Le grand-duc de Mecklembourg, établi solidement à Chartres, tentait bien quelques opérations dans l'Ouest et dans le Nord, mais il était évident qu'il attendait, avant de rien entreprendre de sérieux, l'arrivée des renforts que le prince Charles amenait de Metz. Préoccupé de cette situation, le commandant du 16e corps, qui avait déjà insisté à diverses reprises auprès du général en chef pour un mouvement en avant qui aurait pu prévenir l'agression qui menaçait, adressa au général d'Aurelle de Paladines la dépêche ci-après, pour obtenir, tout au moins, de rectifier des positions qui étaient devenues intenables pour nos troupes par suite des boues, des maladies et du manque absolu de ressources dans les villages et les fermes si dévastés que nous occupions.

« Mon général,

» J'ai déjà eu l'honneur d'appeler à diverses reprises
» votre attention sur les mouvements que l'ennemi opé-
» rait en avant de nous, depuis notre arrivée sur les posi-
» tions que nous occupons en ce moment.

» Une armée qui paraît commandée par le grand-duc
» de Mecklembourg, ainsi qu'il résulte du document que
» je vous ai communiqué, et qui serait assez considérable,
» puisque les renseignements arrivant de divers côtés
» l'évaluent à soixante ou quatre-vingt mille hommes,
» s'est portée des environs d'Étampes sur Chartres, en
» masquant son mouvement par les deux divisions de ca-
» valerie prince Albrecht et Stolberg.

» Aujourd'hui cette armée, qui s'établit solidement à
» Chartres, a commencé ses opérations vers l'Ouest sur
» toute la ligne d'Illiers à Dreux et jusqu'à Évreux, ayant
» à sa gauche la division de cavalerie prince Albrecht, qui
» bat tout le pays en avant de la Conie et de Bonneval
» pour contenir les forces que nous avons à Châteaudun
» et dans le Perche, observant ainsi l'aile gauche de l'ar-
» mée de la Loire, tandis que la division de cavalerie
» Stolberg, qui paraît être restée aux environs de Toury
» et de Janville, d'où elle opère jusqu'à Orgères,
» masque tout ce qui se fait le long du chemin de fer
» d'Orléans à Paris et observe notre aile droite, en atten-
» dant sans doute que les renforts venant de l'Est aient
» mis la seconde armée prussienne, que nous avons dé-

» vant nous, en mesure d'entreprendre les opérations
» qu'elle combine soit sur Orléans, soit sur Nevers.

» Telle est l'appréciation que je me suis faite des dis-
» positions de l'ennemi, d'après les seuls renseignements
» que j'ai pu recueillir directement, car il ne m'en a été
» fourni aucun autre jusqu'ici.

» Cette appréciation, je crois nécessaire de vous la com-
» muniquer, pour que, si vous le jugez convenable, vous
» puissiez la rectifier dans le cas où elle ne serait point
» exacte, parce qu'elle domine dans les dispositions que
» j'ai à prendre pour organiser l'action que le 16° corps
» doit avoir, soit pour la défensive, soit pour l'offensive.

» Une étude approfondie du pays que j'ai devant moi,
» des positions que j'occupe et des éventualités qui
» peuvent surgir, m'amène à penser qu'il serait en toutes
» circonstances préférable d'avancer le 16° corps jusqu'à
» hauteur de Patay, de façon à occuper par notre gauche
» une partie de la ligne de la Conie que j'ai visitée, et
» qui est incontestablement la meilleure défense de cette
» contrée.

» Nous protégerions ainsi la grande route de Châteaudun
» à Orléans qui peut seule assurer nos communications
» avec le 17° corps, nous relier avec les troupes qui sont
» à Châteaudun et dans le Perche, et nous permettre de
» couvrir à la fois Orléans, Vendôme, et par suite Blois et
» Tours, tout en nous reliant avec les forces de l'Ouest,
» sans cependant nous disséminer, en vue de l'effort que
» l'armée ennemie venant d'Étampes et de l'Est pourrait
» tenter soit sur notre aile droite, soit sur un point quel-
» conque de notre ligne.

» Si vous approuviez ce mouvement, je pourrais pous-
» ser mes avant-postes sur la deuxième branche de la
» Conie, que je ferais occuper par tous mes corps de
» francs-tireurs et un rideau de cavalerie, de façon à ce

» que ces avant-postes, se reliant à ceux du 15ᵉ corps
» poussés sur la ligne d'Artenay et de Lumeau, puissent
» observer et inquiéter les deux communications que les
» deux armées ennemies cherchent à maintenir par Voves.

» Cette disposition réduirait la zone des réquisitions de
» l'ennemi, le tromperait sur nos véritables intentions,
» nous éclairerait à forte distance, et consoliderait la
» gauche de l'armée de la Loire, qui occuperait ainsi des
» positions faciles à défendre et sur lesquelles il importe
» que l'ennemi ne nous prévienne pas.

» Je verrais enfin à cette combinaison un autre avan-
» tage : nous changerions nos bivouacs et nos cantonne-
» ments, devenus inhabitables par suite des boues et des
» mauvais temps, contre des emplacements plus sains
» pour les troupes, dont l'état sanitaire laisse à désirer, et
» nous nous ménagerions sur nos derrières, dans le cas où
» nous aurions à nous replier sur les lignes de défense
» que nous préparons en ce moment, plus d'espace pour
» les mouvements de nos parcs et de nos convois, qui se
» trouvent actuellement très-agglomérés sur des commu-
» nications restreintes qu'ils ne manqueraient pas d'ob-
» struer, si nous avions à opérer un mouvement de retraite
» précipité devant un effort de l'ennemi.

» J'ajouterai, en terminant, que ce mouvement en
» avant, bien que restreint, contribuerait à maintenir
» chez nos troupes la confiance que leur a donnée la ba-
» taille de Coulmiers, et que l'idée d'une offensive peut
» seule maintenir efficacement.

» Veuillez agréer,

» Mon général, etc., etc.

» *Signé* : CHANZY. »

Il ne fut fait à cette demande aucune réponse. Tout ce que le commandant du 16ᵉ corps put obtenir, ce fut de se relier plus solidement sur sa gauche avec le 17º corps, en portant la brigade de cavalerie du général Digard à Civry et Villentier, les francs-tireurs Lipousky jusqu'à Conie, où appuyait la 3ᵉ division du 17ᵉ corps, commandée par le général de Flandres.

Du 21 au 25 novembre, nos reconnaissances eurent chaque jour des engagements heureux avec celles de l'ennemi qu'elles rencontraient sur la branche supérieure de la Conie, et jusqu'à hauteur de Baigneaux et de Bazoches-les-Hautes. La 3ᵉ division du 16ᵉ corps se constituait au moyen des troupes amenées de Gien par le général Maurandy qui en prenait le commandement, et de celles que le ministre de la guerre venait d'envoyer de Bourges et de Tours.

OPÉRATIONS DU 17ᵉ CORPS SUR BROU.

Le 25 novembre, le général de Sonis parti le matin de ses positions en avant de Châteaudun, s'était avancé sur la route de Brou pour chercher à se rendre compte d'un mouvement que l'ennemi semblait faire par Illiers, sur le Perche. Un engagement sérieux eut lieu à Yèvres; les Allemands, obligés à la retraite, furent poursuivis jusqu'au delà de Brou, et le général de Sonis rentra le soir sur ses positions. Le même jour, le général Martin des Pallières portait la droite du 15ᵉ corps à Artenay.

Le 26, à la nouvelle que le grand-duc de Mecklembourg marchait en forces sur Bonneval et Châteaudun, le 17ᵉ corps crut devoir quitter ses positions en avant de cette dernière ville et sur la Conie, pour se replier précipitamment, et la nuit, sur la forêt de Marchenoir. L'ennemi pénétra une seconde fois à Châteaudun, et sa position sur notre flanc gauche, dès lors découvert, lui permit de nous inquiéter en deçà de la Conie, dont les défenses si importantes se trouvaient dès lors tournées; aussi ses attaques devinrent-elles de plus en plus pressantes.

Le 27, le lieutenant de Pradun, des francs-tireurs de la Sarthe, en position à Guillonville, dut se retirer sur Patay devant une colonne ennemie composée du 1er régiment de cuirassiers, du 2e de uhlans, d'un régiment d'infanterie, de 2 batteries d'artillerie, et qui, partie de Toury, se dirigeait sur Châteaudun par Varize.

DÉMONSTRATIONS DE L'ENNEMI SUR LA ROUTE DE CHATEAUDUN A ORLÉANS. COMBAT DE VARIZE.

Dans la nuit du 27 au 28, l'ennemi fit sortir de Châteaudun d'autres colonnes pour suivre le mouvement de retraite du 17e corps, et pour reconnaître nos emplacements sur la route d'Orléans; une reconnaissance envoyée sur Thiville, par le général Michel, put constater l'apparition de ces colonnes jusqu'à hauteur du Mée. Ces mouvements menaçaient le général Digard, qui pouvait être tourné sur ses positions de Villentier. Le 28, l'ennemi reparut encore sur les deux côtés de la route de Châteaudun au Mans, et enfin, le 29, il s'avança en force sur notre flanc gauche [1]. Le canon se fit entendre de bonne heure dans la direction de Varize. Les Allemands s'avançant sur trois colonnes, par les deux rives de la Conie et par la route de Châteaudun, forcèrent le général Digard à se replier; tous leurs efforts se portèrent dès lors sur les postes qui occupaient la Conie. Le lieutenant-colonel Lipouski, qui les commandait, rallia rapidement les détachements qu'il avait à Villier, à Nottonville, à Pontaut et à Bazoches, et essaya de tenir à Varize pour pro-

---

[1] Voir à l'appendice du livre I, les dépèches télégraphiques du général d'Aurelle, aux dates des 28 et 29 novembre, au sujet des mouvements tentés par l'ennemi sur tout le front de l'armée (note 4).

léger cette concentration. Obligé à la retraite, il l'effectua en bon ordre, le long de la Conie d'abord et ensuite sur la Chapelle-Onzerain, en employant judicieusement les deux sections de montagne dont il disposait, et qui firent éprouver à l'ennemi des pertes sérieuses. Malheureusement la compagnie des francs-tireurs girondins qui n'avait pu se retirer assez tôt du parc de Varize, dut s'y défendre avec le plus grand acharnement jusqu'à la nuit et perdit presque tout son monde [1]. Pendant ce temps, le général Digard, attaqué à Maury et à Villentier, s'était replié sur Tournoisis, tandis que les escadrons postés à Villemblain et Ormesec se retiraient de leur côté devant une cavalerie nombreuse appuyée par de l'infanterie et de l'artillerie.

Informé de ces faits par des officiers d'ordonnance envoyés sur les lieux au premier coup de canon, le général commandant le 16ᵉ corps avait fait partir de suite le 3ᵉ bataillon de chasseurs à pied pour la Chapelle-Onzerain, où il se rendit lui-même après avoir donné, en passant à Tournoisis, l'ordre au général Guyon-Vernier de se porter avec toute la cavalerie qui lui restait sur les Hôtels et Villemblain, au-devant de l'ennemi, qui prononçait un mouvement de ce côté. Tout danger ayant disparu dans la direction de la Chapelle-Onzerain, le colonel Lipouski y fut installé pour la nuit, et le 3ᵉ bataillon de chasseurs à pied, arrêté à Tournoisis, fut établi le long des haies et dans les issues à l'ouest du village. Cette dernière disposition fut d'un grand secours pour arrêter la cavalerie allemande, qui après un combat acharné dans lequel le général Guyon-Vernier fut blessé de trois coups de sabre, avait repoussé nos escadrons et les poursuivait malgré l'obscurité jusqu'à l'entrée de Tournoisis.

Pendant la nuit, nos postes, reportés à hauteur des

---

[1] Voir à l'appendice du livre I, la note 5 donnant des détails sur ce combat de Varize.

Hôtels, reçurent encore quelques obus, et le lendemain matin l'ennemi, jusqu'à onze heures, fit quelques mouvements qui n'avaient évidemment d'autre but que de dissimuler sa retraite. Ce qui venait de se passer sur la route de Châteaudun au Mans n'était donc qu'une démonstration dans le but de s'assurer des positions nouvelles que le 17ᵉ corps avait prises, de constater celles qu'occupait le 16ᵉ corps, et de nous tromper enfin sur ses véritables intentions. Il n'avait point été difficile au commandant du 16ᵉ corps de pénétrer ses véritables desseins. D'après les renseignements qui parvenaient, et ce qui se passait aux avant-postes, il était hors de doute qu'un grand mouvement de concentration allait s'opérer en vue d'une attaque sur l'armée de la Loire, et tout portait à croire que cette concentration devait avoir lieu sur la route de Paris pour couvrir l'armée d'investissement, si nous prenions l'offensive, ou pour marcher sur Orléans en forçant notre centre, si nous restions sur nos positions. Le commandant du 16ᵉ corps insista donc auprès du général en chef pour que le général de Sonis fût reporté le plus promptement possible sur Charsonville, Épieds et Saint-Sigismond, afin de renforcer la gauche de l'armée, et au besoin de servir de réserve dès que les opérations sérieuses commenceraient.

MOUVEMENTS DE CONCENTRATION DES ALLEMANDS.

Le 30, il ne fut plus possible de douter des intentions de l'ennemi. On aperçut pendant toute la journée, des avant-postes de Patay, des forces considérables venant de l'Ouest, en marche sur Orgères et couvrant de grands convois [1]. Le général Michel les fit reconnaître par des escadrons de cavalerie envoyés jusqu'à hauteur de Guillonville et de Gaubert. C'était bien l'armée du grand-duc de

---

[1] Voir à l'appendice du livre I, le télégramme nº 259 et ceux donnant les renseignements fournis par le général en chef et le ministre de la guerre (note 6).

Mecklembourg qui défilait devant nous pour aller prendre sa place d'après le plan arrêté de concert avec le prince Charles, et ce qui s'apercevait de Patay n'était autre que les fractions de cette armée, qui s'étaient d'abord portées sur le Loir jusqu'à Châteaudun pour bien nous reconnaître et menacer notre gauche. Il eût fallu alors, et cette opinion fut émise avec instance par le commandant du 16° corps, profiter de ce moment pendant lequel l'ennemi manœuvrait, pour l'attaquer vigoureusement en se jetant sur le flanc de ses colonnes et de ses convois. L'acharnement avec lequel il avait cherché à détourner notre attention du côté du nord, par ses démonstrations sur Varize et sur la route de Châteaudun au Mans, indiquait assez sa préoccupation et l'importance qu'il attachait aux mouvements qu'il cherchait à dissimuler. De notre côté, la défensive la plus vigoureuse était formellement prescrite, et certains indices présageaient que l'armée de la Loire allait elle-même entrer en opérations d'après un plan qui restait ignoré.

CONSEIL DE GUERRE TENU A SAINT-JEAN DE LA RUELLE.

Le commandant du 16° corps rentrait des avant-postes de Patay, où il s'était porté pour se rendre compte par lui-même des mouvements ennemis qui lui étaient signalés, lorsqu'il fut appelé au grand quartier général de Saint-Jean de la Ruelle. A huit heures du soir, M. de Freycinet, délégué du ministre de la guerre, y arrivait de son côté. Il y eut alors un conseil de guerre auquel ne prirent part que le général en chef, le général Borel, son chef d'état major général, le commandant du 16° corps, le délégué du ministre et M. de Serres, ingénieur attaché à la guerre, qui l'accompagnait; le général Martin des Pallières, commandant le 18° corps, qui avait été convoqué, n'avait pu quitter ses troupes. M. Freycinet exposa un plan arrêté à Tours. Il s'agissait de marcher sur Pithiviers, où on devait rencontrer le prince Charles avec toute l'armée allemande, pour aller ensuite, après l'avoir battu, donner la main à notre armée de Paris, qui tentait une sortie, et que le général Ducrot devait amener dans la forêt de Fontainebleau. Malgré ce que purent faire les généraux pour exposer les dangers d'une pareille opération, si elle se faisait alors que toutes les forces ennemies seraient réunies autour de Pithiviers, et qu'on n'était pas certain que la diversion annoncée de l'armée de Paris pourrait s'effectuer, l'idée générale du plan fut maintenue comme un ordre formel du Gouvernement, et on ne discuta plus que les moyens d'exécution. Il fut décidé que le 16° corps, qui se trouvait à l'aile gauche et qui avait plus de chemin à parcourir, se mettrait en marche dès le lendemain pour se porter dans la direction de Janville et de Toury, que le 17° corps, marchant sur ses traces, lui servirait de réserve, et que le 2 décembre les 15°, 18° et 20° corps se porteraient à leur tour sur Pithiviers par un mouvement concentrique.

Rentré à son quartier général de Saint-Péravy à minuit, le commandant du 16° corps fit parvenir de suite aux troupes sous ses ordres les instructions ci-après :

INSTRUCTIONS DU 1ᵉʳ DÉCEMBRE.

« Saint-Péravy, 1ᵉʳ décembre 1870 (n° 148).

» Le 16° corps se portera aujourd'hui en avant. Le
» général Michel réunira, à dix heures, la division de
» cavalerie, moins le régiment qui est à Patay, près du
» hameau de Renneville, et s'avancera jusque sur la route
» de Patay à Guillonville, pour s'établir au bivouac à hau-
» teur de la ferme de Pérolait. La brigade qui est à Tour-
» noisis prendra la direction de Patay en suivant la route

» qui passe par le hameau d'Allonnes, après avoir rallié
» tous les postes de cavalerie en avant de Tournoisis. Les
» deux batteries d'artillerie à cheval marcheront avec cette
» colonne; les bagages, les convois et la réserve d'artillerie
» de la division suivront la route de Saint-Péravy à Patay
» par Lignerolles, et devront partir exactement à dix
» heures pour s'installer entre Patay et le bivouac de la
» cavalerie, à droite et à gauche de la route. Le bataillon
» de chasseurs qui est à Tournoisis quittera ce village avec
» la brigade qui s'y trouve, et suivra la même route par
» Allonnes, pour rejoindre sa division.

» L'amiral réunira la 1re division d'infanterie à Ligne-
» rolles, et, laissant Patay à gauche, ira s'établir à Ter-
» miniers. Tout le matériel roulant de cette division sera
» dirigé sur Rouvray-Sainte-Croix, en prenant, s'il est
» praticable, le chemin de traverse qui de Lignerolles va
» aboutir à Moret, en arrière de Rouvray.

» La 2e division se réunira à Pezelles, passera par le
» Chêne, Coinces, Brilly, l'Encornes, et établira son centre
» à la Borde-Martin, ayant une brigade à droite et à
» gauche de cette ferme en avant de la route de Terminiers
» à Sougy. Le général Barry fera reconnaître de suite les
» chemins que son artillerie, son ambulance et son convoi
» pourraient prendre pour aller s'établir à l'Encornes. Ce
» matériel ne suivrait la route de Patay, déjà encombrée,
» que dans le cas où les autres chemins seraient imprati-
» cables ou trop fatigants pour les attelages.

» La 3e division, réunie à Bricy, passera par Huêtre et
» Trogny, pour s'établir à droite de Sougy le long de l'an-
» cienne route de Chartres. L'artillerie, l'ambulance et le
» convoi de cette division suivront la même route, et s'éta-
» bliront, l'ambulance et le convoi à Huêtre, l'artillerie à
» Trogny.

» La réserve d'artillerie quittant la Haute-Épine à onze

» heures, après avoir fait reconnaître la route de Coinces
» par le Chêne, prendra de préférence cette route pour
» venir s'établir à Lignerolles. Si ce chemin est trop mau-
» vais, elle passera par Saint-Péravy.

» L'ambulance du grand quartier général et le grand
» parc se dirigeront par les Barres, Boulay, sur Bricy et
» Coinces, où elles bivouaqueront. Toutefois, si le parc peut
» de Bricy gagner Huêtre par un chemin suffisamment
» bon, il s'établira à Huêtre de préférence à Coinces, et
» rendra compte au général commandant le 16° corps.

» Les bagages et le convoi du quartier général passant
» par Saint-Péravy, Lignerolles, iront s'établir en deçà de
» Patay, en s'engageant dans le faubourg de cette ville.

» Le quartier général du 16° corps, à Patay.

» Le quartier général de la cavalerie, à Muzelles.

» Le quartier général de la 1re division, à Terminiers.

» Le quartier général de la 2e division, à Rouvray-Sainte-
» Croix.

» Le quartier général de la 3e division, à Sougy.

» Les divisions marcheront le plus possible dans
» l'ordre adopté au 16° corps, c'est-à-dire en lignes de
» bataillons en colonnes à distance de déploiement, l'in-
» fanterie à travers champs, l'artillerie, autant qu'elle le
» pourra, sur les routes et chemins.

» On prendra au bivouac les mesures nécessaires pour
» se garder à bonne distance; chaque division fera faire
» en avant de son front des reconnaissances, qui ne ren-
» treront que quand la division tout entière sera établie
» au bivouac.

» Le général Michel devra faire reconnaître tout le pays
» entre la grande route de Châteaudun à Janville et la posi-
» tion qu'il occupe, en portant son attention principale-
» ment sur Guillonville, Orgères, Loigny et Lumeau.

» Les francs-tireurs du colonel Lipousky iront cou-

» cher ce soir à Lignerolles; l'escadron d'éclaireurs aux
» Échelles, en avant de Terminiers.

» Les deux sections de montagne marcheront avec l'ar-
» tillerie de la 1re division, jusqu'à ce que les francs-tireurs
» aient repris leurs positions en avant des lignes. »

Le 1er décembre au matin, le commandant du 16e corps, après avoir fait parvenir au général en chef copie des instructions qui précèdent, lui adressa la lettre suivante, qu'il est nécessaire de reproduire pour rendre plus saisissante sa pensée sur les opérations qu'on allait entreprendre, et faire bien comprendre la situation du 16e corps ainsi que le rôle qui lui était assigné.

« Quartier général de Saint-Péravy, 1er décembre 1870.

» *Le général Chanzy au général d'Aurelle de Paladines.*

» Je vous ai adressé, cette nuit, l'ordre qui contient mes
» instructions au sujet du mouvement que le 16e corps
» doit exécuter aujourd'hui pour commencer l'opération
» arrêtée hier. Je vous avais fait observer que sa marche
» sur Pithiviers, à l'aile gauche de l'armée, pouvait être
» retardée par les tentatives que l'ennemi ne manquerait
» pas de faire sur notre gauche.

» Les reconnaissances poussées ce matin en avant de
» Patay constatent que les forces prussiennes signalées
» hier se seraient maintenues et même renforcées de Péron-
» ville jusqu'à Terminiers, par Pruneville, Guillonville et
» Gommiers, masquant d'autres forces plus considérables
» que l'on dit être à Villepion, Loigny et Orgères.

» Afin d'assurer mon installation ce soir au nord-est de
» Patay, de Terminiers à Sougy, je fais couvrir le mouve-
» ment d'ensemble du 16e corps par la 1re division et la
» cavalerie, qui, avant de s'installer dans les bivouacs qui

» leur ont été assignés, reconnaîtront l'ennemi à Prune-
» ville, Guillonville et Gommiers, avec l'ordre de le délo-
» ger s'il fait mine de vouloir y rester.

» Si l'ennemi résiste aujourd'hui et si nous le délogeons
» de ses positions, il est probable qu'il se retirera sur celles
» d'Allaines, Janville et Toury, où il a préparé des défenses,
» et il me paraîtrait imprudent de marcher directement
» sur Artenay et Santilly sans l'avoir forcé à quitter les
» positions que je viens d'indiquer, et d'où, s'il s'y main-
» tenait, il pourrait menacer sérieusement notre gauche
» et peut-être tomber sur nos derrières s'il était en force
» de ce côté, ou s'il appelait à lui des renforts qui bien
» certainement doivent exister dans cette direction.

» Je crois donc qu'il est prudent que le 16ᵉ corps re-
» monte par Loigny, Tillé-le-Peneux jusqu'à Allaines,
» Janville et Toury, que le 17ᵉ corps établisse sa gauche
» à la Conie sur la ligne de Patay et Sougy, et que le
» 15ᵉ corps se porte demain sur Santilly par Dambron, de
» façon à s'établir en avant de Santilly, en avançant sa
» droite sur Ruan et Aschères-le-Marché.

» Si le 16ᵉ corps peut enlever demain Allaines, Janville
» et Toury, il pourrait s'établir, à la fin de la journée, le
» long du chemin de fer d'Orléans à Étampes, en couvrant
» sa gauche par une division et la cavalerie.

» Après-demain il marcherait sur Pithiviers, d'après les
» instructions que vous me donneriez, pour me relier avec
» le 15ᵉ corps, qui, dans ce mouvement, me paraît devoir
» appuyer sur sa gauche, de façon à être en mesure de
» prêter son concours au 16ᵉ corps, le plus exposé dans
» cette marche aux tentatives que pourrait faire l'ennemi.

» Dès lors le 17ᵉ corps devrait suivre le mouvement
» général et venir s'établir derrière nous, perpendiculaire-
» ment au chemin de fer d'Étampes et en avant d'Artenay,

» de façon à agir comme réserve si cela était nécessaire,
» tout en couvrant Orléans [1].

» *Signé* : Général CHANZY. »

COMBAT DE VILLEPION.

Le 1ᵉʳ décembre, le 16ᵉ corps se mit en mouvement à dix heures du matin dans l'ordre prescrit par les instructions qui précèdent, l'infanterie à travers champs, l'artillerie sur les routes et sur les chemins. Bien que la neige couvrît encore le sol, le froid, qui était vif, avait durci le terrain ; le temps était favorable. Arrivé à Patay, le commandant du 16ᵉ corps, informé que l'ennemi occupait Guillonville et Gommiers, donna l'ordre au contre-amiral Jauréguiberry de se porter avec sa 1ʳᵉ division sur ces positions et de les enlever ; la cavalerie du général Michel, qui se trouvait en avant de la ferme de Pérolait, devait, en tournant la droite des Allemands, faciliter cette opération. Parvenu entre Muzelles et la ferme Guillard, l'amiral fut accueilli par un feu très-vif que les batteries postées à hauteur de Gommiers et de Terminiers dirigeaient sur sa brigade de droite (général Bourdillon), et sur une partie de la cavalerie arrêtée entre Muzelles et Rouvray-Sainte-Croix. En même temps, des groupes de cavalerie ennemie en mouvement sur notre gauche préoccupaient le général Deplanque et l'empêchaient de marcher directement sur les positions indiquées à sa brigade. L'amiral Jauréguiberry comprenant qu'il fallait brusquer l'attaque et débuter par un coup vigoureux dans les opérations qui s'ouvraient, établit promptement ses pièces pour contre-battre celles de l'ennemi, fit faire face à droite à la brigade Bourdillon, marcher résolûment en avant la brigade Deplanque, enle-

---

[1] Voir à l'appendice du livre I, la dépêche télégraphique du général en chef répondant à cette lettre (note 7).

ver par un bataillon du 39° de marche (capitaine Sombret) la ferme de Guillard fortement occupée, et fermer la trouée qui s'était produite pendant la marche entre ses deux brigades, par ce même bataillon, le 3° de chasseurs à pied et une batterie de 12 mise à sa disposition par le commandant du 16° corps.

Cependant le général Michel dessinait son mouvement tournant sur la gauche, et ses batteries, tirant sur celles que l'ennemi avait placées près de Gommier, contribuaient avec l'artillerie de la 1re division, à éteindre momentanément leur feu. Le village de Gommiers, tourné alors par le bataillon du capitaine Sombret, fut vigoureusement attaqué de front par les chasseurs à pied et enlevé.

Il était environ trois heures et demie; l'ennemi se trouvait concentré à Terminiers, Faverolles, Villepion, Nonneville et Chauvreux. Il était en forces; ses obus tombaient en quantité considérable sur nos emplacements; mais sur sa droite il avait dû évacuer Guillonville. Pendant que l'amiral prenait ses dispositions pour l'aborder, le commandant du 16° corps donna l'ordre à la cavalerie de prononcer un mouvement direct sur Loigny. Le général Michel, laissant la brigade de Tucé à gauche de la route de Guillonville, pour observer la direction de Pruneville où l'on signalait des escadrons ennemis, s'avança avec ses deux autres brigades sur Villepion et Faverolles. Accueillie par le feu très-vif d'une batterie placée entre ces deux villages, notre cavalerie dut appuyer à droite pour la tourner et déborder les jardins de Faverolles et le flanc gauche des Allemands, soutenue par son artillerie qui se mit plusieurs fois en position. Cette démonstration hardie, exécutée sous les obus à une distance de 600 mètres, mais assez rapide pour éviter des pertes sensibles, détermina la retraite de la batterie ennemie de Villepion, et contribua puissamment à faciliter à la brigade Bourdillon sa marche sur Faverolles. Cette brigade dépassait bientôt la route de Gommiers à Terminiers, s'engageait résolûment entre Villepion et Faverolles, tandis que le bataillon du 39° qui avait enlevé Gommiers, secondé par la batterie de 12 et celle de montagne, poursuivait sans hésiter avec le 3° bataillon de chasseurs à pied, son attaque sur Villepion.

L'amiral faisait en même temps exécuter un mouvement de conversion à la brigade Deplanque pour aborder la droite ennemie; l'action fut bientôt très-vive de ce côté, à hauteur de Chauvreux. Le jour baissait, il fallait en finir. Le commandant de la 1re division réunissant les troupes qui lui restaient et se mettant à leur tête, se porta au pas de course sur le parc de Villepion, point central de la résistance, qu'emportèrent d'assaut le bataillon du 39° de marche, le 2° bataillon du 33° mobiles (Sarthe) et les chasseurs à pied. On y fit 40 prisonniers, dont 2 officiers de la garde de Bavière; une batterie faillit rester entre nos mains, et elle ne dut son salut qu'à l'obscurité; l'ennemi abandonna dans le château son ambulance et de nombreux blessés.

A droite, un autre bataillon du 39° de marche et le 75° mobiles (Loir-et-Cher et Maine-et-Loire) se précipitaient sur Faverolles à la baïonnette, y faisaient des prisonniers et s'y installaient, tandis qu'à la gauche le général Deplanque, après une lutte opiniâtre, s'emparait de Nonneville.

La nuit était complétement venue; l'amiral établit sa division sur les positions conquises et son quartier général au château de Villepion. La cavalerie, que l'obscurité empêchait de poursuivre l'ennemi, se replia sur son bivouac du matin, entre les fermes de Muzelles et de Pérolait, ayant toujours la brigade de Tucé à l'ouest de la route de Patay à Guillonville, pour observer les directions de Bazoche-en-Dunois et de la Conie.

La division Barry, qui avait eu le plus de chemin à parcourir pour se porter en ligne, n'était arrivée qu'à la fin de la journée, et s'était établie, sa 1ʳᵉ brigade à Muzelles, sa 2ᵉ à Terminiers; elle n'avait point été engagée.

Le combat de Villepion était un brillant succès pour le 16ᵉ corps; l'honneur en revenait tout entier à l'amiral et à sa belle division [1]. Ils avaient eu à lutter contre 20,000 Bavarois, qu'ils avaient complétement battus, et repoussés successivement de toutes leurs positions solidement fortifiées et vigoureusement défendues.

Dans la nuit, le général commandant le 16ᵉ corps, rentrant à son quartier général de Patay, apprit qu'un poste ennemi était resté dans la ferme de Bourneville : il la fit cerner par une compagnie des francs-tireurs de Paris et un escadron de chasseurs qui y enlevèrent 40 cavaliers bavarois, dont 3 officiers.

Les dépêches télégraphiques du général en chef annonçaient des succès remportés par les autres corps de l'armée, et le Gouvernement donnait de Paris des nouvelles tellement avantageuses et précises, qu'on pouvait en ce moment avoir une confiance fondée dans le résultat qu'on cherchait à atteindre [2].

LE 17ᵉ CORPS SE PORTE SUR PATAY.

Le 17ᵉ corps s'était de son côté mis en marche; le 30 novembre il avait sa gauche à Saintry, sa droite à Montpipeau et son centre à Coulmiers. Malgré la fatigue

---

[1] Voir à l'appendice du livre I, la dépêche télégraphique n° 266, par laquelle le commandant du 16ᵉ corps rendait compte au ministre du combat de Villepion, et deux télégrammes du général en chef (note 8).

[2] Voir les dépêches télégraphiques du général en chef et du ministre de la guerre (1ᵉʳ décembre) (note 9).

de ses troupes, et comprenant la gravité de la situation, le général de Sonis, qui le commandait, s'était avancé dans la nuit du 1ᵉʳ au 2 jusqu'à Saint-Péravy, donnant l'ordre à toutes ses divisions de ne pas perdre un seul instant. La brigade Dubois de Jancigny arrivait le 1ᵉʳ au soir à Patay, et prenait position à l'ouest de cette ville.

Le général commandant le 16ᵉ corps pouvant dès lors compter sur l'appui du 17ᵉ, donna les instructions ci-après pour la journée du lendemain.

« Au quartier général de Patay, le 1ᵉʳ décembre 1870
(n° 149).

» Le 16ᵉ corps a su aujourd'hui, comme à Vallière et
» à Coulmiers, s'acquitter de sa tâche avec vigueur et en-
» train. Les résultats sont tels qu'on pouvait l'espérer :
» nous couchons au delà des positions d'abord assignées;
» l'ennemi, partout repoussé, paraît opérer sa retraite dans
» la direction de Janville et de Toury; il s'agit de le
» poursuivre vigoureusement.

» Nos positions, ce soir, sont : le quartier général de la
» 1ʳᵉ division au château de Villepion; la 1ʳᵉ brigade à
» Nonneville; la 2ᵉ à Faverolles; le général Barry à Ter-
» miniers avec la 2ᵉ brigade de la 2ᵉ division; la 1ʳᵉ en
» réserve en avant de Muzelles; la 3ᵉ division à Sougy;
» la division de cavalerie en arrière de Muzelles, ayant
» une brigade à l'ouest de la route de Patay à Guillon-
» ville, pour observer dans la direction de Bazoche et de
» la Conie.

» La réserve d'artillerie à droite de Patay et en avant
» de la route de Rouvray; le parc d'artillerie à Coinces;
» les bagages, le convoi de la cavalerie et celui du quartier
» général arrêtés pendant le combat, en arrière de Patay.

» Le quartier du commandant du 16ᵉ corps à Patay.
» La brigade de Jancigny, du 17ᵉ corps, à l'ouest et à

» hauteur de Patay. Le reste du 17ᵉ corps arrivera ce soir
» à Saint-Péravy. Les francs-tireurs Lipouski, poussés
» cette nuit sur Bourneville pour y surprendre un déta-
» chement ennemi, devront revenir prendre position à
» Guillonville, où ils se trouveront demain matin.

» Les directions importantes à observer cette nuit et à
» reconnaître demain au jour, sont celles d'Orgères, de
» Villeraud, de Loigny et de Lumeau.

» La 3ᵉ division, partant demain à quatre heures de
» Sougy, viendra s'établir à Terminiers, où elle devra être
» rendue au jour et attendre des ordres.

» La 2ᵉ division, portant demain sa 1ʳᵉ brigade sur la
» route de Terminiers à Gommiers, marchera sur Loigny.

» La division de cavalerie, partant de Muzelles, mar-
» chera par Gommiers, Nonneville, dans la direction d'Or-
» gères, en débordant la gauche de la 2ᵉ division pour
» tourner Orgères si l'ennemi l'occupe, et venir s'établir
» sur la route de Châteaudun à Janville ; ou par Villeraud
» sur la Maladerie, si Orgères et ce dernier point ne sont
» pas occupés, pour se redresser ensuite sur la route de
» Janville et couvrir la gauche du mouvement. Une bri-
» gade sera laissée en arrière, de façon à suivre le reste de
» la division à une distance de trois kilomètres, et à con-
» tinuer d'observer les derrières et la route de Cormain-
» ville.

» La 1ʳᵉ division d'infanterie, réunie à hauteur du châ-
» teau de Villepion, formera la réserve et suivra les mou-
» vements de la 2ᵉ division à une distance de deux kilo-
» mètres. — De Loigny, si elle n'est pas attaquée du côté
» d'Orgères et de la Maladerie, la 2ᵉ division marchera
» sur Tillai-le-Peneux, qu'elle devra enlever lorsque la
» 1ʳᵉ division sera à hauteur de Loigny. La 3ᵉ division se
» mettra en mouvement de Terminiers, sur Lumeau et
» Baigneaux. La brigade du 17ᵉ corps qui est à Patay, ira

» prendre position à Terminiers. Les divisions devront
» marcher dans le même ordre qu'aujourd'hui, les deux
» brigades de la 1re prenant une disposition en échelons;
» l'escadron des éclaireurs qui est aux Échelles, prévenu
» par le général Maurandy, éclairera la marche de la 3e di-
» vision sur Lumeau et Santilly. Les francs-tireurs du
» colonel Lipousky, ralliés par ceux du commandant de
» Foudras, appuieront à gauche le mouvement de la ca-
» valerie, se portant, suivant le cas, soit sur Orgères, soit
» sur Villeraud. Le résultat à atteindre serait de s'établir
» demain soir :

» La 2e division à Toury; la 1re en avant de Janville;
» la division de cavalerie au Puiset; la 3e division à Poin-
» ville; les bagages et le convoi de la 3e division s'enga-
» geront deux heures après le départ de cette division de
» Sougy, par la Borde-Martin, sur le chemin de Blois (an-
» cienne voie romaine), s'il est praticable, pour gagner
» Baigneaux;

» Le matériel roulant de la 2e division, par Rouvray,
» Terminiers, Faverolles et Loigny;

» La réserve d'artillerie de Patay, par Rouvray, Ter-
» miniers et Nouvilliers, précédant les convois;

» Les bagages et le convoi du quartier général, par
» Terminiers sur Lumeau; les ambulances marchant en
» tête des divers convois;

» Les parcs, de Coinces par Brilly, l'Encornes et
» Sougy, si la route est praticable, ou par Lignerolles,
» Patay, Rouvray et Terminiers, dans le cas où ils ne
» pourraient suivre la première direction;

» Le général commandant le 16e corps suivra le mou-
» vement en arrière de la 2e division, et à hauteur de
» la 1re. Si on peut arriver sur les positions indiquées, son
» quartier général sera à Poinville.

» Les divers mouvements des divisions commenceront

« à huit heures pour la 2°, sur laquelle les autres se base-
» ront d'après les indications données ci-dessus.

» Les bagages de la 1re division suivront les bagages du
» grand quartier général.

» Le général commandant le 16e corps est heureux de
» porter à la connaissance des troupes la bonne nouvelle
» arrivée ce soir : grande victoire remportée à Paris par
» le général Ducrot, qui a forcé les lignes ennemies et
» marche vers l'armée de la Loire. Chacun puisera dans
» ce nouveau succès une nouvelle confiance pour l'issue
» prochaine de la grande cause que nous défendons. Châ-
» teaudun est évacué par les Prussiens ; les troupes fran-
» çaises y sont déjà arrivées précédant le 21° corps. »

LE GÉNÉRAL DE SONIS.

Le 2 décembre, à 6 heures du matin, le général de Sonis, après avoir hâté la marche de toutes les colonnes du 17e corps, arrivait au quartier général du 16e corps annonçant que toutes ses troupes seraient dans la journée à hauteur de Patay, et que, malgré leur fatigue, on pouvait compter sur elles.

Impatient de prendre part à la grande bataille qui se préparait, comprenant que nous allions avoir affaire à des forces considérables, et qu'il devait jouer un rôle important en soutenant l'aile gauche de l'armée dans l'effort qu'elle allait tenter, le général de Sonis s'occupa activement de former ses divisions au fur et à mesure qu'elles arrivaient, de mettre de l'ordre dans ses convois dispersés par suite du mauvais état des chemins et de leur marche dans l'obscurité, et de faire donner à ses troupes les vivres qu'elles n'avaient pu toucher depuis leur départ précipité de leurs positions aux abords de la forêt de Marchenoir, ainsi que les munitions qui leur manquaient.

Le 17ᵉ corps comptait, comme les deux autres de l'armée du général d'Aurelle, trois divisions d'infanterie, une division de cavalerie encore incomplète, et une artillerie suffisante de pièces de 4 et de 8. Sa composition, comme troupes, était du reste la même que celle des autres corps, et son effectif pouvait s'élever à ce moment à 25,000 combattants. Le commandant du 16ᵉ corps put donc monter à cheval à sept heures du matin pour se rendre sur le terrain des opérations, avec la certitude qu'il avait derrière lui un soutien sur lequel il pouvait compter. Il fut convenu toutefois que les troupes qui arrivaient prendraient le plus possible du repos dont elles avaient le plus grand besoin.

La nuit du 1ᵉʳ au 2 décembre avait été calme; de grands feux de bivouac qu'on apercevait dans toute la plaine, depuis Orgères jusqu'à Baigneux, signalaient le voisinage immédiat de forces ennemies considérables. Il avait gelé, le terrain était sec et sonore, et nos soldats avaient eu beaucoup à souffrir du froid.

BATAILLE DE LOIGNY.

Dès le matin, un escadron du 1ᵉʳ hussards (2ᵉ de cavalerie mixte) attaché à la 1ʳᵉ division du 16ᵉ corps, se porta sur Villours, Loigny et Villeraud pour reconnaître l'ennemi, dont il rencontra les vedettes sur ces trois points. Les éclaireurs du capitaine Bernard, qui avaient bivouaqué aux Échelles, reconnaissaient de leur côté les abords de Lumeau, et constataient que les lignes allemandes s'étendaient de ce côté. Des combles du château de Villepion on distinguait enfin très-nettement, des colonnes profondes venant de la direction d'Orgères, et se massant vers la Maladerie, Tanon, Villeprévôt et le château de Goury.

La 1re division du 16e corps était établie à hauteur du château de Villepion : la brigade Bourdillon en bataille à droite, la brigade Deplanque à gauche un peu en arrière de la première, en échelons de bataillons, couverte du côté de Nonneville par de nombreux tirailleurs.

A huit heures le mouvement commençait par la 2e division (général Barry), qui se portait sur Loigny et Tillai-le-Peneux, suivie à une demi-heure de distance par la 1re division, dont le centre marchait sur la route de Villepion à Loigny : la 1re brigade devant passer au nord de ce dernier village pour se diriger sur le château de Goury, la 2e ayant pour objectif Morat et Villeprévôt. La 3e division (général Maurandy) appuyait la droite de la 2e en se portant de Terminiers sur Lumeau ; enfin la division de cavalerie du général Michel, quittant à huit heures son bivouac de Muzelles, gagnait l'aile gauche du corps d'armée par Gommiers, Nonneville et Villevé, avec mission d'observer Orgères et de s'avancer sur la Maladerie, nœud important des deux grandes routes qui conduisent de Châteaudun à Janville, et d'Orléans à Chartres.

A neuf heures, l'action s'engageait à Loigny, que la division Barry, vigoureusement menée, enlevait sans coup férir. Nos troupes, encouragées par ce succès, se portèrent de suite sur la ferme de Beauvilliers et le château de Goury. Cette attaque était trop précipitée, et n'avait point été suffisamment préparée par l'artillerie[a]. L'ennemi, après un premier moment de surprise, se reforma, et la 2e division, qui était déjà maîtresse du château de Goury, fut obligée de se replier sur Loigny, laissant, dans sa retraite, la 3e division, qui s'avançait entre Écuillon et Neuvilliers après s'être emparée de ce dernier point, exposée aux feux directs des batteries allemandes de Lumeau, et aux feux d'écharpe de celles de Goury. Une batterie de 12 de la réserve, envoyée au général Maurandy, l'aida néanmoins à se maintenir sur ses positions, et l'amiral se portant en avant, permit au général Barry d'arrêter son mouvement de recul.

A l'aile gauche, le général Michel ayant aperçu sur Villeraud et la Maladerie des masses considérables d'infanterie soutenues par de l'artillerie, était venu s'établir à 3 kilomètres à l'ouest d'Orgères, et observait d'autres troupes qui se montraient vers Cormainville, au delà de la branche supérieure de la Conie.

Il était dix heures et demie. Le 3° bataillon de chasseurs à pied et le 39° de marche de la brigade Bourdillon, envoyés par l'amiral, sur l'ordre du commandant du 16° corps, pour soutenir la division Barry, s'étaient élancés avec beaucoup de vigueur sur l'ennemi, et avaient pu reprendre le parc du château de Goury. Malgré de grandes pertes pour y pénétrer, et celles que continuaient à leur faire éprouver les batteries de Beauvilliers, ces braves régiments cherchèrent à se maintenir, et déployèrent dans cette circonstance une fermeté et un courage que de vieilles troupes n'auraient pu dépasser.

Le 75° mobiles, de la brigade Bourdillon, se déploya alors à droite du village de Loigny, et se porta sur le château de Goury, qu'il ne put enlever. Néanmoins, cet effort maintint le combat sur les points où il était engagé, et la brigade Deplanque, entrant en ce moment en ligne, put avancer jusqu'à hauteur de Morat, d'où le 37° de marche chassa l'ennemi.

La 3° division avait repris de son côté l'attaque de Lumeau quand elle avait vu la brigade Bourdillon marcher sur Goury, mais elle avait été repoussée avec des pertes sérieuses, principalement dans le 40° de marche, et avait dû se retirer une partie en arrière d'Écuillon et Neuvilliers, et l'autre jusqu'aux Échelles et Terminiers. La 2° division reformait difficilement ses lignes ; son mouvement de retraite continuait, malgré le secours qu'elle avait reçu de la brigade Deplanque, et à midi et demi elle se retrouvait presque tout entière et en désordre, à hauteur du château de Villepion.

La situation devenait de plus en plus difficile. Nous avions évidemment affaire à un ennemi très-supérieur en nombre. Toutes les troupes du 16° corps étaient engagées, et il n'y avait plus d'autre réserve que celle qu'offraient les troupes fatiguées de la brigade Dubois de Jancigny, en position à Terminiers. Le commandant du 16° corps envoya prévenir le général de Sonis, lui demandant de venir à lui dès qu'il pourrait le faire. Malheureusement, le gros du 17° corps n'était arrivé qu'à onze heures à Patay, sans avoir eu le temps de prendre aucune nourriture; la 1re division même n'y parvint qu'à cinq heures du soir. Quoi qu'il pût faire, le général de Sonis ne put se mettre en marche que très-tard avec ce qui était capable de le suivre.

Jusque-là l'ennemi avait présenté sur tout le front d'attaque la même résistance et tenté les mêmes efforts. Dès qu'il s'aperçut que notre droite n'était plus à craindre, il en vint à la manœuvre qui lui a tant de fois réussi, et changeant son ordre de bataille, il se porta en masse sur notre gauche avec l'intention de la tourner. On l'aperçut distinctement dirigeant ses colonnes sur Tanon, et prenant une position d'équerre, en avant de la Maladerie où apparaissait en même temps une nombreuse cavalerie. L'amiral prit immédiatement ses dispositions pour faire face au danger qui le menaçait : la 2° ligne de la brigade Deplanque exécuta un changement de front à gauche, et les mitrailleuses, ainsi qu'une partie des batteries de la division, firent également face de ce côté. Le 33° mobiles (Sarthe), qui formait presque en entier cette nouvelle ligne, eut d'abord à supporter un feu d'artillerie des plus violents qui ne l'empêcha pas d'essayer d'avancer jusqu'à portée de mousqueterie. Obligé de plier, il recula en ordre les rangs formés comme à la manœuvre, et s'arrêtant fréquemment pour essayer de nouveau l'offensive. A deux heures, il n'avait pas perdu un kilomètre de terrain; son attitude, son feu et celui de nos mitrailleuses avaient constamment maintenu l'ennemi, qui perdait beaucoup de monde. La cavalerie allemande, après avoir essayé d'avancer, avait été rejetée en désordre sur Orgères. Malheureusement la nôtre, que le commandant du 16° corps faisait prévenir pour qu'elle pût profiter de cette circonstance, avait quitté sa première position à l'ouest d'Orgères, parce que, trompé par un grand nombre de fuyards isolés qu'il apercevait se dirigeant sur Patay, le général Michel avait cru à une retraite de tout le corps, et s'était replié sur Nonneville et Gommiers dans le but de la protéger.

Telle était la situation vers deux heures de l'après-midi. La droite désorganisée, le centre peu solide et composé de troupes hésitantes depuis le choc infructueux du matin; la 1re division en flèche sur la gauche, très-engagée, et supportant le principal effort de l'ennemi. Du côté de la 3° division, le désordre devenait même inquiétant; deux pièces de la batterie de 12, envoyées comme appui, venaient d'être enlevées par l'ennemi, parce que la troupe chargée de protéger cette batterie l'avait abandonnée. Dès qu'il fut prévenu de ce fait regrettable, le commandant du 16° corps, réunissant quelques troupes de la 2° division, les reporta en avant sur la crête de Terre-Noire, avec une nouvelle batterie de 12 pour contre-battre l'artillerie ennemie, qui continuait à tirer de Lumeau et de Goury. Le reste de la 2° division était établi et reformé entre Villepion et Faverolles.

Combattant avec une ténacité et un sang-froid au-dessus de tout éloge, l'amiral dut néanmoins se décider à se retirer lui-même sur Villepion, tout en maintenant le plus grand ordre dans ses lignes. Il apercevait, en effet, venant de la direction de Chartres, de nouvelles batteries allemandes qui commencèrent bientôt leurs feux et couvrirent d'obus la 1re division. Du côté de Loigny, où le combat s'était soutenu jusque-là sans avantage marqué de part et d'autre, l'ennemi venait aussi de recevoir des renforts. Les efforts héroïques du 3e bataillon de chasseurs, du 39e de marche et du 75e mobiles échouèrent définitivement contre les murs crénelés du parc de Goury; ces braves troupes ne pouvant emporter la position, reculèrent en combattant jusqu'à Loigny, où elles s'établirent.

La 1re division s'étendait ainsi d'Ecuillon à Morate, par Loigny et Fougeu, faisant ensuite un retour sur Villeraud et le moulin de Villepion. Elle put se maintenir dans cette situation jusque vers trois heures et demie; mais à ce moment une masse de cavalerie ennemie, dans laquelle on distinguait des cuirassiers, apparut, avec une batterie d'artillerie, sur la crête qui domine la ferme de Chauvreux, produisant une diversion qui commença à inquiéter la 1re division. La 3e division du 17e corps débouchait alors en arrière et à droite du château de Villepion. Prise d'écharpe par les obus de la batterie de Chauvreux, elle dut se replier sur Gommiers jusqu'à ce que les mitrailleuses et une batterie de 8, se portant résolûment en avant, eussent pu faire taire l'artillerie et forcer la cavalerie de l'ennemi à se retirer. Faisant un détour, les Allemands se reportèrent sur Guillonville, d'où ils essayèrent de nouveau de nous inquiéter, mais la division de cavalerie du général Michel, appuyée par une brigade d'infanterie du 17e corps, parvint bientôt à les déloger.

Tout à coup, à l'extrême droite, du côté des positions primitives du général Maurandy, on entendit le bruit si reconnaissable des mitrailleuses françaises et une canonnade bien nourrie : c'était le 15° corps qui, après avoir repoussé les forces qu'il avait devant lui, se portait sur Mameraut et Domainville. Le général Maurandy, rassemblant alors les débris de sa division, essaya de profiter de cette diversion inattendue pour reprendre l'offensive; mais le feu d'artillerie devenu de plus en plus violent sur notre gauche, forçait la 1re division à se replier jusqu'à hauteur d'un petit bois, situé en avant du moulin de Villepion et qui pouvait lui servir de point d'appui. A Loigny même, nos troupes, épuisées par une journée entière de combats, et décimées par un feu d'artillerie et de mousqueterie quatre ou cinq fois supérieur au leur, commençaient à plier de nouveau.

Le moment était décisif; il était quatre heures, et la nuit allait venir. Un nouvel effort sur Loigny et sur Goury, centre de la résistance ennemie, pouvait encore décider en notre faveur du succès de la bataille. Le général de Sonis arrivait avec quelques batteries, les zouaves pontificaux et celles de ses troupes qui avaient le mieux marché; il se chargea, sans hésiter, de cet effort, et se porta intrépidement en avant, donnant lui-même l'exemple et l'élan. Pendant que ce mouvement allait s'effectuer, l'amiral prit ses dispositions pour se maintenir solidement autour du château et du moulin de Villepion, appuyé au parc, qu'il avait fait créneler, et occuper par le 35° mobiles et une partie du 33° de marche. L'action de ce côté se borna dès lors à défendre le petit bois de Villepion, qui fut évacué et repris, et qui finit par rester à l'ennemi lorsque la nuit ne permit plus de le lui disputer.

Le général de Sonis, brusquant l'attaque de Loigny, s'était élancé sur ce village avec les zouaves pontificaux et la légion des Côtes-du-Nord[b]; il l'avait emporté et dépassé, lorsqu'il tomba héroïquement, la cuisse brisée par un obus. Le colonel de Charette, qui rivalisait avec lui d'intrépidité et de courage, gisait à ses côtés grièvement blessé ; leurs troupes étaient décimées, la perte de leurs chefs les força à la retraite. La nuit était alors très-obscure ; le champ de bataille n'était éclairé que par l'incendie de Loigny et de quelques fermes aux environs, auxquelles l'ennemi avait mis le feu. Les pièces d'artillerie en se retirant au galop produisaient sur le terrain durci par la gelée un bruit qui impressionnait les troupes et qui contribuait à augmenter le désordre. Le canon du 15° corps s'était tu. Le général Maurandy, après de vains efforts, s'était replié sur Trogny et Huêtre, derrière des retranchements qui y avaient été préparés, appuyant sa droite à quelques troupes du 15° corps rentrées comme lui dans leurs cantonnements de Gidy. Enfin, à notre extrême gauche, la division de cavalerie, après avoir repoussé l'ennemi au delà de Guillonville, avait repris ses positions de la veille, à Muzelles.

Il se produisit alors dans ce désordre et cette obscurité, un fait des plus regrettables : le 37° de marche, qui n'était point prévenu de la retraite et qui continuait à tenir dans une partie de Loigny, eut à soutenir un combat des plus acharnés, et ne put se dégager sans laisser à l'ennemi un grand nombre de prisonniers.

RÉSULTATS DE LA JOURNÉE DU 2 DÉCEMBRE.

La 1re division du 16° corps fut la dernière à cesser la lutte ; c'est à elle ainsi qu'à son chef que nous devions d'avoir conservé, à peu près, nos positions du matin. Sa contenance jusqu'à la fin de la journée imposa, du reste, tellement à l'ennemi, que celui-ci n'osa ni la poursuivre lorsqu'elle retira du champ de bataille ses régiments les plus engagés, ni même occuper le parc de Villepion, qui n'était cependant défendu, à la nuit, que par quelques détachements du 33ᵉ mobiles. Une partie de l'escadron du 1ᵉʳ hussards, attaché à la division, coucha dans le château de Villepion, à quelques centaines de mètres des Allemands, et ne le quitta que le matin avant le jour, lorsque l'amiral, qui reconstituait sa division, la fit rentrer avec les dernières fractions du régiment de la Sarthe. Ainsi, le soir du 2 décembre, le 16ᵉ corps, malgré l'insuccès du combat qu'il venait de soutenir, occupait encore, la 1ʳᵉ division, Villepion, Faverolles et Terminiers, la 2ᵉ Gommiers; la 3ᵉ s'était repliée sur Huêtre; la division de cavalerie couchait à Muzelles comme la veille, et le 17ᵉ corps, privé de son chef, avait repris à peu près ses emplacements du matin à Patay, Rouvray, Sainte-Croix et Terminiers.

Le commandant du 16ᵉ corps, après avoir réparé autant que possible le désordre qui s'était produit à la tombée de la nuit, et assigné aux diverses troupes les positions qu'elles devaient occuper, gagna à sept heures du soir Terminiers, où il établit son quartier général, afin d'être ainsi au centre de ses divisions et à proximité du 17ᵉ corps, que les circonstances plaçaient sous son commandement [1].

Telle fut, à l'aile droite de l'armée, cette bataille de Loigny dont les conséquences furent l'abandon du plan d'opérations arrêté, le 31 novembre, à Saint-Jean-de-la-Ruelle. Nous avions eu affaire à toute l'armée du grand-duc de Mecklembourg et à une grande partie du corps bavarois, renforcé deux fois, pendant la bataille, par des secours envoyés par le prince Charles. Nos pertes étaient très-considérables en hommes, en chevaux et en matériel d'artillerie, atteints par les projectiles de plus de 150 pièces ennemies qui n'avaient cessé de tirer depuis le

---

[1] Le commandant du 16ᵉ corps trouva à Terminiers les deux télégrammes du ministre de la guerre, à la date du 2 décembre, qui sont reproduits aux notes à la fin de cet ouvrage (note 10 du livre I).

matin. Nous avions lutté pendant près de douze heures, contre des forces supérieures en nombre, retranchées, pour la plupart, sur des positions préparées à l'avance. Les Allemands avaient, de leur côté, perdu beaucoup de monde; le champ de bataille était jonché de leurs cadavres et de blessés que, comme nous, ils ne purent faire enlever dans la nuit. La journée était donc glorieuse pour les 16ᵉ et 17ᵉ corps, qui en résumé n'avaient pas, jusque-là, perdu un pouce de terrain [1].

POSITION DU RESTE DE L'ARMÉE.

Dans la soirée, le commandant du 16ᵉ corps apprit, par un officier d'ordonnance du général Martin des Pallières, que le 15ᵉ corps, attaqué dès le matin sur ses positions, n'avait pu que les conserver, sans qu'il lui eût été possible de se porter en avant en présence de la nombreuse artillerie dont il avait eu à subir le feu écrasant. L'effort de ce côté avait été fait certainement par une partie des troupes du prince Charles, et il n'y avait plus à douter de la concentration de toutes les forces allemandes, dont le but était évidemment de détruire l'armée de la Loire et de reprendre Orléans.

Des officiers avaient été envoyés dans la journée au général d'Aurelle, qui avait établi son quartier général à Chevilly, pour l'informer de ce qui se passait à l'aile gauche, et de la position des 16ᵉ et 17ᵉ corps. Les routes étaient tellement mauvaises et les distances à parcourir si longues, par suite des détours que la proximité de l'ennemi rendait nécessaires, que ces officiers n'étaient pas encore rentrés le soir à Terminiers. Le commandant du 16ᵉ corps fit donc partir de nouveau, à huit heures,

---

[1] Voir aux notes du livre I, quelques renseignements allemands sur la bataille de Loigny (note 11).

pour Chevilly, le capitaine Bois, de son état-major, avec mission de donner au général en chef tous les renseignements dont il pouvait avoir besoin pour apprécier la situation, lui remettre la lettre suivante, et rapporter le plus rapidement possible ses instructions.

COMPTE RENDU DU COMMANDANT DU 16e CORPS AU GÉNÉRAL EN CHEF.

« *Le général Chanzy au général en chef.*

» Terminiers, 2 décembre 1870.

» Après un beau succès hier, nous avons quitté ce matin
» les positions conquises à Terminiers, Faverolles, Ville-
» pion et Nonneville, pour nous porter sur Janville et
» Toury.

» Nous avions enlevé Loigny et le château de Goury, et
» nous avancions sur Bazoche et Lumeau, lorsque les di-
» visions engagées se sont repliées devant des forces con-
» sidérables et une nombreuse artillerie arrivant du Nord
» et de l'Est. Tout le 16e corps étant alors engagé et l'en-
» nemi menaçant ma gauche, j'ai dû faire prévenir le gé-
» néral de Sonis, qui est arrivé vers quatre heures de
» Patay, avec ce qu'il avait de son corps d'armée.

» Aidé de ce renfort, nous pûmes reprendre l'offensive
» et nous reporter au delà de Loigny; malheureusement
» le général de Sonis a été blessé et ses troupes se sont
» repliées.

» La nuit arrivée, nous avons été obligés de nous retirer
» devant un effort très-vigoureux de l'ennemi, et nous
» venons seulement de nous rallier et de nous établir : la
» 1re division du 16e corps, une partie du 17e, à Termi-
» niers; la 2e division du 16e corps, la division de Flandres
» du 17e, autour de Gommiers, le général de Roquebrune
» à Frécul. Je suis sans nouvelles du général Maurandy,
» qu'on me dit en retraite au delà de Songy.

» Je ne sais encore ce qu'est devenu le général de Sonis;
» le général Deplanque a été blessé; nous avons eu de
» grandes pertes; beaucoup d'hommes ont quitté le champ
» de bataille en désordre; presque toutes nos munitions
» sont brûlées.

» Je redoute une attaque pour cette nuit ou demain
» matin. Dans l'état moral où se trouvent les troupes, je
» crois indispensable que le 15° corps appuie sur nous, et
» que l'ennemi entende le canon sur ses derrières dès le
» jour. Je ferai tout pour reprendre l'offensive, mais un
» secours m'est indispensable. Je vous prie de me faire
» parvenir vos ordres, avant le jour, à Terminiers, où je
» suis, et de me dire si je puis compter sur une diversion
» du 15° corps.

» *Signé :* CHANZY. »

Vers une heure du matin, tous les généraux du 17° corps vinrent à Terminiers rendre compte au commandant du 16° de leur situation, déclarant que leurs troupes étaient à bout de forces, et qu'il n'y avait pas à compter sur elles pour un effort, s'il était à faire, avant qu'elles fussent reposées, réorganisées et réapprovisionnées [1]. — Il leur fut répondu que le seul parti qui restait à prendre était de se défendre si l'ennemi attaquait, et de se préparer à exécuter les instructions attendues de Chevilly. Le 17° corps n'ayant plus de généraux de division, le commandement fut provisoirement donné au général Guépratte, le plus ancien des généraux de brigade.

ORDRE DE BATTRE EN RETRAITE SUR LES POSITIONS EN AVANT D'ORLÉANS.

Une dépêche télégraphique, parvenue par Saint-Péravy

---

[1] Voir aux notes le télégramme n° 268, note 12.
[2] Voir aux notes le télégramme du général en chef, note 13.

et Patay, apportait en ce moment l'ordre du général en chef de battre en retraite et de replier les 16ᵉ et 17ᵉ corps sur les positions que le premier avait déjà occupées en avant d'Orléans. Vers cinq heures, les officiers envoyés à Chevilly rentrèrent enfin, confirmant que le mouvement de l'armée en arrière était général, le centre et la droite ayant devant eux, du côté de l'Est, des forces considérables contre lesquelles il leur faudrait lutter bientôt en se retirant sur les positions préparées par le 15ᵉ corps.

Il n'y eut plus dès lors qu'à organiser la retraite, en l'opérant de façon à contenir l'ennemi et à éviter tout échec.

Des munitions d'artillerie et d'infanterie, tirées de la réserve du 16ᵉ corps, furent distribuées immédiatement au 17ᵉ, qui en manquait; les convois, les parcs et tout le matériel roulant furent dirigés vers les emplacements qu'ils devaient occuper en arrière des lignes sur lesquelles on allait s'établir.

Ces premières mesures prises, les divisions d'infanterie furent disposées pour une retraite en échiquier : les bataillons en première ligne déployés sur la crête des mamelons en avant de Terminiers et de Gommiers, couverts par des tirailleurs, les batteries dans les intervalles et sur les positions favorables; l'autre moitié des bataillons dans chaque brigade, et le reste de l'artillerie, à 800 mètres en arrière, formant une deuxième ligne de bataillons en colonne prêts à être déployés, et dissimulés autant que possible dans les plis du terrain.

Dès le jour, on put apercevoir de grands mouvements chez l'ennemi. Bientôt des lignes immenses d'infanterie se déployèrent de Lumeau à Loigny et à Villeraud, et on put croire à une attaque sérieuse. Mais après avoir fait quelques centaines de mètres dans notre direction, les Allemands nous trouvant prêts à combattre, se bornèrent à une faible canonnade que nos batteries du moulin de Terminiers firent bientôt cesser. La retraite s'exécuta alors avec un ordre parfait. Tandis que la division Barry, qui s'était formée à hauteur de Gommiers, marchait sur Muzelles et la ferme de Moret, l'amiral Jauréguiberry, avec la 1re division du 16e corps et la brigade Dubois de Jancigny du 17e, restait jusqu'à dix heures sur ses positions de Terminiers, pour donner au reste du 17e corps et à la 3e division du 16e, qui se reformait à hauteur de Trogny, le temps de disposer leurs échelons. Enfin, la cavalerie du général Michel, portée à l'extrême gauche, surveillait les mouvements que l'ennemi pouvait tenter pour nous tourner de ce côté.

Pendant que ces mouvements se préparaient, le commandant du 16e corps avait envoyé à toutes ses divisions ainsi qu'à celles du 17e, les instructions réglant les emplacements sur lesquels elles devaient aboutir; elles se résument ainsi :

Pour le 16e corps, la brigade de cavalerie de Tucé à Patay, éclairant dans les directions de la Conie, de Guillonville, de Villepion et de Terminiers, soutenue par un bataillon et les francs-tireurs Lipouski, également à Patay, un bataillon et une batterie d'artillerie en réserve à Lignerolles. La 1re division à Saint-Péravy, au Ménil, au Chêne et à Conices, avec avant-postes à Villardu; la 2e division entre Coinces, Boulay et Janvry, occupant fortement Bricy; la 3e division de Boulay à Gidy par Janvry; la division de cavalerie Michel, avec deux batteries à cheval, dans ses anciens cantonnements de Coulimelle, Nids, Tournoisis et Renneville, ayant ses avant-postes à la Chapelle-Onzerain et le long de la Conie jusqu'à Patay; la réserve à la Haute-Épine; les convois sur la route d'Orléans à Châteaudun; les grandes ambulances aux Barres; le quartier général à Saint-Péravy.

Le 17ᵉ corps, à Saint-Sigismond, Gémigny, Rosières et Coulmiers, avec sa cavalerie à Champs et à Épieds ; ses convois, ses ambulances et ses réserves à Descures, et à Bucy-Saint-Liphard.

CANONNADE DE L'ENCORNES.

Tous ces mouvements de l'aile gauche s'opéraient lentement et avec la plus grande régularité, en vue de l'ennemi, auquel notre attitude imposait, lorsque vers deux heures de l'après-midi on entendit une vive canonnade du côté du 15ᵉ corps. Des reconnaissances signalèrent bientôt que la gauche des Allemands avait pénétré jusqu'en vue de l'Encornes et de Songy. Il était évident que le 15ᵉ corps devait se trouver fortement pressé et qu'une diversion de ce côté pouvait lui être d'un grand secours [1]. Le général Barry reçut l'ordre de se porter sur l'Encornes et Huêtre avant de prendre ses cantonnements de Boulay. Il put effectivement, en arrivant à hauteur de l'Encornes, engager un combat d'artillerie qui arrêta la marche de l'ennemi jusqu'à la nuit.

Tout portait dès lors à croire que le principal effort de ce dernier se ferait le lendemain sur la trouée des Barres, pour menacer directement Orléans. Le commandant des 16ᵉ et 17ᵉ corps donna en conséquence les instructions suivantes de son quartier général de Saint-Péravy, le 3 décembre, à cinq heures et demie du soir.

« La situation est aujourd'hui la suivante :

» Par suite des ordres du général en chef de l'armée de
» la Loire, le 16ᵉ corps a repris ses positions sur la pre-
» mière ligne de défense d'Orléans. Aux avant-postes :
» une brigade de cavalerie, à Patay (brigade Tucé), éclai-

---

[1] Voir aux notes les dépêches télégraphiques adressées au ministre de la guerre et au général en chef, note 14.

» rant dans les directions de la Conie, de Guillonville, de
» Villepion et de Terminiers; un bataillon d'infanterie de
» la 1re division, à Patay.

» A Lignerolles, un bataillon de la 1re division et une
» batterie. La 1re division à Saint-Péravy, au Mesnil, au
» Chêne et à Coinces, avec avant-postes à Villardu.

» La 2e division entre Coinces, Boulay et Janvry, occu-
» pant fortement Bricy.

» La 3e division de Boulay à Gidy, par Janvry.

» La division de cavalerie, moins la brigade Tucé, avec
» deux batteries à cheval, dans ses anciens cantonnements
» de Coulimelle, Nids, Tournoisis et Renneville, ayant
» ses avant-postes à la Chapelle-Onzerain, se reliant à la
» Conie et à Patay.

» La réserve à la Haute-Épine.

» Les convois sur la route d'Orléans à Châteaudun; le
» quartier général à Saint-Péravy; les ambulances du
» quartier général aux Barres; les autres à la droite des
» convois de chaque division.

» Le 17e corps à Saint-Sigismond, à Gémigny (quartier
» général), à Rosières et à Coulmiers, ayant sa cavalerie
» à Champs, Épieds, Gémigny et Saint-Sigismond; ses
» convois à Descures et à Bucy-Saint-Liphard; ses ambu-
» lances à la tête des convois.

» Chaque général de division veillera à ce que demain
» au jour tous les épaulements élevés en avant de ses
» avant-postes soient armés par les batteries divisionnaires
» ou de réserve, suivant les indications qui ont été données.

» L'ennemi, qui s'est avancé aujourd'hui, dans ses en-
» gagements avec le 15e corps, jusqu'à l'Encôrnes et à
» Songy, peut tenter, cette nuit ou demain matin, une
» attaque de nos lignes à laquelle il faut résister à tout prix.
» A cet effet, au jour, tous les convois et le matériel rou-
» lant devront être engagés sur les routes et directions

» indiquées en cas de retraite, de façon à éviter tout
» retard et tout encombrement. Des reconnaissances se-
» ront poussées au loin pour s'assurer des positions de
» l'ennemi et de ses intentions. Les tentes seront abattues,
» les troupes sous les armes, jusqu'à la rentrée des recon-
» naissances et jusqu'à ce qu'on soit sûr qu'aucune attaque
» n'est à craindre.

» Si l'ennemi, malgré la résistance qu'on peut lui oppo-
» ser et qui doit être poussée aux dernières limites, nous
» forçait à abandonner nos positions, la division de cava-
» lerie se replierait par la route qui traverse la forêt de
» Montpipeau, pour se placer au delà d'Ingré.

» La 1re division d'infanterie opérerait sa retraite par la
» route d'Orléans, la 2e par les Barres, la 3e par les
» Ormes, pour aller prendre position derrière les batteries
» de la deuxième ligne.

» Le 17e corps, à moins d'ordre contraire, opérerait sa
» retraite en disputant les bois, par les diverses routes qui
» mènent de ses positions dans la direction d'Orléans.

» Le général commandant les 16e et 17e corps compte
» sur l'énergie et le patriotisme de tous, pour que les
» lignes dans lesquelles nous nous sommes repliés aujour-
» d'hui opposent à l'ennemi une résistance telle qu'il ne
» puisse prononcer son mouvement en avant, et pour que
» dans le cas extrême d'une retraite, elle opère avec calme
» et le plus grand ordre.

» Si demain, après la rentrée des reconnaissances et
» vers dix heures du matin, il n'y a point de menace con-
» statée de l'ennemi, on complétera la distribution jus-
» qu'au 8, y compris les deux jours de réserve du sac.

» Des désordres se sont produits dans les journées des 2
» et 3; des hommes et des corps entiers, cédant à une
» panique que rien ne justifiait, ont quitté le champ de
» bataille et ont fui dans toutes les directions. L'honneur

» de l'armée et le maintien de la discipline exigent que
» des exemples soient faits. Le général commandant les
» 16° et 17° corps est décidé à punir les coupables,
» comme il a à cœur de faire récompenser ceux qui ont
» donné l'exemple de la bravoure et de l'entrain. Les rap-
» ports sur les combats des 2 et 3 décembre qui doivent
» être fournis demain dans la journée sans retard, ren-
» dront compte exactement de ce qui s'est passé.

» Les corps dresseront des listes complètes des tués et
» blessés, pour que chacune des familles intéressées puisse
» recevoir des renseignements attendus avec tant d'impa-
» tience.

» Le travail des récompenses sera fourni dans les
» formes voulues, avec toutes les indications nécessaires.

» Le général commandant les 16° et 17° corps exige
» que tous les coupables d'infraction à la discipline soient
» punis avec la dernière rigueur ou traduits, suivant le cas,
» devant la cour martiale. Avec de la constance, et sur-
» tout avec de la confiance, nous pouvons venir à bout
» d'un ennemi que l'armée de la Loire a déjà su battre.

» Il devra être pourvu immédiatement dans chaque
» corps aux vacances qui se seront produites à la suite
» des derniers combats.

» Les francs-tireurs occuperont les fermes du bois de
» Pezelles et assureront la défense de ce point. Châteaudun
» est réoccupé par nos troupes, qui s'étendent le long de
» la Conie jusqu'à Varize, où se trouve la brigade Pâris du
» 17°corps.

» Les commandants du génie et d'artillerie enverront
» demain, dès le matin, aux diverses divisions des 16° et
» 17° corps, des officiers qui indiqueront, en avant de
» chaque position, les travaux de défense à exécuter et
» les batteries à mettre en position.

» Le général d'artillerie fera prendre aussitôt que pos-

» sible à Beaugency, et distribuer aux corps, les aiguilles,
» les rondelles en caoutchouc, les baïonnettes pour re-
» mington, expédiées d'urgence de Tours.

» Si rien ne s'y oppose, les corps iront chercher à Or-
» léans, et au besoin à Blois et à Tours, les effets d'habil-
» lement, de linge et chaussures, nécessaires à la troupe.

» La division de cavalerie ne conservera qu'une batte-
» rie à cheval à Tournoisis, et renverra l'autre à la réserve
» du 16ᵉ corps, à la Haute-Épine.

» Les intendants des 16ᵉ et 17ᵉ corps assureront les dis-
» tributions, tout en ménageant la réserve de six jours de
» vivres, qui doit suivre en cas de marche.

» La cavalerie devra toujours porter avec elle deux
» jours d'avoine pour les chevaux.

» Le général Michel prendra les dispositions pour
» assurer les services des avant-postes.

» Le général Guépratte conservera provisoirement le
» commandement du 17ᵉ corps, et son quartier général à
» Gémigny.

» Le corps des éclaireurs arabes [1], attaché au 16ᵉ corps,
» enverra un détachement de cent chevaux au général de
» Tucé pour le service des avant-postes; jusqu'à nouvel
» ordre le reste s'établira à Coulmelle.

» Les instructions relatives à la discipline et à l'obéis-
» sance sur le champ de bataille seront lues aux troupes
» trois jours de suite, aux prises d'armes du matin. »

Un ordre du général en chef, parvenu à Saint-Péravy
dans l'après-midi du 3 décembre, avait donné au général
Chanzy le commandement provisoire des 16ᵉ et 17ᵉ corps,
formant en ce moment l'aile gauche de l'armée.

---

[1] Ces éclaireurs arabes, formés en Algérie de cavaliers de bonne volonté et commandés par des officiers des bureaux arabes, étaient arrivés la veille à Saint-Péravy, au nombre d'environ quatre cents. Ils étaient armés du fusil chassepot, modèle de cavalerie.

CHATEAUDUN RÉOCCUPÉ PAR NOUS.

L'ennemi, concentrant ses forces en avant d'Orléans, avait dégarni la vallée du Loir et quitté Châteaudun, qui avait été réoccupé un instant par une colonne aux ordres du colonel Pâris et destinée au 17ᵉ corps. Ces troupes reçurent l'ordre de longer la Conie et de se rapprocher des avant-postes de Patay.

Le 4 au matin tous les convois étaient engagés dans les directions indiquées, et le général Barry s'était établi sur ses positions du Huêtre et de Bricy. Toutes les dispositions étaient prises pour se replier derrière la seconde ligne formant la défense d'Orléans, si on était forcé sur la première. Il y avait toutefois à prévoir le cas d'un échec forçant l'armée tout entière à se retirer par cette ville, sur la rive gauche de la Loire. L'encombrement sur les routes et dans les rues, l'insuffisance des ponts, qui n'étaient qu'au nombre de quatre en comptant une passerelle, pouvaient amener un désastre. Le commandant des 16ᵉ et 17ᵉ corps crut donc devoir insister auprès du général en chef pour prendre sa direction de retraite sur Meung et Beaugency, si, par suite de ce qui allait se passer, la défense d'Orléans devenait impossible. Il fallait cependant essayer de tenir dans les lignes préparées ; la disposition du terrain, couvert de bois et n'offrant que peu de chemins praticables, rendait très-difficile pour l'aile gauche les divers mouvements qu'elle pouvait être contrainte d'exécuter. Le 3 au soir, le cas d'une retraite sur Beaugency fut admis par le général en chef[1]. Il fallut alors changer la direction des convois et du matériel roulant,

---

[1] Voir aux notes le télégramme du général en chef du 3, à onze heures du soir. Cet ordre fut du reste confirmé par une seconde dépêche expédiée de Montjoie le 4, à neuf heures cinq minutes du matin. — Voir également la note 15.

déjà engagé sur les routes conduisant à Orléans, et leur faire prendre des directions perpendiculaires à la Loire, en utilisant tous les chemins praticables à travers les forêts de Bricy et de Montpipeau.

COMBAT DE PATAY.

Vers huit heures du matin, la canonnade commença du côté de Patay. C'était une colonne prussienne, avec artillerie, qui se portait sur cette ville, que douze escadrons cherchaient à tourner. Le général de Tucé, plaçant son infanterie aux barricades, disposa sa cavalerie sur la route de Lignerolles, et reçut l'ennemi, qui s'avançait avec beaucoup d'entrain, par un feu de tirailleurs disposés dans les jardins et derrière les murs de clôture. Les mobiles de Loir-et-Cher, commandés par le capitaine Malzy, firent bonne contenance, et furent bientôt renforcés par un bataillon du 75° mobiles (Maine-et-Loire), amené au pas de course par le commandant de la Vingtrie. En même temps la batterie d'artillerie, laissée la veille en réserve à Lignerolles, prenait position à droite de Patay et répondait vigoureusement au feu des pièces ennemies, tandis que l'amiral faisait partir un bataillon du 39° de ligne, qui se portait de Saint-Péravy sur Lignerolles pour soutenir les troupes engagées. Avant son arrivée, celles-ci avaient repris l'offensive sous une pluie d'obus qui avait déjà incendié quelques maisons de Patay, et délogé l'ennemi des embuscades où il s'était abrité autour de la ville, après lui avoir tué plus de deux cents hommes et fait une quarantaine de prisonniers, dont quatre officiers.

COMBATS DE BRICY ET DE BOULAY.

Pendant que le général de Tucé se maintenait ainsi à Patay, l'action s'engageait sur la droite, du côté de Huêtre et de Bricy, et devenait de plus en plus vive. La division Barry, aux prises avec des masses considérables, dut céder le terrain et se replier sur Boulay. La division Maurandy était elle-même refoulée; et, plus à droite, le 15° corps devait à son tour abandonner successivement toutes ses positions. La cavalerie ennemie pénétrait même jusque sur la route de Châteaudun à Orléans, et nos éclaireurs algériens, qui couvraient la retraite des convois engagés sur cette route, durent à plusieurs reprises repousser des régiments de uhlans et de hussards de la mort qui avaient pénétré jusqu'à hauteur du clos Aubry. Nous étions dès lors débordés; il ne fallait plus songer à tenir sur les positions avancées de l'aile gauche, bien qu'une dépêche télégraphique[1], expédiée d'Orléans par le général en chef, prescrivît de ne les quitter que si l'on y était contraint. A midi, un nouvel ordre[2] vint modifier la direction de retraite en la prescrivant sur Orléans. Ce mouvement n'était plus exécutable. Tout ce qu'on pouvait faire, c'était de laisser les convois et le matériel d'artillerie marcher aussi rapidement que possible dans la direction de Beaugency, et d'essayer, avec la 1" division du 16° corps et ce qu'on pouvait rassembler du 17°, une attaque sur la gauche de l'ennemi.

L'amiral Jauréguiberry reçut à cet effet l'ordre de rappeler les avant-postes de Patay et de rallier sa division à hauteur de Coinces, tandis que le 17° corps se formait en avant de Saint-Sigismond et de Gémigny.

La division de cavalerie du général Michel, réunie en avant de Renneville, devait, en se portant sur Villardu et Bricy, menacer les derrières des Allemands; mais, rencontrant des forces considérables en infanterie, cavalerie et artillerie, elle dut se replier, et se tint dès lors en

---

[1] Voir la note 16.
[2] Voir la note 17.

observation au sud de la route d'Orléans à Châteaudun, pour s'opposer aux mouvements tournants que l'ennemi pouvait tenter sur notre gauche.

A une heure, tandis que la 1re division du 16e corps se portait sur Bricy, la brigade de cavalerie de Tucé, qui l'éclairait, fut ramenée par une charge de la cavalerie prussienne qui arriva jusqu'à portée de fusil de notre infanterie, et qui ne cessa la poursuite que lorsqu'elle se vit accueillie par le feu de cette dernière, et prise en flanc par les écl......rs algériens, qui n'hésitèrent pas à se jeter sur elle, malgré la disproportion du nombre.

TENTATIVE SUR LES BARRES ET BUCY-SAINT-LIPHARD.

Cependant toutes nos positions au centre avaient dû être abandonnées; il ne fallait plus songer à se replier sur Orléans, l'ennemi étant déjà maître d'une grande partie des ouvrages qui couvraient la ville. Le commandant des 16e et 17e corps arrêta alors le mouvement de l'amiral, et essaya de pénétrer dans les bois, pour déboucher par Bucy-Saint-Liphard sur les Ormes s'il en était temps encore. Les 1re et 2e divisions du 17e corps s'engagèrent donc dans la forêt de Montpipeau, et la 1re division du 16e, couvrant la retraite, se porta sur la Corbillière.

RETRAITE DES 16e ET 17e CORPS SUR HUISSEAU.

Pendant cette marche dans les bois, le bruit du canon augmentait sur notre droite, indiquant les progrès rapides de l'ennemi, et bientôt on put distinguer le bruit des pièces de marine annonçant qu'il approchait d'Orléans : la seconde ligne était attaquée. Il devenait dès ce moment évident que les 2e et 3e divisions du 16e corps, dont on n'avait pu avoir de nouvelles, étaient en pleine retraite, soit sur Orléans, soit sur la Loire. Nos troupes n'avançaient qu'avec beaucoup de peine dans les chemins impraticables de la forêt, et ne pouvaient plus arriver à Bucy-Saint-Liphard avant la nuit. Il fallut se décider à gagner Huisseau, avec la pensée de se jeter le lendemain matin, dès qu'il ferait jour, sur le flanc de l'ennemi par Chaingy, la chaussée du chemin de fer et la route du bord de la Loire. Cette disposition devenait encore nécessaire pour protéger les convois, les réserves et les parcs, qui cherchaient à se dégager des routes encombrées de la forêt, pour se retirer dans la direction de Beaugency. La nuit, qui vient si vite en cette saison, rendit bientôt tout mouvement impossible; continuer dans quelque direction que ce fût c'était augmenter le désordre. Le commandant des 16° et 17° corps détermina les divers emplacements à occuper à l'ouest de la forêt, à hauteur de Montpipeau et de Huisseau; et, une fois les bivouacs établis, vint passer la nuit sur ce dernier point pour essayer de se mettre en communication avec le général en chef, qui devait être à Orléans, et avoir des nouvelles de la marche des deux dernières divisions du 16° corps.

Toute la nuit se passa en vaines tentatives pour communiquer avec le général d'Aurelle; le télégraphe était coupé entre Saint-Ay et Orléans[1], et les officiers envoyés à diverses reprises avec des escortes de cavalerie ne purent dépasser Chaingy, les colonnes ennemies ayant pénétré jusque sur les bords de la Loire.

A quatre heures du matin, le commandant des 16° et 17° corps, persuadé dès lors que tout effort sur Orléans devenait inutile et impossible dans l'état où se trouvaient les troupes, donna les instructions suivantes, qui résumaient la situation et qui prescrivaient les mesures à prendre

---

[1] Voir aux notes la lettre adressée au commandant des 16° et 17° corps à Huisseau, à neuf heures du soir, par le chef de la station télégraphique de Saint-Ay, note 18.

pour sauver d'un désastre, qui pouvait devenir complet, tout ce qui restait encore de l'armée sur la rive droite de la Loire.

« Au quartier général de Huisseau, 4 décembre 1870 (n° 152).

» Les premiers ordres donné ce matin indiquaient aux
» 16e et 17e corps une ligne de retraite sur Beaugency;
» des ordres nouveaux parvenus au général commandant
» ces corps à une heure, prescrivaient de se diriger sur
» Orléans, pour occuper les positions de défense pré-
» parées pour les deux corps d'armée, entre les Barres
» et la chapelle Saint-Mesmin.

» Le mouvement n'ayant pu s'exécuter qu'après avoir
» replié les détachements des avant-postes et les troupes
» attaquées dans Patay par l'ennemi, qui cherchait à
» tourner notre gauche, les deux corps d'armée ne réus-
» sirent pas à déboucher sur Ingré, par les chemins im-
» praticables et insuffisants de la forêt, assez tôt pour
» prévenir l'ennemi qui s'avançait directement sur Or-
» léans, après avoir forcé les 2e et 3e divisions du 16e corps
» à se replier sur Bucy-Saint-Liphard et Meung. Ils durent
» dès lors venir prendre position derrière la forêt de
» Montpipeau, pour couvrir les parcs, les convois et les
» réserves, engagés sur les routes de Coulmiers et de
» Baccon.

» La position ce soir est la suivante :

» La cavalerie entre Rosières et Descures, moins la
» brigade Tucé, à Huisseau; la 1re division du 16e corps à
» cheval sur la route du Mans, en arrière de Descures; la
» 2e division du 17e corps à Baccon; les deux autres divi-
» sions de Huisseau à Montpipeau; les 2e et 3e divisions du
» 16e corps à Meung [1].

[1] Ces divisions avaient même dépassé Meung au moment où le commandant des 16e et 17e corps dictait ces instructions. Voir aux notes la lettre du général Barry datée de Mer, note 19.

» Demain, avant le jour, la cavalerie du général Michel
» enverra des reconnaissances jusqu'à Bucy-Saint-Liphard
» et dans la direction de Gémigny, de façon à reconnaître
» les positions de l'ennemi. Au jour, toutes les troupes
» devront être prêtes à se mettre en marche, et cette nuit
» les convois et tout le matériel roulant de chaque corps
» devront continuer leur mouvement dans la direction de
» Baccon, de Josnes et de Beaugency, suivant les posi-
» tions qu'ils occupent et les instructions que chaque com-
» mandant de division devra donner, en ce qui le concerne.
» La cavalerie du général Michel, ralliée par la brigade
» Tucé, se portera en avant de Coulmiers pour observer
» la gauche, et s'opposer à un mouvement tournant, que
» l'ennemi ne peut tenter qu'avec des forces peu nom-
» breuses, et auquel il importe de s'opposer.

» D'après les renseignements reçus cette nuit, il y a lieu
» d'abandonner la marche sur Orléans et de se retirer sur
» les positions de Beaugency, Josnes et Lorges, pour s'ap-
» puyer, l'aile droite à la Loire, et l'aile gauche à la forêt
» de Marchenoir, dont les débouchés sont occupés par les
» troupes du 21ᵉ corps.

» Ce mouvement de retraite doit se faire lentement, de
» façon à permettre aux convois de précéder l'armée d'au
» moins trois lieues dans les directions que doivent suivre
» les divisions. La cavalerie, se reliant avec la 1ʳᵉ division
» du 16ᵉ corps, se retirera par Coulmiers, Villarceau,
» Champdry, Bizy, Villermain, sur Poisly.

» La 1ʳᵉ division du 16ᵉ corps par le Grand-Lus, Bac-
» con, Montigny, sur Lorges.

» La division de Flandres suivra la même direction, en
» attendant pour quitter Baccon que la division Jaurégui-
» berry l'ait remplacée sur cette position.

» Les deux autres divisions du 17ᵉ corps se dirigeront

» de Huisseau sur le château de la Touane, les Châtres,
» Cravant et Ourcelles.

» Les 2° et 3° divisions du 16° corps, après avoir vu
» défiler devant elles les convois, les parcs et les réserves
» venant de Saint-Ay, se mettront en retraite sur Beau-
» gency.

» Les divisions marcheront toutes sur une ligne de ba-
» taillons en colonne, à distance de déploiement, ayant
» leur artillerie dans les intervalles, couvertes par une forte
» ligne de tirailleurs à un kilomètre au moins en arrière, et
» résistant le plus longtemps possible à toutes les attaques
» de l'ennemi. Il est de la plus haute importance que les
» divisions règlent leurs mouvements les unes sur les
» autres pour se prêter un mutuel appui, et que l'on main-
» tienne strictement l'ordre dans les bataillons.

» Demain soir, les 16° et 17° corps se trouveront ainsi
» établis, faisant face à l'ennemi : de Poisly par Lorges,
» Ourcelles, Villarceau, jusqu'à Beaugency.

» Le grand quartier général à Josnes.

» Chaque division devra avoir ses convois et ses réserves
» en arrière d'elle, à au moins quatre kilomètres.

» Le mouvement commencera à huit heures du matin
» par les divisions qui sont à Huisseau, et sur lesquelles les
» autres se régleront.

» Le général commandant les 16° et 17° corps marchera
» de Huisseau sur la Touane, Baccon, Cravant et Josnes.

» Chaque commandant de division lui enverra toutes
» les heures des renseignements sur ce qui se passe, et le
» soir, à Josnes, des plantons pouvant indiquer la position
» de chacun des quartiers généraux.

» A l'arrivée sur les positions indiquées, les généraux
» de division reconnaîtront les emplacements les plus
» favorables pour les batteries, et feront établir des épau-
» lements et des tranchées abris. L'ennemi devant être

» arrêté sur cette ligne, elle ne doit pas être dépassée dans
» la retraite.

» Chaque général de division prendra les dispositions
» nécessaires pour qu'aussitôt l'arrivée au bivouac on fasse
» les distributions de vivres et de fourrages, de façon à être
» pourvu jusqu'au 7 inclus.

» On complétera les cartouches et les approvisionne-
» ments des batteries. »

Les reconnaissances rentrées avant le jour rapportèrent des renseignements qui ne laissaient plus de doute sur la retraite du 15° corps au delà de la Loire. Après avoir défendu le terrain pied à pied, résisté aussi longtemps qu'il avait pu dans les derniers ouvrages préparés pour la défense de la ville, il avait dû, une fois ses convois sur la rive gauche du fleuve, évacuer lui-même Orléans, que l'ennemi avait occupé.

Les mouvements de retraite prescrits pour les 16° et 17° corps s'exécutèrent dans la matinée du 5 avec beaucoup de précision et d'ordre. L'ennemi ne tenta du reste rien pour les inquiéter, et le soir toutes les troupes qui allaient former la deuxième armée de la Loire se trouvaient établies à peu de chose près sur les emplacements qui leur avaient été assignés.

La dépêche télégraphique ci-dessous, expédiée de Baccon à une heure et demie de l'après-midi, faisait connaître au ministre de la guerre les événements de la veille et la position définitive des corps maintenus sur la rive droite.

COMPTE RENDU AU MINISTRE DE LA GUERRE.

« Baccon, 5 décembre, une heure du soir.

Ne sachant si les dépêches de cette nuit vous sont
» parvenues, j'envoie celle-ci à Beaugency. Un premier

» ordre prescrivait hier de battre en retraite sur Meung
» avec les 16⁰ et 17⁰ corps ; le mouvement était commencé,
» et le matériel roulant fortement engagé sur cette direc-
» tion, lorsqu'à une heure m'est parvenu le deuxième
» ordre me prescrivant de me porter sur Orléans. J'étais
» attaqué de Patay à Boulay ; il me fallait replier tous mes
» avant-postes ; ma cavalerie était aux prises avec celle de
» l'ennemi ; la 2⁰ et la 3⁰ division du 16⁰ corps étaient
» repoussées sur Bucy-Saint-Liphard et Meung ; un grand
» désordre se produisait dans tout le 17⁰ corps ; la nuit
» approchait ; je dus venir prendre position avec le reste
» derrière la forêt de Montpipeau pour protéger les convois
» et chercher à rallier les diverses colonnes. J'appris à
» Huisseau que des divisions s'étaient repliées jusqu'à
» Meung et Villermain. Pour reconstituer les 16⁰ et 17⁰
» corps, j'ai pris le parti de venir occuper aujourd'hui une
» ligne s'étendant de Lorges à Beaugency, appuyant ma
» gauche à la forêt de Marchenoir, et ma droite à la Loire.
» Je tiendrai sur cette ligne jusqu'à ordre contraire. Mon
» quartier général sera ce soir à Josnes, me reliant par des
» cavaliers avec le télégraphe de Beaugency. Beaucoup de
» désordres à réparer. Les troupes, décimées par quatre
» jours de lutte, ayant perdu grand nombre de leurs offi-
» ciers, sont très-fatiguées ; les munitions s'épuisent ; les
» convois sont à reconstituer.

» J'attends des ordres à Josnes. »

Telle est l'histoire militaire du 16⁰ corps dans cette première partie de la campagne sur la Loire. Les jeunes
troupes qui le composaient avaient montré, en maintes
circonstances, des qualités de vigueur et d'aplomb qui leur
faisaient le plus grand honneur. Leur conduite à Coulmiers, la lutte acharnée qu'elles avaient soutenue à Villepion et à Loigny, leur constance au milieu des privations

qu'elles avaient eu à supporter, prouvaient de quel patriotisme elles étaient animées. Quant aux quelques défaillances qui s'étaient produites, aux quelques désordres que nous n'avons pas hésité à signaler, c'étaient là des faits inévitables qui disparaissent pour les uns dans les services réels qu'ils ont rendus pendant toute la campagne, pour tous dans l'ensemble et dans la grandeur de la résistance.

LIVRE DEUXIÈME

JOSNES

SOMMAIRE

Situation militaire sur la rive droite de la Loire. — Formation de la 1re et de la 2e armée. — Étude du terrain. — Plan arrêté par le commandant en chef de la 2e armée. — Instructions du 5 décembre. — Combat de Foinard. — Mesures prises pour la défense de Blois. — Instructions du 6 décembre. — Engagement de Vallière. — Combats de Langlochère, de Messas, de Villechaumont et de Cravant. — Instructions du 7 décembre. — Bataille de Villorceau. — Succès de la journée. — L'ennemi pénètre la nuit dans Beaugency. — Retraite de la colonne Camô sur Mer. — Rapport de l'amiral Jauréguiberry sur ces faits. — Instructions du 8 décembre. — Rectification des positions de l'aile droite. — Combats de Cernay, de la Villette, de Tavers, de Villejouan. — La 2e division du 17e corps reprend Origny la nuit. — Le ministre de l'intérieur et de la guerre au grand quartier général de Josnes. — Instructions pour la journée du 10 décembre. — Engagements de Villejouan, du château du Coudray et de Poisioux. — Le général en chef insiste de nouveau pour une démonstration de la 2e armée sur la rive gauche de la Loire. — Affaire de Chambord. — Situation du général Barry à Blois. — Instructions pour la journée du 11 décembre. — Positions de la 2e armée le 11 au soir. — Mesures prises pour assurer la retraite sur Vendôme et le Loir. — Instructions pour la journée du 11 décembre. — Difficultés et périls de la retraite. — Engagements de Moves et de Nuisement. — Instructions pour la journée du 13 décembre. — Évacuation de Blois. — La 2e armée atteint les positions de Vendôme et du Loir. — Attitude des troupes pendant cette retraite.

SITUATION MILITAIRE SUR LA RIVE DROITE DE LA LOIRE.

Le 5 décembre au soir, à l'exception des divisions Barry et Maurandy qui avaient continué leur retraite sur Mer et sur Blois pour s'y reformer, les 16e et 17e corps se trouvaient établis en avant de Josnes, depuis Poisly par Lorges, Ourcelles et Villorceau, jusqu'à hauteur de Beaugency, qu'occupait une colonne amenée de Tours par le général Camô, et composée des troupes que la délégation avait réunies dans cette dernière ville pour une nouvelle formation. Le 21ᵉ corps, commandé par le général Jaurès et comptant quatre divisions, gardait la forêt de Marchenoir.

Il était évident qu'après s'être installés dans Orléans et avoir reconstitué leurs troupes fatiguées par de longues marches, désorganisées par six jours de combats incessants, les Allemands, détachant une force suffisante sur la rive gauche de la Loire pour poursuivre ou observer le 15ᵉ corps, allaient ensuite descendre la rive droite pour chercher à atteindre ceux qui leur avaient échappé le 4, et marcher sur Tours, siège du gouvernement en province. De notre côté, continuer la retraite dans l'état moral qu'avaient produit chez elles les insuccès depuis Loigny, c'était exposer nos jeunes troupes à une complète débandade qui pouvait être la perte de la plus grande partie de l'armée, en même temps qu'on livrerait à l'ennemi la vallée de la Loire et la route de Tours.

FORMATION DE LA 1ʳᵉ ET DE LA 2ᵉ ARMÉE.

Le ministre de la guerre venait de décider, dès le 5 au matin, que toutes les forces qui se trouvaient sur les deux rives de la Loire formeraient, dès ce moment, deux armées : la 1ʳᵉ composée des 15ᵉ, 18ᵉ et 20ᵉ corps, sous les ordres du général Bourbaki ; la 2ᵉ avec les 16ᵉ, 17ᵉ et 21ᵉ corps [1], sous le commandement en chef du général Chanzy, remplacé au 16ᵉ corps par l'amiral Jauréguiberry. La même décision nommait le général de brigade Vuillemot, chef d'état-major général, les généraux de Marcy et Javain, commandants de l'artillerie et du génie, et l'intendant

---

[1] Voir aux notes du livre II, la composition des 17ᵉ et 21ᵉ corps (notes 1 et 2).

général Bouché, chef des services administratifs pour la 2ᵉ armée.

ÉTUDE DU TERRAIN.

L'immense plaine entre le Loir et la Loire, qui comprend la Beauce, l'Orléanais et le Blaisois, à part les bois qui entourent Orléans et la forêt de Marchenoir, n'offre que très-peu de positions défensives. La seule réellement sérieuse est celle que donne cette dernière forêt, qui s'étend de Morée jusqu'à Poisly, sur une longueur de vingt kilomètres. De Lorges à Beaugency, le terrain est plus accidenté que dans les autres parties de la plaine, les villages et les fermes y sont plus rapprochés; c'est la trouée par laquelle peut passer un ennemi venant de la direction d'Orléans et marchant sur Tours. En occupant fortement cet espace, qui n'est que de onze kilomètres, et la forêt de Marchenoir, on tient ainsi tout le pays, du Loir à la Loire, et on couvre tout le cours inférieur de ce fleuve.

Le général commandant en chef de la 2ᵉ armée, décidé à tenir tête à l'ennemi et à attendre, le plus près possible d'Orléans et de Paris, que les circonstances et le concours que la 1ʳᵉ armée pourrait prêter une fois organisée, permissent de reprendre les opérations vers le nord, prit donc le parti de s'établir fortement sur les positions en avant de Josnes, appuyant sa gauche à la forêt de Marchenoir et sa droite à la Loire, à hauteur de Beaugency. Si l'ennemi lui en laissait le répit, son intention était de rappeler sur ces positions celles de ses troupes qui s'étaient retirées sur Blois, et d'y former complétement son armée. Les instructions ci-après donnent les dispositions prises dès le 5 au soir pour arriver au but qu'il se proposait, et les emplacements des différents corps pour la défense des lignes nouvelles.

INSTRUCTIONS DU 5 DÉCEMBRE.

« Au grand quartier général de Josnes,
le 5 décembre 1870.

» Une décision du ministre de la guerre en date du
» 5 décembre investit le général Chanzy du commande-
» ment en chef des 16e, 17e et 21e corps, et de la défense
» de Vendôme à Beaugency, par la forêt de Marchenoir.
» Jusqu'à ce que les 16e et 17e corps aient réuni tous les
» éléments qui forment leurs divisions, opération qui devra
» être terminée dans la journée de demain, ils occuperont
» les positions indiquées dans les instructions du 4, sur
» la ligne de Beaugency à Poisly, par Ourcelles.

» Le 21e corps, aux ordres du général Jaurès, occupe
» Marchenoir, Saint-Laurent-des-Bois, Écoman et les dé-
» bouchés de la forêt, ayant une brigade (colonel Collet[1])
» à Morée et la division Goujard[2] couvrant Vendôme.

» Partout, sur toute cette ligne, on devra faire recon-
» naître dès demain matin les positions favorables pour
» les batteries ; on élèvera des épaulements ; on établira
» des ouvrages pour compléter les défenses et abriter l'in-
» fanterie. Il sera rendu compte par une note explicative
» de toutes les positions occupées et des mesures prises.

» La cavalerie devra avoir des avant-postes à au moins
» deux kilomètres en avant des lignes, et pousser chaque
» matin des reconnaissances qui battront le pays à dix et
» quinze kilomètres au delà des avant-postes. Ces recon-
» naissances seront faites de façon à ne pas fatiguer inuti-
» lement la cavalerie ; elles se composeront généralement
» de pelotons qui s'avanceront à moitié de la distance à

---

[1] Le capitaine de frégate Collet avait été nommé colonel au titre auxiliaire et chargé du commandement d'une brigade.
[2] Le général auxiliaire Goujard était capitaine de frégate.

» parcourir, et détacheront en avant d'eux des groupes
» d'éclaireurs. Les renseignements qu'elles fourniront se-
» ront transmis, sans délai, aux commandants des divi-
» sions, qui en informeront les commandants des corps
» d'armée, lesquels les résumeront dans une note envoyée
» chaque jour au général en chef.

» Chaque corps d'armée enverra demain, au grand
» quartier général, un état indiquant la situation numé-
» rique et l'emplacement de chaque division, les besoins
» urgents auxquels il y aurait lieu de satisfaire, les vacances
» dans les grades d'officiers supérieurs et généraux aux-
» quelles il faut pourvoir, avec des propositions à l'appui ;
» la situation des approvisionnements en vivres et en
» munitions; le nombre et la composition des batteries.

» Afin de refaire les hommes et les chevaux des fatigues
» qu'ils viennent d'éprouver, on cantonnera les régiments
» dans les villages et les fermes qui se trouvent sur les
» lignes à occuper, en indiquant à chacun un point de
» réunion en cas d'attaque ; on prendra des précautions
» pour que cette réunion puisse se faire rapidement et sans
» désordre.

» Les grand'gardes devront être sous la tente et les
» postes avancés bivouaquer sans tente et sans feu. On
» donnera à chacun de ces avant-postes des consignes
» exactes; des rondes d'officiers s'assureront de leur exé-
» cution.

» Chaque division fera reconnaître dans tous les villages
» et fermes à proximité de ses cantonnements, les res-
» sources en denrées, bois et fourrages pouvant être uti-
» lisés pour l'armée. Des sauvegardes seront placées de
» façon à éviter tout pillage, et à l'aide de ces renseigne-
» ments, les intendants feront des réquisitions régulières.
» Les corps ne devront sous aucun prétexte faire directe-
» ment ces réquisitions.

» On devra immédiatement passer des revues minu-
» tieuses de l'armement, des munitions, de l'habillement et
» du linge et chaussure, de façon à pourvoir à tous les
» besoins par les moyens les plus rapides, qui seront tou-
» jours couverts au besoin par un ordre du général en
» chef. Il faut que chaque homme ait ses munitions au
» complet, et les pièces de rechange indispensables au
» fusil dont il est armé. Pour toutes ces mesures, qui inté-
» ressent à un si haut point l'organisation solide de l'ar-
» mée, les conseils d'administration, les chefs de corps et
» les généraux doivent se convaincre qu'ils ne pécheront
» jamais par trop d'initiative.

» Les cantonnements devront être pris de telle façon
» que les corps se portant sur leurs emplacements de dé-
» fense, se trouvent toujours sur deux lignes distantes d'au
» moins mille mètres, en se reliant les uns aux autres, en
» ménageant de fortes réserves, en poussant immédiate-
» ment devant eux une double ligne de tirailleurs les
» couvrant à bonne distance.

» Les batteries en position devront toujours être ap-
» puyées et gardées par des détachements d'infanterie,
» placés derrière des ouvrages disposés un peu en avant
» des épaulements, à droite et à gauche, à une distance
» telle que les projectiles, lancés sur les batteries ne puis-
» sent les inquiéter. Aucune troupe ne doit se trouver en
» arrière des batteries. Dans les dispositions de défense,
» à part les éclaireurs de cavalerie portés le plus loin pos-
» sible en avant des tirailleurs d'infanterie, les masses de
» cavalerie devront être dissimulées dans des plis de ter-
» rain à l'abri des projectiles de l'ennemi.

» Le grand quartier général restera demain à Josnes.
» La brigade Pâris, qui se trouve momentanément à
» Binas, rejoindra demain sa place dans le 17e corps, d'a-
» près les indications qui lui seront données par le com-

» mandant de ce corps. Il y a actuellement à Beaumont
» et jusqu'à Meung, en avant des positions occupées par
» la droite du 17ᵉ corps et les divisions du 16ᵉ, des déta-
» chements de la colonne du général Camô, momentané-
» ment à Beaugency. Les positions occupées par ces
» troupes devront être reconnues afin d'éviter toute mé-
» prise.

» Les francs-tireurs aux ordres du lieutenant-colonel
» Lipouski, iront occuper demain les débouchés de la forêt
» de Marchenoir, de Poisly à Saint-Laurent-des-Bois,
» surveilleront la route du Comte qui débouche sur les
» Bouëches, et établiront un poste à la ferme du Bois-
» d'Enfer, poussant leurs éclaireurs jusqu'à Villesiclaire.

» Les éclaireurs algériens du capitaine Laroque se
» porteront à Cravant et éclaireront tout le pays en avant
» des positions du 16ᵉ et du 17ᵉ corps.

» Le capitaine Bernard, avec son escadron, se portera
» en soutien à Cernay, se reliant avec Cravant et Our-
» celles.

» Dix spahis, commandés par un maréchal des logis,
» seront envoyés au grand quartier général.

» Le général Jaurès [1] indiquera au général en chef les
» corps de francs-tireurs sous ses ordres, et les positions
» qu'ils occupent. Le lieutenant-colonel Lipouski relèvera
» directement de lui jusqu'à nouvel ordre.

» Il s'est produit dans ces derniers jours des désordres
» qu'il faut faire cesser immédiatement. La discipline
» devra être maintenue rigoureusement; les hommes qui
» se rendraient coupables d'infractions, seront sur-le-champ
» traduits devant les cours martiales.

---

[1] Le capitaine de frégate Jaurès, mis à la disposition du ministre de la guerre, avait été nommé successivement général de brigade et général de division au titre auxiliaire, et chargé de la formation et du commandement du 21ᵉ corps.

» Le général en chef a remarqué un très-grand nombre
» d'hommes aux convois : on ne maintiendra que ceux qui
» y ont régulièrement leur place, en réduisant autant que
» possible le nombre des non-combattants. Tous les
» hommes qui ne justifieront point la perte de leurs armes
» et munitions par des motifs constatés et de force majeure,
» seront traduits devant les cours martiales. On signalera
» de suite, et par les moyens ordinaires, les absents soup-
» çonnés de désertion.

» Chaque commandant de corps installera des postes de
» cavalerie de relais pour assurer ses communications ra-
» pides avec le commandant en chef.

» L'armée se trouvera ainsi répartie :

» 21ᵉ corps : à Morée, Écoman, Saint-Laurent-des-
» Bois, Marchenoir ;

» Cavalerie du 16ᵉ corps : à Poisly ;

» 1ʳᵉ division d'infanterie du 16ᵉ corps : à Lorges ;

» 3ᵉ division d'infanterie du 17ᵉ corps : au Plessis,
» Prénay et la Cocardière ;

» 2ᵉ division d'infanterie du 17ᵉ corps : à Ourcelles, Vil-
» lejouan et Origny ;

» 1ʳᵉ division d'infanterie du 17ᵉ corps : de Villemar-
» ceau jusqu'à Loynes ;

» Cavalerie du 17ᵉ corps : à Clos-Moussu et Boygnes ;

» 3ᵉ division du 16ᵉ corps : à Garambeau, par Pierre-
» Couverte et le Grand-Bonvalet ;

» 2ᵉ division du 16ᵉ corps : à Beaugency.

COLONNE MOBILE DE TOURS (général Camó).

Infanterie.

« 16ᵉ bataillon de chasseurs à pied de marche : au Mée,
» route de Châteaudun ;

» Régiment de marche de gendarmerie à pied : à
» Meung ;

» 59ᵉ régiment d'infanterie de marche : à Beaumont ;

» 27ᵉ régiment de mobiles (Isère) et 88ᵉ régiment de
» mobiles (Indre-et-Loire) : à Massé, route de Châ-
» teaudun ;

» Francs-éclaireurs de l'armée, capitaine Bonet : avec
» le 59ᵉ de marche ;

» Francs-tireurs de l'Ain, capⁿᵉ Jayr, avec le 27ᵉ mobiles.

Cavalerie.

» 4ᵉ lanciers de marche : aux Monts.
» 3ᵉ hussards de marche : aux Monts.
» 2ᵉ chasseurs de marche : à Beaumont.
» 7ᵉ cuirassiers de marche : à Beaumont.
» 1ᵉʳ régiment de gendarmerie à cheval : à Beaumont.

Artillerie.

» 23ᵉ batterie du 7ᵉ
» 22ᵉ — du 8ᵉ
» 23ᵉ — du 10ᵉ » Réparties sur le front des posi-
» 21ᵉ — du 15ᵉ tions aux points les plus favo-
» 17ᵉ — du 18ᵉ rables pour la défense. »

COMBAT DE FOINARD.

Le 6 au matin, le général Camô, prévenu qu'une forte reconnaissance ennemie marchait sur Meung, se porta avec le gros de ses forces dans cette direction ; mais arrivé à Foinard, il trouva le régiment de gendarmerie à pied, chargé de la défense de Meung, se repliant snr Beaugency. Le commandant de ce régiment, mal renseigné par ses reconnaissances, avait été surpris par l'attaque inopinée d'un fort parti allemand composé d'infanterie, de cavalerie et d'artillerie. Les gendarmes, se rassemblant en dehors de la ville, avaient bien essayé de la reprendre en lançant dans les rues une compagnie, mais celle-ci avait été cernée immédiatement et n'avait pu se tirer d'affaire qu'à grand'peine et avec beaucoup de pertes, parmi lesquelles deux officiers. L'ennemi ne cessa sa poursuite qu'à la vue des troupes du général Camó établi sur les fortes positions de Foinard et de Langlochère; il ne resta même pas à Meung, qui ne fut plus réoccupé par nous, le terrain en arrière étant en tout point préférable pour la défense.

A l'exception de cet incident sur notre aile droite, le reste de l'armée ne fut point inquiété dans la journée du 6, et on put partout rectifier les positions, répartir plus exactement les forces, élever des épaulements et s'approvisionner en vivres et munitions.

L'ennemi, maître de la rive gauche de la Loire et pouvant ainsi aider à ses opérations sur l'autre rive pour descendre sur Blois, devait évidemment diriger ses principaux efforts sur notre droite, pour chercher à nous faire perdre le fleuve et par suite la grande route de Tours et la ligne du chemin de fer. En prévision de ces tentatives, l'amiral Jauréguiberry reçut l'ordre de s'établir avec la 1re division du 16e corps, la seule qui lui restait alors, de Villorceau au Grand-Bonvalet, entre le 17e corps et la colonne mobile de Tours, qu'il avait mission d'appuyer. La division Collin du 21e corps remplaçait la précédente sur les positions de Lorges et de Poisly, et le général Jaurès, qui avait à Marchenoir sa réserve, devait toujours être en mesure de la porter sur la Motte-Patain, point important déjà défendu par de l'artillerie.

MESURES PRISES POUR LA DÉFENSE DE BLOIS.

Dans la soirée, on signala une colonne ennemie aux environs de Mézières, prenant la direction de Villermain ; des avis de Châteaudun annoncèrent en même temps un fort passage, à Marboué, de troupes allemandes se dirigeant sur Orléans ; enfin, sur la rive gauche, des éclaireurs prussiens avaient été signalés à Saint-Laurent-des-Eaux, occupé par le commandant de Foudras et les francs-tireurs de la Sarthe, qui s'étaient retirés par cette rive après les affaires du 4 et l'abandon d'Orléans. Il fallait donc bien veiller sur Blois, dont le pont, qui pouvait nous être si utile, ne devait être détruit qu'à la dernière extrémité. Le général en chef prescrivit au général Maurandy, à Mer, d'aller occuper Blois et d'y reformer complétement sa division pour défendre les ouvrages qui avaient été préparés autour de la ville et principalement le parc de Chambord. Le général Barry, qui avait dépassé Blois, recevait également l'ordre d'y revenir, d'y reconstituer sa division et de rentrer le plus promptement possible à sa place au 16° corps. Il fallait s'attendre à une attaque prochaine, se tenir toujours prêt à y faire face. Le général en chef donna en conséquence les instructions suivantes le 6 au soir :

INSTRUCTIONS DU 6 DÉCEMBRE.

Au grand quartier général de Josnes,
le 6 décembre 1870.

» Par décision du ministre de la guerre, en date de ce
» jour, le contre-amiral Jauréguiberry est nommé au com-
» mandement du 16° corps ; le général de Colomb à celui
» du 17° corps ; les 16°, 17° et 21° corps forment l'armée
» sous le commandement du général Chanzy, aux

» ordres duquel la division Camó reste provisoirement [1].

» En conséquence, l'amiral Jauréguiberry prendra im-
» médiatement le commandement du 16ᵉ corps; l'état-
» major sera constitué ultérieurement.

» Aujourd'hui, l'ennemi a fait une démonstration sur
» Meung; une colonne, composée d'infanterie, de cava-
» lerie et d'artillerie, a été signalée à Mézières, en avant
» de Villermain. Des cavaliers prussiens longeant la rive
» gauche de la Loire se sont montrés en avant de Saint-
» Laurent-des-Eaux, point occupé par les francs-tireurs
» du commandant de Foudras, et 3 ou 400 hommes
» échappés d'Orléans et recueillis par lui.

» Les éclaireurs algériens, en position à Cravant, n'ont
» rien signalé sur le front de l'armée. D'après des rensei-
» gnements venus de Châteaudun, une colonne ennemie
» aurait été en vue aujourd'hui à Marboué prenant la di-
» rection d'Orléans; enfin les appréhensions d'une attaque
» sur Vendôme par Montdoubleau paraissent dissipées.

» Il est donc important de faire sur toute la ligne,
» demain matin au jour, des reconnaissances poussées au
» loin, et de s'assurer des positions de l'ennemi et de sa
» force. Jusqu'à la rentrée de ces reconnaissances, toutes
» les troupes, prenant les armes au jour, devront être
» réunies sur leurs emplacements de défense, et les batte-
» ries en position. Les lignes seront couvertes par un
» rideau de tirailleurs poussé à bonne distance. Les voi-
» tures seront attelées et engagées sur les directions
» qu'elles auraient à prendre pour se porter en arrière le
» plus rapidement possible, si le combat s'engageait. Les
» convois se dirigeront dans ce but :

» Ceux de la cavalerie du 16ᵉ corps, sur Roches;

» Ceux de la division d'infanterie du 21ᵉ corps qui est à

---

[1] Voir la note nº 23.

» Lorges, sur la route qui débouche à Marchenoir en tra-
» versant la forêt ;

» Ceux des trois divisions du 17° corps, par Villemu-
» zard sur Talcy, et par Josnes sur Concriers ;

» Ceux du quartier général, sur Seris par Izy ;

» Ceux de la cavalerie du 17° corps, sur Luçay ;

» Ceux des 1re et 2° divisions d'infanterie du 16° corps,
» par les routes parallèles au chemin de fer, de Beaugency
» sur Mer.

» Chaque commandant de division indiquera à ses con-
» vois le point où ils devront s'arrêter avant de continuer
» leur mouvement de retraite, de façon à ce qu'ils puissent
» rétrograder promptement si nous conservons nos em-
» placements.

» Il est de toute nécessité de tenir sur les positions
» occupées aujourd'hui ; l'armée est nombreuse entre
» Poisly et Beaugency, et les démonstrations de l'ennemi
» ne peuvent être faites qu'avec des forces inférieures.

» Dans le cas d'un mouvement forcé en arrière, la
» retraite ne devrait s'effectuer que lentement, les divi-
» sions s'appuyant mutuellement ; on s'établirait le soir sur
» la ligne partant de Poisly et aboutissant en avant de
» Mer, par Lorges et Seris.

» La division Collin du 21° corps, quittant Saint-Lau-
» rent-des-Bois, devra occuper avant le jour Poisly et
» Lorges, ayant sur chacun de ces points une brigade ; le
» général Jaurès s'assurera que la trouée de Saint-Lau-
» rent-des-Bois et les débouchés des avenues de la forêt
» sont occupés par des forces suffisantes pour en empêcher
» l'accès à l'ennemi.

» Si une attaque avait lieu sur Poisly et Lorges, le
» général Jaurès se porterait, avec ses réserves, de Mar-
» chenoir à la Motte-Patain, où il établirait ses batteries.

» Dans le cas d'une attaque sur l'aile droite, les 1re et

» 2º divisions du 16ᵉ corps serviraient de réserve à la divi-
» sion Camô, qui occupe les positions en avant de Beau-
» gency.

» Demain, dès le matin, la division Maurandy rétro-
» gradera sur Blois avec son artillerie, et ira occuper, sur la
» rive gauche de la Loire, le parc de Chambord et les posi-
» tions défensives qui ont été préparées pour couvrir les
» routes de cette rive. Il prendra auprès du général
» Michaud, qui commande à Blois, tous les renseigne-
» ments nécessaires, et se mettra en communication avec
» les francs-tireurs du commandant de Foudras, établis à
» Saint-Laurent-des-Eaux. Dans cette position, le général
» Maurandy reconstituera le plus promptement possible
» sa division, et profitera de sa proximité de Blois et de
» Tours pour outiller et vêtir ses troupes ; il restera sous le
» commandement direct du commandant du 16ᵉ corps.

» Le grand quartier général de l'armée restera demain
» à Josnes, qui est relié par un fil télégraphique avec
» Lorges, où une station est établie, Marchenoir, Beau-
» gency, Mer, Vendôme et Blois.

» Chaque commandant de corps d'armée hâtera le plus
» possible l'envoi des rapports demandés sur les dernières
» affaires, des états de pertes et des états d'effectif avec
» indications des besoins en personnel, matériel, artil-
» lerie, munitions et vivres, auxquels il est urgent de
» pourvoir, pour hâter la réorganisation complète des
» trois corps d'armée.

» Les commandants d'artillerie et du génie et les inten-
» dants de chaque corps devront établir une situation
» exacte de leurs services, situations qui seront envoyées
» au général en chef revêtues des annotations des com-
» mandants des corps.

» Le fil télégraphique qui relie Lorges à Josnes étant à
» terre, la 3ᵉ division du 17ᵉ corps et la division Collin

» placeront, à une distance de trois ou quatre cents mètres
» les uns des autres, des factionnaires pour en assurer
» la conservation. »

ENGAGEMENT DE VALLIÈRE.

Le 7, dès le matin, la 3° division du 21° corps avait à repousser une forte reconnaissance faite par l'ennemi en avant de la forêt de Marchenoir : deux colonnes, dont la plus faible était d'environ 2,000 hommes, et qui comprenaient les trois armes, se portaient sur Marolles et sur Vallière. Le général Guillon, qui occupait fortement ces positions, la ferme du Bois-d'Enfer et Saint-Laurent-des-Bois, soutint vigoureusement leurs attaques. L'affaire fut assez chaude à Vallière, et l'ennemi se repliant après avoir eu une de ses pièces démontée par notre artillerie, fut poursuivi jusqu'à Binas, qu'il dut abandonner. Cette démonstration sur notre gauche avait évidemment pour but de détourner notre attention d'un mouvement principal qui devait se préparer sur un autre point de nos lignes. Elle avait été combinée avec une tentative faite du côté de Villermain contre la 3° division du 17° corps, qui avait fait bonne contenance.

Dès le matin, le général Camó, informé de la réapparition de l'ennemi en avant de Meung, et considérant une attaque comme imminente, avait fait prévenir l'amiral, qui se tenait prêt à lui porter du renfort. Vers midi, en effet, l'ennemi commença à canonner nos positions de droite; mais notre artillerie, bien placée, l'obligea bientôt à diminuer son feu, et nos tirailleurs purent s'approcher assez près des siens pour engager avec eux une vive fusillade qui les força à se replier.

COMBATS DE LANGLOCHÈRE ET DE MESSAS.

Au premier coup de canon, l'amiral avait dirigé le général Deplanque, avec la 1re division du 16e corps, sur Messas. Ce secours devenait nécessaire, car, au moment où il débouchait du Mée, l'ennemi, renforcé lui-même, refoulait nos tirailleurs, s'emparait de Langlochère et de Baulle, et menaçait sérieusement Foinard. L'arrivée du général Deplanque permit au général Camô de reprendre l'offensive : une attaque combinée du 51e de marche et du 88e mobiles (Indre-et-Loire), sur Langlochère, eut un plein succès ; ce point fut repris ; il en fut de même de Baulle, et Foinard fut complétement dégagé. La colonne mobile de Tours allait continuer son mouvement en avant, lorsque l'ennemi se présenta en force entre Messas et Beaumont. L'amiral fit alors déployer la division Deplanque, qui n'avait pas eu à combattre jusque-là, répondit vigoureusement avec son artillerie à celle de l'ennemi, et engagea bientôt un combat de tirailleurs qui continua dans l'obscurité, car la nuit approchait. Une batterie du général Camô venait d'être assaillie par des tirailleurs bavarois, et aurait été enlevée sans l'énergie de nos canonniers, qui se défendirent à coups de crosse de mousqueton, jusqu'au moment où les chasseurs à pied du 16e bataillon, qui leur servaient de soutien, purent les dégager complétement. Néanmoins le général Camô fut forcé de se replier devant une nouvelle et vigoureuse attaque des Allemands, tandis qu'à sa gauche le 33e mobiles et le 37e de marche se retiraient également pour se soustraire au feu alors bien réglé de leurs pièces.

COMBATS DE VILLECHAUMONT ET DE CRAVANT.

Pendant ces engagements sur notre droite, le général en

chef voulant appuyer le mouvement en avant de la division Deplanque, avait dirigé la division Roquebrune (1re du 17e) entre Villevert et Villechaumont, pour repousser des colonnes qui débouchaient de Beaumont et de Cravant. Assaillie par des masses considérables, la première ligne de la division Roquebrune soutint énergiquement le choc; à un feu de mousqueterie à bout portant succéda bientôt un combat corps à corps, jusqu'à ce que les troupes de la deuxième ligne, que le bruit de cette fusillade, répercuté de tous côtés par d'étranges échos, avait rendues un instant indécises, s'avancèrent résolûment pour prendre part à l'action. Le combat fut dès lors des plus acharnés. Un moment, la 19e batterie du 7e régiment d'artillerie se trouvant isolée, fut entourée par des fantassins allemands; elle ne fut sauvée que par l'énergie du capitaine Rouvillois, qui, appelant à son secours une compagnie du 11e bataillon de chasseurs de marche, dégagea ses pièces et fit une vingtaine de prisonniers. L'ennemi dut enfin plier devant l'élan de nos troupes. Le succès fut complet pour nous de ce côté, et il dut abandonner Cravant et Beaumont pour se mettre en retraite sur Baccon, poursuivi par nos colonnes jusqu'au Grand-Châtre. On aurait pu se maintenir sur cette position jusqu'au lendemain, si, après le mouvement en arrière du général Camô et d'une partie de la 1re division du 16e corps, l'amiral n'avait jugé utile de replier également le reste de cette division. La nuit était d'ailleurs très-obscure; une méprise, toujours possible avec des troupes aussi peu exercées que les nôtres, pouvait amener de grands désordres : le commandant en chef jugeant le général de Rochebrune trop en flèche, lui donna l'ordre de cesser la poursuite, et prescrivit à tous les corps engagés de reprendre les positions qu'ils avaient quittées le matin. Le général Camô ne put rallier les siennes qu'en avant du ravin de Vernon, à

400 mètres en avant de Beaugency, bien qu'il lui eût été possible de s'avancer plus loin et de s'établir plus solidement, les Allemands s'étant retirés sur Meung lorsqu'ils avaient vu leur droite en retraite sur Baccon.

Le résultat de la journée avait néanmoins été bon pour nous. Notre mousqueterie avait causé d'énormes ravages dans les rangs de l'ennemi ; notre artillerie s'était montrée à hauteur de la sienne, et si un mouvement de retraite partielle, sans conséquence d'ailleurs, s'était produit un instant dans cette 1re division du 16e corps, déjà si éprouvée depuis sa formation et si admirable dans toute cette campagne, il fallait l'attribuer à la fatigue des derniers jours, qui n'avaient été pour elle qu'une suite de combats meurtriers et de marches forcées. Les pertes des 16e et 17e corps étaient faibles ; celles de la colonne mobile de Tours, plus longtemps engagée, plus sérieuses.

Le général en chef rendit compte au ministre de la guerre des résultats de la journée par le télégramme suivant :

« Nous avons été attaqués aujourd'hui sur toute la ligne
» depuis Meung jusqu'à Saint-Laurent-des-Bois. L'effort
» principal de l'ennemi était sur Beaugency. La colonne
» mobile de Tours, la 1re division du 16e corps et la
» 1re du 17e, ont été sérieusement engagées. Nous avions
» affaire à une artillerie nombreuse, évaluée, d'après les
» prisonniers, à 86 pièces ayant pris part à l'action, et
» soutenue par des réserves. Les forces ennemies engagées
» comptaient deux divisions bavaroises et une division
» prussienne, plus de 2,000 chevaux, ayant en arrière
» des forces considérables. C'était l'armée du prince
» Charles avec le grand-duc de Mecklembourg.

» L'ennemi a été repoussé jusqu'au delà du Grand-
» Châtre, et nous couchons sur nos positions de ce matin.
» Les prisonniers (200 environ) avouent des pertes consi-

» dérables de leur côté, du fait de notre mousqueterie,
» tout en constatant que notre artillerie a eu un grand
» effet sur la leur.

» La bataille s'étant prolongée jusqu'à la nuit close, je
» ne connais pas encore nos pertes ; j'espère qu'elles seront
» peu importantes. Notre armée a opéré avec ordre et
» avec calme. Il se peut que nous soyons attaqués demain ;
» je compte que nous nous en tirerons comme aujourd'hui.
» Le général de division Stéphann, de la 1re division
» d'infanterie de la garde bavaroise, a été blessé d'une
» balle dans le bras et d'un éclat d'obus à la jambe.

» En avant de Saint-Laurent-des-Bois, l'ennemi a été
» repoussé de Marolles par les troupes du général Jaurès.
» Je suis rentré à huit heures du soir à Josnes. »

Les efforts que l'ennemi allait tenter contre la deuxième armée n'étaient plus dès lors douteux ; il fallait se préparer à y résister. Les généraux et les troupes devaient avoir conscience de la position : le général en chef crut donc devoir, à partir de ce jour-là, résumer, sur les instructions qu'il adressait chaque soir, les faits de la journée, les succès aussi bien que les revers, en même temps qu'il prescrivait ce qu'il y avait à faire le lendemain. Celles du 7, pour la journée du 8, sont les suivantes :

INSTRUCTIONS DU 7 DÉCEMBRE.

« Josnes, le 7 décembre 1870.

» L'ennemi, parti ce matin des positions qu'il occupe
» depuis la Chapelle, par Baccon, jusqu'aux environs
» d'Ouzouer-le-Marché, a essayé une attaque générale de
» nos lignes ; l'effort principal s'est produit le long de la
» Loire sur les positions occupées par nous, en avant de
» Beaugency, tandis que deux démonstrations se faisaient

» à notre gauche, l'une sur Villermain, l'autre sur Saint-
» Laurent-des-Bois, par le village de Marolles. Nous
» avions affaire à l'armée du prince Charles, qui a mis en
» ligne 86 pièces de canon, d'après le rapport des prison-
» niers. Les dispositions pour résister à ces attaques ont
» été prises partout avec beaucoup d'ordre; les divisions
» engagées ont fait preuve de calme et d'entrain; notre
» artillerie s'est montrée supérieure à celle de l'ennemi.
» Cette journée prouve ce qu'on peut avec de la confiance,
» et fait oublier les mauvais moments de nos dernières
» affaires.

» Le général en chef est heureux de pouvoir adresser à
» tous des félicitations. Nous avons maintenu notre ligne,
» qu'il est si important de conserver; après avoir repoussé
» partout l'ennemi qui nous attaquait, nous couchons sur
» nos positions. Que chacun s'inspire de ce succès, y
» puise la confiance, et la conviction que quelques jours
» de ténacité nous ramèneront les bonnes chances que
» nous avaient données nos premiers succès.

» Au dire des prisonniers, l'ennemi a fait de grandes
» pertes; le général bavarois Stéphann, commandant la
» 1re division d'infanterie de la garde, a été grièvement
» blessé.

» Cette première partie des instructions sera lue
» demain matin, dans chaque régiment ou corps, aux
» troupes assemblées.

» Il est probable que l'ennemi tentera demain un nou-
» vel effort sur nos lignes. Au jour, la cavalerie des 16e et
» 17e corps et les éclaireurs algériens pousseront des
» reconnaissances dans les conditions indiquées aux
» instructions d'hier, pour reconnaître la force et les
» emplacements de l'ennemi, et pour signaler tous les
» mouvements qu'il pourrait exécuter.

» Toutes les troupes se tiendront prêtes à prendre

» rapidement les armes, et à s'établir sur les positions
» qu'elles occupaient aujourd'hui ; on ne doit pas craindre
» de porter les bataillons en avant, tout en les dissimu-
» lant aux feux de l'artillerie ennemie : les obus ne sont
» dangereux que pour ceux qui sont en arrière des batte-
» ries; les réserves seules doivent être tenues hors de la
» portée des projectiles ennemis. Si une batterie ou une
» réserve d'artillerie doit faire un mouvement de retraite,
» il est essentiel qu'elle ne l'exécute qu'à une allure très-
» modérée : en se retirant aux allures vives, elle porte le
» trouble dans l'infanterie, qui ne s'explique pas ce mou-
» vement.

» Même recommandation est faite à la cavalerie.

» On devra continuer demain au jour les distributions
» de vivres qui n'auraient pu être faites ce soir, de façon à
» assurer aux hommes les deux jours de vivres de réserve
» qu'ils doivent avoir dans le sac, et au moins un jour de
» consommation. On remplacera également, dès le matin,
» les munitions brûlées dans la journée (artillerie, infan-
» terie).

» On prendra pour les convois et les parcs les disposi-
» tions prescrites aux instructions d'hier.

» Les commandants des corps d'armée se tiendront en
» communication incessante avec le général en chef, qui,
» en quittant Josnes pour se porter sur le lieu du combat,
» y laissera l'indication de la direction qu'il aura prise.

» Demain au jour, la division Camó fera réoccuper les
» positions, de Messas à la Loire ; les éclaireurs algériens
» se porteront à Cravant, si ce village n'est pas gardé par
» l'ennemi; la division de cavalerie du 17e corps les fera
» appuyer par deux escadrons qu'elle placera à Cernay,
» où doit se trouver déjà un avant-poste de la 2e division
» du 17e corps.

» Le général Jaurès fera occuper Autainville par un bataillon et une batterie d'artillerie.

» Le général Michel maintiendra un avant-poste de cavalerie à Villermain et poussera des reconnaissances jusqu'à Binas et Ouzouer-le-Marché. Si l'ennemi attaque de nouveau l'aile droite, l'amiral Jauréguiberry, commandant en chef le 16ᵉ corps, dont le quartier général est à Villorceau, aura sous son commandement direct les 1ʳᵉ et 2ᵉ divisions du 16ᵉ corps, la 1ʳᵉ division du 17ᵉ et la colonne mobile de Tours aux ordres du général Camó.

» Le ministre réclame d'urgence les états de pertes (numériques pour la troupe et nominatifs pour les officiers) par suite des combats qui se sont livrés depuis le 1ᵉʳ décembre. Il importe que ces renseignements parviennent au général en chef demain avant midi, et qu'ils soient aussi approximatifs que possible.

» Il est recommandé de ne faire aucune sonnerie la nuit, de n'en user le jour que dans les cas indispensables, et de dissimuler les feux des cuisines derrière des épaulements, des murs ou des fossés de route, pour les cacher aux vues de l'ennemi.

» Pendant le combat, chaque division placera en arrière des lignes des cavaliers chargés d'arrêter les fuyards et de les amener au quartier général de la division, où des mesures seront prises pour qu'ils soient traduits devant des cours martiales. Il faut faire cesser à tout prix ces paniques que rien ne justifie et qui sont la seule cause de nos insuccès. »

Dans la soirée du 7, le général Barry, qui avait reçu primitivement l'ordre de se reporter sur Beaugency, après s'être retiré prématurément sur Mer, fut prévenu qu'il devait servir de soutien et de réserve à l'aile droite de l'armée, en prenant position le plus près possible de Beaugency et en reformant aussi promptement qu'il le pourrait sa division éparse depuis la retraite du 4[1]. Le colonel Bayle, laissé à Mer pour surveiller la rive gauche, avait pour mission de défendre le pont si important de cette localité, et de ne le détruire qu'à la dernière extrémité[2]. Comme le général Camó avait eu à souffrir des batteries ennemies établies sur la rive gauche, le commandant de l'artillerie dut s'occuper d'en établir de notre côté, de façon à les combattre[3]. Enfin, pour mieux coordonner la résistance sur toute cette vaste ligne de Poisly à la Loire, l'amiral Jauréguiberry reçut le commandement direct de toute l'aile droite, composée de la 1re division du 17e corps, des 1re et 2e du 16e corps et de la colonne mobile de Tours.

BATAILLE DE VILLORCEAU.

Le 8 avant le jour, toutes les positions indiquées précédemment avaient été prises, les convois engagés sur les directions qu'ils devaient suivre en cas de retraite, et les troupes étaient partout sous les armes, lorsque l'ennemi fut signalé en forces sur tout notre front. Les avant-postes de cavalerie de Villermain l'indiquaient marchant sur Poisly, tandis que les éclaireurs algériens, qui avaient couché au Grand-Châtre, annonçaient des colonnes nombreuses marchant sur Cravant. C'était une attaque générale qui se préparait.

Elle commença à huit heures sur la division Collin (2e du 21e corps) par trois batteries prussiennes qui, s'établissant à droite du village de Villermain, ouvrirent un feu violent

---

[1] Voir la note n° 4.
[2] Voir la note n° 5.
[3] Voir la note n° 6.

sur Poisly. Notre artillerie divisionnaire leur répondit énergiquement jusqu'à dix heures, mais elle fut forcée de se retirer un moment sur la route de Lorges, pour faire face à un feu d'écharpe que l'ennemi dirigeait sur l'angle de la forêt de Marchenoir; aidée par deux pièces de 12 de la réserve, elle éteignit bientôt ce feu et reprit sa position primitive. La 3ᵉ division du 17ᵉ corps se portait alors sur Cravant, en avant duquel l'ennemi avait disposé des batteries qui ne purent l'arrêter. Ce mouvement laissait une trouée entre le 21ᵉ et le 17ᵉ corps. Les Allemands, voulant en profiter, lancèrent leur cavalerie sur Lorges; mais accueillis par le feu bien dirigé d'une batterie de 4 de la division Collin, leurs escadrons se virent bientôt obligés de se replier. La 3ᵉ division du 17ᵉ corps continuait sa marche sur Cravant; ses têtes de colonne étaient déjà maîtresses du village, quand, attaquées de front par une artillerie imposante, de flanc par les batteries de Villermain, manquant bientôt de munitions, elle dut se retirer sur Ourcelles, continuant néanmoins à appuyer du feu de ses mitrailleuses la 2ᵉ division du 21ᵉ corps. Ce mouvement rétrograde s'était opéré en bon ordre, protégé par la 2ᵉ division du 17ᵉ corps qui s'était portée sur Cernay. L'infanterie prussienne s'avança jusqu'à la ferme de la Motte, en avant des lignes du 21ᵉ corps. Elle ne put y tenir longtemps devant l'attaque vigoureuse du 49ᵉ mobiles (Orne) qui occupa le plateau avec ses trois bataillons. Tout n'était pas cependant fini sur ce point. Vers deux heures, l'ennemi essaya un retour offensif et dirigea une canonnade des plus nourries sur les deux divisions des 17ᵉ et 21ᵉ corps qui s'étaient rapprochées pour y résister; le 49ᵉ mobiles se maintint à la ferme de la Motte. Ce fut à ce moment que le général Jaurès, prévenu à Marchenoir de l'attaque sur Lorges et Poisly par le commandant en chef, déboucha avec sa réserve pour appuyer sa 2ᵉ division. Il n'hésita pas à lancer en avant de la Motte deux bataillons des mobilisés de la Sarthe, qui, appuyés par une batterie de 12, s'avancèrent résolûment et en bon ordre sous un feu écrasant d'artillerie, et forcèrent l'infanterie ennemie à se retirer.

Il était quatre heures de l'après-midi lorsque la mousqueterie cessa sur cette partie de notre ligne; la canonnade continua jusqu'à la nuit sans que nos divisions perdissent un pouce de terrain. L'ennemi s'était montré également en avant de la forêt de Marchenoir; une de ses batteries avait essayé vers dix heures de s'établir successivement à hauteur de Villesiclaire et de Chantôme, mais elle avait été délogée de ces deux points par l'artillerie divisionnaire du général Guillon. De ce côté, il n'y eut plus jusqu'à la fin de la journée que quelques coups de canon tirés vers trois heures sur la queue d'un convoi marchant sur Ouzouer, et qui mirent le désordre dans la cavalerie qui l'escortait.

Ces attaques sur notre gauche n'étaient point l'effort principal des Allemands. Cet effort, ils le firent entre Villorceau et Villevert, avec l'idée de percer notre centre, et s'acharnèrent, de neuf heures du matin jusqu'au soir, à chercher à obtenir ce résultat.

Suivant les instructions du commandant en chef, l'amiral Jauréguiberry, chargé de l'aile droite, avait prescrit au général Camô d'occuper fortement le ravin de Vernon ainsi que Messas, et de s'y défendre à tout prix. Mais, sur un ordre télégraphique du ministre de la guerre, confirmé verbalement, vers huit heures du matin, par un capitaine du génie envoyé de Tours, ce général crut devoir dégarnir les positions qui lui avaient été assignées en avant de Beaugency, pour occuper le plateau situé en arrière de la ville, et sur lequel il fit commencer des épaulements pour des batteries. Il plaça néanmoins au village de Vernon le

59ᵉ de marche et un bataillon des mobiles de l'Isère, soutenus par le 88ᵉ mobiles (Indre-et-Loire) placé à Pierre-couverte, pour se relier avec la 1ʳᵉ division du 16ᵉ corps, que le général Deplanque avait disposée dès le jour, la gauche à Villevert, la droite au Grand-Bonvalet.

Dès le matin également, la 1ʳᵉ division du 17ᵉ corps (général Roquebrune) s'était avancée au delà de Villemarceau sur Villevert et Villechaumont avec tant de promptitude et d'ensemble, que l'amiral n'hésita pas à lui faire commencer l'attaque dès qu'il entendit le canon de la 3ᵉ division du 17ᵉ corps sur Cravant, et qu'il s'aperçut qu'un bataillon du 51ᵉ de marche de la 2ᵉ division venait d'enlever Cernay. Ce mouvement offensif, bien conduit par le général de Roquebrune, quelque retardé qu'il fût par une résistance opiniâtre, nous porta jusqu'à Beaumont. Là l'ennemi, renforcé vers midi, disputa vivement le terrain et refoula même un moment nos colonnes. L'amiral donna alors au général Deplanque l'ordre d'appuyer cette colonne avec toute sa division, qui repoussa promptement les Allemands jusqu'au Mée. Ce secours permit au général de Roquebrune de rallier ses troupes qui avaient le plus souffert, et de porter en avant celles qu'il avait tenues jusque-là en réserve. Pendant ce temps, la 2ᵉ division du 17ᵉ corps, déployée en arrière de Cernay qu'occupait un de ses bataillons, se maintenait en position, et le tir bien réglé de ses pièces faisait taire les batteries de Cravant, dont le matériel eut beaucoup à souffrir. Toutefois, rien ne se dessinait; le général en chef songea alors à tenter un coup décisif avec la cavalerie du 17ᵉ corps qu'il avait sous la main, en essayant de percer le centre de l'ennemi sur ce point qui paraissait le plus faible, et où son feu s'était considérablement ralenti. Cette cavalerie pouvait en effet s'avancer facilement en se dissimulant dans une série de larges dépressions qui, partant du château de Serqueu, arrivent presque sans interruption au moulin de Cernay. Néanmoins, avant de tenter ce mouvement qui devait être appuyé par des masses d'infanterie et d'artillerie, les éclaireurs algériens furent lancés en avant pour reconnaître la position et la force réelle de l'ennemi. Les premiers arrivés sur la crête aperçurent des colonnes profondes et de nombreuses batteries qui accueillirent par une grêle d'obus et de mitraille l'escadron dès qu'il apparut. L'ennemi était donc trop fort et trop peu entamé pour lancer sur lui la cavalerie. La 2ᵉ division du 17ᵉ corps reçut alors l'ordre de se porter en avant de Cernay et de Villechaumont. Il y eut un moment de désordre : le bataillon du 51ᵉ, qui de Cernay, se portait sur Cravant, accueilli par un feu très-vif de mousqueterie, se replia avec précipitation sur Cernay, qu'il dépassa. Le 10ᵉ bataillon de chasseurs à pied essaya en vain de reprendre ce village[1]; il ne put y parvenir, malgré tous les efforts de l'artillerie divisionnaire, et un mouvement de recul sensible se produisit dans les 2ᵉ et 3ᵉ divisions du 17ᵉ corps, qui occupèrent une ligne très-oblique partant de Villechaumont et aboutissant en avant de Prenay.

Il était trois heures environ : sur la droite, les troupes, qui n'avaient cessé de soutenir la lutte avec acharnement, se fatiguaient et commençaient à plier ; l'amiral fit alors avancer celles qu'il avait tenues jusque-là en réserve : c'étaient les bataillons de la mobile de l'Yonne et du Cantal. Ils se portèrent en avant sans hésitation. Les premières troupes voyant ce renfort retrouvèrent leur ardeur ; le combat recommença plus violent que jamais. La route de Cravant à Beaugency fut bientôt de nouveau franchie, et on s'empara de Beaumont, en faisant un assez grand nombre de prisonniers. Plus à droite, la division Deplanque, longtemps arrêtée par un feu violent d'artillerie, con-

---

[1] Voir la note *jj*, aux *Errata*.

tinuait son mouvement, enlevait le village de Mée à la baïonnette et refoulait les Allemands.

Les troupes du général Camô, sur notre extrême droite, tenaient moins solidement et abandonnaient le village de Vernon. D'un autre côté, la 2ᵉ division du 17ᵉ corps se retirait et évacuait Villechaumont, qu'un effort vigoureux de la division de Roquebrune finit par reprendre à la tombée du jour. La nuit était complétement venue que l'on combattait encore ; le régiment de l'Isère, les 41ᵉ et 43ᵉ de marche, le 11ᵉ bataillon de chasseurs à pied surtout, s'étaient conduits avec la plus grande vigueur. Dans la division Deplanque, le 39ᵉ de marche et le 33ᵉ mobiles (Sarthe) s'étaient aussi héroïquement battus ; le capitaine Couturier, de ce dernier régiment, avait enlevé à la baïonnette une ferme où l'ennemi s'était fortement retranché, et y avait fait une centaine de prisonniers.

SUCCÈS DE LA JOURNÉE.

Si la 2ᵉ division du 17ᵉ corps n'avait pas perdu de terrain, nos lignes restaient intactes ; il devait en être ainsi pour bien affirmer aux yeux des Allemands que nous avions le succès de la journée. Cette division reçut donc l'ordre de se reporter en avant et de réoccuper Cernay avant le jour ; à minuit elle l'avait repris et s'y retranchait.

Nos pertes dans cette bataille étaient considérables. Le général de Flandres, commandant la 3ᵉ division du 17ᵉ corps, avait reçu une blessure dont il mourut quelque temps après. De son côté, l'ennemi avait beaucoup souffert du feu de nos tirailleurs et de nos mitrailleuses ; le terrain était couvert de ses morts et de ses blessés. Toutes les fois du reste que nous étions parvenus à portée de mousqueterie des Allemands, ils avaient été obligés de reculer devant la vigueur de nos fantassins et la supériorité du chassepot. Nous avions eu affaire à des forces très-considérables, commandées par le prince Charles lui-même, et appuyées par une artillerie formidable. Il y avait là quatre corps d'armée allemands, sans compter les Bavarois du général de Thann ; c'étaient les 3° corps (Brandebourg), 9° corps (Schleswig-Holstein), 10° corps (Hanovre, Oldenbourg, Brunswick et Westphalie), et le 13° corps (Mecklembourg).

L'ENNEMI PÉNÈTRE LA NUIT DANS BEAUGENCY.

Tout eût donc été pour le mieux, à part Messas que nous avions perdu et qui aurait été repris comme Cernay, si des faits graves à l'extrême droite n'étaient venus détruire en partie les résultats de cette glorieuse journée, alors qu'elle paraissait complétement à nous, et compromettre sérieusement le salut de l'armée tout entière. Le commandant en chef, inquiet de ne rien recevoir du général Camo depuis plusieurs heures, lui avait envoyé des officiers d'ordonnance qui, rentrant vers onze heures du soir, lui rapportèrent la nouvelle que Beaugency était évacué. Ce fait si regrettable est expliqué dans le télégramme suivant, adressé à onze heures et demie du soir, au ministre de la guerre pour lui en rendre compte :

« Les communications télégraphiques étant interrom-
» pues depuis quelques heures avec Beaugency, je viens
» seulement d'apprendre que le général Camo, contraire-
» ment aux ordres formels[1] que je lui avais donnés, et
» prétendant obéir à ceux que vous lui auriez adressés
» directement par un capitaine du génie envoyé de Tours,
» s'était retiré dans l'après-midi de Beaugency, qui a été

---

[1] Voir la note 7 à l'appendice du livre II.

» occupé à la nuit par une troupe mecklembourgeoise se
» glissant le long de la Loire. Je regrette vivement cet
» incident qui a terni le succès de la journée, et je donne
» l'ordre à l'amiral Jauréguiberry, commandant l'aile
» droite, de débusquer demain, au jour, l'ennemi de la
» ville. J'ai déjà ici une centaine de prisonniers prussiens;
» les renseignements qu'ils m'ont fournis constatent que le
» prince Charles a fait venir la nuit dernière des troupes
» d'Orléans, et a donné aujourd'hui avec toutes ses forces;
» ces prisonniers disent que l'armée prussienne ne croyait
» avoir affaire qu'à des fuyards, et que les pertes qu'elle
» a faites aujourd'hui sont considérables. »

A quatre heures du matin, le général Barry, qui s'était reporté de sa personne à Mer, télégraphia :

« La colonne Camo est en pleine déroute. Je n'ai pas
» un homme, je n'ai pas de division. Pour n'être pas pris
» par l'ennemi, je me retire sur Blois. » . . . . .
. . . .

Le général Camo, souffrant d'une chute de cheval et fatigué, s'était également retiré; le général Tripart, qui avait pris le commandement et cherché à mettre de l'ordre dans cette retraite des troupes sur Mer, prévenait, à cinq heures, qu'il était à Tavers avec quelques avant-postes. Si l'ennemi s'apercevait de cette panique, il pouvait au jour, par un effort vigoureux, tourner notre droite et nous couper de Blois. D'un autre côté, si l'armée apprenait cet échec et si elle se mettait en retraite, c'était la débandade et peut-être sa désorganisation. Le général en chef répondit au général Tripart :

« On m'assure que Beaugency n'est occupé que par
» très-peu d'ennemis. L'amiral a l'ordre de chercher au
» jour à les en débusquer. De votre côté, réunissez tout
» ce qu'il y a de troupes de Mer à Beaugency, prenez-en
» le commandement, reportez-vous résolûment en avant,

» pour chercher à relier votre gauche avec la droite de
» l'amiral, et si vous battez en retraite sur Mer, ne le
» faites que successivement et en bon ordre.

» Si l'ennemi menace sur la rive gauche et qu'il vous
» soit impossible de tenir le pont de Mer, faites-le couper;
» débarrassez-vous à l'avance de tous vos bagages et ma-
» tériel inutiles en les poussant au delà de Mer. »

Du reste, pour compléter l'explication de cet événement et de ceux qui suivirent, il est nécessaire de reproduire ici textuellement un extrait du rapport de l'amiral Jauréguiberry, commandant l'aile droite, sur les combats qu'il eut à soutenir sur les lignes de Josnes.

RAPPORT DE L'AMIRAL JAURÉGUIBERRY SUR CET INCIDENT.

« De ce côté, Messas était occupé par l'ennemi, et quel
» ne fut pas mon étonnement d'apprendre, vers huit
» heures du soir, que vers cinq heures ou cinq heures et
» demie une des batteries de la division Camo, qui se
» retirait du champ de bataille pour rentrer à Beaugency,
» avait trouvé, sans s'en douter, la ville occupée par les
» Prussiens, et avait laissé cinq de ses pièces entre leurs
» mains. En même temps j'apprenais que le lieutenant-
» colonel Barille, du 59ᵉ, qui était retourné à Vernon
» d'après mes ordres, l'avait évacué peu après, sur l'inti-
» mation qui lui en avait été portée de la part d'un général
» prussien établi à Messas, et menaçant de bombarder le
» village si les troupes françaises ne l'abandonnaient
» immédiatement.

» Sur ma gauche, le village de Villechaumont, un mo-
» ment évacué le soir par l'ennemi, avait été peu après
» réoccupé par lui, faute d'avoir été suffisamment défendu.

9.

» Des coups de fusil, qui ne cessèrent de s'échanger pen-
» dant la nuit entre les Prussiens de Villechaumont et la
» grand'garde du 37° établie à Villevert, m'engagèrent à
» renforcer cette dernière, vers minuit, par deux compa-
» gnies tirées du 59° de marche.

» La situation, en somme, était donc devenue, à ma
» droite et à ma gauche, assez critique, et, pour y remé-
» dier autant que possible, j'avais prescrit au lieutenant-
» colonel Barille, après l'évacuation de Vernon, de se
» placer à Pierre-Couverte, appuyant ainsi la droite de la
» 1re division du 16° corps, et de se garder vigoureusement
» vers Beaugency et Vernon, déjà réoccupés par les Prus-
» siens.

» En vous rendant compte de ces divers faits et des
» mesures que j'avais dû prendre, je dois vous signaler en
» même temps que, malgré la victoire évidente que nous
» avions remportée sur l'armée entière du prince Frédéric-
» Charles, nos troupes étaient fatiguées par les combats
» incessants qu'elles livraient chaque jour depuis le 1er dé-
» cembre, que leur moral s'en ressentait, et qu'enfin elles
» paraissaient à bout et incapables de tenter un effort
» sérieux le lendemain. Néanmoins il fallait autant que
» possible essayer de conserver notre ligne de bataille,
» que nous avions su maintenir au prix de grands sacri-
» fices, et pour cela il me parut indispensable de réoccu-
» per dès le matin Beaugency à tout prix. Je donnai donc
» dans ce sens des instructions au colonel Barille et au
» général Tripart, qui venait de remplacer pendant la nuit
» même, dans le commandement de sa division, le général
» Camo blessé d'une chute de cheval.

» Tous deux devaient, avant la pointe du jour, enve-
» lopper la ville de Beaugency, que l'on disait plutôt
» remplie de soldats prussiens ivres que de troupes sur
» leurs gardes. Ils devaient, agissant de concert et avec

» vigueur, enlever la ville de vive force et essayer d'y faire
» prisonniers tous ceux qui l'occupaient.

» Malheureusement, ma dépêche pour le général Tri-
» part ne put lui parvenir à temps, le porteur s'étant
» égaré au milieu de l'obscurité de la nuit, dans un pays
» qu'il ne connaissait pas. Du reste, des ordres ultérieurs
» que je ne tardai pas à recevoir de vous annulèrent toute
» offensive de notre part. L'absence de tout parc d'artil-
» lerie pour le 16e corps, le manque d'une réserve suffi-
» sante de cartouches d'infanterie, rendaient dangereux
» un tel mouvement, du moment où il était difficile de le
» poursuivre [1]. »

Avant de connaître ce qui s'était passé à Beaugency, et croyant au succès sur toute la ligne, le général en chef avait donné, le 8 au soir, en rentrant du champ de bataille à son quartier général de Josnes, les instructions ci-après, qui indiquent, avec les mesures à prendre pour le 9, les dispositions arrêtées pour compléter autant que possible l'organisation de l'armée.

INSTRUCTIONS DU 8 DÉCEMBRE.

« Au grand quartier général de Josnes,
le 8 décembre 1870.

» L'ennemi a tenté aujourd'hui de nous déloger de nos
» positions. Il a attaqué successivement à Saint-Laurent-
» des-Bois, en avant de Poisly, sur Cravant, et en avant
» de Villorceau. D'après les renseignements fournis par les
» prisonniers, toute l'armée ennemie aux ordres du prince
» Charles a été engagée, avec une nombreuse artillerie.
» Nous avons soutenu partout cet effort avec beaucoup de
» vigueur et d'ordre, et nous sommes restés maîtres de

---

[1] Voir la note 8 de l'appendice du livre II.

» nos positions après avoir fait subir à l'ennemi des pertes
» considérables. Il faut que tous s'inspirent de ce nouveau
» succès et y puisent la confiance; nous devons conserver
» nos positions et résister encore si les Allemands font un
» nouvel effort demain.

» La position est la suivante :

» A l'aile gauche, de Poisly à Lorges, la division de
» cavalerie du 16ᵉ corps et la 2ᵉ division du 21ᵉ, soutenues
» par les réserves que le général Jaurès a envoyées de
» Marchenoir; de Prenay à Villemarceau, par Ourcelles,
» les trois divisions d'infanterie du 17ᵉ corps; la cavalerie
» au clos Moussu; la 1ʳᵉ division du 16ᵉ corps à Villorceau;
» les troupes aux ordres du général Camó, du ravin de
» Vernon au Grand-Bonvalet, par Pierre-Couverte.

» Si l'ennemi attaque demain, on prendra les mêmes
» mesures que celles prescrites pour hier et aujourd'hui,
» en ce qui concerne la disposition des troupes et la direc-
» tion à donner aux convois, afin de les éloigner de tout
» danger et d'éviter qu'ils ne gênent les mouvements.
» Chaque commandant de division devra indiquer exacte-
» ment à ses voitures la direction qu'elles devront prendre
» et le point sur lequel elles devront s'arrêter pour atten-
» dre de nouveaux ordres, en déterminant ces directions
» de retraite d'après les instructions qui ont été données
» pour le cas où l'armée aurait à se replier. Chaque com-
» mandant de corps d'armée établira ses réserves d'artil-
» lerie de façon à les avoir sous la main sans les compro-
» mettre, et à assurer rapidement le réapprovisionnement
» des corps et des batteries en munitions.

» La cavalerie devra être placée de façon à pouvoir
» profiter de toutes les occasions pour tomber sur l'en-
» nemi. C'est aux généraux qui la commandent à apprécier
» le moment opportun de donner; ils ne doivent pas
» hésiter à l'engager à fond : une action rapide de cette

» arme, lorsque la ligne ennemie est ébranlée par le feu
» de l'artillerie et de l'infanterie, pouvant décider du
» succès et assurer de grands résultats.

» On fera demain au jour, sur toute la ligne, des recon-
» naissances pour s'assurer des emplacements de l'ennemi,
» de sa force et de ses dispositions. On ne doit engager les
» troupes que successivement, en préparant leurs efforts
» par le feu de l'artillerie, et en se ménageant jusqu'au
» dernier moment des réserves suffisantes.

» Le général en chef a prescrit une distribution d'eau-
» de-vie à toutes les troupes engagées aujourd'hui. S'il y a
» à combattre demain, on prendra à l'avance des mesures
» pour qu'une nouvelle distribution ait lieu à la rentrée
» dans les bivouacs.

» On devra compléter, autant que possible, demain
» avant huit heures, les munitions des batteries et de la
» troupe. Le général commandant l'artillerie prendra ses
» dispositions en conséquence. Il importe également que
» les vivres soient assurés et que les distributions aient
» lieu, soit cette nuit, soit demain dès le matin.

» Le ministre de la guerre a autorisé le général en chef
» à pourvoir, par des nominations provisoires qui seront
» régularisées ultérieurement, aux divers grades et emplois
» vacants par suite de la nouvelle organisation de l'armée
» ou des pertes éprouvées dans les dernières affaires [1].

» En conséquence,

» Le général Vuillemot remplira les fonctions de chef
» d'état-major de l'armée;

» Le commandant Chamvoux, avec le grade de lieute-
» nant-colonel provisoire, celles de sous-chef d'état-
» major;

» Le capitaine Bois, avec le grade de chef d'escadron,
» à l'état-major général;

---

[1] Voir la note 9 de l'appendice du livre II.

» Le commandant de Lambilly, avec le grade de lieutenant-colonel provisoire, chef d'état-major du 16° corps;

» Le capitaine Boisgard, comme chef d'escadron, chef d'état-major de la 1re division d'infanterie du 16° corps;

» Le général de Marcy, commandant l'artillerie de l'armée; et le lieutenant-colonel de Noue, commandant l'artillerie du 16° corps;

» Le colonel Javain, avec le grade de général de brigade provisoire, commandant du génie de l'armée;

» Le lieutenant-colonel de Lagrenée, commandant le génie du 16° corps;

» Le commandant de gendarmerie Mora grand prévôt de l'armée, avec le grade de lieutenant-colonel provisoire;

» Le capitaine Bourdineau, avec le grade de chef d'escadron provisoire, grand prévôt du 16° corps;

» Le docteur Combarieu, médecin principal de 1re classe, médecin en chef de l'armée;

» Le médecin-major de 1re classe Levié, avec le grade de médecin principal de 2° classe, médecin en chef du 16° corps.

» Par décision du ministre de la guerre, le colonel Burr-Porter est désigné pour remplir les fonctions de chef d'état-major de la 3° division d'infanterie du 17° corps.

» Les commandants des corps d'armée enverront au général en chef, dès demain, un état indiquant les vacances existant en officiers généraux, chefs de corps et officiers supérieurs, en proposant en regard les candidats qu'ils présentent pour remplir ces vacances. Le général en chef autorisera l'entrée en fonctions immédiate, les nominations devant être régularisées plus tard par le ministre.

» Rien n'est changé aux dispositions prises par le géné-

» ral Jaurès pour l'occupation des débouchés de la forêt
» de Marchenoir, qui devront être surveillés avec soin et
» défendus avec vigueur, si l'ennemi se présente de ce
» côté.

» Le général en chef rappelle aux commandants de
» corps d'armée que, pendant le combat, ils doivent le
» renseigner fréquemment sur leurs positions et la façon
» dont les choses se passent de leur côté. »

RECTIFICATION DES POSITIONS DE L'AILE DROITE.

Le 9 au matin, l'amiral Jauréguiberry reçut l'ordre de faire reculer la 1re division du 16e corps, de façon à combler le vide qui s'était formé entre la droite de cette division et les troupes du général Tripart, placées derrière le ravin de Tavers; notre ligne continue de la Loire jusqu'à Toupenay, se prolongeait ensuite par le reste du 17e corps et le 21e jusqu'à Poisly, par Origny, Ourcelles et la Motte. Pour masquer ce changement de position de l'aile droite, la division Roquebrune fut portée, dès cinq heures, sur Villevert et Villechaumont. A huit heures, le général Deplanque se retira le premier par échelons et avec beaucoup d'ordre, malgré la fatigue de ses troupes et la dispersion qui s'était produite la veille au soir dans l'obscurité, les 33e et 75e mobiles s'étant repliés sur la route de Mer, par suite d'une mauvaise direction, et à la nouvelle que l'ennemi occupait Beaugency. Lorsque la 1re division du 16e corps eut dépassé Loynes, le général de Roquebrune se replia en combattant, protégé par son artillerie et celle du général Deplanque, qui prenant successivement de bonnes positions; surent contenir les batteries à cheval que les Allemands employaient pour jeter le désordre dans nos lignes. La retraite continua avec beaucoup de précision jusque sur les hauteurs qui, de Toupenay à la Loire, dominent la rive droite du ruisseau de Tavers. Là, nos troupes furent établies sur de bonnes positions, nos pièces ayant devant elles un magnifique champ de tir.

De son côté, le général Tripart faisait occuper fortement Tavers[1], construisait des épaulements en arrière du ravin, de façon à battre à la fois tout le terrain dans la direction de Beaugency et la rive gauche de la Loire, sur laquelle on apercevait des colonnes ennemies marchant sur Mer, dont le général Camô venait de détruire le pont suspendu.

L'amiral avait également profité du répit que lui laissait l'ennemi pour construire des épaulements et des tranchées-abris sur ses positions en avant de Serqueu. La cavalerie du 17ᵉ corps s'était retirée de Boynes, en arrière du village de Laveau. Quant à l'ennemi, se rendant compte de ces dispositions, il n'osa pas continuer sa poursuite; son feu se ralentit peu à peu et cessa complétement vers midi.

COMBATS DE CERNAY ET DE LA VILLETTE.

Pendant que les mouvements que nous venons de décrire s'effectuaient sur notre aile droite, la 2ᵉ division du 17ᵉ corps, qui occupait Cernay, avait été attaquée de bonne heure par de nombreux tirailleurs protégés par des batteries postées à Villechaumont et à Cravant. Quelques obus jetèrent d'abord la panique dans un bataillon du 51ᵉ de marche, qui rétrograda jusqu'à Ourcelles, mais qui se reporta en avant dès que notre artillerie put répondre à celle de l'ennemi. Cette dernière, par ses feux croisés, nous causait des pertes sérieuses. Après avoir essayé de

---

[1] Voir la note 10 de l'appendice du livre II.

résister, la 2ᵉ division dut définitivement se retirer en arrière, à hauteur de la 3ᵉ, en position à Ourcelles et au Plessis. A midi elle occupait Villejouan.

A l'aile gauche, le 21ᵉ corps avait également à supporter de vigoureux efforts de l'ennemi. Le général Jaurès avait resserré ses troupes en portant sa première division de Saint-Léonard et de Viévy-le-Rayé, à Autainville, pour appuyer au besoin la 3ᵉ, qui gardait les abords de la forêt de Saint-Laurent-des-Bois à Poisly. Au jour il se portait lui-même avec ses réserves de Marchenoir sur Lorges.

Le général Collin, prévenu par ses reconnaissances que des mouvements de troupes ennemies avaient eu lieu, pendant toute la nuit, d'Ouzouer-le-Marché dans la direction de la Loire, poussa sa cavalerie jusqu'à Villermain, et s'assura ainsi que les colonnes allemandes qu'on lui avait signalées s'étaient portées en arrière de Cravant, où elles se concentraient. Il fit immédiatement avancer un bataillon à la ferme de la Villette; mais, arrivé sur ce point, le capitaine Lévy, qui commandait cette colonne, fut assailli par des forces supérieures, et obligé, malgré le secours d'un bataillon de l'Orne, de se replier sur la Motte, où il se maintint. Notre artillerie, de ce côté et en avant de la ferme des Bouëches, put tenir tête avec avantage à l'artillerie allemande jusqu'à la nuit.

COMBAT DE TAVERS.

Sauf les engagements de Cernay et de la Villette, et la canonnade qui continuait à l'aile gauche, le calme s'était rétabli sur tout le reste de nos lignes; il dura sur la droite jusque vers trois heures et demie de l'après-midi. A ce moment le commandant en chef, qui examinait avec l'amiral les travaux de défense en avant de la ferme du Grand-Mizian, vit déboucher des colonnes ennemies s'avançant en masses profondes sur le ravin de Tavers. Elles avaient pu se masser, sans être aperçues, derrière une crête qui va de Loynes à Beaugency, et marchaient résolûment, croyant nous surprendre, parce qu'elles pensaient notre droite désorganisée par la retraite de la veille. C'était évidemment, pour les Allemands, leur attaque principale de la journée; ils la préparaient depuis le matin en attirant notre attention sur notre gauche par les démonstrations faites en avant de Poisly, et leur but évident était de nous tourner en longeant la chaussée du chemin de fer et la grande route d'Orléans à Blois. Le temps était très-sombre; nos troupes hésitèrent un instant à admettre que ce fût l'ennemi, et purent croire que ces bataillons, qui s'approchaient avec tant de calme, appartenaient à la colonne du général Tripart. Néanmoins, nos artilleurs étaient à leurs pièces et nos lignes bien formées, lorsque les têtes de colonnes se déployèrent et firent cesser tout doute en ouvrant le feu à douze cents mètres. Notre artillerie et nos tirailleurs furent prompts à répondre; les bataillons prussiens, pris d'écharpe par nos mitrailleuses, étaient décimés, mais se reformaient et s'augmentaient constamment de nouvelles troupes qui apparaissaient sur la crête. Ils continuèrent à s'avancer avec la plus grande bravoure; une partie franchit même le ravin de Tavers. La brigade Bourdillon ouvrit alors des feux d'ensemble qui les arrêtèrent de front, tandis que le lieutenant-colonel Faussemagne formait sa brigade (2° de la 1re division du 17° corps) à la tête du ravin et sur leur flanc. Les Allemands, surpris de cette résistance, démasquèrent à ce moment sur la droite de Villemarceau plusieurs batteries qui commencèrent leur tir sur la brigade Faussemagne, mais que l'artillerie du général de Roquebrune, en position en avant de Serqueu, réduisit bientôt au silence. Le combat ne finit néanmoins qu'à la nuit close; nos troupes avaient repassé le ravin, et les 75ᵉ et 76ᵉ régiments prussiens, qui étaient les plus engagés, durent se retirer en désordre et complétement battus, laissant le champ de bataille jonché de leurs morts et de leurs blessés. On trouva le lendemain, dans toutes les fermes des environs, tous ceux de ces derniers qui avaient pu s'y traîner. Le succès à l'aile droite était donc complet, et l'amiral couchait sur les positions qu'il s'était choisies.

COMBAT DE VILLEJOUAN.

Le général en chef rentrait de cette partie du champ de bataille, sur laquelle l'acharnement de la lutte et l'importance des positions avaient concentré son attention, lorsqu'il apprit ce qui venait de se passer au centre. L'ennemi avait appuyé le mouvement de son aile gauche sur Tavers par une attaque de front, et à quatre heures, tandis que la canonnade engagée depuis le matin du côté du 21ᵉ corps, redoublait d'intensité, la 2ᵉ division du 17ᵉ corps était assaillie à Villorceau et à Villemarceau. Une forte colonne d'infanterie s'avança alors sur Villejouan, où elle culbuta le 51ᵉ, qui dut se retirer en désordre ; la deuxième ligne, prise à revers par les feux de l'artillerie ennemie, recula de son côté, et, sans quelques compagnies du 48ᵉ de marche et des chasseurs à pied qui, déployées en tirailleurs, firent bonne contenance au delà d'Origny, ce mouvement rétrograde eût dégénéré en déroute. La 2ᵉ division tout entière, après avoir abandonné Origny, se trouvait à neuf heures du soir à hauteur de Josnes, tandis que la troisième division s'était maintenue à Ourcelles.

LA 2ᵉ DIVISION DU 17ᵉ CORPS REPREND ORIGNY LA NUIT[d].

Dès qu'il put se rendre compte de cet incident, qui pouvait avoir, pour la sûreté de l'armée, les plus graves conséquences si l'ennemi comprenait bien l'avantage qu'il pouvait en tirer, le commandant en chef donna l'ordre au général Guépratté de reprendre Origny avant le jour, quels que dussent être les efforts à faire. Cette opération, que la lassitude des troupes retarda forcément, fut exécutée à six heures du matin, et avec un plein succès, par la 2ᵉ division, qui répara ainsi sa faute de la veille. Du reste, les Prussiens, surpris dans le village, n'eurent pas le temps de se défendre sérieusement, et laissèrent entre nos mains, en l'évacuant, deux cents prisonniers, parmi lesquels plusieurs officiers et un chef de bataillon.

LE MINISTRE DE LA GUERRE AU GRAND QUARTIER GÉNÉRAL DE JOSNES.

Le ministre de l'intérieur et de la guerre était arrivé le 9, à six heures du soir, au grand quartier général de Josnes, où il passa la nuit. Il put assister ainsi à une partie de la bataille, et se rendre compte de la vigueur avec laquelle l'armée nouvelle résistait à l'ennemi de la France. Le général en chef profita de sa présence pour lui faire part des besoins immédiats de l'armée, pour compléter son organisation, et pour remplir les vides que les combats incessants et meurtriers, soutenus depuis le 30 novembre, avaient faits dans les cadres. La situation fut exposée et discutée. Nos troupes pouvaient tenir encore, mais leur résistance avait pour limite leurs forces, et leur grande fatigue faisait prévoir que cette limite était prochaine. Si l'ennemi avait beaucoup souffert, ce qui était vrai, les forces considérables dont il disposait lui donnaient la possibilité de n'en mettre en ligne, chaque jour, qu'une portion et de laisser reposer le reste, tandis qu'à la fin de chaque journée toutes nos troupes avaient été forcément engagées. Il fallait donc prendre un parti. Deux se présentaient :

continuer la lutte sur les positions qu'on occupait dans le cas où les corps de la rive gauche pourraient, de leur côté, reprendre leurs opérations, et attirer sur eux une partie de l'armée du prince Charles, sinon battre en retraite sur Vendôme ou sur le Mans, pour se reconstituer derrière le Loir ou la Sarthe, si aucune diversion n'était possible. Dans le premier cas, on pouvait encore avoir l'espoir d'user l'ennemi, dont les troupes étaient déjà très-éprouvées par la fatigue, réduites par les pertes, et le rejeter dans l'est en reprenant Orléans; dans le deuxième on allait découvrir Tours, où la délégation du Gouvernement ne pouvait plus dès lors rester. C'est à ce dernier parti qu'on s'était arrêté depuis quelques jours déjà, car le ministre annonça que la délégation se transportait à ce moment même à Bordeaux [1].

Fixé par cette conversation, le commandant en chef de la deuxième armée, tout en prenant sa résolution d'une retraite sur le Loir d'abord, voulut néanmoins essayer encore de tenir tête à l'ennemi, comptant sur les changements de fortune si fréquents à la guerre [2]. Il fallait, du reste, préparer l'opération si délicate de cette retraite, et faire refouler de Mer et de Blois, sur la nouvelle base d'opération, le matériel et les approvisionnements de toutes sortes qui y étaient accumulés. En conséquence, les instructions données le 9 au soir pour la journée du 10 furent les suivantes :

[1] Cette détermination avait déjà été portée à la connaissance du général en chef par un télégramme de la journée. (Voir la note 11.)
[2] Une dépêche télégraphique de Tours donnait ce jour-là même les renseignements les plus encourageants. (Voir la note 12.)

INSTRUCTIONS POUR LA JOURNÉE DU 10 DÉCEMBRE.

« Au grand quartier général de Josnes,
le 9 décembre 1870.

» Aujourd'hui l'ennemi, qui après la journée d'hier
» avait couché à proximité de nos avant-postes, a de
» nouveau essayé une attaque de nos lignes. Dès le matin
» il faisait une démonstration sur Cernay, où des forces
» avaient été laissées lorsque l'armée s'était retirée du
» champ deb ataille.

» Peu d'instants après il attaquait en force les positions
» de gauche, occupées par la cavalerie du 16ᵉ corps et la
» division Collin du 21ᵉ. Repoussé vigoureusement par les
» troupes aux ordres du général Jaurès, il a attaqué de nou-
» veau le centre des positions, et après une canonnade assez
» vive sur l'aile droite par des batteries à cheval escortées de
» uhlans et soutenues par le feu d'autres batteries placées
» sur la rive gauche, il paraissait avoir renoncé à un enga-
» gement sérieux, lorsque vers trois heures et demie des
» colonnes nombreuses, massées au delà de la crête qui
» se prolonge de Villorceau dans la direction de Beau-
» gency, débouchèrent sur notre extrême droite avec
» l'intention évidente de nous tourner, en se dirigeant sur
» Mer par la ligne du chemin de fer. Cette attaque, qui
» était pour les Prussiens le but réel de la journée, a été
» repoussée avec beaucoup de vigueur par les troupes aux
» ordres du général Tripart, disposées le long du ravin de
» Tavers, soutenues par la 1ʳᵉ division du 16ᵉ corps et la
» 1ʳᵉ division du 17ᵉ, sous les ordres de l'amiral Jauréguí-
» berry, commandant l'aile droite.

» Partout les troupes ont fait bonne contenance ; on n'a
» pas perdu un pouce de terrain, et l'armée couche sur
» ses positions de ce matin. C'est là un résultat des plus

» importants. L'ennemi rassemblant toutes les forces dont
» il dispose, a tenté vainement, pendant trois jours de
» suite, de nous culbuter; ses efforts ont été vains. Ce
» succès prouve que nous pouvons lui résister et doit nous
» rendre la confiance. Il faut donc se préparer à un nou-
» vel effort, s'il est nécessaire. A cet effet, les éclaireurs
» algériens reconnaîtront, demain au jour, Cernay et
» Cravant, tandis que le général Michel poussera des
» reconnaissances dans la direction de Villermain et de
» Binas, et que la cavalerie du 17ᵉ corps s'assurera des
» positions de l'ennemi de Villorceau à Beaugency. Pen-
» dant ces reconnaissances, les grand'gardes et les
» avant-postes seront sous les armes; dans les lignes, on
» se tiendra prêt à se porter rapidement sur les positions
» de combat désignées les jours précédents. L'artillerie de
» chaque division a dû pendant ces trois derniers jours
» régler son tir, reconnaître les positions les plus avanta-
» geuses. Soutenue toujours par de l'infanterie, elle n'a
» pas hésité à se porter rapidement en avant pour engager
» l'action avec les batteries ennemies et pour éteindre
» leurs feux en tirant de suite aux distances les plus avan-
» tageuses pour les divers calibres. L'éloge que le général
» en chef lui adresse, pour sa contenance pendant la jour-
» née d'aujourd'hui, serait complet si elle avait ménagé
» un peu plus ses munitions. Les batteries ne doivent tirer
» qu'à bonne portée, sur des buts bien constatés, tout en
» ménageant leur feu le plus possible.

» Les bataillons d'infanterie, dans les lignes, ont
» encore été placés trop près des batteries, ce qui leur a
» attiré des boulets destinés à celles-ci.

» A part quelques hésitations chez des régiments de
» l'extrême droite, l'attitude des troupes dans la jour-
» née d'aujourd'hui est digne d'éloges, et le général en

» chef manifeste à tous, généraux, officiers et soldats, sa
» satisfaction.

» Le ministre de la guerre, arrivé ce soir au quartier
» général, a pu apprécier par lui-même la valeur d'une
» armée qui a su résister à quelques échecs, et sur laquelle
» le pays peut compter.

» Si demain, dans la matinée, l'ennemi ne tente aucune
» attaque, les troupes du général Jaurès qui occupent à
» l'est de la forêt de Marchenoir une position trop avan-
» cée, se reporteront sur la ligne de Poisly, Lorges et
» Briou, se reliant par leur droite avec l'aile gauche du
» 17ᵉ corps, établie en avant de Josnes. La cavalerie du
» 16ᵉ corps, qui a besoin de repos et de cantonnements,
» viendra s'établir à Villemuzart et dans les fermes des
» environs, tout en fournissant à l'aile gauche les recon-
» naissances et les éclaireurs qui doivent surveiller le pays
» à grande distance.

» Le général commandant le 17ᵉ corps fera réoccuper
» demain dès le matin le village d'Origny, qui n'aurait
» pas dû être abandonné ce soir. La cavalerie du 17ᵉ corps
» restera établie à Trogny, où elle est venue bivouaquer à
» la fin de la journée.

» L'amiral Jauréguiberry prendra ses dispositions pour
» tenir sur toutes les positions depuis Tavers, par le ravin
» de ce nom, jusqu'à Toupenay, avec les troupes du
» général Tripart et la 1ʳᵉ division du 16ᵉ corps, ayant en
» outre, s'il l'appelle à lui, une brigade ou toute la
» 1ʳᵉ division du 17ᵉ corps.

» Si un mouvement de retraite devait avoir lieu, les
» directions à suivre par chacune des divisions ont été in-
» diquées par les instructions données hier.

» Les corps qui ne se sont point alignés en vivres de-
» vront achever cette nuit cette opération.

» On complétera partout les cartouches, et les munitions
» des batteries, brûlées dans la journée d'aujourd'hui.

» Il faut à tout prix empêcher les fuyards, faire des
» exemples, en traduisant devant des cours martiales tous
» ceux qui quitteraient le champ de bataille sans motifs
» plausibles, et faire surveiller les derrières des lignes par
» des pelotons de cavalerie chargés d'arrêter tous les sol-
» dats qui quitteraient leurs régiments.

» Les mouvements de l'ennemi sur la rive gauche de-
» vront être observés avec soin par le général Tripart.

» L'intendant en chef et les intendants des corps d'ar-
» mée et des divisions prendront des mesures pour recon-
» stituer, avec les approvisionnements envoyés à Mer ou
» à Blois, ceux de six jours qui doivent suivre les corps
» d'armée, les deux jours de réserve que les hommes
» doivent avoir dans le sac, et les distributions journa-
» lières. Celles-ci devront être faites chaque jour, dans
» chaque bivouac, au moyen de vivres apportés par le
» nombre de voitures strictement nécessaire, de façon à
» laisser le reste des convois engagés sur les lignes de
» retraite et à bonne distance.

» En s'établissant à Villemuzart, la cavalerie du
» 16° corps fera replier son convoi au delà du château de
» Fontenailles, sur la route de Talcy.

» Le général en chef réclame de nouveau les états des
» pertes dans les différents combats depuis le 1ᵉʳ dé-
» cembre, la liste des vacances dans les grades, et le travail
» des propositions pour les récompenses.

» Le quartier général reste établi à Josnes, celui du
» 16° corps au château de Serqueu, celui du 17° au château
» du Plessis, et celui du 21° à Marchenoir. »

ENGAGEMENT DE VILLEJOUAN.

On a vu plus haut que le village d'Origny avait été repris le 10, à cinq heures du matin. La 3° division du 17° corps, stimulée par ce succès, porta alors ses efforts sur Villejouan, s'appuyant sur la 2° établie en arrière d'Origny. Cette attaque fut très-bien conduite par le colonel de Jouffroy, auquel le commandement provisoire de la 3° division venait d'être confié, les généraux manquant complétement. A part ce combat, la matinée se passa sans que l'ennemi parût en force devant les lignes; mais dans l'après-midi il commença par une tentative sur Villejouan, qu'il reprit sur un bataillon du 51° de marche. Ce régiment tint néanmoins à Origny malgré de grandes pertes que lui fit éprouver le feu des batteries allemandes de Villorceau et de Villechaumont. Sur ce point la situation resta ainsi jusqu'à la nuit, et ce soir-là encore, les 2° et 3° divisions du 17° corps bivouaquèrent de Prenay à Origny par le Plessis et Ourcelles, ayant leurs avant-postes presque mêlés à ceux des Prussiens à hauteur de Villejouan. La 1ʳᵉ division n'était pas restée inactive, elle s'était portée en avant et s'était maintenue constamment à hauteur des deux autres.

Vers quatre heures l'ennemi engagea une violente canonnade, dirigée principalement sur le château de Serqueu. Notre artillerie répondit avec avantage et sans perdre de terrain.

A l'extrême gauche le 21° corps était de son côté fortement engagé [1]. Le général Collin, commandant la 2° division, ayant appris par ses reconnaissances que l'ennemi occupait fortement la ligne de Cravant au château

---

[1] Voir la note n° 13.

du Coudray par Montigny, dirigea dès sept heures du matin un bataillon d'infanterie de marine de la 1ʳᵉ brigade sur Villermain, où il s'établit avec deux pièces, poussant ses tirailleurs jusqu'au château du Coudray.

ENGAGEMENT DU CHATEAU DU COUDRAY.

La 2ᵉ division du 17ᵉ corps se porta comme la veille sur ses positions de combat, s'appuyant sur les réserves que le général Jaurès avait maintenues à Lorges. A huit heures, l'action commença à la droite et au centre, et nos tirailleurs suffirent pour contenir l'ennemi. A la gauche, le bataillon d'infanterie de marine put s'emparer du château du Coudray et forcer l'ennemi à reculer les batteries qu'il avait en position à Poisioux et à Montigny. Au bruit du canon, le général Guillon, commandant la 3ᵉ division du 21ᵉ corps, s'était avancé jusque sur une crête entre Poisly et Villermain, avec deux bataillons de mobiles et un de fusiliers marins, appuyés par de l'artillerie, faisant ainsi une diversion très-utile à la 2ᵉ division ; il resta dans cette position jusqu'à ce qu'il fût bien certain qu'aucun mouvement tournant ne le menaçait sur sa gauche. Se portant alors en avant, il poussa ses batteries sur Villermain, appela à lui le reste de sa division, et n'hésita pas à s'engager contre des colonnes massées à hauteur de Mézières. La lutte continua ainsi jusqu'au soir, sans que les Allemands pussent malgré leurs efforts reprendre les positions qu'ils avaient perdues. Le général Rousseau, qui avait couvert sur la gauche le mouvement de la 2ᵉ division en s'avançant jusqu'à Vallière avec la 1ʳᵉ division qu'il commandait, avait dirigé une forte reconnaissance d'infanterie, d'artillerie et de cavalerie sur Ouzouer-le-Marché, d'où l'ennemi s'était retiré sans combattre.

La journée du 10 nous était donc encore restée favorable, bien que nous eussions éprouvé sur plusieurs points des pertes assez sérieuses, principalement dans le 51ᵉ de marche. Le colonel américain Burr-Porter, arrivé la veille comme chef d'état-major de la 3ᵉ division du 17ᵉ corps, blessé mortellement en donnant l'exemple du plus brillant courage, expira dans la nuit. Nous avions fait 400 prisonniers. L'ennemi refoulé sur toute la ligne avait sensiblement perdu du terrain, et après un combat qui s'était maintenu depuis le matin jusqu'au soir, avec un grand acharnement de part et d'autre et sur un front de douze kilomètres, nous restions maîtres de nos positions. Ce jour-là encore, si une diversion sérieuse avait pu être faite sur l'autre rive de la Loire, nous eussions refoulé l'ennemi sur ses positions autour d'Orléans; l'ardeur des troupes était telle qu'à diverses reprises, pendant l'action, le général en chef avait dû donner l'ordre aux divisions de ne pas se laisser entraîner trop loin, tout mouvement de l'armée en dehors de ses positions étant imprudent et inutile. En effet, avec les forces considérables qu'elle avait devant elle et que le prince Charles, que rien ne menaçait dans d'autres directions, pouvait y maintenir, elle avait à craindre d'être tournée sans l'espoir d'un résultat réel. Néanmoins avant de prendre un parti définitif, le général en chef voulut encore faire une tentative auprès du ministre de la guerre, qui était alors à Bourges. Il lui télégraphia, ainsi qu'au général Bourbaki, le 10 au soir, ce qui suit :

LE GÉNÉRAL EN CHEF INSISTE POUR UNE DÉMONSTRATION DE LA PREMIÈRE ARMÉE SUR LA RIVE GAUCHE DE LA LOIRE.

« Le mouvement qu'il est possible et indispensable
» de faire pour rétablir, coûte que coûte, notre situa-
» tion est le suivant : marcher de Bourges sur Vierzon;

» pousser le gros de la première armée par Romorantin
» sur Blois ; prendre position entre la Loire et le Cher pour
» intercepter les communications de l'ennemi entre Or-
» léans et son armée engagée sur Tours, de façon à couper
» cette dernière de sa base d'opération. Si ce mouvement
» se fait, je me charge de tenir sur la rive droite de la
» Loire. Me faire connaître la décision qu'on aura défini-
» tivement prise. »

Le ministre répondit que la première armée, qui se constituait, n'était point encore en état d'entreprendre une opération importante. Le temps était d'ailleurs très-mauvais ; les routes étaient couvertes de verglas et presque impraticables. La deuxième armée n'avait donc plus qu'à profiter des avantages qu'elle avait remportés pour effectuer sa retraite au delà du Loir.

L'ENNEMI DESCEND LA RIVE GAUCHE DE LA LOIRE. AFFAIRE DE CHAMBORD.

La situation se compliquait d'ailleurs sur la Loire, que des colonnes allemandes descendaient par la rive gauche, voyant qu'elles n'y rencontraient aucune résistance sérieuse. Le général Maurandy, dirigé sur Chambord pour défendre le parc, avait trouvé les francs-tireurs de Paris, qui le gardaient, repoussés d'une partie de leurs positions, et l'intérieur du parc envahi. Ne pouvant s'y maintenir parce qu'il n'avait encore sous la main qu'une faible partie de ses troupes, les autres n'arrivant que successivement, il dut se replier sur Blois[1]. Le général Barry, qui défen-

[1] Cette affaire de Chambord a été généralement mal racontée et mal appréciée. Après une enquête faite aussi consciencieusement que le permettaient les circonstances, nous pensons que la vérité ressort du rapport adressé par le général Maurandy au général en chef, rapport reproduit in extenso à la note n° 14.

dait ce point avec ce qu'il avait pu y ramener de sa division et quelques débris du 15ᵉ corps aux ordres du général Peytavin, avait dû faire sauter le pont, et redoutait pour la ville un bombardement de la part de l'ennemi, qui, maître du faubourg de Vienne, menaçait de la brûler si on cherchait à la défendre. Il n'y avait donc plus à compter sur l'occupation certaine de cette position importante, et si les Allemands parvenaient à y rétablir le pont ou à réussir dans leurs essais d'en faire un avec des bateaux malgré les difficultés que créaient les glaçons charriés par le fleuve, l'armée pouvait d'un moment à l'autre être prise à revers.

La dépêche ci-après rendait compte au Gouvernement de ce qui s'était passé dans la journée du 10 et de la situation :

« Nous avons encore tenu aujourd'hui sur nos positions
» malgré les efforts faits par l'ennemi sur notre aile
» gauche et sur notre centre. On s'est battu depuis huit
» heures du matin jusqu'à cinq heures et demie du soir.
» L'ennemi a été partout repoussé, bien que nous ayons
» eu affaire à une très-nombreuse artillerie. Le village
» d'Origny, occupé hier au soir par les Prussiens, a été
» repris avant le jour par une attaque de vive force. Le
» nombre des prisonniers faits à l'ennemi dans la journée
» est d'environ quatre cents; parmi eux, un major d'in-
» fanterie. Ils confirment les pertes considérables faites
» par les Prussiens dans les dernières journées. Hier et
» aujourd'hui, nos mitrailleuses ont fait de nombreuses
» victimes. Toutes les fermes sont remplies de blessés
» ennemis. De notre côté, pertes sensibles; le colonel
» américain Burr-Porter blessé grièvement.

» On aperçoit sur la rive gauche de la Loire un mouve-
» ment ennemi se dirigeant sur Blois; les paysans affir-
» ment avoir vu un équipage de pont; cependant aucune

» tentative de passage ne m'a été signalée jusqu'ici. Il est
» de la plus haute importance que Blois ne permette pas à
» l'ennemi de passer le fleuve. Je réitère au général Barry
» l'ordre de résister à outrance [1]. »

Le général en chef, prévoyant le cas où un mouvement de retraite aurait été nécessaire dès le 10, avait adressé des instructions en conséquence dans la matinée à tous les corps, mais les succès de la journée permirent d'attendre au lendemain et de donner plus de temps aux préparatifs indispensables. Nous croyons devoir reproduire ci-dessous les instructions données successivement dans la matinée et dans la soirée du 10 décembre :

INSTRUCTIONS DU 10 DÉCEMBRE POUR LA RETRAITE.

« Au grand quartier général de Josnes,
le 10 décembre 1870.

« Dans le cas d'un mouvement de retraite, l'armée
» devrait occuper ce soir, en pivotant sur la gauche qui
» doit tenir ses positions, la ligne de Poisly à Avaray,
» sur la Loire, par Lorges, Briou, la Motte-Patain, Con-
» criers, Seris et Villegonceau.

» Le général Jaurès établira ses réserves à la Motte-
» Patain ; le 17ᵉ corps aura sa 3ᵉ division en avant de
» Concriers, une brigade à droite, une brigade à gauche
» du village ; la 2ᵉ division entre Concriers et Seris ; la
» 1ʳᵉ à droite et à gauche de Seris ; la 1ʳᵉ division du
» 16ᵉ corps en arrière de Lussay, occupant ce point par
» un avant-poste ; les troupes du général Tripart à droite
» de cette division jusqu'à la Loire.

[1] Voir les notes 15, 16 et 17. Elles donnent les différents ordres relatifs à la surveillance du cours de la Loire et à la défense de Blois, et les réponses et renseignements des généraux qui en étaient chargés.

» La cavalerie du 16ᵉ corps à Bourrichard ; celle du 17ᵉ
» en arrière de Seris, en dehors de la route.

» Les convois et les parcs de chacun des corps d'armée
» et des divisions devront être engagés en arrière des
» lignes sur les chemins et les routes, dans la direction de
» Vendôme, tout en évitant l'enchevêtrement.

» Mettre à tous les convois la garde prescrite.

» On battra en retraite en ordre, en s'appuyant les uns
» sur les autres et en employant de la cavalerie pour em-
» pêcher les fuyards et les débandades. En arrivant sur
» les nouvelles positions, s'y installer solidement et s'y
» bien garder.

» Le quartier général sera à Talcy en cas de retraite.
» L'amiral donnera des instructions directement au géné-
» ral Tripart. Il importe de couvrir Mer assez longtemps
» pour qu'on puisse en faire refluer les approvisionnements
» en vivres et en munitions qui s'y trouvent. »

INSTRUCTIONS GÉNÉRALES POUR LA JOURNÉE DU 11 DÉCEMBRE.

« Josnes, 10 décembre 1870 (onze heures du soir).

« Depuis quatre jours nous luttons avec avantage contre
» les efforts de l'ennemi. La journée d'aujourd'hui a été
» très-bonne ; l'ennemi a été débusqué d'Origny à la
» pointe du jour, et l'attaque dirigée sur l'aile gauche et
» sur le centre a été repoussée avec beaucoup de vigueur.
» Nous avons fait quatre cents prisonniers. Un parti alle-
» mand, descendant la Loire sur la rive gauche, s'est pré-
» senté devant Blois, dont le pont a été détruit ce matin
» par nous. Il se peut que la ville soit bombardée cette
» nuit ou demain matin, et qu'on entende la canonnade
» de ce côté.

» On prendra demain matin, en vue d'une nouvelle

» attaque, les mêmes dispositions qu'aujourd'hui pour les
» reconnaissances à faire et pour les positions de combat
» à occuper.

» Si à dix heures l'ennemi n'a fait aucune menace, tous
» les corps opéreront leurs mouvements de retraite pres-
» crits ce matin, pour venir s'établir sur la ligne qui,
» partant de Poisly, vient aboutir à Avaray par Lorges,
» Briou, Roches, Concriers, Seris et Villegonceau.

» Chaque commandant de corps d'armée choisira, sur
» la partie de cette ligne qu'il doit occuper, les positions
» de défense les plus avantageuses, en se reliant exacte-
» ment avec les autres corps, en s'éclairant en avant et
» en se couvrant par des avant-postes poussés au loin.
» Chacun d'eux donnera des ordres pour la direction de
» ses convois, qui devront toujours précéder le mou-
» vement de retraite d'au moins quatre kilomètres. L'ami-
» ral Jauréguiberry conservera jusqu'à nouvel ordre le
» commandement des troupes du général Tripart et de
» celles qui sont à Mer. Il commande ainsi l'aile droite.

» Les parcs, les grands convois, les réserves d'artillerie
» et les ambulances devront être dirigés, dans chaque
» corps, sur des points bien déterminés, pour empêcher
» l'enchevêtrement, tout en assurant leur sécurité et le
» service des approvisionnements en vivres et en muni-
» tions.

» La direction générale du 21ᵉ corps, dans le mouve-
» ment de retraite, sera sur Fréteval; celle du 17ᵉ corps
» sur Oucques; celle du 16ᵉ sur Pontijoux, Selommes et
» Vendôme.

» Le grand quartier général, à moins d'ordres con-
» traires, sera demain soir à Talcy.

» On devra compléter les munitions brûlées aujour-
» d'hui, et s'assurer, dans tous les corps, que les hommes
» ont bien leurs deux jours de vivres de réserve et deux

» jours de vivres de consommation, de façon à ce que
» tout le monde soit aligné jusqu'au 14 inclus. L'exécu-
» tion de cet ordre est de la plus haute importance pour
» assurer le mouvement que l'armée va faire. »

Le 11 décembre, la retraite de la deuxième armée, pivotant sur sa gauche, commença à dix heures du matin. L'ennemi, qui s'était retiré la veille très-fatigué et qui n'avait rien pénétré de nos projets, fut longtemps avant de se rendre compte de ce qui se passait. C'est à peine s'il chercha à nous inquiéter en dirigeant sur la 3ᵉ division du 17ᵉ corps une canonnade que l'artillerie de cette dernière fit bientôt cesser. Vers trois heures, toutes les troupes étaient établies au bivouac sur les positions assignées. Une heure après, une colonne allemande d'infanterie et d'artillerie s'avança sur Seris et s'empara de la ferme de Mortais, après avoir fait prisonnier le poste qui la gardait. Le 11ᵉ bataillon de chasseurs à pied, envoyé à la hâte, essaya en vain de reprendre la ferme et le poste; la fusillade continua jusqu'à sept heures. Il était cependant de toute nécessité de déloger l'ennemi de ce point qui dominait une partie de nos positions, et d'où il pouvait nous inquiéter sérieusement le lendemain s'il y établissait de l'artillerie. Il fallait aussi continuer à le tromper sur le mouvement qui s'opérait, retarder sa marche sur Mer, dont l'évacuation était longue par suite de l'agglomération des vivres et du matériel dirigés sur cette gare. Le général de Roquebrune reçut donc l'ordre de réoccuper Mortais avant le jour, et cet ordre fut exécuté d'autant plus facilement que l'ennemi, se rappelant Origny, évita cette nouvelle attaque de nuit et se retira.

POSITIONS DE L'ARMÉE LE 11 AU SOIR.

Le 11 au soir, l'armée occupait les positions suivantes :

La colonne mobile de Tours, dont le général Camò avait repris le commandement direct, et la 1re division du 16e corps, d'Avaray à Seris.

Le 17e corps, de Seris à Concriers, ayant sa division de cavalerie à Moret.

La cavalerie du 16e corps, à Bourrichard.

Tout le 21e corps sur ses emplacements de la veille, à l'exception de la 2e division, qui, après avoir dissimulé son mouvement en allumant des feux dans tous les bivouacs, se replia à la nuit et vint placer sa gauche en arrière de Lorges, et sa droite à la ferme de la Motte-Patain, se reliant ainsi au 17e corps.

Le grand quartier général, à Talcy.

MESURES PRISES POUR ASSURER LA RETRAITE SUR LE LOIR.

Il était de la plus grande importance de suivre attentivement les dispositions que l'ennemi allait prendre pour atteindre l'armée, dès qu'il verrait nettement qu'elle cherchait à se dérober à lui. Contenu de front par la solidité des lignes et l'ordre avec lequel elles se retiraient de chaque position, dans une formation qui permettait toujours de combattre, il pouvait se porter sur le Loir par le nord de la forêt de Marchenoir, le traverser, et nous précéder par la forêt de Fréteval sur la grande route d'Orléans au Mans; ou bien son effort principal se faisant sur Blois, il pouvait se jeter sur notre flanc droit et nous empêcher d'atteindre Vendôme.

Pour parer à ces éventualités, tous les francs-tireurs disponibles furent envoyés au nord de la forêt de Marchenoir, et la brigade Collet, du 21e corps, appuyée par un bataillon et une section de 4 de la division de Bretagne, remonta le Loir jusqu'à Saint-Hilaire pour observer la direction de Châteaudun. En ce qui concerne la droite, les dispositions prises sont résumées dans la dépêche suivante, adressée de Talcy au général Barry, commandant les troupes à Blois [1] :

« L'armée a commencé aujourd'hui son mouvement de retraite sur Vendôme. Mer sera évacué demain au jour [2],
» et les troupes qui s'y trouvent, formant l'aile droite avec
» celles du général Tripart, se replieront sur Pontijoux. Il
» peut donc arriver que les forces ennemies qui sont encore
» sur la rive droite descendent sur Blois, dès qu'elles auront le passage libre. Tenez le plus longtemps possible à
» Ménars, n'évacuez Blois qu'à la dernière limite et demain dans la nuit, si vous y êtes contraint. Retirez-vous
» sur Amboise, en ralliant successivement les troupes dans
» le val en arrière de vous, et d'Amboise dirigez-vous sur
» Saint-Calais par Château-Renault et Montoire. Je compte
» après-demain couvrir Vendôme tout en prenant position
» derrière le Loir. Faites partir cette nuit pour Vendôme
» tout le matériel qui peut se trouver encore à Blois. Il
» importe que cette évacuation soit faite le plus rapidement possible. Votre mission est des plus importantes.
» Faites donc pour le mieux, en ne vous retirant que le
» plus tard possible, et en empêchant le plus que vous
» pourrez le passage sur la rive droite du corps ennemi
» qui est sur la rive gauche.

» Accusez réception de cette dépêche ; télégraphiez-moi
» par Marchenoir jusqu'à demain matin à sept heures, et
» ensuite par Vendôme pour le château des Noyers, à côté
» d'Épiais, où sera mon quartier général. En vous retirant de Blois, faites couper le chemin de fer de Vendôme
» et de Tours. Communiquez cette dépêche au préfet. »

Le général Barry répondit qu'il allait prendre toutes

---

[1] Voir en outre, à la note 18, les différents ordres transmis le 11 aux généraux Barry et Maurandy, et leurs réponses.
[2] Voir la note n° 19.

les dispsoitions prescrites et qu'il avait besoin de cavalerie pour surveiller tout le terrain en avant de Blois. La brigade de Landreville, du 17ᵉ corps, lui fut envoyée le soir même.

Afin d'éviter l'encombrement dans Vendôme, l'intendant de l'armée reçut l'ordre de ne conserver sur ce point que les vivres nécessaires pour assurer pendant quelques jours les approvisionnements, les grands magasins devant être reportés au Mans, où il y avait lieu de réunir les transports suffisants pour diriger successivement sur les divers corps de l'armée ce dont ils auraient besoin [1].

Le mouvement devant continuer le 11 dès le matin, le général en chef donna de son quartier général de Talcy les instructions ci-après :

INSTRUCTIONS DU 11 DÉCEMBRE.

« Au grand quartier général de Talcy,
le 11 décembre 1870.

« Demain, l'armée continuera son mouvement de re-
» traite sur Vendôme, de manière à venir occuper après-
» demain la route de Vendôme à Blois, de Sainte-Anne à
» Malignas, et à prendre position le long de la Houzée et
» sur la rive droite du Loir jusqu'à Fréteval.
» Le mouvement commencera à six heures du matin
» par les troupes aux ordres du général Tripart, qui passe-
» ront par Aunay, où elles devront être ralliées par les
» troupes de Mer, et se dirigeront d'Avaray sur Pontijoux,
» par Aunay, la Chapelle Saint-Martin et Maves, pour
» venir s'établir à Pontijoux, de façon à garder à la fois la
» route de Blois et la direction de Maves.
» La 1ʳᵉ division du 16ᵉ corps, partant à sept heures de

---

[1] Voir la note 20.

» Villegonceau, et passant par Villexanton, Villiers, la
» Blanchaumière, viendra s'établir entre les routes de
» Pontijoux à Oucques, et de Pontijoux à Marchenoir,
» à hauteur du Bois-Brûlé.

» La 1ʳᵉ division du 17ᵉ corps, partant de Seris à huit
» heures, se dirigera par Moret, Mauvoy, pour venir s'éta-
» blir entre le Melleret et la ferme de Bordebure.

» La 2ᵉ division du 17ᵉ corps, partant à huit heures de
» Concriers par Talcy, la Magdeleine, Villemblain, pren-
» dra position le long de la route de Pontijoux à Oucques,
» sa droite à Villeneuve-Frouville.

» La 3ᵉ division du 17ᵉ corps, partant à huit heures par
» Villiers, Bourrichard, la Vacherie, le Coudray et Marçon,
» ira s'établir le long de la route de Pontijoux à Oucques,
» son centre au hameau de Nuisement.

» La cavalerie du 16ᵉ corps, partant de Bourrichard à
» huit heures, passera par Sermaise, Bois-Brûlé et Conan,
» pour aller s'établir à Rhodon.

» La cavalerie du 17ᵉ corps se dirigera sur Oucques. Le
» général Jaurès prendra ses dispositions pour que la divi-
» sion Collin, qui occupe Poisly et Lorges, soit en position
» à Roches au jour. De là, elle continuera le mouvement
» de retraite en se reliant avec la 3ᵉ division du 17ᵉ corps,
» pour venir prendre position entre les villages de la
» Pagerie et Lorry.

» La réserve du 21ᵉ corps marchera par Marchenoir,
» Saint-Léonard, pour venir s'établir à Viévy-le-Rayé.

» Le général Jaurès fera replier successivement tous les
» postes et détachements de son corps d'armée et des
» francs-tireurs qui occupent les débouchés de la forêt.
» Ces forces se rallieront successivement à celles qui sont
» à Saint-Laurent-des-Bois, pour venir occuper solidement
» Autainville à la fin de la journée. Les fractions du

» 21ᵉ corps qui sont disposées entre Autainville et Morée
» conserveront demain leurs positions.

» Le général Jaurès fera faire par sa cavalerie et la bri-
» gade de cavalerie légère du 16ᵉ corps, mise à sa disposi-
» tion, des reconnaissances poussées le plus loin possible
» dans la direction de Binas, Verdes, la Ferté-Vineuil,
» pour savoir si l'ennemi ne marche pas d'Ouzouer-le-
» Marché sur la ligne de Morée à Cloyes, dans le but de
» tourner l'armée par la forêt de Fréteval et le Perche.

» Les éclaireurs algériens reconnaîtront également, au
» jour, les positions de l'ennemi, dans les directions de
» Josnes et du château de Serqueu. Pendant le mouvement
» de retraite, ils éclaireront le 17ᵉ corps en arrière, et
» s'établiront le soir à Sermaise.

» Le général Tripart fera éclairer dans la direction de
» la Loire par sa cavalerie; il disposera de l'escadron du
» capitaine Bernard, qu'il devra prévenir et rallier. Il
» doit être dans le val à surveiller le fleuve.

» Le vice-amiral Jauréguiberry commande l'aile droite,
» composée de la 1ʳᵉ division du 16ᵉ corps, des troupes
» aux ordres du général Tripart, et de celles qui sont à Mer
» avec le général Camo; il devra les rallier, en s'assurant
» qu'en évacuant Mer, on n'y laisse ni troupes ni maté-
» riel.

» Le grand quartier général sera demain au château
» des Noyers, sur la route d'Oucques à Villetrun;

» Celui du 16ᵉ corps, à Pontijoux;

» Celui du 17ᵉ corps, à Frouville;

» Celui du 21ᵉ corps, à Viévy-le-Rayé.

» Le parc du 16ᵉ corps, à Baigneaux;

» Celui du 17ᵉ corps, à Épiais;

» Celui du 21ᵉ corps, en arrière de Viévy-le-Rayé, sur
» la direction de Fréteval.

» Chaque commandant de corps d'armée réglera les

» positions à prendre, en arrière des lignes, par les con-
» vois et les ambulances, et indiquera les routes ou che-
» mins à suivre pour éviter tout encombrement.

» Tous les parcs, convois et ambulances devront être
» engagés sur les directions désignées avant le jour, et
» hâter leur mouvement le plus possible, de façon à ne pas
» gêner celui des lignes, si elles avaient à combattre dans
» le cas d'une poursuite de l'ennemi.

» Pour cette retraite, on devra se retirer autant que
» possible par échelons, et prendre des dispositions telles,
» que les bataillons puissent se déployer promptement, et
» que l'artillerie divisionnaire soit rapidement en bonnes
» positions. On n'accélérera la marche que si l'on n'est
» pas attaqué, afin d'arriver de bonne heure sur les em-
» placements à occuper. On marchera au contraire lente-
» ment si l'on est menacé par l'ennemi.

» Le vice-amiral Jauréguiberry poussera sa cavalerie
» sur la droite, de façon à empêcher, ou tout au moins à
» retarder, la marche des forces ennemies qui se sont pré-
» sentées ce soir au château de Serqueu, sur Blois, qu'il
» ferait couvrir le plus longtemps possible, pour que le
» général Barry ait le temps de se replier demain soir sur
» la route de Vendôme, et pour éviter un mouvement
» tournant sur notre aile droite. »

PÉRILS DE LA RETRAITE.

La journée qui se préparait pouvait être la plus difficile
de toutes celles que l'armée avait eu à traverser jusque-
là, si l'ennemi était audacieux. Nous avions en effet abandonné la Loire, à laquelle s'appuyait notre aile droite, et
celle-ci allait avoir à se retirer à travers une plaine où
aucun de ses mouvements ne pouvait être dissimulé, et
où elle ne devait rencontrer aucune position réellement

avantageuse pour s'arrêter et se défendre si elle était attaquée. Le général en chef avait encore télégraphié le 11 au général Bourbaki pour lui demander de faire une démonstration vers la Loire, afin d'attirer de son côté une partie de l'attention de l'ennemi, tandis que la deuxième armée exécuterait son mouvement de retraite. Il lui écrivait avant de quitter Josnes :

« Nous nous battons depuis onze jours, et nous tenons
» ici, depuis le 6, contre le gros des forces ennemies. Les
» Prussiens menacent Blois et Tours, et cherchent à
» tomber sur le flanc de mon armée. Une marche de vous
» sur Blois peut me dégager de cette situation critique. Je
» vous demande instamment de la faire; prévenez-moi [1]. »

Le général Bourbaki répondit le jour même qu'il lui était impossible, vu l'état de ses troupes, d'entreprendre une opération sérieuse, mais qu'il allait faire tout ce qu'il pourrait pour descendre le Cher et se présenter devant Blois; il ajoutait toutefois qu'il ne pourrait être en face de cette ville que dans six jours au plus tôt. Ce secours arriverait dès lors trop tard. Le commandant en chef de la deuxième armée dut définitivement reprendre sa marche en arrière, et télégraphia de Talcy au général Bourbaki :

« Votre télégramme 5806 me parvient alors que mon
» mouvement de retraite sur Vendôme est commencé. Je
» suis obligé de le continuer, puisque vous n'arriveriez pas
» avant six jours à hauteur de Blois. Je crois cependant
» indispensable que vous fassiez de suite une diversion
» qui aura du moins pour résultat d'inquiéter l'ennemi.
» Je compte être demain en position devant Vendôme, et
» me replier sur le Mans, si l'ennemi, qui peut passer la
» Loire d'un moment à l'autre, ne parvient pas à me pré-
» céder sur ma ligne de retraite. »

---

[1] Voir la note 21, qui donne d'autres dépêches télégraphiques adressées à la première armée, et deux télégrammes de Bordeaux.

ENGAGEMENTS DE MAVES ET DE NUISEMENT.

L'armée reprit donc son mouvement dès le 12 au matin. L'ennemi poussa constamment ses éclaireurs en vue des tirailleurs qui couvraient nos lignes, mais il ne fit nulle part de tentative sérieuse pour les attaquer. Il occupa successivement Mer et les points intermédiaires, et s'avança jusqu'au village de Maves, où une de nos grand'gardes eut à se défendre assez sérieusement. Au centre, le convoi de la 3ᵉ division du 17ᵉ corps, retardé parce qu'il avait pris un chemin de traverse devenu impraticable, fut assailli auprès du hameau de Nuisement. Déjà une partie de ses voitures était enveloppée et allait tomber au pouvoir de l'ennemi, lorsque les gendarmes attachés au convoi se réunirent et firent bonne contenance jusqu'au moment où deux escadrons de la division de cavalerie purent arriver et les dégager. Le temps était du reste très-mauvais : une pluie torrentielle, qui tombait depuis le matin, avait fait fondre la neige et produit le dégel. Le terrain était partout très-glissant sur les chemins, le sol trop détrempé pour que les chevaux et les voitures pussent passer dans les champs. Comme fatigue et comme souffrance pour les hommes et pour les animaux, cette journée fut une des plus pénibles de la campagne. Néanmoins la marche put s'effectuer avec assez de régularité, et le soir tous les corps étaient établis exactement sur les positions qui leur avaient été assignées.

Le service télégraphique, dont on ne peut trop faire l'éloge, n'avait replié ses fils qu'au dernier moment, quand des partis ennemis menaçaient déjà ses stations. Ses employés coururent ce jour-là les plus grands dangers, mais tous imitèrent l'énergie et le courage de leur chef, M. l'inspecteur Tamisier. A partir du 12 au matin, la correspondance télégraphique ne fut plus possible que par Vendôme, où il fallait porter les dépêches. Le général en chef, inquiet de ce qui pouvait se passer à Blois, et n'ayant rien reçu jusqu'à quatre heures du soir, adressa au général Barry la dépêche suivante, dès son arrivée à son quartier général des Noyers :

« (Quatre heures et demie.) — Je suis sans nouvelles
» de vous depuis hier au soir; faites-moi connaître de
» suite par télégramme à Vendôme, d'où il me parviendra
» par cavalier, les renseignements que vous avez sur
» l'ennemi sur les deux rives de la Loire, votre position,
» jusqu'à quand vous pensez pouvoir tenir, et vos dispo-
» sitions en cas de retraite. L'armée sera demain, dans la
» journée, en position devant Vendôme, et de l'autre côté
» du Loir, de Vendôme à Fréteval. Je vous rappelle que
» vous devez me rallier quand vous quitterez Blois, avec
» les troupes de Maurandy, par les routes qui vous pa-
» raîtront les plus sûres. Plus vous tiendrez longtemps à
» Blois, mieux vous assurerez le mouvement difficile que
» nous exécutons en ce moment. Donnez-moi des nou-
» velles de Maurandy et des troupes au-dessous de vous.

» L'ennemi n'a pas inquiété notre mouvement aujour-
» d'hui. D'après des renseignements, assez vagues du
» reste, il exécuterait une marche rétrograde assez pressée
» sur les deux rives et sur Orléans. »

Le cavalier chargé de cette dépêche pour Vendôme emportait en même temps la suivante, adressée au ministre de la guerre à Bordeaux et au général Bourbaki à Bourges :

« L'ennemi, qui a canonné un instant notre aile droite
» hier au soir, paraît s'être arrêté à Josnes, où il est entré.
» Aujourd'hui, sauf quelques coups de canon, il n'a pas
» cherché à inquiéter notre mouvement de retraite. L'ar-
» mée, après une marche pénible par le dégel et la pluie,

» est arrivée en bon ordre sur ses positions de Viévy-le-
» Rayé, Oucques, Pontijoux, Boisseau, Conan et Rhodon.
» Je compte demain couvrir Vendôme avec le 16ᵉ corps
» et avoir les deux autres au delà du Loir. Je n'ai pas eu
» aujourd'hui de nouvelles de Blois; j'en attends cette
» nuit. J'ai prescrit au général Barry de tenir jusqu'à la
» dernière extrémité, pour éviter d'être tourné pendant
» mon mouvement de retraite. Il se repliera ensuite avec
» la division Maurandy, qui est à Amboise, de façon à me
» rejoindre dans la direction de Saint-Calais.

» On signale un grand mouvement de l'ennemi, qui
» semble rétrograder vers Orléans, sur la rive gauche. Sur
» la rive droite, il a l'air de renoncer à poursuivre l'armée:
» les quatre derniers jours de combat l'ont fatigué et ont
» épuisé ses munitions. Des renseignements certains con-
» statent qu'il a subi des pertes considérables, surtout en
» officiers. »

Ces dépêches expédiées, le général en chef donna les
instructions ci-après pour la journée du 13.

« Château des Noyers, 12 décembre 1870.

« L'armée continuera demain son mouvement de re-
» traite, en prenant pour la marche les mêmes dispositions
» qu'aujourd'hui.

» Dans le cas où l'ennemi viendrait à se présenter, il
» est de la plus haute importance que les convois, les
» parcs, les ambulances et tout le matériel roulant, soient
» engagés sur les routes à suivre, deux heures au moins
» avant le départ des divisions.

» Les troupes aux ordres du vice-amiral Jauréguiberry,
» commandant l'aile droite, marcheront sur les deux di-
» rections de Conan, Rhodon, Selommes, et de Vilberfol,
» Villegrinaut, Villemardy et Plérigny, pour se redresser
» ensuite sur Vendôme et venir occuper en avant de cette

» ville, et à la hauteur de Sainte-Anne, des positions dé-
» fensives couvrant Vendôme au sud, protégeant les routes
» de Blois et de Château-Renault, en appuyant leur droite
» au ravin de Chanteloup, la gauche à la rivière de la
» Houzée en avant du bois de Pézery, tout en gardant le
» cours de la Houzée depuis Malignas jusqu'à son con-
» fluent avec le Loir.

» La cavalerie du 16ᵉ corps flanquera sur la gauche le
» mouvement des troupes aux ordres de l'amiral, en ga-
» gnant, par Budan et Villamarie, la route de Blois, et de
» là le village de Crucheraie, pour entrer à Vendôme par
» la route de Château-Renault, et venir prendre ses can-
» tonnements autour du village de Courtiras.

» La 1ʳᵉ division du 17ᵉ corps, par Boisseau, le Boucher,
» Villorceau, Coulommiers, pour passer le Loir au pont
» de Meslay et venir s'établir le long de la route de Ven-
» dôme à Châteaudun, la droite aux Tuileries, la gauche
» à Poiriers.

» La 2ᵉ division du 17ᵉ corps, par Frouville, Sainte-
» Gemmes, les Noyers, Faye-le-Château, pour passer le
» Loir au pont de Saint-Firmin et s'établir le long de la
» route de Châteaudun, son centre à hauteur de la haie
» des Champs.

» La 3ᵉ division du 17ᵉ corps, par Oucques, Beauvil-
» liers, pour venir passer le Loir à Pezou, appuyer sa
» gauche à ce village et relier sa droite à la 2ᵉ division, en
» s'établissant parallèlement au chemin de fer.

» La cavalerie du 17ᵉ corps, d'Oucques, par les Ronces
» et Linières, pour passer le Loir au pont de Pezou et venir
» s'établir en arrière de la 3ᵉ division.

» Le 21ᵉ corps se dirigera de Viévy-le-Rayé sur Fré-
» teval, et ses détachements qui sont le long de la forêt
» de Marchenoir, se repliant successivement, viendront
» passer à Morée et traverseront le Loir au pont de Saint-

« Hilaire. Le 21ᵉ corps occupera depuis Mont-Henry jus-
» qu'à Saint-Hilaire, en poussant le corps Goujard en
» avant sur Cloyes, pour garder le Loir, la ville de Cloyes,
» la route de Châteaudun et le ruisseau du Droué.

» Chaque commandant de corps d'armée désignera, en
» arrière de ses lignes, les positions que doivent occuper
» ses convois, ses ambulances, ses parcs et ses réserves,
» de façon à les mettre sur des routes ou des chemins
» conduisant facilement à Vendôme, pour s'y réapprovi-
» sionner en vivres et en munitions.

» La marche de demain commencera à six heures et
» demie par la cavalerie du 16ᵉ corps, et à sept heures
» pour les troupes aux ordres de l'amiral. Le 17ᵉ corps
» ne commencera son mouvement qu'à huit heures. Le
» 21ᵉ corps exécutera le sien de façon à se relier avec
» celui qu'opèrent les détachements qui sont de l'autre
» côté de la forêt.

» Les divisions qui doivent passer le Loir ne traverse-
» ront cette rivière que lorsque toutes les voitures qui
» suivent la même route seront sur la rive droite.

» Après avoir installé ses troupes, chaque commandant
» de corps d'armée reconnaîtra les positions à occuper
» pour la défense, et les emplacements pour les batteries.
» On fera élever de suite des épaulements.

» La protection des ponts devra être partout assurée.

» Chaque commandant de corps d'armée enverra au
» grand quartier général, à Vendôme, deux cavaliers de
» planton porteurs d'une note indiquant les positions
» prises pour l'établissement des troupes, les ouvrages de
» défense à exécuter, et enfin les emplacements des quar-
» tiers généraux, des parcs, des convois et des ambu-
» lances.

» On devra aussitôt après l'arrivée au bivouac s'occu-
» per des distributions. Il importe que dès demain la ca-

» valerie ait deux jours de fourrage, et que les hommes
» soient alignés en vivres jusqu'au 16 inclus, y compris
» les deux jours de réserve du sac. Les munitions seront
» également complétées. Les demandes qu'il y aurait lieu
» de faire seraient adressées le plus tôt possible au général
» de Marcy, commandant l'artillerie de l'armée.

» Les malades et les blessés devront être évacués de
» suite sur le Mans, afin de désencombrer Vendôme.

» On fera demain au jour des reconnaissances en avant
» des lignes. Les éclaireurs et les pelotons de cavalerie
» devront être poussés le plus loin possible, pour se rensei-
» gner sur la présence et la marche de l'ennemi. La direc-
» tion de Blois est plus spécialement à surveiller.

» Le général en chef a remarqué beaucoup de désordre
» dans la marche d'aujourd'hui. Les généraux comman-
» dant les corps d'armée rendront responsables les géné-
» raux commandant les divisions, les brigades, et les chefs
» de corps, de toute infraction aux instructions si souvent
» répétées. Les hommes ne doivent point marcher isolé-
» ment, et il ne doit y avoir avec les convois que la garde
» et les hommes qui y sont employés régulièrement.

» Le grand quartier général, à Vendôme.

» Afin de rendre plus facile un mouvement de retraite
» au delà du Loir, le vice-amiral Jauréguiberry placera
» ses parcs et ses convois sur la rive droite, en utilisant les
» deux ponts de la ville de Vendôme.

» La brigade de cavalerie du 16ᵉ corps, mise à la dispo-
» sition du général commandant le 21ᵉ corps, rejoindra
» demain sa division, après avoir couvert le mouvement
» des troupes se repliant au nord de la forêt, et jusqu'à ce
» qu'elles aient passé le Loir.

» Le général commandant le génie dirigera demain, de
» très-bonne heure, sur Vendôme, deux officiers du génie
» et au moins deux sections pour l'exécution des travaux

» de défense sur les positions que doivent occuper les
» troupes de l'amiral.

» Le général Camo étant rétabli, reprendra le comman-
» dement de la colonne mobile de Tours, confié en son
» absence au général Tripart. »

ÉVACUATION DE BLOIS.

Il était plus de minuit lorsque le général en chef reçut enfin des nouvelles du général Barry. Apprenant que l'ennemi occupait Mer, il n'avait pas cru pouvoir se maintenir à Blois jusqu'au lendemain matin pour faire coïncider son mouvement de retraite avec celui de la droite de l'armée, et s'était retiré, dans l'après-midi, sur Saint-Amand. Si les Allemands s'étaient aperçus à temps que Blois était évacué, ils pouvaient y avoir déjà pénétré et réparé le pont pour faciliter le passage de leurs troupes de la rive gauche. Nous pouvions donc avoir dès le matin des forces considérables sur notre droite, nous précédant sur Vendôme. Le général en chef donna immédiatement l'ordre au général Barry de se débarrasser de tous ses bagages et de se reporter sur Blois, ou tout au moins sur Herbault, pour observer l'ennemi [1]. Il envoya en même temps un officier qui devait pénétrer dans la ville même avant le jour, voir le maire ou les autorités, et rapporter le plus promptement possible des renseignements certains sur ce qui s'était passé.

Le préfet de Blois, M. Lecanu, qui avait montré dans toutes ces circonstances la plus grande énergie et le plus grand dévouement, était arrivé à une heure du matin au quartier général des Noyers. Il n'avait quitté Blois qu'après nos dernières troupes, et était passé par Vendôme. Il con-

---

[1] Voir la note 22.

firmait la présence de forces ennemies assez considérables sur la rive gauche de la Loire, et ne mettait pas en doute que le pont ne fût facilement et promptement réparé, dès que celles qui s'avanceraient sur la rive droite pénétreraient dans la ville.

L'officier envoyé à Blois rentra vers huit heures. Il avait vu le maire à six heures; aucun Prussien n'était dans la ville, et il n'avait encore aperçu aucun mouvement de ce côté, en se retirant [1].

Le général en chef, en partie rassuré, envoya immédiatement prévenir les commandants des divers corps d'armée de hâter le plus possible leur marche sur Vendôme; pour bien observer l'ennemi, il chargea le capitaine Bernard, avec ses éclaireurs à cheval, de s'avancer le plus loin possible dans la direction de Blois, et de le tenir exactement renseigné sur tout ce qu'il apercevrait.

MOUVEMENT DE RETRAITE DU 13° DÉCEMBRE.

Le mouvement de retraite sur Vendôme s'acheva le 13, malgré le temps, qui devenait de plus en plus mauvais. Le 17° corps seul fut un instant inquiété à hauteur d'Oucques, par une colonne qui suivait ses traces. Il y eut là un engagement d'arrière-garde, mais nos troupes firent bonne contenance; une section d'artillerie s'avança hardiment, préparant, par son feu, la charge d'un escadron du 4° de cavalerie légère mixte, qui parvint à repousser l'ennemi.

Du côté de Villetrun, les éclaireurs arabes du colonel Goursaud maintinrent jusqu'au soir les uhlans qui battaient le pays. Ces derniers, s'avançant à la faveur des bois, fouillaient les fermes et faisaient prisonniers les hommes

---

[1] Voir à la note 24 le rapport du général Barry sur les affaires de Blois.

que la fatigue forçait à s'arrêter, et qui, à bout de forces, ne cherchaient même plus à résister. C'est là évidemment un fait fâcheux que nous ne pouvons taire, mais dont l'ennemi a fort exagéré la valeur en annonçant dans ses bulletins qu'il avait fait de nombreux prisonniers, alors qu'il n'y avait pas eu de combat, et qu'il n'avait ramassé sur les routes que quelques centaines de traînards dont la plupart, il faut bien le dire, avaient cherché eux-mêmes cette occasion de ne pas continuer la campagne.

En résumé, cette retraite de la deuxième armée des lignes de Josnes sur Vendôme, dans les conditions de mauvais temps, de fatigue et de dangers dans lesquels elle s'était effectuée, faisait le plus grand honneur aux troupes. Elle avait assez imposé à l'ennemi pour qu'il n'eût pas osé l'inquiéter et profiter des chances qu'il avait de détruire cette armée, s'il avait su les mettre à profit.

LIVRE TROISIÈME

VENDOME

SOMMAIRE

Description de la vallée du Loir. — Vendôme. — Positions occupées par la deuxième armée le 13 décembre. — Instructions pour la journée du 14. — Dispositions prises pour assurer l'évacuation des malades et des blessés, et les approvisionnements. — Premier combat de Morée. — Combat de Fréteval. — Instructions pour la journée du 15 décembre. — Ordre à l'armée. — Destruction du pont de Fréteval. — Dispositions prises pour la défense de Vendôme. — Bataille de Vendôme. — Situation de l'armée le 15 au soir. — Instructions pour la journée du 16. — État moral des troupes. — La retraite sur la Sarthe est décidée. — Évacuation de la gare de Vendôme. — Deuxième combat de Morée. — Désordres à l'aile droite. — Instructions pour la journée du 17 décembre. — Combat de Droué. — Instructions pour les journées des 18 et 19 décembre. — La deuxième armée échappe une troisième fois à l'ennemi.

DESCRIPTION DE LA VALLÉE DU LOIR.

Le Loir est une ligne de défense qui devait permettre à la deuxième armée d'arrêter son mouvement de retraite, pour reposer ses troupes, reformer ses corps, désunis par les derniers combats, et se réapprovisionner en effets de toute sorte dont les hommes ne pouvaient se passer plus longtemps dans la saison rigoureuse où l'on se trouvait. La vallée depuis Illiers par Bonneval, Châteaudun, Cloyes, Fréteval, Vendôme, Montoire jusqu'à Château-du-Loir, est généralement assez étroite et bordée de mamelons assez élevés qui offrent, sur la rive droite, de bonnes positions pour défendre les passages de la rivière. Celle-ci coule à pleins bords avec des profondeurs variables, mais qui présentent partout des obstacles sérieux; les gués, assez rares, peuvent être rendus facilement impraticables en détériorant les rampes qui leur donnent accès, et qui sont généralement ménagées dans un terrain mouvant que l'on peut toujours et promptement bouleverser; les principales localités seules ont des ponts de pierre, les autres, des ponts de bois ou des passerelles faciles à détruire.

En s'établissant sur le Loir, on menaçait le flanc de l'ennemi descendant d'Orléans sur Tours, sans s'éloigner de Chartres, sur lequel on pouvait déboucher par Châteaudun, restant ainsi sur une des principales directions qu'il faudrait toujours suivre pour reprendre les opérations vers Paris, dès qu'elles deviendraient possibles. Il n'y avait, en effet, si l'armée était disposée de Fréteval à Vendôme, qu'à exécuter un changement de front en arrière sur sa gauche, pour la porter successivement et jusqu'à l'Eure à travers le Perche, sur l'Yères, l'Ozanne et le Loir qui coule parallèlement à l'Eure de Thiron-Gardais à Bonneval, appuyant pendant presque toute cette marche ses ailes au Loir et à l'Huisnes. En attendant ces opérations, elle était couverte sur son flanc gauche par la forêt de Fréteval; et dans le cas d'un mouvement de l'ennemi venant de la direction de Chartres par Illiers, Brou et le pays si difficile du Perche, qu'on pouvait faire observer par des francs-tireurs et des corps légers, elle était toujours à temps pour se retirer sur le Mans et en arrière de la Sarthe.

VENDÔME.

Vendôme, qui avait été longtemps l'objectif des corps allemands réunis à Chartres, est un point important, parce qu'il est le nœud des routes d'Angers à Châteaudun le long du Loir, du Mans à Blois par Saint-Calais et Épuisay, et de Tours à Chartres par Château-Renault, Cloyes et Bonneval. Cette localité, qui offre par elle-même des ressources assez considérables, est, en outre, reliée à Tours par le chemin de fer, qui continue ensuite sur Paris par Châteaudun, Voves et Dourdan. Toutefois, si Vendôme est un point stratégique, il présente comme position à défendre contre une attaque venant de Blois, de grandes difficultés et de grands inconvénients. En effet, la ville, presque tout entière sur la rive gauche du Loir, est dominée de très-près par des escarpements au haut desquels on arrive, par une route en lacet, dans le faubourg du Temple, pour déboucher sur un plateau que traversent celles de Château-Renault et de Blois, qui s'y réunissent. Des hauteurs de la rive droite, si l'on cherche à découvrir ce terrain, il faut se placer à une trop grande distance pour le protéger par des feux d'artillerie, ce qui oblige à défendre la ville sur le plateau même, en se portant assez loin en avant pour ne pas être dominé par les mamelons qui commandent au sud le village de Sainte-Anne. On se trouve ainsi entraîné à un grand développement de forces qui offre le danger d'une retraite difficile si l'on est contraint à l'opérer, les troupes engagées sur la rive gauche devant forcément se replier par les rampes qui conduisent dans la ville, par les ponts sur les deux bras de la rivière, et par les rues étroites et tortueuses qui y aboutissent. Jusqu'à ce moment, les préoccupations du comité chargé d'organiser la défense de Vendôme, avaient été de parer à une attaque par le Perche et par les deux rives du cours supérieur du Loir. Les quelques travaux qui avaient été exécutés et qui se trouvaient principalement en avant de Moncé, sur les hauteurs d'Azay, de Touche-Belle, de Bel-Air, de la Touche, de Bel-Essort et au château de Meslay, n'étaient donc d'aucune utilité réelle contre le danger qui allait se présenter du côté de Blois. De tous ces travaux, à peine ébauchés du reste, les seuls utilisables étaient ceux de Bel-Essort, d'où l'on pouvait battre la grande route d'Oucques à Vendôme, par Villetrun et Coulommiers, pour en interdire l'accès dans le ravin escarpé de la Houzée, où l'ennemi pouvait chercher à pénétrer pour tourner les défenses du plateau de Sainte-Anne.

POSITIONS OCCUPÉES PAR LA DEUXIÈME ARMÉE LE 13 DÉCEMBRE.

Le 13 décembre au soir, l'armée occupait les positions suivantes :

L'aile droite, sous les ordres de l'amiral Jauréguiberry, sur une série de positions formant un demi-cercle en avant de Vendôme qu'elles couvraient sur la rive gauche, surveillant en même temps les routes de Blois et de Château-Renault.

La division Deplanque, 1re du 16e corps, le long de la Houzée, repliant sa droite jusque sur la route de Blois par Malignas et la ferme de Villemalin; venait ensuite la colonne mobile de Tours du général Camó, son centre à hauteur de Sainte-Anne qu'elle occupait fortement, et sa droite repliée vers le Loir le long du ravin de Chanteloup;

La cavalerie du 16e corps, laissant sur la rive gauche quelques escadrons pour surveiller, de concert avec les éclaireurs du capitaine Bernard, les routes de Blois et de Château-Renault, avait passé le Loir à Vendôme et s'était cantonnée autour de Courtiras;

La 1re division du 17e corps sur la rive droite, des Tuileries au Poirier, détachant 2 bataillons et 1 batterie sur les travaux préparés à Bel-Essort, au Haut-Fontenay et à la ferme de la Touche, pour défendre en avant la route de Villetrun et en arrière le pont de Meslay, gardé par un bataillon de réserve;

Les deux autres divisions du 17e corps, de la Haie-de-Champ à Pezou, dominant la vallée du Loir;

La cavalerie du 17e corps à la Ville-aux-Clercs, où elle pouvait seulement trouver quelques ressources pour se cantonner;

Le 21e corps échelonné de Pezou à Saint-Hilaire, le long de la route de Tours à Chartres; la 1re division à Saint-Hilaire dont elle défendait le pont; la 2e à Mont-Henry; la 3e à hauteur de la ferme de Plessis, détachant un bataillon à la gare de Fréteval et une brigade au vieux château qui domine cette ville, pour en empêcher l'accès par la rive gauche;

Enfin la division de Bretagne du général Goujard, développée le long du Loir et du Droué, occupant Cloyes pour protéger la gauche de l'armée, et surveiller les mouvements que l'ennemi pouvait faire aux environs de Châteaudun ou au nord de la forêt de Marchenoir.

Dès son arrivée à Vendôme, le général en chef avait rendu compte de sa marche et de sa situation au ministre de la guerre par la dépêche télégraphique suivante :

« Mon mouvement de retraite sur Vendôme s'est achevé
» aujourd'hui sans avoir été inquiété. Je m'établis ici sur
» de bonnes positions. Je donne l'ordre au général Barry,
» qui s'est replié prématurément sur Saint-Amand, d'y
» rester et d'y tenir. On dit l'ennemi peu en force à
» Chartres; Dreux serait évacué; personne à la Loupe et
» à Bretoncelle. Rien ne m'obligeant à hâter mon mouve-
» ment sur le Mans, je reste ici, persuadé que tout en s'y
» reposant, mon armée sera encore une menace qui peut
» rendre l'ennemi hésitant pour ses opérations au-dessous
» de Blois. Je le crois peu en force sur les deux rives. La

» démonstration sur Vierzon est de plus en plus nécessaire
» et facile. La panique qui se produit à Tours, où l'admi-
» nistration du chemin de fer évacue son matériel, où les
» employés du télégraphe ont abandonné leur poste, est
» des plus intempestives et des plus regrettables. Aucun
» des renseignements que je reçois des préfets n'est con-
» trôlé ; tous sont exagérés. Je crains qu'on ne fasse sauter
» tous les ponts sur le reste de la Loire. »

Après avoir reconnu lui-même toutes les positions autour de Vendôme, le commandant en chef adressa aux divers corps les instructions suivantes pour leur installation dès le lendemain matin :

INSTRUCTIONS DU 13 DÉCEMBRE.

« Vendôme, 23 décembre 1870.

« Les corps d'armée s'établiront demain d'une façon
» régulière sur les positions qui leur ont été assignées dans
» les instructions d'hier, et pousseront avec la plus grande
» activité l'exécution des travaux de défense prescrits.

» Les commandants des corps d'armée donneront toutes
» les instructions de détail et s'assureront par eux-mêmes
» des positions et des travaux. Il faut être à même de ré-
» sister à l'ennemi s'il marche sur Vendôme. Si on sait en
» profiter, ce pays se prête admirablement à la défense.

» On devra s'occuper dès demain de la réorganisation
» des régiments, des batteries, du matériel, des con-
» vois, etc., et on rendra compte au général en chef de la
» quantité exacte des vivres actuellement dans chaque
» corps.

» Vendôme devra être complétement évacué par les
» détachements qui s'y trouvent et les nombreux fuyards
» qui s'y sont réfugiés. Le grand prévôt et le comman-
» dant de la place s'entendront, à cet effet, pour diriger

» sur leurs corps tous ces isolés et ces détachements. Il ne
» restera dans la ville qu'un bataillon pour former la gar-
» nison. Des postes seront établis aux principales issues,
» et des patrouilles seront organisées à l'intérieur.

» Les troupes cantonnées aux environs n'entreront en
» ville qu'en corvées régulières, pour des besoins constatés,
» et les hommes isolés, que munis de permissions. Ces
» prescriptions ne concernent pas les officiers ; néanmoins
» ils ne pourront s'éloigner de leurs cantonnements que
» dans des proportions déterminées par les généraux com-
» mandant les divisions.

» Les hommes appartenant au 15° corps [1] seront réunis
» au quartier de cavalerie, sous la surveillance d'officiers
» et de sous-officiers fournis par le bataillon de garnison.
» Il sera statué sur la destination à leur donner dès que
» le général en chef saura exactement leur effectif et à
» quel régiment ils appartiennent.

» Tous les blessés et les malades devront être évacués
» sur le Mans par tous les moyens utilisables.

» Chaque commandant de corps d'armée fera faire par
» sa cavalerie des reconnaissances journalières, et placera
» des petits postes aussi loin que possible pour surveiller
» tout le pays.

» Les éclaireurs du capitaine Bernard resteront à la
» disposition de l'amiral pour battre le pays dans la direc-
» tion de Blois.

» Les éclaireurs algériens du commandant Laroque
» seront établis dans les villages de Rocé et de Coulom-
» miers, pour observer dans la direction d'Oucques et de
» Pontijoux.

» La cavalerie du 16° corps fera surveiller tout le cours

---

[1] Ces hommes avaient quitté leurs régiments aux affaires d'Orléans et suivi le 16° corps. Ils avaient été réunis à Tours et dirigés sur la deuxième armée.

» du Loir et tous les ponts entre Vendôme et Montoire.
» Elle aura des postes en arrière de Vendôme et dans la
» direction d'Épuisay.

» Il devra être adressé tous les matins, avant midi, au
» général en chef, un rapport détaillé des reconnaissances
» faites dans la matinée.

» On placera autant que possible les troupes à l'abri
» dans les villages ou dans les fermes, à proximité des
» positions qu'elles doivent occuper, sans cependant com-
» promettre la défense et en s'assurant d'une concentra-
» tion rapide. Celles qui, faute de ressources, devront
» rester au bivouac, seront placées sur des terrains secs
» et bien approvisionnées en bois et en paille de cou-
» chage.

» Les instructions générales sont adressées par le géné-
» ral en chef aux commandants des corps d'armée aux-
» quels incombe le soin de les développer, d'en régler les
» détails et d'en assurer l'exécution. Dans la marche
» d'aujourd'hui, des régiments, des convois et des déta-
» chements se sont adressés directement au général en
» chef pour demander des instructions qui auraient dû leur
» venir des commandants des corps d'armée, par les
» généraux des divisions et des brigades. Toutes les ques-
» tions d'approvisionnements de vivres et de munitions,
» de service et de commandement, doivent se régler
» dans chaque corps d'armée.

» Le vice-amiral Jauréguiberry a sous son commande-
» ment direct les troupes qui sont à Saint-Amand avec le
» général Barry, et à Montoire avec le général Maurandy.
» Il proposera au général en chef la réorganisation com-
» plète du 16ᵉ corps, à l'aide de toutes les troupes mises
» à sa disposition.

» Envoyer sans faute demain, au grand quartier géné-
» ral, les rapports, situations, états de pertes, spécifiés

» aux instructions d'hier et réclamés depuis quelques
» jours.

» Le grand quartier général à Vendôme, hôtel de Cos-
» sette.

» Le quartier général du 16° corps, au Temple, route
» de Blois.

» Le quartier général du 17° corps, au château de
» Moncé.

» Le quartier général du 21° corps, au château de Fré-
» teval.

» Pendant l'absence de M. l'intendant général de l'ar-
» mée, M. l'intendant Brou, du 16° corps, le représentera
» à Vendôme. »

ÉVACUATION DES MALADES ET DES BLESSÉS.

Les questions les plus urgentes étaient celles des blessés et des approvisionnements en vivres et en munitions.

Vendôme, sur lequel on avait évacué depuis longtemps un grand nombre de fiévreux, de varioleux et de blessés, n'offrait plus aucune ressource en locaux, et l'encombrement pouvait avoir les conséquences les plus graves pour la santé de la ville et de l'armée. On vida de suite, le plus possible, les hôpitaux et les ambulances, en évacuant tous les malades en état d'être transportés, les plus sérieux sur Tours et les villes au delà de la Loire, par le chemin de fer, les autres sur le Mans, par les transports militaires qui apportaient les vivres aux divers corps.

APPROVISIONNEMENTS.

Les munitions demandées à Bordeaux depuis quelques jours déjà ne tardèrent pas à arriver ; dès le 15, elles purent être complétées dans tous les bataillons et les batteries. Enfin, grâce à la prévoyance de l'intendant général Bouché, parfaitement secondé par les intendants Brou, Coste, de la Chevardière de la Grandville, des 16°, 17° et 21° corps, ainsi que par tout le personnel administratif, dont l'activité pendant toute cette campagne mérite des éloges, les vivres arrivèrent constamment en quantité suffisante, les distributions purent se faire exactement, et les convois divisionnaires portèrent toujours une réserve variant entre trois et six jours de vivres. Il est bon de faire ici justice des attaques imméritées dont l'administration de la deuxième armée a pu être l'objet de la part de certaines gens qui ne jugeaient que d'après les plaintes qu'ils entendaient, sans en vérifier l'exactitude. Ces plaintes partaient, pour la plupart du temps, d'hommes débandés qui, fuyant le champ de bataille, ne se trouvaient pas à leur corps au moment des distributions, préférant courir le pays, stimuler la charité publique par le récit de misères qu'il leur eût été possible d'atténuer, tout au moins, en restant à leurs rangs, et s'imposer parfois dans les fermes et les maisons isolées, pour les habitants desquelles ils étaient devenus un objet de crainte malheureusement justifiée. Nous affirmons donc que les vivres n'ont jamais manqué pendant les quatre mois qu'a duré cette campagne, malgré les difficultés de toute nature pour se les procurer, les faire aboutir et les transporter. Si quelques distributions n'ont pu avoir lieu exactement, cela a toujours tenu aux circonstances qui retardèrent la marche des convois dans des chemins souvent impraticables, ou qui forcèrent les troupes à se battre et à marcher jusqu'au soir sans un moment de répit. Ajoutons enfin, pour dire toute la vérité, que dans un grand nombre de régiments nouveaux, surtout dans ceux de la garde mobile, les officiers n'apportaient pas à cette partie si importante de leur service la surveillance qui eût été nécessaire, et que beaucoup d'hommes, la distribution faite, mangeaient immédiatement plus que leur ration d'un jour, gaspillaient le reste, et abandonnaient souvent dans les bivouacs des monceaux de biscuit et de viande pour ne point avoir à les transporter.

Le service du seul chemin de fer qu'on pouvait utiliser était rendu très-difficile par l'encombrement des gares, par le désordre produit par une foule de traînards montant de force dans les wagons, et par le désarroi qu'avait amené dans la gare si importante de Tours la panique causée par l'évacuation de Blois. Le général en chef dut envoyer partout des officiers et des agents pour faire cesser le désordre, et télégraphier aux généraux et aux préfets du Mans et de Tours pour réclamer instamment leur concours [1].

PREMIER COMBAT DE MORÉE.

Le 14 décembre, soit que l'ennemi eût pu dérober sa marche aux reconnaissances des 17ᵉ et 21ᵉ corps, soit que ces reconnaissances n'eussent pas été faites assez loin ou avec assez de soin, des colonnes apparurent dès le matin sur le front du 21ᵉ corps, menacèrent Morée, et attaquèrent Fréteval. Le général Rousseau se porta immédiatement sur Saint-Hilaire, passa le Loir avec une partie des troupes de sa division, et marcha sur Morée. Un instant, l'artillerie allemande établie sur les hauteurs le força à reculer, mais la nôtre put enfin prendre de bonnes positions et tenir tête à l'ennemi, ce qui nous permit de nous reporter en avant, de continuer le combat jusqu'à la nuit et de bivouaquer sur la rive gauche. Le général Rousseau télégraphiait vers trois heures du soir :

---

[1] Voir à la note 1 les dépêches télégraphiques 385 et 393, la réponse du général commandant la division de Tours, et les télégrammes du ministre de la guerre.

« Le combat paraît tourner autour de Fréteval ; les bat-
» teries ennemies qui tiraient par la route de Morée à
» Binas ont cessé leurs feux. Je fais avancer deux batail-
» lons par les vignes et les villages qui bordent la crête sur
» la rive gauche de la vallée, pour rabattre sur la droite
» de l'ennemi. Mes deux batteries avec deux bataillons sou-
» tiennent l'attaque sur notre droite, route de Vendôme.
» Je dispose encore de trois bataillons ; rien ne périclite.
» J'ai fait placer mon convoi et ma cavalerie sur la route
» de Chauvigny. »

COMBAT DE FRÉTEVAL.

L'action était plus sérieuse sur le front de la 3ᵉ division. Le général Guillon, qui la commandait, ayant rappelé à lui sa 1ʳᵉ brigade, n'avait plus dans Fréteval qu'un bataillon de marins, lorsqu'au jour ce point fut attaqué par de fortes colonnes arrivant à la fois par les routes d'Oucques et de Morée. Les marins furent obligés d'abandonner la position et ne purent la reprendre, malgré les efforts les plus énergiques et l'aide que leur apportèrent leur 2ᵉ bataillon et une batterie envoyés à leur secours. Une division bavaroise, profitant de la situation dominante de coteaux qui commandent la vallée, et des bois qui couvrent tout le terrain jusqu'au village, avait pu ainsi arriver jusqu'au pont et occuper Fréteval, la gare seule restant encore en notre possession.

Le général Jaurès, qui s'était porté sur le champ de bataille, comprenant toute l'importance de Fréteval, prescrivit vers le soir un nouvel effort pour le reprendre. Le colonel du Temple [1], commandant la 2ᵉ brigade, fut

---

[1] M. le capitaine de frégate du Temple avait été mis, sur sa demande, à la disposition du ministre de la guerre, qui lui avait confié une brigade du 21ᵉ corps avec le titre de colonel et plus tard de général au titre auxiliaire.

chargé de cette mission avec quatre bataillons, ayant comme soutien, sur sa droite, les marins sous les ordres du commandant Collet. Malheureusement, ce dernier, officier de marine des plus énergiques, se laissa entraîner par son ardeur, et devançant le moment de l'attaque, se lança sur le village avec quatre compagnies seulement. Il put y pénétrer, mais bientôt, écrasés par des forces supérieures, ses marins furent contraints de se replier après avoir subi des pertes sérieuses. Cette audace lui coûta la vie, ainsi qu'à son adjudant-major. L'ennemi étant dès lors sur ses gardes, le colonel du Temple dut renoncer à une surprise et rentra sur ses positions.

D'après les renseignements parvenus au grand quartier général pendant la journée, l'aile droite de l'ennemi, sous les ordres du grand-duc de Mecklembourg, marchait sur le Loir au-dessus de Vendôme, avec l'intention évidente de franchir cette rivière, de pénétrer dans la forêt de Fréteval et de tourner notre gauche, tandis que le prince Frédéric-Charles, qui était retourné à Blois, se préparait à une attaque directe sur Vendôme. Le général en chef donna en conséquence les instructions ci-après :

INSTRUCTIONS POUR LA JOURNÉE DU 15 DÉCEMBRE.

« Vendôme, le 14 décembre 1870.

« Le vice-amiral Jauréguiberry, commandant l'aile
» droite, fera établir, dès demain matin, une brigade qu'il
» renforcera des troupes jugées nécessaires, sur les po-
» sitions indiquées cette après-midi par le général en
» chef, et activera la construction des épaulements et des
» batteries à établir sur la crête au sud de Vendôme, pour
» la défense dans la direction de Blois.

» Les francs-tireurs placés dans les bois devront sur-
» veiller le ravin de la Houzée et celui de Chanteloup. Des

» régiments de cavalerie légère et l'escadron d'éclaireurs
» du capitaine Bernard, soutenus par des détachements
» d'infanterie chargés plus spécialement du service de
» nuit, formeront des avant-postes, et pousseront des re-
» connaissances jusqu'à quinze kilomètres au moins en
» avant des lignes. Le général en chef rappelle au com-
» mandant du 17ᵉ corps, que c'est à lui de prendre toutes
» les dispositions pour surveiller le pays dans les directions
» de Pontijoux, d'Oucques, et jusqu'à la forêt de Marche-
» noir. En outre de sa cavalerie, il a sous ses ordres les
» éclaireurs algériens cantonnés à Rocé et à Coulommiers.

» L'ennemi a attaqué aujourd'hui Morée et Fréteval :
» nous sommes restés maîtres des positions, mais un effort
» plus sérieux peut être tenté demain. Les troupes du
» 17ᵉ corps seront donc prêtes, dès le matin, à appuyer le
» 21ᵉ corps, avec lequel elles se relieront, et elles ne re-
» prendront leurs cantonnements que lorsque le général
» Guépratte se sera assuré, par ses reconnaissances et les
» renseignements qu'il fera prendre à Fréteval, qu'une
› agression de l'ennemi n'est plus à craindre.

» Le général en chef rappelle que tous les convois, les
» parcs, les réserves doivent être placés sur la rive droite
» du Loir, en arrière des lignes, et sur les routes ou che-
» mins à suivre dans le cas d'une retraite.

» L'intendant fera évacuer dès demain matin, sur les
» emplacements qui leur sont assignés, les convois qui
» obstruent la ville et notamment le quai de la rive droite
» du Loir.

» On complétera demain les évacuations de malades et
» de blessés à diriger sur le Mans.

» L'intendant Desprez prendra les mesures pour assurer
» le service au quartier de cavalerie, où des blessés sont
» restés sans soins depuis plusieurs jours.

» Le général en chef a constaté, dans sa visite d'aujour-

» d'hui aux avant-postes, beaucoup de désordre; des
» hommes isolés circulent dans toutes les directions et
» campent pour leur compte dans les bois; des détache-
» ments cherchent leurs cantonnements, prétendant n'a-
» voir reçu ni ordres ni indications. Il n'a rencontré dans
» toute sa tournée ni un général, ni un chef de corps.

» Les généraux commandant les corps d'armée dési-
» gneront chaque jour un général pour faire la visite de
» tous les cantonnements; son rapport, visé par le com-
» mandant du corps d'armée, sera adressé au général en
» chef.

» L'amiral Jauréguiberry fera reconnaître demain, sur
» la rive droite, les cantonnements à occuper par celles
» des troupes sous ses ordres qui ne seront pas employées
» à la défense sur la rive gauche. L'installation devra
» avoir lieu après la soupe du matin. Les batteries à éta-
» blir sur la rive droite devront être demain sur leurs
» positions. On en enverra l'indication au général en
» chef.

» Afin d'éviter toute indécision dans le cas d'une attaque
» de l'ennemi, toutes les troupes prendront les armes de-
» main à huit heures, et seront portées sur les positions
» qu'elles sont chargées de défendre le cas échéant; elles
» y resteront jusqu'à la rentrée des reconnaissances.

» Le général en chef a constaté que les ordres généraux
» et les ordres particuliers des corps n'étaient point com-
» muniqués exactement, et que souvent on ne lisait pas
» aux troupes les prescriptions à porter à leur connais-
» sance. Les chefs de corps seront responsables à l'avenir
» de cette infraction à des recommandations si souvent
» faites.

» Des soldats et même des officiers n'ont pas rallié
» leurs corps depuis les derniers engagements. Le com-
» mandant en chef est décidé à traduire devant des cours

» martiales tous ceux qui sont en absence illégale, et des
» ordres sont donnés pour qu'ils soient recherchés sur les
» derrières de l'armée, dans leurs foyers, et arrêtés immé-
» diatement. Tous les refus d'obéissance seront déférés
» aux cours martiales : il importe de faire immédiatement
» des exemples, et de rétablir dans la deuxième armée la
» discipline à laquelle elle a dû ses succès dans la première
» partie de la campagne.

» Le général en chef inflige un blâme au colonel com-
» mandant le régiment de gendarmerie de marche à pied,
» pour le désordre qu'il a constaté chez une troupe qui
» devrait donner l'exemple de l'énergie et de la discipline.

» Les commandants de corps d'armée constateront
» l'état de l'approvisionnement en vivres de chaque divi-
» sion, et adresseront au commandant en chef l'état exact
» de ces approvisionnements, qui doivent être constam-
» ment *d'au moins six jours de vivres, y compris les deux*
» *jours de réserve du sac.* La stricte exécution de cet ordre
» engage au plus haut point *la responsabilité des intendants*
» *de chacun des corps d'armée.* »

La lutte allait donc recommencer sans qu'il fût donné
à la deuxième armée, qui en avait si grand besoin, le
temps de se reposer et de se refaire; mais il n'y avait pas
à songer à l'éviter. Les positions le long du Loir étaient
bonnes; il valait mieux essayer de les défendre que de
continuer une retraite qui eût amené l'ennemi sur nos
pas jusqu'au Mans, où il nous eût été dès lors impossible
de nous arrêter. Afin de stimuler l'ardeur de ses troupes, le
général en chef leur adressa, le 15 au matin, l'ordre du
jour suivant :

ORDRE A L'ARMÉE.

« Soldats de la deuxième armée,

» Depuis quinze jours vous n'avez pas cessé de com-
» battre. Vous avez lutté héroïquement contre la princi-
» pale armée allemande, commandée par le prince
» Frédéric-Charles, et si chaque jour vous n'avez pas
» complétement battu l'ennemi, comme à Vallière, à
» Coulmiers, à Villepion, vous n'avez jamais subi de
» défaites, puisque chaque soir vous avez couché sur vos
» positions, disputées avec acharnement de l'aube à la
» nuit. Pendant cinq jours, la deuxième armée, appuyant
» sa droite à la Loire, sa gauche à la forêt de Marchenoir,
» s'est maintenue dans ses lignes en avant de Josnes; et
» les batailles des 7, 8 et 9 décembre ont été aussi glo-
» rieuses pour vous que funestes à l'ennemi, qui, de l'aveu
» de ses prisonniers, a subi des pertes considérables,
» surtout en officiers de tous grades.

» Des considérations stratégiques vous ont ramenés sur
» les positions que vous occupez actuellement. Vous les
» conserverez, quels que soient les nouveaux efforts de
» l'ennemi, qui ne s'acharne à vous que parce qu'il com-
» prend que vous êtes pour lui l'obstacle et la résistance.

» Ce que vous venez de faire, malgré des privations
» forcées, des fatigues incessantes, le froid, la neige, la
» boue de vos bivouacs, vous le continuerez, puisqu'il
» s'agit de sauver la France, de venger notre pays envahi
» par des hordes de dévastateurs.

» Pour nos nouveaux efforts, il faut l'ordre, l'obéis-
» sance, la discipline; mon devoir est de l'exiger de tous :
» je n'y faillirai pas. La France compte sur votre patrio-
» tisme, et moi, qui ai l'insigne honneur de vous com-

» mander, je compte sur votre courage, votre dévouement et votre persistance.

» Le général en chef,

» *Signé :* CHANZY. »

DESTRUCTION DU PONT DE FRÉTEVAL.

En prévision des nouveaux efforts qu'allait tenter l'ennemi, il y avait d'abord à l'empêcher de traverser le Loir à Fréteval. Le pont de ce village est en bois, peu solide, d'un accès difficile surtout pour les voitures, mais c'était un passage important; il fallait donc le reprendre ou le détruire; le général Jaurès reçut pendant la nuit des ordres en conséquence[1]. Le 15 au matin, les reconnaissances du 21ᵉ corps signalaient que le gros des forces allemandes se reportait sur la droite de l'armée, et que Fréteval était toujours occupé. Le commandant du 21ᵉ corps, après avoir bien déterminé les emplacements de l'ennemi et reconnu qu'il n'y avait aucun mouvement sérieux à craindre sur ses flancs, donna l'ordre d'enlever le village et de brûler le pont. Le lieutenant-colonel Michaud s'avança résolûment avec deux bataillons, et trouva la partie sur la rive droite évacuée; mais une fusillade terrible, partant des mamelons que domine la tour de Fréteval, accueillit sa tête de colonne lorsqu'elle déboucha sur le pont pour en opérer la destruction. Il fit occuper immédiatement les maisons, d'où ses tirailleurs purent répondre au feu de l'ennemi, tandis qu'une batterie tirait sur la tour. Le colonel du Temple put alors s'approcher, prendre également position avec trois bataillons, et protéger la

---

[1] Voir à la note 2 la dépêche télégraphique n° 409, et celle du général Jaurès de Busloup, 15 décembre, à six heures du matin, rendant compte des combats de la veille.

section du génie, qui parvint à couper le pont. La 3ᵉ division du 17ᵉ corps exécutait en ce moment une diversion par le pont de Pezou, engageait le combat et faisait quelques prisonniers. La situation était donc bonne à l'aile gauche. Sur la droite, l'action était plus sérieuse : c'était évidemment par là que l'ennemi voulait prononcer son attaque principale.

DISPOSITIONS PRISES POUR LA DÉFENSE DE VENDÔME.

Dès le 14, le commandant en chef avait pu constater, en étudiant le terrain en avant du faubourg du Temple avec l'amiral Jauréguiberry et les commandants du génie et de l'artillerie, que les positions de ce côté étaient peu favorables pour une bonne défense. L'angle compris entre le Loir et la Houzée, dominé en partie par la rive opposée, n'a que des vues difficiles; les sinuosités de ce dernier ruisseau et les nombreux petits bois qui le bordent ne permettent point d'établir des batteries pouvant croiser leurs feux avec celles placées sur les hauteurs de Bel-Essort. En arrière, la position de Bel-Air est à trop grande distance des points à battre sur la rive gauche, pour prêter un appui efficace. En un mot, la disposition de tout le terrain aux environs immédiats de Vendôme est telle, qu'à moins de travaux considérables, qu'on n'avait ni le temps ni les moyens d'exécuter, la liaison entre les divers emplacements à occuper est impossible à établir. Les dispositions premières avaient donc dû être modifiées de la façon suivante :

Une seule brigade, celle du général Bourdillon, devait rester sur le plateau du Temple avec trois batteries et deux mitrailleuses, et occuper le petit château de la Chaise. Elle était couverte à distance par le 2ᵉ chasseurs de marche et le régiment de gendarmerie à cheval de la colonne

Camô, qui, cantonnés à Périgny, Villeromain et Crucheray, étaient chargés d'éclairer au loin la plaine dans la direction de Blois, appuyés par les francs-tireurs de la Sarthe, du commandant de Foudras. La 2ᵉ brigade de la 1ʳᵉ division du 16ᵉ corps (général Deplanque) devait se porter sur le plateau du haut Montrieux, au-dessus de Naveil, ayant les troupes du général Camô à sa gauche, entre Huchepie et les Tuileries, et se reliant ainsi à la division Roquebrune, du 17ᵉ corps.

Dans ce système de défense, Vendôme n'était plus le centre d'un vaste camp retranché, mais une simple tête de pont, facile à évacuer au besoin si on ne pouvait se maintenir sur la rive gauche du Loir.

BATAILLE DE VENDÔME.

Ces divers mouvements étaient commencés depuis midi, lorsque les escadrons de Villeromain annoncèrent l'approche d'une forte colonne ennemie marchant sur Vendôme. Il fallait dès lors parer à ce danger : l'ordre fut donné de suspendre le passage des troupes qui devaient occuper la rive droite, et de reporter sur leurs positions premières celles qui n'avaient pas encore traversé les ponts, tout en se débarrassant du matériel inutile. La brigade Bourdillon se trouva ainsi renforcée du 59ᵉ de marche, du régiment de l'Isère (27ᵉ mobiles), de celui de gendarmerie à pied, et des batteries divisionnaires du général Camô. L'amiral avait à peine achevé de placer toutes ses troupes sur les positions où elles allaient combattre, que notre cavalerie, qui se repliait en tiraillant, démasqua bientôt de fortes colonnes ennemies s'avançant par la route de Blois à Vendôme. Le 59ᵉ fut déployé à cheval sur cette route et en avant du Temple, les gendarmes à pied et le régiment de l'Isère à sa gauche, le 62° de marche à sa droite, les 39° et 32° de marche et le 16° bataillon de chasseurs à pied en avant du château de la Chaise, avec une batterie de 4 placée derrière des épaulements à peine ébauchés. Le reste de l'artillerie prit position, les mitrailleuses et trois batteries en avant du Temple, battant le plateau, une section de 4 sur la route même de Blois, pour l'enfiler dans toute sa longueur jusqu'à la crête à hauteur de Villemalin, et enfin, à l'extrême gauche, six pièces de 4 fouillant le ravin de la Houzée et le bois de Pézery.

Le commandant en chef, qui revenait de visiter les positions sur la rive droite du Loir, arrivait à deux heures sur le plateau du Temple, au moment où l'action commençait à devenir sérieuse. L'ennemi avait été assez long à mettre ses pièces en batterie, par suite des difficultés qu'il avait à les dégager de la grande route, et à les mouvoir dans un terrain détrempé par les pluies incessantes et la neige. Il avait commencé par déployer ses colonnes du côté de Sainte-Anne, et cherchait à s'avancer à la faveur des bouquets de bois qui couvrent cette partie de la plaine, tandis que d'autres bataillons se glissaient dans le bois de la Barbe.

D'autres colonnes apparaissaient en même temps en avant de Rocé et de Villetrun : c'étaient évidemment celles qui arrivaient de Fréteval. Des ordres furent donnés au 17° corps pour appuyer de suite les deux bataillons et la batterie établie à Bel-Essort.

Devant les troupes de l'amiral, l'ennemi, reçu par le feu bien nourri de nos tirailleurs et criblé par nos mitrailleuses, ne put continuer sa marche en avant. Il essaya alors, en s'étendant sur sa gauche, d'occuper la route de Tours et de déborder notre droite ; cet effort avait été prévu ; le 37° de marche avec le 7° bataillon de chasseurs, se portant sur le bois de la Guignetière, le contraignirent à reculer, malgré le feu de six batteries qu'il était parvenu à mettre en ligne. Ces pièces, placées au sommet du plateau de Sainte-Anne, lancèrent avec beaucoup de précision quelques obus sur le Temple, et firent éprouver des pertes sérieuses à nos batteries, qui n'en continuèrent pas moins à riposter avec la plus grande énergie.

A la nuit, les Allemands voyant que leurs efforts pour nous refouler sur Vendôme restaient sans résultat, et qu'ils ne pouvaient enlever aucune de nos positions, se mirent en retraite, laissant une grande partie de leurs morts sur le terrain du combat. Nos pertes avaient été peu sensibles, excepté pour l'artillerie, qui avait souffert beaucoup plus que les autres corps. Notre aile droite coucha donc sur ses positions; la brigade Deplanque, qui vers le soir avait franchi le Loir sur le pont de Naveil pour venir soutenir le général Bourdillon et s'opposer au mouvement tournant que l'ennemi dessinait alors, s'établit également sur la rive gauche.

Les choses avaient moins bien tourné au delà de la Houzée. Les bataillons et la batterie qui occupaient les hauteurs de Bel-Essort, attaqués vigoureusement par de fortes colonnes, avaient dû reculer, malgré l'énergie du chef de bataillon Prudhomme, qui commandait sur ce point et qui ne céda le terrain qu'après avoir reçu plusieurs blessures dont un éclat d'obus à la tête. La brigade Pâris, que le commandant du 17° corps avait portée de ce côté comme secours, était arrivée trop tard et n'avait pu qu'appuyer la retraite, qui s'était effectuée en bon ordre, sous la protection des batteries de la rive droite et par le pont de Meslay, qu'on avait brûlé après le passage des dernières troupes.

SITUATION DE L'ARMÉE LE 15 DÉCEMBRE AU SOIR.

Malgré les succès obtenus à Fréteval et sur le plateau de Sainte-Anne, la perte des positions de Bel-Essort allait rendre difficile et périlleuse la défense de Vendôme. L'ennemi pouvait, en effet, établir là des batteries qui pourraient fouiller tout le ravin de la Houzée, prendre d'écharpe celles que nous avions établies en avant du Temple, et en s'avançant jusqu'à la pente qui donne sur le Loir, contre-battre le feu de nos pièces en position sur la rive droite. D'un autre côté, les troupes, qui n'avaient pu prendre encore aucun repos et qui souffraient beaucoup de la température, n'offraient pas à ce moment la solidité désirable pour continuer la lutte dans de bonnes conditions, si l'ennemi appelait à lui de nouveaux renforts et tentait une nouvelle bataille. Toutefois, le commandant en chef était tellement convaincu que les Allemands eux-mêmes étaient à bout de forces et qu'il n'y avait point à craindre de leur part d'effort sérieux pour le lendemain, qu'il résolut de se maintenir sur ses positions, préoccupé d'ailleurs des effets d'une retraite précipitée, qui, dans la situation présente, pouvait amener un désastre en donnant aux troupes la possibilité d'une nouvelle débandade. Il rendit compte des événements de la journée par la dépêche télégraphique ci-après, adressée le 15 au soir au ministre de la guerre, à Bordeaux.

« Le 21ᵉ corps a repris ce matin Fréteval, que l'ennemi
» avait occupé fortement la nuit dernière. Le grand-duc de
» Mecklembourg laissant devant Fréteval et Morée un corps
» d'observation, s'est présenté vers midi par Rocé et Cou-
» lommiers devant nos positions de Bel-Essort, obligeant
» les troupes qui les occupaient à se retirer par le pont de
» Meslay, qu'elles ont brûlé. Tournant ensuite la tête du

» ravin de la Houzée, il est venu donner la main au prince
» Frédéric-Charles, parti ce matin de Blois pour nous
» attaquer sur nos positions du plateau de Sainte-Anne.
» Nos troupes ont bien résisté de ce côté; nos positions
» sont maintenues; on s'est battu jusqu'à la nuit. L'en-
» nemi semble accentuer son mouvement vers l'Ouest
» pour couper la route de Tours, la ligne du chemin de
» fer, et marcher sur Montoire, afin de nous tourner par
» notre droite et de nous séparer de Saint-Amand, où se
» trouve le général Barry. Nous résisterons demain, et si
» nous y sommes forcés, toutes les dispositions sont
» prises pour nous replier le mieux possible sur la rive
» droite du Loir, en faisant sauter tous les ponts maintenus
» en cas de retraite. Dans cette éventualité, il ne nous
» resterait plus qu'à nous diriger sur le Mans; je ne le
» ferai qu'à la dernière extrémité, persuadé que notre
» meilleure chance est dans la résistance, et que tout mou-
» vement de retraite peut être le signal d'un désastre qu'il
» faut éviter à tout prix. Je regrette de plus en plus qu'au-
» cune démonstration ne vienne nous aider à sortir d'une
» situation qui n'est rien moins que difficile [1]. »

LE GÉNÉRAL BARRY A SAINT-AMAND.

De son côté, le général Barry, qui entendait depuis deux jours le canon dans la direction de Vendôme, n'était pas sans inquiétude sur sa position, qui lui paraissait compromise si l'ennemi venait à dépasser la route de Tours qu'il gardait, en se portant sur Montoire et sur Château-Renault. Il télégraphiait successivement au commandant en chef :

[1] Voir à la note 3 la dépêche télégraphique n° 415, adressée, le 15 au matin, au ministre de la guerre pour insister sur une diversion de la première armée, et les deux télégrammes de Bordeaux en réponse à cette dépêche.

Dans l'après-midi du 15 :

« Des renseignements certains m'annoncent qu'une co-
» lonne prussienne d'environ 20,000 hommes, précédée
» d'une avant-garde de 3,000 hommes campée en avant
» d'Herbault, doit occuper aujourd'hui les communes
» suivantes : Lande, Françay, Herbault; ces déclarations
» sont affirmées par le maire de Françay. »

A sept heures du soir :

« Je sais, de source certaine, que l'ennemi est maître
» de la route de Tours à Vendôme aux environs de cette
» dernière ville. D'un autre côté, il opère en ce moment
» un mouvement tournant d'Herbault sur Château-Renault,
» pour nous couper de Montoire. Si je ne puis me replier
» ni sur Vendôme ni sur Montoire, je vous demande ce
» que je dois faire. »

Enfin à neuf heures du soir :

« L'ennemi a fait aujourd'hui une démonstration sur
» Saint-Amand, et je crois être certain qu'il a fait filer une
» colonne d'infanterie, artillerie et cavalerie, d'Herbault
» sur Château-Renault. Je ne sais s'il y a eu combat de ce
» côté, j'ai appris seulement qu'un capitaine du 36° de
» marche, stationné à Villethion, avait été enlevé dans
» l'après-midi : Ma dépêche précédente vous annonçait
» déjà que les Prussiens interceptaient la route entre Saint-
» Amand et Vendôme. Je suis donc tourné de ce côté; je
» vais l'être du côté de Château-Renault et ensuite de
» Montoire. Toute ma défense de Saint-Amand repose sur
» la possession de la route de Tours à Vendôme, et cette
» route ne m'appartient plus, puisqu'elle est à l'ennemi
» sur mes deux flancs. Il est urgent de prendre un parti et
» au plus vite. Je ne ferai rien sans vos ordres. Je m'at-
» tends à être attaqué demain sur mon front et sur mon
» flanc.

» *Signé* : BARRY. »

A ces diverses communications, le commandant en chef avait répondu, dès le matin du 15 :

« J'ai lieu de croire que vous n'avez pas grand monde
» devant vous ; exigez que tous vos avant-postes tiennent
» contre les uhlans. Votre mission est de couvrir le pays
» entre Vendôme et la Loire ; vous n'auriez à vous replier
» sur la rive droite du Loir que si l'armée se mettait en
» retraite sur le Mans et quittait les positions qu'elle oc-
» cupe actuellement. Je crains que vous n'ayez laissé trop
» peu de monde à Château-Renault, où la présence du gé-
» néral Maurandy pouvait être très-utile. » . . . .
. . . .

Un peu plus tard :

« D'après le rapport des reconnaissances, il ne se diri-
» gerait sur Saint-Amand que 7,000 ennemis et très-peu
» d'artillerie ; l'effort principal paraît devoir être sur Ven-
» dôme par la route de Blois. Exigez donc de tous vos
» postes qu'ils tiennent, sans admettre qu'ils puissent se
» replier. Quant à vous, n'abandonnez à aucun prix Saint-
» Amand, et tâchez au contraire de surprendre l'ennemi
» dans son mouvement, s'il accentue de votre côté une
» marche qui ne peut être qu'une démonstration. »

A huit heures du soir :

« L'ennemi à la fin de la journée a effectivement ac-
» centué un mouvement en arrière de Sainte-Anne dans
» la direction de Villerable. Faites-vous éclairer fortement
» sur votre gauche, je compte encore que nous pourrons
» tenir ici. Dans tous les cas, si vous appreniez, à n'en pas
» douter, que vous êtes coupé de Vendôme, il vous res-
» terait toujours une retraite facile sur Montoire, que je fais
» garder, par Ambloy, Sassenières et un pays facile à
» défendre entre les deux grands ravins qui sont à l'est et
» à l'ouest de la forêt de Prunay. Là, en vous retirant
» avec ordre, il vous serait toujours possible de maintenir

» l'ennemi sans être entouré. Vous auriez enfin, si vous
» étiez pressé de trop près, les routes qui aboutissent aux
» divers ponts du Loir, au-dessous de Montoire. »

Enfin, dans la nuit du 15 au 16 :

« Je maintiens les ordres que je vous ai donnés ;
» faites rien avant la certitude d'un danger qui ne peut
» vous être donné que par une attaque de l'ennemi. Ne
» vous mettez en retraite que si vous êtes attaqué sérieu-
» sement. Il importe plus que jamais que vous résistiez le
» plus possible. En veillant bien vous aurez toujours vos
» derrières libres, et je vous ai indiqué vos lignes de retraite.
» L'ennemi a souffert de ce côté ; il se peut qu'il soit
» moins entreprenant demain. »

Après ces ordres donnés au général Barry, le commandant en chef prescrivit toutes les dispositions à prendre pour recevoir l'ennemi et résister s'il se présentait le lendemain, et enfin pour la retraite, dans le cas où on serait réduit à cette extrémité. La brigade Paris était chargée de descendre sur la rive droite pour détruire successivement tous les ponts et tous les gués, à l'exception du pont de Montoire, qu'elle devait conserver et défendre jusqu'après le passage du général Barry, s'il avait à se retirer de ce côté. Les instructions ci-après résument les mesures prises : elles étaient pour les chefs de corps, qui ne devaient laisser percer aux yeux des troupes aucune idée de retraite jusqu'au moment où le commandant en chef l'aurait décidée.

INSTRUCTIONS POUR LA JOURNÉE DU 16 DÉCEMBRE.

« Vendôme, 15 décembre 1870.

» Aujourd'hui, l'ennemi, abandonnant sa tentative sur
» Fréteval, qui a été repris par le 21ᵉ corps, a fait un
» mouvement tournant et a attaqué les positions de Bel-
» Essort par Coulommiers, et celles en avant de Vendôme

» par la grande route de Blois. Nos troupes ont été repous-
» sées de Bel-Essort et ont dû se replier sur la rive droite
» après avoir fait sauter le pont de Meslay. Le général
» commandant le 17ᵉ corps s'assurera que les ponts de
» Saint-Firmin et de Pezou sont détruits cette nuit; de-
» main au jour, les gués qui peuvent exister en avant de
» ces positions devront être rendus impraticables, au
» moyen de tranchées, et sur toute la rive droite, le
» 21ᵉ corps et le 17ᵉ placeront leurs batteries de façon à
» repousser toute démonstration ou tentative de l'ennemi
» sur la rive gauche. La brigade Pâris, de la 1ʳᵉ division du
» 17ᵉ corps, a reçu l'ordre, ce soir, de descendre le Loir
» sur la rive droite, de s'assurer de la destruction des pas-
» serelles et des ponts entre Naveil et Montoire, de faire
» préparer la destruction du pont de Montoire, et de dé-
» fendre ce pont, qui ne devra être détruit que quand la
» division Barry, qui est à Saint-Amand, l'aura utilisé
» pour sa retraite.

» Le général Pâris se fera indiquer tous les gués prati-
» cables aujourd'hui, et y organisera la défense.

» Le vice-amiral Jauréguiberry est chargé de la défense
» de Vendôme sur la rive gauche; il prendra dès demain
» au jour les dispositions nécessaires pour se maintenir sur
» les positions attaquées aujourd'hui par l'ennemi.

» La brigade Deplanque, renforcée du bataillon des
» mobilisés de Maine-et-Loire du commandant Bonnaure,
» que le général Deplanque prendra sous son commande-
» ment, tiendra la crête de la rive gauche en avant du
» pont de Naveil, s'opposera au mouvement tournant
» que l'ennemi pourrait essayer sur sa droite, et n'opérera
» sa retraite par le pont de Naveil, préparé pour être
» détruit après son passage, que si l'ordre lui en est donné
» par l'amiral Jauréguiberry.

» Le 16ᵉ corps placera ses batteries de réserve sur la

» rive droite, de façon à protéger le pont de Naveil, la
» plaine de Vendôme, et à battre le ravin de la Houzée et
» la plaine du village d'Arène, par où l'ennemi, maître de
» Bel-Essort et de la route de Coulommiers, pourrait
» tenter de se porter sur Vendôme. Les éclaireurs algé-
» riens et le régiment des mobiles du Gers (85°) faisant
» partie de la colonne mobile de Vendôme, ont l'ordre de
» défendre la vallée de la Houzée, et seront sous le com-
» mandement de l'amiral. On évacuera cette nuit et
» demain dès le matin, sur la rive droite, toutes les voi-
» tures, matériel, bagages et convois, qui sont encore soit
» sur la rive gauche, soit dans Vendôme.

» Dans le cas d'une retraite, toutes les troupes ayant
» formé la colonne mobile de Vendôme opéreraient leur
» mouvement avec le 16° corps, d'après les instructions
» qu'elles recevront de l'amiral; il ne devrait rester dans
» Vendôme et dans les villages des environs aucun corps
» constitué, ni aucun corps franc. Les ponts de la ville
» seraient détruits aussitôt après l'évacuation.

» Le général commandant le génie de l'armée prendra
» ses dispositions pour assurer cette opération importante.

» Si, après une résistance qui devra être poussée aux
» dernières limites, l'armée devait se mettre en retraite
» sur le Mans, elle opérerait de la façon suivante :

» Le 21° corps, après avoir détruit tous les ponts au-des-
» sus de Fréteval, s'engagerait sur les routes qui mènent de
» Cloyes à Vibraye, par Droué, la Fontenelle, Sainte-Agile,
» Souday et Vibraye; sur celle par la Chapelle-Vicom-
» tesse, et sur celle de Fréteval à Droué par Busloup, la
» Ville-aux-Clercs, Chantigny; et enfin sur celle de Fréteval
» à Saint-Calais, par Busloup, le Rouilly, Épuisay et Sargé.

» Le 17° corps prendrait la direction de Saint-Calais
» par Saint-Ouen, Espéreuse, Danzé, Épuisay, et par
» Villers, Mazangé, Savigny.

» Le 16ᵉ corps, longeant la rive droite, se dirigerait sur
» Troo par Villaria, Montoire et Saint-Quentin. La retraite
» se ferait lentement, de façon à bien couvrir tout le ma-
» tériel roulant des corps d'armée, engagé à l'avance et
» sous bonne garde, dans les directions qui viennent d'être
» indiquées. On s'arrêterait à la fin de la journée sur la
» ligne de Montoire, les Roches, Fortan, Épuisay, le
» Temple, Mondoubleau et Saint-Agile, l'armée ayant
» ainsi sa droite au Loir et sa gauche appuyée au Droué.

» Le lendemain, elle viendrait prendre position derrière
» la Braye, le 21ᵉ corps faisant occuper la Ferté-Bernard.

» On complétera avant le jour les munitions. Sur toutes
» les lignes, demain matin, les troupes seront sous les
» armes, les batteries en position jusqu'à ce qu'il soit bien
» établi qu'aucune attaque de l'ennemi n'est à craindre.
» Les distributions de vivres ne seront faites qu'à la ren-
» trée des troupes dans les bivouacs.

» La position qu'occupe l'armée est de la dernière im-
» portance, il faut la conserver à tout prix. Le général
» en chef compte sur l'énergie de tous pour obtenir ce
» résultat. Les commandants de corps d'armée ne se met-
» traient en retraite qu'après avoir pris ses ordres.

» On disposera en arrière des lignes la gendarmerie et
» des escadrons, pour empêcher tout désordre et ramener
» à leurs corps les hommes qui chercheraient à éviter le
» combat. »

ÉTAT MORAL DES TROUPES.

La nuit ne fut troublée par aucune tentative de l'ennemi,
bien que ses avant-postes fussent assez près des nôtres
pour qu'une grand'garde de gendarmerie ait pu s'emparer
d'une patrouille du 57ᵉ régiment d'infanterie prussienne,
commandée par un capitaine. Néanmoins, elle ne fut pas

un repos pour les troupes, qui, campées dans la boue et dans la neige sans pouvoir allumer les feux de bivouac, eurent beaucoup à souffrir du froid et de l'humidité. Il y avait évidemment chez elles une lassitude qui ne permettait pas d'attendre de leur part une grande vigueur, si la lutte devait recommencer avec le jour ; les chefs de corps ne dissimulaient point leurs appréhensions à ce sujet. Le général en chef recevait de son côté, à chaque instant, des renseignements peu rassurants sur le moral des hommes, et l'amiral Jauréguiberry lui-même, sur la ténacité duquel il était habitué à compter, venait, à cinq heures du matin, lui déclarer qu'il ne croyait plus à une résistance sérieuse. Il fallut prendre une décision ; le temps pressait. Pour rendre la retraite possible, il était indispensable de la commencer dès le jour et de profiter d'un brouillard qui devait en cacher les premiers mouvements à l'ennemi : l'amiral emporta l'ordre de tout préparer.

LA RETRAITE SUR LA SARTHE EST DÉCIDÉE.

Quand tous les convois eurent quitté Vendôme, et lorsqu'ils furent bien engagés sur toutes les directions qu'ils avaient à suivre, les avant-postes du plateau de Saint-Anne et les troupes en position en avant du Temple se retirèrent successivement, pendant que dans la ville le génie achevait de préparer la destruction des ponts. On disposait en même temps sur la rive droite des batteries qui pouvaient atteindre l'ennemi au moment où il déboucherait du Temple, et retarder assez sa marche pour permettre aux derniers corps de quitter Vendôme et de traverser la plaine.

Tous ces mouvements s'effectuèrent avec ordre, et jusque vers neuf heures, les Allemands, qui ne s'étaient aperçus de rien, ne parurent pas.

A ce moment, le brouillard se dissipant, on put voir leurs têtes de colonne apparaître sur la rampe du Temple et sur les crêtes de la rive droite, mais le bruit de plusieurs explosions, et les colonnes de fumée qui s'élevaient au-dessus de Vendôme, annonçaient en même temps que les ponts venaient de sauter. Tout était donc sur la rive droite.

ÉVACUATION DE LA GARE DE VENDÔME.

Il restait néanmoins une dernière mais grande préoccupation : malgré toute l'activité déployée depuis la veille à la gare, pour évacuer sur Tours ce qui restait des malades, des écloppés, du matériel de l'armée et de celui du chemin de fer, un train considérable de munitions et d'approvisionnements, retardé par les travaux de mine qu'on exécutait sur le pont de la voie, n'avait pu encore quitter la gare, et pouvait être atteint par les projectiles de l'ennemi, ou arrêté dans son trajet si ce dernier avait le temps de couper la ligne entre Vendôme et Saint-Amand. Enfin, après une longue attente, l'énorme convoi, traîné par deux locomotives, s'engageait à toute vapeur, et disparaissait bientôt aux regards qui le suivaient avec inquiétude, dans la direction de Tours, où il put arriver sans encombre, et, de là, gagner le Mans.

Les 16° et 17° corps continuèrent dès lors leur mouvement de retraite, sous la protection des batteries, qui restèrent en position en face de Vendôme jusqu'à ce que toutes les colonnes fussent engagées sur les routes et les chemins qu'elles avaient à suivre.

DEUXIÈME COMBAT DE MORÉE.

Pendant ce temps, l'ennemi avait fait de nouvelles tentatives dans le haut du Loir ; ses vedettes s'étaient rapprochées de celles de la 1re division du 21e corps, et au jour, une colonne assez considérable était signalée dans la direction de Saint-Jean-Froidmentel. Le général Rousseau résolut de faire enlever Morée et les hauteurs environnantes, afin de rentrer en possession de toutes les positions qui nous étaient nécessaires pour garder sérieusement la vallée et le débouché sur la rive gauche du Loir, de la grande route qui va du Mans à Vendôme. Une batterie, placée à Blinières, prépara le mouvement en forçant l'artillerie ennemie à changer plusieurs fois d'emplacement, ce qui permit à nos tirailleurs de s'approcher de Morée et de pénétrer dans une partie du village, malgré un feu très-vif partant des maisons. Ce fut à ce moment, vers trois heures, que l'ordre de retraite parvint au général Rousseau ; il se borna dès lors, avec raison, à se maintenir sur les positions qu'il avait enlevées, tout en occupant l'ennemi, et à la nuit, il se replia sur Saint-Hilaire, où il repassa sur la rive droite pour se conformer au mouvement d'ensemble de l'armée.

La ligne à occuper, à la fin de la journée du 16, était celle de Montoire, les Roches, Fortan, Épuisay, le Temple, Mondoubleau et Saint-Agile, pour s'appuyer d'un côté au Loir et de l'autre au Droué. Le but du commandant en chef était d'arriver le lendemain derrière la Braye, en poussant sa gauche jusqu'à la Ferté-Bernard, pour être maître au plus tôt de la vallée de l'Huisne; mais le temps était tellement mauvias, et les routes si encombrées par la neige, qu'avec le retard que lui avaient déjà occasionné les derniers engagements, le 21e corps fut dans l'impossibilité de faire les étapes qui lui avaient été fixées pour atteindre ce but.

DÉSORDRES A L'AILE DROITE.

Le mouvement de l'aile droite, commencé avec ordre, ne continua malheureusement pas avec la même régularité. On entrait dans un pays d'un aspect tout nouveau, partout accidenté, coupé de haies et de talus en terre, qui rendent la marche impossible ailleurs que sur les chemins. Les colonnes s'allongèrent; des corps, cherchant des passages, s'écartèrent de leur direction, et quelques-uns d'entre eux commirent la faute de se diriger directement sur le Mans, sans plus se préoccuper de l'armée, qu'ils précédèrent ainsi d'au moins deux jours. Le Mans était devenu en effet une attraction à laquelle un grand nombre d'hommes ne put résister. C'était pour eux le repos, le bien-être, et tout au moins un répit pendant lequel ils n'entendraient plus ce canon, qui tonnait constamment tout le jour et une grande partie de la nuit depuis le 28 novembre. Un grand nombre de mobiles et de soldats de ligne se répandirent sur tous les chemins, et bien que la plupart, mal chaussés, eussent les pieds endoloris par la neige et par la marche, ils doublèrent les étapes pour arriver plus vite. Il fallut envoyer en avant, pour arrêter ces fuyards sur les routes principales, les régiments de gendarmerie, mais ils ne purent surveiller tous les petits chemins qui sillonnent le pays, et le Mans fut bientôt encombré par cette foule débandée, qui, privée forcément de ses distributions, échappant à toute discipline, présentait l'aspect le plus misérable et le spectacle le plus honteux pour une armée. Il est consolant toutefois de pouvoir dire que si de pareils exemples ont été donnés trop fréquemment dans cette partie de la retraite, les gens de cœur qui restaient dans le rang, et c'était le plus grand nombre, cachaient à l'ennemi, par l'ordre dans lequel ils marchaient et leur vigueur à le repousser, ces défaillances, qui ne s'expliquent que par la jeunesse et l'inexpérience du métier militaire, de ceux qui s'y laissèrent aller.

Cependant, après avoir longtemps observé nos mouvements, dont il ne paraissait pas se rendre compte exactement, l'ennemi finit par descendre les rampes qui du Temple mènent à Vendôme, et à s'engager dans les rues de la ville. Certain dès lors que notre retraite était bien réelle, il se porta sur les ponts, en trouva un incomplétement détruit, le répara à la hâte, et eut bientôt sur la rive droite des uhlans et de l'infanterie. Ces éclaireurs traversèrent la plaine et se mirent à suivre nos colonnes, s'emparant d'un certain nombre de voitures, que les charretiers abandonnaient parce que leurs chevaux épuisés ne pouvaient remonter les pentes rapides et glissantes qui se présentaient à chaque instant. Nos pertes eussent été de peu d'importance si elles se fussent bornées à ces voitures ; malheureusement une mitrailleuse embourbée dut être abandonnée du 16° corps, et l'amiral, averti trop tard, ne put la retrouver, bien qu'il eût envoyé un bataillon pour la reprendre. Enfin, une batterie de 12 de la réserve, en position au plateau de Bel-Air, et dont les hommes, mal surveillés par les officiers, s'étaient enivrés avec le vin d'une cave qui leur avait été ouverte, quitta trop tard son emplacement et fut attaquée vers le soir au moment où elle suivait difficilement un chemin étroit et boueux. Deux fois la 1re section de la 3e compagnie *bis* du génie, commandée par le capitaine Joly, et le 11° bataillon de chasseurs[1], parvinrent à repousser l'ennemi, déjà maître de nos pièces ; mais le commandant de la batterie ayant eu la mauvaise idée de continuer sa route par le chemin creux dans lequel il s'était engagé, au lieu de chercher à gagner

---

[1] Commandant Fouineau.

le plateau où il aurait retrouvé nos colonnes, cette batterie fut définitivement prise [1].

Le 16° corps arriva à la fin de la journée sur les positions qui lui avaient été assignées, l'amiral ayant son quartier général à Fortan. Le 17° corps put également faire le mouvement qui lui avait été prescrit, à l'exception de sa 1re division qui, s'étant égarée en traversant la forêt de Vendôme, avait abouti à Épuisay. La marche du 21° corps était plus difficile par suite du terrain, et dès lors plus retardée. La division de Bretagne, qui était restée sur ses positions jusqu'à la nuit pour cacher son mouvement de retraite, ne se mit en route qu'à huit heures du soir pour Droué. Les trois autres divisions, parties également fort tard, n'atteignirent dans la nuit, la 1re, que la Chapelle-Vicomtesse, la 2° et la 3°, Remilly, tandis que la réserve s'était arrêtée à Beauchêne.

Arrivé à Épuisay, le commandant en chef s'occupa de préparer l'arrivée de l'armée au Mans, et de faire rétrograder les convois qui amenaient des vivres à Vendôme et obstruaient les routes à suivre. Il prescrivit au général de Négrier, commandant la subdivision de la Sarthe, d'arrêter aux portes de la ville tous les fuyards, et de retenir tout ce qui était destiné à la deuxième armée, hommes, corps et matériel, que le gouvernement acheminait avec beaucoup d'activité sur ses derrières pour la renforcer. Des instructions analogues étaient données aux généraux commandant à Tours et à Angers [2]. Enfin, la dépêche télégraphique ci-après rendait compte de la situation au ministre de la guerre :

---

[1] Dans cet engagement, qui fait grand honneur au capitaine Joly et à ses sapeurs, 40 de nos soldats avaient lutté contre 200 Prussiens, leur avaient tué ou blessé une cinquantaine des leurs et fait 15 prisonniers. Ces sapeurs pour la plupart ne comptaient pas trois mois de service. La section eut 1 homme tué et 8 blessés.

[2] Voir à la note 4 les dépêches télégraphiques 427 et 430.

« Notre mouvement de retraite d'hier n'ayant pu com-
» mencer qu'après avoir replié en deçà du Loir les
» troupes qui couvraient Vendôme, fait évacuer la ville et
» la gare et sauter les ponts, s'est effectué très-diffici-
» lement, harcelé de tous côtés par l'ennemi, qui avait
» pu passer la rivière à gué ou au moyen des ponts in-
» complétement détruits, sur deux seules routes obstruées
» par les convois, et par des chemins défoncés où l'artil-
» lerie s'embourbait. Après avoir été défendus autant que
» possible, des canons, dont les attelages et les servants
» avaient été tués pour la plupart, ont dû être laissés dans
» un ravin à l'aile droite ; on n'a pu les en tirer. Nous
» sommes pressés de tous côtés : à droite et en avant par
» le prince Charles et le duc de Mecklembourg, à gauche
» par des troupes qu'amènerait le général de Manteuffel
» et dont les avant-postes ont déjà été signalés à Vibraye,
» à Melleray et à Mondoubleau.

» Bien qu'il me tarde d'arriver au delà de la Sarthe, je
» ne puis marcher que lentement à cause des convois,
» du manque de routes et de la fatigue des hommes, qui
» est extrême. Toute marche de nuit ou forcée serait le
» signal d'une débandade. Mieux vaut combattre, et nous
» ferons de notre mieux. »

Les instructions données à Épuisay pour la marche du 17 sont les suivantes :

INSTRUCTIONS POUR LA JOURNÉE DU 17 DÉCEMBRE.

« Au grand quartier général d'Épuisay,
le 16 décembre 1870.

» L'ennemi n'a pas cherché à inquiéter sérieusement
» le mouvement de retraite qui s'est opéré aujourd'hui ; il
» est regrettable que dans les corps d'armée et les divi-
» sions on n'ait pas suffisamment étudié les ressources que

» pouvaient présenter les chemins dans les directions à
» suivre ; il en est résulté que les convois, les parcs, les
» bagages se sont enchevêtrés sur les mêmes routes, ce
» qui est une cause de désordre, un danger et un retard
» dans la marche.

» Le général en chef rappelle qu'il se borne à indiquer
» à chaque corps d'armée la direction générale qu'il doit
» suivre et les positions qu'il doit atteindre, et que l'étude
» de la marche doit être ensuite faite dans chaque corps
» d'armée et dans chaque division.

» L'ennemi pouvant tenter de suivre l'armée, il est de
» toute importance que les troupes, marchant en arrière
» des bagages et du matériel pour les couvrir, soient
» toujours disposées de façon à se prêter un mutuel appui
» et à opposer promptement de la résistance.

» Le pays offre d'excellentes positions pour une retraite,
» et si notre artillerie ne peut se porter sur tous les points,
» les difficultés sont les mêmes pour celle de l'ennemi. La
» défense consiste donc surtout dans un bon emploi de
» l'infanterie se retirant lentement, couverte par des ti-
» railleurs et protégée par quelques batteries d'artillerie
» disposées à l'avance sur des positions reconnues.

» Demain 17, l'armée opérera le mouvement suivant :

» Le 21ᵉ corps se portera à l'ouest de la route de Saint-
» Calais à Vibraye, et s'établira parallèlement à cette
» route, sa gauche à Vibraye, sa droite entre Conflans et
» Berfay.

» Le 17ᵉ corps viendra se placer en arrière de la même
» route, sa gauche à Conflans, son centre à Saint-Calais,
» et sa droite dans la direction de Saint-Gervais en
» Vie.

» Le 16ᵉ corps s'étendra de Saint-Gervais à gauche, à
» Bessé à droite, son centre à hauteur de la Chapelle-Huon.

» Les troupes aux ordres du général Barry, et la bri-

» gade Pâris, s'établiront derrière la Braye, le long de la
» route de Lavenay à Bessé.

» Chaque commandant de corps d'armée fera étudier
» les routes et chemins praticables pour se porter, dans la
» journée du 18, sur les positions suivantes :

» Le 21° corps : sa gauche à Thorigny, sa droite au
» Breuil;

» Le 17° corps : sa gauche à Ardenay, sa droite à
» Volnay;

» Le 16° corps : en arrière de Grand-Lucé, se reliant
» par sa gauche avec le 17° corps, sa droite à Pruillé.

» Le général Barry a reçu directement des ordres pour
» la direction qu'il doit suivre, ainsi que la brigade Pâris,
» du 17° corps, qui doit marcher avec lui jusqu'à nouvel
» ordre.

» Le 19, l'armée prendra position en avant du Mans;
» il sera indiqué d'ici là, à chaque corps, les directions
» générales qu'il aura à suivre pour passer sur la rive
» droite de la Sarthe.

» Le général en chef rappelle que toutes les batteries
» d'artillerie mises en position, ou voyageant isolément,
» doivent avoir une garde suffisante, et que le comman-
» dant de cette garde est responsable de la conservation
» de ces batteries.

» Les généraux commandant les divisions s'assureront
» par eux-mêmes des positions des batteries, des dangers
» qu'elles peuvent courir, et de l'exécution des ordres
» qu'ils auront donnés pour l'emploi de l'artillerie.

» Le départ demain, pour tous les corps, est fixé à sept
» heures et demie. Les convois, parcs et bagages devront
» être engagés sur les directions à suivre une heure avant
» le départ des corps.

» Le grand quartier général sera demain à Saint-Calais.

» Les généraux commandant les corps d'armée feront

» connaître au général en chef leurs quartiers généraux et
» enverront des plantons ainsi qu'il a déjà été prescrit.

» Il est essentiel que derrière toute ligne d'infanterie
» en retraite il y ait des cavaliers en éclaireurs, de façon
» à s'opposer aux uhlans qui suivent l'armée. Il n'est pas
» admissible que nos cavaliers soient moins audacieux que
» ces uhlans, et ne puissent faire le même service qu'eux. »

Les mouvements prescrits par les instructions qui précèdent s'exécutèrent le 17 pour les 16°, 17° et 21° corps, sans autre incident que l'attaque, par une colonne ennemie qui s'était glissée dans les bois, de l'arrière-garde de la 2° division du 17° corps, commandée par le lieutenant-colonel Koch. Le bataillon du 51° et deux pièces qui marchaient avec lui soutinrent vaillamment ce choc, purent y résister, et l'ennemi voyant qu'on était partout sur ses gardes, abandonna le mouvement tournant qu'il paraissait vouloir essayer sur notre droite.

COMBAT DE DROUÉ.

Il n'en était pas de même pour le corps de Bretagne, placé à l'extrême gauche de l'armée. Arrivé vers sept heures du matin à Droué, il s'y était arrêté pendant trois heures pour procurer quelque repos aux hommes qui n'avaient cessé de marcher depuis la veille, lorsque l'ennemi apparut aux premières maisons du bourg. Une vive fusillade, appuyée par le feu de deux pièces d'artillerie, mit tout d'abord un certain désordre dans nos troupes ; quelques bataillons de mobilisés lâchèrent pied. L'énergie du général Goujard évita un désastre : donnant lui-même l'exemple, il ramena ses soldats à l'ennemi, et protégé par des tirailleurs disposés rapidement derrière les haies et à toutes les issues, il se porta en avant à la tête de quelques compagnies, culbuta les Allemands, les rejeta en dehors du village et les poursuivit en leur faisant beaucoup de mal par l'emploi habile de quelques pièces et de deux mitrailleuses. Ils avaient en effet subi des pertes sérieuses; parmi les cadavres, abandonnés sur le terrain de la lutte, étaient ceux de 2 officiers supérieurs, et 21 prisonniers restaient entre nos mains. De notre côté, nous avions eu 14 tués et 35 blessés, dont le chef d'escadron d'artillerie Rodelec du Porzic, grièvement atteint, et un aumônier. A une heure, toute la division avait pu se remettre en route pour venir camper le soir à Saint-Agile.

Arrivé à son quartier général de Saint-Calais, le général en chef adressa la dépêche ci-après au ministre de la guerre:

« L'ennemi a attaqué ce matin la division Goujard à
» Droué, et le 17ᵉ corps sur la route de Vendôme à Saint-
» Calais. Nous avons toujours devant nous quatre corps
» d'armée, pour le moins, avec le prince Frédéric-Charles.
» Du côté de la Ferté-Bernard et de Nogent on ne me si-
» gnale que quelques partis peu nombreux. Je continue
» demain mon mouvement de retraite, mais lentement,
» vu la fatigue, et de façon à disputer pied à pied les po-
» sitions. Les uhlans nous ont enlevé quelques traînards
» cachés dans les villages. Nous avons fait des prisonniers
» qui tous confirment la concentration de l'ennemi sur
» cette rive de la Loire et son mouvement à notre suite.
» J'insiste toujours pour une démonstration sur la rive
» gauche ou sur Orléans, où il ne peut rester que des forces
» peu considérables. Je ne pourrai vous envoyer des rap-
» ports détaillés et des propositions que quand nous serons
» au delà de la Sarthe, si nous avons quelque répit. Le
» général Camo est malade. J'attends toujours impatiem-
» ment le général de Colomb et le général Cérez, et des
» cartes de la Sarthe et du pays au delà. »

Les mouvements pour le 18 furent réglés par les instructions suivantes :

INSTRUCTIONS POUR LA JOURNÉE DU 18 DÉCEMBRE.

« Au grand quartier général de Saint-Calais,
le 17 décembre 1870.

» L'ennemi n'a pas inquiété aujourd'hui le mouvement
» de retraite du 16ᵉ corps et des troupes aux ordres du
» général Barry. Une forte avant-garde des troupes prus-
» siennes qui ont passé le Loir à Vendôme s'est avancée
» sur la route de Vendôme au Mans jusqu'à hauteur d'É-
» puisay. Elle a été arrêtée par la résistance du 17ᵉ corps
» en retraite d'Épuisay sur Saint-Calais. Le 21ᵉ corps est
» arrivé sur les positions de Mondoubleau et de Berfay,
» ayant la division Rousseau à Vibraye. Les troupes aux
» ordres du général Goujard paraissent seules avoir été
» sérieusement engagées en se repliant de Cloyes par
» Droué. Au nord des positions, les bruits qui signalaient
» une force considérable du côté de Melleret et de la Ferté-
» Bernard ne paraissent pas se confirmer. Les efforts les
» mieux définis de l'ennemi paraissent donc être, en ce
» moment, sur la direction de Châteaudun à Vibraye et
» sur celle de Vendôme à Saint-Calais, par Épuisay.

» L'armée continuera demain son mouvement de re-
» traite. Toutefois, pour donner au 21ᵉ corps, qui n'a pu
» arriver aujourd'hui sur les positions qui lui avaient été
» indiquées, le temps de se porter en ligne, on s'établira
» demain sur les positions ci-après :

» Le 21ᵉ corps : son aile gauche (corps Goujard) à
» Saint-Maixent, par Lavaray, jusqu'à Semur.

» Le 17ᵉ corps : l'aile gauche à Condrecieux, le centre
» à cheval sur la route de Saint-Calais au Mans, dans la
» direction de Maisoncelles, la droite à Maisoncelles.

» Le 16ᵉ corps : la gauche à Tresson, le centre à Mon-
» treuil-le-Henry, la droite à Saint-Georges-de-la-Couée.

» Le général Barry : de Lavenay par la Maladerie, sur
» Jupilles.

» Les parcs, les réserves, les ambulances et les convois
» devront être placés en arrière des lignes, à au moins
» quatre kilomètres, à hauteur de Bouloire, où seront
» placés ceux du 17ᵉ corps.

» Le grand quartier général, à Ardenay.

» Celui du 21ᵉ corps, à Dollon.

» Celui du 17ᵉ corps, à Bouloire.

» Celui du général Barry, à Jupilles.

» Les mouvements s'exécuteront, dès le matin pour le
» 21ᵉ corps qui a le plus long trajet à faire ;

» A huit heures, pour les divisions du 17ᵉ corps, en
» avant de Saint-Calais ;

» A neuf heures et demie pour le 16ᵉ corps.

» Le général Barry réglera sa marche sur la distance à
» parcourir, de façon à arriver dans ses bivouacs d'aussi
» bonne heure que possible.

» Dans tous les corps, les *impedimenta* devront être
» engagés, dès le jour, sur les directions à suivre, de façon
» à avoir complétement débarrassé les routes pour le
» moment où les divisions auront à faire leur mouve-
» ment.

» On prendra pour la marche en retraite les disposi-
» tions prescrites aux instructions d'hier. L'ennemi ne
» peut s'engager que sur les routes et chemins. Il est donc
» important d'occuper successivement les positions dé-
» fensives, en laissant derrière les lignes un rideau de ti-
» railleurs, couvert lui-même par un rideau de vedettes
» suivant à longues distances.

» Le génie, restant avec l'arrière-garde, coupera les
» routes et les chemins, et fera des abatis pour retarder
» la marche de l'ennemi.

» Le commandant du 17ᵉ corps n'omettra pas de faire

» une forte tranchée au pont sur la Braye, point impor-
» tant sur la route d'Épuisay à Saint-Calais.

» D'après les renseignements recueillis, l'ennemi ne
» marche qu'avec grande difficulté. Ses troupes sont fati-
» guées; ses convois et son artillerie, obligés de suivre les
» chaussées, peuvent être facilement enlevés par des coups
» de main audacieux. Le général en chef compte qu'il en
» sera tenté par la cavalerie légère de chacun des corps. Il
» faut, pour cela, de petits groupes de cavaliers choisis,
» bien montés et bien commandés, se faisant guider par
» des gens du pays et pouvant toujours se replier, soit
» qu'ils échouent, soit qu'ils réussissent, sur les positions
» que l'arrière-garde doit conserver jusqu'à leur rentrée.

» Pour effectuer ces coups de main, les généraux com-
» mandant la cavalerie feront appel à la vigueur de leurs
» officiers et laisseront ceux qui se présenteront libres de
» les entreprendre à leurs risques et périls, avec le nombre
» de cavaliers jugé nécessaire.

» Notre cavalerie ne peut rester moins audacieuse que
» celle de l'ennemi, qui sait nous harceler dans tous nos
» mouvements.

» Il sera rendu compte au général en chef de tous ces
» coups de main, des noms de ceux qui les auront tentés,
» et de leurs résultats.

» Demain, au jour, on fera faire, en avant de chaque
» position occupée, des reconnaissances pour déterminer
» les positions et les forces de l'ennemi.

» Le général en chef ne peut donner ses ordres que
» quand il a reçu de chaque corps d'armée les renseigne-
» ments sur les emplacements occupés à la fin de la
» marche, les quartiers généraux, les faits de la journée,
» et le résultat des reconnaissances. Ces renseignements
» ne lui sont parvenus aujourd'hui qu'à sept heures, et
» pour la plupart incomplets.

» A partir de demain, chaque commandant de corps
» d'armée enverra, aussitôt que possible, lesdits renseigne-
» ments par un officier et deux plantons à cheval, qui
» attendront au grand quartier général toutes les instruc-
» tions pour la journée du lendemain.

» Les quartiers généraux devront toujours être placés
» aux points désignés par le général en chef.

» Chaque commandant de corps d'armée devra envoyer
» dans la direction du Mans des gendarmes chargés de
» ramener tous les hommes isolés qui se dirigent sur cette
» ville, et tenir la main à ce qu'il ne se trouve dans les
» convois que les hommes qui y ont leur place et les
» gardes désignées.

» Le général en chef rappelle que dans chaque corps
» d'armée il doit y avoir, à partir de demain, cinq jours
» de vivres, y compris ceux distribués aux hommes et la
» réserve de deux jours du sac. Les intendants pourront,
» à cet effet, préparer des convois, tirés du Mans, sur
» des points déterminés des lignes de retraite désignées
» à chaque corps pour aboutir à la Sarthe.

» Il est de toute nécessité que les avant-postes soient
» placés le plus loin possible, surtout ceux de cavalerie,
» et que l'on fasse occuper fortement, en avant des bivouacs
» ou des cantonnements, toutes les positions qui comman-
» dent les routes et les chemins par lesquels l'ennemi peut
» se présenter.

» Cette recommandation n'a pas été suivie.

» Il n'a encore été adressé au général en chef aucun des
» rapports qui doivent être établis par les généraux de
» brigade, ou faisant fonctions, chargés chaque jour de la
» visite des avant-postes.

» Le bataillon du 64ᵉ de marche, arrivé aujourd'hui à
» Saint-Calais, marchera jusqu'au Mans avec la 2ᵉ division
» du 17ᵉ corps.

» On s'assurera, avant de quitter les positions, qu'aucun
» homme ne reste en arrière, un assez grand nombre de
» traînards ayant été pris depuis quelques jours par les
» uhlans. »

La journée du 18 ne présenta aucun incident digne d'intérêt. Le temps était meilleur, bien que très-froid, et la neige avait cessé de tomber. Le grand quartier général était le soir à Ardenay. Le commandant en chef prescrivit de là au général Barry de s'établir de Jupilles à Chahaignes et à la Chartre, de façon à se relier aux troupes échelonnées entre le Loir et la Loire pour couvrir le chemin de fer de Tours au Mans, sa gauche s'appuyant au 16ᵉ corps.

Les instructions ci-après, adressées d'Ardenay aux différents corps d'armée dans la soirée du 18 décembre, indiquent ce qui s'est passé le 19 et jusqu'à l'arrivée au Mans.

INSTRUCTIONS POUR LA JOURNÉE DU 19 DÉCEMBRE.

« Au grand quartier général d'Ardenay,
le 18 décembre 1870.

» Le général en chef a encore attendu, jusqu'à neuf
» heures, les renseignements que devaient lui fournir les
» commandants de corps d'armée, par des officiers en-
» voyés au grand quartier général. Ces renseignements
» devront être expédiés dès que parviendront les présentes
» instructions.

» Le mouvement de retraite se continuera demain, et
» l'armée occupera les positions ci-après :

» Le 21ᵉ corps, passant l'Huisne à Connéré et au Pont-
» de-Gennes, viendra s'établir aux environs de Montfort,
» l'aile gauche utilisant au besoin la chaussée du chemin

» de fer ; avec le quartier général à Montfort. Si ce corps a
» besoin de vivres, il les trouvera à Montfort.

» Le 17⁰ corps prendra position sur les crêtes en arrière
» d'Ardenay et s'y établira solidement, de façon à com-
» mander et à défendre la grande route du Mans à Ven-
» dôme et les chemins conduisant dans cette direction. Ses
» vivres, s'il en a besoin, seront amenés à Saint-Hubert,
» relais à six kilomètres environ d'Ardenay. Quartier
» général à Saint-Hubert.

» Le 16⁰ corps établira son centre et son quartier
» général à Parigné-l'Évêque, sur les crêtes qui dominent
» le chemin d'Ardenay à Écommoy, par Parigné.

» Les troupes aux ordres du général Barry conserve-
» ront leurs positions d'aujourd'hui jusqu'à nouvel ordre
» (Jupilles).

» On engagera fortement les parcs, les ambulances
» dans les directions qui aboutissent au Mans, le 21⁰ corps
» tenant les siens sur la rive droite de l'Huisne, de façon
» à les placer à au moins trois kilomètres en arrière des
» lignes occupées. Les postes avancés devront être dis-
» posés sur des crêtes à au moins deux kilomètres en
» avant des lignes, avec des grand'gardes de cavalerie à
» la même distance, de manière à garder tous les che-
» mins. Les reconnaissances, avant le départ, devront être
» poussées au moins jusque sur toutes les positions quittées
» ce matin.

» Le mouvement des corps ne commencera qu'à la
» rentrée des reconnaissances, et, dans aucun cas, avant
» huit heures du matin ; le matériel roulant devra être
» mis en route à six heures du matin.

» Le grand quartier général sera demain au Mans, où
» le général en chef se rend pour préparer les emplace-
» ments définitifs de chacun des corps d'armée. Il sera
» relié aux divers quartiers généraux de la façon suivante :

» Du Mans à Montfort, par le télégraphe du chemin de
» fer, station de Pont-de-Gennes;

» Du Mans à Saint-Hubert, par une station établie sur
» ce point, dérivant du fil sur Saint-Calais;

» Du Mans à Parigné, par des cavaliers relayant à l'auberge du Bois-Martin, au croisement de la route de
» Changé à Ruaudin, où le commandant du 16ᵉ corps pla-
» cera un relais de dix cavaliers;

» De Jupilles au Mans, par la station d'Écommoy, que
» le chef du service télégraphique de l'armée renforcera
» d'un employé spécial. A cet effet, le général Barry
» enverra à Écommoy dix cavaliers, et établira, s'il le juge
» convenable, un relais entre Jupilles et Écommoy.

» Le général en chef a constaté de nouveau aujourd'hui
» un désordre auquel il importe de remédier par tous les
» moyens possibles. Chaque corps d'armée enverra dans
» la direction du Mans des détachements de cavalerie et
» des gendarmes pour ramener tous les gens isolés se rendant au Mans.

» Le régiment de marche de gendarmerie à pied et le
» régiment à cheval du 16ᵉ corps seront dirigés sur le
» Mans, de façon à y arriver demain dans la soirée; seuls
» ils y tiendront garnison et auront pour mission de faire
» évacuer la ville par tous les hommes, détachements ou
» corps, quels qu'ils soient, qui s'y trouvent, de les réu-
» nir et de les diriger sur les positions qui seront assignées
» à chacune des divisions auxquelles ils appartiennent.

» On remettra après demain matin, à l'état-major
» général, la liste nominative des officiers absents, en
» indiquant les motifs et les autorisations qui ont pu être
» donnés. Nul ne doit s'éloigner de l'armée sans un ordre
» écrit, signé du général commandant la division à
» laquelle il appartient. Toute infraction à cette pres-
» cription sera déférée à un conseil d'enquête.

» Le général en chef rappelle que les hommes doivent
» avoir dans le sac deux joûrs de vivres de réserve; il a pu
» constater, dans la marche d'aujourd'hui, que cette re-
» commandation, si souvent faite, n'était point observée.

» Le capitaine-major N....., du 51ᵉ de marche, est
» puni de quinze jours d'arrêts, parce que les hommes du
» convoi dont il avait le commandement avaient mis leurs
» armes dans les voitures.

» Plusieurs officiers ont été rencontrés dans des voi-
» tures, loin de leurs troupes, se prétendant malades,
» sans autorisation légale. Le général en chef fera con-
» naître demain leurs noms et les punitions qu'il leur
» inflige. Des corps se sont dirigés sur le Mans, préten-
» dant en avoir reçu l'ordre; les commandants des corps
» d'armée feront connaître au général en chef les ordres
» de ce genre qu'ils auraient pu donner, et lui adresseront,
» dès leur arrivée au Mans, une plainte en règle contre
» les chefs de corps qui auraient quitté leur division sans
» un ordre bien constaté.

» Le conseil d'enquête, appelé à juger le capitaine qui
» a perdu sa batterie dans la journée du 16, se réunira
» demain, à quatre heures du soir, au quartier général de
» l'amiral Jauréguiberry.

» Toutes les troupes du génie des divers corps d'armée,
» avec leur matériel, devront être rendues au Mans demain
» soir; elles seront réunies au quartier de la Mission. Le
» général commandant le génie, avec son état-major, se
» rendra demain, dès le matin, au Mans, et y préparera,
» de concert avec le colonel Bois-Montbrun, le projet des
» défenses à organiser en avant de Pontlieue et sur la rive
» droite de l'Huisne.

» Le général en chef sera rendu vers midi à Yvré-l'Évê
» que, d'où il visitera les positions principales. »

LA DEUXIÈME ARMÉE ÉCHAPPE UNE TROISIÈME FOIS A L'ENNEMI.

La deuxième armée venait encore d'opérer une retraite tout aussi difficile que les précédentes et qui, comme elles, lui fait honneur. L'ennemi, contenu partout, était devenu de moins en moins entreprenant ; il était facile de voir que, pas plus que les nôtres, ses troupes n'avaient pu résister à la fatigue ; ses hommes étaient, eux aussi, grandement démoralisés par cette persistance d'une lutte qui se reproduisait constamment, alors qu'ils la croyaient terminée ; le désordre se mettait parfois dans ses colonnes, malgré sa solide organisation et sa discipline. Un officier d'ordonnance du général en chef, égaré dans le brouillard en portant un ordre, avait trouvé les convois allemands dans la plus grande confusion dans les ravins d'Azay ; et les troupes qui les escortaient complétement débandées ; les mêmes renseignements étaient donnés par les gens du pays. Il y avait dans ces circonstances les chances d'un succès certain, si nous avions eu alors, sur nos derrières, quelques troupes fraîches et une réserve solidement organisée, ou bien s'il eût été possible au général Bourbaki de faire une diversion qui eût maintenu sur la Loire une partie des corps avec lesquels le prince Frédéric-Charles s'acharnait contre la deuxième armée [1].

[1] Voir la note n° 5.

LIVRE QUATRIÈME

LE MANS

SOMMAIRE

Le Mans. — Etude du terrain. — La deuxième armée sur ses positions. — L'armée allemande. — Communications du général Trochu. — Lettre au ministre de la guerre. — Sa réponse et sa décision. — Missions des commandants Marois et de Boisdeffre à Lyon et à Bordeaux. — Plan général d'opérations pour débloquer Paris. — Colonnes mobiles sur le Loir et sur l'Huisne; combat de Courtalin. — Les Prussiens à Saint-Calais. — Opérations de la colonne de Jouffroy; combats de Saint-Quentin, de Bel-Air, de Courtiras, de Danzé, de Mazangé, des Roches et de Vancé. — Les éclaireurs algériens à Varennes. — Opérations des généraux de Curten et Cléret; combats de Lancé, de Villethion et de Villechauve. — Opérations du général Barry; combats de Ruillé, de Chahaignes, de Brives. — La 2ᵉ division du 17ᵉ corps dirigée sur Bouloire; combat d'Ardenay. — Opérations du général Rousseau dans la vallée de l'Huisne; combats de la Fourche, de Nogent-le-Rotrou, du Theil, de Thorigné, de Connéré, de la Belle-Inutile. — Retraite des colonnes mobiles sur le Mans. — Instructions pour la défense des positions. — Journée du 10 janvier; combats de Parigné-l'Évêque, de Changé, de Saint-Hubert, de Champagné. — Positions de l'ennemi le 10 au soir. — Renforts tirés du camp de Conlie; les mobilisés de la Bretagne et de la Mayenne. — Instructions pour la journée du 11. — Bataille du Mans. — Résultat de la bataille à six heures du soir. — Instructions pour la journée du 12. — Abandon de la position de la Tuilerie. — Désastres de la nuit. — L'armée est contrainte d'évacuer le Mans. — Instructions pour la retraite. — Le 12 l'armée passe la Sarthe. — L'ennemi ne sait pas profiter de ses avantages. — Le général en chef demande à se retirer sur Alençon et Prez-en-Pail. — Le ministre prescrit la retraite sur la Mayenne. — Désordres au camp de Conlie. — Combat de Beaumont-sur-Sarthe. — État physique et moral de l'armée. — Combats de Longne, de Chassillé, de Sillé-le-Guillaume, de Saint-Jean-sur-Erve. — Affaire d'Alençon. — Instructions du 15 pour le passage de la Mayenne. — Marche de la division de Curten sur Laval; combat d'Écommoy. — L'armée s'établit sur la Mayenne.

LE MANS.

Le Mans, outre les grandes ressources qu'il offrait pour une armée qui avait à se refaire, était encore un des points stratégiques les plus importants de l'ouest de la France. Cinq lignes ferrées y aboutissent, le reliant avec Paris par Chartres, Cherbourg par Alençon et Caen, Brest par Laval et Rennes, Nantes et Rochefort par Angers, le centre et l'est de la France par Tours, Orléans et Poitiers.

Le pays qui l'environne est très-accidenté, couvert de forêts de pins et d'arbres fruitiers, coupé de haies, de talus et de fossés qui bordent les routes, les chemins et les propriétés, offrant ainsi des avantages sérieux pour la défense.

Bâtie en grande partie sur la rive gauche de la Sarthe, à l'endroit où elle reçoit l'Huisne, son principal affluent, dominée à courte distance et presque de tous les côtés par les collines qui bordent les vallées des deux rivières, la ville n'est point par elle-même une position militaire et doit être protégée d'assez loin si l'on veut la défendre, surtout contre une attaque venant de l'est. Dans ce cas, on est forcément amené à occuper les deux rives de l'Huisne et à se mettre à dos la Sarthe pour conserver la ville, les grands établissements et la gare des chemins de fer, tout autant que pour ne pas laisser à l'ennemi, s'emparant du Mans, toute facilité pour traverser la Sarthe et forcer ainsi une des grandes lignes de défense de la région occidentale.

D'un autre côté, il fallait, pour réorganiser l'armée le plus promptement possible, pour lui donner le repos dont elle avait si grand besoin et l'approvisionner de tout ce qui lui manquait [1], ne pas trop la disperser et la camper à proximité de la ville et des approvisionnements, tout en maintenant l'ennemi à distance, en se préservant d'un

---

[1] Des effets avaient bien été expédiés des magasins et des dépôts, mais ils avaient dû être, pour la plupart, conservés dans les gares, et ceux qui étaient parvenus jusqu'à l'armée n'avaient pu être distribués faute de temps pendant les journées de combats incessants depuis le 30 novembre.

mouvement tournant soit par le nord, soit par le sud, en se plaçant enfin dans des conditions à pouvoir résister si les Allemands attaquaient avant qu'on fût prêt à reprendre l'offensive.

Après une première conférence au château d'Ardenay, le 18 au soir, avec le colonel d'artillerie auxiliaire de Bois-Montbrun, qui avait fait partie de la commission de défense du Mans, et différents chefs de l'armée de Bretagne venus du camp de Conlie, le général en chef, rejoint, dans la matinée du 19, par le général du génie Javain et les officiers de son état-major envoyés à l'avance pour étudier le terrain autour de la ville, parcourut toutes les positions pour déterminer les emplacements sur lesquels chacun des corps devait aboutir le lendemain.

ÉTUDE DES POSITIONS [1].

La position qui attire tout d'abord l'attention en venant d'Ardenay, est le plateau d'Auvours, dominant d'un côté la vallée de l'Huisne, de l'autre la ligne du chemin de fer de Chartres, la grande route de Paris qui longe cette ligne, et celle non moins importante qui, passant par Saint-Calais, se bifurque à Épuisay pour, après avoir traversé le Loir à Fréteval et à Vendôme, aboutir dans le val de la Loire à Orléans et à Blois. Ce plateau est en quelque sorte le poste avancé d'où l'on peut surveiller les mouvements de l'ennemi, tout en se reliant avec les positions de la rive droite de l'Huisne par les ponts de Champagné et d'Yvré-l'Évêque, qu'il protége, et avec celles de la rive gauche. par la plaine dans laquelle passent les routes et la ligne ferrée qu'il commande et qu'il peut couvrir de feux.

Au nord du Mans, entre la Sarthe et l'Huisne, la ville est dominée par un grand plateau, dont le centre est le

[1] Voir la carte n° 4.

village de Sargé, qui arrive à se déprimer à une distance moyenne de six à sept kilomètres, donnant ainsi à son extrémité une série de positions avantageuses dont les principales sont le château du Chapeau, entre les routes de Montbizot et de Ballon, les Croisettes et la Blanchardière, reliant à la route de Bonnétable, et la Fouasserie qui commande les pentes escarpées descendant sur l'Huisne au-dessus d'Yvré-l'Évêque. Quelques travaux avaient déjà été ébauchés sur ce dernier point par le 21ᵉ corps, lors de sa formation au Mans.

Au sud de l'Huisne, la disposition du terrain est la même, mais le plateau est moins vaste. Il est traversé par les trois routes importantes qui, du rond-point du faubourg de Pontlieue, conduisent à la Flèche par Arnage, à Tours par Écommoy et Château-du-Loir, et à Vendôme par Parigné-l'Évêque, Grand-Lucé, la Chartre et la vallée du Loir. Ce plateau se termine, à une distance moyenne de 4 kilomètres de la ville, à une route dite le Chemin des Bœufs, qui en longe le pied depuis Arnage sur la Sarthe jusqu'au château des Arches dans la vallée de l'Huisne. Les positions les plus importantes sont la Tuilerie, défendant la route de Tours, et le Tertre-Rouge, dominant le village de Changé et la route de Parigné-l'Évêque.

La reconnaissance du terrain une fois faite avec les chefs d'état-major et les généraux commandant l'artillerie et le génie, le général en chef fit parvenir, dès le 19 au soir, les instructions suivantes à chacun des corps d'armée.

INSTRUCTIONS GÉNÉRALES DU 19 DÉCEMBRE.

« Le Mans, 19 décembre 1870.

« L'armée viendra prendre demain les positions qu'elle
» doit occuper autour du Mans.

» Le 21ᵉ corps s'établira : sa droite à l'Huisne, sa gau-
» che à la Sarthe, sur les positions indiquées par la ligne
» de crêtes qui, partant d'Yvré-l'Évêque, domine le che-
» min de Parance, jusqu'à la route du Mans à Savigné-
» l'Évêque, et de là se continue jusqu'aux châteaux du
» Grand-Montauban et de Chapeau.

» Le général Jaurès fera reconnaître immédiatement les
» emplacements des batteries à établir pour défendre ces
» positions, en battant la vallée de l'Huisne, la route de
» Savigné-l'Évêque, celle de Ballon et la vallée de la Sar-
» the. On construira dès demain les épaulements et on
» exécutera, sur le front des positions de combat sur les-
» quelles les divisions auront à se porter, des tranchées-
» abris. Les avant-postes du 21ᵉ corps devront être pous-
» sés jusqu'à hauteur de Savigné. On se couvrira partout
» par de petits postes pouvant fournir immédiatement de
» nombreux tirailleurs derrière les haies et dans les bois.
» Les avant-postes de cavalerie seront à une distance de
» 12 à 15 kilomètres en avant des lignes. Les troupes
» seront installées derrière les positions qu'elles sont appe-
» lées à défendre, en utilisant autant que possible, pour
» les abriter, sans trop les éloigner, toutes les ressources
» du pays en fermes, maisons et villages. Celles qui de-
» vront bivouaquer seront établies sur les terrains secs, les
» sapinières, les bruyères, les landes, etc., etc.

» Les parcs, les convois, les réserves, moins ce qui est
» nécessaire pour approvisionner immédiatement les bat-
» teries et les troupes, seront placés sur la rive droite de
» la Sarthe, sur les deux routes d'Alençon et de Conlie, à
» la hauteur de la Chapelle Saint-Aubin.

» Le 21ᵉ corps communiquera avec son matériel, placé
» sur la rive droite, par les ponts d'Ysoir et Perrin.

» Le quartier général du général Jaurès, à Sargé; le

» service télégraphique le reliera de suite à la station du
» Mans.

» Les ambulances des divisions seront placées sur les
» routes principales, à moitié chemin du Mans aux lignes.

» Le 21° corps occupera et armera, sur la rive gauche
» de l'Huisne, le plateau d'Auvours, s'éclairant de ce côté
» jusqu'à Champagné, en assurant la défense du pont de
» cette localité. L'occupation de ce plateau a pour but de
» défendre l'accès par les routes de la Ferté-Bernard, qui
» longe la ligne du chemin de fer, et celle de Saint-Calais.
» Les troupes de cette position communiqueront avec la
» rive droite par les ponts d'Yvré.

» Le 17° corps passera l'Huisne sur le pont neuf d'Yvré,
» suivra la route du Mans, parallèle au chemin de fer, s'en-
» gagera dans la rue de Paris, la rue du Quartier de cava-
» lerie, la rue aux Lièvres, la rue Bourg-Bélé, et passera
» devant la gare pour remonter la Sarthe jusqu'au pont
» Napoléon. Le pont suspendu étant dangereux, on ne
» devra pas l'utiliser.

» Les divisions du 17° corps seront ainsi réparties : la
» 1re division, perpendiculairement aux routes d'Alençon
» et de Conlie, à hauteur de Saint-Saturnin ; la 2° divi-
» sion, perpendiculairement à la route de Laval, à hau-
» teur de Chauffour ; la 3° division, appuyant sa droite à
» Pruillé-le-Chétif, sa gauche à Allonnes. Les parcs, ré-
» serves et convois du 17° corps, à hauteur de Trangé, sur
» les chemins reconnus à l'avance et perpendiculaires à la
» route.

» Le quartier général du 17° corps, au château de
» l'Épine, entre les routes de Laval et de Conlie.

» Le 16° corps viendra occuper les crêtes du plateau
» au sud du Mans, de façon à couvrir et à défendre les
» trois routes d'Angers par Arnage, de Tours par Écom-
» moy, et du Grand-Lucé par Parigné, appuyant sa droite

» à la Sarthe et longeant le chemin aux Bœufs, sa gauche
» à l'Huisne en face d'Yvré.

» Les généraux commandant l'artillerie et le génie dé-
» termineront, sous la direction de l'amiral Jauréguiberry,
» les emplacements des batteries et des travaux à exécuter
» pour la défense de tout le secteur indiqué ci-dessus.

» Le quartier général du 16ᵉ corps à Pontlieue, sur la
» rive droite de l'Huisne.

» L'amiral fera placer, en avant de ses lignes et de
» l'autre côté du ruisseau coulant dans le bas de ses posi-
» tions, des avant-postes assez nombreux pour garnir d'un
» rideau de tirailleurs toute la zone boisée à hauteur de
» Ricaudin et du château d'Amigne.

» La cavalerie légère du 16ᵉ corps, cantonnée en avant
» des lignes, soutenue par des postes d'infanterie pour
» assurer son service de nuit, poussera ses avant-postes à
» au moins 15 kilomètres, les reliant de façon à surveiller
» tout le pays dans la direction des trois routes qui abou-
» tissent à Pontlieue. Il sera tenu compte, dans le place-
» ment des postes, des routes secondaires et des chemins
» qui vont du Mans dans les mêmes directions.

» Les parcs, les réserves et les convois du 16ᵉ corps
» s'établiront sur la route de Sablé, sur la rive droite de
» la Sarthe, et communiqueront avec les divisions en posi-
» tion le long de la rive gauche, par le pont Napoléon et
» le pont de Pontlieue, en suivant le boulevard de la
» Sarthe, celui de la gare et l'avenue de Pontlieue.

» Les commandants des corps d'armée enverront de-
» main soir, au grand quartier général, la répartition
» exacte des troupes sur les positions assignées, les
» emplacements qu'elles occupent, ceux des quartiers
» généraux divisionnaires, des parcs, ambulances, con-
» vois, etc., etc.

» Les recommandations faites pour l'établissement des

» troupes du 21ᵉ corps sont applicables aux 16ᵉ et
» 17ᵉ corps.

» Il ne devra donc rester au Mans que les grands ser-
» vices de l'armée, les ambulances des quartiers généraux,
» et, comme garnison, que le régiment de gendarmerie à
» cheval et le régiment de gendarmerie à pied, chargés,
» avec la garde nationale sédentaire, de la police de la
» ville, dont l'accès ne sera permis qu'aux officiers, aux
» corvées régulières, aux détachements organisés et aux
» hommes munis de permission, qu'ils devront présenter
» aux postes établis à chacune des issues de la ville.

» Le service télégraphique de l'armée reliera le quartier
» général de l'amiral Jauréguiberry au bureau de la
» ville, où il installera une station pour le grand quartier
» général.

» Les troupes devront être alignées dès demain soir
» en vivres de consommation pour les journées des 21
» et 22, et après-demain elles devront recevoir les
» deux jours de vivres de réserve du sac. Il sera rendu
» compte au général en chef, par chaque commandant de
» corps d'armée, de l'exécution de cette mesure impor-
» tante.

» Les corps s'occuperont d'établir leurs besoins en
» armes, munitions, habillement, linge et chaussures.

» Il est indispensable de ne pas perdre un seul instant
» pour la réorganisation de l'armée.

» Le général en chef réclame de nouveau et d'urgence
» les rapports sur les différents faits de guerre depuis le
» 1ᵉʳ décembre, les états de pertes, propositions pour les
» récompenses, et les états de vacances qui existent dans
» les cadres en officiers supérieurs et officiers généraux.

» L'ennemi est toujours en force sur les directions
» que vient de suivre l'armée; il faut donc toujours être
» prêt à combattre et à assurer la sécurité des lignes par

» un service incessant et contrôlé des grand'gardes, des
» avant-postes et des reconnaissances que la cavalerie
» légère doit faire dans toutes les directions et le plus loin
» possible. Chaque commandant de corps d'armée enverra
» chaque jour au grand quartier général quatre cavaliers
» de son escorte pour assurer la correspondance. Ces
» cavaliers devront connaître exactement les divers quar-
» tiers généraux.

» Les généraux en chef régleront l'ordre de marche et
» les heures de départ des corps sous leurs ordres, de
» façon à couvrir constamment la retraite, à éviter l'en-
» chevêtrement, et à permettre au matériel roulant de
» dégager les ponts et les rues de la ville.

» Le colonel Vilain, avec une colonne de trois mille
» hommes, occupe en ce moment les positions de la Ferté-
» Bernard et de Montmirail; il y est maintenu jusqu'à
» nouvel ordre, et placé provisoirement sous les ordres du
» général Jaurès. »

20 ET 21 DÉCEMBRE. LA DEUXIÈME ARMÉE SUR SES POSITIONS.

Le 20 décembre, les derniers mouvements de retraite de la deuxième armée étaient exécutés conformément aux instructions qui précèdent, et le 21 au matin tous les corps occupaient exactement les positions qui leur avaient été assignées. La température était rude; une neige épaisse couvrait le sol et rendait la marche pénible, les routes difficiles; le pays n'offrant que très-peu de ressources en habitations pour le cantonnement, les troupes pour la plupart campaient sous la petite tente, et souffraient beaucoup du froid; les malades étaient nombreux, la petite vérole sévissait avec force; les hôpitaux et les ambulances créés par la charité publique étaient encombrés de fiévreux et de blessés.

La ville, envahie par les fuyards qui avaient précédé l'armée, par des corps francs arrivés de toutes les directions, par les détachements dirigés de tous les dépôts sur leurs corps respectifs [1], ne put être évacuée que quelques jours après, grâce aux deux régiments de gendarmerie et aux mesures sévères dont l'exécution leur était confiée. C'est là, du reste, la conséquence inévitable de toute retraite; et si quelques jeunes troupes fatiguées, souffrant des rigueurs exceptionnelles de la saison, ayant perdu au feu presque tous leurs cadres, se laissèrent aller un instant à une débandade regrettable, l'armée, il faut lui rendre cette justice, opéra généralement ses mouvements avec ordre, se maintenant assez compacte pour que l'ennemi dût renoncer à la harceler.

La deuxième armée était donc au Mans. C'était beaucoup de l'y avoir amenée et de l'avoir placée dans des conditions où elle allait pouvoir se refaire, mais il fallait, tout en la réorganisant, dissimuler l'état dans lequel elle se trouvait, surveiller les mouvements de l'ennemi, et préparer une action nouvelle dès qu'elle serait possible, bien déterminée et opportune.

SITUATION DE L'ARMÉE ENNEMIE.

Après les efforts qu'ils venaient de faire et qui avaient épuisé leurs troupes [2], les Allemands semblaient avoir renoncé pour le moment à s'avancer plus avant dans l'Ouest; leur attention paraissait attirée ailleurs. La première armée, d'abord réunie autour de Bourges, ayant quitté les positions qu'elle avait prises pour sa formation, les préoccupait évidemment; la marche de leurs corps

---

[1] Voir la note 1.
[2] Voir la note 2. — Extraits des correspondances du *Times* et autres journaux anglais.

engagés dans l'Est rencontrait des difficultés sur lesquelles ils ne paraissaient pas avoir compté ; l'attitude énergique de Paris les forçait à se maintenir nombreux autour de cette ville, et la résistance que leur opposaient, de tous les côtés, ces armées nouvelles que la volonté de la France faisait surgir, les avait obligés à une dispersion qui les inquiétait. Ils avaient, du reste, eux-mêmes besoin de se refaire, d'étudier la situation et d'aviser.

Le prince Frédéric-Charles était retourné à Orléans, et le grand-duc de Mecklembourg s'était retiré sur Chartres, après avoir laissé à Blois, à Vendôme, sur le cours supérieur du Loir et dans le val de la Loire, des forces assez considérables pour garder le pays que la retraite de l'armée française leur avait livré. Ces mouvements étaient couverts par un rideau de cavalerie soutenue par des colonnes d'infanterie se présentant inopinément et successivement sur les deux rives de l'Huisne, du côté de Nogent-le-Rotrou et de la Ferté-Bernard, à Authon, à Montmirail, dans la forêt de Vibraye, aux environs de Saint-Calais, à Montoire et au sud du Loir. La plus sérieuse de ces démonstrations avait lieu, le 20 décembre, par un corps d'une dizaine de mille hommes, paraissant se diriger par Château-Renault sur la Chartre, et dont une partie, après avoir repoussé à Monnaie la colonne du général Ferri Pisani, s'était portée sur Tours. La panique avait été extrême dans cette ville ; les quelques troupes qui y restaient encore l'avaient évacuée à la hâte ; mais l'ennemi, qui ne se sentait pas en force, se contenta de lancer quelques obus qui atteignirent une douzaine de personnes jusque dans la rue Royale, et se retira sur Château-Renault sans être entré dans la ville.

RÔLE DE LA DEUXIÈME ARMÉE.

Dans cette situation, qu'avait à faire la deuxième armée? Hâter sa réorganisation, tout en se retranchant fortement sur les positions qu'elle occupait en avant du Mans; surveiller les mouvements de l'ennemi en le tenant à distance; le menacer assez pour l'obliger à conserver devant elle les forces qu'il fallait l'empêcher de diriger soit contre la première armée, soit dans l'Est, soit sur Paris.

Il pouvait arriver que les Allemands, reprenant leur marche vers l'Ouest pour en finir avec la deuxième armée avant qu'elle fût en mesure d'entreprendre de nouvelles opérations, marchassent en forces sur le Mans : dans ce cas, il fallait être en état de les y recevoir, de les y user, et de les poursuivre ensuite s'ils avaient un échec. Il se pouvait encore que, reposée et refaite, trouvant l'occasion, si l'ennemi diminuait devant elle pour se porter vers l'Est, l'armée pût prendre une vigoureuse offensive et marcher hardiment sur Paris, en laissant sur ses positions assez de monde pour les conserver et assurer de nouveau sa retraite si elle ne réussissait pas.

Il était en effet possible à la deuxième armée une fois prête, et si elle n'avait pas trop de monde devant elle, de remonter rapidement l'Huisne comme pour menacer Chartres, que l'on disait fortement occupé par l'ennemi, et, en masquant cette ville, d'obliquer au nord pour venir appuyer sa gauche à la Seine, à hauteur de Mantes, dans le but de favoriser la tentative d'une flottille de ravitaillement, de menacer Versailles, et de combiner un effort avec les défenseurs de Paris pour rompre ce côté de l'investissement.

Il fallait donc se préparer à ces diverses éventualités :

c'est ce qui va être entrepris avec une activité qui fait le plus grand honneur aux commandants des différents corps, aux chefs des divers services de l'armée, et à la délégation de Bordeaux, dont les mesures énergiques et rapides surent renforcer les effectifs et pourvoir à tous les besoins des troupes, malgré les difficultés qui résultaient des rigueurs de la saison, de l'état de nos magasins et de l'encombrement des voies ferrées qui nous restaient.

NOUVELLES DE PARIS. MISSION DU CAPITAINE MAROIS A LYON.

Des nouvelles certaines de Paris venaient encore confirmer cette appréciation d'une situation qu'il fallait envisager sans perte de temps si l'on voulait y remédier. Le 22 décembre, le capitaine d'état-major de Boisdeffre, parti de Paris le matin avec le ballon *le Lavoisier,* qui avait atterri à Beaufort, apportait au général en chef les communications verbales du général Trochu. Le lendemain, le capitaine Marois était envoyé à Lyon, où se trouvait le ministre de la guerre, M. Gambetta, pour lui remettre la lettre ci-après :

COMMUNICATIONS DU GÉNÉRAL TROCHU AU SUJET DE PARIS.

« Au grand quartier général du Mans,
le 23 décembre 1870.

«Monsieur le ministre,

» J'ai reçu, hier au soir, M. le capitaine d'état-major de
» Boisdeffre que m'envoyait le général Trochu pour se
» mettre en communication avec moi.

» Bien que le gouverneur de Paris ait dû déjà vous
» instruire de ce qu'il me fait savoir, je tiens, selon son
» désir et en raison de la crainte que ses dépêches ne vous
» soient pas parvenues par suite de l'incertitude de ses

» communications avec vous, à vous en résumer ici les
» points principaux.

» L'esprit de la population de Paris est admirable, dis-
» posé à tous les sacrifices et à la résistance jusqu'à sa
» dernière suite. La situation politique intérieure est
» excellente. Le parti Blanqui, Pyat, Flourens, etc., est
» complétement écrasé uniquement par la résistance en
» masse de l'esprit public, et incapable, à moins d'inci-
» dents inattendus, de tenter quelque chose.

» Les troupes de ligne, malgré leur jeunesse et des
» pertes cruelles, surtout les 20, 30 novembre et 2 dé-
» cembre, sont bien disposées, bien organisées, bien
» commandées, aptes à marcher.

» Les gardes mobiles, fortement éprouvées, sachant la
» plupart leurs départements envahis, sont un peu en
» proie à la nostalgie, et présentent moins de solidité.

» Les bataillons de guerre des gardes nationales séden-
» taires, malgré quelques exceptions regrettables, sont
» animés de la meilleure bonne volonté, et subissent sans
» se plaindre les fatigues de la tranchée. Il est néanmoins
» difficile de compter, pour une action sérieuse, sur ces
» troupes inexpérimentées, et auxquelles des cadres solides
» font défaut. Ces bataillons sont employés pour le
» service des tranchées, et comme réserve des trou-
» pes engagées de la deuxième et de la troisième ar-
» mée.

» La question des subsistances est inquiétante, sans pré-
» senter un danger imminent.

» Des ressources inattendues sont venues en aide au
» gouvernement : l'approvisionnement en farine, dont
» l'insuffisance se manifestait, sera complété par du riz,
» de la fécule et de la farine d'avoine, dont l'approvision-
» nement est considérable, et qui, mélangés avec la farine
» de froment, donneront de bon pain.

» Les chevaux de luxe de la population et ceux de
» l'armée fournissent, au fur et à mesure, la viande indis-
» pensable.

» Il y a évidemment souffrance grave de la population
» de ce côté, surtout pour la classe moyenne, car les
» classes pauvres trouvent des ressources très-sérieuses
» dans les quarante-cinq sous alloués aux gardes nationaux,
» dans les cantines nationales et les secours organisés par
» les maires.

» Néanmoins, ces souffrances sont supportées avec
» calme et résignation.

» En mettant en œuvre toutes ces ressources, Paris
» pourra tenir jusqu'à la fin de janvier; mais à partir du
» 20 janvier, il faudra évidemment traiter, les jours sui-
» vants suffisant à peine pour préparer l'approvisionne-
» ment de cette population.

» Quant à la question militaire de la délivrance de
» Paris, elle présente les plus graves difficultés. Une trouée
» n'est pas possible à l'armée de Paris seule. Cela tient
» non-seulement à la remarquable organisation de l'inves-
» tissement de la place, mais en admettant même qu'on
» pût rompre les lignes, ce dont la difficulté est surabon-
» damment prouvée, l'armée ne pourrait continuer qu'à
» la condition de trouver, à six ou huit lieues de Paris
» au plus, un approvisionnement considérable de muni-
» tions, car elle aurait épuisé les siennes à peu près tota-
» lement.

» Ainsi, dans les journées des 30 novembre et 2 dé-
» cembre, on a tiré trente mille coups de canon, la moitié
» des attelages de l'artillerie étaient tués; il fallait donc
» rentrer à Paris pour se réorganiser et s'approvisionner à
» nouveau.

» L'armée de Paris a recommencé ses opérations le
» 21 décembre, non pour une trouée, mais pour faire une

» sortie aussi longue, aussi en avant, aussi meurtrière
» que possible pour l'ennemi.

» Cette première journée n'a pu donner de résultats
» appréciables. En effet, l'action de l'armée de Ducrot,
» chargée du principal effort, reposait sur la prise du
» Bourget, confiée à l'amiral La Roncière, qui a échoué.

» Le général Ducrot s'est donc borné à livrer, en avant
» de Drancy, un combat d'artillerie, où d'ailleurs il n'a pas
» subi de pertes, pendant qu'à son extrême droite le géné-
» ral Vinoy, pour faire diversion, occupait sans grandes
» difficultés Neuilly-sur-Marne, la Ville-Évrard et la Mai-
» son-Blanche, livrant aussi un combat d'artillerie dont il
» sortait avec avantage, grâce aux batteries de position du
» plateau d'Avron. Les opérations doivent continuer,
» mais elles ne donneront probablement pas de résultat
» décisif.

» Paris ne peut donc se débloquer lui-même. Il ne peut
» que maintenir autour de lui l'ennemi par des sorties
» vigoureuses qui iront naturellement en s'affaiblissant,
» pour finir par rester sur ses positions, dans une attitude
» strictement défensive, alors que les chevaux de cavalerie
» et d'artillerie auront été mangés. Paris ne peut donc être
» débloqué que par un concours immédiat et énergique
» des armées de secours.

» Le gouverneur craint que ces armées ne soient pas en
» état de le faire. Bien que la lutte ne doive pas cesser
» par suite de la chute de Paris, je trouverais la situation
» tellement empirée par ce fait, que je pense qu'il y a lieu
» de faire les plus grands efforts pour l'empêcher, et je
» vais y mettre tous les miens.

» Dans ces conditions, j'ai besoin de communiquer avec
» le général Trochu; tel était aussi son désir, et il avait
» remis à cet effet au capitaine de Boisdeffre six pigeons
» pour moi, destinés à cet usage. Ces pigeons ont été pris

» à Angers à cet officier, par le préfet, sur une réquisition
» du Gouvernement. J'ai l'honneur de vous prier de m'en
» faire parvenir au moins quatre.

» Je hâte la réorganisation de mon armée. Je vais em-
» ployer toute mon énergie et toute ma volonté à la mettre
» le plus tôt possible en état de remplir le but qu'il nous
» faut, je crois, essayer d'atteindre à tout prix, et vous
» soumettrai mes propositions à cet égard.

» Quant à ce qui est de ma situation ici, voulant mettre
» à profit le temps qui m'est nécessaire pour réorganiser
» l'armée, à laquelle il faut équipements, vêtements,
» chaussures, cadres, etc., j'ai formé deux colonnes mo-
» biles.

» La première, commandée par le général de Jouffroy,
» marche sur Château-Renault pour couvrir le chemin de
» fer du Mans à Tours, déblayer la rive droite de la Loire,
» nettoyer le pays et m'éclairer sur la situation de l'ennemi.

» La seconde, avec le général Rousseau, marche par la
» Ferté-Bernard et Nogent-le-Rotrou avec des instructions
» analogues.

» Je vous ferai observer, Monsieur le ministre, qu'il est
» indispensable, pour la suite de mes opérations, que je
» sois tenu constamment au courant des mouvements des
» autres armées, surtout celles des généraux Bourbaki et
» Faidherbe.

» Les renseignements contenus dans les dépêches me
» sont complétement insuffisants.

» Veuillez agréer, etc.

» Le général en chef,
» *Signé* : CHANZY. »

Par suite de la difficulté des communications, résultant de l'encombrement des gares et des neiges qui obstruaient les voies, le capitaine Marois ne put arriver à Lyon que le 27, et ne rentra au Mans que le 30, rapportant la réponse ci-après du ministre de la guerre [1].

RÉPONSE DU MINISTRE DE LA GUERRE.

« Lyon, le 27 décembre 1870.

« Monsieur le général,

» Je vous remercie de m'avoir expédié les communica-
» tions du général Trochu, que j'ai reçues de deux ballons
» successifs, par dépêches de M. Jules Favre.

» La situation est grave, elle exige de vigoureux efforts,
» tant de votre part que de celle du général Bourbaki, dont
» voici le plan d'opérations.

» Toutes les dépêches et les renseignements recueillis
» s'accordent à reconnaître que les forces de Dijon et
» celles de Belfort ont reçu des renforts importants, en
» sorte que dans l'ensemble de cette région on peut avoir
» affaire à 80,000 hommes.

» On a séparé le 18ᵉ et le 20ᵉ corps du 15ᵉ; on les a
» portés rapidement en chemin de fer sur Chagny et
» Beaune; ces deux corps, conjointement avec Garibaldi
» et Cremer, sont destinés à s'emparer de Dijon, ce qui
» semble très-réalisable, puisqu'on fait agir 75,000 hommes
» environ contre 35 à 40,000.

» Pendant ce temps, Bressolles et son 24ᵉ corps sont
» portés par chemin de fer à Besançon, où ils réunissent
» les 15 à 18,000 hommes de garnison. Cette force
» totale de 45 à 50,000 hommes, opérant de concert
» avec les 70,000 hommes victorieux de Dijon, n'aura
» pas de peine à faire lever, même sans coup férir, le

[1] Le commandant Marois rapportait en même temps la réponse du ministre de la guerre à une lettre écrite par le général en chef, relativement à la présence du prince de Joinville à la deuxième armée. — Nous croyons utile de faire le récit complet de cet incident. — Voir la note 3.

» siége de Belfort, et offrira une masse compacte de
» 110,000 hommes capable de couper les communica-
» tions dans l'Est malgré tous les efforts de l'ennemi.

» La seule présence de cette armée ferait lever le siége
» de toutes les places fortes du Nord, et permettrait au
» besoin de combiner, plus tard, une action avec le général
» Faidherbe. En tout cas, nous aurons la certitude de
» rompre définitivement la base de ravitaillement de
» l'ennemi.

» Quant au 15° corps, séparé des 18° et 20° corps, il a
» pour mission essentielle de couvrir Bourges et Nevers
» en se retranchant dans les positions de Vierzon, et en
» occupant fortement la forêt. S'il venait à être forcé dans
» cette première position, il rentrerait dans Bourges, où il
» formerait une imposante garnison en état d'arrêter la
» marche de l'ennemi.

» A l'heure qu'il est, toutes ces dispositions sont prises,
» et demain, 28, au matin, tout le monde sera rendu à son
» poste. Pendant la durée de cette campagne, les 18°,
» 20°, 24° corps, ainsi que les forces qui, sous le comman-
» dement du général de Pointe de Gevigny, couvrent
» Nevers, sont placés sous le commandement suprême du
» général Bourbaki.

» En ce qui touche l'armée du Nord et les opérations
» du général Faidherbe, je n'ai que des détails trop vagues
» pour qu'ils puissent devenir le sujet de conclusions pré-
» cises. Nos communications viennent d'être rétablies avec
» Lille et Arras où se trouve son quartier général, et je
» lui demande des données détaillées que je m'empresserai
» de vous transmettre aussitôt. La dernière dépêche du
» général Faidherbe présente, au lendemain de la journée
» du 21 décembre à Pont-de-Noyelles, ses troupes comme
» dans un excellent état, et prêtes à marcher.

» En ce qui touche les pigeons, je ne demande pas

16

» mieux que de faciliter, par tous les moyens, vos commu-
» nications directes avec le général Trochu; mais je dois
» vous faire observer que les pigeons ne peuvent être gar-
» dés et lancés que par des hommes aptes à ce service.

» En outre, pour que vos dépêches soient secrètes et
» surtout bien développées, il est nécessaire d'user de la
» réduction photographique d'Agron, qui vous permettra
» de donner au gouverneur les détails les plus minutieux.

» En conséquence, toutes les fois que vous aurez une
» dépêche à lancer, vous n'aurez qu'à l'expédier à Bor-
» deaux, où elle sera immédiatement préparée sur un
» papier spécial, envoyée à Poitiers, et un pigeonnier se
» rendra près de vous pour la lancer s'il y a lieu. J'ai
» d'ailleurs donné à M. le chef d'escadrons Marois des
» détails précis qu'il vous transmettra.

» Je vous applaudis de la sollicitude que vous apportez
» à refaire vos hommes, éprouvés par de si glorieuses
» luttes dont tout l'honneur vous revient. Je ne cesse de
» presser l'envoi des choses par vous réclamées. Je compte
» bien que vous serez bientôt prêt, et qu'aussitôt que vous
» aurez arrêté un plan d'opérations vous m'en donnerez
» connaissance, et vous en poursuivrez l'exécution avec la
» vigueur qui vous est habituelle. Je vous ferai adresser
» les renseignements les plus circonstanciés sur l'ennemi
» par le bureau des reconnaissances.

» Vous avez décimé les Mecklembourgeois; les Bavarois
» n'existent plus; le reste de l'armée est déjà envahi par
» l'inquiétude et la lassitude. Persistons, et nous renver-
» rons ces hordes, hors du sol, les mains vides.

» Veuillez agréer l'assurance de mes sentiments d'es-
» time.

» *Signé :* Léon Gambetta. »

INSISTANCE DU GÉNÉRAL EN CHEF POUR UNE ACTION COMBINÉE SUR PARIS.

Cette lettre ne contenant que des appréciations et des renseignements qui lui paraissaient insuffisants sur une situation qu'il importait de définir exactement, parce qu'il devenait de plus en plus urgent d'y parer, le général en chef adressa le 30 décembre, au ministre de la guerre, le télégramme chiffré suivant :

« Je vous remercie des renseignements que vous me
» donnez sur les opérations que va entreprendre le général
» Bourbaki. J'attends avec impatience de savoir que son
» mouvement se dessine, et quelles forces ennemies seront
» détachées contre lui. Je désirerais aussi vivement être
» renseigné sur la situation actuelle et le plan futur du
» général Faidherbe.

» Notre plus grande chance de réussite doit résider dans
» la combinaison de nos mouvements, dans la coopération
» simultanée des trois armées au même but, dans un même
» effort fait au même moment. Sans cela nous nous expo-
» sons à voir échouer successivement des forces qui, bien
» dirigées, pourraient triompher. Je vous demanderai
» donc instamment de me tenir, à cet égard, aussi ren-
» seigné qu'il vous sera possible de le faire.

» Quant à moi, mon rôle, dans la situation actuelle, est
» nettement tracé : dès que j'aurai achevé ma réorganisa-
» tion que je presse par tous les moyens en mon pouvoir,
» que je me serai rendu un compte exact de ce qui se
» passe dans l'armée de la Loire, et que je saurai ce que
» peuvent tenter sur mes derrières les forces ennemies qui
» s'y trouvent, dans le cas où tel serait leur but, je marche-
» rai sur Paris.

» La base d'opération d'où je partirai sera la Sarthe,

» et la ligne ferrée du Mans à Alençon. La nouvelle base
» sur laquelle je marcherai sera l'Eure, probablement de
» Dreux à Chartres. Là, j'apprécierai, d'après la situation,
» si je veux continuer ma marche sur Paris ou si je trouve
» plus avantageux d'investir, dans cette position, l'armée
» assiégeante. C'est alors que je vous demanderai de m'en-
» voyer un pigeonnier pour me mettre en rapport avec le
» général Trochu, à qui j'aurai à demander un suprême
» effort.

» Dans cette position, éloigné comme je le suis des
» armées du Nord et de l'Est, il me faut à tout prix assurer
» mes communications avec ma base d'opération et ma
» ligne de retraite. C'est pourquoi je vous ai demandé de
» me faire connaître quelles troupes je pourrai tirer de
» l'Ouest pour couvrir la ligne du Mans à Alençon, et
» même du Mans à Tours.

» Des concentrations de troupes, dont je ne suis nulle-
» ment informé, se font sur divers points de Normandie,
» notamment à Cherbourg. J'ignore dans quel but. Il im-
» porte en ce moment que rien ne soit distrait de mes
» forces vives ; il faut de plus que je puisse faire garder
» mes derrières par tout ce qu'il y a de disponible en
» arrière de moi. Dès que, fixé sur la situation, j'aurai
» arrêté mes dispositions, je vous les ferai connaître.
» D'ici là je compte sur tous les renseignements que vous
» pourrez me fournir, et sur la faculté de disposer des
» forces derrière moi. »

MISSION DU COMMANDANT DE BOISDEFFRE A BORDEAUX.

Aucune réponse précise n'arrivant, le général en chef, qui sentait que des communications par le télégraphe seraient toujours insuffisantes, et qu'il fallait, par des explications complètes, lever toutes les incertitudes, fit partir pour Bordeaux, le 2 janvier 1871, le commandant de Boisdeffre muni de ses instructions verbales pour répondre à toutes les objections qui pourraient être faites, et chargé de remettre au ministre de la guerre la lettre ci-après :

« Au grand quartier général du Mans,
le 2 janvier 1870.

» Monsieur le ministre,

» Vous savez combien, en arrivant ici, la deuxième armée
» avait besoin de se refaire. Nous avons mis le temps à pro-
» fit, et dans quelques jours je compte être en mesure de
» marcher. J'ai voulu avant de traiter avec vous la ques-
» tion des opérations à entreprendre, examiner ce que
» l'ennemi allait faire à la suite des derniers événements
» sur la Loire, attendre ce qu'allait produire le mouve-
» ment de la première armée, et arriver à connaître la ré-
» partition des forces dont nous disposons encore, et l'aide
» qu'elles pourraient donner à une entreprise d'autant
» plus sérieuse qu'elle peut être un coup décisif pour la
» grande cause qu'il s'agit de sauver.

» Il ne faut pas se le dissimuler, le moment d'agir est
» arrivé : la résistance de Paris a une limite que vous
» connaissez, le temps presse, et le grand effort qu'il s'agit
» de faire n'aura de résultat certain que si toutes nos
» forces y concourent simultanément, d'après un plan
» bien arrêté, et par des opérations vigoureusement me-
» nées. Je n'ai pas malheureusement, quoi que j'aie pu
» faire, tous les renseignements qui me seraient si néces-
» saires pour combiner ce plan. J'ignore où en est la
» première armée, quel est son objectif réel, quelle est la
» marche qu'elle compte suivre ; je ne sais rien de la situa-
» tion dans le Nord, des projets du général Faidherbe, des
» obstacles qu'il a à surmonter. Je n'ai que de très-vagues

» renseignements sur la composition des forces en Bre-
» tagne et au camp de Cherbourg, sur le rôle qu'elles sont
» appelées à jouer, et sur leur état au point de vue de ce
» qu'on peut en tirer quant à présent.

» Quoi qu'il en soit, il est urgent de prendre un parti.
» Je m'inspire, pour celui que je propose, de la situation
» telle qu'elle ressort à mes yeux des données plus ou
» moins exactes que me fournissent les faits autour de moi
» et les détails que j'ai pu me procurer.

» La situation me paraît être celle-ci :

» *Autour de Paris*, une armée puissante qui résiste à
» tous les efforts faits pour rompre l'investissement; *dans*
» *le Nord*, le général de Manteuffel assez fort pour me-
» nacer le Havre, tout en tenant en échec les troupes du
» général Faidherbe; *dans l'Est*, les forces ennemies dis-
» séminées de Paris au Rhin pour couvrir les lignes d'o-
» pération des Allemands, avec des groupes assez considé-
» rables pour maintenir les forces que nous pouvons avoir
» sur la rive gauche de la Saône, et opposer une résistance
» à la marche de la première armée; *dans le Sud*, l'en-
» nemi occupant fortement Orléans, et encore assez nom-
» breux dans la vallée de la Loire, de Blois à Gien, pour
» être une menace sur Bourges, sur Tours et sur Nevers,
» et pour nous préoccuper sur le Loir et du côté du Mans
» si nous venions à quitter ces positions sans y laisser
» une force capable de les défendre; *dans l'Ouest*, une
» armée prussienne comprenant qu'un effort doit être fait
» par nous vers Paris, et s'établissant fortement, pour y
» parer, sur la ligne de l'Eure, tout en battant le pays
» autour de Chartres pour maintenir ses communications
» avec celle de la Loire.

» Disposé comme il l'est, l'ennemi cherche évidemment
» à se présenter successivement, et en forces, devant cha-
» cune de nos armées; il manœuvre très-habilement. Nous

» sommes généralement peu exactement renseignés sur
» ses grands mouvements, qu'il cache avec beaucoup
» d'art par des rideaux de troupes, et le seul moyen de
» déjouer des combinaisons qui lui ont si souvent réussi
» jusqu'ici, est de le menacer à notre tour sur tous les
» points à la fois, le forçant ainsi à faire face de tous les
» côtés, et à ne plus présenter sur un point des masses
» avec lesquelles il cherche à nous écraser partiellement.

» Il me paraît indispensable que la première, la deuxième
» armée, et celle aux ordres du général Faidherbe, se met-
» tent en marche en même temps ; *la deuxième armée,* du
» Mans, pour venir s'établir sur l'Eure entre Évreux et
» Chartres, couvrant sa base et ses lignes d'opération qui
» sont la Bretagne et les lignes ferrées d'Alençon à Dreux
» et du Mans à Chartres; *la première armée,* de Châtillon-
» sur-Seine, pour venir s'établir entre la Marne et la Seine,
» de Nogent à Château-Thierry, prenant sa base et ses
» lignes d'opération sur la Bourgogne, la Seine, l'Aube et
» la Marne; *l'armée du Nord,* d'Arras, pour venir s'établir
» de Compiègne à Beauvais, avec sa base d'opération sur
» les places du Nord, et sa ligne principale par le chemin
» de fer de Paris à Lille.

» Outre ces trois opérations principales, et pour y con-
» courir, les forces de Cherbourg s'avanceraient, le long
» du chemin de fer de Caen, jusque sur la gauche de la
» deuxième armée, ayant toujours leurs lignes de retraite
» assurées sur Carentan.

» Les forces réunies en Bretagne et sur le cours infé-
» rieur de la Loire, occupant fortement la Sarthe, d'Alen-
» çon au Mans et le Perche jusqu'au Loir, pour assurer
» les derrières de la deuxième armée. Les corps francs de
» Cathelineau, Lipouski, en arrière du Loir et de Château-
» dun, pour couvrir l'aile droite de cette même armée et
» observer les troupes ennemies de la vallée de la Loire; le

» 15ᵉ corps, sans découvrir Bourges, entre le Cher et la
» Loire, pour tenir en échec, en menaçant successivement
» Blois, Orléans et Gien, le corps ennemi sur la Loire, et
» dans le cas où l'ennemi se replierait, se portant résolû-
» ment sur Étampes.

» Enfin l'armée de Lyon, remplacée sur ses positions
» actuelles par ce qu'on peut tirer du Midi, tenant en
» échec, avec les forces de Garibaldi et les corps qui se
» trouvent dans l'Est, l'armée de Werder.

» Nos trois principales armées une fois sur les positions
» indiquées, se mettre en communication avec Paris et
» combiner dès lors les efforts de chaque jour pour se rap-
» procher de l'objectif commun, avec des sorties vigou-
» reuses de l'armée de Paris, de façon à obliger les troupes
» ennemies d'investissement à se maintenir tout entières
» dans leurs lignes. Le résultat sera dès lors dans le succès
» d'une des attaques extérieures, et si ce succès est obtenu,
» si l'investissement peut être rompu sur un point, un ra-
» vitaillement de Paris peut devenir possible, l'ennemi
» peut être refoulé et contraint d'abandonner une partie
» de ses lignes, et de nouveaux efforts, combinés entre les
» armées de l'extérieur et de l'intérieur, peuvent dans la
» lutte suprême aboutir à la délivrance.

» Je viens d'exposer mes idées au point de vue de l'en-
» semble des opérations; il me reste à indiquer la marche
» de l'armée que je commande. Il faut avec les troupes
» qui la composent, et en présence des forces qui nous sont
» opposées, marcher lentement; les corps toujours prêts à
» combattre et assez rapprochés les uns des autres pour
» se prêter un mutuel appui, sans accepter les combats
» partiels que l'ennemi, en manœuvrant, pourrait tenter
» sur un point de la ligne.

» C'est grâce à cet ordre de marche et de bataille que
» la deuxième armée a pu opérer sa retraite le long de la

» Loire et sur le Mans, combattre, sans être entamée, suc-
» cessivement sur les lignes prises par elle à Josnes et à Ven-
» dôme, et présenter ainsi à l'ennemi des forces capables
» de lui résister. Il faut du Mans à Chartres huit jours. Le
» but, après cette première marche, serait de s'établir sur
» l'Eure en attaquant les lignes ennemies dans les parties
» reconnues les plus faibles, tournant Chartres qui est un
» des principaux points de résistance, si cela est néces-
» saire, et cherchant, si le succès le permet, à couper l'en-
» nemi sur ses lignes de retraite sur Étampes ou au delà
» de l'Eure.

» Si ce plan est adopté, je puis l'entreprendre pour
» ce qui me concerne dès que le moment sera fixé (et
» j'insiste pour que ce soit aussitôt que possible), avec
» 120,000 hommes, sans compter les différentes troupes
» que je laisserai, conjointement avec celles tirées de Bre-
» tagne, sur les positions que je quitte et qu'il est indis-
» pensable de protéger et de conserver.

» Il me tarde d'être fixé et d'agir. En attendant, je fais
» tâter l'ennemi dans toutes les directions sur le Loir et
» sur l'Huisne, menaçant à la fois Vendôme et par suite
» Blois et Orléans, et Chartres par Nogent par des démons-
» trations sur Châteaudun.

» Telles sont, Monsieur le ministre, les propositions que
» j'ai l'honneur de vous soumettre. Nous ferons tous notre
» devoir, et j'ai confiance dans le succès, si nous le cher-
» chons non plus dans des opérations décousues qui nous
» ont été si fatales jusqu'ici, mais dans un plan définitive-
» ment arrêté et rigoureusement suivi.

» Veuillez agréer, etc.

» Le général en chef,
» *Signé* : CHANZY. »

Le commandant de Boisdeffre rentrait le 6 janvier au Mans, rapportant la réponse suivante :

INSTRUCTIONS DU MINISTRE DE LA GUERRE.

« Bordeaux, le 5 janvier 1871.

» Général,

» Je réponds à votre lettre du 2 janvier courant, relative
» à votre plan de campagne tendant à débloquer Paris.
» Nous avons examiné ce plan avec l'attention la plus
» scrupuleuse. Il se rapproche sensiblement de celui que
» nous avions conçu nous-mêmes. Il s'en écarte toutefois
» par un point, la direction suivie par le général Bourbaki.
» En effet, au lieu de faire marcher ce général sur Châ-
» tillon-sur-Seine et Bar-le-Duc[1], nous avons jugé plus
» avantageux de le faire opérer dans l'extrême Est, de
» manière à amener la levée du siége de Belfort, à occuper
» les Vosges et à couper les lignes ferrées venant de l'Al-
» lemagne. Cette action nous semble à la fois plus sûre et
» plus menaçante que celle que vous avez en vue. Actuel-
» lement Bourbaki est près de Vesoul, et vers le 10 ou le
» 12 nous pensons que le siége sera levé. A partir de là
» commencera la grande marche sur les Vosges et la pé-
» riode la plus active des opérations. A la tête de ses
» 150,000 hommes, Bourbaki se retournera vers Paris et
» avancera dans cette direction, de l'est à l'ouest, en occu-
» pant simultanément, autant que possible, les deux lignes
» ferrées de Strasbourg et de Metz.

» C'est à ce moment aussi, c'est-à-dire du 12 au 15
» courant, que devra commencer, selon nous, votre marche
» sur Paris par les points que vous avez choisis. Pour pré-
» parer votre action et l'appuyer, nous formons depuis

[1] Probablement Bar-sur-Seine.

» quelque temps deux nouveaux corps, le 19ᵉ et le 25ᵉ,
» l'un à Cherbourg, l'autre à Vierzon, qui vous sont des-
» tinés et qui formeront en quelque sorte l'aile droite et
» l'aile gauche de votre armée. Ces deux corps, dont les
» effectifs réunis atteignent 80,000 hommes, porteront
» ainsi votre armée à plus de 200,000 hommes. Ils seront
» prêts à marcher le 12 courant. Vous aurez à nous faire
» connaître les points sur lesquels vous voulez qu'on les
» dirige, et aussitôt après ils passeront sous votre comman-
» dement. Dans notre appréciation, la période des grandes
» opérations s'ouvrirait pour vous le 14 ou le 15 courant.
» Nous eussions voulu pouvoir la hâter, mais les prépa-
» ratifs nécessités d'une part par l'expédition dans l'Est,
» et de l'autre par la formation des deux nouveaux corps,
» ne nous l'ont pas permis. Nous avons pensé qu'il valait
» encore mieux retarder de cinq ou six jours et augmenter
» votre puissance d'action, en même temps qu'établir une
» parfaite concordance entre nos diverses armées. Quant
» au général Faidherbe, il manœuvre dans le Nord, à la
» tête de 50,000 hommes, avec autant d'habileté que
» d'énergie. Il vient de remporter, le 2 et le 3 courant, un
» important succès à Bapaume, et il tient en échec toute
» l'armée de Manteuffel.

» Il est destiné vraisemblablement, à un moment donné,
» à tendre la main à Bourbaki et à former ainsi à l'est de
» Paris une masse de 200,000 hommes, égale par con-
» séquent à celle que vous amènerez vous-même de l'Ouest.

» Derrière ces deux grandes armées, d'importantes
» troupes de mobilisés se concentrent graduellement pour
» occuper les positions en arrière. Déjà vous avez sous la
» main près de 40,000 Bretons qu'on vient d'armer pour
» garder votre ligne du Mans. Nous comptons réunir
» avant quinze jours 100,000 nouveaux mobilisés dans
» l'Est et le Centre, pour occuper Vierzon, Nevers, Dijon,

» Besançon, et les autres points indiqués par les incidents
» de la guerre.

» Dans ces conditions, Général, et avec l'aide de chefs
» tels que vous, la France peut compter sur la victoire.
» La Prusse fait aujourd'hui son suprême effort, elle doit
» succomber devant notre persistance. Ses armées ont dû
» jusqu'ici leurs succès à nos fautes, mais une expérience
» cruellement acquise nous apprendra à en éviter le retour.

» Agréez, Général, etc.

» *Signé :* Léon Gambetta. »

NOUVELLES INSTANCES POUR RAMENER LA PREMIÈRE ARMÉE SUR PARIS.

Cette réponse contenait une décision. Toutefois l'opération du général Bourbaki dans l'Est, entreprise dans une pareille saison, avec des troupes nouvelles, dans un pays de montagnes que la neige recouvrait et où tout était difficulté, présentait la réussite à une date d'échéance telle que le général en chef crut devoir tenter un dernier effort pour restreindre cette opération et ramener plus promptement la première armée sur Paris. Il adressa le 6 janvier la dépêche chiffrée suivante à Bordeaux, au ministre de la guerre :

« Le commandant de Boisdeffre m'a remis votre dé-
» pêche. M. B... était déjà parti pour trouver Bourbaki,
» quand j'ai reçu votre télégramme. Les renseignements
» qu'il m'a apportés et que je vous ai communiqués, con-
» firment d'une manière absolue ceux apportés par Bois-
» deffre. Paris a des vivres jusqu'au 15 janvier seulement,
» et à partir de là ne vivra que d'expédients. L'armée de
» Paris a beaucoup souffert ces derniers jours, elle est fort
» réduite. Le général Trochu déclare qu'il y a urgence à

» faire un très-prompt et suprême effort sur Paris, c'est
» aussi mon avis.

» Je trouverais bonne l'opération dans l'Est de Bour-
» baki, si le résultat pouvait en être plus immédiat pour
» Paris. Ces considérations puissantes me font toujours
» insister pour l'adoption et l'exécution à bref délai du
» plan que je vous ai proposé. »

Le lendemain, le télégraphe apportait la réponse suivante :

PLAN DÉFINITIF D'OPÉRATION.

Guerre à général Chanzy, au Mans.

Extrême urgence. Petit dictionnaire.

« Nous avons délibéré sur votre dépêche chiffrée d'hier,
» et voici la réponse qu'elle nous suggère. Nous sommes
» aussi désireux que vous, croyez-le bien, de marcher au
» secours de Paris ; mais nous voulons que la tentative soit
» efficace, et il ne nous paraît nullement certain qu'elle le
» serait dans les conditions de votre projet primitif. En
» effet, nous croyons que votre armée, pour arriver au but,
» a absolument besoin d'être appuyée du 19° et du
» 25° corps. Vous reconnaissez vous-même, dans une dé-
» pêche de ce jour, midi, que l'ennemi qui vous attaque
» veut vous attirer hors de vos positions : c'est donc qu'il
» a espoir de vaincre. Comment, d'après cela, iriez-
» vous heureusement à Paris avec vos seules forces ac-
» tuelles ?

» Le concours des deux nouveaux corps est donc indis-
» pensable. Or, ces deux corps, quelque diligence que nous
» y mettions, ne pourront entrer en ligne avant le 15.
» Quant à la coopération, bien indispensable aussi, de Bour-
» baki, nous ne pouvons la rapprocher. Il faut le temps ma-
» tériel de parcourir les distances. Il est sous les murs de

» Vesoul, et ne pourra menacer sérieusement les commu-
» nications de l'ennemi que dans sept ou huit jours. Nous
» croyons d'ailleurs que ce plan, qu'il serait trop tard
» aujourd'hui pour changer, est encore le meilleur, car
» c'est celui qui démoralisera le plus l'armée allemande.
» Enfin nous ne pensons pas qu'il y ait lieu de prendre à
» la lettre l'échéance du général Trochu. Cette échéance a
» déjà varié plusieurs fois de plusieurs semaines, et tous
» nos renseignements s'accordent à la mettre à une date
» plus reculée. D'autre part, et cette circonstance seule
» serait décisive, nous savons qu'un effort beaucoup plus
» vaste et beaucoup plus vigoureux contre les lignes d'in-
» vestissement se prépare dans Paris. Or, cet effort ne
» s'accomplira pas à la date rapprochée que vous sup-
» posez. En résumé, Général, ne vous laissez pas affecter
» par les dépêches du général Trochu, et ouvrez votre
» âme à l'espoir que doit faire naître un plan d'ensemble
» bien conçu et bien coordonné pour un effort suprême et
» décisif.

» G. DE FREYCINET. »

Les ordres du ministre étaient formels; la première armée était engagée dans ses opérations dans l'Est, le général Faidherbe continuait son premier programme dans le Nord : le mouvement simultané sur Paris devenait dès lors inexécutable [1]. La deuxième armée n'avait plus à compter sur une diversion ou sur un soutien; elle n'avait qu'à suivre attentivement ce qui allait se passer, à achever sa réorganisation, à se fortifier solidement sur les positions du Mans pour y recevoir l'ennemi s'il s'y présentait, ou bien, si les événements et les forces des Allemands devant elle lui en fournissaient l'occasion, à tenter, après

[1] Voir la note 4.

avoir assuré solidement ses derrières, un mouvement hardi et rapide dans la direction de Paris.

RENFORTS AMENÉS PAR LES GÉNÉRAUX FERRI PISANI ET DE CURTEN.

Il faut maintenant reprendre le récit des faits militaires à partir de l'arrivée de l'armée au Mans.

L'affaire de Monnaie et la pointe de l'ennemi sur Tours, dans la journée du 20., avaient décidé le ministre de la guerre à placer sous le commandement du général en chef de la deuxième armée la colonne du général Ferri Pisani retirée à Langeais, et les troupes que le général de Curten réunissait à Poitiers. Tous deux reçurent l'ordre de se porter sur Château la Vallière. De ce point, qui est le nœud des principales routes entre le Loir et la Loire, ils pouvaient, avec les forces dont ils disposeraient, menacer sérieusement l'ennemi s'il voulait descendre dans le Val, rétablir les communications entre le Mans et Tours par le chemin de fer, et enfin, s'ils étaient obligés de battre en retraite, se retirer facilement sur l'armée en se plaçant derrière le Loir, entre le Lude et Château-du-Loir, positions déjà défendues par le général Barry, qui gardait tous les passages de la rivière depuis Pont-de-Braye par la Chartre jusqu'au Lude [1].

DISPOSITIONS PRISES POUR SURVEILLER L'ENNEMI.

Du côté de la Ferté-Bernard, le colonel Villain, commandant une colonne mobile du 21ᵉ corps établie à Connéré, avait surpris, le 21, à la ferme Brisson, un poste prussien auquel il avait enlevé vingt-cinq cuirassiers blancs. Il fallait se garder de loin entre la Sarthe et l'Huisne [2]. Il fut prescrit aux commandants des corps

[1] Voir la note 5.
[2] Voir la note 6.

d'armée de couvrir leur front de reconnaissances incessantes de cavalerie légère, appuyées de francs-tireurs battant le pays dans toutes les directions et poussant le plus loin possible. Le 17ᵉ corps établit ses avant-postes de cavalerie à Beaumont, sur la route d'Alençon, pour surveiller le chemin de fer, les ponts et les gués de la Sarthe au nord du Mans; le 21ᵉ corps plaça les siens à hauteur de Beaumont, de Mamers et du Theil; le 16ᵉ corps dut envoyer ses partisans jusqu'à Montmirail, Vibraye, Épuisay, Lavenay et Château-du-Loir. L'amiral Jauréguiberry disposait, pour ce service de surveillance entre l'Huisne et le Loir, de sa division de cavalerie, de l'escadron d'éclaireurs du capitaine Bernard porté à Bouloire, et des éclaireurs algériens du colonel Goursaud, qui s'avancèrent jusqu'à Tresson.

Les francs-tireurs du colonel Lipouski, destinés à opérer en avant du 21ᵉ corps, furent envoyés dans la direction de Nogent-le-Rotrou pour surveiller les abords de Chartres; ceux du colonel Cathelineau à Vibraye, pour explorer le Perche du côté de Montmirail, d'Authon et de Brou.

LES COLONNES MOBILES.

Pendant que ces premières dispositions se prenaient, le général en chef organisait deux fortes colonnes sous le commandement des généraux Rousseau et de Jouffroy. La première, composée de 2,000 hommes d'infanterie du 21ᵉ corps, partait le 23, ralliait à Sceaux deux bataillons que le colonel Villain lui amenait de Connéré, ainsi qu'une batterie de 4, deux mitrailleuses et deux escadrons de cavalerie légère [1].

Le général Rousseau devait se porter sur la Ferté-Ber-

[1] Voir la note 7.

nard et de là sur le Theil, pour pousser sur Nogent et se rabattre soit sur Authon, soit sur Bellesme, suivant les renseignements qu'il recueillerait sur l'ennemi ou les chances qu'il trouverait de le rencontrer dans de bonnes conditions. S'il se heurtait à des forces trop considérables, il pouvait se retirer le long de l'Huisne ou par Bonnétable, en tenant le commandant du 21° corps au courant de ses mouvements, de manière à pouvoir être secouru au besoin et à temps. Le général commandant la subdivision de l'Orne faisait appuyer la colonne Rousseau par deux bataillons de ce département dirigés d'Alençon sur Mamers ; le colonel Lipouski concourait aux mêmes opérations en prenant les ordres du général Rousseau ; et sur la droite un parti de cavalerie du 16° corps reliait ces mêmes mouvements à ceux de Cathelineau, posté à Vibraye.

La deuxième colonne, aux ordres du général de Jouffroy, quittait le Mans, le 23, pour se porter sur la Braye, surveiller le Loir et menacer Vendôme, avec les instructions suivantes :

INSTRUCTIONS DONNÉES AU GÉNÉRAL DE JOUFFROY.

« Le général de Jouffroy, laissant sur les positions
» occupées par sa division les malades, les hommes les
» plus mal armés et les plus mal chaussés, formera avec
» les plus valides une colonne mobile à laquelle seront
» adjoints deux cents chevaux de cavalerie légère du
» 17° corps. Il emmènera avec lui ses trois batteries divi-
» sionnaires, deux mitrailleuses et sa réserve de muni-
» tions. Les hommes devront être pourvus au départ de
» trois jours de vivres ; les convois et les bagages seront
» réduits au strict nécessaire pour faciliter les mouve-
» ments.

» Le général de Jouffroy prendra ses dispositions pour

« faire diriger, par le chemin de fer, sur Château-du-Loir
» qui deviendra sa base d'opération, les approvisionne-
» ments de sa colonne. Il n'a donc besoin que des voitures
» en nombre suffisant pour puiser à ce dépôt. Sa mission
» consiste à explorer tout le pays entre le Loir et la Loire,
» à l'est du chemin de fer du Mans à Tours, et d'en re-
» pousser les partis ennemis de façon à dégager Tours et
» à permettre le rétablissement de la ligne ferrée. Si des
» renforts lui étaient nécessaires, il est autorisé à les de-
» mander directement pour la cavalerie au général Michel
» à la Rochère, pour l'artillerie et l'infanterie au général
» Barry à Chahaignes.

» Les troupes de Saumur ont ordre de se porter sur
» Château la Vallière. Elles y seront rejointes par une co-
» lonne d'environ 4,000 hommes venant de Châtellerault,
» couchant le 23 à Richelieu, et passant le 24 la Loire à
» Port-Boulay. La ligne de Château la Vallière au Lude
» sera ainsi garnie, et la vallée du Loir se trouvera surveil-
» lée, du Lude à Pont-de-Braye, par les troupes du général
» Barry.

» Le général de Jouffroy devra s'éclairer au loin par tous
» les moyens possibles, manœuvrer de façon à ne pas se
» faire couper de sa base d'opération qui est Château-du-
» Loir, prendre son premier objectif sur Château-Renault,
» laisser derrière lui des postes de cavalerie échelonnés, et
» se tenir en communication directe et incessante avec le
» général en chef par la station télégraphique de Château-
» du-Loir.

» La mission confiée au général de Jouffroy est une
» opération de guerre des plus importantes; le général en
» chef compte sur sa vigueur et sur celle qu'ont su dé-
» ployer jusqu'ici les troupes de la 3ᵉ division du
» 17ᵉ corps. »

LES PRUSSIENS A SAINT-CALAIS.

Pendant que ces deux colonnes mobiles gagnaient leurs positions, un parti ennemi, composé d'infanterie, de cavalerie et d'artillerie, venant de Vendôme par Épuisay, se présenta devant Saint-Calais, le 25 décembre, obligea les éclaireurs du capitaine Bernard à se retirer sur Bouloire, et pénétra dans la ville, pillant les maisons, maltraitant les habitants et exigeant dix-sept mille francs de la municipalité. Aux observations faites par les notables, qui rappelaient les soins donnés dans Saint-Calais aux malades et aux blessés allemands à la première invasion, l'officier prussien répondit en les traitant de lâches et de vaincus, et en leur jetant deux mille francs, pris sur la contribution, pour payer ces bons traitements [1].

Ces faits révoltants se passaient en vue des avant-postes de l'armée. Tout en se réservant de chercher à les venger, le général en chef crut devoir commencer par les flétrir, et adressa, par parlementaire, au commandant prussien à Vendôme, la protestation ci-après qu'il fit mettre à l'ordre dans tous les corps :

« *Le général Chanzy au commandant prussien, à Vendôme.*

» Au grand quartier général du Mans,
le 26 décembre 1870.

» J'apprends que des violences inqualifiables ont été
» exercées par des troupes sous vos ordres sur la popula-
» tion inoffensive de Saint-Calais, malgré ses bons traite-
» ments pour vos malades et vos blessés.

» Vos officiers ont exigé de l'argent et autorisé le pil

---

[1] Ce récit fut fait au commandant en chef par le juge de paix de Saint-Calais et des notables venus tout exprès au grand quartier général pour exposer ce qui s'était passé et se plaindre.

17.

» lage : c'est un abus de la force qui pèsera sur vos con-
» sciences, et que le patriotisme de nos populations saura
» supporter. Mais ce que je ne puis admettre, c'est que
» vous ajoutiez à cela l'injure, alors que vous savez qu'elle
» est gratuite.

» Vous avez prétendu que nous étions les vaincus : cela
» est faux. Nous vous avons battu et tenu en échec depuis
» le 4 de ce mois. Vous avez osé traiter de lâches des gens
» qui ne pouvaient vous répondre, prétendant qu'ils subis-
» saient la volonté du Gouvernement de la défense natio-
» nale, les obligeant à résister alors qu'ils voulaient la
» paix et que vous la leur offriez. Je proteste avec le droit
» que me donnent de vous parler ainsi, la résistance de la
» France entière et celle que l'armée vous oppose et que
» vous n'avez pu vaincre jusqu'ici.

» Cette communication a pour but d'affirmer de nou-
» veau ce que cette résistance vous a déjà appris. Nous
» lutterons avec la conscience du droit et la volonté de
» triompher, quels que soient les sacrifices qu'il nous reste
» à faire. Nous lutterons à outrance, sans trêve ni merci,
» parce qu'il s'agit aujourd'hui de combattre, non plus des
» ennemis loyaux, mais des hordes de dévastateurs qui ne
» veulent que la ruine et la honte d'une nation qui pré-
» tend conserver son honneur, son indépendance et son
» rang.

» A la générosité avec laquelle nous traitons vos pri-
» sonniers et vos blessés, vous répondez par l'insolence,
» l'incendie et le pillage.

» Je proteste avec indignation, au nom de l'humanité et
» du droit des gens que vous foulez aux pieds. »

M. de Vézian, ingénieur des ponts et chaussées attaché au grand quartier général, chargé de porter cette protestation à Vendôme, rentra au Mans le 28 avec le reçu ci-après, sans toutefois avoir pu voir le commandant des troupes allemandes lui-même :

« *Deuxième armée.*

» Reçu une lettre du général Chanzy. Un général prus-
» sien, ne sachant pas écrire une lettre d'un tel genre, ne
» saurait y faire une réponse par écrit.

» Quartier général à Vendôme, 28 décembre 1870.

» Le général commandant à Vendôme,
» (*Illisible*). »

Cependant les mouvements des colonnes mobiles avaient rendu les Allemands plus circonspects dans la vallée de l'Huisne, et les avaient déterminés à replier sur Vendôme les troupes qui s'étaient avancées jusqu'à Saint-Calais. Dans la vallée de la Loire leurs incursions semblaient moins audacieuses; la ligne ferrée du Mans à Tours était redevenue praticable, ce qui rendait un grand service à la deuxième armée. Pour protéger cette ligne, le général de Curten vint s'établir, le 27 décembre, à Neuillé-Pont-Pierre, se reliant par sa gauche avec les troupes du général Barry sur le Loir, et poussant ses avant-postes à Neuvy-le-Roi et à Beaumont-la-Ronde; tandis que le général Cléret, qui avait succédé au général Ferri Pisani, s'avançait jusqu'à Saint-Antoine du Rocher, s'éclairant, dans les directions de Monnaie et de Blois, au moyen des escadrons du colonel Lacombe (8ᵉ hussards et chasseurs d'Afrique), soutenus par des postes d'infanterie établis à Cérettes et à Notre-Dame d'Oé.

27 DÉCEMBRE. COMBAT DE SAINT-QUENTIN.

Le 27 au matin, la colonne du général de Jouffroy était sur la Braye, à Bessé et à Lavenay. Apprenant que les

Allemands menaçaient de brûler Sougé et Troo, pour se venger de la résistance de quelques francs-tireurs qui, embusqués dans ces localités, avaient repoussé leurs reconnaissances, le général résolut de se porter immédiatement en avant pour les surprendre pendant cette opération.

Arrivé à Fontaine, il partagea sa troupe en trois colonnes : l'une, de deux bataillons et d'une batterie d'artillerie, se rendit directement aux Roches ; l'autre, composée d'un bataillon et d'une batterie, s'avança sur Troo, tandis qu'il se portait sur Montoire avec la troisième, forte de deux bataillons, d'une batterie et de deux mitrailleuses. Arrivée au débouché de la petite vallée qui s'ouvre de Fontaine sur Montoire, cette dernière fut assaillie par une forte colonne d'infanterie prussienne, dont l'artillerie, établie à Saint-Quentin, faisait pleuvoir sur nos troupes une grêle d'obus qui causèrent dans leurs rangs des pertes considérables. Le combat se maintint cependant avec acharnement durant deux heures. Pendant ce temps, nos troupes envoyées sur Troo menaçaient ce village et leur artillerie prenait à revers la batterie de Saint-Quentin ; l'ennemi surpris se retira précipitamment dans la direction de Montoire. Les trois bataillons du 70ᵉ mobiles (Lot) se mirent à sa poursuite, traversèrent au pas de charge Montoire et le pont sur le Loir, rétabli par les Prussiens, qu'ils poursuivirent à la baïonnette jusqu'à trois kilomètres de ce village, sur la route de Château-Renault, leur enlevant deux caissons, sept voitures et quelques prisonniers.

De son côté, la colonne qui avait marché sur les Roches y surprenait une compagnie prussienne tout entière, tandis qu'une reconnaissance de cavalerie, qui avait poussé le matin jusqu'à Fortan, ramenait un officier et dix hommes trouvés réquisitionnant à Lunay.

Le 28, l'ennemi vint faire une reconnaissance insignifiante devant les Roches et disparut dans la direction de

Vendôme. Il était indispensable de savoir ce qui se passait sur ce point, et si les Allemands s'y concentraient ou se retiraient de la vallée du Loir.

Le général de Jouffroy reçut l'ordre de continuer son mouvement en avant en appelant à lui les renforts que le général Barry tenait prêts. Toutefois, cette opération pouvant avoir une grande importance, les autres colonnes furent prévenues qu'elles devaient rester sur place sans rien tenter au loin [1].

31 DÉCEMBRE. COMBAT DE COURTALIN.

Lorsque cet ordre arriva au général Rousseau, il venait de faire partir, pour battre les environs de Mondoubleau où la présence d'un parti allemand était signalée, 600 hommes d'infanterie, une section d'artillerie, un escadron de hussards, renforcés des francs-tireurs de la Dordogne, de la Sarthe, de la légion franco-argentine et de quelques volontaires de la Ferté-Bernard. Cette petite colonne, sous les ordres du commandant Bonnefond-Pédulans, du 58ᵉ de ligne, arrivée le 30 à la Bazoche, apprit que l'ennemi s'était retiré sur Courtalin. Elle se porta de nuit sur la Chapelle-Royale pour le poursuivre ; mais, perdant un temps précieux autour d'Arrou qu'elle cerna sans y trouver personne, elle ne put arriver devant Courtalin que le 31 au matin. Ce village fut immédiatement enlevé avec beaucoup d'élan. Les Allemands abandonnèrent le champ de bataille dans un désordre tel, qu'ils laissèrent dans le château et dans le village leurs sacs, leurs armes et soixante-cinq morts, fuyant sur la route de Cloyes avec un grand nombre de blessés. De notre côté, nous n'avions eu qu'un homme tué et six blessés. Cette petite expédition, vigoureusement menée par le commandant Bonnefond, dégagea

---

[1] Voir la note 8.

pour quelques jours la vallée de l'Yères et les environs d'Authon.

LE GÉNÉRAL DE JOUFFROY SE PORTE SUR VENDÔME.

Le 30, le général de Jouffroy recevait les renforts envoyés par le général Barry. Les éclaireurs algériens étaient mis à sa disposition pour surveiller sur sa droite pendant son mouvement, et le général Michel faisait avancer sa division de cavalerie dans la direction de Saint-Calais pour le garantir de tout mouvement tournant sur sa gauche.

Les forces qui allaient être engagées dans cette opération se trouvaient alors ainsi réparties :

Le colonel Marty occupait Épuisay (1ᵉʳ bataillon du 36ᵉ de marche), Danzé (2ᵉ bataillon du même régiment, quatre pièces de 4, deux mitrailleuses), Azay (1ᵉʳ bataillon du 74ᵉ mobiles).

Le colonel Thierry était établi à Savigny avec le 33ᵉ de marche, le 32ᵉ mobile, les compagnies de discipline, un bataillon des Bouches-du-Rhône et quatre pièces de 4.

Le 3ᵉ de cuirassiers, également à Savigny.

Le colonel Bayle, de Fortan à Azay, avec le 38ᵉ de marche, le 66ᵉ mobiles et quatre pièces de 4.

Le 46ᵉ de marche occupait Mazangé, couronnant par ses grand'gardes les hauteurs de la Boissière et de Vaucroix.

Le 45ᵉ de marche, à Lunay, la Barre et les Roches.

Le 70ᵉ mobiles à Lunay.

Le 1ᵉʳ bataillon de marche de chasseurs à pied à la Mazière.

L'artillerie de la 3ᵉ division (dix-huit pièces de 4 et deux mitrailleuses) à la Burnaudière.

Deux escadrons de cavalerie légère à Lunay, un régiment à Lavenay, les éclaireurs algériens à Montoire.

Une compagnie du génie, répartie entre les colonnes principales.

Le plan du général de Jouffroy était le suivant : deux colonnes principales devaient marcher, l'une par Azay et Espéreuse, l'autre par Courtiras, tandis qu'une colonne légère, franchissant le Loir à Lisle, devait déboucher sur la rive gauche par le bois de Meslay, et que les éclaireurs algériens, passant la rivière à Montoire ou à Lavardin, tourneraient Vendôme pour couper les routes de Blois et d'Oucques.

Ces mouvements présentaient l'inconvénient d'être trop isolés les uns des autres; ils pouvaient néanmoins réussir s'ils étaient tous menés vigoureusement, et si l'ennemi n'était pas en force trop supérieure. Malheureusement le pont de l'Isle ne put être rétabli.

Le 31, dès le matin, le colonel Thierry marchait sur Épuisay et Danzé; le colonel Marty, laissant le 74ᵉ mobiles à la garde d'Azay, se dirigeait sur Espéreuse, la Haie de Champs, le Poirier et Bel-Air ; le 66ᵉ mobiles partait d'Azay pour aboutir au plateau de Bel-Air par les routes de la forêt; le 38ᵉ de marche, cheminant d'Azay par Espéreuse, arrivait sur Bel-Air par la Jousselinière; enfin, le 46ᵉ de marche, de Mazangé, devait longer la forêt de Vendôme au sud et aborder les Tuileries.

D'après les calculs du général de Jouffroy, ses colonnes devaient arriver à hauteur de Bel-Air à midi, pour attaquer les redoutes construites par nous sur ce point pendant l'occupation de Vendôme, et qu'il croyait garnies d'artillerie ennemie. Il n'en était rien; les têtes de colonnes, ne recevant aucun obus, allaient atteindre Bel-Air, lorsqu'elles furent accueillies, à petite portée, par une fusillade des mieux nourries. Leurs tirailleurs s'avancèrent malgré tout sur plusieurs lignes, et, après deux heures de lutte, aidés par l'artillerie qui était parvenue à s'installer sur le plateau et à balayer le terrain en avant d'eux, ils purent se réunir, et, par une charge brillante, enlever le château de Bel-Air. L'ennemi se maintint néanmoins dans les Tuileries, malgré le feu de nos pièces.

COMBAT DE BEL-AIR.

Vers trois heures, une colonne prussienne, chassée de la forêt par le 66° mobiles, est rejetée sur les pentes qui descendent des Tuileries sur le Loir, et le 36° de marche pénètre jusqu'aux premières maisons des faubourgs de Vendôme, où il fait quelques prisonniers; mais il est obligé de se retirer devant le feu des batteries établies au château, qui balayent la plaine le long de la voie ferrée et de la route de Cloyes.

COMBAT DE COURTIRAS.

De son côté, le 46° de marche abordait les Tuileries, enlevait la position, poussait jusqu'à Courtiras, et poursuivait l'ennemi la baïonnette dans les reins jusqu'à la gare du chemin de fer.

La nuit était venue. Le général de Jouffroy fit cesser le combat en donnant l'ordre de garder les positions conquises et d'y camper, tandis que l'ennemi, redoutant de nouvelles attaques, continuait ses feux d'artillerie dans la direction de toutes les routes aboutissant à Vendôme. Le général évalue à vingt mille hommes les forces qu'il venait de combattre.

COMBAT DE DANZÉ.

Il apprit à minuit, à Huchepie, où il avait établi son quartier général, que le matin, à dix heures, le colonel Thierry, vigoureusement attaqué à Danzé par une forte colonne allemande, avait dû abandonner ce village après avoir perdu trois de ses pièces, et qu'il avait rejoint fort tard dans la soirée, à Bel-Air, les troupes des colonels Marty et Bayle. Cet échec devenait une préoccupation, en ce qu'il pouvait faire supposer que l'ennemi opérait un mouvement sérieux sur notre gauche. Ne voulant rien compromettre, le général de Jouffroy donna, à deux heures du matin, l'ordre de la retraite, et ses troupes regagnèrent les positions qu'elles avaient quittées la veille à Fortan, Savigné, Lunay, Mazangé et Espéreuse. L'ennemi, qui ne s'était pas aperçu de ce mouvement, tira jusqu'à huit heures du matin sur les maisons que nos troupes avaient occupées, et, reconnaissant son erreur, il poussa des reconnaissances dans la soirée jusqu'à Villiers, Azay et Espéreuse, sur les traces de nos colonnes.

Cette démonstration sur Vendôme, faite avec beaucoup de vigueur par nos troupes, avait forcé l'ennemi à se concentrer sur ce point. Ses pertes, au dire des habitants, avaient été considérables; les nôtres étaient moins sérieuses, grâce à l'élan de nos troupes; nous ramenions deux cents prisonniers, et cette opération prouvait aux Allemands que, malgré sa retraite sur le Mans, la deuxième armée pouvait encore les inquiéter et leur tenir tête.

LES ÉCLAIREURS ALGÉRIENS A VARENNES.

Pendant que les choses se passaient ainsi du côté du général de Jouffroy, le colonel Goursaud, avec les éclaireurs algériens, établissait à Lavardin un pont provisoire sur le Loir, et se dirigeait, le 31 au matin, sur Villavard, Saint-Rimay, Varennes et Villaria. Arrivé à Varennes, il culbuta une arrière-garde de cuirassiers blancs qui s'enfuit en laissant sur le terrain 4 tués, 1 blessé et 3 chevaux; mais, au sortir du village, nos éclaireurs trouvèrent les hauteurs de Villaria et de la Chaise occupées par de l'infanterie et de l'artillerie ennemies, pendant qu'une autre troupe d'infanterie et de cavalerie tentait de les déborder vers leur droite. Il devenait dès lors impossible au colonel Goursaud, qui se savait menacé d'un autre côté par Thoré, de continuer son mouvement sur Vendôme. Il se décida donc promptement à la retraite pour éviter d'être coupé, regagna Varennes dont il dégagea les abords par une brillante charge en fourrageurs qui fit beaucoup de mal à l'ennemi, et se retira sur Montoire, où il s'établit après avoir replié de son côté le tablier du pont provisoire. Il avait perdu dans cette pointe hardie 10 hommes, 10 chevaux, par le feu des batteries des hauteurs de Villaria et de la Chaise.

OPÉRATIONS DU GÉNÉRAL DE CURTEN ENTRE LA LOIRE ET LE LOIR.

Pendant que ces faits se passaient sur le Loir, le général de Curten avait amené ses troupes de Poitiers à Neuillé-Pont-Pierre, et avait pris, par ordre du commandant en chef, le commandement de la colonne du général Cléret. Il a été dit que sa mission consistait à appuyer les mouvements du général de Jouffroy[1], à surveiller la marche de l'ennemi dans la vallée de la Loire et à couvrir la ligne ferrée de Château-du-Loir à Tours. Il avait pour cela une dizaine de mille hommes d'infanterie, les huit escadrons de cavalerie du colonel Lacombe, et quatre batteries d'artillerie.

Lorsque le général de Curten apprit, le 30, que l'ennemi se concentrait sur Vendôme, en prévision d'une attaque du général de Jouffroy arrivé sur la Braye, il s'avança sans hésiter sur Château-Renault qu'il occupait sans coup férir le 30 à trois heures du soir, et où le général Cléret le rejoignait en se portant de Monnaie sur la Brenne, à Villedomer. De cette position, et en occupant les

[1] Voir la note 9.

environs de Château-Renault, on pouvait surveiller les routes de Blois et de Vendôme, couper ou tout au moins inquiéter les communications des Allemands entre ces deux villes, en battant constamment le pays avec de fortes reconnaissances appuyées par de l'artillerie.

COMBAT DE LANCÉ.

Le 1ᵉʳ janvier à Longpré et le 2 à Lancé, le colonel Lacombe, à la tête des reconnaissances de cavalerie, battait l'ennemi, qui se retirait en désordre jusqu'au delà de Saint-Amand, ramenant 18 prisonniers, dont un officier appartenant au 1ᵉʳ régiment de uhlans lithuaniens. Il fallait toutefois arriver à agir vigoureusement dans les directions de Vendôme et de Blois; pour venir en aide au général de Jouffroy, qui pouvait être rejeté sur la Braye et sur le Mans si une diversion ne forçait pas les ennemis à se diviser.

En conséquence, le général en chef fit renforcer le général de Curten par la petite colonne commandée par le colonel Jobey, du 40ᵉ de marche, qui, après s'être avancé le 1ᵉʳ janvier de Chàhaignes sur la Chartre, occupa le 4 Villeporcher, Villechauve et Monthadon. De plus, la portion de la 3ᵉ division du 16ᵉ corps, restée avec le général Barry, et des renforts importants en infanterie, cavalerie et artillerie, furent amenés à Château-Renault par le lieutenant-colonel d'état-major de Lambilly, que le vice-amiral Jauréguiberry avait envoyé sur les lieux pour achever la réorganisation de cette 3ᵉ division dont le général de Curten avait le commandement titulaire [1].

COMBAT DE VILLETHION.

Le 5 janvier, tout se borna à des combats d'avant-

[1] Voir la note 10.

garde, principalement du côté de Villeporcher. Le 6, dès neuf heures du matin, pendant que le colonel Jobey se portait sur Villethion, tout le front des colonnes du général de Curten était arrêté par une vive canonnade, et le combat s'engageait sur toute la ligne, de Villechauve à Saint-Cyr du Gault.

Notre artillerie répondit vigoureusement à celle de l'ennemi, et l'infanterie, pendant ce long combat qui dura une grande partie de la journée, sut, par sa bonne contenance, ne pas perdre un pouce de terrain. Le centre de résistance des Allemands paraissait être Villethion; la colonne Jobey y fut longtemps arrêtée par un feu des plus violents; la seule batterie dont elle disposait ne pouvait suffire, lorsque le capitaine Desvallons, amenant la 21e du 15e régiment, faisant feu en avançant lentement, changeant sa position chaque fois que l'ennemi cédait, put s'approcher jusqu'à 1200 mètres du village et protéger ainsi la colonne, qui, aidée d'un autre côté par un mouvement tournant de la cavalerie du colonel Lacombe, finit par se jeter résolûment sur le village et par l'enlever à la baïonnette. L'ennemi se retira à la faveur de la nuit, et nos troupes couchèrent sur le champ de bataille. Ce brillant combat nous amena à occuper Saint-Amand et ne nous coûta que peu de monde. Les Prussiens, au contraire, avaient beaucoup souffert dans le village et en se retirant; ils avaient laissé en notre pouvoir une centaine d'hommes, des caissons et des voitures; leur artillerie s'était enfuie précipitamment dans la direction de Vendôme.

OPÉRATIONS DU GÉNÉRAL DE JOUFFROY DU 1er AU 7 JANVIER.

Il faut maintenant revenir aux opérations de la colonne de Jouffroy[1]. On a vu qu'en quittant les environs de

---
[1] Voir la note 11.

Vendôme, dans la nuit du 31 décembre au 1er janvier, le général avait repris les positions qu'il occupait le 25. Pour assurer sa retraite, qu'il tenait à faire lentement s'il devait la continuer, il avait laissé à Espéreuse la colonne Marty, et à Azay celles des colonels Falcon et Thierry. Dans la soirée du 1er janvier, ces trois colonnes se replièrent sur Savigny et sur Fortan, qu'occupait déjà le colonel Bayle. Toutes les troupes étaient alors réparties depuis Épuisay jusqu'aux Roches, où se trouvaient le 45e de marche et une batterie : la cavalerie à Savigny (cuirassiers du colonel Tréboute), à Montoire (éclaireurs algériens du colonel Goursaud) et à Troo (3e régiment, cavalerie mixte).

Le 2 janvier, des reconnaissances offensives sont poussées dans la direction de Fréteval jusqu'à Busseloup, sur Courtiras et sur Varennes en passant par Thoré. L'ennemi, rencontré partout, cède le terrain, et on occupe Villiers.

Le 3, nouvelles reconnaissances qui ne trouvent que peu de résistance; on peut explorer la rive gauche du Loir, que l'infanterie traverse sur la glace.

Le 4, une forte reconnaissance, qui a pu s'avancer jusqu'à Montrieux d'où elle chasse l'ennemi, rapporte la nouvelle que celui-ci se concentre en force à Vendôme.

Le 5, le général de Jouffroy acquiert la conviction que les Allemands, en nombre entre Vendôme et Saint-Amand, cherchent à se porter sur le général de Curten. Il juge une diversion indispensable, et se décide à marcher de nouveau sur Vendôme. De petites colonnes, partant le soir de tous les cantonnements, forcent, à dix heures, les postes ennemis à quitter la forêt de Vendôme; et nos éclaireurs et francs-tireurs s'avancent dans la nuit jusqu'à Pezou, la Tousselinière et Bel-Air.

Le 6 janvier, dès sept heures du matin, les troupes de Savigny s'étaient reportées sur Fortan, celles de Fortan sur Lunay. À huit heures, on prend partout l'offensive, et jusqu'à onze heures on gagne du terrain sans trop de résistance, croyant n'avoir affaire qu'à des reconnaissances ennemies. Il n'en était pas ainsi : les Allemands, inquiets de ces mouvements, avaient mis la matinée à ramener de ce côté des forces considérables appuyées par une formidable artillerie. Bientôt, sur toute la ligne, le combat s'engage avec acharnement de part et d'autre; il est surtout sérieux au gué du Loir et aux Roches. A deux heures, toutes nos troupes étaient engagées, et, malgré des efforts héroïques, elles perdaient du terrain.

COMBAT DE MAZANGÉ.

Tandis qu'il menaçait, au moyen de fortes démonstrations, notre gauche à Azay[1] et à Espéreuse par les routes de Vendôme à Azay et à Épuisay, l'ennemi débouchait sur deux colonnes par la grande route de Vendôme au Mans et par le chemin de Montrieux à Villiers. Il occupait fortement le plateau quadrangulaire compris entre le coude du Loir et le ruisseau d'Azay, et une de ses colonnes, partie de Vendôme et suivant la rive gauche, marchait par les Roches sur Montoire, qu'une autre colonne menaçait directement par la route d'Ambloy, Sassenières et Lavardin. La préoccupation d'une opération décisive sur Vendôme, au lieu de rester complétement dans sa mission, qui était d'inquiéter l'ennemi sur les deux rives du Loir en gardant fortement tous les passages et en se reliant d'une façon continue au général de Curten; avait fait négliger au général de Jouffroy la protection si nécessaire de ces deux dernières routes. C'est par là que l'effort principal devait avoir lieu.

---

[1] Voir à la note 11 *bis* des renseignements fournis par le colonel Thierry sur le combat d'Azay.

L'ennemi, maître des positions de Briard et du Plessis, marche sur le gué du Loir, en avant duquel le général Jouffroy peut faire disposer deux batteries sur la crête qui domine à l'est et à l'ouest le ruisseau de Mazangé. Accueilli par le feu de ces batteries, il est bientôt obligé de renoncer à son attaque et de se replier successivement jusqu'à hauteur du château de Courtazé. Vers deux heures, de nouveaux efforts faits par l'infanterie prussienne, débouchant de Varennes et de Montrieux dans la plaine de Villiers, se heurtent encore au feu violent de la 20ᵉ batterie du 8ᵉ d'artillerie et d'une section de la 20ᵉ du 12ᵉ qui les oblige à se retirer. Ce n'est que vers quatre heures que l'ennemi parvient, avec de nouveaux renforts, à réoccuper le plateau de Villiers, Briard et le Plessis.

COMBAT DES ROCHES.

Pendant ce temps, les Roches étaient vivement menacées, malgré l'attitude du 45ᵉ de marche et des chasseurs à pied. La 21ᵉ batterie du 19ᵉ régiment d'artillerie y tint tête, pendant trois heures, au feu de trois batteries prussiennes, qui n'osèrent s'avancer en deçà de deux mille deux cents mètres.

Toutes nos troupes se trouvaient ainsi engagées depuis le matin ; leurs fatigues étaient extrêmes ; l'ennemi devenait à chaque instant plus nombreux ; il fallut ordonner la retraite sur les points que le général avait indiqués à l'avance le long de la Braye. La poursuite de l'ennemi ne s'arrêta qu'à la nuit.

Le 7 janvier, la matinée fut employée à régulariser la position des diverses colonnes arrivées fort tard au bivouac et à renforcer les grand'gardes et les avant-postes. L'ennemi se présenta vers midi, et le combat reprit sur toute la ligne jusqu'à trois heures. A ce moment, le général de Jouffroy apprit que le colonel Thierry, qui formait sa gauche, n'avait pu tenir au Poirier et se repliait sur Saint-Calais; il continua dès lors son mouvement général de retraite. Les éclaireurs algériens le couvraient sur la droite, résistant avec la plus grande vigueur aux attaques de l'ennemi. A neuf heures du soir, toutes les troupes étaient derrière la Braye, et les convois, intacts, à Cogniers, engagés sur les chemins qui mènent à Saint-Jean de la Couée.

Cette direction générale donnée à la retraite avait l'inconvénient d'abandonner les artères principales aboutissant au Mans et de les laisser toutes ouvertes à l'ennemi; elle eut de plus comme conséquence de jeter les colonnes sur des chemins difficiles, de les obliger à de longs détours et de les faire aboutir au Mans en dernier lieu, en retard et épuisées de fatigue [1].

Quoi qu'il en soit, ces opérations avaient été vigoureusement conduites et exécutées par tous avec une grande énergie.

COMBAT DE VILLECHAUVE.

Cette retraite du général de Jouffroy allait compromettre la gauche du général de Curten. Le 7 janvier, dès dix heures du matin, des colonnes prussiennes apparaissaient en avant de Prunay, de Villechauve et de Villeporcher jusqu'à Saint-Cyr du Gault. Elles concentrèrent leurs efforts sur Villechauve qu'elles ne purent enlever, et d'où le colonel Jobey parvint à les repousser après un combat qui dura jusqu'à quatre heures. De ce côté, la journée était encore tout à notre avantage malgré des pertes sensibles, parmi lesquelles le capitaine Frémiot du 8ᵉ hussards, tué en chargeant à la tête de son escadron, et une

---

[1] Voir la note 12.

grand'garde d'une centaine d'hommes du 25° mobiles qui, ne s'étant pas suffisamment éclairée, s'était fait enlever en avant de Villeporcher. On verra bientôt que le mouvement de retraite du général de Jouffroy avait entraîné celui du général Barry, qui s'était replié des Ermites sur Chahaignes et Jupilles.

Le général de Curten pouvait donc être seul à soutenir les efforts de l'ennemi. Un défaut d'entente avait amené cette situation, et le général de Jouffroy, qui avait la direction générale des opérations, pour n'avoir pas combiné suffisamment ses mouvements avec ceux des généraux appelés à lui fournir du soutien, allait voir s'échapper le fruit de succès réels et qui auraient pu avoir une grande importance.

LE VICE-AMIRAL JAURÉGUIBERRY EST ENVOYÉ A CHATEAU-DU-LOIR.

La situation devenait grave; il fallait y remédier promptement en ramenant une unité d'action indispensable. Le 8 au matin, le général en chef fit partir l'amiral Jauréguiberry, resté au Mans, pour presser la réorganisation du 16° corps, avec ordre de se rendre à Château-du-Loir pour y prendre le commandement des colonnes de Jouffroy, de Curten et Barry, la direction des opérations sur les deux rives du Loir, et celle de la retraite générale qui devait ramener nos troupes sur les positions préparées en avant du Mans [1].

Nous sommes arrivés au 8 janvier.

Le général Barry, commandant la deuxième division du 16° corps, avait en outre sous ses ordres les troupes de la 3° division (général Maurandy), qui l'avait rallié sur la Loire au moment des affaires de Blois et de Chambord, et quelques troupes du 15° corps restées sur la rive

---

[1] Voir la note 13.

droite de la Loire après la reprise d'Orléans par les Allemands. Ces forces, réduites, il est vrai, par des envois successifs faits aux colonnes de Curten et de Jouffroy, suffisaient néanmoins encore pour défendre les passages du Loir, servir d'appui aux deux colonnes engagées en avant d'elles et protéger la ligne ferrée de Château-du-Loir au Mans par Écommoy. Ces forces occupaient Pont-de-Braye, Ruillé, la Chartre, Château-du-Loir, Chahaignes et l'Homme. Elles étaient éclairées par le 3ᵉ hussards de marche, qui, réparti entre Pont-de-Braye, Sougé et Troo, envoyait ses éclaireurs jusqu'à Montoire.

OPÉRATIONS DU GÉNÉRAL BARRY.

Le général Barry était donc dans cette situation, lorsqu'il apprit le mouvement de retraite du général de Jouffroy sur Saint-Calais, et lorsqu'un avis erroné lui annonça prématurément celui du général de Curten sur Château la Vallière, qui n'eut lieu que le 8.

Craignant pour sa propre retraite sur le Mans, le général Barry demanda, le 7, au général de Jouffroy de lui renvoyer une partie de ses troupes. Celui-ci lui répondit qu'il allait diriger sur Pont-de-Braye les colonnes Marty et Bayle. En attendant, le 8ᵉ mobiles fut établi à Ruillé, prêt à se porter sur Pont-de-Braye si ces colonnes n'y arrivaient pas. Les hussards du colonel Noirtin surveillaient les mouvements de l'ennemi ; d'un autre côté, la brigade Bérard, qui comptait à la Chartre deux bataillons du 41ᵉ de marche, deux du 74ᵉ mobiles et quatre pièces, envoya les deux bataillons du 41ᵉ (colonel Tartrat) et deux pièces sur Montrouveau, pour empêcher les Allemands de se glisser le long du Loir et de tourner ainsi la gauche du général de Curten.

Le matin du 8, à six heures, le général Barry apprenaît que le général de Jouffroy, pressé par des forces supérieures, était en retraite sur Courdemanche, et en concluait que les secours qu'il attendait ne lui arriveraient plus. En avant de lui, les hussards en reconnaissance sur Troo et Sougé reculaient jusqu'à Pont-de-Braye. Dès lors, craignant d'être tourné par sa gauche, il fit replier les troupes de Pont-de-Braye sur Poncé, en donnant l'ordre au 8ᵉ mobiles de défendre le défilé de Ruillé. Le colonel Bérard fut arrêté à Trehet, de manière à garder à la fois le chemin de Couture et les hauteurs de la Chartre, pouvant de là, au besoin, battre le chemin de Poncé à Ruillé sur la rive droite; et le général Desmaisons, en position à Château-du-Loir, dut envoyer à Chahaignes le lieutenant-colonel Roud avec un bataillon et deux pièces.

COMBAT DE RUILLÉ.

A onze heures, l'ennemi entrait sans difficulté à Pont-de-Braye qu'on avait eu tort d'abandonner sans essayer de le défendre, et se portait de là sur Ruillé, qu'il attaquait à une heure et demie. Le lieutenant-colonel Noirtin, à Poncé avec le 8ᵉ mobiles, recula sur Ruillé, et craignant d'être coupé de la Maladerie, se replia successivement sur ce dernier point en faisant bonne contenance, et de là sur Chahaignes, où il arriva en ordre. Une section de mitrailleuses de la 21ᵉ batterie du 2ᵉ régiment d'artillerie avait été d'un grand secours dans cette retraite, en tirant constamment à bonne distance et en faisant essuyer à l'ennemi des pertes qui arrêtèrent un instant sa poursuite. De son côté, le colonel Bérard à la Chartre, craignant d'être coupé, se retira sur Château-du-Loir, et l'ennemi put arriver le soir même jusqu'à l'Homme, après avoir repoussé une grand'garde du 66ᵉ mobiles qui prit position au moulin de Saint-Blaise, sur la Venne.

L'amiral Jauréguiberry, qui venait d'arriver à Château-du-Loir, jugeant la position très-grave, donna immédiatement l'ordre au général Barry de défendre Chahaignes le plus longtemps possible, l'occupation de ce point étant de la plus grande importance pour aider à la retraite, sur le Mans, des troupes de la vallée du Loir aussi bien que de celles du général de Jouffroy.

COMBAT DE CHAHAIGNES.

A Chahaignes, le général Barry avait tout son monde derrière la Venne, avec une grand'garde du 66° au moulin de Saint-Blaise ; du gué de la Pointe, confluent du Loir et de la Venne, au Présidial, le 3° bataillon du 31° de marche, ayant à sa droite un détachement du 38° et appuyant sa gauche au château de Benchart, occupé par une compagnie chargée de la garde des débouchés du ruisseau et du pied des hauteurs ; le 2° bataillon du 31° sur les hauteurs entre la ferme du Pressoir et Chahaignes ; les chasseurs à pied et les mobiles de la Dordogne à Chahaignes même. Le 8° mobiles formait la réserve.

Cette défense était complétée par une section de la 19° batterie du 9° régiment, établie au-dessus du Pressoir avec deux mitrailleuses. Cette artillerie prenait d'écharpe la route du Mans, tandis que la 2° section de la même batterie battait, des Héraudières, la route de l'Homme à Chahaignes. Ces pièces étaient placées derrière des épaulements préparés à l'avance.

Une grande partie de la nuit la grand'garde du moulin de Saint-Blaise, qu'on avait dû renforcer d'une compagnie du 31° de marche, tirailla avec l'ennemi. Le feu ayant cessé vers le matin ; on en profita pour faire des abatis sur le chemin de l'Homme à Chahaignes.

Ces dispositions bien prises étaient cependant incomplètes : il eût été nécessaire d'occuper la crête de la Corbinière, en face du château de Benchart, pour garder les deux flancs du défilé dans lequel passe la route qui mène de l'Homme au Mans par Saint-Pierre du Lorouer, et battre à revers le village même de l'Homme, en occupant ainsi les hauteurs d'où l'ennemi put, le lendemain, contre-battre nos batteries et nous atteindre par ses obus jusque sur nos positions.

Le 9 au matin, des colonnes prussiennes, débouchant de la Maladerie, se dirigèrent sur Saint-Pierre du Lorouer. Elles furent accueillies par un feu violent de nos pièces de 4 et de nos mitrailleuses, qui les força à rétrograder. Une batterie ennemie apparut alors à l'Homme, essayant de nous déloger du Pressoir. Dominée par notre artillerie, qui tirait à deux mille quatre cents mètres, ne pouvant répondre avec avantage, elle dut reculer jusqu'à la Gondonière, d'où, renforcée par six autres pièces, elle put régler son tir avec une grande justesse malgré la distance. En même temps, une troisième batterie prussienne tirait à toute volée des hauteurs de la Corbinière, et ses projectiles arrivaient jusqu'en arrière de nos lignes, dans le ravin de Chahaignes à Jupilles, qu'elle croyait occupé par nos réserves.

Cependant la fusillade avait commencé sur tout le front des positions. Pendant qu'à gauche le 31ᵉ de marche reculait lentement tout en combattant, l'ennemi arrivait à passer la Venne. Pour faire face à cette attaque et éviter d'être tourné par la forêt de Bersay, le général Barry chargea le 8ᵉ mobiles d'en garder les passages; nos pièces des Héraudières arrêtaient en même temps une colonne prussienne qui cherchait à débarrasser le chemin de l'Homme à Chahaignes de ses abatis et à enlever le village.

Il était dix heures. L'amiral, prévenu de ce qui se passait, hâtait l'arrivée des renforts. Mais déjà l'ennemi avançait en force sur le plateau de Chahaignes par le chemin du Présidial, précédé par des pièces de montagne qui, tirant à mitraille, jetèrent le désordre dans nos rangs. Malgré l'avantage de leurs positions et pressés par le nombre, nos troupes reculèrent, la droite sur Château-du-Loir par Flée, la gauche sur Jupilles par la forêt de Bersay. La retraite était dès lors nécessaire. Le général Barry la fit avec ordre, arriva le soir à Jupilles avec son artillerie, pour prendre le lendemain la direction d'Écommoy.

Tel fut le combat de Chahaignes, dans lequel nos troupes montrèrent une grande vigueur et surent résister pendant longtemps à 8,000 hommes d'infanterie allemande, soutenus par une nombreuse artillerie. Nous comptions de notre côté, 12 officiers et 350 hommes tués, blessés ou disparus.

De Chahaignes, l'ennemi continua sa marche vers le Mans. Le colonel Bayle, qui arrivait au secours du général Barry avec le 38ᵉ de marche et le 66ᵉ mobiles, se battait depuis le matin à Brives. Il ne renonça à la lutte qu'en apprenant qu'on se retirait ; et se voyant assailli sur son flanc droit par la colonne venant de Chahaignes, il se replia alors en bon ordre sur le général de Jouffroy, au Grand-Lucé.

8 JANVIER. COMBAT DE VANCÉ.

Le 8 janvier, le général de Jouffroy était en retraite : ses troupes de Sainte-Cérotte, par Évallié, Sainte-Osmane et le pont de Monternaux, sur Montreuil-le-Henry ; celles de Saint-Gervais en Vie, par Cogniers, Saint-Georges de la Couée, sur Courdemanche ; la cavalerie et les éclaireurs algériens, vers Vancé. Sur ce dernier point, l'ennemi faisant un vigoureux effort tombait sur le 3ᵉ cuirassiers, qui, manœuvrant difficilement sur ce terrain coupé, glissant et couvert de neige, allait être sérieusement compromis lorsqu'il fut dégagé par les Arabes du colonel Goursaud, qui surent affirmer une fois de plus dans cette occasion et leur valeur et leur hardiesse. La retraite était des plus difficiles; une partie de nos cavaliers dut mettre pied à terre pour inquiéter les artilleurs prussiens des hauteurs de Vancé, tandis que le Goum résistait avec opiniâtreté à l'infanterie par son choc et sa mousqueterie. Forcés de se retirer enfin, par un chemin creux qui était leur seule issue et dans lequel les obus éclataient au milieu de leurs rangs pressés, les Algériens perdirent là une centaine d'hommes tués ou blessés. De son côté, le 3° cuirassiers avait eu son colonel et un officier blessés et une vingtaine d'hommes prisonniers ou disparus.

9 JANVIER. COMBAT DE BRIVES.

Apprenant dans la nuit du 8 au 9 que le général Barry s'est retiré de la vallée du Loir et que l'ennemi s'avance sur l'Homme par Chahaignes, le général de Jouffroy fait porter, le 9 au matin, le colonel Thierry sur Maisoncelles, pour se relier avec des renforts que le général en chef avait dirigés sur Bouloire, tandis que le colonel Bayle marche sur Brives et Saint-Pierre du Lorouer. A dix heures, l'ennemi attaque la Martinière, Brives, Saint-Frambault et le château de la Chinchuère, défendu par le 70° mobiles. A Brives, nos troupes, accablées par le nombre et malgré le secours que leur apporte le 46° de marche, se voient forcées de reculer sur Saint-Pierre et sur Saint-Vincent du Lorouer.

A quatre heures, nous sommes obligés d'abandonner toutes nos positions pour nous retirer sur Grand-Lucé et Pruillé-l'Éguillé. La neige tombait à gros flocons, les chemins étaient impraticables; une partie des voitures du convoi durent être abandonnées, malgré tous les efforts faits pour les dégager des profondes ornières dans lesquelles elles s'étaient enfoncées.

Pendant que ces événements se passaient entre la grande route de Vendôme au Mans par Épuisay, et la vallée du Loir, le sous-préfet de Saint-Calais, M. Brunet, arrivé au Mans à pied à travers les plus grandes difficultés, informait le général en chef que le prince Frédéric-Charles était entré dans la ville la veille avec 10,000 hommes et 40 canons[1]. Il constatait en outre la présence de l'ennemi à Sainte-Cérotte, Saint-Gervais en Vie, Vancé et Bessé. Préoccupé déjà de la retraite du général de Jouffroy, le général en chef avait donné, le 8, l'ordre au général de Colomb, commandant le 17e corps, de porter sa 2e division sur la route de Saint-Calais, et au général Jaurès, commandant le 21e corps, de veiller à ce que le plateau d'Auvours et les épaulements d'Yvré-l'Évêque fussent solidement occupés, ainsi que toutes les positions en avant de Sargé.

En exécution de ces ordres, la 2e division du 17e corps (général Pâris) commença son mouvement le 8 dans la soirée, mais ne put être réunie à Saint-Hubert, sur la route de Saint-Calais, qu'à quatre heures du matin le 9, à cause du mauvais temps et de la neige qui couvrait le sol. Elle était précédée et éclairée par trois escadrons du 4e régiment de cavalerie légère. A onze heures et demie, elle atteignait Ardenay.

9 JANVIER. COMBAT D'ARDENAY.

Le bataillon du 48e, qui formait tête de colonne, fut placé en grand'garde dans le parc du château d'Ardenay et sur des positions à droite et à gauche de la route. La

---

[1] Voir note 14.

division s'établit sur la butte d'Ardenay, détachant sur sa gauche quatre compagnies du 85° mobiles pour surveiller la route du Breil, sur laquelle des coureurs ennemis avaient été signalés. La cavalerie et la compagnie d'éclaireurs du capitaine Taillandier venaient de rentrer de reconnaissance sans avoir pu rien apercevoir, tellement le temps était sombre et la neige épaisse, lorsqu'à midi et demi le bataillon d'avant-garde fut attaqué par des tirailleurs ennemis. — Au bout d'une heure, le combat était général; notre gauche dut se replier dans les bois au pied des crêtes d'Ardenay, malgré l'opiniâtreté de la résistance du commandant Corcelet, du 51° de marche, jusqu'au moment où il fut atteint mortellement. La droite put tenir plus longtemps; mais à la tombée de la nuit elle dut reculer sur le village d'Ardenay, pour s'y défendre derrière les haies et dans les chemins creux qui y aboutissent. Maître du terrain au pied de la butte, l'ennemi commença dès lors un mouvement tournant sur la droite, pendant que de nouvelles troupes se massaient sur notre front dans les bouquets de bois et ouvraient contre nos positions un feu de mousqueterie des mieux nourris. On était cependant parvenu à hisser à grand'peine au sommet de la butte trois pièces de 4 et une mitrailleuse, qui, après une canonnade d'une demi-heure, firent taire une section d'artillerie ennemie placée à 1,200 mètres de l'escarpement. A cinq heures et demie, toutes les troupes de la division avaient été successivement engagées : à notre gauche, le 85° mobiles était menacé sur son flanc par une forte colonne d'infanterie; sur notre front on repoussait à la baïonnette une attaque dirigée contre un groupe de maisons au pied de la butte. L'obscurité était presque complète. Les hommes étaient harassés par la marche si pénible de la veille et la lutte de la journée. Le général Pâris décida donc qu'il était impossible de conserver la position jusqu'au lendemain, mais qu'on la tiendrait jusqu'à la nuit close et assez longtemps pour permettre à l'artillerie et aux convois de prendre de l'avance en arrière. L'infanterie ne battit en retraite qu'à sept heures et demie, après avoir résisté aussi longtemps qu'elle le put à l'ennemi qui venait de couronner la butte. La retraite ne fut pas inquiétée, et la division put arriver le 10 dans la matinée sur le plateau d'Auvours[1]. Elle avait eu une quarantaine de tués dont 2 officiers, et environ 210 blessés dont 10 officiers.

OPÉRATIONS DU GÉNÉRAL ROUSSEAU SUR L'HUISNE.

Avant de décrire les combats qui vont être livrés autour du Mans, la bataille du 11 et la retraite de l'armée au delà de la Sarthe, il convient de jeter un coup d'œil en arrière et de raconter les faits qui se sont passés dans la vallée de l'Huisne, du 1ᵉʳ au 9 janvier.

Le 21ᵉ corps avait, comme on l'a vu, détaché en avant de ses positions deux colonnes mobiles. L'une, la moins importante, fournie par la 3ᵉ division de ce corps, s'était avancée jusqu'à Ballon pour occuper ce point et surveiller de là les routes de Mamers et d'Alençon; l'autre, celle aux ordres du général Rousseau, arrivée dès le 30 décembre à la Ferté-Bernard, avait envoyé sur sa droite un détachement des trois armes sous les ordres du commandant Bonnefond-Pédulans, qui, après l'heureux coup de main de Courtalin, avait rejoint le 3 janvier, à Nogent-le-Rotrou, le corps principal qui s'y était porté le premier. Enfin les éclaireurs du colonel Lipouski surveillaient les environs de Bellesme, s'étendant jusqu'à la Fourche[2].

Le 3 janvier, les troupes du général Rousseau, renfor-

---

[1] Voir note 15.
[2] Voir note 16.

cées du bataillon des Deux-Sèvres arrivé du Mans par le chemin de fer, sont établies autour de Nogent, de façon à garder toutes les routes par lesquelles l'ennemi peut menacer cette ville. Elles occupent les positions de la Fourche, à l'embranchement de la route de la Loupe et de celle de Paris, de la Gaudaine, sur la route de Thoron et d'Illiers, de la Tuilerie et de Souancé, sur les routes de Brou et d'Authon. Elles se relient ensuite par leur droite au corps de Cathelineau, qui de Vibraye et de Montmirail rayonne sur Authon et la Bazoche, éclairant la vallée de l'Yèvre et celle du Loir dans les directions de Cloyes, Châteaudun et Bonneval[1]; par leur gauche, aux francs-tireurs Lipouski qui surveillent la rive droite de l'Huisne. Enfin les volontaires du commandant Liénard se portent de Ballon sur Authon, pour observer le Perche dans cette direction ; tandis que les éclaireurs à cheval du capitaine Bernard, poussés jusqu'à Saint-Calais, relient les opérations des troupes aux ordres du général Rousseau à celles des colonnes sous le commandement du général de Jouffroy.

5 ET 6 JANVIER. COMBATS DE LA FOURCHE.

Le 5 janvier, l'ennemi se montre sur toutes les routes en avant de Nogent, et une de ses reconnaissances, forte d'un régiment d'infanterie et d'une batterie venue de Châteauneuf par la Loupe, tente une attaque sur nos positions de la Fourche. Elle se retire après un combat de deux heures avec des pertes sensibles; nous n'avions eu de notre côté qu'un homme tué et un blessé. D'après les habitudes bien connues de l'ennemi, cette tentative en faisait présager une plus sérieuse pour le lendemain; d'un autre côté, le général en chef savait par ses émissaires que des forces importantes étaient sorties de Chartres; il fallait

---

[1] Voir note 17.

donc renforcer le général Rousseau, et le 6, dès le matin, le commandant du 21ᵉ corps lui envoyait 1,000 hommes de la Corrèze, qui arrivèrent à Nogent vers onze heures.

L'attaque avait commencé, dès neuf heures du matin, par une avant-garde prussienne qui s'était portée sur la Fourche, d'où elle avait été repoussée, laissant entre nos mains une vingtaine de prisonniers. L'ennemi attendit alors l'arrivée de ses colonnes venant de Châteauneuf, de Chartres et de Bonneval, et se reporta sur la Fourche avec 14,000 hommes et 3 batteries. Jusqu'à deux heures, l'action se borne de part et d'autre à une vive canonnade ; mais à ce moment, pendant que nous repoussons une attaque sur Condreceau, des masses d'infanterie prussienne descendent des hauteurs, délogent la gauche du général Rousseau de la position de la Fourche, et enlèvent trois de nos pièces dont une démontée, après avoir blessé grièvement le capitaine et le lieutenant de la batterie et tué une grande partie des servants. C'est en vain que le général Rousseau envoie, pour reprendre ses pièces, le 13ᵉ bataillon de chasseurs à pied du commandant Lombard, et successivement trois compagnies du bataillon des Deux-Sèvres, deux du 58ᵉ et les francs-tireurs qu'il a sous la main. Tous ces efforts sont inutiles : les troupes plient sous l'action puissante de l'ennemi et doivent abandonner les canons. Là s'arrêtent toutefois les succès des Allemands, qui tentent en vain de déboucher de la Fourche et qui ne peuvent culbuter, des bois où elles se sont ralliées, nos forces qu'appuie le feu de deux mitrailleuses. La nuit venue, le général Rousseau se retire sur les positions en avant de Nogent, à hauteur de Margon.

COMBAT DE NOGENT-LE-ROTROU.

Pendant cet engagement, deux autres attaques avaient eu lieu par les routes de Thiron et de Beaumont. La première avait été facilement repoussée par le bataillon de la Corrèze; l'autre, tentée par une colonne de 2,000 hommes et 2 pièces de canon, causa un instant de panique dans Nogent, mais elle fut rejetée sur les hauteurs de Montgraham par le 58°, appuyé par une section d'artillerie. De son côté le colonel Lipouski, sur lequel le général Rousseau comptait pour prendre l'ennemi de flanc, avait dû faire face à une colonne prussienne assez forte à Regmalard.

En résumé, ces combats font honneur aux troupes du général Rousseau et à leur chef. Le 13° bataillon de chasseurs à pied et la 25° batterie de marine, sur lesquels avait porté l'effort principal de l'ennemi, s'étaient vaillamment conduits; les pertes pour ces deux corps seuls étaient de 46 hommes tués, 145 blessés et 44 disparus. Dans le reste de la colonne, nous avions eu 2 officiers tués, 5 blessés, et un assez grand nombre d'hommes atteints.

D'après les renseignements fournis par les espions et les quelques prisonniers faits à l'ennemi, le grand-duc de Mecklembourg avait réuni son armée pour descendre la vallée de l'Huisne. Il fallait donc s'attendre à des tentatives sérieuses de ce côté. Le général en chef prescrivit au général Rousseau d'éviter le combat s'il se trouvait en face de forces trop considérables, et tout en ne cédant le terrain que pied à pied, de se retirer, si cela était nécessaire, sur la Ferté-Bernard. Là, il devait essayer de nouveau de se défendre dans une bonne position, avant de se replier sur celles en avant du Mans. Le but de cette résistance était de fatiguer l'ennemi, de retarder sa marche, et de donner aux autres colonnes et à l'armée principale le temps de se rallier et de se préparer à la bataille qui paraissait imminente.

COMBAT DU THEIL.

Le 7 janvier, le commandant du 21ᵉ corps envoyait sur Nogent, en chemin de fer, le reste de la 3ᵉ division, et par la route, un renfort d'artillerie sous l'escorte de deux escadrons. Le même jour, le général Rousseau continuait son mouvement de retraite sur le Theil. Il y était arrivé et établi, lorsque, vers quatre heures du soir, ses avant-postes, au Gibet et à Châteauroux, furent attaqués par une colonne ennemie qui les força à reculer. Le général tenta alors un retour offensif, mais l'ennemi déploya devant lui des forces tellement considérables, que, menacé d'être tourné sur ses positions du Theil, il dut se décider à gagner la Ferté-Bernard, où il arriva à une heure du matin, et de là Connerré, où il put seulement rallier ses troupes, dispersées par cette marche de nuit.

Toute la 1ʳᵉ division du 21ᵉ corps se trouva alors réunie à Connéré le 9 au matin, occupant les positions ci-après :

Le 26ᵉ de ligne à Thorigné : la 1ʳᵉ brigade sur les hauteurs de Duneau, la 2ᵉ brigade de la gare de Connerré jusqu'à deux kilomètres sur la route de Thorigné.

Pendant que cette retraite s'effectuait, le colonel Lipouski fut envoyé sur Alençon pour observer les mouvements de l'ennemi, dont l'aile droite menaçait Mortagne; et Cathelineau, de Vibraye où il était trop exposé, ramena à Montfort ses volontaires et son artillerie. Ainsi donc, toutes les colonnes mobiles, et les divers détachements qui surveillaient et harcelaient l'ennemi entre la Sarthe et l'Huisne, l'Huisne et le Loir, après des succès incontestables au début, étaient en retraite sur tous les points à la fois, et se repliaient sur le Mans.

Malgré des fautes de détail, toutes ces troupes avaient combattu avec beaucoup de vigueur, causé beaucoup de mal à l'ennemi, ne cédant le terrain que pied à pied. Le plus grand tort pour quelques-unes a été de battre en retraite en dehors des grandes voies de communication, et pour ceux qui les commandaient de n'avoir pas assez lié leurs mouvements les uns aux autres.

La position du général Rousseau paraissant la plus critique, le général Jaurès, commandant le 21ᵉ corps, demanda à se porter en avant pour le soutenir jusqu'à sa rentrée dans les lignes [1]. Le 9, il occupait, sur la rive droite de l'Huisne, les emplacements suivants :

La 1ʳᵉ division en avant de Connerré, comme il a été indiqué ci-dessus.

La 1ʳᵉ brigade de la 2ᵉ division, sur les hauteurs en avant du ruisseau des Grands-Veaux, du Petit-Chassoir à la ferme du Chêne, ayant ses réserves en arrière du ruisseau, aux Cohernières, à la Charpenterie, au Bordage, aux Grands-Veaux, couvrant ainsi Montfort et Lombron.

La 2ᵉ brigade à gauche de la 1ʳᵉ, à cheval sur les deux rives du ruisseau du Fleuret, de la ferme du Chêne au village de la Chapelle Saint-Remy, ayant ses réserves à la Maison-Neuve, à la Miollerie et aux Guillonnières.

La 2ᵉ division couvrait ainsi les routes de Bonnétable et de la Ferté-Bernard, commandant la vallée de l'Huisne et le chemin de fer de Chartres.

La 3ᵉ division, sa 1ʳᵉ brigade à Savigné-l'Évêque surveillant la route de Bonnétable, sa 2ᵉ brigade en avant sur la route de Ballon, vers la Trugale.

La colonne de Ballon, rentrée à Savigné. La division de Bretagne occupant Montfort avec une brigade, l'autre (19ᵉ de ligne et 62ᵉ) à la Belle-Inutile, pour renforcer la 1ʳᵉ division.

Le quartier général et la réserve du 21ᵉ corps, à Montfort.

---

[1] Voir la note 18 *bis*.

9 JANVIER. COMBATS DE THORIGNÉ ET DE CONNERRÉ.

Pendant que les 2ᵉ et 3ᵉ divisions du 21ᵉ corps se portaient ainsi en avant, la 1ʳᵉ division était de nouveau attaquée dans la journée du 9 janvier. Le 26ᵉ de ligne envoyé à Thorigné pour l'occuper, en attendant les renforts que doit amener le général Goujard, qui remonte la rive gauche de l'Huisne, est assailli, le matin, par trois colonnes ennemies débouchant par les routes de Breil, de Dollon et de Bouloire, et obligé d'abandonner le village. Les Allemands marchent alors sur Connerré et sont arrêtés par la résistance vigoureuse du 26ᵉ, qui a pu atteindre une bonne position où il est renforcé par le 90ᵉ mobiles (1ᵉʳ et 2ᵉ bataillons de la Corrèze, et 5ᵉ bataillon de la Sarthe), sous les ordres du colonel Feujeas, dont l'énergie les maintient jusqu'à la nuit.

Sur la route de la Ferté-Bernard une autre attaque très-vive avait été repoussée par le lieutenant-colonel Roux, quand vers le soir l'ennemi, maître de Vouvray qu'il incendie, et ayant repoussé le bataillon de l'Aude qui le gardait, prononce un mouvement sur notre flanc droit. La menace était des plus sérieuses et le moment critique. Le lieutenant-colonel Roux, le commandant Lombard du 13ᵉ chasseurs à pied, et le chef d'escadrons Dubuquoy du 6ᵉ dragons, donnant l'exemple aux troupes, les entraînent à une offensive vigoureuse et refoulent l'ennemi, la baïonnette dans les reins, jusque dans les bois d'où il était sorti. La colonne dégagée peut dès lors se replier sur Connerré, protégée par l'artillerie, que l'intensité de la neige qui ne cessait depuis le matin avait jusque-là empêchée d'agir.

A la nuit tombante, les fusiliers marins et le 19ᵉ de ligne qui gardaient la barricade de la Touche-de-Veau, à l'intersection de la route de Connerré au Breil, et de celle de Thorigné à Soulitré, tentent une attaque contre Thorigné. Un ordre, qui ne parvient pas en temps utile aux troupes de renfort, fait échouer cette opération, malgré le courage et le dévouement des marins, qui parviennent néanmoins à se dégager en ramenant leurs blessés. A neuf heures du soir, l'ennemi se présente à son tour par la route de la Ferté, et ne peut en déloger le 5° bataillon de fusiliers marins qui la garde.

Tandis que ces faits se passaient en avant de Connerré, le 62° de ligne, de la division de Bretagne, avait été attaqué à la Belle-Inutile par des forces considérables, et obligé de reculer sur Saint-Mars, laissant entre les mains de l'ennemi une partie du convoi de la 1re division, qui avait été dirigé sur Montfort.

La fatigue des troupes était extrême, le temps n'avait pas cessé d'être très-mauvais depuis quelques jours, les hommes étaient mouillés sans pouvoir se sécher ; ce n'était qu'à grand'peine qu'ils trouvaient le moment de toucher leurs vivres, de préparer leurs aliments et de manger. D'un autre côté, l'ennemi se concentrait de plus en plus, et la résistance dans ces conditions devenait impossible. Le général Rousseau demanda alors à se retirer sur Montfort et Pont-de-Gennes. Sa division avait eu 24 tués, 98 blessés, 756 hommes disparus, parmi lesquels 5 officiers blessés et 1 fait prisonnier. Le colonel Feujeas, malgré deux blessures, était resté à son poste de combat, et ne s'était retiré qu'après avoir eu son cheval tué sous lui.

On a vu que du côté d'Ardenay la lutte avait été désavantageuse pour nous, et que la retraite s'était effectuée avec trop de précipitation. Le général en chef était depuis le matin sans nouvelles exactes des généraux Barry, de Curten et de Jouffroy, malgré le grand nombre d'officiers envoyés dans toutes les directions, et que l'état des routes retardait. La seule communication rapide possible était par la ligne télégraphique qui fonctionnait encore, bien que difficilement, avec Château-du-Loir. La dépêche ci-dessous fut expédiée, à quatre heures trente-deux minutes, à l'amiral Jauréguiberry qui devait se trouver encore sur ce point :

« Un officier de cuirassiers, arrivant de Grand-Lucé, dit
» avoir entendu le canon du côté de Courdemanche. D'un
» autre côté, le général Digard m'écrit de Grand-Lucé
» que Montreuil-le-Henry serait encore occupé par la bri-
» gade Thierry, et que le général de Jouffroy se serait
» dirigé, avec son infanterie et son artillerie, sur Jupilles,
» pour rallier le général Barry.

» L'ennemi occupe Évaillé et Tresson, menaçant Pari-
» gné-l'Évêque.

» Il résulte de cette situation, qu'à part quelques esca-
» drons de cavalerie et quelques francs-tireurs à Parigné
» et au Grand-Lucé, cette route sur le Mans n'est pas assez
» sérieusement défendue. L'ennemi en profitera dès qu'il
» en aura la conviction. Faites donc rechercher de suite le
» général de Jouffroy en envoyant dans toutes les direc-
» tions; donnez-lui l'ordre de faire occuper solidement
» Parigné-Lévêque, et de se mettre en communication
» avec le général de Colomb qui couche ce soir à Ardenay.
» Faites aussi de nouveau rechercher le général Barry. Il ne
» peut être bien loin, puisqu'il s'est replié de Chahaignes. Il
» doit être à Jupilles ou dans la forêt de Bersay; donnez-lui
» l'ordre de se replier sur Écommoy. Quant à vous, il ne
» faut pas songer à marcher sur la Flèche; l'important, si
» vous ne pouvez tenir à Château-du-Loir jusqu'à votre
» jonction avec Curten, est de vous rabattre sur Écommoy,
» pour de là rentrer dans nos lignes du Mans. Le mieux,
» pour éviter une marche de flanc, est de marcher à votre
» tour sur le flanc de l'ennemi, si de la Chartre il se dirige

» soit sur Grand-Lucé, soit sur Jupilles. Quant au général
» de Curten, en le prévenant de suite, vous pourrez savoir
» à peu près à quelle heure il vous rejoindra à Château-du-
» Loir demain. Une fois rallié avec le général Barry à
» Écommoy et le général de Jouffroy à Grand-Lucé, vous
» pourrez inquiéter sérieusement l'ennemi, et, dans tous
» les cas, opérer votre retraite dans de bonnes conditions
» le long du chemin de fer. »

Cette dépêche venait à peine d'être expédiée, quand la nouvelle arriva que le général Digard avait quitté Grand-Lucé avec sa brigade et s'était reporté sur le quartier général de la division de cavalerie, à la Rochère. En conséquence de tous ces événements, le général en chef donna, le 9 au soir, les instructions générales ci-après, qui résument la situation et prescrivent les mesures à prendre.

« Au grand quartier général du Mans,
le 9 janvier (n° 208).

« Depuis quelques jours, l'ennemi a tâté toutes nos
» positions sur l'Huisne, en avant de Montmirail et de
» Saint-Calais, sur le Loir et à l'est du chemin de fer de
» Tours au Mans.

» Aujourd'hui, qu'il a réuni des forces assez considé-
» rables, il marche sur le Mans, en descendant l'Huisne,
» par la route de Saint-Calais, par celle de Montoire au
» Grand-Lucé, tandis que des partis moins importants se
» portent sur Bellesme, menaçant le chemin de fer d'Alen-
» çon, de Vibraye sur Condrieux, de Bessé sur Tresson
» et Parigné, et sur les diverses positions qu'occupait la
» division Curten sur la rive gauche du Loir.

» Si l'ennemi avance aussi effrontément, c'est, il est
» pénible de l'avouer, parce que nous ne lui opposons
» nulle part une résistance sérieuse, alors que nous dispo-
» sons partout de forces au moins égales aux siennes.

» La retraite ne mène à rien ; elle n'est que le principe
» d'un désordre que nous devons éviter à tout prix.

» Il faut donc que dès demain, dans toutes les directions et sur tous les points à la fois, on reprenne l'offensive.

» La cavalerie a abandonné ce soir, sans même avoir
» reconnu les forces qu'elle croyait devant elle, sans par
» conséquent avoir essayé la moindre résistance, les points
» importants de Parigné-l'Évêque et du Grand-Lucé.

» Le général commandant la cavalerie fera une enquête
» sur ces faits, et les officiers qui commandaient sur ces
» points auront à rendre compte.

» Le général en chef a donné l'ordre au général Deplanque de faire reprendre cette nuit la position de Parigné,
» et de porter demain au jour, sur ce point, toute une brigade de la 1re division du 16e corps.

» La cavalerie se reportera sur Grand-Lucé, en se mettant en relation avec le général Jouffroy, qui a reçu
» l'ordre de faire occuper fortement ce point par de
» l'infanterie.

» Sur la rive droite du Loir, l'amiral Jauréguiberry,
» avec les troupes dont il dispose, tout en protégeant la
» retraite du général de Curten, dirigera une attaque sur
» le flanc gauche de l'ennemi, marchant de la Chartre sur
» le Mans.

» Sur la route de Saint-Calais, le général de Colomb
» fera attaquer l'ennemi à la pointe du jour, de façon à le
» rejeter au delà d'Ardenay.

» Sur l'Huisne, le général Jaurès, se portant de sa personne à Pont-de-Gennes, attaquera l'ennemi à Thorigné
» et à Connerré.

» Nul ne doit songer à la retraite sur le Mans sans avoir
» tenu jusqu'à la dernière extrémité.

» Ce n'est qu'alors que l'on pourrait songer à venir se

» replacer sur les positions de défense assignées primitive-
» ment à chaque corps, et cela pour les défendre à
» outrance.

» Le général en chef a été informé que de nombreux
» fuyards, la plupart des divisions Barry et Jouffroy,
» étaient déjà rencontrés sur les routes aboutissant au
» Mans; il rend les généraux et chefs de corps respon-
» sables de ces débâcles que rien ne justifie, et que de
» l'énergie et quelques exemples immédiats peuvent ar-
» rêter.

» Le général Bourdillon portera demain, dès le matin,
» les deux régiments de gendarmerie sur toutes les routes
» qui aboutissent au Mans dans les directions de Sargé,
» d'Yvré-l'Évêque, de Parigné, de Mulsanne et d'Arnage.

» Il fera arrêter, à quatre kilomètres de la ville, tous les
» hommes isolés ou détachements qui se présenteront, les
» réunira sous le commandement d'un officier, fera éta-
» blir des listes, assignera à chaque groupe un emplace-
» ment, et rendra compte au général en chef.

» La ville est consignée à partir de demain, et jusqu'à
» nouvel ordre, aux officiers et à la troupe.

» Toute infraction sera punie avec la dernière rigueur.

» L'exécution de cet ordre est sous la responsabilité du
» général commandant la division de réserve et la gen-
» darmerie.

» Le général en chef a fait constater, par des officiers
» envoyés aujourd'hui dans toutes les directions, que nulle
» part le service d'avant-postes n'était fait convenable-
» ment.

» Les officiers supérieurs, de jour, devront être person-
» nellement responsables de ce service qu'ils ont à sur-
» veiller.

» La cavalerie et les éclaireurs doivent pousser des
» reconnaissances incessantes sur tous les chemins, dans

» toutes les directions, et au moins à quinze kilomètres
» au delà des lignes.

» Il n'y a point à alléguer le mauvais temps : il est le
» même pour tous, et les Prussiens ne s'en préoccupent
» pas.

» Le général Bourbaki a remporté une grande victoire
» à Villersexel, entre Vesoul et Montbéliard. »

En même temps qu'il donnait ces instructions, le général en chef prescrivait partout par le télégraphe qu'on eût à reprendre une vigoureuse offensive. Il fallait imposer à l'ennemi et éviter, surtout, ces retraites précipitées qui, avec des troupes nouvelles, tournent si facilement en panique et en débandade.

Au général de Colomb, qui, ne prévoyant pas pouvoir tenir sur la route de Saint-Calais, où il s'était porté avec des renforts, demandait à ramener la division Pâris sur le plateau d'Auvours, il disait :

« Il faut, avant de songer à battre en retraite sur le
» plateau d'Auvours, que le général Pâris attaque à son
» tour l'ennemi demain au jour, et tâche de le culbuter
» au delà d'Ardenay. La position d'Auvours n'est qu'un
» dernier refuge. Elle est déjà gardée par quelques troupes
» du général Goujard. »

Un peu plus tard :

« Je réitère les ordres que j'ai déjà donnés. Je n'admets
» la retraite sur Auvours que si vous êtes battu ; faites re-
» porter demain au jour la division Pâris en avant. Il faut
» qu'elle attaque vigoureusement l'ennemi avant qu'il re-
» prenne sa marche sur le Mans, et qu'elle réoccupe les
» hauteurs d'Ardenay. »

Au général Jaurès, commandant le 21ᵉ corps, onze heures et demie du soir [1] :

---

[1] Voir la note 19.

« Je maintiens mes ordres; prenez tout ce qu'il vous
» faudra de monde, et que demain on enlève les positions
» abandonnées aujourd'hui par le général Rousseau. Char-
» gez le général Goujard d'enlever Thorigné; je suis sûr
» qu'il réussira. »

Enfin, à l'amiral, le 10, à trois heures quarante-cinq minutes du matin :

« Le général de Jouffroy m'informe qu'il est à Grand-
» Lucé avec sa division et la brigade Bayle; je lui prescris
» de continuer sa retraite sur Parigné, afin d'attaquer la
» gauche de l'ennemi, qui est très-pressant sur la route de
» Saint-Calais. Il dirigera sur Écommoy les colonels Thierry,
» Falcon et Marty, qui, à ce qu'il pense, doivent le rejoin-
» dre à Grand-Lucé. Basez-vous donc sur ces renseigne-
» ments pour opérer votre retraite et celle du général
» Barry, en donnant une direction et un point de concen-
» tration au général de Curten. »

En même temps le général en chef prescrivait au général Deplanque, commandant la 1re division du 16e corps restée en avant de Pontlieue, de reprendre Parigné au jour et de s'y maintenir.

Ce dernier mouvement fut exécuté par la 2e brigade (lieutenant-colonel Pereira), appuyée en arrière par la 1re brigade (colonel Ribell), qui devait prendre position entre Changé et l'Huisne. Le village de Changé restait occupé lui-même par un bataillon du 39e de marche et un du 62e. De plus, le général de Roquebrune, à qui il restait une brigade de la 1re division du 17e corps, l'autre ayant été renforcer le général de Jouffroy, vint remplacer la brigade Pereira et s'établir le long du chemin aux Bœufs, sa droite appuyée à la route de Parigné.

En exécution de ces ordres, le 10, à deux heures du matin, le 2e bataillon du 39e de marche (capitaine Sombret), se portait sur Parigné-l'Évêque et y entrait à quatre heures et demie sans rencontrer de résistance. Le reste de la brigade avait suivi le mouvement; elle se composait du 3ᵉ bataillon de marche de chasseurs à pied, de ce qui restait du 39ᵉ de marche et du 75ᵉ mobiles, de la légion des mobilisés de Maine-et-Loire, d'une batterie de mitrailleuses (19ᵉ du 10ᵉ régiment, capitaine Delahaye), et d'une batterie de 4 (la 24ᵉ du 15ᵉ régiment, capitaine Dedouvres).

10 janvier. combat de parigné-l'évêque.

Cette colonne, retardée par le mauvais état des chemins, très-glissants pour les hommes, les chevaux et surtout l'artillerie, n'arriva à Parigné qu'à neuf heures du matin. L'ennemi, profitant de la neige qui tombait à gros flocons et empêchait de voir au loin, s'était avancé sur le village et avait pu, sans être aperçu, s'établir dans une ferme sur la gauche, et dans le bois. A peine arrivé, le 3ᵉ de chasseurs à pied, qui formait l'avant-garde du colonel Pereira, fut reçu par un feu très-vif contre lequel il fit bonne contenance, tandis que les tirailleurs du 39ᵉ et ceux du 75ᵉ mobiles protégeaient la concentration de la colonne. On fut longtemps avant de pouvoir faire avancer deux pièces d'artillerie jusqu'au haut du village, d'où elles pouvaient battre la route de Grand-Lucé. Le feu de ces pièces arrêta un instant deux fortes colonnes ennemies qui apparaissaient dans cette direction. On en profita pour couvrir de sable et de fumier la route si glissante de Parigné et pour amener le reste de l'artillerie. La batterie Dedouvres put ainsi contre-battre deux batteries allemandes établies l'une à l'ouest du village et l'autre au nord-ouest, à une distance de 1,500 mètres. En même temps le capitaine Delahaye, amenant ses mitrailleuses entre les premières maisons, ouvrait son feu sur les tirailleurs embusqués dans les bois qui couvrent les hauteurs à l'est, et bientôt sur deux nouvelles batteries qu'il forçait à changer plusieurs fois de position.

C'est à ce moment, vers onze heures du matin, qu'apparurent les troupes du général de Jouffroy, venant de Grand-Lucé [1]. C'était le 70ᵉ mobiles (Lot), amenant deux mitrailleuses et quatre pièces de 4, qui s'avançait jusqu'au haut du village. Le colonel Pereira put croire un instant à un secours sérieux devenant de plus en plus nécessaire, car l'ennemi apparaissait en force de tous les côtés. Malheureusement là devait se borner le renfort venant du général de Jouffroy. Le 45ᵉ de marche et le 1ᵉʳ bataillon de chasseurs, qui suivaient à une certaine distance le 70ᵉ mobiles, par suite d'un ordre mal transmis ou mal compris, avaient quitté la route qui mène directement sur Parigné, s'éloignant ainsi de cette direction. D'un autre côté, le général de Jouffroy craignant, dans le cas où les instructions données par le général en chef pour la reprise d'Ardenay ne seraient pas exécutées, de se heurter à Parigné contre des forces trop nombreuses, résolut de rentrer au Mans par Mulsanne. Cette décision devait avoir les conséquences les plus fâcheuses. En voyant arriver le 70ᵉ mobiles, le colonel Pereira fit immédiatement appuyer par un bataillon de ce régiment les tirailleurs du capitaine Sombret, postés dans les jardins et le long des haies en avant et au-dessous de notre artillerie, et surveiller les routes de Challes et de Volnay.

Vers midi, l'ennemi, augmentant en nombre, établissait un grand nombre de pièces sur les crêtes à l'est du village, et tentait de forcer notre gauche pour nous couper la retraite sur le Mans. Nos canons répondaient avec succès à ceux des Prussiens et l'affaire semblait en bonne voie, lorsqu'à une heure les troupes qui gardaient la vallée sur la droite sont surprises et enfoncées par une brusque atta-

---

[1] Voir la note 20.

que de l'infanterie ennemie, qui gravit les pentes à leur suite et entre dans le village par les rues perpendiculaires à la route. Les mobiles s'étaient jetés dans les maisons, et l'ennemi arrivait sur nos positions. La batterie de 4, attelée à la hâte, ne peut enlever une pièce presque entièrement démontée. Nous allons perdre de même cinq mitrailleuses, lorsque le colonel Pereira, appelant à lui deux compagnies du 39e de marche qu'il avait en réserve au centre du village, et réunissant quelques mobiles, quelques artilleurs et des officiers qui ont ramassé des fusils, parvient à reprendre quatre de ces mitrailleuses; la cinquième, dont l'attelage avait été tué, ne peut être sauvée. Il n'y avait plus à songer à tenir : la 2e brigade de la 1re division du 16e corps avait eu 1 officier tué, 15 blessés et 1,370 hommes tués, blessés ou disparus depuis le matin; le lieutenant-colonel Pereira ordonna donc la retraite sur Ruaudin. Quant au 70e mobiles, après avoir été repoussé par la brusque attaque de l'infanterie prussienne, il s'était rallié, avait repris l'offensive et reconquis ses pièces, un instant aux mains de l'ennemi. Il s'était ensuite retiré sur Brette après des pertes très-sensibles, et avait rejoint la colonne de Jouffroy.

L'ennemi, maître de Parigné, continua sa marche sur le Mans et vint se heurter contre les deux brigades placées sur la route en avant de Pontlieue et à hauteur de Changé. Le général de Roquebrune s'apprêtait, vers deux heures, à se porter au canon qu'il entendait en avant de lui, lorsqu'une partie des troupes débandées de la brigade Pereira apparurent sur la route de Parigné, poursuivies par une forte colonne ennemie [1]. Deux pièces de 7 et deux mitrailleuses, placées dans une bonne position et enfilant la route, suffirent pour arrêter la marche de cette colonne,

---

[1] Voir la note n° 21.

qui se jeta dans les bois, à trois kilomètres de nos lignes, et s'y établit sans essayer de nouvelles attaques ce jour-là.

10 JANVIER. COMBAT DE CHANGÉ.

La lutte était plus sérieuse du côté du colonel Ribell, à qui le général de Roquebrune dut même envoyer comme renfort deux bataillons du 43° de marche, qui n'arrivèrent malheureusement qu'à la nuit et alors que le village de Changé était déjà au pouvoir des Allemands. L'action avait été longue et rude sur ce dernier point. La brigade Ribell occupait, comme on l'a vu, une ligne continue de Changé jusqu'à l'Huisne, par la Brosse, la Ronde et les Arches, ayant ses avant-postes à la Girarderie, au plateau de Monceaux, au Pavillon, au château d'Amigne, aux Pelleries et au point de jonction du chemin de fer et de la route de Paris. C'est sur ces positions que l'ennemi, maître de Parigné, fit déboucher deux colonnes par deux chemins qui se trouvent entre les routes de Saint-Calais et de Parigné.

Il était deux heures quand, de la Girarderie au château d'Amigne, les avant-postes du 62° furent vivement attaqués. Renforcé sur son centre et sur sa gauche par deux autres bataillons, le 3° bataillon de ce régiment supporta vaillamment le choc et se maintint sans perdre de terrain. L'ennemi fit alors un effort sur notre droite, où il fut reçu par deux bataillons du 37° de marche qui le continrent. La lutte continua sans avantage marqué de part et d'autre jusqu'à cinq heures et demie ; mais à ce moment les Allemands, renforcés, obligèrent le colonel Ribell à se replier sur Changé, et le débordèrent bientôt sur le chemin qui va de ce village à la route de Parigné. Sur notre gauche, le 33° mobiles, rappelé du château des Arches, avait été placé, un bataillon comme soutien au château des Noyers, les deux autres de Changé au gué Perray, pour défendre l'accès des bois qui se trouvent en arrière de la Bonde et par lesquels l'ennemi aurait pu gagner le chemin aux Bœufs. L'attaque sur Changé continuant avec une opiniâtreté qui rendait le village intenable, le colonel Ribell jugea la retraite nécessaire, et le lieutenant-colonel Mallet, du 37ᵉ de marche, la couvrit en défendant pied à pied les barricades du village. Laissant aux Noyers deux bataillons du 33ᵉ pour garder le pont du moulin, le commandant de la brigade se retira sur le château des Arches, où il arriva à neuf heures avec l'idée de se ménager une retraite sur le Mans par la route d'Yvré-l'Évêque, s'il ne pouvait tenir le lendemain [1]. Ce mouvement pouvait compromettre l'effet des combinaisons du général en chef, qui, en repliant successivement les colonnes sur les lignes préparées en avant de la ville, s'y disposait à une résistance à outrance. A minuit, le colonel Ribell reçut l'ordre de quitter les Arches, de fermer la trouée que sa retraite laissait ouverte, d'occuper fortement le plateau des Granges jusqu'au Tertre en arrière de Changé, et de garder cette position jusqu'à l'arrivée de la division de Jouffroy, appelée à la défendre. Cet ordre fut ponctuellement exécuté, et le colonel Ribell déploya dans cette journée une activité, une résolution et une énergie dont on ne peut trop faire l'éloge. Donnant lui-même l'exemple, il n'avait quitté le champ de bataille que le dernier, son cheval couvert de blessures, et après avoir eu 5 officiers tués, 35 blessés ou disparus, dont 3 officiers supérieurs, et plus de 1,500 hommes tués, blessés ou dispersés.

Pendant cette même journée du 10, qui était le prélude de la grande bataille du lendemain, l'ennemi avait continué ses attaques sur le 21ᵉ corps. Les tirailleurs de la

---

[1] Voir la note 22.

1re division, qui occupaient les hauteurs de la rive droite de l'Huisne, de Lombron à Fatines, gardant Montfort et Pont-de-Gennes, échangèrent du matin jusqu'au soir des coups de fusil avec ceux de l'ennemi établis le long de la ligne du chemin de fer, et protégés par des batteries placées sur les hauteurs de la Belle-Inutile. Tout se borna néanmoins de ce côté à des escarmouches sans grande importance.

La 2e division s'était mise en marche sur Connerré, lorsqu'un effort très-vif des Allemands sur la Chapelle Saint-Remy l'appela sur ce point, d'où elle les repoussa.

Du côté de la 3e division, une colonne ennemie apparut sur la route de Bonnétable. Le général de Villeneuve tint solidement ses positions, et le combat se borna à quelques obus échangés et à une action de tirailleurs.

COMBATS DE SAINT-HUBERT ET DE CHAMPAGNÉ.

A Yvré-l'Évêque, la division de Bretagne avait reçu l'ordre de reprendre l'offensive. Renforcée du 1er bataillon des volontaires de l'Ouest et du bataillon des Côtes-du-Nord, elle se porta résolûment en avant, et, bientôt engagée, elle repoussa l'ennemi au delà de la ferme de Saint-Hubert, où elle se maintint jusqu'à cinq heures du soir sans être entamée. A la nuit, le général Goujard, craignant un mouvement sur ses ailes qui n'étaient pas suffisamment appuyées, se retira sur Yvré-l'Évêque pour occuper fortement la passerelle des Arches, les ponts de l'Huisne, les hauteurs de Luart, de la Croix et des Berroises, avec un fort avant-poste à la gare d'Yvré.

Dans la soirée, le détachement de Champagné, subitement attaqué, avait abandonné cette position si importante pour la défense du plateau d'Auvours. Le général en chef, prévenu de ce fait, donna l'ordre de réoccuper ce village à tout prix : le colonel Bell y pénétra dans la nuit et s'y barricada [1].

Sur la route de Saint-Calais, la 2ᵉ division du 17ᵉ corps, renonçant trop tôt à un nouvel effort sur Ardenay malgré l'ordre donné, effort qui eût été si utile pour inquiéter l'ennemi dans ses attaques sur Changé, était restée sur le plateau d'Auvours où elle s'était établie, sa droite appuyée à l'extrémité sud du plateau, sa gauche s'étendant vers le nord, sur des hauteurs qui dominent la vallée de l'Huisne [2].

Le général de Jouffroy, par suite du détour qu'il était obligé de faire en opérant sa retraite par Mulsanne, alors qu'il aurait dû se porter directement sur ses positions au-dessus de Changé par Parigné, n'arriva que le soir sur le plateau de Pontlieue; il eut de plus le tort de ramener ses troupes jusque dans le faubourg et même de les engager dans la ville. Leur fatigue était extrême, il faut le reconnaître, les distributions ne leur avaient pas été faites exactement par suite d'une mauvaise direction donnée au convoi : mais, quelles que fussent les insistances du général pour obtenir de leur faire passer la Sarthe et de leur donner un repos qu'elles avaient bien mérité, le commandant en chef, qui sentait qu'une action générale aurait lieu le lendemain et qu'il lui fallait toutes les forces dont il disposait pour combattre, dut maintenir ses premiers ordres et prescrire au général de Jouffroy de distribuer immédiatement des vivres et de prendre ses dispositions pour se trouver, dès les premières heures du jour, sur les emplacements qui lui avaient été assignés [3]. Le général Barry était arrivé à Écommoy, que quelques-uns de ses corps avaient dépassé. L'ordre lui fut donné de rallier toutes ses troupes à Mulsanne, d'y attendre les ordres de l'amiral,

---

[1] Voir la note 23.
[2] Voir la note 24.
[3] Voir la note 25.

et de se porter au canon dès qu'il l'entendrait, quelle que fût la direction, s'il n'avait pas le temps d'arriver à hauteur d'Arnage pour prendre sa place dans les lignes confiées à la défense du 16ᵉ corps, en avant de Pontlieue.

Quant au général de Curten, qui avait trop de chemin à faire pour arriver sur les mêmes positions avant la bataille, il lui fut prescrit de continuer sa retraite sur la Suze, tandis que la colonne du général Cléret, qui avait été momentanément sous ses ordres, se repliait sur la Loire pour défendre le Val contre les partis ennemis qui chercheraient à dépasser Tours.

POSITIONS DE L'ARMÉE LE 10 JANVIER AU SOIR.

Ainsi donc, le 10 au soir, à peu d'exceptions près, toute l'armée se trouvait réunie autour du Mans, et tout présageait pour le lendemain une bataille importante. Les troupes restées sur les positions pendant les opérations des colonnes mobiles, n'avaient pas perdu leur temps : partout elles avaient préparé des épaulements pour les batteries, des tranchées et des abatis pour la défense des lignes, coupé les routes et les chemins; les corps s'étaient complétés le plus possible en effectif, en vivres, en effets de toute nature et en munitions. L'artillerie avait reçu de nouvelles batteries de mitrailleuses et de canons de 7, et complété ses attelages; la cavalerie avait pu tirer des divers dépôts un renfort assez important en chevaux et en hommes. A part les nombreux varioleux, dont le déplacement était impossible, les malades et les blessés avaient été évacués au loin sur les derrières. Le camp de Conlie, dont l'organisation n'avait rien produit de sérieux, avait été levé d'après les ordres du ministre et sur la demande du général de Marivault, qui le commandait, après avoir fourni à la deuxième armée tout ce qu'on avait pu en tirer et renvoyé dans les diverses villes de Bretagne la majeure partie des mobilisés qui y avaient été réunis sans qu'on ait pu encore leur donner ni fusils, ni équipements, ni vêtements[1].

Le général en chef, auquel on avait fait espérer un renfort de 60,000 hommes que les mobilisés bretons, animés des meilleures dispositions, pouvaient facilement fournir s'ils avaient été organisés, ne put donc en tirer qu'environ 9 à 10,000 combattants, mal armés de fusils de différents modèles, à peine exercés, manquant de cadres sérieux, mal vêtus, mal approvisionnés, et n'ayant même pas, à leur arrivée au Mans, les munitions qui leur étaient indispensables. Il faut enfin joindre à ce renfort si réduit, neuf bataillons des mobilisés de la Mayenne, mieux organisés à Laval, et qui furent, dans les premiers jours de janvier, dirigés sur la Sarthe pour en défendre les passages de Beaumont à Alençon et protéger cette dernière ville.

Telle était la situation en face des efforts qu'allaient tenter sur la deuxième armée, contre laquelle elles semblaient s'acharner, les armées allemandes du prince Charles et du grand-duc de Mecklembourg, renforcées par le corps bavarois qui s'était reconstitué et par les troupes tirées de l'investissement de Paris. La lutte se préparait menaçante, mais il n'y avait plus à l'éviter[2]. Il fallait combattre comme à Josnes, dans de meilleures conditions toutefois, et persister de façon à lasser l'ennemi déjà décimé par une série de combats meurtriers, fatigué par des marches pénibles dans la boue et dans la neige, se servant difficilement de son grand élément de succès, l'artillerie, pour le poursuivre à notre tour s'il échouait contre notre résistance. Bien que n'ayant point été tous à notre avantage, les combats des derniers jours pouvaient nous

---

[1] Voir la note 26. — Pièces relatives au camp de Conlie.
[2] Voir la note n° 27.

donner de la confiance, nous amener à croire que cette résistance était possible. Dans tous, les pertes des Allemands avaient été au moins égales aux nôtres : à la seule affaire de Changé et dans une seule brigade, la 11ᵉ, celle à laquelle appartenait le 35ᵉ régiment de fusiliers, le général Rothmaller avait été blessé, un major, un adjudant de régiment et plusieurs officiers avaient été tués. Tous les renseignements recueillis depuis, de la bouche même des officiers de l'état-major prussien pendant leur séjour au Mans, confirment l'état de découragement auquel cette lutte opiniâtre et pied à pied avait réduit leurs troupes ; état moral qui devait s'affirmer tellement à la fin de la journée du 11, que sans un concours de circonstances aussi fatales qu'inattendues, l'ennemi se fût mis bien certainement en retraite ce jour-là.

Il est bon de donner ici textuellement les instructions générales adressées à tous les corps le 10 au soir :

INSTRUCTIONS GÉNÉRALES DU 10 JANVIER.

« Au grand quartier général du Mans,
le 10 janvier 1871 (n° 209).

« Les ordres si formels du général en chef n'ont pas été
» exécutés : il en exprime tout son mécontentement aux
» généraux qui, sous leur responsabilité, ont pris sur eux
» de ne point obéir. Cette inexécution d'ordres qui prescri-
» vaient partout une offensive vigoureuse, parce que c'était
» le seul moyen d'arrêter l'ennemi, a eu pour consé-
» quence de déterminer chez quelques-unes de nos troupes
» une véritable débandade et de laisser l'ennemi s'appro-
» cher de nos dernières positions du Mans.

» La situation est grave : il s'agit d'en sortir avec hon-
» neur et succès.

» Le général en chef ordonne de la façon *la plus for-*
» *melle, et sous la responsabilité personnelle* des généraux

» commandant les corps d'armée, les divisions et les bri-
» gades, en ce qui concerne chacun d'eux, que les dispo-
» sitions soient prises demain dès le matin :

» 1° Pour repousser l'ennemi des positions dont il s'est
» emparé aujourd'hui en avant de nos lignes et qui mena-
» ceraient directement ces lignes ;

» Pour assurer la défense des positions que nous devons
» conserver coûte que coûte et sans aucune idée de re-
» traite.

» Ces dispositions sont les suivantes :

» 1° En avant de Pontlieue : les hauteurs qui vont d'Ar-
» nage jusqu'au-dessus de la gare d'Yvré-l'Évêque et que
» borde le chemin aux Bœufs. La défense en sera assurée,
» entre la Sarthe et la route de Tours, par les troupes de
» Bretagne aux ordres du général Lalande. De la route de
» Tours à la route de Parigné, par la division Deplanque
» du 16ᵉ corps, laissant toutefois la brigade Ribell sur les
» hauteurs au-dessus de Changé, qu'elle a défendues au-
» jourd'hui si vigoureusement, jusqu'à ce qu'elle ait pu
» être remplacée sans inconvénient par les troupes du
» 17ᵉ corps. De la route de Parigné-l'Évêque jusqu'à
» la gare d'Yvré-l'Évêque, par les divisions Roquebrune
» et Jouffroy du 17ᵉ corps ; la 1ʳᵉ à droite, s'appuyant à la
» route de Parigné et menaçant ce village, qu'il serait im-
» portant de reprendre à l'ennemi ; la 2ᵉ (Jouffroy) à hau-
» teur de Changé, se reliant par sa gauche avec la division
» Pâris, établie sur le plateau d'Auvours.

» Lorsque les 2ᵉ et 3ᵉ divisions du 16ᵉ corps seront
» rentrées dans leurs lignes, elles s'établiront en réserve
» autour de Pontlieue, et le vice-amiral Jauréguiberry
» prendra le commandement supérieur de la défense de
» tout le secteur qui vient d'être indiqué.

» 2° Entre l'Huisne et la route de Saint-Calais, par les
» troupes de la 2ᵉ division du 17ᵉ corps sous les ordres

» directs du général de Colomb, occupant fortement le
» plateau d'Auvours conjointement avec les troupes de la
» division Goujard du 21ᵉ corps, en partie sur ce plateau
» et en partie le long de l'Huisne, pour garder les ponts
» et les villages de Champagné et de Saint-Mars la
» Bruyère.

» Tout ce secteur sera sous le commandement supé-
» rieur du général de Colomb, qui devra faire tous ses
» efforts pour refouler l'ennemi au delà d'Ardenay et pour
» occuper de fortes positions sur les routes de Paris et de
» Saint-Calais.

» 3° Entre l'Huisne et le cours supérieur de la Sarthe,
» à partir des hauteurs qui dominent Connerré sur la rive
» droite, par le 21ᵉ corps, selon les dispositions que pren-
» dra le général Jaurès pour conserver ces hauteurs, Pont-
» de-Gennes, Montfort, défendre les mamelons qui domi-
» nent Yvré-l'Évêque sur la rive droite, et parer à toute
» attaque venant des directions de Bonnétable ou de Bal-
» lon, sur les positions assignées au 21ᵉ corps en avant de
» Sargé.

» Il faut sur ces positions résister à l'ennemi aussi long-
» temps que dureront ses efforts, avec la ténacité que la
» deuxième armée a mise à défendre ses lignes de Josnes,
» et à cet effet, tous les matins, toutes les troupes seront
» sous les armes. On prendra l'offensive partout où cela
» sera nécessaire et possible, tout en faisant fortement
» garder en arrière les positions sur lesquelles on doit se
» replier. On ne reprendra ses campements que quand il
» sera certain qu'aucune attaque de l'ennemi n'est plus
» à craindre. Les lignes devront être couvertes jour et nuit
» de postes, d'avant-postes et d'éclaireurs poussés à de
» longues distances. Des reconnaissances de cavalerie au-
» ront lieu, d'une façon incessante et par petits groupes,
» sur tous les chemins et dans toutes les directions.

» Personne ne devra s'éloigner des bivouacs et des po-
» sitions à défendre. L'accès du Mans est *formellement in-*
» *terdit à la troupe et aux officiers de tous grades.*

» Chaque corps d'armée fera garder ses derrières par
» de la cavalerie pour ramasser les fuyards et empêcher
» toute débandade.

» Les fuyards seront ramenés sur les positions et main-
» tenus sur la première ligne de tirailleurs. Ils *seront fu-*
» *sillés s'ils cherchent à fuir.*

» Tous les *impedimenta* resteront sur la rive droite de
» la Sarthe. La ville du Mans devra être complétement
» désobstruée; toutes les communications devront rester
» libres. On se conformera pour les communications entre
» les deux rives, pour les convois et les distributions, aux
» ordres donnés à l'arrivée au Mans. Ces ordres indiquent
» les emplacements à donner aux convois et aux parcs,
» les ponts à prendre, les routes à suivre, pour chaque
» corps d'armée.

» Le général en chef n'hésiterait pas, si une débandade
» venait à se reproduire, à faire couper les ponts en arrière
» des lignes, pour forcer à la défense à outrance. Il de-
» mande au ministre de la guerre le droit de casser tout
» chef de corps ou tout officier qui n'exécutera pas les
» ordres qui lui seront donnés, ou ne saura pas maintenir
» sa troupe; comme celui de récompenser immédiatement,
» sur le champ de bataille, les officiers et les soldats qui se
» distingueraient par leur dévouement, leur énergie et
» leur courage.

» Les nouveaux contingents fournis par l'armée de
» Bretagne seront répartis, au fur et à mesure de leur ar-
» rivée, sur toutes les positions de la rive droite, occupées
» jusqu'ici par le 17ᵉ corps, depuis Saint-Saturnin par
» Milesse, Chauffour, Saint-Georges-du-Bois, jusqu'à Al-
» lomes, gardant ainsi la vallée de la Sarthe sur la rive

» droite, les routes d'Alençon, de Conlie, de Sillé, de
» Laval, de Sablé, et la ligne d'Angers.

» Messieurs les généraux commandant les corps d'armée
» accuseront réception des présentes instructions du gé-
» néral en chef. »

11 JANVIER. BATAILLE DU MANS.

Le général en chef, sentant qu'il fallait stimuler le zèle et l'énergie de tous, parcourut le 11 au matin le front des troupes depuis les Tuileries, par le Tertre-Rouge et les hauteurs de Changé, jusqu'à celles d'Yvré-l'Évêque, s'assurant que les dispositions étaient bien prises, et annonçant qu'il venait d'obtenir du ministre le droit de récompenser sur le champ de bataille tous les dévouements, comme aussi de réprimer avec la dernière rigueur toutes les défaillances[1].

La neige, qui couvrait le sol sur une grande épaisseur, avait cessé de tomber; le temps était froid, l'atmosphère complétement dégagé; on pouvait suivre au loin les divers mouvements qu'allait entraîner la bataille. Soldats et officiers, pressentant la gravité de la situation, mais convaincus de la nécessité de combattre, étaient pleins de confiance.

Dans la matinée, la 1re division du 21e corps, poursuivie avec tant d'acharnement la veille, ne fut d'abord que faiblement attaquée. Ce ne fut que dans l'après-midi que l'ennemi, qui avait traversé l'Huisne à Connerré, assaillit un bataillon du 58e de ligne qu'il força à la retraite, pour marcher sur Montfort et Pont-de-Gennes. Le général Jaurès se portant lui-même en avant avec une compagnie de fusiliers marins, trois compagnies du 94e et trois compagnies de marins, refoula les Allemands, malgré une vive fusillade qui nous coûta sept hommes tués et cinquante blessés.

---

[1] Voir la note **27** *bis*.

Cette action vigoureuse assurait la défense de Pont-de-Gennes.

Pendant ce temps, l'attaque se prononçait à droite et à gauche sur la division de Bretagne et sur la 2ᵉ division. A neuf heures du matin, le général Collin était aux prises, à Colcom et au Chêne, avec des colonnes qui s'avançaient protégées par le feu de deux batteries établies sur les hauteurs de Connerré, et couvertes par la chaussée du chemin de fer. A midi l'action était générale sur tout le front de la 2ᵉ division. A droite, le 56ᵉ de marche souffrait beaucoup du feu combiné de l'artillerie et de l'infanterie prussiennes, cherchant à nous déloger de nos positions; le général Collin dut le faire soutenir par quatre compagnies du 10ᵉ bataillon de fusiliers marins. Au centre, le bataillon d'Ille-et-Vilaine luttait courageusement pour se maintenir; il en était de même au Chêne et à Colcom. Partout la fusillade était vive, meurtrière, l'ennemi de ce côté étant en force considérable et très-entreprenant. Jugeant qu'il ne pourrait conserver toutes ses positions, trop étendues pour le nombre des troupes dont il disposait, le commandant de la 2ᵉ division se décida à se replier sur la seconde ligne qui lui avait été assignée. Ce mouvement s'exécuta avec beaucoup d'ordre sous la protection de trois bataillons d'Eure-et-Loire, échelonnés sur les crêtes à l'ouest de Grands-Veaux, tandis que la 2ᵉ brigade venait occuper les hauteurs et les bois que traverse la route de Saint-Célerin à Lombron, ayant deux bataillons en potence devant Saint-Célerin. Le lieutenant-colonel Des Moutis sut contenir de ce côté les efforts de l'ennemi. Malheureusement, à la fin de la journée, la 1ʳᵉ brigade se replia, prématurément et sans ordres, sur les coteaux de Lombron que le général Collin essaya en vain de lui faire reprendre au moment où le jour finissait; il ne parvint qu'à faire occuper fortement les fermes du Cassoir, de la Chaussée, du Chêne-Verget, de Lépérie dans la vallée de Puiseaux, et à fortifier la position de Loresse, sur laquelle l'ennemi ne manquerait pas de se porter le lendemain. Les pertes dans cette journée avaient été sensibles, en officiers surtout : plus de 100 avaient été atteints, et dans son rapport officiel, le général Jaurès évalue à plus de 3,000 les hommes tués, blessés ou disparus. Il faut dire toutefois que, parmi ces derniers, un grand nombre s'étaient débandés à la nuit et rejoignaient pour la plupart leurs corps les jours suivants.

Pendant que ces faits se passaient devant le front des 1ʳᵉ et 2ᵉ divisions du 21ᵉ corps, la 3ᵉ n'avait, en avant de Chanteloup, que des engagements partiels de tirailleurs, et ne perdait pas de terrain.

Sur l'Huisne, l'ennemi allait faire de sérieux efforts contre le plateau d'Auvours et les hauteurs d'Ivré-l'Évêque défendus par la 2ᵉ division du 17ᵉ corps et la division de Bretagne du 21ᵉ, sous le commandement supérieur du général de Colomb. Dès la veille, les trois batteries de la 2ᵉ division avaient pris position sur le plateau, et dans la matinée elles avaient été renforcées par deux batteries de la réserve sous le commandement du chef d'escadron Isaac. Cette artillerie assurait la défense du terrain d'Auvours, qui coupé de bois, sillonné de retranchements, domine d'un côté la vallée de l'Huisne, de l'autre la voie ferrée et les routes de Paris et d'Orléans, par Saint-Calais.

Sur les hauteurs du Luart et de la Croix, les 15ᵉ et 16ᵉ batteries du 18ᵉ régiment, tirées du 17ᵉ corps, concouraient avec les batteries de la division Goujard et une section de mitrailleuses américaines placée sur la route d'Yvré, au-dessous des épaulements du Luart, pour protéger la rive droite et toute la vallée de l'Huisne entre l'aile gauche des troupes de l'amiral et celles occupant Auvours.

La lutte commença de bonne heure contre ces dernières positions. La batterie du Luart ripostant difficilement à une batterie prussienne postée sur un mamelon couvert qui commande les Arches, le général en chef fit avancer, vers deux heures, une section de 12, qui contre-battit avantageusement l'artillerie ennemie et put prendre d'écharpe les pièces que les Allemands disposaient à droite et à hauteur de Changé. En même temps, on apercevait un grand nombre de tirailleurs précédant des colonnes qui, profitant des peupliers et des nombreux bouquets de bois dont le terrain est couvert, marchaient dans la direction d'Yvré-l'Évêque sur la gare du chemin de fer. Chaque fois que ces masses apparaissaient distinctement à travers les éclaircies du paysage, le feu des batteries de la division de Bretagne, et principalement celui des mitrailleuses, habilement dirigé par le commandant Perron, les mettait en désordre et les forçait à se rejeter en arrière. Le combat se soutint ainsi, avec avantage pour nous en avant d'Ivré, jusqu'à la nuit.

Il n'en était pas de même au plateau d'Auvours. Vers midi, les troupes de la gauche du général Goujard avaient évacué Champagné attaqué par des forces très-supérieures, et s'étaient repliées sur le pont de Parence, qu'elles gardaient. Sur le plateau, le 51º avait perdu du terrain, mais jusqu'à deux heures l'affaire se borna à un échange d'obus et en combats d'avant-postes tous à notre avantage. Dans l'un d'eux, à la station du chemin de fer, vingt-cinq hommes du 48º de marche détruisirent presque complétement une compagnie prussienne. A deux heures, l'ennemi ayant pu se tenir à Champagné et y organiser une attaque, gravit les pentes d'Auvours et déboucha brusquement sur le plateau. Pendant une heure, les mobiles du corps de Bretagne et le 51º, soutenus par des mitrailleuses, résistèrent énergiquement, mais ils finirent par lâcher pied, abandonnant trois mitrailleuses. Installés dès lors sur la position, perpendiculairement à nos lignes, les Allemands purent battre le plateau dans toute sa longueur, tandis que leur artillerie de la plaine, qui s'était rapprochée, le battait de face. — Cette situation ôta à nos jeunes troupes le sang-froid et la hardiesse qui leur eussent été nécessaires pour en sortir. Leur mouvement de retraite s'accentua de plus en plus; il devint définitif après l'échec d'un bataillon du 48° qui essaya en vain de reprendre l'offensive. Le général Pâris ne put contenir un désordre fâcheux et ne retira qu'à grand'peine son artillerie, en laissant aux mains de l'ennemi trois pièces démontées.

Le général Goujard défendait cependant vigoureusement les ponts d'Ivré. Devant la panique de la 2° division, le général de Colomb donna au commandant des troupes de Bretagne l'ordre de reprendre Auvours, coûte que coûte. Cette mission périlleuse était en bonnes mains : le général Goujard se mettant lui-même à la tête d'une colonne d'attaque d'environ deux mille hommes, composée du 1er bataillon des volontaires de l'Ouest, des mobiles des Côtes-du-Nord et de quelques débris ralliés du 17° corps, aborda résolûment la position et la reprit après une action des plus brillantes et des plus vigoureusement menées. Les volontaires de l'Ouest s'étaient montrés héroïques. Ils avaient soutenu sans hésitation la terrible fusillade qui les accueillit et s'étaient battus corps à corps, mais leurs pertes étaient considérables. Les autres troupes les avaient imités. Le général Goujard avait eu son cheval percé de six balles ; le général en chef le nomma, sur le champ de bataille, commandeur de la Légion d'honneur [1].

Ainsi donc, sur les deux rives de l'Huisne, le général

---

[1] Voir la note n° 28.

Jaurès et le général de Colomb étaient, à la nuit encore, maîtres des positions qui assuraient la défense du Mans de ce côté.

Sur la droite de nos lignes, dans le secteur sous les ordres de l'amiral Jauréguiberry, les choses étaient menées par lui avec son entrain et sa vigueur habituels, et le succès était des plus satisfaisants.

Parti le matin à quatre heures de Château-du-Loir, il arrivait à neuf heures à Pontlieue, ramenant neuf mille hommes appartenant principalement aux colonnes Bérard et Jobey, qu'il avait dès la veille dirigées sur le Mans. En outre, il donnait l'ordre au colonel Marty de hâter sa marche de Marigné sur la position qu'il devait occuper, mais sur laquelle il ne put déboucher avant trois heures et demie. De ce qu'il ramenait, l'amiral avait organisé, indépendamment de la brigade Desmaisons, une division de deux brigades sous le commandement du général le Bouédec, qui venait d'être mis à sa disposition ; la première, forte de trois bataillons du 41e de marche, d'un bataillon du 74e mobiles et d'une batterie de 4 sous les ordres du colonel Bérard ; la deuxième, de trois bataillons du 40e de marche, du 16e bataillon de chasseurs à pied, d'une batterie de 4 et de deux cent cinquante cavaliers du 2e chasseurs mixte sous les ordres du colonel Jobey.

Déjà, vers huit heures du matin, la batterie du capitaine Delahaye, composée de trois mitrailleuses (19e du 10e régiment), placée derrière des épaulements sur la route de Parigné-l'Évêque, avait ouvert son feu sur des colonnes ennemies qui traversaient la route pour se porter sur les points où les attaques de la journée devaient se produire. Ce tir à bonne portée avait jeté un grand désordre dans ces colonnes. Derrière la batterie Delahaye, deux pièces de 8 de la division Roquebrune, tirant par-dessus les mitrailleuses, aidèrent beaucoup à cet effet. Les troupes de la division Jouffroy prenaient alors leurs positions au-dessus de Changé, appuyant leur droite à la gauche de la division Roquebrune à cheval sur la route de Parigné. La division Deplanque, 1re du 16e corps, bordait ensuite le chemin aux Bœufs jusqu'à la Tuilerie, qu'occupaient les nouveaux contingents de Bretagne du général Lalande se reliant sur leur droite aux troupes du général Barry, auxquelles était confiée la mission de défendre le terrain entre les routes de Tours et de la Flèche, en s'appuyant sur la Sarthe au-dessus d'Arnage et en couronnant les escarpements qui dominent le chemin aux Bœufs sur cette partie des lignes [1]. A midi, l'action, dans le secteur aux ordres de l'amiral, se dessina sur la gauche par une vive fusillade partant des bouquets de pins aux abords de Changé. Deux régiments de la division de Jouffroy soutenaient ce premier effort. L'intention de l'ennemi paraissant être de tourner notre gauche et de pénétrer dans la vallée de l'Huisne, l'amiral y porta la brigade Desmaisons qu'il avait maintenue comme réserve à Pontlieue, en même temps qu'il faisait appuyer de ce côté une partie de la division Roquebrune. C'est en conduisant ces renforts qu'un des officiers les plus vigoureux de l'armée, le lieutenant-colonel de Lambilly, sous-chef d'état-major du 16e corps, fut mortellement blessé. Le combat s'étendit bientôt jusqu'à la route de Parigné, devint de plus en plus acharné, et se continua avec des alternatives de succès et de revers. Vers trois heures, la gauche tenait bien, mais au centre nos troupes, qui avaient brûlé une grande partie de leurs munitions, commençaient à faiblir entre Changé et la route de Parigné. L'ennemi avait même pu se glisser dans les bois très-touffus en avant de ces posi-

---

[1] Voir la note n° 29.

tions, et s'approcher assez près de nos batteries de la route de Parigné pour faire craindre qu'il ne les enlevât. Les troupes du colonel Bérard venaient heureusement d'arriver ; le 41e de marche tomba à la baïonnette sur les assaillants, qu'il força à reculer après leur avoir fait des prisonniers, et put s'établir sur la route même, à douze cents mètres en avant de nos batteries, position qu'il conserva toute la journée, en repoussant avantageusement toutes les nouvelles attaques que les Allemands purent essayer.

Sur la gauche, le général Desmaisons était entré en ligne. Nos troupes, qui s'étaient un instant retirées faute de munitions, ayant été réapprovisionnées, l'offensive fut reprise avec entrain, et l'ennemi fut maintenu depuis le Tertre jusqu'aux bords de l'Huisne. Les batteries de la Tuilerie et du Tertre-Rouge, la 19e du 8e régiment (mitrailleuses), capitaine Péret, et la 14e du 7e régiment (batterie de 12 de la réserve), capitaine Gauthier, avaient ouvert le feu sur une colonne profonde d'infanterie, laquelle dut se retirer derrière deux de ses batteries, qui ripostèrent jusqu'à la nuit. La batterie Péret avait eu un officier et deux hommes blessés, trois chevaux tués, un caisson brisé ; elle avait tiré cent quatre-vingt coups à des distances variant entre deux mille et deux mille sept cents mètres. La batterie Gauthier avait lancé quatre-vingt-seize projectiles à deux mille cinq cents et trois mille mètres, sans que l'artillerie ennemie lui eût coûté plus d'un homme tué, un blessé et un cheval tué.

RÉSULTATS DE LA BATAILLE A SIX HEURES DU SOIR.

L'action dura sur toute la ligne jusqu'à six heures du soir. La nuit était venue, nous étions restés maîtres de toutes nos positions, de ce côté comme au plateau d'Auvours et sur la rive droite de l'Huisne. Notre seul échec sérieux avait été l'évacuation momentanée d'Auvours, mais il avait été rapidement et brillamment réparé par le beau fait d'armes du général Goujard à la tête d'une partie de sa division de Bretagne et des troupes du 17° corps qu'il avait ralliées. L'ennemi avait fait de grands efforts surtout le front de nos lignes depuis le Tertre-Rouge jusqu'à la gauche du 21° corps. Si nos pertes étaient sérieuses, les siennes étaient plus considérables encore, grâce à l'avantage que nous donnaient les positions qu'il attaquait, et sur lesquelles nous avions préparé à l'avance des moyens de défense. Un mouvement très-considérable de son artillerie, qui s'était reportée en arrière et en colonne sur les principales routes par lesquelles il avait débouché, pouvait donner l'espoir que peut-être le lendemain il se déciderait à la retraite, s'il acquérait la conviction que nous pouvions lui opposer la même résistance.

Nos troupes étaient très-fatiguées, elles avaient eu à peine le temps de manger, mais leur attitude avait été bonne et devait donner confiance. Pour tout le monde, nous avions le succès ; cette première bataille du Mans, si elle se fût terminée là, était donc incontestablement une victoire.

Il restait à continuer cette résistance, à persister à défendre nos positions si les Allemands tentaient de nouvelles attaques, et à profiter de l'occasion qui pouvait se présenter de les battre si un nouveau succès de notre part les forçait définitivement à la retraite. En conséquence, le général en chef donna, le 11 au soir, les instructions suivantes :

« Au grand quartier général du **Mans**,
le 11 janvier 1871 (n° 210).

« L'ennemi a renouvelé ses attaques sur presque tout le
» front de nos lignes. Sur la rive droite de l'Huisne nos
» positions ont été maintenues ; sur la rive gauche, le vil-

» lage de Champagné, gardé d'une façon insuffisante, a
» dû être abandonné. De ce côté, l'ennemi a paru con-
» centrer ses efforts sur le plateau d'Auvours, dont il
» comprenait l'extrême importance ; mais les dispositions
» prises par le général de Colomb, l'énergique ténacité du
» général Goujard et le courage du corps de Brétagne nous
» ont conservé cette position, qu'il ne faut céder à aucun
» prix.

» L'ennemi, qui s'était emparé hier au soir de Changé
» malgré la vigoureuse résistance de la brigade Ribell, et
» qui s'y était établi en forces, a attaqué vers midi les
» positions qui dominent le chemin aux Bœufs ; notre
» ligne, trop faible à son extrême gauche, eût été tournée
» sans le feu des batteries établies au-dessus d'Yvré-l'Évê-
» que et le long de la route du Mans. La division Jouffroy,
» malgré sa fatigue, renforcée par le 76ᵉ mobiles, qui a été
» très-vigoureux, s'est maintenue solidement sur ses posi-
» tions.

» Sur la route de Parigné, la division Roquebrune a
» repoussé toutes les attaques des Prussiens ; il en avait
» été de même sur la route de Tours, lorsque les mobi-
» lisés de Bretagne, sous les ordres du général Lalande,
» cédant à une panique produite par un retour offensif
» fait vers le soir par un bataillon ennemi, ont abandonné,
» sans résistance, l'importante position de la Tuilerie,
» qu'ils étaient chargés de défendre. De telles paniques
» sont une honte, et le général en chef prescrit au vice-
» amiral Jauréguiberry d'ouvrir une enquête sur ce fait
» déplorable[h].

» L'amiral commandant supérieur des forces chargées
» de la défense en avant de Pontlieue a pris ses disposi-
» tions pour faire réoccuper de vive force la Tuilerie.

» A la nuit, l'ennemi a tenté un suprême effort sur le
» plateau d'Auvours et en avant de la division Jouffroy ;

» il a été repoussé. Ainsi donc, à part la Tuilerie perdue,
» mais qui sera reprise avant le jour, nous restons sur nos
» positions.

» Le général en chef félicite les troupes de leur énergie,
» et leurs chefs de la vigueur qu'ils ont déployée. Usant
» des pouvoirs que le Ministre lui a conférés, il nomme le
» général Goujard commandeur de la Légion d'honneur,
» le colonel Ribell au grade supérieur dans l'ordre, le lieu-
» tenant du génie Guinot chevalier, et attend avec impa-
» tience les propositions qui lui seront soumises pour
» récompenser comme ils le méritent ceux qui se sont dis-
» tingués aujourd'hui.

» Il faut s'attendre pour demain à un nouvel effort de
» l'ennemi. Nous saurons y résister. Il importe de n'aban-
» donner aucune des positions sur lesquelles est basée la
» défense si importante du plateau d'Auvours. Le général
» en chef prescrit au général Jaurès d'opérer sa retraite
» jusqu'à hauteur de Fatines, en aidant à la reprise de
» Champagné, et en assurant la défense des lignes en avant
» de Sargé et des positions qui dominent l'Huisne au-
» dessus d'Yvré-l'Évêque. Il renforcera autant que possi-
» ble la division Goujard, dès les premières heures du jour,
» afin de donner au général de Colomb toute facilité pour
» se maintenir sur le plateau d'Auvours et débusquer
» l'ennemi des parties qu'il aurait pu occuper ce soir.
» Champagné une fois réoccupé, on prendra immédiate-
» ment toutes les dispositions pour faire sauter le pont si
» on devait l'évacuer de nouveau.

» Le général en chef ayant reconnu, par lui-même,
» l'importance des hauteurs d'Yvré-l'Évêque pour aider
» à la défense d'Auvours aussi bien qu'à celle des positions
» tenues par la division Jouffroy en arrière de Changé, a
» donné l'ordre d'armer avec des pièces des calibres de 7
» et de 12 les épaulements construits sur ces hauteurs.

« Le général Goujard devra faire garder la rive droite
» de l'Huisne, entre le pont du chemin de fer et la passe-
» relle en face du château des Noyers. Le général Javain
» a, du reste, reçu l'ordre de détruire cette passerelle,
» comme il l'a fait ce soir pour un autre pont de bois situé
» plus en amont.

» L'amiral fera occuper plus fortement l'extrémité
» gauche de sa ligne, de façon à empêcher l'ennemi de
» tourner la division Jouffroy par les pentes vers l'Huisne,
» entre le château des Noyers et celui des Arches.

» Le général Jouffroy fera également, de son côté, ob-
» server le pont du Moulin des Noyers, jusqu'à ce que le
» génie ou l'artillerie ait pu le détruire.

» L'amiral fera occuper fortement la Tuilerie et ren-
» forcera toute sa droite, jusqu'à Arnage, par une partie
» de ses troupes de réserve.

» La cavalerie ne pouvant être d'une grande utilité dans
» le terrain couvert que nous avons à défendre, les com-
» mandants des 16e, 17e et 21e corps, ne gardant que les
» escadrons strictement nécessaires pour éclairer et pour
» assurer le service des correspondances, renverront le
» reste de leur cavalerie sur la rive droite de la Sarthe.

» La division Michel devra surveiller toute la vallée de
» la Sarthe, du Mans au delà de la Suze, suivre les mou-
» vements de l'ennemi, et l'empêcher de tenter quelque
» passage.

» La cavalerie du 17e corps surveillera le cours supé-
» rieur jusqu'à Beaumont-sur-Sarthe.

» La cavalerie du 21e corps, en réserve, en arrière du
» Mans, sur la route de Laval.

» Les volontaires algériens et les éclaireurs du capi-
» taine Bernard se cantonneront au faubourg de Pont-
» lieue, à la disposition du général en chef.

» La gendarmerie redoublera de surveillance et de vi-

» gueur pour mettre de l'ordre dans les convois, pour em-
» pêcher l'encombrement des routes, qu'il faut tenir libres
» à tout prix, et fermer l'entrée de la ville aux fuyards.

» On devra, dès cette nuit ou dès demain aux premières
» heures du jour, compléter les vivres et les munitions.

» Le commandement ayant à se préoccuper des mesures
» militaires de la journée, c'est à l'intendance de pourvoir,
» en les faisant porter derrière les positions de chaque
» corps, aux vivres dont ils ont besoin. L'eau-de-vie doit
» être distribuée chaque jour jusqu'à nouvel ordre. C'est
» là un des services les plus importants qu'il faut assurer
» d'une façon exacte et rapide, en évitant aux hommes
» qui ont à se battre les corvées qu'ils ne peuvent exécuter
» sans quitter des positions dont ils ne doivent s'éloigner
» sous aucun prétexte. »

ABANDON DE LA POSITION DE LA TUILERIE.

Il était environ huit heures du soir; les instructions qui précèdent venaient à peine d'être expédiées, lorsque le bruit se répandit que l'ennemi s'était emparé de la position de la Tuilerie. Des officiers d'état-major furent immédiatement envoyés dans cette direction; avant leur retour cette fatale nouvelle était déjà confirmée par le général Lalande lui-même, informant le général en chef qu'il arrivait au rond-point de Pontlieue par suite d'une panique de ses hommes à la vue d'une colonne prussienne marchant sur ses positions, et par la dépêche suivante, écrite à huit heures et demie par l'amiral, rentré depuis quelques instants seulement à son quartier général :

« J'apprends que l'importante position de la Tuilerie
» (route de Mulsane) a été abandonnée après un échange
» de quelques coups de canon. Les troupes de Bretagne
» ont évacué la droite qu'elles occupaient, et le général

» Isnard de Sainte-Lorette, voyant cela, a évacué la gau-
» che. Il paraît que cela s'est fait si promptement que le
» général Deplanque ne s'est aperçu de rien. J'envoie le
» général Le Bouëdec, que j'ai ici sous la main avec quel-
» ques troupes, reprendre immédiatement la position, car
» cette aventure extraordinaire compromet le succès de la
» journée.

» Je fais aussi prévenir le général de Roquebrune, qui,
» manœuvrant par la hauteur, favorisera le mouvement. »

Malgré la gravité de cette nouvelle, le général en chef, comptant qu'après un premier moment de trouble les mobilisés de Bretagne, appuyés par les troupes qu'on envoyait pour les soutenir, reprendraient promptement et facilement leurs emplacements sur lesquels les Allemands ne pouvaient pas encore être établis en force, rendit compte au ministre de la guerre des événements de la journée par le télégramme suivant :

« Nous avons eu aujourd'hui la bataille du Mans ; l'en-
» nemi nous a attaqués sur toute la ligne. Le général Jaurès
» s'est solidement maintenu sur la rive droite de l'Huisne ;
» le général de Colomb s'est battu avec acharnement pen-
» dant six heures sur le plateau d'Auvours ; le général
» Goujard, qui a eu son cheval percé de six balles, a
» montré là la plus grande vigueur, et ses troupes de
» Bretagne ont puissamment contribué à conserver cette
» position importante. J'ai annoncé au général Goujard
» qu'il était commandeur. Au-dessus de Changé, le général
» de Jouffroy s'est maintenu, malgré la fatigue de sa di-
» vision et les efforts de l'ennemi ; la division Roquebrune
» ne s'est pas laissé entamer sur la route de Parigné. Nous
» coucherions sur toutes nos positions, sans une panique
» des mobilisés de Bretagne du général Lalande, qui, cédant
» sans résister devant un retour offensif tenté à la tombée
» de la nuit par l'ennemi, ont abandonné la position im-

» portante de la Tuilerie. Le vice-amiral Jauréguiberry,
» chargé de la défense en avant de Pontlieue, a déjà pris
» ses dispositions pour faire reprendre la Tuilerie avant le
» jour.

» C'est bien le prince Frédéric-Charles que nous avons
» devant nous, et qui n'est nullement parti pour l'Est. Nous
» avons fait des prisonniers, dont j'ignore encore le
» nombre; tous l'affirment, citent les divisions de son
» armée et de celle du grand-duc de Mecklembourg, et
» évaluent l'ensemble des forces engagées ou en réserve à
» 180,000 hommes. Le combat n'a cessé qu'après la nuit
» venue. Je sais déjà que trois de nos colonels sont griève-
» ment blessés; je crois à des pertes sensibles, mais j'es-
» père en avoir infligé de cruelles à l'ennemi. Je m'attends
» demain à une nouvelle bataille.

» Il est de la dernière importance que les deux divisions
» du 19ᵉ corps, que vous voulez bien m'annoncer, soient
» rendues dans le plus bref délai possible à Alençon. Elles
» peuvent me donner le moyen d'un succès en opérant
» sur les flancs de l'ennemi. Prière de me faire savoir le
» jour où elles seront à Alençon. Je donnerais tout pour les
» y savoir aujourd'hui. »

Les commandants des 17ᵉ et 21ᵉ corps furent aussitôt prévenus de ce qui venait de se passer et reçurent l'ordre de se porter, dès le jour, sur toutes leurs positions de combat, en renforçant l'artillerie sur les hauteurs d'Yvré-l'Évêque, qui étaient évidemment un des points principaux de nos lignes. Pour aider à la résistance sur le plateau d'Auvours, le général Jaurès devait se replier par sa droite sur les mamelons en avant de Sargé, et renforcer la division Goujard de toutes les troupes dont il pourrait disposer; le général de Colomb devait reporter en avant la division Pâris, et essayer de reprendre Champagné.

A minuit et demi, l'amiral télégraphiait au grand quartier général :

« Je reçois des nouvelles désolantes : on n'a pu réussir
» à reprendre la Tuilerie. Les hommes, au premier coup
» de fusil, se sont débandés. Il paraît qu'après le combat le
» général de Jouffroy n'a pas conservé ses troupes sur ses
» positions, car le général de Roquebrune m'informe que
» le Tertre est occupé maintenant par les Prussiens, et que
» son flanc gauche est menacé. J'envoie demander des ex-
» plications au général de Jouffroy. »

En effet, le général Le Bouëdec avait essayé en vain de réunir les troupes bivouaquées en avant de Pontlieue : malgré sa vigueur, son entrain et son exemple, les compagnies, reformées une à une, s'arrêtaient bientôt ; les hommes harassés de fatigue, effarés par cette agression, au milieu des ténèbres, dont ils ne pouvaient se rendre compte exactement, faisaient quelques pas, s'arrêtaient et se couchaient sur la neige. Le colonel Marty, qui, comme on l'a vu plus haut, était arrivé vers trois heures après une marche des plus pénibles, et qui avait reçu l'ordre de soutenir le général Le Bouëdec, ne réussissait pas mieux dans ses efforts. De son côté, le général Deplanque était attaqué vers quatre heures du matin : ses troupes pliaient ; les fuyards augmentaient dans le faubourg de Pontlieue, où l'encombrement pouvait devenir un danger sérieux. L'amiral dut commencer à faire passer de l'autre côté de la Sarthe les convois et les réserves d'artillerie.

Il fallait cependant chasser l'ennemi de la Tuilerie. Le général en chef télégraphia à l'amiral à quatre heures vingt-cinq :

« La situation est grave, nous ne pouvons nous en tirer
» que par une offensive vigoureuse dès ce matin, et le plus
» tôt possible. Je compte pour cela entièrement sur votre
» vigueur.

» Au jour, vos troupes se reconnaîtront et reprendront confiance : tout peut être sauvé. »

Cet espoir ne devait pas se réaliser, quoi qu'ait pu faire le commandant du 16ᵉ corps pour rendre à ses troupes la confiance que les événements de la nuit leur avaient fait perdre [1]. A sept heures cinquante-cinq minutes du matin, le 12, l'amiral télégraphiait de nouveau :

« Je rappelle la brigade Desmaisons ; mais, d'après l'af-
» firmation de l'aide de camp de ce général, elle ne compte
» en ce moment que 6 ou 700 hommes ; le général Le
» Bouëdec a, de son côté, 1,500 hommes environ. Tout
» mon état-major est sur la place depuis quatre heures du
» matin, occupé à réorganiser les fuyards, mais n'y réussit
» pas.

» Je suis désolé d'être obligé de dire qu'une prompte
» retraite me semble *impérieusement* commandée. »

LA RETRAITE DEVIENT NÉCESSAIRE.

Il fallait se rendre à l'évidence. Les troupes du général Barry, sur la droite, étaient en retraite avant le jour ; sur la gauche, celles du général de Jouffroy avaient perdu une grande partie de leurs positions et ne paraissaient plus susceptibles d'un effort qui eût été nécessaire pour les reprendre [2] ; le général de Roquebrune seul tenait encore, mais il allait être débordé par l'ennemi, et, si celui-ci était audacieux, il pouvait par une marche hardie sur Pontlieue anéantir tout ce qui se trouvait de la deuxième armée sur la rive gauche de l'Huisne.

D'un autre côté, les Allemands, encouragés par le succès inespéré pour eux de la Tuilerie, s'étaient reportés en force sur Auvours et avaient obligé nos troupes, ébranlées

---

[1] Voir la note n° 30.
[2] Voir la note n° 31.

à la nouvelle de ce qui se passait sur leur droite, à abandonner le plateau et à repasser l'Huisne sur les ponts d'Yvré-l'Évêque[1].

Le général en chef envoya, à huit heures, à l'amiral la dépêche suivante :

« Le cœur me saigne ; mais quand vous, sur qui je
» compte le plus, vous déclarez la lutte impossible et la
» retraite indispensable, je cède.

» Préparez donc tout pour cette retraite ; qu'elle se fasse
» le plus lentement et avec le plus d'ordre possible. Faites
» tout pour détruire le pont de l'Huisne, dès qu'il ne vous
» sera plus nécessaire. Mais disputez, je le répète, le plus
» longtemps possible l'entrée de la ville à l'ennemi. Il faut
» que nous ayons le temps de sauver les autres corps
» d'armée. »

En même temps, des officiers d'état-major étaient expédiés aux généraux Jaurès et de Colomb, pour les informer de ce qui se passait et leur porter des instructions définitives pour la retraite. Ces officiers devaient suivre les mouvements de chacun des corps d'armée et tenir le général en chef constamment au courant de leur marche et des incidents qui pouvaient se produire.

Les instructions pour la retraite étaient les suivantes :

INSTRUCTIONS DU 11 JANVIER AU SOIR.

« (N° 314.) La retraite du Mans, nécessitée par les
» défaillances qui se sont produites cette nuit, ne peut
» pas être la perte de la deuxième armée, sur laquelle la
» France compte encore ; elle doit se reconstituer le plus
» vite possible et dans les meilleures conditions, pour faire
» oublier les tristes événements de cette journée et repren-
» dre son rôle.

---

[1] Voir la note n° 32.

» En conséquence, l'armée devra aboutir entre Prez-
» en-Pail et Alençon, et s'établir la gauche à la Sarthe,
» appuyée au 19° corps qui doit arriver à Alençon, sa
» droite à Prez-en-Pail.

» La marche des différents corps d'armée s'effectuera
» de la façon suivante en quatre jours, avec une moyenne
» de quatorze à seize kilomètres par jour. Le 21° corps,
» formant l'aile gauche, marchera le long de la Sarthe
» directement sur Alençon ; le 17° corps, formant le
» centre, de Domfront-en-Champagne par Segrie, Fresnay,
» Assé-le-Boisne, Gesne-le-Gandelain, la Ferrière-Bou-
» chard sur Saint-Denis-sur-Sarthon

» Le 16° corps, formant l'aile droite, se redressant à
» Chauffour pour passer par Neuvy-en-Champagne, Con-
» lie, Crissé, Pont-le-Robert, Montreuil-le-Chétif, la
» Poôté, Prez-en-Pail.

» Chaque jour, le commandant de chaque corps d'armée
» fera connaître au général en chef ses positions, les par-
» ticularités de sa marche, son quartier général.

» La cavalerie de chaque corps d'armée sera répartie :
» le gros précédant le corps d'armée sur les routes et che-
» mins qu'il doit suivre, d'une étape pour arrêter les
» fuyards, les grouper, les ramener à leur corps, en même
» temps qu'elle reconnaîtra les cantonnements ; le reste
» de cette cavalerie couvrant la retraite pour surveiller les
» mouvements de l'ennemi.

» Pendant la marche, on devra constituer, en arrière
» de chaque colonne et avec les meilleures troupes, une
» arrière-garde solide, chargée de protéger la retraite et
» de défendre le terrain pied à pied. Cette arrière-garde,
» en se retirant, achèvera les coupures commencées sur
» les routes pour retarder la marche de l'ennemi ; on lais-
» sera, à cet effet, tout le génie et les outils nécessaires
» avec l'arrière-garde.

» Le matériel roulant doit toujours être engagé sur les
» routes à suivre, assez longtemps à l'avance pour ne pas
» retarder la marche des troupes et n'avoir rien à craindre
» d'une attaque de l'ennemi.

» Les vivres distribués, les réserves du sac et les res-
» sources des convois divisionnaires doivent suffire pen-
» dant huit jours au moins.

» Chaque commandant de corps d'armée prendra ses
» dispositions en conséquence.

» Le grand quartier général sera ce soir à Domfront-
» en-Champagne.

» Le 16° corps ne devra pas dépasser Chauffour.

» Le 17° corps s'établira, sa droite à Lavardin, sa
» gauche à la Chapelle-Saint-Froy.

» Le général en chef rappelle à chaque commandant
» de corps d'armée qu'en arrivant à son quartier général il
» doit envoyer un officier et un planton à cheval au grand
» quartier général. »

Pendant cette nuit si agitée et si fatale du 11 au 12 janvier, le général en chef avait rendu compte au ministre de la guerre de la situation dans les termes suivants :

« Notre position était bonne hier au soir. La panique
» des mobilisés de Bretagne a été le signal de la déban-
» dade sur toute la rive gauche de l'Huisne. Toutes les
» troupes se sont dispersées, ont fui ou refusent de com-
» battre.

» Le vice-amiral Jauréguiberry déclare que la retraite
» est impérieusement commandée. Sur les autres posi-
» tions, les autres généraux déclarent qu'ils ne peuvent
» plus tenir. Le cœur me saigne, je suis contraint de
» céder. »

Ce grand parti une fois pris, il n'y avait plus qu'à éviter un désastre et à sauver l'armée : il fallait pour cela empêcher l'encombrement de la ville du Mans, le désordre sur les ponts, dans les rues et sur les routes. Tous ces mouvements à exécuter par des corps en grande partie débandés, aboutissant tous à des passages restreints, en vue de l'ennemi, étaient de la plus grande difficulté. Les généraux et les chefs de corps, pénétrés de la gravité de la situation, redoublèrent d'énergie ; l'amiral sut masquer le passage si délicat du pont de Pontlieue, et lorsque les Allemands, qui ne se rendaient pas encore exactement compte de ce qui se passait, se hasardèrent à l'extrémité du faubourg, le matériel ainsi que toutes les troupes avaient franchi le pont, dont les gendarmes du général Bourdillon défendirent courageusement l'accès jusqu'au dernier moment, et que le génie fit sauter lorsque la tête de la colonne ennemie n'en était plus qu'à quelques mètres.

Le danger ne fut réellement passé que quand cette masse d'hommes, de voitures, de caissons et de canons, engagée dans la ville, put déboucher sur la rive droite de la Sarthe. Le général en chef quitta le Mans à deux heures et demie, pour surveiller le mouvement de retraite du haut d'un mamelon qui domine la Chapelle-Saint-Aubin. L'ennemi pénétrait déjà dans la ville et se portait vers la gare du chemin de fer, d'où les derniers trains partaient au milieu de la fusillade. Une grande partie du matériel était sauvé ; il y eut cependant à déplorer l'abandon de six machines et d'un certain nombre de wagons, que le désordre et l'encombrement des voies par les troupes empêchèrent de mettre en mouvement [1].

La 2ᵉ division du 17ᵉ corps, qui avait commencé à se battre dès le matin et qui était la plus avancée, prévenue

---

[1] M. Piquet, chef du mouvement à la gare du Mans, déploya pendant tout le séjour de l'armée sur la Sarthe, et spécialement dans cette journée du 12 janvier, une énergie et une activité auxquelles on doit le sauvetage d'une grande partie du matériel de la ligne. — Il en a été récompensé depuis par la croix de chevalier de la Légion d'honneur.

du mouvement de retraite, avait profité du brouillard pour se retirer. Le général de Colomb avait renvoyé de suite une grande partie de son artillerie en arrière, mais cette énorme colonne, arrêtée dans les rues du Mans par la cohue des fuyards et des voitures de toute sorte, perdit six caissons de la 2ᵉ batterie principale du 2ᵉ régiment. Le 17ᵉ corps avait déjà dû abandonner, dans le tumulte de la nuit, 2 pièces embourbées qu'on n'eut pas le temps de dégager.

La 2ᵉ division passa la Sarthe sur le pont de Moulin-l'Évêque, et coucha à Macaire et à Montbizot.

La 3ᵉ division (de Jouffroy), qui avait traversé la ville la première, poussa jusqu'au camp de Conlie sans s'arrêter.

La 1ʳᵉ division (de Roquebrune), qui avait montré tant de solidité depuis la veille, luttait encore courageusement le long du chemin aux Bœufs, lorsque, à onze heures, il lui fut prescrit de battre en retraite. Elle se replia en bon ordre, protégée par le 41ᵉ de marche, qui n'abandonnait ses positions que successivement. L'ennemi, devant cette résistance, n'avança que lentement; la division put traverser le Mans sans être entamée, et passer la Sarthe pour venir coucher en avant de Domfront.

ENGAGEMENTS DE CAVALERIE A SAINT-MARS ET A BALLON.

La cavalerie du 17ᵉ corps (général d'Espeuilles) avait eu depuis le matin quelques engagements en éclairant tout le pays dans les directions de Ballon et de Beaumont. Une reconnaissance de cuirassiers avait rencontré deux escadrons de uhlans à Saint-Mars et n'avait pas hésité à engager le combat. A deux heures de l'après-midi, deux escadrons du 4ᵉ cuirassiers s'étaient avancés sur Ballon pour soutenir le colonel du 5ᵉ mixte de cavalerie de ligne, qui s'était lui-même porté au secours de deux pelotons attaqués en avant de ce point par des forces supérieures. Le capitaine Pennet, qui commandait ces deux pelotons, avait déjà pu se dégager avec l'aide des gardes nationaux de Ballon, qui ont fait preuve dans cette circonstance d'une énergie qu'on aime à constater. Enfin, à Courcebœuf, un lieutenant et vingt cuirassiers échappaient à cent cinquante uhlans, après leur avoir tué un officier et un assez grand nombre d'hommes.

Pendant cette retraite du 17⁰ corps, le commandant du 16⁰ avait fait occuper toutes les avenues de Pontlieue par le général Le Bouëdec, ayant sous ses ordres la brigade Jobey, le 36⁰ de marche et 3 mitrailleuses, pour former l'arrière-garde. L'amiral assista sur le pont de l'Huisne au défilé de ses troupes, et ne se retira qu'après avoir dirigé toutes les colonnes sur les rues qu'elles devaient suivre pour aboutir aux ponts de la Sarthe. Nous avons déjà dit plus haut que celui de l'Huisne ne sauta que lorsque l'ennemi n'en était plus qu'à quelques mètres ; malheureusement il ne put être qu'incomplétement détruit, les préparatifs n'ayant pu se faire avec assez de soin au milieu du passage de tant de monde et de voitures. Le capitaine du génie Legros, ne voulant confier à personne la mission importante de mettre le feu à la mine, fut blessé grièvement en l'accomplissant. Le génie avait, du reste, montré l'exemple du dévouement pendant toute cette journée. La 3⁰ compagnie *bis* du 1ᵉʳ régiment avait poursuivi ses travaux au pont Napoléon, sur la Sarthe, sous le feu de l'ennemi, mais, gênée par l'encombrement, elle n'avait pu réussir à en achever la destruction ; le capitaine Joly, qui la commandait, ne trouvant pas d'autre moyen d'assurer la retraite des dernières troupes engagées sur le pont, n'hésita pas à se jeter sur l'ennemi qu'il repoussa dans la rue Basse jusqu'au delà de la place de la Halle, permettant ainsi à un nombre considérable de voitures, encore sur la rive gauche, de traverser le pont.

Pendant que le 16ᵉ corps défilait sur le chemin de Chauffour et que la gendarmerie à cheval pressait la marche des convois, le général Bourdillon, avec le régiment de gendarmerie à pied et deux mitrailleuses, avait tenu derrière le pont de Pontlieue jusqu'au dernier moment, et s'était retiré en se défendant dans la grande avenue de Pontlieue et dans les rues adjacentes. Ce régiment de gendarmerie avait perdu, dans cette action vigoureuse et si utile, deux officiers et quatre-vingt-trois sous-officiers, brigadiers et soldats tués, blessés ou disparus.

Il reste maintenant à raconter ce qui s'était passé du côté du 21ᵉ corps.

RETRAITE DU 21ᵉ CORPS.

Le général Jaurès avait reçu à Sainte-Corneille, dans la nuit, l'ordre de replier sa droite sur Auvours et Yvré, pour prêter main-forte à la division Goujard et au général de Colomb. La 1ʳᵉ division se mit en marche par la route de Fatines, les bagages et l'artillerie passant par Sainte-Corneille, et gagna les hauteurs de la Croix, où elle trouva la division de Bretagne. C'est à ce moment qu'arrivait l'ordre définitif de retraite. Le général Rousseau continua son mouvement par Sargé et Montreuil, mais son artillerie, pour trouver des chemins praticables, dut être acheminée sur le Mans. Elle y arrivait en même temps que l'ennemi y entrait de son côté, et allait être enlevée, lorsqu'elle fut dégagée par une charge brillante du 13ᵉ bataillon de chasseurs à pied, sous le commandement du chef de bataillon Lombard.

La 2ᵉ division avait replié sa 1ʳᵉ brigade à travers le bois de Mondoublerain, tandis que la seconde, conduite par un bon guide dans des chemins détournés, la rejoignait sans

être inquiétée; elle était réunie tout entière à Sainte-
Corneille vers onze heures. La 1ʳᵉ brigade, attaquée vers
neuf heures, avait dû soutenir un combat assez vif et abandonner une partie du matériel du génie restée en arrière
pour pratiquer des coupures et faire des abatis sur les
routes. Le général Jaurès donna alors l'ordre au général
Collin de se retirer sur Savigné-l'Évêque et de là sur
Ballon, qu'il devait occuper et défendre. Arrivée à quelques centaines de mètres de Courcebœuf, où l'ennemi,
venu de la direction de Bonnétable, s'était embusqué, la
tête de colonne fut accueillie par une vive fusillade à laquelle répondirent vigoureusement les francs-tireurs man-
ceaux, dont on ne peut trop louer la vigueur dans cette
circonstance. Le 1ᵉʳ bataillon de l'Orne se porta à la
baïonnette sur le village et allait être ramené, lorsque,
aidé par trois compagnies du 41ᵉ de marche, commandées
par le capitaine Lévy, il put enfin se rendre maître de
Courcebœuf. A dix heures toute cette division arrivait à
Ballon et s'y installait sur de bonnes positions.

Quant à la 3ᵉ division, elle avait commencé à combattre
vers onze heures du matin du côté de Chanteloup. L'ennemi avait essayé de se servir de son artillerie; mais la
nature du pays, découpé et couvert, rendant le tir inefficace, il avait tenté sans succès des attaques de vive force
dans lesquelles il nous laissa quelques prisonniers. Sur la
gauche de la route de Bonnétable, du côté de la Croix, on
s'était abordé à la baïonnette; nos troupes, sans se laisser
intimider par les hurrahs des Allemands, avaient soutenu
le choc avec énergie. La lutte continua acharnée jusqu'à
la nuit sans que nous perdissions un pouce de terrain. La
fusillade était également très-vive sur la droite de la route,
sans incident important de part et d'autre.

Vers quatre heures et demie, l'ennemi se présenta en
masse par la route de Montfort et prononça une attaque

vigoureuse. Le 15ᵉ régiment de mobiles, sous les ordres du lieutenant-colonel de Labarthe, soutint bravement le choc, et après des engagements corps à corps, finit par conserver ses positions. Au même moment, du côté de Champagné, le commandant Picot, à la tête du 3ᵉ bataillon de marins, faisait les mêmes efforts et obtenait les mêmes résultats.

A six heures et demie, l'ennemi ayant échoué sur tous les points, devint moins pressant et ralentit son feu. Le général de Villeneuve en profita pour prendre ses dispositions de retraite, en engageant ses diverses colonnes sur les routes qu'elles devaient suivre, et en rappelant ensuite lentement et successivement ses tirailleurs, qui maintenaient ceux de l'ennemi.

A huit heures, le mouvement put commencer dans la direction de Souligné et s'opéra dès lors sans être inquiété. La 3ᵉ division, outre son matériel roulant qu'elle avait complétement sauvé, ramenait encore un assez grand nombre de caissons et deux batteries de 8 du 17ᵉ corps, qui, ne sachant où se diriger, étaient venues se placer sous sa protection. Toutefois, les pertes étaient sensibles : près de 2,000 hommes avaient été tués, blessés ou avaient disparu.

Après sa brillante attaque du 11 au soir, la division de Bretagne ne fut plus inquiétée jusqu'au lendemain à onze heures et demie. Quelques reconnaissances ennemies venaient d'apparaître en avant d'elle, s'avançant assez timidement, lorsque, recevant l'ordre de retraite, le général Goujard se replia sans être poursuivi dans la direction de Montbizot, passa la Sarthe sur ce pont et put arriver, à huit heures du soir, à Saint-Jean, où il coucha. Le 13, à trois heures et demie de l'après-midi, il arrivait à Sillé-le-Guillaume.

La 1ʳᵉ division, qui avait passé la Sarthe à Beaumont,

gagnait le 13 Saint-Remy de Sillé; la 2⁰ division, Segrie;
la réserve, Sillé-le-Guillaume, et enfin la 3⁰ division, Neuville-la-Lais.

Le grand quartier général, qui avait été le 12 au soir à Domfront en Champagne, fut porté le lendemain à Sillé-le-Guillaume. Toute l'armée se trouvait ainsi sur la rive droite de la Sarthe dans la journée du 13. La retraite, commencée dans de si mauvaises conditions, s'était opérée avec assez de précision. Les plus grandes difficultés avaient été l'état des routes, couvertes d'une neige très-épaisse; leur encombrement, parce que les voitures n'avaient pu profiter des chemins de traverse praticables en temps ordinaire, et enfin la fatigue des hommes, qui était extrême. L'ennemi ne s'était montré entreprenant nulle part; c'est à peine si, après être entré dans le Mans, où il s'empara de la queue de nos convois encore engagés dans les rues de la ville, il fit suivre nos arrière-gardes par quelques uhlans qui ne dépassèrent guère, ce jour-là, la bifurcation des routes de Beaumont et de Conlie. Il est évident que le 11 au soir les Allemands se considéraient sinon comme battus, tout au moins comme obligés à recommencer le lendemain leurs efforts de la veille, et que le 12 au matin, malgré le fatal incident qui avait amené leur gauche sur la position de la Tuilerie, ils ne croyaient point à une retraite de la deuxième armée française. C'est ce qui explique qu'ils n'aient pas profité de cette occasion, et, qu'une fois fixés sur nos mouvements, ils n'aient pas été à même de nous poursuivre. Ils avaient du reste considérablement souffert pendant les trois derniers jours; leurs soldats étaient épuisés; ils ne les avaient soutenus que par des distributions d'eau-de-vie faites à profusion, et il leur fallait rallier leurs colonnes dont quelques-unes avaient déjà commencé un mouvement rétrograde, et pourvoir aux soins à donner à leurs nombreux blessés.

Dans ces conditions, le général en chef persistant dans la pensée qu'il pouvait se retirer sur Alençon pour reprendre le mouvement projeté vers la Seine, avait insisté près du ministre de la guerre, qui avait repoussé ce projet *et* prescrit la retraite sur la Mayenne. Le 12, à onze heures et demie du soir, le télégramme suivant avait été expédié de Domfront à Bordeaux [1] :

PROJET DE RETRAITE SUR ALENÇON.

« Je ne prévoyais certes hier ni les défaillances de la
» nuit dernière, ni la retraite à laquelle elles allaient me
» contraindre. J'en suis le premier navré; mais ma con-
» fiance était telle qu'elle a résisté, et que c'est en m'en
» inspirant qu'ont surgi les idées que vous n'admettez pas.
» En parlant des lignes de Carentan, comme objectif de
» retraite, je me rappelais vos propres instructions données
» à Josnes quand il s'agissait d'aller reconstituer l'armée.
» Mais mon intention n'a jamais été de les gagner si je n'y
» étais pas contraint. Ne pouvant me séparer de la pensée
» que Paris est aux abois, me cramponnant à l'idée d'un
» mouvement dans cette direction, notre but suprême, je
» portais ma droite à Alençon, appuyé fortement au
» 19e corps, que je croyais une force sérieuse et immé-
» diatement utilisable. Une fois établi d'Alençon à Prez-
» en-Pail, pivotant sur ma droite avec les éléments réelle-
» ment résistants de mon armée, ralliant à Argentan le
» reste du 19e corps, je marchais, sans perdre un jour et
» sans presque allonger les distances à parcourir, sur
» Dreux et Évreux, dans la pensée d'appuyer ma gauche
» à la Seine et de forcer l'Eure dans une partie moins pré-
» parée par l'ennemi pour sa défense que celle de Char-
» tres à Dreux. Ce que je vois autour de moi, vos propres

---

[1] Voir la note 33.

» objections, vos préoccupations pour Rennes et pour
» Nantes, alors qu'à Josnes elles étaient surtout pour
» Cherbourg, me forcent à renoncer à une marche hasar-
» deuse sans doute, mais qui pouvait tout sauver.

» J'obéis donc, et je change mes dispositions pour exé-
» cuter le mouvement que vous ordonnez. Dès cette nuit,
» les 16°, 17° et 21° corps reçoivent l'ordre de prendre
» pour objectif Laval, de façon à venir s'établir le 17 ou
» le 18 derrière la Mayenne, sur un front de 10 kilomè-
» tres, la droite à Laval. . . . . »

LE MINISTRE DE LA GUERRE PRESCRIT LA RETRAITE SUR LA MAYENNE.

Le ministre de la guerre répondit le 13, à six heures du matin, par le télégramme ci-après :

« Quelle que soit la cruauté de la fortune à notre égard
» elle est impuissante à lasser des hommes tels que vous,
» qui sont résolus à soutenir jusqu'à épuisement total la
» guerre sainte contre l'étranger. La confiance du Gou-
» vernement n'est en rien diminuée, et l'échec, quelque
» grave qu'il soit, que vous avez subi, ne doit être qu'une
» leçon et qu'une excitation de plus à bien faire.

» Cela dit, je réponds à votre dépêche de ce matin.
» Quand je vous ai parlé, à Josnes, des lignes de Carentan,
» j'ai voulu seulement indiquer que la résistance à ou-
» trance du pays avait une dernière forteresse inexpugna-
» ble. Mais nous n'en sommes pas encore là au lendemain
» d'un premier échec. Ma pensée, au contraire, a toujours
» été que le terrain devait être disputé pied à pied, comme
» vous l'avez fait déjà dans votre belle retraite. Quant au
» dessein que vous nourrissiez, me dites-vous, de vous
» arrêter, s'il était possible, entre Alençon et Prez-en-Pail,
» pour de là tenter une marche hardie sur Paris par Dreux
» et Évreux, je vous ferai remarquer que cette tentative

» généreuse était de nature à amener la perte de votre
» armée. D'une part, en effet, vous auriez couru le risque
» de ne point refaire vos troupes avant de reprendre votre
» marche, et, d'autre part, vous auriez infailliblement
» rencontré sur votre chemin l'armée de Frédéric-Charles,
» commandant général des forces prussiennes dans l'Ouest,
» laquelle, parcourant du Mans à Dreux ou à Mantes, une
» corde dont vous-même parcourriez l'arc, vous aurait
» nécessairement gagné de vitesse.

» Nous estimons donc qu'à tous les points de vue, la
» retraite sur Mayenne et Laval est infiniment préférable.
» Il va de soi qu'en vous parlant de la rivière Mayenne
» comme ligne défensive, nous n'avons nullement entendu
» vous prescrire d'aller jusque-là. C'est une limite extrême
» que nous vous avons indiquée; mais il est certain que si
» vous trouvez dans l'intervalle, par exemple dans la forêt
» de Sillé, de bonnes positions défensives, nous nous en
» applaudirons pour notre part; car, ainsi que je vous l'ai
» dit en commençant, nous désirons que le sol de la patrie
» soit disputé pied à pied. . . . .

. . . .

» Je suis d'ailleurs en mesuré, à l'aide des dépêches
» que je viens de recevoir de Paris et parmi lesquelles se
» trouve une lettre du général Trochu, de vous dire que
» les vivres ne manquent nullement dans la place et que
» le général lui-même recule la fatale échéance jusqu'à la
» fin du mois. Cela nous laisse le temps, avec l'énergie
» que vous saurez puiser en vous-même, de regagner le
» terrain perdu, mais il n'y a pas un jour qui ne doive être
» utilement employé.

» *Signé* : LÉON GAMBETTA. »

Les instructions ci-après, données à Domfront et à Sillé
le-Guillaume, les 12 et 13 janvier, indiquent les mesures

prises en vue de la situation faite à la deuxième armée par son mouvement de retraite et les instructions du ministre :

« Au grand quartier général de Domfront,
le 12 janvier 1871.

« Par suite des ordres du ministre, la direction de la
» retraite de la deuxième armée est changée ; elle est, dès
» aujourd'hui, sur Laval. En conséquence, le comman-
» dant du 16ᵉ corps le dirigera demain par la grande route
» du Mans à Laval, de façon à faire une étape de seize
» kilomètres.

» Le commandant du 17ᵉ corps le dirigera par la route
» directe de Conlie à Sainte-Suzanne, en faisant une étape
» de huit à dix kilomètres à partir de Conlie.

» Si le général Jaurès a passé la Sarthe entre Montbizot
» et le Mans, il dirigera demain le 21ᵉ corps sur Conlie
» où il couchera. Si au contraire il a passé la Sarthe entre
» Montbizot et Beaumont, il ira coucher à Sillé-le-Guil-
» laume.

» Prendre toutes les mesures nécessaires pour couvrir
» solidement la retraite des convois, bagages, et du maté-
» riel roulant. Envoyer la cavalerie à une étape en avant
» pour arrêter les fuyards, et organiser le corps d'armée en
» marchant.

» Accuser réception du présent ordre et rendre compte
» du mouvement de retraite.

» Le grand quartier général sera demain à Sillé-le-Guil-
» laume. Le 17ᵉ corps prendra demain, en passant à
» Conlie, les vivres et les munitions dont il a besoin.

» Le 21ᵉ corps fera connaître s'il a besoin de vivres et
» munitions à Conlie. »

« Au grand quartier général de Sillé-le-Guillaume
le 13 janvier 1871.

» Le général en chef est heureux d'exprimer toute sa

» satisfaction au général Jaurès, pour la façon dont il a
» conduit, pendant les journées des 11 et 12, sa retraite
» rendue difficile par la dispersion de sa division, les dis-
» tances à parcourir et les combats à livrer.

» Il félicite également les troupes du 21ᵉ corps, qui,
» dans cette opération, ont fait preuve d'ordre, de disci-
» pline, de ténacité et de vigueur, alors que se produisaient,
» dans certaines portions de l'armée, les défaillances qui ont
» amené la retraite du Mans, au moment où nous avions
» les meilleures chances pour battre l'ennemi.

» On continuera demain le mouvement en arrière vers
» la Mayenne. Les troupes sont très-fatiguées par suite de
» l'état des routes, par les combats soutenus, et quelques-
» unes par la distance exagérée qu'on leur a fait parcourir
» hier sans aucun motif; la marche de demain devra donc
» être très-courte.

» Les corps d'armée ne feront pas plus de dix à douze
» kilomètres en arrière de leurs cantonnements d'aujour-
» d'hui, sur la direction générale que chacun d'eux doit
» suivre jusque sur la rive droite de la Mayenne.

» Les directions sont :

» 1° Pour le 16ᵉ corps, la route du Mans à Laval;

» 2° Pour le 17ᵉ corps, la direction de Parennes, Neu-
» villette, Sainte-Suzanne, la Chapelle-Rainsouin, Ar-
» gentré, Saint-Jean-sur-Mayenne;

» 3° Pour le 21ᵉ corps, la route qui longe le chemin de
» fer de Laval par Rouessé, Assé-le-Bérenger, Évron jus-
» qu'à Montsurs, et de là par Châlons et Montflours.

» Demain, le grand quartier général à Évron.

» Celui du 16ᵉ corps, à Saint-Denis d'Orques.

» Celui du 17ᵉ corps, à Sainte-Suzanne.

» Celui du 21ᵉ corps, à Assé-le-Bérenger.

» Le général en chef rappelle de nouveau que chaque
» division, brigade, parc, convoi et ambulance doit occu-

« per exactement les emplacements qui lui sont indiqués,
» et que MM. les généraux doivent se loger strictement
» dans les villages que les commandants des corps d'armée
» désignent pour leurs quartiers généraux.

» C'est le seul moyen d'éviter la confusion, l'encom-
» brement, et d'assurer la transmission rapide des ordres.

» On préviendra les troupes, aux appels, que l'accès de
» la ville de Laval leur est formellement interdit, que des
» mesures sont prises pour faire arrêter tous les fuyards
» qui y précéderaient l'armée, et pour signaler les officiers
» ou les détachements qui s'y rendraient sans autorisation
» du commandant du corps d'armée.

» Les généraux se rappelleront, au sujet des fuyards,
» que dans chaque corps d'armée la cavalerie, poussée sur
» les derrières au moins à une étape, ne doit laisser
» passer personne dans la direction de Laval, et doit
» arrêter les traînards pour les renvoyer à leurs corps res-
» pectifs.

» La gendarmerie n'assure pas suffisamment l'ordre dans
» les convois : les routes sont encombrées par les voitures,
» et celles-ci sont suivies par une foule d'hommes qui
» n'ont leur place ni aux convois ni à leur escorte.

» Ne pas oublier que l'ennemi surveille nos mouve-
» ments, et qu'il peut nous suivre et nous attaquer.
» Chaque corps d'armée fera donc couvrir ses canton-
» nements par de forts avant-postes, et s'éclairera en
» arrière par de la cavalerie et d'incessantes reconnais-
» sances.

» Les convois partent également trop tard ; les étapes
» étant courtes, ils doivent, une fois en route, ne pas
» s'arrêter.

» Chaque corps d'armée doit avoir à l'arrière-garde
» une division qui ne doit marcher qu'après tout le maté-
» riel roulant.

» Sur les observations du général en chef au ministre,
» la marche en retraite sur Laval est suspendue. Les corps
» s'arrêteront sur les positions où ils se trouvent, tout en
» les rectifiant, pour assurer la défense dans le cas d'une
» agression de l'ennemi.

» On placera de l'artillerie derrière des épaulements sur
» tous les points des lignes où il importe d'en avoir.

» Le pays se prête admirablement à la défense. Il offre
» de précieuses ressources pour les cantonnements.

» On peut donc s'y arrêter et y reconstituer l'armée
» sans perdre un seul instant.

» Dès demain, les commandants des corps d'armée
» s'assureront par eux-mêmes que les troupes reçoivent
» dans la journée les vivres nécessaires pour les aligner
» jusqu'au 17 inclus, en y comprenant les deux jours de
» réserve du sac.

» Cette opération, dont il sera rendu compte par écrit
» au général en chef, étant terminée, les convois, sous
» bonne garde, seront poussés dès demain à au moins six
» kilomètres des lignes, dans la direction primitivement
» assignée à chaque corps pour le cas de la retraite sur
» Laval.

» Le général en chef recommande l'étude des positions.
» Il lui sera envoyé, dès demain, pour chaque corps d'ar-
» mée, un croquis indiquant celles occupées.

» Partout la défense sera organisée sur deux lignes pou-
» vant se soutenir.

» La cavalerie légère sera reportée en avant pour éclai-
» rer le plus loin possible et jusqu'à la Sarthe.

» Les éclaireurs algériens se reporteront à Conlie. Sillé
» devra être occupé exclusivement par le 21ᵉ corps. Le
» général de Colomb fera évacuer la ville par tout ce qui
» appartient au 17ᵉ corps, dès demain matin.

» Les commandants des 16ᵉ et 21ᵉ corps disposeront

» leurs ailes, à l'extrémité de la ligne, de façon à éviter
» tout mouvement tournant de l'ennemi.

» Le vice-amiral Jauréguiberry se mettra en relation
» avec le général de Curten, qui doit être à la Suze,
» l'appellera à lui, et l'établira pour la défense de ses
» lignes.

Les trois corps d'armée devront, bien entendu, se
» relier entre eux.

» On fournira le plus tôt possible (pour après-demain
» au plus tard) :

» 1° Les rapports sur les dernières affaires ;

» 2° L'état des pertes subies, numérique pour les
» troupes, nominatif pour les officiers ;

» 3° Les propositions pour les emplois supérieurs va-
» cants. (On remplacera immédiatement les autres va-
» cances.)

» Le grand quartier général reste à Sillé-le-Guillaume,
» ainsi que le quartier général du 21° corps.

» Celui du 17° corps, à Parennes.

» Celui du 16° corps, à Joué-en-Charnie.

» Chaque corps d'armée qui aurait sur ses routes des
» voitures ou du matériel d'artillerie appartenant à un
» autre corps, fera prévenir le commandant de ce dernier,
» qui fera prendre de suite ce matériel, et l'acheminera là
» où il doit rejoindre.

» On cantonnera les troupes le plus et le mieux possible,
» tout en se conformant aux nécessités de la défense et
» aux instructions si souvent répétées pour les prises
» d'armes en cas d'alerte. »

Il est bon, avant d'aller plus loin, de donner ici textuellement la lettre adressée au ministre de la guerre par le commandant en chef, pour lui rendre compte de ce qui venait de se passer et de la situation.

« Sillé-le-Guillaume, le 13 janvier 1871.

« Monsieur le ministre,

» Je viens d'arriver à Sillé-le-Guillaume, et, maintenant que j'ai pourvu au plus pressé, que la retraite est organisée et s'opère convenablement, j'ai hâte de vous parler des événements qui viennent de se produire, un peu
» plus longuement que je n'avais pu le faire jusqu'ici.

» Je n'ai pas besoin de vous rappeler quelle était ces
» derniers jours ma situation. Pendant que l'armée se
» reconstituait au Mans, les colonnes mobiles des généraux
» Rousseau et de Jouffroy inquiétaient l'ennemi, éclai-
» raient et occupaient le pays, évitaient l'affront de voir
» réquisitionner des villes et des villages sous nos yeux,
» et surtout, enfin, empêchaient l'ennemi de nous investir
» complétement autour du Mans, comme il en avait le
» projet.

» J'avais hâte, vous le savez, de marcher sur Paris ;
» conformément à vos ordres, je dus attendre au Mans la
» formation des 25° et 19° corps, qui devaient s'ajouter à la
» deuxième armée. Néanmoins, bien que regrettant ces
» retards à certains points de vue, je voyais cependant
» sans inquiétude se dessiner le mouvement d'attaque du
» prince Frédéric-Charles et du grand-duc de Mecklem-
» bourg sur le Mans.

» Occupant en effet des positions magnifiques pour la
» défense, que j'avais choisies et préparées à l'avance, je
» ne mettais pas en doute de pouvoir y résister et y tenir
» au moins pendant quatre ou cinq jours, assez pour que,
» lassé par notre persistance, le prince Frédéric-Charles
» dût se mettre en retraite.

» Appelant alors à moi les 19° et 25° corps qui auraient
» achevé pendant ce temps leur organisation, installant
» sur mes positions les mobilisés de Bretagne que vous
» m'aviez accordés et que je croyais alors une force effec-

» tive et sérieuse, mon intention était de marcher sans
» un jour de retard sur cet ennemi affaibli et fatigué, et
» il me semblait pouvoir, sans présomption, espérer le
» succès.

» Il ne devait pas en être ainsi : les incidents les plus
» inouïs et les plus inattendus allaient déjouer toutes mes
» prévisions.

» L'ennemi s'avançant avec des forces très-considéra-
» bles, je rappelai à moi les colonnes mobiles, qui opérè-
» rent leur mouvement rétrograde dans le meilleur ordre,
» sans se laisser entamer, et après avoir défendu successi-
» vement, et pied à pied, toutes les positions en avant;
» j'établis toutes mes troupes sur les lignes de défense que
» je leur avais choisies. Les attaques de l'ennemi étaient
» opiniâtres et incessantes.

» Néanmoins, le 10 janvier au soir, toutes mes lignes
» étaient intactes, et, malgré les doléances de quelques
» chefs, venant me déclarer que leurs troupes en avaient
» assez et refusaient de se battre, et me supplier d'ordon-
» ner la retraite, ma confiance était entière.

» Le 11 au matin, je parcourus à cheval toute la ligne
» de bataille, relevant le moral des troupes, leur promet-
» tant des récompenses que vous m'aviez autorisé à leur
» décerner, et faisant un appel, écouté et compris par elles,
» à leur patriotisme et à leur courage.

» La bataille s'engagea à ma droite sur les hauteurs en
» avant de Pontlieue. L'amiral maintenait toutes ses posi-
» tions et pénétrait même sur celles de l'ennemi. Sa gauche
» seule avait faibli un instant; mais j'avais arrêté ce mou-
» vement en faisant placer sur les hauteurs d'Yvré deux
» batteries, qui prirent l'ennemi d'écharpe et le firent
» reculer.

» Au centre, le général de Colomb luttait péniblement
» sur le plateau d'Auvours, que l'ennemi avait un instant

» menacé d'occuper tout entier. Mais un effort vigoureux
» du général Goujard l'en chassait, et nous laissait maîtres
» des positions.

» A gauche et plus en avant, le général Jaurès com-
» battait sans perdre un pouce de terrain, et avec avan-
» tage.

» Aussi, quand, vers six heures du soir, je quittai le
» champ de bataille pour rentrer à mon quartier géné-
» ral, j'étais on ne peut plus satisfait de la journée, qu'on
» pouvait à bon droit considérer comme une victoire, et
» tout prêt à recommencer le lendemain.

» Tant d'efforts allaient être perdus. J'appris d'abord
» que le général de Lalande, placé par l'amiral au plateau
» de la Tuilerie, au centre de sa ligne, avec les mobilisés
» de Bretagne et de l'artillerie, avait évacué spontanément,
» à la nuit, cette magnifique position sans la défendre,
» et devant des forces très-inférieures. Les mobilisés
» d'Ille-et-Vilaine avaient fui au premier obus ; l'ennemi
» s'était installé à la Tuilerie sans coup férir.

» Je donnai à l'amiral l'ordre de réattaquer immédiate-
» ment et de reprendre à tout prix la position la nuit
» même. A deux heures du matin, l'amiral m'informait
» qu'après avoir été réunies et amenées à grand'peine,
» les troupes chargées de cette attaque s'étaient enfuies et
» débandées au premier coup de fusil, et que la position
» n'avait pu être reprise ; que la division de Jouffroy, pla-
» cée à sa gauche, s'était débandée pendant la nuit et avait
» lâché ses positions, aussitôt occupées par les Prussiens,
» et que sur tous les points, à l'exception de la division
» Roquebrune, les troupes, prises d'une panique et d'une
» défaillance inexplicables, se débandaient en grand nom-
» bre, qu'on ne pouvait plus compter sur elles, et qu'il
» fallait songer à la retraite.

» Je répondis en donnant l'ordre formel de prendre

» l'offensive sur toute la ligne, au point du jour, et de
» réoccuper à tout prix les positions abandonnées la nuit.

» A sept heures et demie, le 11 au matin, l'amiral me
» rendait compte qu'il était impossible de faire marcher
» les troupes, qui refusaient de se battre et se déban-
» daient, que la retraite était impérieusement commandée.

» La situation était la même au centre, où les troupes
» avaient également abandonné le plateau d'Auvours.

» Si je n'avais écouté que mon indignation, j'aurais fait
» sauter les ponts et lutté quand même.

» Néanmoins, j'ai cru que mieux encore valait conser-
» ver cette armée à la France, dans l'espoir qu'un jour
» peut-être elle prendrait sa revanche, et j'ai donné, en
» pleurant de rage, l'ordre de la retraite.

» Si je vous ai parlé des lignes de Carentan, c'était
» comme point de direction extrême et général, point que
» vous m'aviez désigné ; mais je n'avais jamais eu l'inten-
» tion de m'y rendre directement.

» Je n'avais qu'une idée : donner à mon armée l'occa-
» sion de laver cette tache, et arriver encore à temps pour
» sauver Paris.

» Aussi, sans hésiter, je me décidai à battre en retraite
» sur Alençon. Là, en me réunissant au 19ᵉ corps, encore
» intact, ralliant autour de moi tout ce qui avait du
» cœur dans la deuxième armée, j'aurais marché sur
» Paris : tous, cette fois, prévenus qu'il fallait arriver ou
» mourir.

» La grandeur du but à atteindre me semblait justifier
» ces risques suprêmes. Vous en avez jugé autrement.
» J'obéis.

» La retraite s'opère très-convenablement sur la
» Mayenne. Le 21ᵉ corps, du général Jaurès, a passé la
» Sarthe à Montbizot, à la Guierche et à Beaumont, après
» s'être replié dans le plus grand ordre, combattant vigou-

» reusement, et m'a rallié à Sillé-le-Guillaume. Dans qua-
» tre jours, je serai à Laval, où je vais concentrer l'armée
» et hâter sa réorganisation. Telle va être désormais mon
» unique pensée, et j'y réussirai. Si le suprême bonheur
» de sauver Paris nous échappe, je n'ai pas oublié qu'a-
» près lui il y a encore la France, dont il faut sauver l'exis-
» tence et l'honneur.

» Le général en chef,
» *Signé :* CHANZY. »

La journée du 14 fut employée à régulariser les positions du 17ᵉ corps et à achever les mouvements que le 21ᵉ avait encore à faire pour prendre celles qui lui étaient indiquées autour de Sillé-le-Guillaume. Ce dernier était ainsi réparti : la première division à Saint-Remy de Sillé, la deuxième à Montreuil-le-Chétif, la troisième en avant de Sillé, à cheval sur la route de Conlie ; la division de Bretagne à Mont-Saint-Jean ; la réserve à Sillé-le-Guillaume.

DÉSORDRES AU CAMP DE CONLIE.

Pendant que ces marches s'opéraient, depuis le 12 au matin, des incidents regrettables s'étaient produits dans quelques corps. Après leur panique de la Tuilerie, les mobilisés de la Bretagne qui avaient les premiers repassé l'Huisne et la Sarthe, s'étaient retirés sans s'arrêter jusqu'à Évron. Leur passage à Conlie avait amené du désordre dans ce camp ; les mobilisés qui s'y trouvaient avaient hâte de le quitter, croyant à un danger imminent, et le général de Marivault, parti pour Rennes, n'était plus là pour les maintenir. Le 13, malgré les ordres formels du général en chef, qui avait prescrit de ne quitter la redoute qu'après en avoir évacué les approvisionnements qu'elle contenait, les vivres furent pillés, un grand nombre d'armes et de munitions furent détruites ou abandonnées, et les troupes se retirèrent sur Assé-le-Bérenger, où une faible partie purent seulement être arrêtées, les autres continuant leur retraite sur la Bretagne.

ABANDON DE BEAUMONT-SUR-SARTHE.

A Beaumont, le 14 au matin, les mobilisés de la Mayenne avaient également quitté, en désordre, cette position importante devant la démonstration d'une reconnaissance ennemie, laissant ainsi sans être détruit un pont important, et s'étaient dirigés sur Bais.

POSITIONS DU 17ᵉ CORPS.

Le 17ᵉ corps, fort disséminé, avait eu beaucoup de peine à s'établir sur les positions qu'il devait occuper en arrière de la Vègre, de Saint-Symphorien à Rouez. La deuxième division avait reculé jusqu'à Sainte-Suzanne; il fallut la reporter à Tennie; la troisième division, qui encombrait Sillé, où elle était arrivée sans ordre le 12 au soir, dut être reportée à Rouez. Tous ces faux mouvements avaient achevé de disloquer et de désorganiser ces troupes, déjà fatiguées par les marches et les combats des jours précédents.

COMBATS DE LONGNE ET DE CHASSILLÉ.

La retraite du 16ᵉ corps s'était opérée jusque-là avec plus d'ordre, bien qu'aux prises avec plus de difficultés. Le 13, le vice-amiral Jauréguiberry était arrivé à Joué-en-Charnie, laissant la division Barry comme arrière-garde à Longne et à Chassillé. Le 14, le général Le Bouëdec, en position à Longne, fut attaqué et forcé de se replier sur Chassillé, où il était de nouveau assailli vers deux heures de l'après-midi. Le feu de deux mitrailleuses arrêta quelque temps les Prussiens; mais ceux-ci, protégés par une nombreuse artillerie et profitant du brouillard, se formèrent en colonnes profondes et se portèrent sur le village que nos troupes furent obligées d'évacuer après un combat acharné. La prise de Chassillé nous faisait perdre la ligne de la Vègre. Le général Barry comprenant l'importance de ce point, voulut essayer de le reprendre. Une colonne d'attaque du 31º de marche, entraînée avec élan par le colonel Roud, s'avança résolûment sans pouvoir atteindre ce résultat, malgré d'énergiques efforts. La 3º division du 16º corps dut dès lors se retirer sur Montreuil, à deux kilomètres en avant de Joué-en-Charnie.

Pendant que ceci se passait, les reconnaissances envoyées par l'amiral lui signalaient un mouvement tournant de l'ennemi s'avançant par Vallon et Loué. Le commandant Picory, qui s'était porté à Loué avec deux escadrons de chasseurs d'Afrique, y avait trouvé de l'infanterie prussienne, et venait de battre en retraite suivi de près par la colonne allemande, qui continua sa route malgré la nuit. L'amiral, craignant une attaque à laquelle l'état de ses troupes ne lui donnait pas l'espoir de pouvoir résister, se décida à la retraite, et arriva, vers minuit, au village de Saint-Jean-sur-Erve, où il s'arrêta pour prendre du repos, tout en faisant continuer à ses *impedimenta* leur route sur Laval [1].

DÉMORALISATION DES TROUPES DANS LES 16º ET 17º CORPS.

En rendant compte au général en chef de ces événements, l'amiral ajoutait :

« Quelques régiments ont opposé une vigoureuse résis-
» tance; d'autres, et c'est le plus grand nombre, se sont
» débandés. La cohue des fuyards est inimaginable; ils

---

[1] Voir à la note nº 34 deux dépêches du vice-amiral Jauréguiberry.

« renversent les cavaliers qui s'opposent à leur passage ;
» ils sont sourds à la voix des officiers. On en a tué deux,
» et cet exemple n'a rien fait sur les autres. Les Prussiens
» sont entrés à Épineux-le-Chevreuil et à Loué. Je
» trouve autour de moi une telle démoralisation, que les
» généraux du corps d'armée m'affirment qu'il serait très-
» dangereux de rester ici plus longtemps. Je suis désolé de
» battre encore en retraite. Si je n'avais pas avec moi un
» matériel considérable qu'il faut essayer de sauver, je
» m'efforcerais de trouver une poignée d'hommes déter-
» minés et de lutter même sans espoir de succès. Mais ce
» serait, il me semble, insensé de sacrifier huit batteries
» pour n'arriver, en résumé, à aucun résultat utile. Je ne
» me suis jamais trouvé, depuis trente-neuf ans que je suis
» au service, dans une position aussi navrante pour
» moi [1]. »

De son côté, le général de Colomb, commandant le 17e corps, ne donnait pas sur l'état moral de ses troupes des renseignements plus satisfaisants. Plus encore que celles du 16e corps, elles étaient à bout de forces. Le temps était, en effet, d'une rigueur exceptionnelle : la neige ne cessait pas; le froid était intense; le pays offrait peu d'abris; les convois ne marchaient qu'avec les plus grandes difficultés; les distributions de vivres ne pouvaient se faire exactement, et les hommes, vêtus d'une façon insuffisante, mal chaussés pour la plupart, constamment mouillés sans pouvoir se sécher, se laissaient aller au découragement. Il fallait cependant faire tête à l'ennemi, qui apparaissait sur toutes les routes en avant de nos lignes. La retraite sans combattre c'était la débandade, l'abandon d'une partie de notre maté-

---

[1] Le commandant en chef, en transmettant textuellement cette dépêche au ministre, exposait la situation générale dans le même télégramme. — Voir à la note n° 35.

riel, et peut-être, si les Allemands étaient audacieux, la perte de l'armée [1].

Le mouvement de recul du 16° corps affaiblissait l'aile droite et pouvait permettre à l'ennemi de se porter sur le flanc dès lors découvert du 17° corps. Les éclaireurs algériens qui s'étaient portés à Conlie et qui battaient tout le pays dans la direction du Mans, signalaient partout sa présence. Toutefois, comme un effort principal semblait devoir se faire en avant de Sillé-le-Guillaume où le 21° corps occupait de solides positions, bien couvert sur sa gauche par les volontaires de Cathelineau qui observaient la Sarthe aux environs de Fresnay, il se pouvait qu'une résistance heureuse arrêtât la poursuite.

15 JANVIER. COMBAT DE SILLÉ-LE-GUILLAUME.

C'est dans ces conditions que l'action s'engagea, le 15 au matin, en avant de Sillé-le-Guillaume. L'ordre fut immédiatement donné sur toute la ligne de résister à tout prix et le plus longtemps possible, tout en acheminant sur les derrières le gros matériel de l'artillerie et les *impedimenta* dans les directions de Mayenne et de Laval, de façon à les mettre à l'abri et à ne pas gêner les mouvements.

Dès huit heures, les éclaireurs algériens, obligés de se retirer de Conlie, annoncèrent la marche de l'ennemi sur Sillé-le-Guillaume. Arrivés en vue de la 3° division du 21° corps, bien établie sur les crêtes qui dominent cette petite ville à l'est, ils se portèrent sur la route de Rouez pour la rattacher à la gauche du 17° corps.

Le général de Villeneuve, qui commandait cette 3° division, l'avait disposée de la façon suivante : le 78° mobiles à l'embranchement de la route de Crissé et de celle de Conlie; au centre, la 1ʳᵉ brigade se reliant ainsi avec

[1] Voir la note n° 36.

la 1.`re` division ; enfin la 2° brigade surveillant le chemin de traverse de Conlie et la voie ferrée. Les marins, déployés en tirailleurs dans les chemins creux qui bordent la route, formaient une première ligne ; les autres bataillons, groupés et abrités derrière des plis de terrain, formaient la deuxième ligne ; l'artillerie en colonne sur la route, sur la pente du côté de Sillé et hors de portée des projectiles, détachant une section de mitrailleuses à 200 mètres en avant de la coupure de la crête, une section de 4 tirant par-dessus ces mitrailleuses, et enfin, sur la crête même, une section de 8 dominant le champ de bataille et ayant des vues sur tout le développement de la route et sur le terrain que l'ennemi allait parcourir en débouchant du camp de Conlie. Enfin, plus en arrière et à la gare même de Sillé, deux pièces de 4 enfilant la voie ferrée.

En dehors de ces emplacements, il était impossible de mettre les pièces en batterie à cause des talus et des fossés qui séparent les propriétés, et de la neige qui couvrait le sol sur une épaisseur telle que les chevaux enfonçaient jusqu'au poitrail.

L'attaque se prononça sérieusement vers dix heures ; les colonnes prussiennes s'avançaient par la grande route sans paraître croire à une résistance. Le général de Villeneuve les laissant arriver jusqu'à quinze cents mètres, les arrêta par des salves de mitrailleuses qui y mirent le désordre et les forcèrent à se rejeter dans les chemins de traverse. L'ennemi, suspendant alors son mouvement, chercha le moyen d'établir ses batteries ; une vive canonnade s'engagea, d'abord tout à notre avantage ; les artilleurs allemands, gênés par le brouillard, ayant de la peine à régler leur tir ; mais bientôt une batterie de fort calibre nous causa des pertes assez sérieuses sans pouvoir toutefois éteindre le feu de nos pièces de 8, qui répondirent vigoureusement.

Pendant ce temps, le général Rousseau, établi à Saint-Remy de Sillé avec la 1ʳᵉ division, apprenait par ses reconnaissances que d'autres colonnes ennemies débouchant de Crissé, s'approchaient par la chaussée du chemin de fer et par le chemin qui lui est parallèle. Le 5ᵉ bataillon de la Sarthe (command' Safflet), qui gardait ces deux issues et qu'appuyait le 22ᵉ de ligne, reçut bravement le choc de ces colonnes. L'ennemi, arrêté par cette résistance, se disposait à un nouvel effort, lorsque le commandant Bonnefond, à la tête d'un bataillon du 58ᵉ, s'avança résolûment sur lui au cri de : Vive la France ! l'aborda à la baïonnette et le mit en déroute, en lui faisant une vingtaine de prisonniers. Nos troupes, entraînées par ce succès, se lancèrent à la poursuite des Allemands jusqu'à un kilomètre au delà de Crissé, et ne s'arrêtèrent qu'après avoir fait de nombreux prisonniers, dont un major hanovrien.

Le succès était donc complet du côté du 21ᵉ corps, grâce aux dispositions prises par le général Jaurès, qui le commandait, à l'énergie des généraux de Villeneuve et Rousseau et au courage des troupes. Malheureusement le 17ᵉ corps n'avait pas tenu sur ses positions et s'était mis en retraite sur Sainte-Suzanne, dans la crainte d'être tourné par les colonnes ennemies qui s'avançaient sur la route du Mans à Laval à la poursuite du 16ᵉ corps[1]. Tenir plus longtemps sur la gauche de notre ligne, c'était s'exposer à se faire rejeter en dehors des routes fixées pour la retraite sur la Mayenne. Le général en chef, après s'être assuré que les convois engagés sur la grande route de Sillé à Evron étaient assez loin pour n'avoir rien à craindre, donna au général Jaurès l'ordre de se mettre en retraite à la nuit et de venir coucher en arrière de Sillé-le-

---

[1] Voir la note n° 36.

Guillaume [1]. Quoi qu'il en coûtât au 21° corps, encouragé par ses succès de la journée, cet ordre fut exécuté avec la plus grande précision, et avec tant de régularité et de calme, que l'ennemi se retira sur Conlie au lieu de nous poursuivre.

Le 16° corps avait soutenu de son côté, dans la journée du 15, une lutte acharnée qui lui fait grand honneur et qui est le dernier combat réellement important de la campagne.

COMBAT DE SAINT-JEAN-SUR-ERVE.

Arrivé dans la nuit au village de Saint-Jean-sur-Erve, le vice-amiral Jauréguiberry, qui ne continuait son mouvement de retraite qu'à contre-cœur, étudia dès le matin les positions sur lesquelles il se trouvait, et les jugeant favorables à la défense, résolut d'essayer encore une fois d'y arrêter la marche de l'ennemi.

Le village de Saint-Jean, situé dans un bas-fond sur les bords de l'Erve, est dominé du côté de Laval par des hauteurs en amphithéâtre. Il fut décidé que 4 batteries de la 1re division s'établiraient derrière les épaulements naturels d'un chemin creux qui contourne les hauteurs, pour battre la route du Mans à Laval ainsi que la vallée de l'Erve, dominée sur une étendue considérable du nord au sud. Deux sections du génie se mirent immédiatement à pratiquer des embrasures dans les talus de ce chemin creux, et achevèrent ce travail sous le feu de l'ennemi, tandis qu'une autre section préparait, malgré les dangers de cette opération, la destruction du pont de Saint-Jean. L'artillerie fut répartie de la façon suivante : la 24° batterie de 4 du 15° régiment (lieutenant Michaëlli) à l'extrême droite du plateau; la 23° batterie de 4 du 10° régiment (capitaine Thiébault) au centre et à droite; la

---

[1] Voir la note n° 37.

19ᵉ batterie du 10ᵉ régiment (capitaine Delahaye), composée de 3 mitrailleuses, à gauche et en face de la ferme de la Séraunière; enfin la 19ᵉ batterie du 8ᵉ régiment (6 mitrailleuses, capitaine Perret), 4 pièces dans le chemin creux à l'extrémité du plateau, les deux autres à cent mètres en avant pour fouiller les ravins.

Les troupes prirent les positions suivantes : La 1ʳᵉ division formant l'aile gauche au-dessus et en arrière de Saint-Jean-sur-Erve; ce qui restait de la 2ᵉ division à droite, déployant toutes deux de nombreux tirailleurs abrités à mi-côte derrière des haies et des fossés, avec deux compagnies en avant du village sur la route du Mans. Malheureusement ces divisions, qui ne comptaient pas à elles deux plus de 6,000 combattants, n'étaient pas assez fortes pour garder toutes les issues et les hauteurs par lesquelles l'ennemi pouvait déboucher.

Les Allemands se présentèrent vers onze heures et demie, au moment où nos troupes achevaient de se placer. L'action se borna d'abord à un feu de tirailleurs. A midi et demi, une batterie prussienne essaya de tirer à 4,000 mètres sans atteindre aucun résultat. Une colonne d'avant-garde s'avança alors, suivie de deux pièces qui vinrent s'établir à 2,500 mètres environ de notre position, sur la route de Laval au Mans. Nos deux batteries de 4 firent converger leur tir sur ces pièces, tandis que nos mitrailleuses tiraient sur l'infanterie. Cette dernière, écrasée par ce feu intense, dut s'arrêter et attendre l'effet de trois nouvelles batteries qui étaient venues se mettre en position en face de la grande route. Le lieutenant Michaëlli lutta courageusement contre une de ces batteries, sous une grêle d'obus qui blessèrent le sous-lieutenant Rovel, tuèrent neuf chevaux, brisèrent un affût et détériorèrent presque toutes ses pièces. Les mitrailleuses du capitaine Delahaye arrêtaient également la marche des colonnes ennemies et les obligeaient à se déployer. C'est à ce moment qu'un obus, après avoir traversé le cou du cheval de l'amiral, vint frapper mortellement le brave colonel Béraud, chef d'état-major général du 16° corps.

L'ennemi, qui, bien qu'en nombre supérieur, ne pouvait aborder de front nos positions, prononça alors un mouvement tournant sur notre droite, trop faible par suite de notre insuffisance numérique. L'amiral ne pouvant la renforcer, la fit soutenir par les mitrailleuses du capitaine Delahaye, dont le tir (377 coups) fut très-efficace, en même temps qu'il soutenait le moral de nos tirailleurs. Nos canons à balles avaient, par une seule décharge, réduit au silence une section de montagne que l'ennemi avait audacieusement établie devant elle et à bonne portée.

Au centre et à gauche, nos batteries, bien que souffrant beaucoup, arrêtaient partout les efforts désespérés que faisaient les Allemands pour enlever la position. Les 6 pièces de 4 du capitaine Thiébault répondirent avec avantage, pendant toute la durée du combat, à 8 pièces établies sur la droite de la route, tandis que le capitaine Perret, dirigeant le feu de ses mitrailleuses avec beaucoup d'habileté, faisait replier à diverses reprises une autre batterie qui cherchait à se poster à 2,000 mètres, et dispersait des colonnes qui essayaient de déborder notre gauche. La batterie Thiébault avait tiré 180 coups et comptait 1 officier blessé, le lieutenant Cognon, 2 hommes tués, 5 blessés, 6 chevaux hors de combat, 2 coffres d'avant-train et 1 roue brisés. La batterie Perret, qui avait consommé 576 boîtes, n'avait eu qu'un homme tué, 2 blessés, 4 chevaux tués et son matériel assez fortement endommagé.

Vers cinq heures et demie, le feu cessa sur toute la ligne. Nos troupes n'avaient pas perdu un pouce de terrain et l'ennemi n'avait pu pénétrer dans le village de

Saint-Jean. L'affaire paraissait terminée, lorsque vers six heures, la nuit venue, le colonel Ribell, commandant l'aile droite, vint informer l'amiral que le 22° mobiles ayant été forcé d'abandonner ses positions, l'ennemi, profitant de cette trouée, nous avait débordés à la faveur de l'obscurité et pénétrait dans le village. C'était, en effet, une colonne qui ayant franchi le pont de Saint-Pierre-sur-Erve, avait pu tourner nos positions par les chemins creux que, faute de monde, l'amiral n'avait pu garder. Il fallut dès lors songer à la retraite, qui s'opéra en bon ordre sans l'abandon d'une seule pièce et d'une seule voiture.

Nos pertes dans cette journée étaient numériquement insignifiantes, si on les compare à celles de l'ennemi. Des officiers prussiens faits prisonniers quelques jours après avouèrent avoir perdu dans cette affaire 3,000 hommes tués ou blessés, et ce renseignement est encore confirmé par les dires des gens du pays, qui le recueillirent également des troupes qu'ils eurent à loger.

Le général Le Bouëdec, dont les troupes occupaient le village de Saint-Jean, avait essayé en vain d'y tenir; le 40° de marche, commandé par le chef de bataillon Mercier, ne s'était retiré qu'après avoir fait des prisonniers. Le même soir, tout le 16° corps put gagner Saint-Jean-le-Bruant sans être inquiété[1].

Ainsi sur nos deux ailes, à Sillé-le-Guillaume et à Saint-Jean-sur-Erve, nous avions tenu tête à l'ennemi en lui infligeant des pertes sérieuses. Un temps effroyable, une neige incessante mêlée de pluie qui provoquait le dégel et qui rendait les routes impraticables, les fatigues d'une marche pénible, les privations de toutes sortes et l'effet démoralisant de la retraite, n'avaient point empêché cette fois encore nos braves soldats de faire résolû-

---

[1] Voir la note n° 38.

ment leur devoir. Il est fâcheux que cet exemple n'ait pas été suivi par le 17° corps, qui s'était retiré trop précipitamment et en désordre, ne s'arrêtant même pas à Sainte-Suzanne, la position la plus importante du pays sur laquelle il lui était prescrit de tenir.

Le général en chef, qui n'avait quitté Sillé-le-Guillaume qu'à quatre heures et demie, arriva à Évron à huit heures du soir. La dépêche suivante, qu'il adressa pendant la nuit au ministre, résume la situation :

« Les attaques de l'ennemi sur tous les points de la
» ligne ont été très-pressantes. A l'aile gauche, le
» 21° corps a bien résisté, s'est maintenu sur ses positions
» jusqu'à la nuit et a fait des prisonniers, dont un chef
» de bataillon. Il n'en a pas été de même au centre : le
» 17° corps a cédé partout ; ses troupes se sont débandées,
» il n'a occupé aucune des positions prescrites pour
» couvrir la retraite, et je l'ai retrouvé ici, où je suis
» arrivé cette nuit, après avoir assuré les mouvements du
» 21° corps. Le 16° corps s'est battu à Saint-Denis-
» d'Orques[1] ; je suis encore sans renseignements exacts,
» mais je sais qu'il s'est replié. Les convois et le ma-
» tériel roulant, partout retardés par la neige et le verglas,
» n'ont pu marcher que lentement et obstruent les routes.
» Je suis obligé de les faire marcher toute cette nuit sur
» les directions qui les éloignent le plus de l'ennemi. Je ne
» suis pas sans préoccupation, car je n'ai autour de moi
» ici que le 17° corps débandé, et l'ennemi occupe Sainte-
» Suzanne. Dans cette situation, je ne puis plus songer
» qu'à la retraite au delà de la Mayenne, que je passerai
» sur tous les ponts en arrière de moi. Les prisonniers et
» les gens venant du Mans affirment que l'ennemi qui
» poursuit est nombreux ; je suis sûr de deux corps d'armée.

---

[1] Le combat avait eu lieu à Saint-Jean-sur-Erve. — L'erreur provenait d'un premier renseignement inexact.

» J'ai eu ce soir à lutter contre des demandes instantes
» de généraux qui voulaient continuer la retraite cette
» nuit. . . . .

. . . .

» Il me tarde, Monsieur le ministre, de vous voir à
» Laval, ainsi que vous me l'avez annoncé; je compte y
» être demain soir. Comme il me faut un point d'appui
» solide, je vous demande de diriger le 19ᵉ corps de Flers
» sur Domfront d'où je l'appellerai facilement à moi [1]. »

COMBAT D'ALENÇON [i].

Pendant que l'armée principale battait ainsi en retraite, le corps de Cathelineau, qui éclairait son aile gauche, se retirait par Vilaine sans être poursuivi; mais des faits plus graves se passaient à Alençon. Nous avons dit que sur la demande du préfet de l'Orne, qui signalait l'ennemi du côté de Mortagne, le général Lipouski avait été dirigé dès le 9 sur Alençon. Il y arriva le 14 avec sa colonne forte de 2,000 francs-tireurs, 8 pièces de montagne, et d'un escadron du 8ᵉ chasseurs. Il dirigea le même jour un détachement sur Beaumont pour couper le pont, dont la rupture n'avait pu avoir lieu par suite de la retraite des mobilisés de la Mayenne; mais l'ennemi occupait déjà ce point, et l'opération ne put réussir.

Les cavaliers envoyés en reconnaissance signalaient alors une forte colonne ennemie (infanterie, cavalerie et artillerie) s'avançant par la route du Mans. Le général Lipouski, en outre de ses francs-tireurs, avait sous la main 4,000 mobilisés de la Mayenne et de l'Orne sur lesquels il comptait pour défendre Alençon. Deux de ces bataillons envoyés au devant de l'ennemi durent se replier et entraînèrent les autres. Deux compagnies de francs-

---

[1] Voir la note n° 39.

tireurs avec deux pièces étaient établies à un kilomètre de la ville sur une petite crête qui domine la route ; à gauche, quatre autres compagnies gardaient la jonction des routes de Mamers et de Marolles ; enfin une autre compagnie était retranchée dans une maison isolée et entourée d'un jardin dont les murs crénelés offraient un bon abri. L'action commença à onze heures trente minutes. Les Prussiens s'avancèrent en colonne serrée, précédés de nombreux tirailleurs qui ouvrirent bientôt le feu, sans pouvoir toutefois franchir la rivière, le pont du chemin de fer ayant été rompu le matin. Sur la route du Mans, l'attaque était des plus vives; il fallut envoyer quatre autres compagnies et deux nouvelles pièces pour soutenir les troupes déjà engagées. L'ennemi s'était avancé jusqu'à huit cents mètres, lorsque le capitaine Ducamp, s'élançant en avant avec sa compagnie, put prendre position dans un cimetière à la droite de la route et à trois cents mètres des pièces ennemies. Cette audace coûta la vie à ce brave officier; mais les autres compagnies, électrisées par son exemple, s'élancèrent en avant et forcèrent les Allemands à reculer. Après s'être ralliés, ils essayèrent en vain de tourner notre droite et d'établir de nouvelles pièces en batterie pour contre-battre celles qui défendaient le carrefour des routes de Mamers et de Marolles. Ce combat avait duré jusqu'à la nuit; mais les munitions d'artillerie étaient presque épuisées, les barricades établies dans la ville n'étaient point des défenses suffisantes pour résister à l'ennemi, qui, recevant de nombreux renforts, ne manquerait pas d'attaquer sérieusement le lendemain. Le général Lipouski ne voulant pas, d'un autre côté, exposer Alençon aux conséquences d'une lutte dans la ville, se décida à se mettre en retraite par la route de Prez-en-Pail et à gagner, dans la nuit, Saint-Denis. Il avait eu 40 artilleurs tués ou blessés et 120 francs-tireurs mis hors de combat, dont 3 officiers. D'après les renseignements qu'il a pu recueillir, les pertes de l'ennemi pourraient être évaluées à 8 ou 900 hommes tués ou blessés [1].

Le 16 janvier, de bonne heure, le général en chef recevait des nouvelles de l'amiral et apprenait son mouvement sur Laval malgré son brillant combat de Saint-Jean-sur-Erve.

Tous les corps reçurent alors les instructions suivantes réglant les diverses dispositions à prendre pour la retraite.

« Au grand quartier général à Évron,
le 15 janvier 1871 (n° 216).

« Comme on pouvait le prévoir hier, l'ennemi, qui avait
» engagé ses têtes de colonne sur toutes les routes menant
» sur nos lignes de Montreuil-le-Chétif à Loué, a attaqué
» presque toutes nos positions ; le 21° corps l'a vigoureu-
» sement maintenu sur les routes de Sillé à Fresnay, à
» Segrie, à Neuville et à Conlie, lui faisant des prison-
» niers, donnant à nos convois le temps de prendre de
» l'avance sur les directions indiquées, et ne quittant ses
» positions qu'à la nuit tombante, ainsi que le prescri-
» vaient formellement les instructions d'hier.

» Le 17° corps, aux prises de son côté avec quelques
» avant-postes ennemis qui s'étaient portés sur ses posi-
» tions, s'est débandé, a battu en retraite beaucoup trop
» tôt et beaucoup trop vite, découvrant ainsi le flanc droit
» du 21° corps ; il n'a pas occupé la position si importante
» et si forte de Sainte-Suzanne malgré l'ordre donné à
» diverses reprises, et s'est rabattu en grande partie sur
» Évron, laissant ainsi l'ennemi s'établir sans coup férir à
» Sainte Suzanne et menacer sérieusement, tout à la fois,
» la droite du 21° corps, les convois et l'artillerie engagés

---

[1] Les détails de cette affaire d'Alençon ont été fournis par un rapport officiel du général Lipouski.

» sur la route de Laval parallèle au chemin de fer, Évron
» et enfin la ligne de retraite de demain, s'il vient à se
» porter directement soit sur Laval, soit sur Montsurs [1].

» A dix heures du soir, le général en chef est encore
» sans nouvelles du 16° corps, qui a dû être engagé sérieu-
» sement du côté de Saint-Denis-d'Orques, et se retirer
» sur Laval par la grande route du Mans.

» Il est donc de la dernière importance que la position
» de Sainte-Suzanne soit réoccupée par le 17° corps, dont
» le rôle, dans la journée de demain, est d'opérer son mou-
» vement de retraite sur Laval en se reliant constamment
» avec la division du 21° corps marchant sur la route de
» Sillé à Laval par Évron et Montsurs, pour empêcher
» l'ennemi d'inquiéter les convois engagés sur cette route,
» de se reporter sur les derrières du 21° corps, et de pré-
» céder enfin l'armée sur Laval.

» Dès cette nuit les convois continueront, sans perdre de
» temps, leur marche dans toutes les directions qu'ils ont
» à suivre pour se porter au delà de la Mayenne.

» Pour éviter l'encombrement, ceux du 21° corps ne
» devront point dépasser Évron dans la direction de
» Laval, et seront dirigés directement sur Mayenne par
» les routes les plus courtes à partir des points où ils se
» trouvent.

» Le convoi du grand quartier général, qui est à Mont-
» surs, au lieu de suivre la route de Laval le long du che-
» min de fer, s'engagera aussitôt cet ordre reçu sur la
» route qui conduit le plus directement au pont de Saint-
» Jean-sur-Mayenne, pour traverser la rivière sur ce point
» et venir attendre des ordres à Saint-Germain-le-Fouil-
» loux, sur la rive droite de la Mayenne.

» Le convoi et le matériel roulant du 17° corps suivront
» la même route et passeront par le même pont que le con-

[1] Voir la note n° 40.

voi du grand quartier général, afin de s'éloigner le plus
possible de la direction que l'ennemi pourrait suivre
pour aboutir directement à Laval.

» Afin de protéger efficacement cette marche des
» convois, les mouvements de retraite des 16°, 17° et
» 21° corps devront s'opérer lentement et ne commencer
» que lorsque les convois auront une avance suffisante et
» ne courront plus aucun danger. On devra garder par des
» colonnes toutes les routes menant dans la direction de
» Laval, et disputer le terrain pied à pied.

» Quant au 16° corps, il devra continuer la retraite sur
» Laval et passer la Mayenne sur les ponts de cette ville,
» tout en protégeant les convois engagés sur la grande
» route du Mans à Laval et en se reliant, autant que pos-
» sible et constamment, avec la droite du 17° corps.

» Afin de ménager les troupes, autant que pour donner
» au matériel roulant le temps de se porter au delà de la
» Mayenne, chacun des corps d'armée ne devra pas faire
» demain plus de douze à quinze kilomètres. Ce n'est donc
» qu'après-demain 17 que ces corps devront passer la
» Mayenne. Chacun d'eux devra prendre à l'avance les
» dispositions nécessaires pour la destruction immédiate,
» dès qu'il aura passé la rivière, des ponts sur lesquels il
» l'aura traversée.

» Le 17, l'armée devra occuper les positions suivantes :

» Le 16° corps, à cheval sur la route et le chemin de fer
» de Laval à Vitré, sa gauche à Changé, son centre à
» Saint-Berthevin.

» Le 17° corps, qui aura passé la Mayenne à Saint-
» Jean, s'établira le long de la route n° 4, son centre à
» Saint-Germain-le-Fouilloux, observant tout le cours
» de la Mayenne en face de lui jusqu'au pont de Mont-
» giroux.

» Le 21° corps, sa gauche à la ville de Mayenne, sa

droite à Contest, se reliant par sa cavalerie avec la
» gauche du 17° corps.

» Il est de la dernière importance, pour éviter un dé-
» sastre, que chaque commandant de corps d'armée
» indique bien à toutes ses divisions les mouvements à
» exécuter, les directions à suivre, les distances à parcou-
» rir, et les mesures à prendre pour surveiller l'ennemi et
» lui résister partout où il se présentera.

» A moins d'avis contraire, le grand quartier général
» sera demain soir à Laval.

» La division de cavalerie du 16° corps, qui est à Laval,
» devra en partir dès demain pour venir s'établir à l'Huis-
» serie, de façon à surveiller tout le cours inférieur de la
» Mayenne à partir de Laval et le plus loin possible dans
» la direction de Château-Gonthier.

» La division de cavalerie du 17° corps devra être pla-
» cée en arrière des lignes occupées par ce corps.

» Les convois et les parcs de chacun des corps d'armée
» devront être mis bien à l'abri derrière les lignes aussi
» longtemps que l'ennemi menacera. Chaque comman-
» dant de corps d'armée fera reconnaître les positions au
» delà de la Mayenne, de façon à s'établir le plus solide-
» ment possible pour faire tête à l'ennemi, s'il cherchait
» à nous poursuivre au delà de cette rivière. »

Ces instructions furent exécutées en tout point et sans
que l'ennemi cherchât de nouveau à inquiéter la retraite.
L'état des chemins, la fatigue non moins grande chez ses
troupes que chez les nôtres, les deux combats sanglants
de Sillé-le-Guillaume et de Saint-Jean-sur-Erve le forçaient
de s'arrêter et de se montrer plus circonspect.

Après s'être assuré en arrivant à Montsurs, le 16 à midi,
que tous les corps étaient bien engagés dans les directions
qu'ils avaient à suivre et qu'ils n'avaient plus rien à
craindre pour le moment, le général en chef vint coucher

à Laval pour remédier à l'encombrement de cette ville envahie par les fuyards, étudier les passages de la Mayenne, préparer la destruction des ponts s'il devenait nécessaire de les couper, et reconnaître les positions qu'il fallait occuper pour rallier l'armée et la réorganiser [1].

MARCHE DE LA DIVISION DE CURTEN.

Le 17, tous les corps étaient sur les emplacements qui leur avaient été assignés. Le général de Curten était depuis le 16 au soir à Laval.

C'est le moment de dire ce qu'était devenue sa colonne depuis ses combats sur la rive gauche du Loir :

Le général de Curten, qui devait rejoindre l'amiral à Château-du-Loir pour se replier avec lui sur les positions du Mans, s'était dirigé le 9 au matin sur Neuillé-Pont-Pierre, après avoir eu à son arrière-garde un combat de trois heures bien soutenu par le 27ᵉ mobiles sous les ordres du colonel Vial. Avant de continuer sa route, le général de Curten se sépara du général Cléret, à qui il laissa deux escadrons de cuirassiers, un de chasseurs d'Afrique pour l'éclairer dans les opérations qu'il allait entreprendre pour couvrir la rive droite de la Loire et empêcher les partis ennemis d'arriver jusqu'à Saumur.

Quand, le 10 au soir, la 2ᵉ division du 16ᵉ corps arriva à Château-du-Loir, l'amiral en était parti, lui laissant pour instruction de se porter sur le Mans, en se servant autant que possible du chemin de fer pour accélérer le transport de ses troupes. Ce moyen n'était déjà plus possible, les éclaireurs ennemis ayant coupé la voie et les fils télégraphiques à hauteur d'Écommoy. La division arrivait le 11 à deux heures à Mayet.

[1] Voir la note n° 41.

COMBAT D'ÉCOMMOY.

Entendant le canon du côté de Jupilles, et apprenant la présence de l'ennemi à Écommoy, le général de Curten ne voulut pas continuer sa route sans avoir fait reconnaître ce qu'il avait devant lui. Les francs-tireurs des Deux-Sèvres et le 23ᵉ bataillon de chasseurs à pied, soutenus par le 27ᵉ régiment de mobiles, entrèrent sans coup férir dans Écommoy et repoussèrent l'ennemi, qui, vers quatre heures et demie, essaya de reprendre le village. Cette petite affaire est à la louange des francs-tireurs des Deux-Sèvres, bien conduits par le commandant Poinsignon[1]. Ce succès partiel montre du reste ce que l'on aurait pu obtenir le 10 si l'amiral, ayant eu à temps son monde sous la main, avait pu opérer une diversion sur le flanc gauche de l'ennemi, et si le général de Curten, marchant plus vite et plus directement sur Château-du-Loir et sur Écommoy, gagnant une étape, était arrivé le soir du 11 sur la position de la Tuilerie qui lui était assignée, empêchant ainsi, selon toute probabilité, la panique des mobilisés du général Lalande, dont les conséquences avaient été l'abandon du Mans.

Dans la nuit du 11 au 12 le général de Curten continua son mouvement sur la Flèche par Pontvalain, précédé de tous ses *impedimenta* et de son artillerie, qu'il voulait sauver. Il était le 13 à la Flèche, lorsqu'il reçut du général en chef la dépêche suivante :

« Je ne m'explique pas pourquoi vous êtes descendu
» sur la Flèche. Mettez-vous le plus rapidement possible
» en route pour Sablé, afin de rejoindre l'amiral, dont le

---

[1] Voir la note n° 42.

» quartier général est à Joué-en-Charnie, sur la route de
» Laval au Mans. Il importe que vous soyez sur vos nou-
» velles positions après-demain au plus tard. »

Arrivé à Sablé, le 14, il y apprit l'occupation de Joué-en-Charnie par l'ennemi. Comprenant la nécessité de porter un prompt secours à l'amiral, il se débarrassa de tous ses *impedimenta* et de tout son matériel d'artillerie non indispensable, qu'il engagea sur la route de Laval par Meslay, en même temps qu'il prescrivait à toutes ses troupes de marcher sur Saint-Jean-sur-Erve par Auvers-le-Hamon, Épineux, Bannes, et Thorigné-en-Charnie.

« Toute la journée du 15, » dit dans son rapport le général de Curten, « j'entendis le canon gronder dans la
» direction de Saint-Jean-sur-Erve. Je marchai au canon,
» et vers cinq heures je m'arrêtai sur la route de Bannes
» sur un plateau très-avantageusement situé pour la
» défense, un peu en avant de la route de Forée à Brulon.
» D'après les renseignements fournis par le colonel du
» 8ᵉ hussards, il se trouvait à Brulon un corps ennemi de
» dix mille hommes. Je fis prendre position à une section
» de 4 sur la route de Bannes, et je lançai une ligne de
» tirailleurs, appuyée d'un bataillon de soutien du 27ᵉ mo-
» biles, pour couvrir le mouvement de retraite de l'artillerie
» sur Chémeré, où j'arrivai à huit heures du soir. Il y eut
» quelques coups de fusil échangés, mais l'ennemi, nous
» voyant sur la défensive et maîtres d'excellentes posi-
» tions, ne continua pas sa poursuite. »

Arrivé le 16 à Bazougers, le général de Curten apprit le mouvement de retraite de l'amiral sur Laval, mais déjà sa cavalerie avait reçu l'ordre de se porter sur Soulgé. Ce fut pour le commandement du 1ᵉʳ escadron des chasseurs d'Afrique l'occasion d'un heureux coup de main, en chargeant vigoureusement, à leur entrée dans le bourg, des dragons prussiens, dont ils tuèrent un officier et auxquels ils firent six prisonniers, parmi lesquels le lieutenant de Moltke.

Le 16, à sept heures du soir, le général de Curten arrivait à Laval avec sa colonne.

La deuxième armée se trouvait dès lors, encore une fois, conservée au pays après une retraite des plus difficiles par suite des rigueurs de la saison, et durant laquelle elle avait soutenu des combats acharnés et incessants. Elle avait ainsi attiré à sa suite, et maintenu devant elle, la plus importante des armées prussiennes, et si elle n'avait pu jusque-là réaliser son projet de marcher sur Paris, elle pouvait espérer du moins que cette grande diversion, à laquelle elle avait obligé les forces allemandes, ne serait pas sans avantage pour les efforts que pouvaient tenter les armées de la capitale. Malgré leurs insuccès, la France pouvait donc être fière de ses jeunes troupes, qui, si elles se laissaient parfois aller au découragement lorsqu'elles étaient aux prises avec les fatigues et les privations, savaient se battre et se sacrifier pour elle lorsqu'on les menait au combat [1].

---

[1] Voir, à la suite des notes du livre IV, la traduction de quelques documents allemands et anglais.

LIVRE CINQUIÈME

LAVAL

SOMMAIRE

Coup d'œil sur la nouvelle ligne de défense derrière laquelle l'armée va s'établir. — Positions générales des divers corps. — Combat de Sainte-Mélaine. — Dispositions pour la défense de Laval. — Répartition des troupes. — Arrivée à Laval de M. Gambetta, ministre de l'intérieur et de la guerre. — But et utilité de ce voyage. — Positions des deux armées le 22 janvier. — Organisation des forces de Bretagne. — La deuxième armée de la Loire se reconstitue. — Elle s'apprête à se concentrer sur sa gauche pour reprendre les opérations vers Paris. — Instructions du 28 janvier. — Armistice. — Négociations à ce sujet. — Ordre à l'armée. — Difficultés relatives à l'exécution de l'armistice devant le 19ᵉ corps. — Conférences avec les délégués du grand-duc de Mecklembourg. — Affaire de Honfleur. — Le ravitaillement de Paris par les chemins de fer de l'Ouest. — Dispositions en prévision de la reprise des hostilités. — Le général en chef est appelé à Paris. — Il assiste aux conseils du gouvernement. — Le plan qu'il propose est adopté. — Son retour à Laval.

LA MAYENNE.

La Mayenne était la nouvelle ligne de défense derrière laquelle le général en chef avait résolu d'établir l'armée, pour disputer, conformément aux ordres du Gouvernement, l'ouest de la France à l'ennemi.

Cette rivière, qui prend sa source près du village de la Celle dans le département de l'Orne, coule d'abord de l'est à l'ouest, puis tourne brusquement au sud pour entrer dans celui de la Mayenne, qu'elle traverse en passant principalement à Saint-Fraimbault-des-Prières, à Mayenne, Laval, Château-Gonthier et Daon. A peu de distance de cette dernière localité, elle pénètre dans le Maine-et-Loire, où, après avoir reçu la Sarthe, elle va se jeter dans la Loire au dessous d'Angers, sous le nom de la Maine, après un cours total de cent quatre-vingt-dix kilomètres.

La Mayenne, par sa largeur et sa profondeur, surtout en cette saison de l'année, forme une ligne défensive sérieuse, et pour la passer de vive force on est nécessairement amené à une opération de guerre considérable et difficile. Néanmoins, c'était une ligne trop étendue pour pouvoir être défendue tout entière d'une manière efficace avec des forces restreintes, en désordre, ayant besoin, pour se réorganiser, d'être groupées le plus possible sous la main du commandement et à proximité des grandes voies de communication. Si maintenant on jette un coup d'œil sur l'ensemble du pays, avant d'entrer dans les détails topographiques qui trouveront leur place lorsqu'on indiquera les cantonnements des troupes de chaque corps, il ressort de cet examen diverses considérations qui s'imposèrent tout d'abord au général en chef.

CONSIDÉRATIONS GÉNÉRALES SUR LES OPÉRATIONS FUTURES.

La position de Laval était des plus importantes au point de vue stratégique. Cette ville devenait, en effet, la tête de la ligne ferrée de Rennes, la seule qui nous restât. Un tronçon du réseau la reliait à Mayenne. C'était enfin le nœud de toutes les routes conduisant à Angers, Tours, le Mans, Alençon, Domfront, Fougères, Rennes, Nantes, etc. En outre, en ce moment-là même, les opérations militaires futures, en dehors de la résistance derrière la Mayenne, ne pouvaient être envisagées que de deux façons : ou une marche en avant vers le nord-est, ou une retraite sur les lignes de Carentan, si le passage de la Mayenne était forcé par l'ennemi ; car, dans cette supposition, c'était aux forces locales qu'il fallait laisser le soin de défendre le pays en arrière, si approprié à la guerre de partisans.

Ainsi donc, le devoir de couvrir Rennes et l'Ouest le plus directement possible, la nécessité de se relier au 19ᵉ corps qui se concentrait à Domfront et venait renforcer notre gauche, les considérations résultant des opérations militaires futures, aussi bien que les besoins du ravitaillement et de la réorganisation de l'armée, faisaient adopter au général en chef la concentration du gros de ses troupes entre Laval et Mayenne, sur un espace de trente kilomètres où débouchaient toutes les voies principales de communication, et lui faisaient prendre les dispositions suivantes pour parer à toute éventualité.

DISPOSITIONS PRISES POUR LA DÉFENSE DE LAVAL.

La défense de Laval était confiée au 16ᵉ corps. La ville est bâtie sur les deux côtés de la Mayenne, qu'on y traverse sur deux ponts en pierre, un troisième en bois, et enfin le magnifique viaduc du chemin de fer. Afin d'assurer la possession de la gare, qui se trouve sur la rive gauche et qu'il était indispensable de conserver, la ville devait être forcément couverte sur cette rive et protégée d'assez loin pour ne pas avoir à souffrir directement des efforts qui pouvaient être tentés pour s'en emparer ou pour la défendre.

Le terrain dans ce pays, couvert d'arbres, coupé de haies, de talus, de ravins et de chemins creux, offrait d'ailleurs des avantages à la défense, et la retraite était assurée, car, sur la rive droite, la Mayenne est dominée par des hauteurs sur lesquelles on pouvait installer des batteries pour enfiler les ponts ou les couvrir de feux croisés, de façon à en rendre le passage infranchissable.

Le 17ᵉ corps, qui était le plus en désarroi, devait se

placer tout entier au delà de la rivière, son centre à Saint-Germain-le-Fouilloux, gardant les ponts de Saint-Jean et de Montgiroux, sa cavalerie à Andouillé, le reliant avec la droite du 21ᵉ corps et poussant des reconnaissances sur la rive gauche par les ponts qui viennent d'être indiqués.

Le 21ᵉ corps devait s'établir : deux divisions à cheval sur la route d'Ernée; une division en avant de Mayenne pour défendre les abords de la ville sur la rive gauche; la division Goujard à Saint-Fraimbault, observant jusqu'à Ambrières, et se reliant au 19ᵉ corps, qui commençait à arriver à Domfront, et dont une division gardait Argentan.

La cavalerie du 16ᵉ corps était chargée de surveiller tout le cours inférieur de la Mayenne, de Laval à Château-Gonthier, où Cathelineau avec ses volontaires, appelant à lui toutes les forces locales, organisait la résistance du pays en appuyant sa droite aux troupes du général Cléret qui couvraient Angers. Tous les ponts de Laval à Château-Gonthier étaient détruits; ceux du cours supérieur, jusqu'à Mayenne et au delà, étaient minés et prêts à sauter si l'on était réduit à cette extrémité.

On faisait ainsi face à l'ennemi, qui montrait ses têtes de colonne sur toutes les routes; on avait chance de l'arrêter et de pouvoir enfin se réorganiser.

Ces dispositions, prescrites aux divers commandants de corps d'armée, furent ponctuellement exécutées.

Le 16 janvier au soir, le commandant en chef arrivait à Laval, où l'amiral Jauréguiberry, avec le 16ᵉ corps, l'avait précédé de quelques heures et avait fait les premiers préparatifs d'installation.

La population, il faut bien le dire, ne faisait pas preuve d'un grand enthousiasme; à peine le général avait-il mis pied à terre, que le conseil municipal venait lui demander qu'on ne fît pas sauter les ponts, et qu'on n'exposât pas la ville aux conséquences d'une défense. Il rassura, autant qu'il était en lui, les notables, leur certifiant de sa volonté de ne faire sauter les ponts qu'à la dernière extrémité et d'éviter, autant que possible, toute action de guerre dont la ville aurait directement à souffrir, tout en leur rappelant les nécessités de la situation qui obligeaient à mettre le salut de la patrie au-dessus des intérêts particuliers.

Le 17 janvier, les 21° et 17° corps passaient à leur tour la Mayenne sur les ponts de Saint-Jean, de Mongeroux et de Mayenne, et le même jour toutes les troupes occupaient leurs positions.

NOUVELLES TENTATIVES DE L'ENNEMI.

L'ennemi, malgré les combats de Sillé-le-Guillaume et de Saint-Jean-sur-Erve, qui lui avaient prouvé que, bien qu'en retraite, la deuxième armée ne renonçait pas à la lutte, semblait cependant vouloir essayer encore de la poursuivre. Toutefois ses tentatives étaient timides, et le commandant en chef, ainsi qu'il le disait dans ses instructions du 17 janvier [1], ne lui croyait pas l'intention d'attaquer sérieusement : il n'était même pas éloigné de penser que les têtes de colonne qui se montraient sur toutes les routes aboutissant à nos positions ne fussent qu'un rideau derrière lequel les Allemands opéraient un mouvement de retraite de leurs forces principales.

Le 17, une reconnaissance prussienne s'était montrée sur la route du Mans; le feu de nos mitrailleuses avait suffi pour la disperser.

Le même jour, le général de Curten était arrivé à Laval avec sa division, qui, malgré la fatigue de marches pénibles,

---

[1] Voir à l'Appendice du livre V la note 1, donnant les instructions du 17 janvier.

s'était maintenue compacte. Ses reconnaissances avaient partout abordé l'ennemi, et l'une d'elles lui avait fait quelques prisonniers.

Cette même journée du 17 avait été employée par le général en chef à préparer la réorganisation de l'armée, à reconnaître les positions autour de Laval, à prescrire et à activer les premiers travaux de défense.

Les routes qui aboutissent à Laval sur la rive gauche, et qu'il importait surtout de surveiller, sont principalement, en allant du sud au nord : celle de Château-Gonthier, qui s'embranche, près du hameau de Thevalles, à la grande route de Tours, la route nationale du Mans, le chemin de fer, la route de Paris par Alençon. Elles sont reliées entre elles par de nombreux chemins de communication, dont le plus important au point de vue stratégique va, presque parallèlement à la Mayenne, de Louverné, sur la route d'Alençon, à Forcé, sur la route de Tours.

Un ruisseau, le Quartier, qui se jette près de Laval, et une petite rivière, la Jouanne, passant par Argentré, Forcé, Entrames, sont, dans cette partie, les affluents de rive gauche de la Mayenne. Deux séries de hauteurs, qui doivent être utilisées comme positions militaires, s'étagent entre la Jouanne et le Quartier, et entre cette dernière rivière et la Mayenne.

Le général en chef reconnut la nécessité de reporter la défense plus en avant de Laval, sur la rive gauche, et décida que deux divisions du 16ᵉ corps, au lieu d'une seule, en seraient chargées.

Il désigna à cet effet les 1ʳᵉ et 3ᵉ, des généraux Deplanque et de Curten, et fit repasser sur la rive droite, avec la cavalerie, la division Barry, qui avait un plus grand besoin de se réorganiser.

Pendant qu'on hâtait les premiers préparatifs, les coupures et les abatis sur les routes, la construction des épaulements, l'installation des batteries, l'ennemi ne restait pas inactif.

18 JANVIER. COMBAT DE SAINTE-MÉLAINE.

Le 18, vers neuf heures du matin, quelques uhlans étaient signalés en avant de Laval, sur les routes du Mans et de Montsurs; ils furent repoussés par les compagnies de grand'garde du 88° mobiles. Mais à onze heures et demie, une colonne composée d'infanterie, de cavalerie et d'artillerie, arrivant de la direction du Mans, se présenta devant nos lignes et obligea les compagnies des avant-postes à se replier sur la position de Sainte-Mélaine. Elle paraissait vouloir continuer son attaque, lorsque le feu des mitrailleuses et d'une batterie de 4, en position à la ferme du Pressoir, entre le chemin de fer et la route du Mans, arrêta son mouvement. Pendant ce temps, le colonel Thierry, avec la 2° brigade, se portait en avant pour menacer la gauche de la colonne prussienne, et le 88° mobiles, vigoureusement enlevé par le général de Curten, remontait les contre-pentes du ruisseau, précédé par de nombreux tirailleurs, couronnait les hauteurs et délogeait l'ennemi des positions dont il s'était emparé.

Après une lutte de deux heures, qui leur coûta une centaine d'hommes dont un officier supérieur, les Allemands durent se retirer et abandonner Bonchamps. Nous avions eu, dans cette affaire, 1 officier tué, 1 blessé, et 27 hommes hors de combat.

RÉPARTITION DES TROUPES SUR LES POSITIONS.

Cette tentative ne fit que hâter l'exécution des dispositions de défense prises par le général en chef, bien décidé à tenir jusqu'à la dernière limite sur cette ligne de la

Mayenne. Les troupes furent dès lors définitivement répartiés de la manière suivante : sur la rive gauche, les 1re et 3e divisions du 16e corps, placées, comme nous l'avons vu, en avant de la ville, défendaient les différentes voies qui y aboutissent;

La 2e division, cantonnée à Saint-Berthevin, et la division de cavalerie le long de la rive droite de la Mayenne, servant, la première de réserve, la seconde à surveiller la rivière de Château-Gonthier jusqu'à Saint-Jean de Mayenne.

La 1re division avait sa ligne de bataille formant un demi-cercle de quatre kilomètres de rayon, de la ville de Changé à la route du Mans.

Une nombreuse artillerie, dissimulée derrière des épaulements, armait ces positions de la façon suivante :

Une batterie de quatre mitrailleuses sur la route d'Alençon; entre le chemin de fer et cette route, qu'elle balaye, une batterie de six pièces de montagne; sur le chemin de fer même, deux mitrailleuses et deux pièces de 4; à la ferme des Pressoirs, commandant la route du Mans et l'enfilant jusqu'à 3,200 mètres, deux mitrailleuses et trois pièces de 4; au château de Sainte-Mélaine, une batterie de quatre pièces en réserve, découvrant tout le terrain entre les routes du Mans et de Tours; enfin une batterie de six pièces sur la route de Tours, protégeant en même temps celle de Château-Gonthier.

Cette ligne de bataille de la 1re division suivait ainsi la crête des collines assez élevées qui bordent la rive gauche de la Mayenne; les mobiles de Maine-et-Loire, le 3e bataillon de chasseurs à pied, le 39e régiment de marche, le 33e mobiles et le 37e de marche déployés sur les positions, le 75e mobiles et le 62e de marche en réserve dans chacune de leurs brigades.

La 3e division d'infanterie se reliait par la gauche à

la 1re, et s'appuyait à la Mayenne, ayant pour ligne de bataille les sommets des hauteurs de la rive droite de la Jouanne.

Les différents ponts ou passerelles existant sur ce cours d'eau étaient détruits ou prêts à l'être au premier signal ; il n'était du reste guéable en aucun point en cette saison, et son passage présentait de réelles difficultés.

La 1re brigade défendait tout le versant compris entre la route d'Argentré et la ferme de la Lézerie, principalement la Guigue-Foudière et un peu en avant le château des Auvers, qui commandaient la route du Mans ; à gauche, vers Argentré, le mamelon isolé de la Corbinière permettait à la défense de prendre la route du Mans d'écharpe sur une longueur d'un kilomètre.

Le village de Bonchamps, réoccupé par nous aussitôt après la retraite des Prussiens, servait d'appui à la réserve, forte de deux bataillons ; et à deux cents mètres en arrière, dans des maisons isolées dépendant du village, se trouvait encore un bataillon de soutien.

La 2e brigade avait sa gauche à la ferme de la Lézerie, sa droite à la Mayenne. Elle surveillait les routes de Tours et de Château-Gonthier.

Forcé, sur la rive gauche de la Jouanne, était occupé comme avant-poste par un bataillon du 71e mobiles ; une passerelle, d'une destruction facile, lui permettait de traverser la rivière. Le château de Poligny, en arrière de Forcé, ainsi qu'une ferme placée sur la route de Bonchamps, étaient défendus par deux compagnies du 71e ; les Gondinières et la Croix-Gondin, par le reste de ce régiment. Le 27e mobiles, cantonné dans les fermes de Haute-Traynée, Beau-Soleil, les Landes, etc., protégeait la route de Château-Gonthier. Le 23e bataillon de chasseurs à pied, servant de réserve générale à la division, était placé au Point-du-Jour. Partout, sur les routes qui conduisaient aux positions, des coupures et des barricades devaient retarder autant que possible la marche de l'assaillant.

La 2⁰ division, en réserve sur la rive droite de la Mayenne, était reportée : le 66⁰ mobiles, à Grenoux, le 38⁰ de marche, à la Gondonnière, le 8⁰ bataillon de chasseurs, à la Haye-Beauvais, le 22⁰ mobiles, à la Croix-des-Landes, le 31⁰ de marche, à Saint-Berthevin.

Pour aider à la défense de la rive gauche, le génie avait construit des épaulements et l'artillerie placé des batteries sur toutes les positions utiles de la rive droite : six pièces de 7 au bois de l'Huisserie, six pièces de 4 sur le plateau des Roches, trois mitrailleuses sur la terrasse du château de Bel-Air, une batterie de 4 à la Croix-de-Gaule, six pièces de 7 à la Chauminière.

En cas d'échec, les feux de cette artillerie enfilaient le chemin de fer, se croisaient sur les ponts de la ville, et permettaient aux troupes de la rive gauche d'opérer leur retraite en faisant sauter ces ponts derrière elles. Ceux de Laval à Château-Gonthier étaient détruits ; la cavalerie et des tirailleurs surveillaient tous les gués. Tels étaient les préparatifs de défense du 16⁰ corps. Il convenait de les décrire avec détail, puisque à lui était confiée la position la plus importante et la plus menacée, et parce qu'il était utile de faire voir que, autant que possible, rien n'avait été abandonné au hasard et à l'imprévu.

Le 17⁰ corps en entier, sauf ses avant-postes sur la rive droite, n'avait rien à redouter. Il gardait les ponts de Changé, de Saint-Jean, et le cours de la rivière jusqu'à Montgiroux; son quartier général était établi à Saint-Germain-le-Fouilloux.

Le 21⁰ corps, de Montgiroux à Saint-Fraimbault, couvrait Mayenne sur la rive gauche avec une de ses divisions.

Des dispositions analogues à celles prises pour la défense de Laval avaient été adoptées par le général Jaurès : des batteries, protégées par des épaulements, pour couvrir de feux les ponts et les routes du Mans, de Paris et de Laval, étaient établies principalement à Montecouple, la Vannerie, la Sérardière, la Bretonnière, la Chouane, la Rebatière, etc. La division Goujard était chargée de la défense, de Saint-Fraimbault à Ambrières. Elle reliait le 21° corps au 19°, qui, sous le commandement du général Dargent, allait former l'aile gauche de l'armée. Ce dernier corps occupait principalement Briouze, Écouché et Argentan, qui avait été un instant évacué par le général Girard sur une démonstration de l'ennemi venant d'Alençon ; mais le général en chef comprenant toute l'importance de ce point, l'avait fait réoccuper immédiatement, en faisant soutenir le général Girard par la division Saussier.

La cavalerie du 19° corps, partie à Ranes, devait éclairer dans la direction d'Alençon. Le colonel Lipouski, qui était à la Ferté-Macé avec ses francs-tireurs, avait pour mission de battre tout le pays et de pousser des reconnaissances le plus loin possible. Enfin, le colonel Bournel, avec les mobilisés de la Mayenne, était à Prez-en-Pail, décidé à s'y maintenir vigoureusement.

Au-dessous de Laval et jusqu'à la Loire, des dispositions analogues étaient prises. Cathelineau organisait avec soin la défense de la vallée inférieure de la Mayenne, et se reliait aux troupes du général Cléret, chargé de celle du val de la Loire, d'Angers à Saumur.

MESURES PRISES POUR LA RÉORGANISATION DE L'ARMÉE.

Ces mesures de sécurité n'avaient pas fait négliger celles nécessaires pour la prompte organisation de l'armée. Les vivres et les munitions avaient été, dès les premiers jours, complétés chez toutes les troupes ; le matériel roulant, sauf les voitures indispensables, reporté sur la rive gauche en arrière de chaque position, et sur les routes à suivre en cas de retraite.

Le service télégraphique avait pu relier le grand quartier général à ceux du corps d'armée.

Les fuyards, signalés aux autorités administratives et militaires des départements voisins, étaient en outre recherchés dans toutes les directions par la gendarmerie, et ramenés à leurs corps.

Les troupes étaient partout cantonnées pour se refaire.

La gendarmerie, installée à Laval avec le général Bourdillon, assurait la police de la ville, la libre circulation sur toutes les routes, l'ordre dans les cantonnements.

L'intendance s'occupait activement de reconstituer les convois, les magasins, les réserves de vivres et les voitures disparues pendant la retraite, parce que les charretiers requis avaient pour la plupart quitté l'armée pour retourner chez eux.

Telle était dans son ensemble la situation de l'armée.

Il était donc permis d'espérer qu'on pourrait bientôt tenter de nouveau la lutte, reprendre les projets sur Paris s'il en était temps encore, réussir si chacun le voulait fermement, tout au moins arrêter la marche d'un ennemi qui, lui aussi, avait ses fatigues et ses découragements [1].

ATTITUDE DE L'ENNEMI.

Il était, du reste, difficile à ce moment d'être exactement fixé sur les intentions des Allemands. Ils paraissaient attendre pour prendre un parti et se bornaient à des reconnaissances sur tout le front de nos positions.

Le grand-duc de Mecklembourg semblait d'abord vouloir se concentrer sur Alençon, et montrait ses têtes de

---

[1] Voir, à l'appendice du livre V, diverses pièces officielles relatives aux mesures prises et à la situation.

colonnes en avant de Seès et sur Prez-en-Pail. Le prince Frédéric-Charles était toujours au Mans, ses avant-postes couvrant toutes les routes, les plus rapprochés à Soulgé et à Bazougé; au sud il occupait encore Sablé, Poillé, Auvers-le-Hamon et Brulon.

Il s'agissait de percer ce rideau, de bien se rendre compte des mouvements de troupes de l'ennemi et de deviner ses desseins. C'est ce qu'allait essayer de faire le général en chef, en poussant à fond et partout ses reconnaissances, qui, seules désormais, amèneront quelques faits de guerre, car le combat de Sainte-Mélaine devait être la dernière tentative faite par l'ennemi sur nos lignes.

Le 19 janvier, M. Gambetta, ministre de l'intérieur et de la guerre de la délégation de Bordeaux, arrivait à Laval, où sa présence était des plus utiles. Le général en chef allait pouvoir traiter directement avec lui toutes les questions intéressant la réorganisation de l'armée, le mettre à même de juger de l'état réel des troupes et de leurs besoins, et surtout lui exposer, sans intermédiaire, ses idées sur la défense du pays, aussi bien que ses projets pour la reprise des opérations dès qu'elle deviendrait possible.

Les préoccupations du commandant de la deuxième armée étaient profondes, il faut le reconnaître. Il avait été renforcé du 19e corps, cela est vrai, mais la ligne qu'il avait à garder, de la Loire à la Seine, était de cinquante lieues; ses effectifs avaient diminué de plus de moitié depuis six semaines par suite des combats incessants, des maladies et des désordres pendant la retraite du Mans; le moral des troupes s'était affaibli par les fatigues, les privations, la durée d'une lutte sans répit; l'ennemi, qu'aucune diversion n'appelait ailleurs, recevait constamment de nouveaux contingents et paraissait décidé aux plus grands efforts pour en finir avec une résistance qui devenait pour lui un danger chaque jour plus menaçant.

Dans le cas d'un nouvel échec, la retraite sur la Bretagne, en utilisant les lignes de défense successives qu'elle présente, donnait évidemment la possibilité de prolonger cette résistance; mais une fois la Vilaine perdue, les Allemands envahissant la Manche, masquant les ouvrages de Carentan et maîtres du cours inférieur de la Loire et de Nantes, menaçaient Bordeaux et le sud-ouest de la France, en nous privant ainsi des grands établissements dont nous ne pouvions nous passer.

Il fallait donc opter pour la direction de retraite offrant le plus d'avantage. Celle qui devait faire aboutir l'armée derrière les lignes de Carentan paraissait préférable, puisqu'en couvrant la Normandie le plus longtemps possible, on restait à même de se reporter sur la Seine et sur Paris. Mais pour s'y arrêter il fallait assurer la défense de la Bretagne, en organisant d'une façon sérieuse les forces locales de ce pays si admirablement disposé pour la guerre de partisans.

Le général en chef pensait donc à employer, pour le remplacer sur les positions qu'il lui faudrait bientôt quitter, les mobilisés bretons, qui, si désorganisés qu'ils eussent été par les mauvaises dispositions prises au camp de Conlie, n'en pouvaient pas moins être utilisés dès que, réunis sous des chefs de leur choix, ils sentiraient que c'étaient leur sol, leurs foyers et leurs familles qu'ils allaient défendre.

Telle paraissait être la situation au moment où le ministre arrivait à Laval; le commandant de la deuxième armée n'en désespérait pas, et si grands, si pénibles qu'eussent été les derniers revers, sa confiance n'avait pas été ébranlée. Son but restait le même : arrêter l'invasion, et par des efforts suprêmes, s'ils étaient bien combinés, aider les défenseurs de Paris à rompre l'investissement qui les isolait du reste de la France. Cette pensée a pu paraître chimérique à quelques-uns ; quand les faits seront mieux connus et appréciés avec impartialité, l'histoire dira si elle était réalisable ; mais elle n'en avait pas moins sa grandeur, et ce n'est qu'en s'en inspirant que les nouvelles armées pouvaient trouver l'énergie dont elles avaient besoin pour tenter, jusqu'aux limites du possible, de sauver le pays.

Toute préoccupation politique devant s'effacer en présence de cette grande œuvre de la défense nationale, il était nécessaire que tous, généraux, officiers et soldats, sussent, sans arrière-pensée, qu'ils ne combattaient pas pour un parti, mais bien pour le salut de la patrie. Le général en chef demanda au ministre de l'affirmer devant tous les chefs supérieurs de la deuxième armée, réunis à cet effet dans le salon de la préfecture. M. Gambetta, animé des sentiments les plus patriotiques, le fit avec beaucoup de force et d'éloquence, annonçant lui-même qu'il confiait aux grands noms de la Bretagne, quelles que fussent leurs opinions, le commandement des forces destinées à en interdire l'accès à l'ennemi. Les colonels Charette et Cathelineau, nommés généraux au titre auxiliaire, reçurent chacun 15,000 mobilisés qu'ils devaient réunir de suite à leurs volontaires. Le reste fut réparti entre les généraux Béranger, qui commandait à Nantes, et Lipouski, qui devait venir s'établir à l'aile gauche de la nouvelle armée.

MOUVEMENTS DE L'ENNEMI.

Cependant le grand-duc de Mecklembourg appuyait, avec une partie de ses troupes, vers le nord et paraissait se diriger sur Rouen. Ce pouvait n'être qu'une feinte pour s'approcher de Lisieux et de Caen, dans le but de tourner la gauche de l'armée et de l'isoler de la Manche. D'un autre côté, les colonnes ennemies se montraient toujours vers Prez-en-Pail, Villaines, en avant des positions que nous occupions sur la rive gauche de la Mayenne, à Meslay, Sablé, la Flèche, et jusqu'à la Loire, ce qui pouvait faire supposer un effort le long de ce fleuve pour tourner la droite et marcher sur Nantes. Il était donc nécessaire d'être mieux fixé avant de faire un mouvement de concentration sur une des parties de la ligne si étendue qu'il nous fallait garder. Néanmoins, pour parer à toute éventualité dans le nord, où le danger paraissait plus sérieux, le commandant en chef faisait occuper solidement Argentan, poussait sur Briouze ce qui était resté du 19° corps à Domfront, portait la division Goujard d'Ambrières par Lassay sur Couterne, et la remplaçait sur ses positions par la 3° division du 21° corps venant de Mayenne.

Le 22 janvier, les positions de l'armée étaient les suivantes :

A Château-Gonthier, les volontaires de Cathelineau reliés à Laval par la cavalerie du 16° corps, observant tous les passages de la rivière ;

De Laval à Mayenne, les 16° et 17° corps ;

De Mayenne à Ambrières, la 3° division du 21° corps ;

A Couterne, la division bretonne du général Goujard ;

Les francs-tireurs Lipouski et cinq bataillons de mobilisés de la Mayenne, à la Ferté-Macé, Prez-en-Pail et Carrouges ;

La division de cavalerie du 19° corps (général Abdelal) à Ranes ;

Le général Dargent avec les trois divisions d'infanterie des généraux Girard, Bardin et Saussier, à Briouze, Écouché, Argentan.

De plus, toutes les dispositions étaient prises pour renforcer l'aile gauche de l'armée, afin de couvrir Falaise et enfin Mézidon et Caen, si l'ennemi accentuait sa menace sur la Normandie.

Du reste, les instructions données par le général en chef, le 22 janvier, résument les positions de l'ennemi et les mesures prises. Il paraît nécessaire de les reproduire ici :

INSTRUCTIONS DU 16 JANVIER.

« Au grand quartier général de Laval,
le 22 janvier 1871 (n° 222).

« L'ennemi aurait évacué Alençon prononçant un mou-
» vement vers le nord. Cette ville doit être réoccupée par
» deux bataillons mobilisés de la Mayenne.

» En avant du 21° corps, la situation est restée la
» même.

» Les reconnaissances des 16° et 17° corps ont de nou-
» veau constaté la présence de colonnes ennemies à
» Sainte-Suzanne, la Chapelle-Rainsouin, Soulgé, Ba-
» zougé, les bois de Bercaut et de Meslay.

» Une colonne ennemie, arrivée à la Flèche hier, se
» serait dirigée sur Sablé, qui est occupé.

» Dans la vallée de la Loire, à part quelques reconnais-
» sances ennemies poussées jusqu'à Langeais, aucun mou-
» vement sérieux n'a été signalé.

» La situation générale, à part l'évacuation d'Alençon,
» est donc restée à peu près la même :

» Le 13° corps du duc de Mecklembourg menaçant
» notre gauche;

» En avant de Laval, dans la direction du Mans, les
» têtes de colonne des 9° et 10° corps ;

» Et enfin sur notre droite, le 3° corps;

» L'ennemi couvrant tous ses mouvements par trois
» divisions de cavalerie.

» Les reconnaissances devront être continuées demain
» en avant de chacun de nos corps et le plus loin pos-
» sible.

» Il est essentiel qu'elles arrivent à déterminer exacte-
» ment tous les points occupés par l'ennemi, et que
» chaque commandant de corps d'armée adresse ce ren-
» seignement demain au général en chef, dès que les pre-
» mières reconnaissances seront rentrées.

» Chaque commandant de corps d'armée adressera éga-
» lement un croquis indiquant les emplacements de l'ar-
» tillerie en position.

» Il tarde au commandant en chef de savoir où en est
» la réorganisation des convois et les dispositions prises
» par l'intendance pour se procurer rapidement les voi-
» tures qui manquent encore.

» L'ordre d'un mouvement pouvant être donné d'un
» moment à l'autre, chaque division devra être à même
» de l'exécuter dans le délai de quelques heures seule-
» ment.

» Les commandants des corps d'armée feront connaître,
» par une note signée par eux, si les munitions ont été
» partout visitées et complétées, et si la réserve de vivres
» existe réellement dans le sac des hommes.

» On doit profiter du répit donné à l'armée pour ache-
» ver l'instruction des hommes nouvellement arrivés.

» On devra s'attacher principalement à montrer à
» l'homme à se servir de son fusil et à l'entretenir.

» On pourra faire brûler quelques cartouches à ceux
» qui n'ont fait encore aucun exercice du tir.

» On pressera enfin l'instruction des artilleurs auxi-
» liaires qui ont été pris dans les corps d'infanterie pour
» compléter le personnel des batteries.

» La compagnie d'éclaireurs du capitaine Taillandier
» se rendra demain à Montgiroux, et se placera sous les

» ordres du colonel Goursault pour concourir avec les
» éclaireurs algériens au service des reconnaissances.

» Les commandants de corps d'armée qui ne l'ont pas
» encore fait, enverront demain au général en chef un
» état indiquant les noms et les grades des commandants
» de division et de brigade.

» *Signé :* Chanzy. »

Le service des avant-postes, réorganisé et mieux surveillé dans les corps, se faisait plus exactement; les reconnaissances journalières obtenaient même de bons résultats; partout elles repoussaient celles de l'ennemi et ramenaient des prisonniers.

RÉOUVERTURE DU CHEMIN DE FER DE LAVAL A MAYENNE.

Le général en chef s'était également préoccupé, dès son arrivée à Laval, d'utiliser le chemin de fer de Mayenne, si précieux pour le transport des approvisionnements de toute nature destinés au 21° corps.

Le 20 janvier, la gare de Louverné avait été réoccupée par un bataillon d'infanterie; le 21, la Chapelle-Anthenaise par deux bataillons et un escadron du 17° corps; et dès le lendemain la voie, ainsi protégée, put être de nouveau parcourue par les trains.

Le 23 janvier, les renseignements recueillis par les reconnaissances ne signalèrent aucun mouvement menaçant pour nos positions. Les troupes ennemies, parties d'Alençon, se dirigeaient décidément sur Rouen par Bernay, tout en dissimulant leur marche derrière des partis qui battaient constamment le pays.

A Gesvres, en avant de Villaines, les mobilisés de la Mayenne du colonel Bournel et les habitants du pays avaient infligé des pertes sensibles à une reconnaissance de dragons prussiens; quelques uhlans avaient paru à

Jublains et s'étaient avancés jusqu'à Conné ; Évron, Chatres, la Chapelle-Rainsouin, Sainte-Suzanne, Vaiges, la Bazouge, Meslay, étaient décidément évacués; au sud, entre la Sarthe et la Loire, le pays était toujours exploré par des colonnes peu nombreuses mais constamment en mouvement; à Tours la situation restait la même et la ville occupée par une dizaine de mille hommes.

Le ministre de la guerre, appelé dans le Nord par ce qui s'y passait, avait quitté Laval le 21 janvier dans la nuit pour se rendre, par Rennes et Saint-Malo, à Lille, où il devait rencontrer le général Faidherbe. Il avait adopté avant son départ l'ensemble des idées du commandant de la deuxième armée, et donné à son délégué à Bordeaux les ordres les plus formels pour en faciliter l'exécution par tous les moyens possibles. C'est donc avec ce dernier, M. de Freycinet, que les affaires militaires durent être traitées directement jusqu'au moment de l'armistice. La dépêche télégraphique suivante, qui lui était adressée le 22, le mettait au courant de la situation :

A ministère guerre, Bordeaux.

» Il se produit en ce moment, dans tous les corps enne-
» mis en avant de moi, des mouvements dont je ne puis
» encore ici expliquer exactement le but. L'évacuation
» d'Alençon, la retraite dans l'Est des corps qui s'étaient
» avancés jusqu'en vue de Laval, l'inaction des partis
» ennemis sur la rive droite de la Loire, semblent indiquer
» qu'une préoccupation pourrait rappeler vers Paris une
» partie des forces qui nous suivaient. Je ferai reconnaître
» demain tous les points que l'on me dit évacués par l'en-
» nemi dans la direction du Mans. Je prescris au général
» Lipouski de se porter de la Ferté-Macé sur le Merle-
» rault pour suivre les colonnes parties d'Alençon, soit

» sur Lisieux, soit sur Bernay. Je ne puis, avant d'être
» bien fixé, quitter mes positions de Laval à Mayenne;
» mais sans trop m'affaiblir de ce côté, je renforce succes-
» sivement mon aile gauche pour reprendre l'offensive
» dans la direction de la Seine dès que je n'aurai plus rien
» à craindre sur ma droite, et que je pourrai dégarnir
» Laval sans m'exposer à voir l'ennemi marcher sur
» Rennes. Il me tarde de voir les forces de Bretagne, orga-
» nisées sur les bases que je vous ai proposées, en mesure
» de défendre le pays que je quitterai, en se portant der-
» rière la Mayenne pour compléter le système de défense
» que Cathelineau commence à organiser derrière Châ-
» teau-Gonthier. Les 45 ou 50,000 hommes de Bretagne
» qu'on me dit armés actuellement peuvent, bien répartis
» et commandés par des chefs sérieux, défendre efficace-
» ment le pays et me rendre la liberté d'action dont j'ai
» besoin pour profiter d'une bonne chance que le mouve-
» ment de retraite de l'ennemi, s'il se confirme, peut me
» procurer d'un moment à l'autre. Je ne puis à la fois cou-
» vrir la Bretagne, de la Seine à la Loire, et tenter des
» opérations qui me forcent à me grouper et par cela
» même à dégarnir une partie de la ligne si considérable
» que je suis obligé de tenir pour ne rien compromettre.
» Le général Saussier me demande d'aller organiser sa
» division sur les derrières de l'armée. Il tient une position
» sur laquelle je ne puis le remplacer. Il importe donc
» qu'il reçoive, sur place, tout ce dont il a besoin pour se
» constituer d'une façon sérieuse, et il lui manque beau-
» coup de choses si j'en juge par la dépêche qu'il m'adresse
» ainsi qu'à vous.

» Nos reconnaissances ont obtenu aujourd'hui de bons
» résultats. Elles ont repoussé partout les avant-postes de
» l'ennemi, fait quelques prisonniers dont un officier, et le
» sous-lieutenant indigène Kara-Mohammed a tué de sa

» main un officier de cavalerie prussienne aux environs
» de la Chapelle-Rainsouin.

» *Signé :* Général CHANZY. »

Le général en chef avait pressenti, depuis quelque temps, des tiraillements qui malheureusement ne furent que trop réels dans l'organisation des forces bretonnes. Les anciens chefs du camp de Conlie se faisaient avec peine à l'idée de céder à d'autres un commandement qu'ils avaient exercé évidemment avec le plus grand patriotisme, mais qui, par suite de difficultés dont on ne peut les rendre responsables, n'avaient pas atteint le résultat désirable. Les circonstances étaient néanmoins trop graves pour s'arrêter à des susceptibilités, quelque justes qu'elles pussent être; aussi, pressé de sortir de cette situation, le général en chef adressait-il à Bordeaux, le 24 janvier, la dépêche télégraphique confidentielle suivante :

« Toujours préoccupé du danger que pourraient courir
» la Bretagne et la Loire-Inférieure si je quittais mes po-
» sitions actuelles, et sentant néanmoins qu'il me faut
» être libre pour reprendre les opérations et poursuivre un
» résultat, je vous propose le parti suivant dans lequel j'ai
» cherché à tout concilier. Donner au général de Colomb
» la mission de défendre la Bretagne, couvrant Rennes et
» Nantes; lui laisser, à cet effet, deux de ses divisions
» comme base de son armée, grouper sous ses ordres les
» forces de Bretagne sous trois ou quatre chefs, dont Cha-
» rette et Cathelineau, ayant chacun 10 à 15,000 hommes
» et une zone de pays à protéger, renforcer le 16ᵉ corps,
» très-réduit par le feu et les maladies, en lui ajoutant la
» division prise au 17ᵉ.

» Concentrer immédiatement les forces de Bretagne sur
» les positions à prendre pour la défense, et me porter
» avec les 16ᵉ, 19ᵉ et 21ᵉ corps, formant l'armée active,

» en avant de Caen, me reliant par ma gauche jusqu'à
» la Seine et au besoin au 10° corps, et être ainsi prêt à
» me porter sur Paris dès que Faidherbe pourra re-
» prendre l'offensive. »

Ce projet fut enfin définitivement adopté et des ordres furent donnés aux généraux de Planhol et de Nouë, qui commandaient à Rennes et à Nantes, pour que Cathelineau, Charette, Lipouski et Béranger reçussent chacun un corps de 12 à 15,000 mobilisés bretons, auquel leurs volontaires devaient servir de réserve et de noyau.

Jusqu'au 27[1] janvier, le temps put être exclusivement employé à achever la reconstitution de l'armée, tout en surveillant dans toutes les directions, et le plus loin possible, l'ennemi, dont les positions n'avaient pas sensiblement changé.

L'état sanitaire des troupes allait du reste en s'améliorant, malgré quelques cas de variole et de fièvre typhoïde : les hommes dès lors régulièrement nourris, suffisamment vêtus, bien chaussés, abrités dans leurs cantonnements contre le froid, la neige et l'humidité, oubliaient leurs fatigues et reprenaient confiance.

On avait pu craindre un instant qu'une épizootie ne détruisît les troupeaux de l'armée : en une seule nuit, et aux environs d'Andouillé, celui de la 2ᵉ division du 17ᵉ corps avait perdu soixante bœufs morts spontanément de cette maladie qui avait déjà fait des ravages dans la contrée. Des mesures énergiques permirent d'atteindre le mal à son origine, et, malgré des pertes sensibles, l'approvisionnement de viande resta assuré.

La situation générale au 27 janvier était donc satisfaisante. Elle est résumée dans les instructions suivantes du général en chef aux différents corps.

---

[1] Voir aux notes les instructions des 23, 24, 25 et 26, et les diverses pièces relatives à cette question d'organisation des forces de Bretagne.

SITUATION AU 27 JANVIER.

« Au grand quartier général de Laval,
le 27 janvier 1871 (n° 228).

« D'après les renseignements recueillis dans la journée,
» l'armée du duc de Mecklembourg semblerait couvrir son
» mouvement vers le nord par des partis qui se sont pré-
» sentés à Orbec et jusqu'en vue de Lisieux. Un engage-
» ment aurait eu lieu aujourd'hui à Villiers, à quatre kilo-
» mètres de cette ville, entre la garde nationale et un
» détachement prussien.

» On ne signale aucun mouvement de l'ennemi aux en-
» virons d'Alençon, qui a été réoccupé par lui.

» Des reconnaissances des 16°, 17° et 21° corps ont
» rencontré les avant-postes allemands dans les localités
» signalées aux instructions d'hier. Sainte-Suzanne et
» Chames sont occupés par l'ennemi, qui aurait également
» reparu à Sablé. D'après une lettre adressée de Sillé, le
» prince Charles serait encore au Mans, mais ses corps
» d'armée seraient en partie sur la rive droite de la Sarthe,
» d'Alençon à la Flèche, par Fresnay, Sillé, Brulon et
» Sablé [1] » . . . .
. . . .

La deuxième armée était cependant arrivée à une réorganisation satisfaisante. Les hommes débandés avaient
rejoint leur drapeau, avaient été réarmés et rééquipés;
les divisions avaient retrouvé leurs effectifs, les convois
étaient reconstitués.

Cette armée qui un instant avait semblé anéantie, se
représentait ainsi de nouveau bien reposée, prête à marcher avec quatre corps donnant près de 150,000 hommes
d'infanterie, plus de 6,000 cavaliers et 54 batteries d'ar-

---

[1] Voir aux notes la suite des instructions du 27.

tillerie, sans compter les mobilisés bretons en organisation et qui une fois prêts devaient porter à 235,000 hommes l'effectif général des forces dont nous disposions dans l'Ouest. Ce résultat si remarquable avait été obtenu en dix jours, à force de zèle et de dévouement de la part de la délégation, des administrations civiles et des différents services de l'armée. Il fallait donc en profiter le plus rapidement possible, maintenant surtout qu'on allait pouvoir laisser derrière soi l'armée de Bretagne, forte de 100,000 hommes, et que la nécessité d'arriver au secours de Paris, si la défense pouvait se prolonger encore, devenait chaque jour plus impérieuse.

Il importait dès lors de prendre les dispositions nécessaires pour que rien ne vînt entraver les mouvements de l'armée, au moment où elle pourrait se porter en avant.

— En conséquence, les instructions du 28 janvier furent les suivantes :

INSTRUCTIONS DU 28 JANVIER.

« Au grand quartier général de Laval,
le 28 janvier 1871 (n° 228).

« Par suite de l'organisation, sous le commandement du
» général de Colomb, des forces destinées à la défense de
» la Bretagne, la 1re division du 17e corps (général de Ro-
» quebrune) passe au 16e corps. Les 2e et 3e divisions
» d'infanterie du 17e corps devront remplacer celles du 16e
» sur les positions qu'il occupe à Laval et aux environs.

» La cavalerie du 17e corps prendra de même les posi-
» tions de la cavalerie du 16e, sur les deux rives de la
» Mayenne.

» Les mouvements commenceront demain, en ce qui
» concerne les troupes du 17e corps, qui doivent être éta-
» blies sur les positions en avant de Laval.

» Au fur et à mesure qu'elles seront remplacées, les

» troupes du 16° corps devront repasser la Mayenne, soit
» sur les ponts de Laval, soit sur celui de Saint-Jean, de
» façon à venir s'établir, jusqu'à nouvel ordre, la 1re di-
» vision (général Deplanque), à Saint-Germain d'Auxure
» et Alexain, la 3° division (général de Curten), de Saint-
» Germain-le-Fouilloux à Andouillé. Les divisions de Ro-
» quebrune et Barry ne feront demain aucun mouvement,
» pour ne pas encombrer les routes.

» La cavalerie du 17° corps commencera dès le matin
» son mouvement sur l'Huisserie et le bas de la Mayenne;
» et au fur et à mesure que ses détachements seront rele-
» vés, le général Michel ira occuper avec sa division les
» cantonnements laissés aux environs d'Andouillé par la
» division d'Espeuilles.

» Rien n'est changé aux dispositions à prendre pour le
» placement des ambulances, des parcs et des convois, qui
» devront toujours être disposés sur la rive droite, en ar-
» rière des positions occupées par les divisions auxquelles
» ils appartiennent, et sur des routes reconnues à l'avance
» et pouvant servir à la marche que les 16° et 21° corps
» sont appelés à faire vers le nord.

» Ces mouvements doivent être exécutés de façon à les
» cacher à l'ennemi, activés le plus possible, continués et
» achevés dans la matinée du 30 pour les fractions qui
» n'auraient pu les terminer dans la journée de demain.

» Les divisions Barry et de Roquebrune se tiendront prê-
» tes à se déplacer et attendront des ordres.

» Les reconnaissances n'en seront pas moins faites avec
» autant d'exactitude que les jours précédents, et devront
» être poussées aussi loin et dans toutes les directions.

» Le général de Colomb transportera son quartier gé-
» néral à Laval; le vice-amiral Jauréguiberry y main-
» tiendra le sien jusqu'à ce que tout son corps d'armée
» soit établi sur la rive droite.

» Comme il est très-important de continuer à couvrir la
» voie ferrée de Laval à Mayenne, la division de Roque-
» brune maintiendra, jusqu'à nouvel ordre, ses postes sur
» la rive gauche.

» Les commandants des corps d'armée rendront compte
» demain soir au général en chef des mouvements exé-
» cutés dans la journée.

» Les éclaireurs algériens, l'escadron du capitaine Ber-
» nard, ainsi que les chasseurs d'Afrique et le 8ᵉ hussards,
» maintenus provisoirement sur la rive gauche de la
» Mayenne, resteront, jusqu'à ce qu'ils soient relevés, dans
» les cantonnements qu'ils occupent. Toutefois, le général
» de Colomb fera remplacer, dès que cela lui sera possible,
» par des escadrons de cavalerie légère du 17ᵉ corps, les
» chasseurs d'Afrique appelés à faire partie de la réserve
» de l'armée, et le 8ᵉ hussards destiné au 21ᵉ corps.

» Les troupes aux ordres du général Bourdillon, ainsi
» que les parcs et les réserves de l'armée, ne feront aucun
» mouvement jusqu'à nouvelle décision.

» Le général en chef prescrit qu'à partir de demain tous
» les hommes aient bien les deux jours de réserve du sac,
» ainsi que les deux jours de consommation, et que dans
» chaque corps on remplace par des distributions succes-
» sives, exactement faites, les vivres consommés dans la
» journée.

» La gare de Laval devant servir spécialement au ravi-
» taillement du 17ᵉ corps, de la division de réserve, et aux
» mouvements sur Mayenne, le commandant du 16ᵉ corps
» fera étudier les dispositions à prendre pour utiliser la
» gare de Genest au point de vue de l'approvisionnement
» des quatre divisions placées sous ses ordres. ».

MISSION DU 19ᵉ CORPS.

Pour protéger Lisieux, qui semblait menacé par les

troupes du grand-duc, se dirigeant de Thiberville sur Firfol, et pour parer à une tentative que celles du prince Frédéric-Charles, groupées entre le Mans, Sillé-le-Guillaume et Alençon, pouvaient faire sur Prez-en-Pail, la Ferté-Macé et Flers, pour couper le 19ᵉ corps du reste de l'armée, le général Dargent recevait l'ordre de porter la division Saussier de Jort à Mézidon, de la remplacer sur le premier point, sans trop dégarnir Argentan, et de se porter lui-même de Briouze sur Écouché et Argentan, en maintenant à Ranes assez de cavalerie pour se relier avec le 21ᵉ corps.

En même temps, le général Lipouski était dirigé sur Lisieux, tandis que les mobilisés de la Mayenne qui, avec ceux de l'Orne, tenaient le pays depuis la Ferté-Macé jusqu'à Prez-en-Pail, étaient adjoints à la division Goujard, qui se trouvait ainsi recevoir un renfort dont elle avait besoin par suite du départ des volontaires de l'Ouest, appelés à former la base du nouveau corps de Charette.

Le général Goujard, de son côté, devait faire soutenir les mobilisés du colonel Bournel par une réserve, leur assurer une administration régulière qui leur manquait, et surveiller tout le pays dans la direction d'Alençon, reliant le 19ᵉ corps au 21ᵉ, dont une division était à Lassay.

ORGANISATION DES FORCES DE BRETAGNE.

L'organisation des forces de Bretagne était enfin en voie d'exécution : Charette recevait ses volontaires à Rennes, et ne demandait que huit jours [1] pour les amener à Vitré et à Fougères, afin de se trouver à proximité des positions qu'il devait occuper, dès que la deuxième armée commencerait son grand mouvement. Cathelineau formait

---

[1] Voir à l'Appendice du livre V les notes relatives à l'organisation de l'armée de Bretagne.

son corps à Château-Gonthier et environs. Le général Béranger s'apprêtait à se porter sur la Mayenne avec la légion de la Loire-Inférieure, pour concourir avec le général Cléret à la défense du val de la Loire, sur la rive droite, et se relier à Cathelineau. Le général Lipouski, qui devait être placé à l'aile gauche, fut maintenu provisoirement en avant de Mézidon, qu'il couvrait avec ses francs-tireurs ; le général de Colomb s'occupait de lui réunir les mobilisés dont il devait prendre le commandement. Enfin les bataillons de la Mayenne, qui étaient à Ernée avec le colonel Ramatowski, passaient à la disposition du commandant général des forces de Bretagne, pour être portés sur la Mayenne.

Quelques changements eurent alors lieu dans le personnel des généraux de la deuxième armée :

Le général Dargent était nommé commandant titulaire du 19° corps, et remplacé à la 1re division par le général Bardin. Le général Deplanque, appelé à un commandement dans les lignes de Carentan, cédait au général Cérez, rentrant d'Afrique, la 1re division du 16° corps. Enfin le général de Jouffroy, dont la santé fatiguée réclamait du repos, avait pour successeur le général Maurandy, auquel cette satisfaction était due après la mesure, si peu justifiée, dont il avait été victime à la suite des affaires de Chambord. Les reconnaissances du 29 au matin n'avaient rien signalé comme menace directe sur le front de l'armée. Un officier prussien avait été tué à Courcité par les éclaireurs de la division Rousseau, qui avaient fait en outre quelques prisonniers.

L'ennemi continuait néanmoins ses mouvements dans toutes les directions, montrait des équipages de pont entre le Mans et Sablé, exécutait des travaux de défense sur les points qu'il occupait, et forçait les habitants des villages à combler les coupures et à enlever les abatis que le comité de défense avait faits sur les principales communications du pays.

Le général Loysel, commandant au Havre, avait télégraphié que le corps du grand-duc de Mecklembourg semblait avoir terminé son mouvement sur Rouen, qu'une partie s'était dirigée sur Monville et l'autre sur Barentin. Qui pourrait dire le résultat qu'il eût été possible d'obtenir en opérant contre cette portion ainsi séparée des armées allemandes, si les forces de Bretagne eussent été plus tôt disponibles ?

PREMIÈRES NOUVELLES DE L'ARMISTICE.

Telle était donc la situation réelle des choses, quand le 29 janvier, dans l'après-midi, le général en chef reçut de la délégation de Bordeaux la dépêche suivante :

« La délégation du gouvernement établie à Bordeaux,
» qui n'avait jusqu'ici, sur les négociations entamées à
» Versailles, que des renseignements fournis par la presse
» étrangère, a reçu cette nuit le télégramme suivant,
» qu'elle porte à la connaissance du pays dans sa teneur
» intégrale :

» *M. Jules Favre, ministre des affaires étrangères,*
» *à la délégation de Bordeaux.*

« Versailles, 28 janvier, onze heures quinze du soir.

» Nous signons aujourd'hui un traité avec M. le comte
» de Bismark. — Un armistice de vingt et un jours est
» convenu. — Une assemblée est convoquée à Bordeaux
» pour le 15 février. — Faites connaître cette nouvelle à
» toute la France. — Faites exécuter l'armistice, et convo-
» quez les électeurs pour le 8 février. — Un membre du
» gouvernement va partir pour Bordeaux.

» *Signé :* JULES FAVRE.

» Un décret qui sera ultérieurement publié fera con-
» naître les mesures prises pour assurer l'exécution des
» dispositions ci-dessus :

» *Signé :* Gambetta. »

Une seconde dépêche suivait la précédente et disait :

» Un armistice de vingt et un jours vient d'être conclu
» par le gouvernement de Paris : veuillez en conséquence
» suspendre immédiatement les hostilités, en vous concer-
» tant avec le chef des forces ennemies en présence des-
» quelles vous pouvez vous trouver. — Vous vous con-
» formerez aux règles pratiques suivies en pareil cas, etc. »

Au reçu de ces dépêches, le général en chef prescrivit d'urgence à tous les commandants des troupes sous ses ordres de suspendre immédiatement les hostilités, et de ne pas dépasser les positions qu'ils occupaient [1].

Il envoyait en même temps un de ses aides de camp, le commandant Marois, aux avant-postes prussiens avec les instructions écrites ci-après :

ORDRE.

« Laval, le 29 janvier 1871.

« Le chef d'escadron d'état-major Marois se rend en
» parlementaire aux avant-postes prussiens avec la mis-
» sion :

» 1° D'informer le commandant des forces allemandes
» en face de la deuxième armée française, qu'un armistice
» de vingt et un jours vient d'être conclu par le gouverne-
» ment de Paris, que le général en chef de la deuxième ar-
» mée reçoit de la délégation de Bordeaux l'ordre de sus-
» pendre immédiatement les hostilités et de se concerter
» avec le commandant des forces allemandes ;

[1] Voir à l'Appendice du livre V les instructions du 29 janvier.

» 2° D'informer le commandant des forces allemandes que des instructions viennent d'être notifiées, par les voies les plus rapides, aux troupes françaises de la deuxième armée sur les positions qu'elles occupent, pour qu'elles aient à suspendre les hostilités;

» 3° De demander au commandant des troupes allemandes qu'une réunion d'officiers des deux armées, munie des pouvoirs nécessaires, ait lieu dans la journée de demain pour déterminer, avec précision, la délimitation des lignes et positions devant rester occupées par chacune des deux armées pendant la durée de l'armistice;

» Le général commandant la deuxième armée propose Évron comme point de réunion. Il désignera, pour la représenter, un officier de grade égal à celui qu'aura choisi à cet effet le commandant en chef des troupes allemandes;

» 4° De demander, conformément aux ordres de la délégation de Bordeaux, si le chemin de fer de l'Ouest sur Paris est ouvert par l'armistice, afin de pouvoir en profiter pour le ravitaillement.

« Au grand quartier général à Laval, le 29 janvier 1871.

» Le général en chef,

» *Signé :* CHANZY. »

LE TEXTE DE L'ARMISTICE EST ENVOYÉ PAR LE PRINCE FRÉDÉRIC-CHARLES AU COMMANDANT DE LA DEUXIÈME ARMÉE.

Le lendemain, 30 janvier, le général en chef était informé qu'un officier prussien, chargé de lui remettre une lettre de Son Altesse Royale le prince Charles, demandait qu'on le fît prendre aux avant-postes, qu'il ne voulait pas dépasser, dans la crainte, disait-il, de ne pas être respecté par les éclaireurs arabes qui surveillaient les routes dans la direction du Mans. Bien que rien dans la conduite de ces braves cavaliers pendant toute la guerre ne justifiât cette hésitation, un officier d'ordonnance alla prendre le parlementaire et l'amena au grand quartier général. Le prince Charles envoyait le texte de la convention conclue à Versailles [1], et se déclarait prêt, pour l'armée qu'il commandait, à se retirer, à partir du 31 janvier à midi, en deçà de la ligne de démarcation indiquée par l'article 1er, dans le cas où le général en chef y adhérerait par écrit :

Ce document, si impatiemment attendu, n'était encore connu de personne en France; il fut transmis sur-le-champ et par le télégraphe à la délégation de Bordeaux, qui en ignora complétement la teneur jusqu'au 30 janvier à onze heures du soir.

CONDITIONS DE L'ARMISTICE.

L'article 1er, après avoir fixé la durée de la convention, portait : « Les armées belligérantes conserveront leurs po-
» sitions respectives, qui seront séparées par une ligne de
» démarcation. Cette ligne partira de Pont-l'Évêque, sur
» les côtes du département du Calvados, se dirigera sur
» Lignières dans le nord-est du département de la Mayenne,
» en passant entre Briouze et Fromentel, en touchant au
» département de la Mayenne à Lignières, elle suivra la
» limite qui sépare ce département de celui de l'Orne et
» de la Sarthe jusqu'au nord de Morannes, et sera con-
» tinuée de manière à laisser à l'occupation allemande les
» départements de la Sarthe, de l'Indre-et-Loire, de Loir-
» et-Cher, du Loiret, de l'Yonne, jusqu'au point.., etc. »

Le général en chef répondit immédiatement au prince Charles pour lui accuser réception du document qu'il avait

---

[1] Voir à l'Appendice du livre V le texte de cette convention et la lettre du prince.

bien voulu lui communiquer, et lui déclarer, qu'à partir du 31 à midi, tous ses avant-postes se tiendraient à dix kilomètres en deçà de la ligne de démarcation. Il ajoutait ensuite : « Afin d'éviter toute ambiguïté, le général com-
» mandant en chef la deuxième armée française se repor-
» tant au texte de l'article 1er, fait connaître au comman-
» dant en chef des forces allemandes que par suite des
» positions occupées actuellement par les troupes fran-
» çaises, il a admis de la façon suivante la ligne de dé-
» marcation : de Honfleur sur la côte, par Pont-l'Évêque,
» Lisieux, Livarot, le Haras-du-Pin, Argentan, Écouché,
» Fromentel, Ranes, Carrouges, Lignières, et à partir de
» là, la limite des départements de la Mayenne avec
» l'Orne et la Sarthe, et du Maine-et-Loire avec la Sarthe
» et l'Indre-et-Loire. »

INSTRUCTIONS DU 30 JANVIER POUR L'EXÉCUTION DE L'ARMISTICE.

Des instructions en conséquence furent immédiatement données aux commandants des corps d'armée, avec l'ordre de s'y conformer pour le 31 janvier à midi, heure à laquelle leurs avant-postes devaient être repliés à dix kilomètres en deçà de la ligne de démarcation ainsi déterminée [1].

Toutefois, en raison de leur éloignement du grand quartier général, les généraux Cléret et Dargent étaient autorisés, tout en se conformant aux instructions d'ensemble, à traiter, pour les détails, directement avec les commandants des corps ennemis qu'ils avaient en face d'eux, à la condition de rendre compte d'urgence de ce qui pourrait se produire.

Tout en faisant exécuter complétement et loyalement

[1] Voir à l'Appendice du livre V les instructions du 30 janvier.

les conditions de l'armistice, le général en chef devait à ses troupes, de faire connaître au pays, et d'affirmer hautement devant l'ennemi, leurs sentiments dans cette circonstance. C'est ce qu'il fit par l'ordre ci-après, adressé à l'armée le 31 janvier.

ORDRE GÉNÉRAL.

« Officiers et soldats de la deuxième armée,

» Un nouveau coup nous frappe, mais ne doit ni ne
» peut nous abattre. Après une lutte héroïque qui a duré
» près de cinq mois, après des souffrances et des privations
» noblement supportées, alors que toute ressource était
» épuisée à Paris, le Gouvernement de la défense nationale
» a dû conclure, le 28 janvier, à Versailles, avec l'ennemi,
» une convention dont la conséquence est un armistice de
» vingt et un jours, expirant le 19 février.

» Quelque pénible que soit pour vous la situation que
» crée cette mesure, alors que confiants en votre bon
» droit, animés par votre patriotisme, vous alliez tenter
» de nouveaux efforts, la parole du Gouvernement engagée
» doit être loyalement respectée : les hostilités sont sus-
» pendues.

» Une Assemblée est convoquée, elle saura affirmer que
» la France entend que son honneur reste intact comme
» son territoire.

» Le devoir pour vous est de mettre ce repos forcé à
» profit pour vous préparer à reprendre la lutte, si des
» prétentions orgueilleuses rendent une paix honorable
» impossible. Sans autre idée que de sauver la patrie, vous
» resterez l'armée de l'ordre et de la défense nationale,
» prête à tous les sacrifices, animée d'un seul désir, celui
» de combattre à outrance jusqu'au triomphe, d'un seul
» sentiment, celui de la vengeance, si le but de l'Allema-

» gne est de nous opprimer, de nous réduire et de nous
» humilier.

« Au grand quartier général de Laval, le 31 janvier 1871.

» Le général commandant la deuxième armée

» *Signé* : CHANZY. »

Les jours suivants allaient être employés à achever
l'organisation de l'armée, à améliorer son instruction, sa
discipline, à activer la réunion des forces de Bretagne, et
à régler toutes les questions de délimitation entraînées par
l'armistice, qui ne devaient du reste soulever de réelles
difficultés que devant le front du 19ᵉ corps.

NÉGOCIATIONS POUR LE RÈGLEMENT DES QUESTIONS MILITAIRES DE L'ARMISTICE.

Le général Avensleben, commandant le 3ᵉ corps prussien, en face du centre de la deuxième armée, avait fait proposer par la lettre ci-après des modifications basées sur des considérations topographiques :

« Quartier général du château de Courteille,
1ᵉʳ février 1871.

« La convention relative à l'armistice du 28 janvier
» 1871 fixe la ligne de démarcation à partir de Lignières,
» en suivant la limite administrative d'un côté entre les
» départements de la Mayenne et de Maine-et-Loire, et,
» de l'autre, celle entre les départements de l'Orne et de
» la Sarthe.

» Comme cette ligne ne suit aucune trace apparente et
» aucune route, l'enchevêtrement de troupes pourrait faci-
» lement donner lieu à des collisions. En conséquence, je
» propose à Votre Excellence de désigner les contours des
» cantonnements par des cours d'eau ou par des routes. Je

» m'entendrais dans ce cas avec elle pour que mes troupes
» prennent les points suivants comme extrémités de leurs
» cantonnements : de Condé-sur-Sarthe à l'ouest d'Alen-
» çon, la Sarthe en remontant jusqu'à Mieucé; de là la
» route sur Eleu, Gennes-le-Gandelin, Assé-le-Boyne,
» Sougé-le-Ganelon, la Chapelle, Mont-Saint-Jean jusqu'à
» Sillé-le-Guillaume; de là, la grande route par Brulon
» jusqu'à Sablé-sur-Sarthe, et, au delà, la route de Sablé
» à la Flèche, et de la Flèche au Loir en le descendant
» jusqu'à Luché.

» Les troupes recevraient des ordres pour que leurs pa-
» trouilles ne dépassassent pas cette ligne de plus d'un
» kilomètre.

» Je prie Votre Excellence de vouloir bien faire remettre
» une réponse au porteur de cette lettre, si elle veut donner
» son consentement à la délimitation précitée, et indiquer
» quelle ligne elle propose pour l'armée placée sous ses
» ordres, en face du front qui vient d'être tracé.

» Je prie Votre Excellence d'agréer ma considération
» toute particulière.

» Le général commandant le troisième corps d'armée,

» *Signé :* Avensleben. »

Ces nouvelles conditions étaient évidemment tout à l'avantage des Allemands, qui gagnaient ainsi du terrain, tout en conservant des localités importantes qu'il était essentiel de ne pas leur laisser, parce que la convention nous donnait le moyen de les leur faire quitter. La réponse ci-après fut donc adressée au commandant du 3° corps allemand :

« Quartier général de Laval, le 2 février 1871,
trois heures du matin.

« La convention du 28 janvier 1871, en ce qui concerne
» l'armistice, fixe à l'article 1er, d'une façon très-précise,

» la ligne de démarcation qui doit séparer les deux armées.
» Cette ligne, dans le trajet indiqué par Votre Excellence,
» est invariablement la limite départementale de Lignières
» à Morannes.

» De plus, le même article prescrit que les deux armées
» belligérantes et leurs avant-postes, de part et d'autre,
» se tiendraient à dix kilomètres au moins de cette ligne.
» Je regrette donc, tout en reconnaissant que des cours
» d'eau et des routes eussent été préférables, de ne pou-
» voir admettre les propositions de Votre Excellence, parce
» que sur presque tout le trajet elles laissent à l'armée
» allemande des positions telles que : Condé-sur-Sarthe,
» Sillé-le-Guillaume, Brulon, Sablé, la Flèche, qui ne se
» trouvent même pas à moitié de la zone libre que chacun
» de nous doit ménager des deux côtés de la ligne de
» démarcation.

» J'ai prescrit à tous mes avant-postes de se retirer à la
» distance exigée par la convention, et, dès demain, des
» officiers désignés dans chacun de mes corps d'armée
» iront s'assurer que les ordres sont exécutés. Mes avant-
» postes ou mes reconnaissances ne pourront dépasser
» une ligne qui, partant de Couptrain à dix kilomètres en
» arrière de Lignières, passe par Livron, Villaines, Trans,
» Izé, Saint-Gemmes-le-Robert, Évron, Châtres, Livet,
» Saint-Léger, Vaiges, la Bazouge, Saint-Denis-du-Maine,
» Meslay, Saint-Charles, Grez, Bierné, Saint-Laurent-des-
» Mortiers et Continiers, à dix kilomètres en arrière de
» Morannes.

» Afin d'éviter toute collision ou malentendu, je prie
» Votre Excellence de me faire connaître la ligne qu'elle
» compte indiquer à ses troupes, dès qu'elle aura bien
» voulu la tracer suivant les conditions stipulées dans la
» convention.

» Je profite de cette occasion pour prier Votre Excel-

» lence de vouloir bien faire parvenir, par les voies les plus rapides, à leurs destinations les deux télégrammes ci-joints, qui sont adressés l'un au directeur général des » postes et du télégraphe des armées allemandes, l'autre » au comte de Hatzfeld, au quartier général à Versailles [1].

» Je prie Votre Excellence d'agréer l'assurance de ma » haute considération.

» *Signé :* Chanzy. »

Le général Avensleben fit du reste connaître par la réponse suivante qu'il adoptait cette manière de voir, et s'y conforma dès lors très-exactement.

« Excellence,

» Je m'honore de vous faire part que j'ai reçu votre » lettre de ce jour. Comme Votre Excellence n'a pas pré-» féré un règlement ultérieur de la ligne de neutralité, » j'ai également déterminé d'après la lettre de la conven-» tion, à dix kilomètres de la ligne de démarcation, les » rayons des cantonnements des troupes sous mes ordres.

» Que Votre Excellence agrée l'assurance de ma consi-» dération particulière.

» Le commandant général du troisième corps d'armée,

» *Signé :* Avensleben. »

La question devait être plus difficile à régler pour le général Dargent, qui avait devant lui le 13ᵉ corps sous les ordres directs du grand-duc de Mecklembourg. Ce dernier, se considérant comme commandant une armée complétement indépendante du prince Charles, n'était nullement décidé à admettre les points de délimitation que le général en chef, se basant sur l'esprit du traité, et dans la nécessité pour lui de conserver le chemin de fer

---

[1] Ces deux télégrammes étaient expédiés par la délégation de Bordeaux.

de Caen, avait communiqués au prince Charles, et que celui-ci n'avait point contestés.

Le grand-duc, à la suite de la première communication du général Dargent, tout en proposant une conférence dans laquelle des officiers des deux armées régleraient les difficultés qui se présentaient, avait répondu avec beaucoup de roideur, menaçant même de reprendre immédiatement les hostilités si on n'acceptait pas ses conditions.

Le général en chef, bien décidé, quoi qu'il pût arriver, à maintenir haut et ferme le drapeau de l'armée qui lui avait été confiée, adressa par le télégraphe la dépêche suivante au général Dargent :

« Laval, 3 février.

N° 1767. « Les difficultés soulevées par le grand-duc
» de Mecklembourg pour la délimitation telle que je vous
» avais chargé de la stipuler, ont leur base sur la lettre de
» l'article 1ᵉʳ de la convention. Bien que cette façon d'ap-
» précier les choses soit inadmissible au point de vue mili-
» taire, nous devons l'accepter, pour ne pas avoir à discuter
» avec un ennemi dont nous ne sollicitons aucune conces-
» sion.

» La ligne de démarcation, en la prenant droite de
» Pont-l'Évêque à Lignières, laisse Honfleur à deux kilo-
» mètres à l'ouest et passe exactement par Écouché. Il
» s'ensuit que Lisieux, Livarot, Trun, Argentan et Car-
» rouges sont dans la zone mixte du côté de l'ennemi. Nos
» avant-postes ne peuvent dépasser Trouville-sur-Mer, Mé-
» zidon, qui est de droit à nous, Ranes à l'est de Falaise,
» Pont-Écrepin sur l'Orne, les Yveteaux entre Écouché et
» Briouze, et Beaurain en avant de la Ferté-Macé.

» Subissons cette situation puisqu'elle nous est faite par
» une convention signée par le Gouvernement, mais

» exigeons que l'ennemi se conforme strictement à ce
» qu'elle lui impose.

» Faites donc savoir au grand-duc de Mecklembourg, en
» lui parlant aussi haut qu'il a pu le faire lui-même, que
» vous entendez qu'il se tienne exactement sur ses limites ;
» et que s'il en était autrement, vous considéreriez la con-
» vention comme violée et les hostilités reprises. Que
» l'ennemi de la France sache bien que, tout en respectant
» la parole donnée, nous n'acceptons en aucune façon le
» rôle de vaincus. S'il y a difficultés nouvelles, je vous
» autorise à envoyer au commandant des troupes alle-
» mandes, devant vous, copie de cette dépêche qui con-
» tient mes instructions, et que je communique au Gou-
» vernement. »

Ces difficultés finirent par s'aplanir et par recevoir une solution dans une conférence qui se tint au château de Marolles, le 2 février 1871, entre les officiers délégués par le général Dargent : MM. Senault, chef d'escadron d'état-major, et Robert le Fort, chef d'escadron d'état-major auxiliaire [1] ; le colonel d'artillerie Wiebe, et le capitaine d'état-major de Heister, envoyés par le grand-duc.

Ceux-ci voulaient nous imposer une ligne partant de Pont-l'Évêque et passant par la Boissière, Saint-Julien, Boissy, Norrey, Montabard, Saint-Hilaire.

Les officiers français ne voulant pas, dans ces graves circonstances, rompre les négociations, ce qui pouvait amener la reprise des hostilités, luttèrent avec la plus grande énergie contre de semblables prétentions. Ils obtinrent enfin que la ligne passât par la Motte qui, plus près de Lisieux, mettait Mézidon, point le plus impor-tant pour nous, en dehors de la ligne de neutralité, par

---

[1] L'officier supérieur dont il s'agit n'était autre que le duc de Chartres, qui servait sous le nom de Robert le Fort. — Voir à l'Appendice du livre V.

les Moutiers-en-Auge, plus éloigné de Falaise, et par Occagne, plus rapproché d'Argentan.

Enfin, une stipulation spéciale fixait que non-seulement les villes d'Argentan et de Lisieux seraient neutres, mais ne seraient pas même visitées par les patrouilles prussiennes. Malheureusement, quoi qu'ils pussent faire pour cela, il ne fut pas possible aux délégués du général Dargent d'obtenir une semblable condition pour Honfleur qui se trouvait à moins de quatre kilomètres des points occupés par l'ennemi sur la rive droite de la Seine.

Pendant cet incident, le général en chef mettait le temps à profit en prévision de la continuation de la lutte; bien que dès ce moment tout indiquât de part et d'autre un grand désir de la paix. L'instruction des troupes fut poussée activement; les jeunes soldats furent exercés au tir à la cible; les travaux de défense en avant de nos lignes, achevés et perfectionnés.

D'un autre côté, des dispositions furent prises pour que l'armée pût participer aux élections des membres de l'Assemblée, suivant les ordres du Gouvernement.

Enfin, le service des parlementaires fut réglé avec le soin le plus minutieux, ce qui était d'autant plus nécessaire qu'il était très-fréquent. Le général en chef se trouvait chargé de toutes les dépêches à faire parvenir à Paris, comme de toutes les demandes au sujet de la libre disposition du chemin de fer de l'Ouest pour le ravitaillement de la capitale. Cette question urgente et de la plus haute importance, rencontrait de nouvelles difficultés parce que, malgré le texte de la convention, malgré les dispositions favorables, il faut le reconnaître, des commandants allemands, ceux-ci ne se trouvaient pas avoir les pouvoirs suffisants pour résoudre ces difficultés.

Cette affaire put enfin être terminée heureusement, grâce à M. le comte de Kersaint, administrateur des chemins de fer de l'Ouest, qui s'offrit pour faire le voyage de Versailles, et qui la régla de la façon la plus satisfaisante et la plus prompte.

SITUATION GÉNÉRALE DE NOS FORCES.

Au milieu de ces soins divers, le général en chef était profondément préoccupé de la situation dans laquelle allaient se trouver la France et son armée à la fin de cette trêve, si la lutte devait recommencer.

Au nord, le général Faidherbe, après d'héroïques efforts, avait été obligé de renfermer ses troupes dans les places fortes, et le corps du général Loysel, refoulé dans la pointe du Havre, ne pouvait produire qu'une défense locale. A l'est, l'armistice créait pour Belfort de nouveaux dangers, et il était déjà facile de prévoir le sort qui attendait l'armée de Bourbaki, malgré ses beaux succès au début de ses opérations.

La deuxième armée de la Loire, forte de cent quarante mille combattants, en ne tenant pas compte des troupes à laisser en Bretagne, était donc, à ce moment, la seule réellement en état de reprendre immédiatement la campagne.

Paris avait capitulé, il n'y avait plus dès lors à songer au projet de se porter sur la Seine.

La question capitale était de couvrir le sud de la Loire, d'arrêter l'ennemi s'il voulait y pénétrer, et de donner au pays le temps de s'organiser pour une nouvelle résistance.

Le général en chef voyait surtout un grand avantage à ce qu'on se préparât aussi promptement et aussi complètement qu'on le pouvait encore, à ce qu'on parût plus disposé que jamais à ne pas reculer devant la guerre, si la paix qu'on allait négocier rencontrait des prétentions inadmissibles.

Si arrogants qu'aient été nos vainqueurs, il lui avait été

donné, ainsi qu'à ceux qui l'entouraient, de se renseigner auprès des prisonniers, et de voir assez d'officiers allemands dans le règlement des questions qu'entraînait l'armistice, pour se convaincre que tous désiraient la paix, et que la continuation de la guerre eût été pour eux, aussi bien que pour l'Allemagne, une nécessité à laquelle ils se seraient évidemment résignés, mais qui leur eût paru des plus pénibles.

Il était donc permis, non sans raison, d'espérer qu'on pourrait obtenir des conditions meilleures, si l'on se montrait bien décidé à reprendre la lutte plutôt que de subir une paix humiliante. N'avait-on pas encore, d'ailleurs, pour ressources immédiates, 222,000 hommes d'infanterie, 20,000 de cavalerie, 33,900 d'artillerie, 1,232 bouches à feu pourvues de 242 coups par pièce, 4,000 voitures de parc; et pour ressources à organiser et dont les éléments existaient, 354,000 hommes dans les divisions territoriales, dans les dépôts et en Algérie, les 132,000 recrues de la classe 1871, 12,000 chevaux que la remonte promettait de livrer en six semaines, 443 canons non attelés, mais montés, avec 398,000 projectiles, et 1,200 voitures dans les arsenaux; 98 batteries de 4, 7, 8 et 12 fournies par les départements; nos usines fabriquant 25,000 chassepots par mois; nos ateliers donnant 2 millions de cartouches par jour, sans compter les armes et les munitions commandées à l'étranger et dont les livraisons se continuaient avec célérité [1]; et enfin un pays de 25 millions d'habitants dans lequel l'ennemi n'avait pas encore mis le pied.

Tout faisait donc une nécessité de se préparer à la lutte, qu'on fût partisan de la guerre à outrance ou de la paix à

---

[1] Voir le rapport de l'amiral Jauréguiberry présenté à l'Assemblée nationale le 26 février 1871, au nom de la commission chargée de l'éclairer sur les forces militaires de la France.

tout prix ; et pour ceux qui avaient cette dernière opinion, c'était au moins le plus sûr moyen de la conclure dans de moins mauvaises conditions.

Nul d'ailleurs n'était en droit de préjuger quels allaient être le sentiment de la France et le verdict rendu par ses représentants. Le devoir strict du chef de la dernière armée, encore intacte, était de la tenir prête et disposée à toutes les éventualités. C'est sous l'empire de ces idées qu'il adressait au ministre de la guerre, le 3 février, la lettre suivante :

PLAN SOUMIS AU MINISTRE DE LA GUERRE EN CAS DE REPRISE
DES HOSTILITÉS.

« Monsieur le ministre,

» Ma seule préoccupation est, si les hostilités doivent
» être reprises à l'expiration de l'armistice, de me placer
» dans les meilleures conditions pour continuer la lutte.
» J'ai exposé ma manière de voir dans le rapport ci-joint.
» Si la confiance du Gouvernement m'appelle à exécuter
» un plan de résistance, je désire vivement que celui sur
» lequel j'appelle toute votre attention soit étudié, en ne
» perdant de vue ni les conditions dans lesquelles se trouve
» exactement l'armée, ni la véritable valeur qu'ont actuel-
» lement les éléments qui peuvent nous donner de nou-
» velles ressources, et qui restent à organiser complète-
» ment et surtout sérieusement. La situation est grave ; je
» l'envisage néanmoins avec confiance. Mais il est de mon
» devoir de l'exposer telle que je la vois et sans illusion.

» Je ne parlerai pas des forces du Midi ; je n'ai sur elles
» aucune donnée. Celles de l'Ouest, sur lesquelles je
» croyais pouvoir compter, sont, il faut le reconnaître, à
» organiser presque en entier. Il leur manque encore une
» grande partie de leur armement, de leur équipement, de

27

» leur habillement, et tout le personnel des services qui,
» une fois en opération, doivent leur assurer leur solde,
» leurs subsistances, pourvoir enfin à tous leurs besoins.

» D'après les renseignements que j'ai pu recueillir, les
» lignes de Carentan, qui doivent être appelées à jouer
» un rôle important, sont loin d'être dans l'état de défense
» que je croyais assuré; les travaux les plus importants
» restent à faire, l'armement n'est pas complet, et, pour
» tout achever, il faut du temps que la marche des événe-
» ments peut nous refuser, si ces travaux ne sont pas, dès
» aujourd'hui, poussés avec la plus grande activité.

» Tout me porte à croire que l'ennemi prépare, dès à
» présent, ses opérations sur le bas de la Loire, de façon
» à nous cerner en Bretagne, si nous ne profitons pas du
» répit que nous donne l'armistice pour préparer à notre
» tour le système de défense qu'il nous faut adopter.

» Le bruit courait hier, au Mans, que le prince Charles
» allait porter son quartier général à Tours avec le
» 10ᵉ corps, ce qui indique une concentration dans l'Indre-
» et-Loire dont l'occupation donne à l'ennemi les deux
» rives de la Loire et le met à même de faire un effort
» rapide sur Nantes.

» Il me tarde que l'Assemblée nationale consacre l'idée
» de résistance, qui, en rappelant à l'armée ses devoirs
» envers le pays, fasse oublier, surtout chez les régiments
» de nouvelle formation, le découragement passager qu'ont
» évidemment produit les fâcheux événements qui vien-
» nent d'avoir lieu.

» *Signé :* CHANZY. »

A cette lettre était joint le rapport suivant :

« Laval, 2 février 1871.

« La capitulation de Paris, les conditions dans lesquelles
» la convention du 28 janvier place chacune de nos armées,

» créent une situation toute nouvelle qu'il est important
» de bien étudier et de bien définir. Il est urgent, en effet,
» de déterminer quels devront être, à la reprise des hosti-
» lités, le meilleur plan de défense, et enfin le mode de
» résistance le plus efficace.

» Dans le Nord, l'armée de Faidherbe, obligée de se
» renfermer dans les places fortes, va évidemment re-
» trouver devant elle les troupes de Manteuffel, renforcées
» par une partie de celles qui investissaient Paris, sans
» préoccupation dès lors pour leurs derrières.

» Au Havre, le corps Loysel, refoulé dans une pointe
» étroite, sera tenu facilement en échec par le corps alle-
» mand qui menace cette ville.

» Dans l'Est, la première armée, qui paraît vivement
» pressée par celle de Werder, ne semble pas, quant à
» présent, dans des conditions à reprendre l'offensive;
» tout ce qu'elle pourra tenter, s'il lui est donné de sortir
» de cette situation difficile, sera de se rabattre sur le Jura
» et de là sur la Saône, pour couvrir Lyon et s'opposer à
» la marche de l'ennemi vers le Midi.

» Sur la rive gauche de la Loire, le corps ennemi qui
» est à Orléans, tirant des renforts de l'armée de Paris,
» tentera évidemment sa marche sur Bourges et sur Nevers
» avec d'autant plus de facilité, qu'occupant, par suite de
» la convention, le département de Loir-et-Cher, il peut
» se masser devant le 25ᵉ corps, près de Vierzon.

» Dans l'Ouest, la deuxième armée, jointe aux forces
» locales et aux troupes du général Cléret, couvre la Bre-
» tagne et la Normandie, de la Loire à la Seine, en face
» des armées du prince Charles et du grand-duc de Meck-
» lembourg. Elle ne saurait désormais avoir le même ob-
» jectif pour ses opérations ultérieures, puisque Paris est
» au pouvoir de l'ennemi. Les efforts des Allemands contre
» cette armée seront probablement les suivants : au nord,

» le grand-duc de Mecklembourg cherchera à occuper la
» Normandie; au sud, le prince Charles, libre de masser
» ses troupes dans le département d'Indre-et-Loire, qui
» lui a été donné par l'armistice, essayera sans doute de
» couper, de Bordeaux et du sud-ouest de la France, la
» deuxième armée. Enfin, au midi, aucune force sérieu-
» sement organisée ne semble prête à empêcher une mar-
» che de l'ennemi sur Bordeaux, s'il venait à la tenter.

» Les troupes dont nous disposons, il ne faut pas se le
» dissimuler, n'ont encore ni une organisation assez solide,
» ni une cohésion suffisante, ni une assez grande habitude
» de la vie militaire, pour constituer des armées pouvant
» manœuvrer et lutter avec constance et persistance contre
» celles que l'ennemi va pouvoir leur opposer en nombre
» au moins égal. Il faut donc éviter les engagements qui
» peuvent être décisifs. Le but à atteindre est d'affirmer
» l'idée de la résistance et de la produire sur tous les
» points à la fois, de façon à forcer l'ennemi à se disper-
» ser, d'obliger l'Allemagne à maintenir en France une
» armée d'au moins 500,000 hommes, de lui imposer des
» sacrifices qui finiront par le lasser, et d'atteindre ainsi le
» moment où, solidement organisés, nous pourrons, par
» un suprême effort, entreprendre dans de bonnes condi-
» tions de refouler l'ennemi de notre territoire.

» Ce que les Allemands redoutent le plus, c'est la guerre
» de détail, la défense du sol pied à pied, la résistance
» derrière tous les obstacles. C'est ce qu'il faut obtenir du
» véritable patriotisme de nos populations. Les armées,
» les corps formés ne doivent être que des points d'appui,
» des moyens ménagés pour profiter habilement des fautes
» de l'ennemi, de ses échecs et de sa dispersion. Il faut
» donc organiser partout la défense locale en faisant appel
» à tous les gens de cœur, en les groupant autour de per-
» sonnalités influentes dans leur propre pays, habitant la

» nation à l'idée des sacrifices qu'elle doit faire. Il faut
» qu'après avoir disputé le terrain pied à pied, on le cède
» à l'ennemi en faisant le vide autour de lui, en le privant
» de toute ressource. Dans cet ordre d'idées, l'armée du
» Nord, en s'appuyant sur les places fortes, peut, aidée
» par les habitants armés, forcer l'ennemi à maintenir
» devant elle au moins 100,000 hommes. Les soulève-
» ments dans les départements envahis, de Paris au Rhin,
» doivent nécessiter une même force pour assurer aux
» Allemands leur ligne de communication et leur occupa-
» tion du pays. Les forts et la surveillance de Paris exigent
» au moins 50,000 hommes de leurs troupes. Il leur faut
» devant la première armée, et pour menacer Lyon,
» 100,000 hommes. A l'ouest, pour se maintenir devant
» la Normandie et devant la Bretagne bien défendue, cent
» autres mille hommes ; et une résistance bien organisée
» par nous sur la rive gauche de la Loire les entraîne iné-
» vitablement à se montrer de ce côté et sur cette vaste
» ligne avec au moins 100,000 hommes ; soit 550,000
» hommes, ou tout au moins 500,000.

» Ces conditions admises, on ne peut songer à laisser
» dans ses positions actuelles la deuxième armée, qui
» constitue aujourd'hui la force la plus sérieuse et qui, je
» le répète, ne peut plus rien pour Paris. Il faut donc, ne
» laissant sur la ligne de la Mayenne que le strict néces-
» saire pour donner aux forces organisées de Bretagne une
» base solide, faire passer le reste sur la rive gauche de la
» Loire en l'établissant sur des positions choisies, de façon
» à couvrir tout l'intérieur du pays.

» L'ennemi va évidemment, comme je le disais plus
» haut, mettre à profit le temps de l'armistice pour masser
» des forces considérables dans l'Indre-et-Loire, de façon
» à pouvoir, à la reprise des hostilités, se porter sur Nantes,
» et isoler ainsi la Bretagne du reste de la France. Si ce

» mouvement réussissait, alors que toute la deuxième ar-
» mée serait encore au nord de la Loire, cette armée,
» menacée de front par les troupes du duc de Mecklem-
» bourg et du prince Charles, menacée de flanc par un
» corps ennemi manœuvrant dans le val inférieur de la
» Loire, pourrait être refoulée successivement, et obligée
» de jeter son aile gauche derrière les lignes de Carentan,
» son centre et sa droite derrière la Vilaine; et tenue dès
» lors en échec, elle deviendrait inutile pour la défense du
» pays. C'est ce qu'on doit éviter à tout prix; il faut donc
» couvrir solidement la Bretagne et la Normandie, rendre
» disponible la deuxième armée, garantir le sud-ouest de
» la France.

» La défense de la Normandie et de la Bretagne, sur la
» ligne de Honfleur à Angers, peut être organisée de la
» façon suivante : en renforçant l'armée du général de
» Colomb de deux divisions, celles des généraux Saussier
» et Goujard, composées en grande partie des forces loca-
» les, et en disposant ces troupes à peu près comme il
» suit : 1° Dans le Calvados, la division Saussier, du
» 19° corps, formée en grande partie des mobilisés du
» Calvados et de l'Eure, derrière l'Orne, de Ouistreham
» à Harcourt, défendant Caen;

» 2° 15,000 mobilisés bretons sous les ordres du général
» Lipouski, avec ses francs-tireurs, et défendant le pays
» jusqu'à Argentan ;

» 3° D'Argentan à Domfront, la division Goujard,
» formée au camp de Conlie et distraite du 21° corps;

» 4° De Domfront à Mayenne, la division bretonne du
» général Charette ;

» 5° A Laval, les deux divisions du 17° corps aux ordres
» directs du général de Colomb, avec les 8,000 mobilisés
» de la Mayenne;

» 6° A Château-Gonthier et sur le cours inférieur de la

» Mayenne, le corps Cathelineau, soutenu par les légions
» de la Loire-Inférieure du général Béranger.

» Les 14,000 hommes du général Cléret passeraient
» sur la rive gauche de la Loire. Chacun de ces groupes
» devrait être rendu et établi sur ses positions pour le
» 15 février. Pendant ce temps, le 19ᵉ corps (2 divisions),
» le 21ᵉ corps (3 divisions) et le 16ᵉ corps (4 divisions),
» s'achemineraient sur la Loire, de façon à venir s'établir,
» avant l'expiration de l'armistice, sur la ligne qui, par-
» tant de Vihiers où se trouverait la droite de la division
» Cléret, passerait par Thouars, Poitiers, Montmorillon,
» Châteauroux, Issoudun, se reliant de là au 25ᵉ corps
» établi de Bourges à Nevers.

» Les forces disponibles dans le Midi renforçant le
» corps d'armée du général de Pointe, tiendraient le pays
» entre Nevers et Chagny : le reste, jusqu'à la frontière,
» étant défendu par les troupes de Garibaldi et la pre-
» mière armée.

» Cette disposition de nos forces obligerait, je le répète,
» l'ennemi à une dispersion qui l'affaiblirait et qui pour-
» rait nous ménager des chances de succès si, harcelé
» constamment par la résistance locale, il lui devenait im-
» possible de se grouper sur un point donné.

» Nos corps organisés, établis sur de fortes positions
» préparées pour la défense, pourraient résister le plus
» longtemps possible, cédant le terrain s'ils y étaient
» obligés, pour se reporter sur de nouvelles positions dis-
» posées à l'avance, obtenant ainsi le résultat que nous
» devons tout d'abord chercher, celui de prolonger la
» défense.

» Cette résistance pourrait se produire successivement
» dans des contrées de plus en plus difficiles pour l'en-
» nemi, et acquérir, notamment en Auvergne, une soli-
» dité d'autant plus grande, que nous aurions eu d'ici là

» le temps d'organiser, dans de bonnes conditions, les
» ressources que le pays peut encore donner.

» En résumé : organiser partout la défense locale, forcer
» l'ennemi à se disperser, mettre l'Allemagne dans la né-
» cessité de maintenir en France une armée d'au moins
» 500,000 hommes qu'elle ne peut plus fournir sans im-
» poser à sa landwehr et à ses dernières réserves l'obliga-
» tion de rester sous les armes, alors qu'elle n'a obtenu
» cet effort qu'en propageant l'idée que la chute de Paris
» serait la fin de la guerre ; éviter les grands engagements
» avant l'organisation solide de nos troupes ; défendre
» enfin le sol pied à pied et amener la nation à compren-
» dre que, pour sauver son honneur et son intégralité,
» elle n'a d'autre moyen que le sacrifice de ses intérêts
» matériels du moment et la résistance à outrance.

» Le général en chef,

» *Signé :* Chanzy. »

En même temps que ce rapport, le général en chef adressait au général de Colomb la dépêche suivante :

« Laval, 4 février.

« J'ai proposé au ministre de la guerre un plan d'opé-
» rations pour le cas très-probable où les hostilités seraient
» reprises le 19 ; j'attends sa décision. Si elle est telle que
» je la désire, les 16e, 19e et 21e corps devront être sur la
» rive gauche de la Loire assez à temps pour y occuper,
» avant la fin de l'armistice, les positions que j'indique. Pour
» arriver à ce résultat, le 19e corps n'a pas moins de deux
» cent cinquante kilomètres à parcourir, c'est vous dire
» qu'il n'y a pas un moment à perdre et combien il me
» tarde de connaître la décision du ministre ; c'est vous
« dire aussi combien il importe de presser l'organisation

» de l'armée qui, sous vos ordres, doit assurer la défense
» de la Bretagne et de la Normandie.

» Je propose de vous laisser, outre les forces dont vous
» disposez déjà, la division Goujard distraite du 21ᵉ corps,
» et la division Saussier, qui forme la 3ᵉ du 19ᵉ corps.

» Dans son ensemble, le plan le plus rationnel de la
» défense qui vous est confiée me paraît être le suivant :

» 1° Dans le Calvados, la division Saussier, formée en
» grande partie des mobilisés de l'Eure et du Calvados,
» derrière l'Orne, de Ouistreham à Harcourt, défendant
» Caen et par suite la Manche, avec sa ligne de retraite
» sur Carentan ;

» 2° Le général Lipouski, avec ses francs-tireurs et ses
» mobiles bretons, défendant la ligne d'Harcourt à Argen-
» tan ;

» 3° La division Goujard, formée d'éléments bretons,
» d'Argentan à Domfront ;

» 4° Le nouveau corps du général de Charette, de Dom-
» front à Mayenne ;

» 5° A Laval et couvrant la route du chemin de fer de
» Rennes, les deux divisions du 17ᵉ corps (2ᵉ et 3ᵉ) et les
» neuf bataillons de mobilisés de la Mayenne du colonel
» Bournel ;

» 6° Les troupes de Cathelineau, reliées à celles de
» Laval, chargées de la défense de Château-Gonthier, du
» cours inférieur de la Mayenne et de l'Anjou jusqu'à la
» Loire, soutenues par les légions de la Loire-Inférieure
» du général Béranger.

» Dans ce plan, les troupes du général Cléret prennent
» position sur la rive gauche de la Loire, pour concourir
» à la défense du Val inférieur et de Nantes.

» Il faut donc préparer dès aujourd'hui l'exécution de
» ce plan, en amenant rapidement les forces de Bretagne,
» déjà organisées, sur les positions qu'elles doivent occu-

» per, de manière à permettre d'en retirer, dès que j'y
» serai autorisé, les troupes de la deuxième armée qui
» les occupent.

» Le général Lipouski doit être en position avec ses
» francs-tireurs entre Mézidon et l'embouchure de la
» Seine.

» La division Saussier est établie à Mézidon en avant
» de Falaise; les 1re et 2e divisions du 19e corps, de Falaise
» jusqu'à en arrière d'Écouché; les mobilisés du colonel
» Bournel, à hauteur de Couterne; la division Goujard, à
» droite et à gauche de Couptrain; le 21e corps, de la
» droite du général Goujard au pont de Montgiroux par
» Mayenne; le 16e corps, de Montgiroux à Saint-Berthe-
» vin; les 2 divisions du 17e corps, autour de Laval jus-
» qu'à l'Huisserie; la cavalerie de ce corps surveillant la
» Mayenne, en aval de l'Huisserie jusqu'à Château-Gon-
» thier; Cathelineau à Château-Gonthier; le général
» Cléret, de la droite de Cathelineau à la Poissonnière.

» Faites donc diriger de suite tout ce que vous avez de
» disponible sur ces diverses positions, et amenez-y suc-
» cessivement, et le plus rapidement possible, les batail-
» lons encore dispersés en Bretagne, pour achever leur
» organisation.

» Faites-moi savoir les dispositions que vous prenez, les
» résultats que vous pouvez atteindre dès à présent, les
» difficultés que vous rencontrez, vos besoins pour hâter
» et compléter l'armement et l'outillage des divers corps
» de Bretagne.

» J'insisterai auprès du ministre pour aplanir les diffi-
» cultés, pour assurer promptement vos besoins. Mais
» vous êtes chargé du commandement des forces destinées à
» la défense du pays de la Seine à la Loire et de leur or-
» ganisation; il faut donc, pour éviter tout retard, que
» vous vous adressiez directement au ministre pour toutes

» les questions de détail, et que vous donniez directement
» les ordres nécessaires à tous les chefs relevant de votre
» autorité.

» Je sais combien votre mission est importante, je con-
» nais toutes les difficultés que vous devez rencontrer, je
» ne me dissimule aucun de vos besoins ; mais la situation
» est grave, impérieuse, il faut faire l'impossible.

» *Signé :* Général CHANZY. »

La situation était en effet des plus sérieuses, et l'on n'avait pas une minute à perdre. Cependant le général en chef ne recevait du Gouvernement aucune réponse à ses propositions : la politique intérieure semblait faire oublier les préoccupations militaires. A la suite de ses nouvelles instances sur la nécessité de prendre promptement une détermination, il lui fut prescrit par le télégraphe de partir pour Bordeaux, et de se trouver le 10 février, à deux heures de l'après-midi, dans le cabinet du ministre, avec les autres commandants d'armée, afin d'y discuter les mesures à prendre dans le cas où les hostilités recommenceraient, et d'aviser au meilleur emploi des forces du pays.

LE GÉNÉRAL EN CHEF EST APPELÉ A PARIS PAR LE GOUVERNEMENT.

Le lendemain matin, 7 février, le général recevait, par l'intermédiaire du prince Charles, le télégramme suivant du général Le Flô, ministre de la guerre :

« Le Gouvernement de la défense nationale a le désir
» et le besoin de vous entendre et de conférer avec vous.
» Veuillez, en conséquence, venir à Paris dans le plus
» bref délai et par la voie la plus rapide. Partez le
» jour même de la réception de cette dépêche. L'autorité
» militaire allemande reçoit l'ordre de l'état-major général

» de vous délivrer un sauf-conduit et de vous faire accom-
» pagner à travers les lignes prussiennes.

» *Signé :* Le Flô. »

Le commandant de la deuxième armée quitta Laval le jour même, par un train spécial que les autorités militaires allemandes mirent beaucoup d'empressement à lui organiser, et put arriver à Paris dans la nuit du 7 au 8 février. Le ministre de la guerre était parti pour Bordeaux une heure auparavant, à la nouvelle de la démission de M. Gambetta, qui venait de quitter ses fonctions à la suite des conflits qu'avaient soulevés les mesures prises par lui à propos des élections.

Le général assista, dans les nuits des 9 et 10 février, à deux séances du conseil du Gouvernement, présidées par le général Trochu, et auxquelles prirent part MM. Jules Favre, ministre des affaires étrangères, Picard, ministre de l'intérieur, Magnin, ministre du commerce, Dorian, ministre des travaux publics, Hérold, délégué au ministère de la justice, Cresson, préfet de police, Jules Ferry, maire de Paris, le général Vinoy, commandant en chef de l'armée, et le général Clément Thomas, commandant les gardes nationales. Il était facile de se rendre compte qu'aucun de ces personnages ne connaissait ni la situation exacte de la province, ni ce qui s'y était passé, pas plus que les emplacements et la composition des armées. Cela devait être du reste, les communications n'ayant pu se faire depuis longtemps que par des dépêches échangées au moyen de pigeons. Le général Loysel, appelé du Havre, était arrivé à temps pour ces conférences ; le général Faidherbe, malade, avait dû s'y faire remplacer par le lieutenant-colonel Charon, commandant l'artillerie de ses troupes.

On demanda à chacun des représentants des armées de

province de faire l'historique de la campagne et l'exposé exact de la situation. Le commandant de la deuxième armée n'apportait pas l'illusion, mais il avait encore trop de confiance pour ne pas réagir contre le découragement. Sans déguiser la vérité, lorsqu'il s'agit de faire connaître l'état exact de ses troupes, il raconta ce qu'elles avaient fait depuis quatre mois, ce qu'elles pouvaient faire encore, et exposa les idées et les plans qu'il avait déjà soumis à la délégation de Bordeaux. Sa conviction alors, et elle n'a pas varié depuis, était que si le pays voulait sérieusement se défendre, il se trouvait encore en état de lutter malgré tant de désastres : le tout était de prendre cette résolution en acceptant d'avance et sans faiblesse toutes les conséquences qu'elle devait forcément entraîner. Il fut décidé que tout en attendant la décision à laquelle allaient s'arrêter les représentants du pays, convoqués pour le 12, et devant laquelle on n'aurait plus qu'à s'incliner, les préparatifs de défense seraient continués, et qu'en ce qui concernait la deuxième armée, elle commencerait immédiatement ses mouvements pour passer sur la rive gauche de la Loire, en même temps que les forces aux ordres du général de Colomb la remplaceraient sur ses positions pour couvrir la Bretagne.

Sa présence n'étant plus utile à Paris, le général en chef le quitta le 10 au matin et rentra dans la soirée à Laval, pour donner les ordres nécessaires et faire exécuter cette décision [1].

---

[1] Voir à l'Appendice du livre V la note donnant quelques renseignements relatifs au voyage du général en chef à Paris.

LIVRE SIXIÈME

POITIERS

SOMMAIRE

Aperçu sur les conditions nouvelles de la défense du pays. — Instructions réglant les mouvements de l'armée pour se porter au sud de la Loire. — Les forces de Bretagne la remplacent sur ses positions. — Le 26ᵉ corps passe à la deuxième armée. — Répartition des 16ᵉ, 19ᵉ, 21ᵉ et 26ᵉ corps sur leurs nouvelles positions. — Mesures prescrites dans le cas d'une retraite. — Le général en chef, nommé député des Ardennes, se rend à l'Assemblée nationale. — Acceptation des préliminaires de la paix. — Dissolution de l'armée. — Lettre du général Leflô, ministre de la guerre. — Ordre du général en chef de l'armée. — Conclusions.

APERÇU SUR LES CONDITIONS NOUVELLES DE LA DÉFENSE DU PAYS.

La deuxième armée allait donc quitter ses positions et se porter au sud de la Loire, en laissant à celle de Bretagne le soin de défendre l'ouest de la France.

La ligne de la Mayenne nous avait été favorable. Derrière elle nous avions pu refaire et réorganiser nos troupes, arrêter l'ennemi et épargner à la Bretagne et à la plus grande partie de la Normandie la honte et la ruine de l'invasion.

Il fallait maintenant se placer de façon à tenter les mêmes efforts au delà de la Loire, si les négociations entamées n'aboutissaient pas à la paix. Toutefois les conditions de la défense étaient loin d'être aussi bonnes par suite de la convention du 28 janvier qui avait permis aux Allemands de s'avancer au delà du fleuve, dans des contrées que le sort de la guerre ne leur avait pas données jusque-là, en leur concédant, dans cette partie du pays, les départements d'Indre-et-Loire, de Loir-et-Cher et du Loiret. Cette clause, en nous privant des lignes du Cher, de l'Indre et de la Vienne, donnait en effet à l'ennemi la possibilité de se masser à son gré sur l'une ou l'autre des rives de la Loire, soit pour descendre le fleuve et s'emparer de Nantes, soit pour tourner l'armée de Bretagne, ou enfin pour envahir le sud de la France et marcher sur Bordeaux.

C'était à tous ces dangers qu'il s'agissait de parer en utilisant le peu de temps qui restait de l'armistice pour répartir, sur les meilleures positions à occuper, toutes les forces dont on disposait encore dans l'Ouest.

Nous étions toujours maîtres de la Mayenne et des deux rives de la Loire, depuis son embouchure jusqu'à Candes au-dessus de Saumur; il y avait un intérêt majeur à maintenir nos armées en communication aussi longtemps que possible; il fallait de plus se rattacher aux corps qui occupaient l'Indre, le Cher et la Nièvre. Le général en chef voulant, en remplissant ces conditions, établir ses troupes dans de larges cantonnements pour assurer leur bien-être, adopta comme combinaison générale leur répartition sur une ligne qui, partant de Saumur, va aboutir au Blanc en passant par Loudun et Châtellerault pour se prolonger ensuite par Châteauroux, Issoudun et Bourges jusqu'à Nevers. Cette dernière partie était défendue par les troupes aux ordres du général de Pointe à Nevers, le 25ᵉ corps (général Pourcet) replié sur Bourges depuis l'armistice, et le 26ᵉ corps (général Billot) qui allait se porter de Guéret sur Châteauroux et devenir l'aile droite de la deuxième armée dans laquelle il passait. Venaient ensuite en remontant la ligne vers la Loire, le 16ᵉ corps du Blanc à Châtellerault, le 21ᵉ de Châtellerault à Loudun, le 19ᵉ de Loudun à Saumur, renforcé sur sa gauche par la colonne aux ordres du général Cléret, qui devait passer la Loire en dernier lieu et dès que Cathelineau serait en mesure de protéger Angers et les Ponts-de-Cé. Chaque corps devait avoir en arrière de lui une division en réserve, et ses parcs, convois et magasins assez loin pour ne gêner aucun mouvement et ne courir aucun risque.

MESURES A PRENDRE EN PRÉVISION D'UNE RETRAITE.

Dans le cas où l'armée attaquée sur cette ligne ne pourrait s'y maintenir, elle devait se porter, en se resserrant, sa gauche et son centre sur le plateau de la Gatine, du Saint-Maixent à Confolens, sa droite sur les montagnes du Limousin, se reliant toujours aux corps du centre, dont la retraite s'opérerait sur les monts d'Auvergne, le cœur de la résistance s'il fallait reculer jusque-là pour arrêter l'invasion. Du reste, à ce moment, avant d'avoir pu étudier et deviner les projets de l'ennemi, il n'était possible de prendre que des dispositions d'ensemble, puisqu'on se trouvait dans une situation forcément défensive, sauf à les modifier plus tard d'après les éventualités.

Néanmoins, il importait de se hâter et de commencer de suite les mouvements : la nuit même de son retour de Paris à Laval le commandant en chef adressait à tous les corps les instructions suivantes qui devaient régler les premières marches, et dont la reproduction complétera l'exposé de la situation.

INSTRUCTIONS DU 11 FÉVRIER.

« Le général en chef, appelé à Paris, a exposé au Gou-
» vernement de la défense nationale un projet pour orga-
» niser la défense du pays et la résistance, dans le cas où

» l'Assemblée nationale déciderait la reprise des hostilités
» à l'expiration de l'armistice.

» L'exécution de ce plan entraîne pour la deuxième
» armée les mouvements ci-après, qui devront s'opérer le
» plus rapidement possible, tout en réglant la marche de
» façon à éviter aux troupes des fatigues inutiles et à leur
» ménager, sur leur trajet, les cantonnements les plus
» avantageux.

16ᵉ CORPS (Général Barry[1]).

» Les 2ᵉ et 4ᵉ divisions d'infanterie, partant de Laval
» le 11, se porteront sur Angers où elles devront arriver
» en quatre jours, la première par la rive droite et la
» deuxième par la rive gauche de la Mayenne. Elles con-
» tinueront de là sur Saumur et Doué où elles devront être
» rendues le 16.

» Les 1ʳᵉ et 3ᵉ divisions suivront le même itinéraire à
» une journée d'intervalle.

» La division de cavalerie, quittant ses cantonnements
» le 12, couchera en avant de Laval sur la rive gauche,
» et se dirigera ensuite sur Saumur en suivant, à une jour-
» née, la division d'infanterie qui la précède.

» Les parcs, les réserves seront dirigés le 12 en sui-
» vant sur la rive droite des routes ou des chemins déter-
» minés, de façon à éviter l'encombrement, tout en res-
» tant à proximité suffisante du corps d'armée pendant sa
» marche sur la Loire et au delà.

GRAND QUARTIER GÉNÉRAL DE LA DEUXIÈME ARMÉE (Général
Vuillemot chef d'état-major général).

» Le grand quartier général, comprenant en même

---

[1] L'amiral Jauréguiberry, nommé député à l'Assemblée nationale, venait de se rendre à Bordeaux, et le général Barry avait pris le commandement par intérim du 16ᵉ corps.

» temps les troupes aux ordres du général Bourdillon
» (gendarmerie à pied et à cheval, 1er régiment de
» marche de chasseurs d'Afrique, éclaireurs algériens,
» éclaireurs du capitaine Bernard et compagnie Taillan-
» dier), quittera ses positions de façon à partir de Laval
» le 13 au matin, en suivant la rive droite de la Mayenne,
» pour se porter sur Poitiers où il arrivera le 19, en pas-
» sant par Château-Gonthier, Lion-d'Angers, Angers,
» Doué, Thouars, Thénezay et Poitiers.

21ᵉ CORPS (Général Jaurès).

» Le 21ᵉ corps, commençant son mouvement le 12,
» marchera sur Laval par les deux rives de la Mayenne,
» de façon à y arriver le 13 au soir. De Laval, ce corps
» suivra le même itinéraire que le 16ᵉ pour gagner
» Angers, Doué et Saumur d'où il sera dirigé sur ses po-
» sitions définitives.

19ᵉ CORPS (Général Dargent).

» Les 1ʳᵉ et 2ᵉ divisions d'infanterie, la division de ca-
» valerie, les parcs, les réserves, les ambulances, et le
» quartier général du 19ᵉ corps, quitteront leurs positions
» le 12, pour arriver à Mayenne le 15, en évitant de pas-
» ser par la zone neutralisée par l'armistice. De Mayenne,
» le 19ᵉ corps se dirigera sur Angers où il devra arriver le
» 21, en suivant les mêmes routes que le 21ᵉ corps sur les
» deux rives de la Mayenne. Il recevra à Angers des ordres
» pour se porter sur ses positions définitives.

» Dans chaque corps d'armée, les hommes seront pour-
» vus avant le départ de deux jours de vivres de réserve
» dans le sac, auxquels ils ne devront pas toucher sans
» ordre, et de deux jours de vivres de consommation, qui
» seront complétés à chaque étape.

» Les convois divisionnaires devront porter, sur les
» voitures, six jours de vivres.

» L'intendant en chef de la deuxième armée prendra les
» mesures nécessaires pour organiser les approvisionne-
» ments des trois corps qui doivent passer la Loire, à
» Niort, Poitiers et Châteauroux, avec une seconde ligne
» d'approvisionnements à Rochefort, Angoulême et
» Limoges.

» Les grands parcs d'artillerie et du génie iront s'éta-
» blir, aussitôt que possible et par les voies les plus ra-
» pides, à Montmorillon; la réserve générale d'artillerie,
» à moitié route de Poitiers à Lussac, sur la ligne du che-
» min de fer de Poitiers à Montmorillon.

» Pendant les marches qui vont s'exécuter, les troupes
» et les convois doivent marcher avec le plus grand ordre,
» en ne négligeant aucune des dispositions à prendre en
» face de l'ennemi. Chaque commandant de division,
» constituant une arrière-garde de cavalerie et de gendar-
» merie, ne devra laisser personne en arrière.

» Les cantonnements, reconnus à l'avance par des
» campements organisés conformément aux prescriptions
» du service en campagne, devront toujours être déter-
» minés de façon à éviter une dispersion dangereuse ou un
» encombrement nuisible aux troupes aussi bien qu'aux
» localités qu'elles traversent.

» La police et la discipline devront être maintenues
» avec la plus grande rigueur.

» Jusqu'à nouvel ordre, il ne devra être accordé au-
» cune permission ni aux officiers ni aux soldats.

» L'armée, refaite aujourd'hui et remise de ses fatigues,
» doit arriver dans de bonnes conditions sur les positions
» qu'elle va occuper, et s'y tenir prête à reprendre vigou-
» reusement la lutte si elle y est appelée pour la défense du
» pays.

DÉFENSE DE LA BRETAGNE (Général de Colomb).

» Le général de Colomb reste chargé de la défense du
» pays, de la Seine à la Loire, en occupant les positions que
» doivent quitter les trois corps de la deuxième armée. Il
» dispose, pour cela de la division Saussier distraite du
» 19° corps, de la division Goujard distraite du 21° corps,
» du 17° corps moins la première division passée au 16°,
» et des forces de Bretagne, de la Mayenne et de la Loire-
» Inférieure, organisées sous le commandement des géné-
» raux Lipouski, Charette, Cathelineau et Béranger.

» Les troupes sous le commandement du général Cléret
» recevront ultérieurement l'ordre de passer sur la rive
» gauche de la Loire pour concourir à la défense de la
» vallée et par suite de Nantes.

» Pendant que les mouvements prescrits ci-dessus
» s'exécuteront, et jusqu'à nouvel ordre, le général de
» Colomb, dont le quartier général restera à Laval, aura
» le commandement de toute l'armée, par délégation du
» général en chef, qui se rend le 12 à Bordeaux comme
» député des Ardennes.

» Afin de dissimuler à l'ennemi les mouvements qui
» vont se faire, le général de Colomb fera remplacer, par
» les troupes sous ses ordres, les avant-postes occupés
» par celles appelées à se porter au delà de la Loire.

» Le général en chef,

» *Signé :* CHANZY. »

LE GÉNÉRAL EN CHEF EST APPELÉ A L'ASSEMBLÉE NATIONALE.

Le général en chef venait, en effet, d'apprendre, le
11 février, que le département des Ardennes l'avait élu
député à l'Assemblée nationale.

C'était à regret qu'il allait s'éloigner de l'armée pour

quelques jours; mais toutes les dispositions étaient arrêtées, les mouvements en voie d'exécution; de Bordeaux, il lui serait toujours facile de régler les questions importantes ou de rejoindre promptement, au besoin, son quartier général à Poitiers. Dans les circonstances aussi graves que celles où l'on se trouvait, il ne crut pas qu'il lui fût possible de décliner l'honneur du mandat qu'il devait au choix spontané de ses concitoyens, alors, surtout, qu'il considérait comme un devoir d'apporter à l'Assemblée la vérité sur l'armée et son opinion sur notre situation militaire. Il partit donc pour Bordeaux le 13, laissant provisoirement le commandement de toutes les forces de l'Ouest au général de Colomb qui devait veiller à l'exécution des mouvements prescrits. Il était, dès ce moment, sûr que, le 10 au soir, au moins huit divisions d'infanterie, la cavalerie, une grande partie de l'artillerie et du gros matériel, seraient de l'autre côté de la Loire, et que les projets de l'ennemi sur le bas du fleuve allaient se trouver déjoués ou tout au moins entravés par une défense, devenue possible, des contrées qu'il nous fallait protéger.

A Bordeaux, le général en chef exposa, comme il l'avait fait à Paris, ses projets au ministre de la guerre, qu'il n'y avait plus rencontré. Il trouva le général Leflô pénétré comme lui de la nécessité de se préparer à tout ce qui pouvait survenir, et d'être en mesure de repousser les prétentions des Allemands si elles étaient inacceptables. Afin de mieux grouper les forces disponibles sous des commandements bien définis, il fut convenu que, si les hostilités reprenaient, le général de Colomb aurait complétement la direction des opérations en Bretagne, que le 26° corps ferait dès maintenant partie de la deuxième armée dont il portait les divisions d'infanterie à douze, sans comprendre la colonne du général Cléret. Les ordres suivants furent alors expédiés de Bordeaux, le 15, aux divers corps; ils faisaient suite aux instructions du 11 et indiquaient à chacun les points sur lesquels il devait faire aboutir ses troupes :

INSTRUCTIONS DU 15 FÉVRIER RÉGLANT LA MARCHE DES TROUPES.

« Le 16ᵉ corps continuera sa marche de Saumur et
» Doué sur Loudun, et de là sur Châtellerault, par Mire-
» beau et Lencloître. Il mettra quatre jours pour franchir
» cette distance de quatre-vingt-neuf kilomètres, et arrivera
» le 20 à destination. Sa mission est de couvrir le pays
» entre Châtellerault et le Blanc ; sauf rectifications, après
» étude du terrain, il pourra se placer ainsi qu'il suit ;
» d'une manière générale, derrière l'Ozon jusqu'à Mon-
» thoiron et Cheneville, et s'étendre jusqu'au Blanc, en
» utilisant la Gartempe, par Maillé et Mérigny.

» La 4ᵉ division pourrait être placée en réserve à Chau-
» vigny, avec les parcs et le quartier général ; toutes les
» positions devront être étudiées à l'avance, et occupées
» le 22 au plus tard.

» Le 21ᵉ corps suivra le même itinéraire que le 16ᵉ, et
» devra arriver le 20 à Loudun.

» Il couvrira, avec ses trois divisions, le pays entre Lou-
» dun et Châtellerault.

» Les points à occuper, sauf modification, semblent être
» Angliers, Lencloître, Châteauneuf, avec le quartier
» général et les parcs à Mirebeau.

» Le 21ᵉ corps devra être sur ces positions le 22.

» Le 19ᵉ corps sera à Angers le 21 ; il suivra le même
» itinéraire que le précédent, et arrivera le 23 à Saumur
» et à Doué pour s'étendre jusqu'à Loudun. Sa ligne de
» défense passera, à première vue, par Saint-Cyr, Saix,
» Raslay, les Trois-Moutiers, en se servant des bois en
» avant.

» Le quartier général et les parcs à Montreuil-Bellay.

» Le général Cléret se tiendra prêt à passer la Loire,
» dès qu'il en recevra l'ordre du général Dargent. Il
» défendra le fleuve des Ponts-de-Cé à Saumur, se reliant
» à Cathelineau, chargé d'organiser la défense d'Angers
» en avant de la Maine.

» Ces instructions, qui ne peuvent être données quant à
» présent que d'une manière générale, permettent de faire
» étudier de suite, et avec le plus grand soin, toutes les
» routes et le système de défense. »

En même temps, le général de Marcy commandant l'artillerie, recevait l'ordre d'examiner lui-même si la gare de Montmorillon était suffisante pour l'installation, sur ce point, des grands parcs de l'armée, et le général Javain, commandant le génie, celui d'étudier et de préparer la défense en complétant les travaux déjà exécutés dans cette direction.

Le 18 février, l'armistice fut prolongé de cinq jours. Le général en chef en profita pour accorder un séjour aux troupes en marche, et leur procurer un repos devenu nécessaire. Le 19, l'étude des positions étant partout terminée, les emplacements des différents corps furent définitivement arrêtés de façon à concentrer davantage la deuxième armée et à restreindre le plus possible la ligne qu'elle allait occuper. En conséquence, les ordres suivants furent donnés :

RÉPARTITION DE L'ARMÉE SUR SES POSITIONS.

« Le général Cléret, rattaché au 19ᵉ corps, se placera en
» arrière du Thoue, de Saumur, jusqu'à hauteur de Saint-
» Cyr-en-Bourg, observant la Loire des Ponts-de-Cé à
» Saumur.

» Le général Dargent, de Saint-Cyr à Loudun sur les

» positions indiquées, ayant, s'il le trouve bien placé, son
» quartier général à Tourtenay.

» Le général Jaurès, de Loudun à Lencloître ; quartier
» général à Mirebeau.

» Le général Barry (16ᵉ corps), de Lencloître à Châtel-
» lerault, et derrière l'Ozon jusqu'à Monthoiron et Che-
» neville ; son quartier général à Saint-Georges, au lieu
» de Chauvigny ou à Châtellerault, se reliant au 16ᵉ corps
» par sa cavalerie qui observera le cours de la Creuse en
» se conformant aux prescriptions de l'armistice, ses can-
» tonnements ne dépassant pas Mérigny.

» Le 26ᵉ corps, sous le commandement du général
» Billot, quittera Guéret et se portera derrière la Creuse,
» sa gauche vers le Blanc, son centre à Argentan, sa droite
» à Châteauroux, son quartier général à Saint-Benoît, ses
» parcs en arrière, se reliant au 15ᵉ corps (général Pour-
» cet) dont le quartier général est à Bourges. »

De son côté l'ennemi ne perdait pas de temps. Il faisait de nombreux mouvements de troupes sur les deux rives de la Loire, recevant des renforts et garnissant toutes les positions avantageuses que l'armistice lui avait livrées. On pouvait penser, d'après ces dispositions, que l'intention du prince Charles était bien de séparer l'armée de Bretagne de celle de la Loire, et que le point sur lequel se ferait probablement son premier effort serait Chinon, pour percer notre centre à Loudun. Le général Jaurès, le plus menacé dans cette hypothèse, se prépara en conséquence. De plus, comme il était de la plus haute importance de ne pas se laisser prévenir sur la Creuse, dont le cours était en partie neutralisé parce qu'il formait, comme limite de deux départements, la démarcation entre les armées, le général Barry prit des dispositions pour s'avancer jusqu'à cette rivière dès le 27, à l'aube, si l'armistice n'était pas de nouveau prolongé, et s'établir solidement à son confluent avec la Vienne.

Enfin, comme il fallait tout prévoir, chaque commandant de corps reçut l'ordre d'étudier à l'avance, en arrière de lui, les routes, les chemins et les emplacements sur lesquels il pourrait se replier successivement pour y résister dans de bonnes conditions et ne céder le terrain que pied à pied, si les Allemands commettaient la faute d'envahir cette partie de notre territoire.

L'armée de la Loire était donc prête à toute occurrence; les troupes reposées avaient reçu les effets les plus indispensables; l'état sanitaire avait continué à s'améliorer; les approvisionnements en vivres et en munitions étaient complétés et assurés. Il n'y avait pas là évidemment une certitude de succès, mais il y avait une possibilité de résistance qui était pour l'ennemi toute une menace dont il devait bien certainement tenir compte. C'est ce qu'à Bordeaux le général en chef s'était efforcé de faire ressortir dans les discussions des bureaux de la Chambre, dans ses conversations avec les membres du Gouvernement et avec ses collègues [1].

Voulant être sur les lieux au moment décisif, il était revenu le 25 février à Poitiers.

ACCEPTATION PAR L'ASSEMBLÉE DES PRÉLIMINAIRES DE LA PAIX.

On attendait alors avec la plus vive impatience le résultat des conférences ouvertes à Versailles, où nos négociateurs s'étaient rendus. Le 26 au soir l'ordre lui parvenait de s'abstenir de tout acte d'hostilité le lendemain, l'entente sur les préliminaires de la paix paraissant assurée. Il n'eut que le temps de prévenir les avant-postes et les corps

---

[1] Voir à l'Appendice du livre VI la note reproduisant la pensée du général en chef.

sur la ligne où tout était disposé pour reprendre la lutte. Il revint alors à Bordeaux assister au grand débat qui allait s'ouvrir. La France meurtrie, atterrée par la nouvelle que la première armée venait d'être contrainte de se réfugier en Suisse, oubliant, devant tant de désastres successifs, qu'elle pouvait encore faire trembler un ennemi qui n'était audacieux que parce que la fortune lui avait donné jusque-là le succès, la France, disons-nous, désirait la fin de la guerre. L'Assemblée vota la paix.

LA DEUXIÈME ARMÉE EST LICENCIÉE.

La deuxième armée allait cesser d'exister. Le Gouvernement décida, le 7 mars, qu'elle serait licenciée immédiatement, ainsi que toutes celles qui restaient encore sur divers points du territoire, en Bretagne, au Havre, dans le Nord, à Bourges, à Nevers, et aux environs de Lyon. Les mobilisés, puis les gardes mobiles furent successivement désarmés et renvoyés dans leurs foyers ; les troupes régulières, infanterie, cavalerie et artillerie, dirigées pour la plupart sur Paris, afin de renforcer l'armée chargée de rétablir l'ordre dans la capitale, quelques-unes sur l'Algérie, où une insurrection considérable venait d'éclater, le reste sur les grandes villes telles que Lyon, Toulouse, Bordeaux, etc., et sur les garnisons que nous laissaient les conventions avec les Allemands.

En relevant le général en chef de son commandement, le général Le Flô, ministre de la guerre, voulait bien lui adresser la lettre suivante :

« Bordeaux, le 7 mars 1871.

« Mon cher général,

» Un décret du Gouvernement, qui sera au *Moniteur* de
» demain, dissout toutes les armées ou corps d'armée du

» territoire, et supprime par conséquent tous les états-
» majors qui y étaient attachés. La deuxième armée est
» naturellement comprise dans cette mesure, et votre
» commandement cessera par conséquent à dater de de-
» main. Au moment où vous rentrez dans la disponibilité,
» en attendant que des circonstances plus heureuses me
» permettent d'utiliser vos talents et votre dévouement, je
» veux vous offrir toutes mes félicitations sur l'honneur
» que vous vous êtes fait et les brillants services que vous
» avez rendus. Dites à votre brave armée, officiers de tous
» grades et soldats, que je les remercie au nom de notre
» pays tout entier de leur courage et de leur patriotisme. Si
» la France avait pu être sauvée, elle l'eût été par eux. La
» fortune ne l'a pas voulu; résignons-nous momentané-
» ment, mais ne désespérons jamais de ses grandes desti-
» nées, que rien ni personne ne pourrait jamais arrêter.

» Recevez, mon cher général, l'assurance de mes meil-
» leurs sentiments.

» Le ministre de la guerre,

» Général Le Flô. »

Ce témoignage à l'armée de la Loire, venu de haut, était justice. Elle avait beaucoup souffert et vaillamment combattu; ses soldats improvisés, comme plus d'un de leurs chefs, pouvaient être fiers d'avoir lutté pendant près de cinq mois, au milieu de privations sans nombre, de fatigues incessantes, par un hiver exceptionnellement rigoureux, contre un ennemi qui, victorieux des vieilles troupes dont s'enorgueillissait la France, avait bien pu la faire reculer de cinquante lieues durant toute cette partie de la campagne, mais l'avait toujours trouvée devant lui, et la laissait entière, debout et les armes à la main, au moment où se signait la paix.

Si tant de sang répandu; si tant de souffrances supportées n'ont pu sauver le pays, ils n'en resteront pas moins comme la plus éloquente des protestations d'un grand peuple défendant son honneur et son indépendance, comme le gage le plus assuré de ce qu'il saura faire pour relever sa fortune, reprendre sa place et reconquérir son intégralité.

Cette armée ne devait pas tarder, du reste, à prouver, une fois de plus ce dont elle était capable, son dévouement à la patrie et à l'ordre, quand une insurrection néfaste, mettant le comble aux malheurs de la France, la faisait se retrouver de nouveau réunie en grande partie sous les murs de Paris [1].

Avant de se séparer d'elle le général en chef lui adressa le 14 mars, du quartier général de Poitiers, l'ordre suivant, qui était son adieu :

ORDRE GÉNÉRAL.

« Officiers et soldats de la deuxième armée,

» Le traité ratifié le 1er mars par l'Assemblée nationale met fin à la guerre. Les armées sont dissoutes.

» En m'informant que mon commandement cesse, le ministre de la guerre ajoute :

« Dites à votre brave armée, officiers de tous grades et
» soldats, que je les remercie au nom de notre pays tout
» entier de leur courage et de leur patriotisme. Si la
» France avait pu être sauvée, elle l'eût été par eux. La
» fortune ne l'a pas voulu. »

» Je suis heureux de porter à votre connaissance ce témoignage de la satisfaction du Gouvernement. Vous pourrez être fiers d'avoir fait partie de la deuxième armée,

---

[1] Voir à l'Appendice la note indiquant les troupes fournies par l'armée de la Loire à l'armée de Versailles.

dont les efforts, s'ils n'ont pas abouti au succès que vous avez poursuivi avec tant d'opiniâtreté, ne resteront pas sans gloire pour le pays dont ils ont contribué à sauver l'honneur.

» Vous avez tenu tête aux armées les plus nombreuses et les mieux commandées de l'Allemagne. L'histoire racontera ce que vous avez fait; l'ennemi lui-même s'honorera en vous rendant justice.

» Vous allez rejoindre vos foyers, vos garnisons; conservez inébranlable votre dévouement au pays; restez, quoiqu'il arrive, les défenseurs de l'ordre.

» Quant à moi, mon plus grand honneur est de vous avoir commandés, mon plus vif désir de me retrouver avec vous chaque fois qu'il s'agira de servir la France.

» Le général en chef,

» *Signé :* CHANZY. »

CONCLUSION

Nous avons terminé le récit de la campagne de la deuxième armée. Si, pressé de faire connaître la part qu'elle a prise au grand drame dont la France vient d'être le théâtre, le temps nous a manqué pour donner à la forme tout le soin qu'un pareil sujet méritait, le fond est complet et exact ; c'est là l'essentiel.

Pendant les rudes journées de Josnes, un officier supérieur allemand fait prisonnier, ne dissimulant rien de l'étonnement que lui causait la résistance de nos jeunes troupes, comparait ces batailles de la Beauce à celles de 1866[1] auxquelles il avait pris part, et avouait que ces dernières n'étaient qu'un jeu d'enfants[2] auprès de ces luttes acharnées et incessantes qu'il leur fallait de nouveau soutenir pour réduire un pays qu'ils croyaient à bout de ressources après ses désastres. C'est là le plus bel éloge de ces armées nouvelles que la volonté et le patriotisme de la France ont fait surgir.

Quelles sont donc les véritables causes de nos défaites, alors que les efforts produits depuis le commencement de la guerre dépassait ce qui aurait suffi pour repousser l'ennemi de notre territoire ? Il faut les voir, cela est vrai, dans la faiblesse et l'insuffisance de notre organisation militaire, que des idées fausses, aveugles ou passionnées avaient amoindrie depuis quelque temps dans le défaut

---

[1] Cette conversation nous a été rapportée par le colonel Feidling, attaché du gouvernement anglais au grand quartier général de la deuxième armée.

[2] Traduction littérale de l'expression allemande employée par l'officier prussien.

d'ensemble dont toutes nos combinaisons stratégiques restent fatalement empreintes ; mais, pour nous qui avons retrouvé, dans nos soldats improvisés, les grandes qualités militaires qui sont l'apanage inaltérable de notre nation, la cause principale de nos désastres fut notre manque de confiance en nous-mêmes.

Nos belles armées perdues, notre capitale tombée après de glorieux et héroïques dévouements, nous avons cessé de croire à la possibilité de vaincre, alors qu'elle nous restait.

Gardons-nous, cependant, d'en conclure que les armées improvisées sont une garantie suffisante dans les grandes crises qui peuvent encore se produire. Les événements auxquels nous venons d'assister établissent au contraire, d'une façon dès à présent irréfutable, qu'une nation n'est sûre de son indépendance et réellement forte que si son organisation militaire est sérieuse, complète et puissante. S'il subsistait encore un doute, il suffirait de regarder autour de nous : la Russie, l'Autriche, l'Italie, l'Espagne, l'Angleterre, changent et fortifient leur système militaire ; l'Allemagne elle-même, au lendemain des grands succès que celui dont elle disposait vient de lui assurer, n'hésite pas à y apporter de nouveaux perfectionnements. Elle est à l'œuvre ; imitons-la sans perdre de temps. Rompons avec ces traditions du passé, respectables sans doute puisque c'est à elles que notre pays doit sa grandeur et ses gloires que nos malheurs présents ne peuvent faire oublier, mais qui ne suffisent plus à l'époque actuelle, où tout est fatalement transformé.

APPENDICES

LIVRE PREMIER.

NOTE PREMIÈRE.

Rapport du général en chef de l'armée de la Loire sur la bataille de Coulmiers, livrée le 9 novembre 1870.

« Monsieur le ministre,

» J'ai l'honneur de vous adresser le rapport sur la bataille de Coulmiers, livrée dans la journée du 9 novembre.

» Dès la fin du mois dernier, il avait été décidé, à la suite d'un conseil de guerre tenu à Tours, qu'on tenterait une opération combinée pour occuper Orléans, qu'on devait attaquer, du côté de l'ouest, par les troupes directement placées sous mes ordres, et du côté de l'est, par les troupes du général des Pallières, le tout agissant sur la rive droite de la Loire.

» Diverses circonstances, survenues au moment même de l'exécution du mouvement de concentration, ne permirent pas de donner immédiatement suite à ce projet.

» Le 5 au soir, il fut décidé, d'après les instructions reçues du ministre de la guerre, que l'on reprendrait cette opération, et le général des Pallières, établi à Argent et à Aubigny-Ville, reçut l'ordre de partir le lendemain 6, pour se diriger, par Gien et la forêt d'Orléans, sur cette dernière ville, en lui laissant toute liberté de mouvement, de manière à arriver le 10 au soir ou le 11 au matin, suivant les événements.

» Le reste de mes troupes, qui était établi sur la droite et en arrière de la forêt de Marchenoir, depuis Mer jusqu'à Viévy-le-Rayé, ne devait se porter en avant que le 8, afin de donner au général des Pallières le temps de faire son mouvement.

» Dans la matinée du 8, l'armée vint occuper les positions suivantes : les généraux Martineau et Peytavin s'établirent entre Messas et le château du Coudray; le général Chanzy entre le Coudray et Ouzouer-le-Marché; le général Reyau, avec la cavalerie, à Prénouvellon et Sérouville; le quartier général à Poisly.

» L'ordre de marche pour la journée du lendemain portait qu'une partie des troupes du général Martineau irait prendre position entre le Hardon à droite et le château de la Touanne à gauche; que le général Peytavin s'emparerait successivement de Baccon, de la Renardière et du Grand-Lus, pour donner ensuite la main à la droite du général Chanzy, en vue d'attaquer le village de Coulmiers, où, d'après nos renseignements, l'ennemi s'était fortement retranché.

» Ma réserve d'artillerie, et le général Dariès avec ses bataillons de réserve, devaient soutenir ce mouvement.

» Le général Chanzy devait exécuter par Charsonville, Épieds et Gémigny, un mouvement tournant, appuyé sur la gauche par la cavalerie du général Reyau, lequel avait pour instructions de chercher à déborder autant que possible l'ennemi par sa droite. Les francs-tireurs de Paris, sous les ordres du lieutenant-colonel Lipouski, avaient l'ordre d'appuyer, sur la gauche, le mouvement de la cavalerie.

» Le 9, dès huit heures du matin, toutes les troupes se mirent en mouvement, après avoir mangé la soupe.

» La portion des troupes du général Martineau désignée pour agir sur la droite, effectua son mouvement sans rencontrer l'ennemi.

» Une moitié des forces commandées par le général Peytavin, soutenue elle-même par la réserve d'artillerie, enleva d'abord le village de Baccon, et se dirigea ensuite sur le village de la Rivière et le château de la Renardière, où l'ennemi était fortement établi dans toutes les maisons du village et dans le parc. Cette position, vivement attaquée par trois bataillons, le 6ᵉ bataillon de chasseurs de marche, un bataillon du 16ᵉ de ligne et un du 33ᵉ de marche, fut enlevée, malgré tous les efforts de l'ennemi pour s'y maintenir. Dans cette attaque, dirigée par le général Peytavin en personne, qui ne pouvait être soutenue que très-difficilement par l'artillerie parce que nos tirailleurs occupaient une partie du village, les troupes déployèrent une vigueur remarquable.

» La seconde moitié des troupes du général Peytavin se portait en avant tandis que la position de la Renardière était enlevée, occupait le château du Grand-Lus sans trouver de résistance, et faisait appuyer sa gauche vers le village de Coulmiers.

» Sur la gauche, les troupes du général Barry marchaient par Champdry et Villorceau, qui était le centre de la ligne ennemie et qui était très-fortement occupé. Arrêtées dans leur marche par l'artillerie prussienne, elles ne purent arriver que vers deux heures et demie à Coulmiers, devant lequel se trouvaient déjà les tirailleurs du général Peytavin.

» Ces tirailleurs, auxquels se joignirent les tirailleurs du général Barry, se jetèrent au pas de course, aux cris de : Vive la France!

dans les jardins et le bois qui sont au sud de Coulmiers, y pénétrèrent malgré la résistance furieuse de l'ennemi, mais ne purent se rendre maîtres du village. L'ennemi, qui s'y était retranché et qui avait accumulé sur ce point une grande partie de ses forces et de son artillerie, faisait les plus grands efforts pour s'y maintenir afin de protéger la retraite des troupes de sa gauche, qui se trouvaient d'autant plus compromises que notre mouvement en avant s'accentuait davantage. Pour faire cesser cette résistance, le général en chef appela le général Dariès et la réserve d'artillerie. Cette dernière s'établit en batterie à hauteur du Grand-Lus, et après un feu des plus violents de plus d'une demi-heure, finit par réduire au silence les batteries de l'ennemi. En ce moment les tirailleurs, soutenus par quelques bataillons du général Barry conduits par le général en personne, reprirent leur marche en avant et pénétrèrent dans le village, d'où ils chassèrent l'ennemi vers quatre heures du soir.

» Dans cette attaque, les troupes du général Barry, 7e bataillon de chasseurs de marche, 31e régiment d'infanterie de marche, et le 22e régiment de mobiles (Dordogne), montrèrent beaucoup de vigueur et d'entrain.

» A gauche du général Barry, une partie des troupes du contre-amiral Jauréguiberry, éclairées sur leur gauche par les francs-tireurs du commandant Liénard, traversèrent Charsonville et Épieds et arrivèrent devant Cheminiers, où elles furent assaillies par une grêle d'obus. Elles déployèrent leurs tirailleurs, mirent leurs batteries en position, et continuèrent leur marche en ouvrant un feu de mousqueterie. La lutte que soutinrent ces troupes fut d'autant plus sérieuse qu'elles furent longtemps exposées, non-seulement aux feux partant de Saint-Sigismond et de Gémigny qui étaient devant elles, mais encore à ceux de Coulmiers et de Rosières qui n'attiraient pas encore l'attention du général Barry. Il était à peu près deux heures et demie. A ce moment, le général Reyau fit prévenir le général Chanzy que sa cavalerie avait éprouvé une résistance sérieuse; que son artillerie avait fait de grandes pertes en hommes et en chevaux, qu'elle n'avait plus de munitions, et qu'il était dans l'obligation de se retirer. Pour éviter un mouvement tournant que l'ennemi aurait pu tenter par suite de cette retraite, le général Chanzy, qui dans cette journée a montré du coup d'œil et de la résolution, porta sa réserve en avant dans la direction de Saint-Sigismond, en la faisant soutenir par le reste de son artillerie de réserve.

» Le contre-amiral Jauréguiberry était parvenu à faire occuper le village de Champ par un bataillon du 37e; mais, à peine arrivé, attaqué par de l'artillerie et des colonnes d'infanterie qui entraient en ligne, ce bataillon dut abandonner le village. L'énergique volonté de l'amiral parvint cependant à nous maintenir dans nos positions jusqu'à quatre heures et demie, où l'arrivée d'une batterie de 12 réussit à maîtriser l'artillerie ennemie.

» Pendant ce laps de temps, le 37° de marche et le 33° mobiles ont été grandement éprouvés.

» A cinq heures, toutes les troupes de l'amiral Jauréguiberry se portèrent à la fois en avant et s'emparèrent, au pas de charge, des villages de Champ et d'Ormeteau.

» Après la prise de ces villages, dont le dernier avait été soigneusement crénelé et admirablement disposé pour la défense, l'ennemi en pleine retraite fut poursuivi, tant qu'il fit clair, par le feu de notre artillerie.

» En résumé, dans la journée du 9, nous avons enlevé toutes les positions de l'ennemi, qui, d'après l'aveu d'officiers bavarois faits prisonniers, doit avoir subi des pertes considérables. Nous avons eu à lutter contre le 1er corps d'armée bavarois, assisté de cavalerie et d'artillerie prussiennes.

» Cette journée eut pour résultat d'obliger l'ennemi à évacuer non-seulement toutes les positions retranchées qu'il occupait derrière les Mauves et les environs d'Orléans, mais encore d'abandonner en toute hâte cette ville, pour battre en retraite sur Artenay par Saint-Péravy et Patay, en laissant entre nos mains plus de 2,000 prisonniers, sans compter tous les blessés.

» La pluie et la neige qui étaient tombées toute la nuit et dans la journée du lendemain, et qui avaient détrempé les terres, rendirent impossible une poursuite qui eût pu nous donner de plus grands résultats. Malgré ces difficultés, une reconnaissance poussée jusqu'à Saint-Péravy s'empara de deux pièces d'artillerie, d'un convoi de munitions et d'une centaine de prisonniers dont cinq officiers.

» Le général des Pallières, dont la marche sur Orléans avait été calculée sur une plus longue résistance de l'ennemi, marcha pendant quatorze heures, dans la journée du 9, dans la direction du canon, et, malgré tous ses efforts, ses têtes de colonnes ne purent arriver à la nuit que jusqu'à Chevilly.

» Nos troupes d'infanterie de ligne et nos mobiles, qui voyaient le feu pour la première fois, ont été admirables d'entrain, d'aplomb et de solidité.

» L'artillerie mérite de grands éloges, car, malgré des pertes sensibles, elle a dirigé son feu et manœuvré, sous une grêle de projectiles, avec une précision et une intrépidité remarquables.

» Nos pertes, dans cette journée, ont été d'environ 1,500 hommes tués ou blessés.

» Le colonel de Foulonge, du 31° de marche, a été tué.

» Le général de division Ressayre, commandant la cavalerie du 16ᵉ corps, a été blessé par un éclat d'obus.

» Je ne saurais trop vous dire, Monsieur le ministre, combien j'ai eu à me louer de la vigueur que l'armée tout entière a montrée dans cette journée. Il serait trop long de citer tous les actes de courage et de dévouement qui me sont signalés. J'ai l'honneur de recommander à toute votre sollicitude les demandes de récompenses que je vous adresse, et qui sont toutes justifiées par des faits d'armes accomplis dans cette circonstance.

» Agréez, Monsieur le ministre, l'assurance de mon profond respect.

» Le général en chef de l'armée de la Loire,

» *Signé* : D'AURELLE. »

NOTE 2[1].

Nº 170.   *Au ministre de la guerre, à Tours.*

14 novembre 1870.

Le 11, en avant de Patay, à Rouvray, les francs-tireurs de Paris ont tué cinq cuirassiers blancs et pris trois autres; le 12, tué un cuirassier blanc et fait plusieurs prisonniers; le 13, avec le détachement de cavalerie de Patay, ils se sont emparés, dans la direction d'Orgères, de deux cuirassiers blancs dont un sous-officier, et d'un uhlan.

Le 14, le sous-lieutenant Collignon et huit cavaliers du 2ᵉ de cavalerie légère mixte, en reconnaissance, ont pris, en avant de Dambron, près des avant-postes ennemis, un lieutenant de hussards de Blucher (Poméranie) et son ordonnance. Cet officier était seul en reconnaissance. Ce matin, les francs-tireurs de Paris ont tué quelques cavaliers prussiens (cuirassiers) près d'Orgères, et repris des réquisitions.

Nº 183.   *Au général en chef, à Villeneuve d'Ingrée, et au ministre de la guerre, à Tours.*

17 novembre 1870.

Pour reconnaître exactement les positions de l'ennemi en avant de nous, le lieutenant-colonel Lipouski, parti hier avec deux compagnies de francs-tireurs et un peloton de chasseurs, s'est porté sur Viabon qu'il a trouvé occupé par le 10ᵉ régiment de lanciers prussiens. Deux escadrons ont résisté pour couvrir la retraite du prince Albrecht, qui, logé dans le village, a fui précipitamment dans la direction de Voves avec le reste du régiment. On a tué une vingtaine de uhlans, blessé une dizaine dont plusieurs ont été abandonnés par l'ennemi, fait un prisonnier et pris quelques chevaux. Le colonel

---

[1] Toutes ces dépêches de la note 2 sont du général Chanzy, commandant le 16ᵉ corps.

Lipouski a couché au château de Cambrai; il est rentré ce matin à Patay, par Voves, Villeprévot et Tillay où il a encore rencontré un escadron de uhlans venant de Janville et auquel il a tué et blessé quelques hommes.

Les gens du pays ont entendu le canon dans la direction de Bonneval. Tout fait présumer un mouvement de ce côté.

N° 187. *Au général en chef.*

18 novembre 1870.

Le capitaine Chabrillat, des francs-tireurs de Paris, a poursuivi hier vingt-trois uhlans du bois du Gland au delà de Villiers et en a tué sept; six blessés et un mort sont restés à Villiers. Un sergent et six francs-tireurs ont tué trois uhlans à Château-Cambrai.

Le mouvement d'un corps ennemi sur Chartres est maintenant certain. Le prince Albrecht, qui le couvrait avec sa cavalerie, prend la droite.

Des troupes, infanterie, cavalerie et artillerie, venant par Dourdan, Rambouillet, Arpajon et Étampes, se concentraient aux environs d'Angerville.

N° 213 bis. *Au général en chef et au ministre de la guerre.*

22 novembre 1870.

Une forte reconnaissance partie de Patay, francs-tireurs de Paris et deux escadrons du 4° de marche de cavalerie légère, appuyée à distance par un bataillon d'infanterie, un régiment de cuirassiers et deux pièces, s'est portée hier sur Janville, forçant les éclaireurs ennemis, soutenus par des escadrons, à se replier de Morvilliers et du Mesnil. Le capitaine Chabrillat, des francs-tireurs de Paris, laissé en arrière avec sa compagnie pour surprendre l'ennemi, s'il nous suivait, a pénétré cette nuit au milieu des avant-postes prussiens, et surpris, à Santilly, une grand'garde de cavalerie à laquelle il a tué dix-huit hommes et cinq chevaux, blessé plusieurs et fait quatre prisonniers. De notre côté le franc-tireur Marceau, épaule brisée par une balle. Capitaine Chabrillat rentré ce matin à Patay.

Les prisonniers sont du 6° hussards (verts) de Schleswig. Ils disent qu'ils sont depuis quatre jours sous le commandement du prince Frédéric-Charles, dont ils annoncent l'arrivée avec renforts considérables.

N° 222. *Au général en chef.*

24 novembre 1870.

La reconnaissance de cavalerie et de francs-tireurs partie ce matin de Patay s'est avancée jusqu'à Baignaux, où elle a eu un engagement avec deux escadrons ennemis et des tirailleurs d'infanterie. Elle a tué quelques hommes et pris un cheval. Elle a entendu une canonnade du côté d'Artenay et aperçu des troupes partant de Janville dans cette direction. Je ne sais rien de ce qui a pu se passer en avant des positions du 15ᵉ corps. A notre gauche rien de nouveau.

N° 241.   Au général en chef.

27 novembre 1870, six heures du soir.

Le colonel Barbut m'informe qu'il a repoussé la cavalerie ennemie qui s'était approchée à huit cents mètres de la ville. Il croit qu'il y a des canons cachés dans un bois à deux kilomètres, que l'ennemi a voulu savoir s'il y avait des pièces à Patay, et qu'il prépare une attaque pour demain matin.

Je ferai partir, avant le jour, un bataillon et une batterie de quatre pour Lignerolles.

N° 245.   Au ministre de la guerre, à Tours.

28 novembre 1870.

Dans la journée d'hier de fortes reconnaissances prussiennes, infanterie, cavalerie et artillerie, ont cherché à tâter toute ma ligne d'avant-postes. L'ennemi, repoussé partout, a subi quelques pertes en hommes et en chevaux, et laissé cinq prisonniers entre nos mains.

Trente-huit francs-tireurs de la Sarthe, commandés par le lieutenant de Pradun, vivement attaqués en avant de Guillonville, se sont repliés en faisant très-bonne contenance et avec beaucoup de calme et d'ordre sur Patay, en tuant du monde à l'ennemi.

NOTE 3.

A la 4ᵉ division de cavalerie royale.

Angerville, 12 novembre 1870, à onze heures et demie, nuit.

ORDRE.

S. A. R. le grand-duc a formé le projet d'effectuer une marche par la droite dans la direction de Chartres avec son corps d'armée, sous la protection de deux divisions de cavalerie, et le plus possible sans éveiller l'attention de l'ennemi.

En conséquence, Son Altesse Royale ordonne :

1° La brigade de cavalerie Græben partira demain matin avec le jour pour Chartres et en reviendra sous les ordres du général Schmit, commandant à Chartres;

2° La 4e division de cavalerie, prince Albert, rendra libre la route de Janville à Chartres, prendra cantonnement au sud de cette route, s'éclairera jusqu'à Voves et Villeneuve-Saint-Nicolas, couverte par l'infanterie, et occupera enfin le terrain entre la Conie et l'Eure;

3° La 22e division d'infanterie partira à sept heures de ses cantonnements, marchera dans la direction de Chartres et s'établira entre cette ville et la partie ouest du chemin de fer de Tours, ainsi qu'au nord de la route de Janville à Chartres;

4° Cette division suivra le corps bavarois avec la brigade de cavalerie Rausch et les deux batteries de campagne; elle prendra cantonnement entre le chemin de fer de Tours et la route de Janville à Chartres, et à l'est jusqu'à la ligne de Mondonville, Sainte-Barbe, Ouarville;

5° La 2e division de cavalerie, Stollberg, quittera le 1er corps bavarois, prendra cantonnement sur la route d'Orléans à Étampes aux environs de Toury, et observera du côté de Pithiviers et d'Orléans, ainsi qu'à l'ouest jusqu'à la Conie. Elle a pour but de laisser ignorer à l'ennemi la marche de ce corps;

6° Partie de la 17e division d'infanterie quittera à sept heures du matin Angerville, sans le reste du régiment Stollberg, qui doit rester en réserve, et prendra cantonnement entre Gué-de-Longroy et Auneau, au nord du ruisseau de l'Izé;

7° Son Altesse Royale se transportera à Angerville, où elle recevra ses ordres le soir, à six heures.

Le chef d'état-major,

V. KRENSKI.

ORDRE DE DIVISION.

Ymonville, 13 novembre 1870, cinq heures du matin.

1° A sept heures du matin la 8e brigade, soutenue de deux canons de la batterie Schlotheim, s'avancera dans les environs de Loigny et enverra de fortes patrouilles dans la direction du sud et sud-ouest; et si elle n'est pas gênée par l'ennemi, elle rejoindra la brigade Hahn dans les cantonnements de Germignonville et de Viabon.

2° La 9e brigade de cavalerie marchera à la suite de la 8e avec quatre canons, à sept heures du matin, jusqu'aux environs de Sancheville, et de là, protégée par de fortes patrouilles, s'appuyant toujours sur la 8e brigade de cavalerie, elle s'avancera jusqu'à Bonneval par Cormainville et la route de..... à Chartres.

L'après-midi elle se cantonnera à Rouvray-Saint-Florentin, Vilars et Villeau.

3° La 10e brigade de cavalerie et la batterie Manteuffel partiront à

APPENDICES.

sept heures du matin par Voves, jusqu'à Boncé; la cavalerie éclairera les bois et les villages au sud de cet endroit et fera des patrouilles au delà de la route de Chartres à Châteaudun, au nord jusqu'à l'Eure, au sud jusqu'à la jonction avec la 9e brigade.

Cette brigade cantonnera à Voves, Sazeray et l'Hôpiteau.

4° Je me transporterai à neuf heures à Voves, où s'établira le quartier général de la division jusqu'au lendemain matin.

5° Les bagages peuvent être amenés dans les nouveaux cantonnements; cependant, pour plus de sécurité, ils devront à sept heures du matin se trouver au sud de la route de Janville à Chartres.

6° La 9e brigade laissera ses chevaux de relais sur la route d'Angerville, la 10e brigade, à Ymonville.

7° Dès que les nouveaux quartiers seront occupés, les brigades devront, en cas d'alarme, rejoindre les cantonnements à Voves.

8° Les brigades auront soin de leur propre sécurité.

9° Les ambulances marcheront à huit heures sur Voves.

10° Les brigades et les batteries ont jusqu'à ce soir pour prévenir de ce qui leur manque en munitions. Les deux batteries devront s'entendre pour leurs munitions; elles suivront, ainsi qu'il est ordonné, les 9e et 10e brigades.

11° Chaque régiment de la division commandera un certain nombre d'hommes pour servir d'ordonnances à l'état-major de S. A. R. le grand-duc.

Ces hommes se réuniront aujourd'hui, au nombre de huit, à Angerville.

12° Chaque brigade enverra le soir, à huit heures, un officier à Voves, qui y attendra les ordres. *Signé* : Prince ALBRECHT.

NOTE 4.

Général d'Aurelle à général Chanzy, à Saint-Péravy; général de Sonis, à Marchenoir; général Martineau, à Chevilly; général Peytavin, à Gidy.

Saint-Péravy, de Saint-Jean de la Ruelle, le 23 novembre 1870,
neuf heures cinquante-cinq, soir.

Aujourd'hui les troupes en avant d'Orléans ont conservé leurs positions. A la gauche, le général de Sonis bivouaque à Écoman et à Marchenoir; à la droite, le général Crouzat, commandant les 20e et 18e corps, s'est avancé sur Beaune-la-Rolande et s'en est emparé après vive résistance. En prévision de renforts venant de Pithiviers, le général Crouzat a demandé au général des Pallières de l'appuyer. Le général des Pallières se porte en avant demain matin pour le rallier.

P. O. Le chef d'état-major général,

Signé : BOREL.

Général en chef à général Chanzy, Saint-Péravy.

Saint-Péravy, de Saint-Jean de la Ruelle, le 29 novembre 1870.
à onze heures quarante-cinq minutes du soir.

J'ai reçu votre dépêche, et d'après les indications que vous me donnez des ordres ont été expédiés partout pour résister à une attaque. En prévision de cette attaque, j'ai prescrit à de Sonis de partir demain matin, à cinq heures, et de se diriger sur Coulmiers en passant par Ouzouer et Charsonville. Des Pallières a l'ordre de marcher au canon et de venir nous rallier avec le plus de monde possible, tout en gardant cependant les passages de la forêt. Crouzat est prévenu et doit appuyer notre droite. Je donne l'ordre de faire rallier demain matin, aux Barres, le 8ᵉ mobiles. *Signé* : d'Aurelle.

NOTE 5.

M. Dubois, ex-enseigne de vaisseau, qui servait dans cette compagnie des volontaires de Bordeaux si maltraitée à Varize, a pu donner à son retour d'Allemagne, où il avait été emmené prisonnier, les détails suivants sur cette affaire :

« Attachés aux francs-tireurs de Paris pour éclairer le 16ᵉ corps,
» nous étions partis de Patay pour observer un mouvement que les
» Bavarois faisaient sur Orléans. Le 28, nous occupions Civry, Not-
» touville et Varize ; mais nous fûmes obligés de nous replier sur ce
» dernier village, le général Digard, qui se trouvait sur notre gauche,
» ayant été attaqué et forcé de se retirer. Le 29 au matin, la compa-
» gnie des francs-tireurs de Paris, de grand'garde à Civry, dut battre
» en retraite sur nous, qui occupions, d'après les ordres du lieutenant-
» colonel Lipouski, les ruines et le parc du château de Brissac. — A
» neuf heures, les francs-tireurs de Paris étaient forcés de se replier ;
» mais nous, les tirailleurs girondins, nous ne pûmes exécuter le
» mouvement, nous trouvant attaqués par tous les Bavarois et une
» batterie.

» Après trois heures et demie de combat et deux charges à la
» baïonnette, acculée dans un petit marais qui est au bas du parc, la
» compagnie, décimée, sans cartouches, fut obligée de se rendre à
» l'ennemi, qui ne put croire qu'un si petit nombre d'hommes (cent
» dix de notre compagnie et quelques francs-tireurs de Paris) eût pu
» les tenir en échec aussi longtemps et leur faire éprouver des pertes
» aussi sérieuses. Ils ont avoué 450 hommes tués ou blessés, et 11
» officiers, dont un officier supérieur. Nos pertes, quoique très-
» cruelles à cause de notre faible effectif, furent comparativement
» bien inférieures aux leurs : nous eûmes 10 morts et 37 blessés, dont

» 18 grièvement. Permettez-moi, mon général, de vous envoyer les
» noms de ces braves, qui appartiennent aux meilleures familles de
» Bordeaux.

» Morts : Henry (Paul), de Saint-Amand (Raoul), Faulong, Dupin
» (Édouard), Coiffard (Bien-Aimé), Cambon (Justin), comte de Moyen-
» court, Brun (Amand), Budoc (Jean-Baptiste), Trévoux.

» Blessés grièvement : Blanchard, sous-lieutenant, à la tête; Esprit
» (Frédéric), à la cuisse; Duroy de Suduirant, à la cuisse; Bergerol
» (Édouard), cuisse brisée; Solles (Henri), épaule fracassée; de Bas-
» tard (Georges), au bras; Lhaumond (Antony), les deux cuisses tra-
» versées; Lacoste (Fernand), au mollet; Lafaye (Albert), aux reins;
» Charruaud (Numa), à la cuisse; Tulasne (Eugène), au pied; Guille-
» met (Pierre), à la tête; Millet (Dominique), au bras; Blanchy (Gas-
» ton), aux reins; Dubois (Henry), à la poitrine; Fornier, aux deux
» cuisses. « *Signé* : Henry Dubois. »

NOTE 6.

*Guerre à général en chef, armée Loire, Saint-Jean de la Ruelle;
à général Chanzy, 16e corps, Saint-Péravy, et à général de
Sonis, 17e corps, à Marchenoir.*

Saint-Péravy, de Tours, le 30 novembre 1870,
à douze heures quinze minutes, soir.

D'après nos renseignements, vous devez avoir affaire à une colonne
de 20 à 25,000 hommes, dont le gros paraît se diriger sur Toury en
masquant son mouvement par l'attaque que vous nous faites connaître. Le mouvement de Sonis vers vous, fait avec promptitude et
décision, devra donc menacer sérieusement l'aile gauche de l'ennemi.
La colonne ennemie se compose de la 17e division d'infanterie, d'une
partie de la 22e, de la 4e et de la 6e division de cavalerie; elle est
commandée par le duc de Mecklembourg.

Signé : De Freycinet.

Général en chef au général Chanzy, à Saint-Péravy.

Saint-Péravy, de Saint-Jean de la Ruelle, le 30 novembre 1870,
à une heure vingt-cinq minutes du soir.

D'après les renseignements que je reçois du ministre et qu'il me
donne avec insistance, nous n'aurions rien à craindre de sérieux sur
notre gauche, quelle que pût être la vivacité d'une attaque que
l'ennemi dirigerait de ce côté. Cette attaque ne serait qu'une feinte
destinée à masquer un mouvement de l'ennemi vers l'est [1]. Le géné-

---

[1] Ces renseignements, si contraires à ceux recueillis par les reconnaissances du

ral Peytavin me rend compte que tout est tranquille en avant de lui. Une reconnaissance arrivée jusqu'à Terminiers n'a rien vu. Martineau m'écrit qu'il n'a rien à signaler du côté d'Artenay. De Sonis vous est-il signalé vers votre gauche? J'ai besoin de vous voir aujourd'hui. Venez dès que vous croirez pouvoir vous absenter sans inconvénient. *Signé :* D'AURELLE.

N° 259. *Le général Chanzy au général en chef.*

Saint-Péravy, 30 novembre 1870.

Le colonel Lipouski ayant eu ses avant-postes attaqués toute la nuit à la Chapelle-Onzerain, s'est replié à deux heures sur Tournoisis.

L'ennemi a défilé pendant longtemps à Péronville; un espion le signale en forces à Villepion, Loigny, la Maladerie; Patay signale que de fortes colonnes de cavalerie circulent sur notre front et pénètrent assez loin du côté des Échelles, qui ne paraissent pas gardées par le 15° corps.

Les avant-postes de Terminiers se sont repliés sur Patay.

NOTE 7.

Général d'Aurelle à général de Sonis et à général Chanzy, Saint-Péravy.

Saint-Péravy, de Saint-Jean de la Ruelle, le 1er décembre 1870, dix heures onze minutes du soir.

J'accepte le projet de votre lettre d'aujourd'hui, à moins que vous ne le jugiez maintenant impraticable. Remontez donc avec le 16° corps jusqu'à Allaines, Janville et Toury, si vous le pouvez. Je donne l'ordre au 17° corps de se porter à Patay et à Sougy. La 3° division dudit corps ira s'établir en avant de Santilly. La 2° division, Martineau, passant par Artenay, ira à Ruan, étendant sa droite autant que possible jusqu'à Aschères; enfin, la 1re division occupera Neuville et Chilleurs. Le grand quartier général à Chevilly demain, à onze heures.

Signé : D'AURELLE.

NOTE 8.

N° 266. *Au ministre de la guerre, à Tours.*

1er décembre 1870.

Le 16° corps, qui a quitté ses positions à dix heures, a trouvé sur sa gauche l'ennemi fortement établi de Guillonville à Terminiers par

16° corps, et si inexacts, eurent une influence fâcheuse sur les dispositions prises, sur la conduite et sur le résultat des opérations.

Gommiers. Le combat, engagé à midi, s'est prolongé jusqu'à six heures du soir, malgré la résistance énergique d'une force d'au moins 20,000 hommes (cavalerie, infanterie, et 40 à 50 canons). La 1re division a enlevé successivement les premières positions ennemies, et ensuite celles de Nonneville, Villepion et Faverolles, sur lesquelles elle bivouaque cette nuit. Partout nos troupes ont abordé l'ennemi avec un élan irrésistible : les Prussiens ont été délogés des villages à la baïonnette ; notre artillerie a été d'une audace et d'une précision que je ne puis trop louer. Nos pertes ne paraissent pas sérieuses ; celles de l'ennemi sont considérables. On recueille des prisonniers, parmi lesquels plusieurs officiers. Les honneurs de la journée sont à l'amiral Jauréguiberry. L'ennemi s'est retiré dans la direction de Loigny et du château de Cambrai. Je le suivrai demain sur Janville et Toury.

Je fais connaître à mon corps d'armée la grande nouvelle de la sortie de Paris. Il saura répondre à ce que le pays attend de lui ; il vient de l'affirmer par le combat de Villepion. *Signé :* Chanzy.

Général d'Aurelle à général Chanzy, Saint-Péravy.

Saint-Péravy, de Cirtenay, le 2 décembre 1870,
à huit heures vingt minutes du soir.

Le ministre a fait connaître que dans la journée du 1er décembre la 1re division du 16e corps s'était signalée par son intrépidité et son sang-froid ; a décrété division et son chef, le contre-amiral Jauréguiberry, sont mis à l'ordre du jour de l'armée, et que le général Chanzy, commandant le 16e corps, est nommé grand officier de la Légion d'honneur. Ordre paraîtra demain.

P. O. Le colonel sous-chef d'état-major,

Signé : Tissier.

Général en-chef à général Chanzy, à Patay, par Saint-Péravy.

Saint-Péravy, de Saint-Jean de la Ruelle, le 10 décembre 1870,
à dix heures deux minutes du soir.

Je vous félicite sur le succès que vous venez d'obtenir. Adressez aussi mes félicitations à l'amiral sur la vigueur qu'il a déployée. Vous recevrez dans la nuit l'ordre de mouvement pour demain. Ce mouvement sera à peu près celui que vous m'avez indiqué vous-même. Je vous fais appuyer par les divisions Peytavin et Martineau. Je donne l'ordre au général de Sonis d'avoir, demain au jour, une de ses brigades à Patay.

Signé : d'Aurelle.

NOTE 9.

CIRCULAIRE DE SAINT-JEAN DE LA RUELLE.

1ᵉʳ décembre 1870, à cinq heures trente-cinq minutes du soir.

Général commandant en chef l'armée de la Loire, à généraux des Pallières à Loury, Chanzy à Patay, de Sonis à Saint-Péravy, Bourbaki à Bellegarde, Crouzat à Bellegarde, Martineau à Chevilly, Peytavin à Gidy.

ORDRE DU JOUR.

Officiers, sous-officiers et soldats de l'armée de la Loire,

Paris, par un sublime effort de courage et de patriotisme, a rompu les lignes prussiennes.

Le général Ducrot, à la tête de son armée, marche vers nous.

Marchons vers lui avec l'élan dont l'armée de Paris nous donne l'exemple.

Je fais appel aux sentiments de tous, des généraux comme des soldats.

Nous pouvons sauver la France.

Vous avez devant vous cette armée prussienne que vous venez de vaincre sous Orléans, vous la vaincrez encore.

Marchons donc avec résolution et confiance! En avant, sans calculer le danger! Dieu protége la France!

Quartier général de Saint-Jean, le 1ᵉʳ décembre 1870.

Signé : D'AURELLE.

CIRCULAIRE DE TOURS.

1ᵉʳ décembre 1870, à huit heures du soir.

Intérieur à préfets, sous-préfets et généraux.

La délégation du Gouvernement a reçu aujourd'hui, 1ᵉʳ décembre, la nouvelle d'une victoire remportée sous les murs de Paris, pendant les journées des 28, 29 et 30 novembre. Cette nouvelle avait été apportée à Tours par le ballon *le Jules Favre*, descendu près de Belle-Isle-en-Mer. A quatre heures M. Gambetta, membre du Gouvernement, s'adressant à la foule réunie dans la cour de la préfecture, a confirmé en ces termes la grande et heureuse nouvelle : « Chers concitoyens, après soixante-douze jours d'un siége sans exemple dans l'histoire, tout entier consacré à préparer, à organiser les forces de la délivrance, Paris vient de jeter hors de ses murs, pour rompre le cercle de fer qui l'étreint, une nombreuse et vaillante armée, préparée avec prudence par des chefs consommés que rien n'a pu ébranler ni émouvoir dans cette laborieuse organisation de la victoire. Cette armée a su attendre l'heure propice, et l'heure est venue. Excités, encouragés par les fortifiantes nouvelles venues d'Orléans, les chefs du Gouvernement avaient résolu d'agir, et tous d'accord, nous attendions depuis quelques jours avec une sainte anxiété le résultat de nos efforts combinés. C'est le 29 au matin que Paris s'est ébranlé. Une proclamation du général Trochu a appris à la capitale cette résolution suprême, et avant de marcher au combat, il a rejeté la responsabilité du sang qui allait couler sur la tête de ce ministre et de ce roi dont la criminelle ambition foule aux pieds la justice et la civilisation moderne. L'armée de sortie est commandée par le général Ducrot, qui, avant de partir, a fait, à la manière antique, le serment solennel, devant la ville assiégée et devant la France anxieuse, de ne rentrer que mort ou victorieux. Je donne dans leur laconisme les nouvelles apportées par le ballon *le Jules Favre*, un nom de bon augure et cher à la France, tombé ce matin à Belle-Isle-en-Mer. Le 29 au matin, la sortie dirigée contre la ligne d'investissement a commencé sur la droite par Choisy, l'Hay et Chevilly. Dans la nuit du 29 au 30, la bataille a persisté sur ces divers points. Le général Ducrot, sur sa gauche, passe la Marne le matin ; il occupe successivement Mely et Montmerly, il prononce son mouvement sur la gauche, et, adossé à la Marne, se met en bataille de Champigny à Bry. L'armée passe alors la Marne sur huit points, elle couche sur ses positions après avoir pris à l'ennemi deux pièces de canon. L'affaire a été rapportée à Paris par le général Trochu. Ce rapport, où on fait l'éloge de tous, ne passe sous silence que la grande part du général Trochu à l'action : ainsi faisait Turenne. Il est constant qu'il a rétabli le combat sur plusieurs points, en entraînant l'infanterie par sa présence. Durant cette bataille, le périmètre de Paris était couvert par un feu formidable ; l'artillerie fouillait toutes les positions de la ligne d'investissement. L'attaque de nos troupes a été soutenue pendant toute l'action par des canonnières lancées sur la Marne et sur la Seine. Le chemin de fer circulaire de M. Dorian, dont on ne saurait trop célébrer le génie militaire, a coopéré à l'action à l'aide de wagons blindés faisant feu sur l'ennemi. Cette même journée du 30, dans l'après-midi, a donné lieu à une pointe vigoureuse de l'amiral de La Roncière, toujours dans la direction de l'Hay et Chevilly. Il s'est avancé sur Longjumeau et a enlevé les positions d'Épinay, au delà de Longjumeau, positions de tranchée des Prussiens qui nous ont laissé de nombreux prisonniers et encore deux canons. A l'heure où nous lisons la dépêche de Paris, une action générale doit être engagée sur toute la ligne. L'attaque du sud, du 1er décembre, doit être dirigée par le général Vinoy. D'aussi considérables résultats n'ont pu être achetés que par de glorieuses pertes : 2,000 blessés ; le général Renault, commandant le 2ᵉ corps, et le général Lacharrière, ont été blessés ; le général Ducrot s'est couvert de gloire, et a mérité la reconnaissance de la nation. Les pertes prussiennes sont très-considérables. Tous ces renseignements sont officiels, car ils sont adressés par le chef d'état-major général, le général Schmitz.

Signé : Léon Gambetta.

CIRCULAIRE DE TOURS.

Le 1ᵉʳ décembre 1870, à huit heures cinquante-cinq minutes du soir.

EXTRÊME URGENCE.

Guerre à général commandant le 15ᵉ corps, à Loury ; général commandant le 16ᵉ corps, à Saint-Péravy ; général commandant le 17ᵉ corps, à Coulmiers Saint-Jean de la Ruelle ; général commandant le 18ᵉ corps, à Bellegarde ; général commandant le 20ᵉ corps, à Bellegarde. Faire suivre.

Grande victoire à Paris avec sortie du général Ducrot, qui occupe la Marne. Le général en chef d'Aurelle vous donnera des instructions en rapport avec ce grand événement.

Signé : de Freycinet.

NOTE 10.

CIRCULAIRE DE TOURS.

Le 2 décembre 1870, à onze heures du matin.

Guerre à général en chef, armée Loire, à Chevilly ; à général commandant le 18ᵉ corps, à Bellegarde et à général, commandant le 16ᵉ corps, à Patay.

Vous prie de porter à la connaissance des troupes, par un ordre du jour, les deux décrets ci-après, qui paraissent au *Moniteur* de ce jour :
1° le Gouvernement, considérant que le 18ᵉ corps d'armée, à peine formé, composé en grande partie de soldats qui voyaient le feu pour la première fois, et privé de son commandant en chef, a cependant par la fermeté de son attitude remporté des avantages signalés sur l'ennemi, à Ladon, à Maizières et à Beaune-la-Rolande ;

Décrète :

Art. 1ᵉʳ. Le 18ᵉ corps d'armée de la Loire a bien mérité de la patrie.

Art. 2. M. le chef d'état-major Billot, général de brigade à titre provisoire, est nommé général de brigade à titre définitif.

APPENDICES.

M. Feillet-Pilaterie, général de division à titre provisoire, est nommé général de division à titre définitif.

2° Le Gouvernement, considérant que dans la journée du 1er décembre la 1re division du 16e corps d'armée s'est signalée par son intrépidité et son sang-froid, décrète :

ART. 1er. La 1re division du 16e corps d'armée et son chef le contre amiral Jauréguiberry sont mis à l'ordre du jour de l'armée.

ART. 2. Le général Chanzy, commandant le 16e corps d'armée, est nommé grand officier de la Légion d'honneur.

Pour la délégation,

Signé : GAMBETTA.

Guerre à général en chef de l'armée Loire, Saint-Jean de la Ruelle ; faire suivre à commandants chefs 17e corps, Saint-Jean ; 15e corps, Loing ; 16e corps, Patay ; 18e corps, Bellegarde ; 20e corps, Bellegarde.

Saint-Péravy, de Tours, le 2 décembre 1870,
à quatre heures du soir.

Il demeure entendu qu'à partir de ce jour, et par suite des opérations en cours, vous donnerez directement vos instructions stratégiques aux 15e, 16e, 17e, 18e et 20e corps. J'avais dirigé jusqu'à hier le 18e et le 20e, et par moments le 17e. Je vous laisse ce soin désormais. D'après l'ensemble de mes renseignements, je ne crois pas que vous trouviez à Pithiviers, ni sur les autres points, une résistance prolongée. Selon moi, l'ennemi cherchera uniquement à masquer son mouvement vers le nord-est, à la rencontre de Ducrot. La colonne à laquelle vous avez eu affaire hier, et peut-être aujourd'hui, n'est sans doute qu'une fraction isolée qui cherche à nous retarder. Mais je le répète, le gros doit filer vers Corbeil. En ce moment Châteaudun est réoccupé par nous.

Signé : GAMBETTA.

Documents allemands. — LA GUERRE DE FRANCE 1870-1871, *par* RUSTOW. (*Ouvrage publié à Zurich, 1871* [1] ; *4e livraison.*)

§ 1er.

OPÉRATIONS DU GRAND-DUC DE MECKLEMBOURG CONTRE L'ARMÉE DE LA LOIRE
DU 10 AU 19 NOVEMBRE.

Après l'affaire de Coulmiers, dont Gambetta avait beaucoup exagéré l'importance, celui-ci fit le plan d'une entreprise considérable pour

---

[1] Nous croyons devoir reproduire quelques extraits de cette publication d'un des écrivains militaires les plus distingués de l'Allemagne, tout en signalant les nombreuses inexactitudes qu'elle renferme.

débloquer Paris. Troupes sur troupes furent envoyées sur la Loire pour former une puissante armée sous les ordres du général d'Aurelle. Ces troupes, à peine armées et exercées, formaient, vers la fin de novembre, sept corps d'armée, les 15e, 16e, 17e, 18e, 19e, 20e et 21e corps; ce dernier devait être composé des troupes disponibles du camp de Conlie. L'armée ainsi constituée comptait 350,000 rationnaires, et au plus 200,000 disponibles, en donnant une extension fort large à l'expression de disponibles. Dans aucun cas une force de 200,000 hommes n'est à dédaigner. Cette armée de la Loire devait se porter de l'ouest et du sud-ouest vers Paris, en poussant devant elle les corps d'observation que les Allemands pourraient lui opposer. En même temps, Trochu devait sortir de Paris avec les troupes actives qu'il avait formées, rompre le cercle d'investissement, et, réuni à d'Aurelle, tenter de repousser l'armée allemande sur le Rhin. L'armée de Paris pouvait être évaluée à 200,000 hommes environ.

Dans le Nord, l'armée qui s'y trouvait maintiendrait devant elle une partie des forces allemandes.

Le plan conçu pour dégager Paris était simple et bon; pour qu'il réussît, il fallait que d'Aurelle et Trochu se donnassent la main aux environs de Paris. Cela fait, le but principal était atteint; mais la question capitale, qui se posait, était celle-ci : Pouvait-on compter sur la solidité des troupes françaises de nouvelle formation aux prises avec les masses solides des Allemands jusqu'alors victorieux dans toutes les rencontres? Ne devaient-elles pas faiblir? Pour un observateur impartial la question était extrêmement douteuse; elle fut tranchée dans les derniers jours de novembre et les premiers de décembre.

Après l'affaire de Coulmiers, le grand-duc de Mecklembourg avait reçu le commandement du corps d'observation opposé à l'armée de la Loire. Les forces dont il disposait étaient composées du 1er corps bavarois, de Tann, de la 22e division, Wittich, de la 17e division du 13e corps. Le général de Tann commandait ces troupes en remplacement du général de Treskow, aide de camp du roi et alors malade. A ces forces s'ajoutaient les trois divisions de cavalerie prince Albert, Rheinbahen et Stolberg; en totalité, 45,000 hommes au moins d'infanterie et de cavalerie.

Le 1er novembre, le 1er corps bavarois était à Toury, la 17e division à Dourdan et la 22e division à Chartres sur l'Eure; les divisions de cavalerie couvraient les flancs.

Le 11 novembre, la 17e division fut poussée sur Angerville, comme réserve du 1er corps bavarois, pendant que la 22e division reçut l'ordre de s'établir fortement à Chartres pour couvrir le flanc droit.

D'Aurelle de Paladines, d'après ce que nous savons, ne pouvait avoir le dessein d'entreprendre quelque chose de sérieux contre les

Allemands. Il s'occupa de la mise en état de défense d'Orléans, et chercha à mettre sous sa main, tant bien que mal, les troupes qui lui étaient journellement envoyées du sud. Il ne croyait pas, en agissant ainsi, perdre du temps pour les opérations, qu'il ouvrit en faisant faire à sa gauche un mouvement vers le nord-ouest. Ce mouvement aurait pu avoir du succès, si les troupes du prince Frédéric-Charles eussent été encore retenues immobiles; car si, dans cette hypothèse, le prince de Mecklembourg s'était laissé entraîner vers l'ouest, le général d'Aurelle aurait pu se porter, par la ligne la plus courte, d'Orléans sur Paris.

Dans le fait, le grand-duc suivit l'aile gauche des Français. Après avoir repoussé, le 12 novembre, une démonstration de d'Aurelle sur Toury, il envoya, le 13, le 1er corps bavarois dans les positions d'Épernon et de Collardon sur la Boise. De Tann envoya un détachement à Gasville pour établir sa communication avec Wittich, qui occupait Chartres.

Le grand-duc lui-même, avec la 17e division, se dirigea d'Angerville sur Houdan par Auneau où il entra le 15 novembre, attaqua le 17, à Houdan, un détachement français dont il poussa les débris sur Mantes, et le même jour s'empara de Dreux après un court combat.

Pendant sa marche sur Dreux, le grand-duc avait envoyé sur Châteauneuf-en-Thimerais la 22e division, suivie par le corps de Tann. Le général Wittich prit, le 18, Châteauneuf, et livra des combats sans importance à Ardelles et Digny, le 19, et à la Loupe le 21 novembre.

L'armée du grand-duc avait à cette époque son front complétement tourné vers l'ouest; elle n'avait affaire qu'à de petits détachements français isolés qui, faute de direction unique, s'efforçaient d'employer toutes les forces locales et d'opposer une résistance aux forces infiniment supérieures par lesquelles ils étaient attaqués.

Pendant ce temps, d'Aurelle déploya les corps qu'il avait eus jusque-là dans la main sur une longue ligne d'environ onze milles allemands, au nord-ouest de la Loire, de Montargis à l'est jusqu'à Orgères à l'ouest. Les corps dont il disposait étaient : les 15e, 16e, 17e, 19e et 20e. Le 19e était très-incomplet, le 21e encore en formation au camp de Conlie; le 18e, sous Bourbaki, encore à Nevers, n'était pas prêt à combattre. D'Aurelle comptait marcher sur Paris, soit par Toury, soit par Pithiviers; mais avant qu'il eût tout préparé, l'arrivée de Frédéric-Charles le força à se replacer sur la défensive.

§ II.

MARCHE DU PRINCE FRÉDÉRIC-CHARLES VERS LA LOIRE. — RENCONTRES DE LADON (24 NOVEMBRE) ET DE BEAUNE-LA-ROLANDE (28 NOVEMBRE).

Nous avons laissé le prince Frédéric-Charles à Sens. Son quartier général se porta les jours suivants sur Pithiviers, par Cheroy, Nemours et Puiseaux. Le prince prit le commandement des troupes du grand-duc de Schwerin; son but était de mettre cette armée en communication avec la deuxième armée, entre Toury et Pithiviers. L'armée du prince, tout entière, consistait en cinq corps d'armée : 1er Bavarois, 17e et 22e divisions, 3e, 9e et 10e corps de l'Allemagne du Nord, et quatre divisions de cavalerie, dont la division Hartmann. Toutes ces forces devaient se développer au nord des Français vers la forêt d'Orléans, le front vers le sud, pour chasser d'Aurelle sur la rive gauche de la Loire.

Le grand-duc de Mecklembourg reçut l'ordre de se porter vers le sud; ce ne fut pas sans combat que le prince réussit à faire sa jonction avec lui. Les corps que le général d'Aurelle pouvait lui opposer étaient : le 15e (Martin des Pallières), à Orléans même; à sa droite, le 20e (Crouzat), à Jarjeau, et le 18e, si toutefois il était prêt à entrer en ligne avec Bourbaki, s'appuyait à la Loire à Sully, à cinq milles en amont d'Orléans.

Le 10e corps d'armée dut se concentrer, le 24 novembre, à Beaune-la-Rolande. Dès le 23, son chef, Voigt-Retz, y arrivait avec la 38e brigade d'infanterie (Wedell) et la cavalerie hessoise de Rantzau; le reste était à Montargis.

Les patrouilles, poussées en avant, trouvèrent tous les lieux environnants occupés par les Français. Le 24 novembre, à sept heures, la 39e brigade (Valentini), commandée antérieurement par le général de Woyna qui alors avait le commandement de la 19e division, s'avança de Montargis, par Panne et Mignières, vers Beaune-la-Rolande; elle était accompagnée par l'artillerie de réserve du 10e corps. Au sud, la 37e brigade Lehman, qui avait quitté les plaines de Montargis à huit heures, se porta sur Ladon. A onze heures, elle rencontra les avant-postes du 20e corps d'armée français.

Ladon fut pris par les Prussiens après un long combat; les Français se retirèrent dans l'après-midi sur Bellegarde, poursuivis par quelques compagnies prussiennes, pendant que le reste de la brigade Lehman continuait sa marche sur Beaune-la-Rolande.

L'artillerie de réserve du 10e corps avait atteint Beaune-la-Rolande à une heure après midi; à la même heure, la brigade Valentini était arrivée à Juranville. Là, elle reçut l'ordre de se porter à Maizières pour soutenir la brigade Lehman. Valentini, conformément à cet ordre, repoussa les Français vers Fréville par l'Archemont; sous sa protection, la brigade Lehman marcha sur Beaune où elle arriva le 25. Tout le 10e corps d'armée y était réuni à cette date.

Pendant ce temps, le 9e corps d'armée marcha sur Pithiviers, sur la gauche du 2e corps d'armée, la division Stülpnagel du 3e corps fut poussée sur Beaune. Le 28 novembre, un violent combat fut livré dans ce lieu au 20e corps français.

A la suite de cette affaire, d'Aurelle réunit son armée sur la lisière nord de la forêt d'Orléans et à l'est de celle-ci. Le prince Frédéric-Charles avait dès lors toute facilité pour concentrer ses forces et pour s'emparer d'Orléans, point décisif de la ligne de la Loire. Le 29 et le 30 novembre quelques rencontres eurent lieu pendant sa concentration; mais comme elles furent sans importance, il n'y a pas lieu d'en parler.

§ III.

RÉOCCUPATION D'ORLÉANS.

D'après l'ordre du prince Frédéric-Charles, le grand-duc de Mecklembourg avait disposé le front de son armée vers le sud de la manière suivante :

Le 1er corps bavarois, couvert sur son flanc par la 4e division de cavalerie, était à Orgères, à la croisée des routes de Chartres à Orléans et de Toury à Châteaudun; la 17e division, à Allaines; la 22e division, soutenue par la 2e division de cavalerie, à Toury, sur le chemin de fer de Paris à Orléans.

Le 2 décembre, de Tann dut se porter d'Orgères à Loigny dans la direction d'Orléans. Son avant-garde rencontra celle du 16e corps français (général Chanzy) qui s'était concentré à Terminiers.

Les Français, continuellement renforcés, rejetèrent, après un long combat, les Bavarois sur Villepréyôst et Château-Goury. Là se retira de Tann vers midi, pour se concentrer avec ses réserves dans les bois. Sur son flanc gauche, la 17e division était arrivée à Lumeau; elle ne trouva pas devant elle de forces importantes et s'empara de ce village. En même temps, le prince Albert se jeta avec sa cavalerie à la droite des Bavarois sur Loigny; les Bavarois y revinrent, et les forces allemandes, par une attaque concentrique, s'emparèrent de Loigny à une heure de l'après-midi.

La 22e division se porta, le 2 décembre, sur Baigneaux, au nord-est de Lumeau, et, après un court combat, s'empara du village. Les troupes françaises qui combattirent dans cet endroit appartenaient au 15e corps. Elles se retirèrent à Poupry. Plusieurs combats furent livrés autour des bois qui sont au nord de ce village, et à la suite de ces combats la 22ᵉ division s'empara de Poupry et resta maîtresse de la route d'Orléans par Allaines.

A la hauteur de la 22ᵉ division, une brigade de cavalerie de la 2ᵉ division, se portant vers Orléans par Artenay, pénétra dans ce village malgré plusieurs retours offensifs des Français. Ceux-ci tentèrent une nouvelle attaque sur le flanc droit du grand-duc de Mecklembourg; ils employèrent à leur effort sur Loigny le 17ᵉ corps, général de Colomb [1]. Ce corps reprit Loigny, mais en fut chassé à la fin du jour, après un violent combat, et forcé de battre en retraite sur Terminiers. Dans la soirée, le grand-duc de Mecklembourg était en possession de la ligne Loigny-Lumeau-Poupry-Dambron. Pour le soutenir le prince Frédéric-Charles avait, dès le 2 décembre, envoyé la 6ᵉ division de cavalerie à Oison, par Bazoche-les-Gallerandes, et le 9ᵉ corps de Pithiviers à Jouy, par Châtillon-le-Roi; son quartier général était depuis le 29 novembre à Pithiviers.

Le prince résolut de faire une attaque concentrique sur Orléans le 3 décembre.

Sur l'aile droite, l'armée du grand-duc de Mecklembourg dut se porter de sa position de Poupry sur le chemin de fer et au nord-ouest de la forêt d'Orléans.

Le 9ᵉ corps de la deuxième armée fut envoyé sur la ligne de Toury à Bazoches-les-Gallerandes; à sa gauche, le 3ᵉ corps à Pithiviers, et à la gauche du 3ᵉ, le 10ᵉ corps à Boynes. Le 9ᵉ corps fut porté, le 3 décembre, à l'est du chemin de fer par Artenay, le 3ᵉ corps sur la route de Fontainebleau, le 10ᵉ par Nibelle contre le canal d'Orléans.

Le prince Frédéric-Charles marchant avec le 9ᵉ corps d'armée de la Confédération du nord sur le village d'Assas, par Dambron, s'en empara ainsi que d'Artenay. En se portant en avant, il eut à soutenir un combat violent, près du moulin d'Anvillers, contre des troupes françaises appartenant au 15ᵉ corps.

Celles-ci furent repoussées; l'avant-garde du 9ᵉ corps se porta sur Chevilly et trouva ce village déjà occupé par les troupes du grand-duc de Mecklembourg.

Le 3ᵉ corps de l'armée du Nord gagna Loury par Chilleurs-aux-Bois; le 10ᵉ arriva dans la forêt d'Orléans jusqu'à Nibelle. L'armée du grand-duc de Mecklembourg s'était avancée jusqu'à Chevilly, comme il a été dit. Ainsi, le 3 décembre, l'armée du prince Frédéric-Charles se trouvait sur un front d'un peu plus de deux milles allemands, concentrée de Chevilly à Loury. Sur ce front se trouvaient

---

[1] Le général de Colomb, qui n'était pas encore à l'armée de la Loire, ne prit le commandement du 17ᵉ corps que le 21 décembre, au Mans. C'était le général de Sonis qui le commandait à Loigny, où il fut blessé.

APPENDICES. 471

au moins 100,000 hommes. Le prince plaça son quartier général à Artenay.

D'Aurelle de Paladines reconnut promptement qu'il ne pouvait plus compter sur un mouvement sérieux vers Paris. Ses jeunes soldats avaient très-bien combattu les jours précédents, mais le manque de cohésion d'une organisation nouvelle était manifeste. Avec des troupes de cette sorte, il ne faut pas être trop obstiné; il ne faut pas leur demander ce qu'elles ne peuvent donner. D'Aurelle résolut donc, le 3 décembre au soir, d'abandonner Orléans et de se retirer en Sologne. Il en avertit par le télégraphe la délégation de Tours, à laquelle cette nouvelle ne fut pas agréable. Il reçut de nombreuses dépêches, dont plusieurs étaient blessantes. Le 4 décembre, il résolut de s'arrêter à Orléans et de concentrer les 18e et 20e corps à Jargeau et Sully, les 16e et 17e corps sur Meung et Beaugency. Il envoya un télégramme pour annoncer sa résolution; ce télégramme se croisa avec un autre que lui envoyait Gambetta pour lui donner toute liberté d'action.

Pendant ce temps, le prince Frédéric-Charles avait repris ses opérations le 4 décembre au matin. Le grand-duc de Mecklembourg, sur l'extrême droite de l'armée, marcha sur Orléans entre les routes de Châteaudun et de Chartres. A sa gauche s'avançait, par Chevilly, le 9e corps d'armée de la Confédération; le 3e corps, avec un détachement sur sa droite à Saint-Lyé, marchait par Loury sur Saint-Loup; le 10e corps, suivant le canal d'Orléans, marchait sur Vitry-aux-Loges. Entre ces deux corps d'armée se trouvait la division de cavalerie Hartmann.

Le 4 décembre, à la chute du jour, les principales masses des Allemands étaient groupées autour d'Orléans. Le 15e corps avait seul opposé une vigoureuse résistance sur le chemin de fer de Paris à Orléans. Les autres corps, 18e et 20e de l'aile gauche, 16e et 17e de l'aile droite, s'étaient mis en retraite par ordre du général d'Aurelle, les uns sur Jargeau et Sully, les autres sur Meung et Beaugency. Ils n'opposèrent qu'une arrière-garde aux troupes allemandes pour couvrir leur retraite.

L'armée du grand-duc de Mecklembourg, pendant sa marche vers Orléans, s'était imparfaitement éclairée, car l'aile gauche des Français s'était notablement éloignée d'elle. La cavalerie d'Hartmann, le 3e et le 10e corps d'armée ne rencontrèrent que de faibles détachements, mais ces troupes éprouvèrent une certaine difficulté à apprécier la force de leur adversaire, parce qu'elles étaient obligées de cheminer à travers la forêt d'Orléans.

Le prince Frédéric-Charles prit son quartier général à Cercottes, le 4 décembre au soir, et envoya demander au général Martin des Pallières, qui commandait à Orléans, la reddition de cette ville; en cas de refus, il allait la bombarder. Des Pallières, qui savait que ni l'aile droite ni l'aile gauche de l'armée ne pouvaient rallier à temps le 15e corps, et opposer une résistance suffisante aux masses allemandes, évacua la ville dans la nuit du 4 au 5 décembre. Les gros canons de marine, qui armaient les redoutes en avant de la ville, furent encloués.

Le 5 décembre, les premiers détachements de l'armée du duc de Mecklembourg, du 9e et enfin du 3e corps allemand, entrèrent à Orléans de grand matin. Le prince y plaça son quartier général à midi.

Aussitôt qu'il apprit que les Français évacuaient Orléans, le prince prescrivit d'envoyer des détachements dans les directions principales sur la rive gauche de la Loire : l'un vers Gien, l'autre vers Blois et Tours, un autre enfin entre les deux premiers dans la direction de Vierzon.

Ces ordres eurent pour conséquence la séparation de l'armée française en deux tronçons. En amont d'Orléans se réunirent les 18e et 20e corps, plus le 15e, qui n'avait plus le moyen de se retirer à l'ouest.

Les 16e et 17e corps, qui jusque-là avaient combattu contre l'armée du grand-duc de Mecklembourg, se réunirent sur la Loire en aval d'Orléans; le 19e corps, qui leur servait de réserve et qui n'avait pas pris part aux combats, se joignit à eux. Enfin, cette gauche de l'armée française put attirer à elle le 21e corps du camp de Conlie [1].

Gambetta, qui reçut, le 4 décembre après midi, une dépêche par laquelle d'Aurelle annonçait qu'il allait se concentrer à Orléans, avait pris à Tours un train à une heure et demie pour intervenir personnellement et rétablir les affaires. A quatre heures et demie, il arriva à la Chapelle et fut reçu par les coups de carabine des cavaliers du prince Albert.

Il n'était pas impossible que Gambetta, qui avait une si complète omnipotence, se rendît à Orléans; cependant il retourna à Tours, où il reçut, à minuit, la dépêche de des Pallières lui annonçant l'évacuation d'Orléans.

Ainsi, l'armée de la Loire, qui devait se porter au secours de Paris, était rejetée sur la rive gauche de la Loire, coupée en deux parties qui ne pouvaient plus se réunir que par une marche rapide sur un point de concentration très-éloigné. En même temps, une grande sortie de l'armée de Paris était repoussée, comme nous allons le raconter maintenant.

. . . .

---

[1] Tous ces détails sont souvent inexacts, ainsi qu'on pourra le voir dans le récit fait au livre Ier de cet ouvrage.

Extraits de l'ouvrage : LA GUERRE DE L'ALLEMAGNE CONTRE LA FRANCE ET LA FONDATION DE L'EMPIRE ALLEMAND, *par le docteur* L. HAHN, *conseiller intime au ministère de l'intérieur. (Ouvrage publié à Berlin, 1871.)*

203. *Premières marches en avant de l'armée française de la Loire. (Évacuation d'Orléans. — Bataille de Coulmiers).*

Versailles, 10 novembre. L'armée de la Loire s'avançant sur la rive droite de la Loire vers Beaugency, le général de Tann a pris position contre elle le 9, en dehors d'Orléans, et après avoir constaté la force de l'ennemi, s'est retiré, en combattant, sur Saint-Péravy. V. PODBIELSKI.

A LA REINE AUGUSTA, A HOMBOURG.

Versailles, 11 novembre. Avant-hier le général de Tann s'est retiré, en combattant, devant des forces supérieures, d'Orléans à Toury où il a fait sa jonction hier avec le général Wittich et le prince Albert (père) venus de Chartres. Le grand-duc de Mecklembourg fera aujourd'hui sa jonction avec eux. GUILLAUME.

Versailles, 12 novembre. Dans le combat du général de Tann, le 9, toutes les attaques de l'ennemi furent repoussées avec des pertes considérables pour lui, et alors seulement fut commencée la retraite. Le 10, vers midi, un détachement de la réserve de munitions bavaroise, dans lequel se trouvaient deux canons de la réserve, s'égara et tomba dans les mains de l'ennemi. V. PODBIELSKI.

204. *Coup d'œil sur les premiers mouvements vers la Loire.* (Moniteur officiel de *Berlin*).

Afin de mettre l'armée d'investissement de Paris à l'abri des attaques par le sud de l'armée de la Loire nouvellement créée, on envoya contre elle, dans les premiers jours d'octobre, un corps d'armée considérable composé du 1er corps d'armée bavarois sous le commandement du général de Tann, de la 22e division prussienne, général V. Wittich, et d'une division de cavalerie sous les ordres du prince Albert de Prusse (père). Ces forces rencontrèrent l'ennemi le 9 octobre, près d'Artenay, sur la route d'Orléans à Paris, le repoussèrent, enlevèrent d'assaut, le 10 octobre, en continuant le combat de la veille, le faubourg nord d'Orléans, et rejetèrent les Français au delà de la Loire, en leur faisant subir des pertes considérables. Le commandant en chef français, général Motterouge, ne s'est arrêté qu'à la Ferté.

Le général de Tann resta avec son corps d'armée à Orléans, pendant que la 22ᵉ division s'avança dans une direction nord-ouest vers Châteaudun, s'empara de cette ville par assaut et se dirigea ensuite au nord vers Chartres où elle prit position, après avoir détaché une partie de ses forces encore plus au nord, jusque vers Dreux. La cavalerie envoya plusieurs détachements sur la rive droite de la Loire jusque vers Beaugency, et le reste eut la mission de conserver les communications entre les diverses fractions du corps d'armée.

Sur ces entrefaites, le général Aurelle de Paladines avait pris le commandement en chef de l'armée de la Loire. Il lui réussit de porter, au moyen de renforts, son armée à 60,000 hommes environ, dont, il est vrai, une faible partie seulement était composée de troupes de ligne, la plus grande partie de gardes mobiles. La cavalerie (sept régiments) et surtout l'artillerie y étaient suffisamment représentées. Avec ces forces, il passa sur la rive droite de la Loire et occupa très-fortement la position Mer-Marchenoir-Morée.

Le général de Tann, qui, dès le commencement, avait eu connaissance de ces mouvements de l'ennemi, soit au moyen des reconnaissances, soit au moyen de renseignements recueillis d'une autre manière, sortit le 8 au soir d'Orléans pour aller au-devant de l'ennemi, dans la direction ouest, et fit sa concentration entre Huisseau et Coulmiers.

Les détachements de cavalerie placés en avant de cette position rencontrèrent le 9 novembre, vers sept heures du matin, au delà de Coulmiers, l'ennemi qui venait du côté de Vendôme. C'étaient les têtes de colonne de l'armée de la Loire, sous les ordres du général Polhès.

L'ennemi attaqua la position du corps bavarois dans la matinée avec six bataillons d'infanterie à six compagnies — exclusivement de troupes de ligne — suivis de colonnes fortes et nombreuses ; sept régiments de cavalerie française couvraient les ailes de l'attaque, et cent vingt pièces d'artillerie furent successivement mises en action contre la position bavaroise. Cependant, malgré la grande supériorité numérique de l'ennemi, l'excellente attitude des bataillons bavarois mit un terme aux progrès des troupes françaises. Quatre attaques, que l'ennemi exécuta contre l'aile droite, furent successivement repoussées avec une grande fermeté et en faisant essuyer à l'infanterie française des pertes considérables, au point qu'il réussit au général de Tann de maintenir complétement sa position jusqu'au soir. Ce n'est qu'à la tombée de la nuit, et après que les colonnes d'attaque ennemies s'étaient retirées, que le général de Tann résolut de s'approcher des renforts qui lui furent amenés de Chartres et de Versailles. La retraite fut exécutée sur Saint-Péravy, dans une attitude parfaite et avec la fière satisfaction d'avoir rompu complétement les attaques de l'ennemi malgré une infériorité numérique considérable. L'ennemi ne poursuivit pas le 1er corps bavarois, mais occupa le soir même Orléans, où malheureusement environ un millier de malades non transportables ont dû être abandonnés. Le 10, la retraite continua jusqu'à Toury, où le 1er corps d'armée bavarois fit sa jonction avec les troupes de renfort prussiennes. S. A. R. le grand-duc de Mecklembourg-Schwerin a pris le commandement en chef de ces forces réunies. Les pertes du 1er corps bavarois, le 9, s'élèvent à 42 officiers et 650 hommes tués et blessés. Une colonne de munitions, qui s'était égarée, est tombée le 10 entre les mains de l'ennemi, avec un employé et 80 hommes.

Un rapport français porte les pertes de l'ennemi, en blessés et tués, à 2,000 hommes. Ce rapport parle de 1,000 prisonniers ; ce ne peut être que les malades laissés dans les hôpitaux d'Orléans.

207. *Marche en avant du prince Frédéric-Charles de Metz vers la Loire. Guerre fanatique des Français.* (Moniteur officiel de Berlin.)

La deuxième armée se dirigeait par marches forcées de ses positions autour de Metz vers la Loire ; les succès que les Français se figuraient avoir remportés par la retraite du corps de Tann, les mouvements menaçants qu'ils avaient l'air d'exécuter pour débloquer Paris du côté sud de l'investissement, changèrent ces marches forcées en pas de course à partir de Troyes. Les différents corps ont fait l'impossible sous ce rapport. Il y a lieu d'apprécier d'autant plus ces efforts, que les troupes ont rencontré, dans ces marches, de continuels obstacles que leur ménageaient les populations. Celles-ci avaient commencé contre nous la guerre de guérillas, que prêchaient les curés, surtout aux environs d'Orléans. L'évêque d'Orléans, Mgr Dupanloup, adressa, à l'occasion de la fête de saint Aignan, une lettre pastorale à son diocèse, par laquelle il le poussa à faire la guerre sainte contre l'envahisseur.

Le 18 novembre, le feld-maréchal prince Frédéric-Charles porta son quartier général de Sens à Chery, le 19 à Nemours, le 20 à Puiseaux, le 21 à Pithiviers. Là le prince s'établit pour quelques jours, pour attendre la concentration des troupes qui marchaient sur un front de douze lieues d'étendue.

Pendant ce temps eurent lieu plusieurs reconnaissances d'importance diverse, qui, pour la plupart, furent exécutées au milieu des plus grandes difficultés. A toutes les distances et de toutes les maisons dans la campagne nos cavaliers furent assaillis de coups de feu ; à leur approche, le laboureur isolé jette sa bêche, empoigne son fusil placé à terre à côté de lui, et fait feu; chaque maison devient une petite forteresse, chaque homme en blouse, un franc-tireur. Chaque jour on en amène au quartier général et on les fusille, selon les lois de la guerre; souvent aussi on amène avec eux des prêtres, fauteurs ou même acteurs de ces coups de main. Tout homme pris armé d'un fusil est condamné à mort, suivant la notification du général en chef, affichée à tous les coins de rue des villes et des villages traversés par nos troupes. Ce n'est que par une sévérité draconienne qu'il est possible de mettre fin à cette manière traîtreuse et infâme de faire la guerre et de donner satisfaction à nos troupes.

208. *La reconquête d'Orléans par les armées allemandes.*

A LA REINE AUGUSTA, A COBLENTZ.

Versailles, le 18 novembre. Le grand-duc de Mecklembourg a repoussé hier l'ennemi sur toutes ses lignes près de Dreux; l'adjudant général de Treskow, qui commande momentanément la 17ᵉ division, a pris Dreux avec peu de pertes. Fait beaucoup de prisonniers. Poursuite de l'ennemi dans la direction du Mans. GUILLAUME.

Versailles, 27 novembre. Dans des combats de reconnaissances devant Orléans, le 24, deux brigades du 10ᵉ corps rencontrèrent le 20ᵉ corps français dans sa marche en avant, le jetèrent hors de Ladon et de Maizières, et lui firent subir des pertes assez considérables. Le 26, plusieurs compagnies ennemies s'avancèrent contre le 10ᵉ corps, furent repoussées, et perdirent, rien qu'en morts, 40 hommes. Parmi les prisonniers se trouve un général. DE PODBIELSKI.

Versailles, 28 novembre. — Le général feld-maréchal prince Charles nous communique : Le 28, le 10ᵉ corps a été attaqué par des forces ennemies infiniment supérieures; il se concentra près de Beaune-la-Rolande, où il se maintint victorieusement et fut secouru l'après-midi, en ma présence, par la 5ᵉ division d'infanterie et la 1ʳᵉ division de cavalerie. Nos pertes s'élèvent à environ 1,000 hommes. Les pertes ennemies très-considérables, plusieurs centaines de prisonniers dans nos mains. Le combat finit vers cinq heures.

DE PODBIELSKI.

A LA REINE AUGUSTA.

Versailles, 29 novembre. Le prince Frédéric-Charles annonce : Le combat d'hier a été une véritable défaite de la plus grande partie de l'armée de la Loire, dont tout le 20ᵉ corps, probablement aussi le 18ᵉ et des fractions du 15ᵉ et du 16ᵉ, y assistaient. D'après les données françaises, 70,000 hommes. Le 20ᵉ corps a combattu tout entier, les autres en partie. L'ennemi a laissé un millier de morts sur le champ de bataille; on dit qu'il a 4,000 blessés, 1,900 prisonniers, dont le nombre augmente à toute heure. Pertes totales, 7,000 hommes. Le général d'Aurelle est blessé, dit-on. Nos pertes s'élèvent à 1,000 hommes, peu d'officiers. GUILLAUME.

Versailles, 29 novembre. On n'a pu fixer qu'aujourd'hui, avec certitude, toute l'importance du combat soutenu hier par des fractions de la deuxième armée, surtout du 10ᵉ corps jusque après la tombée de la nuit. La plus grande partie de l'armée de la Loire a subi une défaite complète. L'ennemi a laissé environ 1,000 morts sur le champ de bataille; 1,600 prisonniers non blessés, dont le nombre augmente à toute heure, sont entre nos mains. Nous avons perdu un canon, après que les chevaux et les servants en ont été tués, et pas tout à fait 1,000 hommes en tués et blessés, parmi lesquels relativement peu d'officiers. DE PODBIELSKI.

Versailles, 29 novembre. Le gros de l'armée de la Loire a essayé hier de percer, par un coup de force, dans la direction de Fontainebleau, a rencontré près de Beaune-la-Rolande le 10ᵉ corps allemand et fut repoussé par celui-ci, renforcé par la 5ᵉ division et la 1ʳᵉ division de cavalerie, en essuyant de grandes pertes en morts, blessés et surtout prisonniers. DE PODBIELSKI.

Versailles, 3 décembre. Un détachement bavarois, envoyé en reconnaissance par le grand-duc de Mecklembourg-Schwerin, a rencontré hier entre Orgères et Patay des forces ennemies qui s'avançaient en nombre considérable, et revint à sa première position. A la suite de cette reconnaissance, pendant que l'armée était occupée ce matin vers neuf heures à prendre une formation pour se porter en avant, elle fut vivement attaquée sur la ligne Orgères-Baigneaux. L'ennemi, composé des 15ᵉ et 16ᵉ corps, fut jeté au delà de Loigny, par la 4ᵉ division de cavalerie, suivie du 1ᵉʳ corps d'armée bavarois, pendant que la 22ᵉ division d'infanterie, soutenue par la 2ᵉ division de cavalerie, prit d'assaut Poupry et s'avança jusque devant Artenay. L'ennemi perdit plusieurs centaines de prisonniers; 11 canons furent pris pendant le combat. Les pertes de notre côté ne manquent pas d'importance; celles de l'ennemi sont considérables. DE PODBIELSKI.

A LA REINE AUGUSTA.

Versailles, 4 décembre. Hier le prince Frédéric-Charles, avec les 3ᵉ et 9ᵉ corps, a jeté l'ennemi près de Chevilly et Chilleurs dans la forêt d'Orléans et lui a pris deux canons. GUILLAUME.

PRISE D'ORLÉANS.

Versailles, 4 décembre, dix heures du soir. Le 3, les colonnes du prince Frédéric-Charles repoussèrent l'ennemi par Chilleurs-aux-Bois et Chevilly dans la direction d'Orléans. Les 3° et 9° corps prirent chacun un canon. Nos pertes sans importance. DE PODBIELSKI.

A LA REINE AUGUSTA.

Versailles, 4 décembre, minuit. Après une bataille de deux jours de la deuxième armée et de l'armée de Mecklembourg, le corps Manstein s'est emparé ce soir du faubourg Saint-Jean, de la gare d'Orléans. Les autres corps se tiennent prêts à s'emparer de la ville demain. 30 canons, plus de 1,000 prisonniers. Pertes modérées; la division Wrangel est celle qui a fait le plus de pertes. GUILLAUME.

A LA REINE AUGUSTA.

Versailles, 5 décembre. Orléans a encore été occupé cette nuit, sans assaut. Que Dieu en soit loué! GUILLAUME.

Versailles, 5 décembre. Le prince Frédéric-Charles a pris possession de la ville d'Orléans dans la nuit du 5, après une bataille de trois jours et après avoir pris d'assaut, dans la soirée du 4, les faubourgs et la gare de la ville. Déjà 40 canons et plusieurs milliers de prisonniers sont entre nos mains. L'ennemi est poursuivi sans cesse. Nos pertes sont en rapport avec le succès. GUILLAUME.

TÉLÉGRAMME DU ROI A LA GRANDE-DUCHESSE MÈRE DE MECKLEMBOURG-SCHWERIN.

Versailles, 5 décembre. Ton fils en trois jours a remporté trois victoires, le 2 à Bazoches, où il a pris 12 canons, le 3 à Chevilly, où il a pris 3 canons, le 4, au nord et à l'ouest d'Orléans, où Treskow a pris trois villages d'assaut, 22 canons et 5,000 prisonniers. Combien je m'en réjouis pour Fritz. Les 3 et 4 les armées de Fritz et de Charles ont combattu en même temps devant et dans la forêt d'Orléans; hier au soir Manstein a enlevé le faubourg Saint-Jean et occupé la ville encore dans la nuit. Un événement très-important et très-glorieux. Les pertes ne sont pas trop fortes.

A LA REINE AUGUSTA.

Versailles, 6 décembre. Il a été pris près d'Orléans plus de 10,000 prisonniers, 77 canons et 4 chaloupes canonnières. Treskow a enlevé d'assaut Gidy, Janvry, Pruns, la voie ferrée fortifiée, et à minuit était dans Orléans. GUILLAUME.

Versailles, 6 décembre. S. A. R. prince Frédéric-Charles télégraphie d'Orléans : Jusqu'à présent 77 canons et environ 10,000 prisonniers *non blessés entre nos mains, ainsi que 4 chaloupes canonnières*, chacune armée d'une pièce de 24. La poursuite se continue

DE PODBIELSKI.

D'Orléans à Tours et à Vendôme.

A LA REINE AUGUSTA.

Versailles, 8 *décembre*. Hier au soir un combat vif et heureux de la 17ᵉ division dans sa marche vers Blois à mi-chemin de Meung; nous nous attendons là-bas à une résistance plus forte encore; pris un canon et une mitrailleuse, fait 150 prisonniers. GUILLAUME.

Versailles, 8 *décembre*. Dans sa marche sur Beaugency, la 17ᵉ division rencontra hier, à l'ouest de Meung, un corps ennemi nouveau composé de quinze à dix-sept bataillons avec 26 canons, et le repoussa de toutes ses positions dans un combat très-vif, auquel la 1ʳᵉ division bavaroise put encore prendre une part décisive. L'ennemi a perdu 260 prisonniers, un canon, une mitrailleuse. Le même jour, la 6ᵉ division de cavalerie à Salbris et l'avant-garde du 3ᵉ corps d'armée à Nevoy, au nord-ouest de Gien, livrèrent des combats heureux contre l'arrière-garde de l'armée de la Loire continuant sa retraite. DE PODBIELSKI.

A LA REINE AUGUSTA.

Versailles, 9 *décembre*. Le grand-duc de Mecklembourg a livré hier et avant-hier des combats sérieux devant Beaugency aux débris de l'armée de la Loire, augmentés par des renforts de Tours; combats victorieux, la ville occupée, fait 1,500 prisonniers, pris 6 canons. La deuxième armée avec des forces moindres poursuit d'autres débris sur la route de Bourges. GUILLAUME.

Versailles, 9 *décembre*. Après le combat victorieux du 7 décembre, les 17ᵉ et 22ᵉ divisions avec le 1ᵉʳ corps bavarois continuèrent leur marche en avant vers Beaugency. L'ennemi développa entre Beaugency et la forêt de Marchenoir, outre les troupes qui avaient été engagées le premier jour, au moins encore deux corps d'armée de l'armée de la Loire qui, en partant d'Orléans, avaient battu en retraite dans des directions divergentes, et il chercha à arrêter par tous les moyens la marche en avant de nos troupes. Celles-ci, néanmoins, gagnèrent sans cesse du terrain, et s'emparèrent successivement de Cravant, Beaumont, Messas, et enfin de Beaugency. 6 canons et plus de 1,000 prisonniers tombèrent dans nos mains. Le 9, nous arrachâmes à l'ennemi les lieux encore occupés par lui, Bonvalet,

Villorceau et Cernay, en lui faisant encore de nombreux prisonniers.

L'important nœud de chemins de fer, Vierzon, est occupé par nos troupes. De Podbielski.

Meung, 9 décembre. Aujourd'hui un nouveau combat très-vif de toutes les troupes de la fraction de l'armée du grand-duc. L'ennemi a été repoussé de sa forte position près de la forêt de Marchenoir; nous avons fait beaucoup de prisonniers. De Stosch.

Versailles, 10 décembre. Après les combats des derniers jours, on a dû accorder un repos, le 10, aux troupes sur la Loire. Cependant l'ennemi chercha le matin à reprendre l'offensive avec des forces considérables; mais il fut repoussé dans un combat qui a duré jusqu'à la nuit et dans lequel l'artillerie seule a été engagée. Nos pertes très-insignifiantes. Quelques centaines de prisonniers entre nos mains. De Podbielski.

Versailles, 11 décembre. Des fractions du 9ᵉ corps d'armée ont, le 9, rencontré à Montlivault, près de Blois, une division ennemie, dont l'attaque a été repoussée d'une manière décisive. L'aile gauche du corps chassa l'ennemi de Chambord, opération dans laquelle un bataillon hessois s'est emparé de 5 canons. Le 3ᵉ corps d'armée a poursuivi le 8, jusqu'au delà de Briare, l'ennemi battu à Nevoy. De Podbielski.

A LA REINE AUGUSTA.

Versailles, 12 décembre. Après les combats de quatre jours autour de Beaugency, qui tous se sont terminés d'une manière victorieuse pour nous, bien qu'à cause de la supériorité numérique de l'ennemi nous n'ayons pas gagné beaucoup de terrain, l'ennemi d'une façon tout à fait inattendue s'est retiré aujourd'hui sur Blois et Tours, probablement à la suite des pertes considérables qu'il a subies, les nôtres ayant été peu importantes. Beaucoup de ses déserteurs se présentent chez nous sur la Loire, comme à Rouen. Les gardes mobiles en grand nombre jettent leurs armes et leur équipement et retournent chez eux; mais il en reste encore bien assez. Guillaume.

Versailles, 12 décembre. L'ennemi s'est retiré le 11 devant nos corps stationnés autour de Beaugency. Nos troupes le poursuivent. De Podbielski.

Versailles, 13 décembre. Blois a été occupé par nos troupes le 13. De Podbielski.

Versailles, 15 décembre. Dans la poursuite de l'ennemi jusqu'à Oucques et Maves, la fraction de l'armée du grand-duc de Mecklembourg a ramassé, le 13, 2,000 maraudeurs ennemis. De Podbielski.

NOTE 12.

N° 268. *Au général en chef, à Artenay.*

3 décembre 1870, quatre heures du matin.

Les généraux du 17e corps sortent d'ici; ils déclarent que leurs troupes sont dans des conditions telles qu'il leur est impossible de faire un mouvement demain; beaucoup d'hommes sans souliers, pas de distribution faite, tous très-fatigués.

Ne connaissant point encore vos instructions, et voulant être en mesure autant que possible de les remplir quelles qu'elles soient, je prescris au général Guépratte, commandant le 17e corps, en l'absence du général de Sonis blessé et disparu, de prendre ses dispositions pour distribuer des vivres et être prêt dans la matinée.

La division de Flandre, que je croyais à Gommiers, a rétrogradé cette nuit jusqu'à Patay. *Signé :* Chanzy.

NOTE 13.

Général en chef au général Chanzy, à Saint-Péravy.

Saint-Péravy, d'Artenay, le 3 décembre 1870,
trois heures quarante du matin.

Dans la situation où nous a placés l'engagement d'aujourd'hui, il est impossible de mettre à exécution une marche sur Pithiviers ou tout mouvement en avant, et nous sommes dans la nécessité de battre en retraite pour reprendre nos positions. Je suis trop loin de vous pour pouvoir vous soutenir efficacement, et d'un autre côté j'apprends qu'il s'est fait sur ma droite, dans la soirée, une concentration d'artillerie. En faisant donc ma démonstration sur les derrières de l'ennemi, je serais exposé à être pris moi-même à revers. Si vous étiez en mesure de prendre l'offensive, le mouvement serait excellent, mais du moment où cela vous est impossible, le mouvement pourrait être très-dangereux. *Signé :* d'Aurelle.

Général en chef au général Chanzy.

Saint-Péravy, de Chevilly, le 3 décembre 1870, dix heures du soir.

Au plus vite je vous ai envoyé trois dépêches cette nuit, et je suis fort surpris que vous n'en ayez reçu aucune à six heures du matin. Je vous ai donné deux fois l'ordre de battre en retraite sur les positions, en vous faisant connaître qu'étant menacé moi-même du côté de l'est, il ne m'était pas possible de faire une démonstration sur le flanc gauche de l'ennemi sans m'exposer à être pris à revers. Au moment où j'ai commencé mon mouvement de retraite, à neuf heures ce matin, on m'a signalé des colonnes nombreuses au delà de Ruan.

Signé : D'AURELLE.

NOTE 14.

N° 267.   *Au général en chef, à Saran.*

Saint-Péravy, 3 décembre 1870, cinq heures du soir.

Je trouve à Saint-Péravy votre télégramme de dix heures vingt-cinq minutes. J'ai reçu et exécuté l'ordre que vous m'aviez donné ; le 16ᵉ corps reprend les positions de Boulay, par Bricy, Coinces, Saint-Péravy ; j'installe le 17ᵉ corps à Saint-Sigismond, Gémigny, Rozières et Coulmiers.

La deuxième division du 16ᵉ corps a l'ordre, avant de prendre ses cantonnements de Boulay, de se porter, par l'Encornes et Huêtre, sur le flanc ou sur les derrières de l'ennemi, dont j'entends la canonnade avec le 15ᵉ corps. Toutes les routes sont encombrées de matériel et de convois. Si nous étions obligés de céder rapidement nos premières positions, l'encombrement redoublerait sur la route d'Orléans. Peut-être la ligne de retraite des 16ᵉ et 17ᵉ corps devrait-elle être directement sur la Loire, au-dessous d'Orléans, si les ponts de Beaugency ont été rétablis, ce que je vous demande de me faire connaître.

Signé : CHANZY.

N° 269.   *Au ministre de la guerre, à Tours.*

Saint-Péravy, 3 décembre 1870.

Me conformant aux ordres du général en chef, j'ai ramené aujourd'hui le 16ᵉ corps sur ses anciennes positions de Boulay à Saint-Péravy, et établi le 17ᵉ à Saint-Sigismond, Rozières, Gémigny et Coulmiers. La retraite, menacée par des masses ennemies considérables, s'est opérée dans le meilleur ordre possible après la rude journée d'hier. L'ennemi a beaucoup souffert. Nos pertes sont nombreuses et regrettables ; beaucoup de notre artillerie démontée ; les hommes fatigués. — Le 15ᵉ corps est aux prises avec l'ennemi. J'ai envoyé au canon la division Barry, qui est encore engagée en avant de l'Encornes.

Un nouveau mouvement de retraite, s'il était nécessaire, s'opérerait difficilement sur Orléans pour les 16ᵉ et 17ᵉ corps dont le matériel roulant obstrue les routes. Je crois à un effort complet de l'ennemi sur l'armée de la Loire.

Signé : CHANZY.

NOTE 15.

Général en chef au général Chanzy, à Saint-Péravy.

Saint-Péravy, de Cercottes, le 3 décembre 1870,
à onze heures du soir.

Si vous êtes attaqué demain matin, ou si vous ne pouvez vous maintenir dans vos positions par suite d'un mouvement de retraite du 15e corps, ce n'est pas sur Orléans que vous devez chercher à vous retirer, mais sur Beaugency, de manière que vous puissiez venir vous établir plus tard derrière la forêt de Marchenoir. Je crois cette direction possible et sans danger pour vous, par suite de l'envoi de forces assez considérables sur votre flanc gauche. Étudiez dès à présent votre retraite dans ce sens. Si nous étions forcés de prendre ce parti, il serait dangereux d'accumuler à Orléans les 15e, 16e et 17e corps. *Signé :* D'AURELLE.

Général d'Aurelle à général Chanzy, à Saint-Péravy.

Saint-Péravy, de Montjoie, le 4 décembre 1870,
à neuf heures cinq minutes du matin.

Je vous confirme l'ordre que je vous ai donné hier soir d'exécuter votre mouvement de retraite sur Beaugency ; vous n'avez pas, pour passer sur la rive gauche de la Loire, à compter sur le pont de Beaugency, vous ne pouvez la traverser qu'à Blois. *Signé :* D'AURELLE.

NOTE 16.

Le général en chef au général Chanzy, à Saint-Péravy.

Saint-Péravy, d'Orléans, le 4 décembre 1870, à neuf heures du matin.

Ne vous mettez pas en retraite si vous n'y êtes pas forcé, je vais vous transmettre de nouveaux ordres tout à l'heure.

P. O. Le capitaine aide de camp du général en chef,
Signé : DE LANGALERIE.

NOTE 17.

Général d'Aurelle à général Chanzy, à Saint-Péravy.

Le 4 décembre 1870, à onze heures vingt-huit minutes du matin.

Par suite de nouvelles dispositions, dirigez-vous le plus tôt possible sur Orléans, avec les 16e et 17e corps. Ne faites partir pour Beaugency que les malades et éclopés. Venez occuper les positions qui avaient été préparées pour les 16e et 17e corps. *Signé :* D'AURELLE.

NOTE 18.

Lettre de l'employé du télégraphe de Saint-Ay.

Mon général, nous sommes à la gare de Saint-Ay. Nous avons installé notre appareil et cherché à communiquer avec Orléans par tous les fils passant à la gare. Tous ces fils sont interrompus, aussi bien ceux du service de l'État que ceux du service de la compagnie du chemin de fer.

Nous essayons aussi d'établir une communication dans la direction opposée à Orléans. Nous ne trouvons personne.

A en croire le chef de gare, il ne serait pas prudent de rester ici longtemps. L'ennemi aurait été vu, ce soir, à la Chapelle-Saint-Mesmin; plusieurs personnes de Saint-Ay l'affirment. Vers quatre heures du soir, aujourd'hui, un train se dirigeant sur Orléans aurait à peine pu gagner la Chapelle-Saint-Mesmin; il est brusquement revenu sur ses pas. Le chef de gare qui me donne ces détails ajoute que la mitraille tombait sur la voie entre la Chapelle et Orléans, mais plus près d'Orléans que de la Chapelle. Les fils télégraphiques ont dû être détruits.

Dans l'impossibilité de pouvoir établir aucune communication télégraphique à Saint-Ay, j'ai l'honneur, mon général, de vous prier de vouloir bien nous transmettre ici, le plus tôt possible, vos instructions. Nous attendons vos ordres à la gare.

J'ai l'honneur, mon général, de vous renvoyer la dépêche que vous adressiez au général d'Aurelle.

Veuillez agréer, etc.,
Signé : CRONAT,
chef d'une brigade télégraphique.

P. S. Mon général, à neuf heures quinze minutes, un homme de bonne volonté, le facteur de la gare, se propose pour porter votre dépêche au général d'Aurelle, à Orléans. Le chef de gare me répondant de la moralité de cet homme, je n'hésite pas à lui confier votre dépêche. Nous attendons toujours ici, à la gare, mon général, vos instructions. *Signé* : CRONAT.

N° 272. *Au général en chef, à Orléans.*

Huisseau, 4 décembre, sept heures du soir.

Mes convois et une partie du 17° corps étaient déjà engagés sur la direction de Beaugency, première ligne de retraite indiquée, lorsque j'ai reçu, de vous et du ministre, l'ordre de me diriger sur Orléans.

La première division du 16° corps et le 17° corps réunis entre Gémigny et Coinces, après avoir rallié les forces attaquées dans Patay, ont prononcé un mouvement dans la direction des Ormes, mais les positions de Boulay et des Barres étant déjà au pouvoir de l'ennemi et la division Barry s'étant repliée de Bucy-Saint-Liphard, j'ai dû diriger le mouvement par Gémigny, Rozières, sur Huisseau, de façon à couvrir tous les convois.

Nous nous sommes établis, depuis la nuit, de la ferme d'Escures à Huisseau. Je ne connais rien du 15e corps et de ce qui a pu se passer en avant de lui. J'attends vos ordres ce soir, mon intention étant, si c'est possible, de gagner les positions en avant d'Orléans par Changy, en tournant les bois qui sont impraticables. *Signé* : CHANZY.

NOTE 19.
Lettre du général Barry.

Mer, 5 décembre 1870.

Mon général,

Je suis arrivé cette nuit à Mer avec quelques débris de ma division que j'ai pu rallier, en même temps que des fuyards d'autres corps, dans la forêt de Bucy-Saint-Liphard.

J'ai pris cette direction parce que le mouvement tournant de l'ennemi par la droite de Boulay était tellement accentué que les troupes que j'avais disposées d'avance aux Barres, pendant la défense des lignes de Boulay, s'étaient déjà repliées en même temps que la division Maurandy; et que moi-même, tout près de Bucy-Saint-Liphard, j'ai failli être pris par un détachement de uhlans précédant de l'infanterie et de l'artillerie, que j'ai arrêté en postant quelques mobiles sur la lisière du bois.

La retraite s'est opérée dans une confusion inexprimable, au milieu de tous les convois et de toute l'artillerie, en marche sur Beaugency et Mer.

D'un autre côté, un de vos officiers d'ordonnance [1] qui était venu me trouver sur la route d'Orléans aux Barres, avec vos instructions devenues inexécutables à ce moment, m'avait indiqué la direction de Blois comme dernière ligne de retraite. J'ai cru devoir me diriger sur Mer pour rallier ma division entièrement dispersée, tous les convois et toute l'artillerie prenant cette direction, croyant devoir aller à Blois, où même des batteries doivent déjà arriver en ce moment. Je sais que le colonel Carré est parti pour Blois ce matin avec son parc.

Les troupes de ma division arrivent successivement, mais très-lentement, sur Mer. Je ne sais si je pourrai les rallier aujourd'hui. Je crois mes batteries en marche sur Blois. Elles sont tout à fait hors de service, n'ayant plus qu'un très-petit nombre de servants et de conducteurs.

[1] *Note du général en chef* : Ceci est une erreur. Cet ordre n'a jamais été donné; l'officier d'ordonnance, qu'on n'a jamais pu retrouver, a mal rempli sa mission, ou le général Barry aura mal compris. L'officier a pu indiquer Blois comme direction générale de retraite, mais non comme point à atteindre.

Je ne sais où se trouve mon escadron de cavalerie, qui était parti avant que je me repliasse de Boulay; le village n'étant pas tenable pour lui.

Je donne l'ordre au sous-intendant de faire, aussitôt que possible, le triage des convois, et lorsque mes corps seront à peu près réunis, je ferai faire des distributions qui n'ont pas eu lieu depuis quatre jours [1].

Je ne pourrai rétrograder sur Beaugency que lorsque mon monde sera rallié, aura mangé et se sera reposé. Les hommes ne peuvent plus faire un pas en avant.

C'est une division à recomposer entièrement et incapable de faire aucun service pendant quelques jours. Si elle pouvait rester ici, elle y arriverait plus facilement.

Je n'ai en réalité ici, de ma division, que quelques centaines d'hommes isolés du 38ᵉ de marche. J'arrête au passage tout ce qui se présente.

C'est la résistance que j'ai faite à Boulay jusqu'à midi, suivie du mouvement tournant de l'ennemi, qui a mis ce désordre dans ma division. Mais si je n'avais pas résisté de cette façon, tous nos convois étaient pris.

Le général commandant la 2ᵉ division du 16ᵉ corps.

Signé : Barry.

P. S. Je n'ai reçu qu'à neuf heures ce matin le cavalier porteur de vos instructions.

Lettre du général Maurandy.

Beaugency, 5 décembre 1870.

Mon général,

Me conformant à vos ordres, transmis par M. le capitaine Bernard en ces termes : « Battez en retraite sans perdre de temps sur Beau-
» gency, en protégeant, coûte que coûte, la marche du convoi des 16ᵉ
» et 17ᵉ corps [2], » je me dirigeai de Boulay sur les Barres, puis les Ormes. Là j'attendis que le convoi fût tout entier engagé dans le bois de Bucy-Saint-Liphard.

Pendant ce temps d'arrêt, je fus averti qu'une batterie d'artillerie, qui avait été placée sans soutien aux épaulements élevés aux Ormes, venait d'être enlevée par des cavaliers ennemis.

Peu de moments après, elle était reprise par une compagnie de la

---

[1] Les hommes avaient vécu avec leur réserve de vivres du sac.

[2] *Note du général en chef* : Comme le général Barry, le général Maurandy avait mal compris les ordres qui lui étaient donnés pour sa retraite. En lui indiquant Beaugency, ce n'était qu'une direction et non un point à atteindre forcément.

Haute-Vienne; je n'ai pas encore reçu le nom de l'officier qui la commandait, bien que je lui aie serré la main pour ce fait d'armes.

Un quart d'heure plus tard la division était attaquée en queue par de la cavalerie et de l'artillerie nous lançant de nombreux obus; cela ne dura qu'un instant, notre attitude imposant à l'ennemi, mais j'acquis la conviction que l'objectif de cette troupe était le convoi. Quelques moments plus tard, je fis placer les voitures sur une file et sur le côté gauche de la route, toute mon infanterie échelonnée bordant sa droite.

Ce qui venait de m'arriver m'engagea à ne pas parquer le convoi à Meung, et je continuai de marcher jusqu'à Beaugency, où j'arrivai vers sept heures et demie. Tout le convoi, l'artillerie de réserve, etc., s'y trouvaient également réunis, seulement la file des voitures restait encore à environ deux kilomètres en arrière.

Ce matin, tout s'est mis en marche ainsi que vous l'ordonnez.

Mon opinion est que notre convoi est fort en l'air et qu'on ne saurait trop l'éloigner d'Orléans. Nos troupes sont hors d'état de le protéger comme il conviendrait; elles sont éparpillées dans toutes les directions et littéralement épuisées.

Le général Barry est à Mer, où je me serais rendu dès ce matin, si votre ordre ne m'en avait pas empêché.

Je pense que les hommes qui manquent sont en grande partie avec lui. (Je lui ai prêté l'aide d'un régiment hier.)

Je suis, etc., *Signé :* MAURANDY.

P. S. J'ai envoyé votre dépêche au général Barry.

LIVRE DEUXIÈME.

NOTES.

N. B. Les notes n°^{s} 1 et 2, donnant la composition des 17e et 21e corps, ont été reportées à la fin du volume avec celles qui concernent l'organisation générale de la deuxième armée.

NOTE 3.

Guerre à général Chanzy, à Josnes.

Tours, le 6 décembre, à quatre heures vingt-cinq du matin.

Ainsi que je vous l'ai déjà télégraphié, vous êtes nommé général en chef des 16e, 17e et 21e corps. Le contre-amiral Jauréguiberry est nommé commandant du 16e corps, sous votre autorité supérieure. Le général Colomb commandera de même le 17e corps, et le général Jaurès le 21e. Quant à la division Camô, qui appartient au 19e corps en formation, elle formera provisoirement un petit corps distinct sous vos ordres, et servira à vous appuyer tant que vous le jugerez utile. Formez votre état-major général et indiquez-nous ce dont vous avez besoin en sus de ce que vous avez sous la main pour le compléter d'une manière suffisante. Léon Gambetta.

NOTE 4.

Billet au crayon du général Barry.

Dans l'impossibilité absolue où je me trouve de concourir à la défense de Beaugency avec quelques centaines d'hommes sans cartouches, et pour éviter un désastre certain, je fais filer mon convoi sur Mer et je me replie moi-même sur ce point.

Beaugency, 7 décembre 1870, à deux heures et demie du soir.

Le général de division,
Signé : Barry.

Général Barry à général Chanzy, à Josnes.

Mer, le 8 décembre 1870, à douze heures quarante-cinq du matin.

Je me suis retiré sur Mer parce qu'il m'était de toute impossibilité, avec les quelques centaines d'hommes démoralisés et sans munitions dont je disposais, de concourir à la défense de Beaugency dont l'attaque était imminente et où ces troupes n'auraient été qu'un embarras plutôt qu'un renfort utile. Néanmoins, sur les instances pressantes du général Camô, et le colonel Baille m'ayant rejoint en route, j'ai renvoyé cette nuit sous ses ordres tout ce dont je pouvais disposer; mais le général Camô, prévenu de l'état de ces renforts, m'écrit de ne pas les expédier, les regardant comme un embarras. Je les fais donc replier sur Mer. *Signé* : Barry.

N° 31. *Général Chanzy à général Camô, à Beaugency.*

Josnes, 7 décembre 1870.

Je ne crois pas la menace de l'ennemi sur Beaugency aussi prouvée que vous le dites, et je ne vois pas en quoi le moral de vos troupes pourrait être ébranlé, puisque, en résumé, elles ont repoussé avec succès pendant deux jours les attaques de l'ennemi. Exécutez donc mes instructions à la lettre. La retraite sur Mer ne devra avoir lieu pour vous que si toute la ligne pliait, et si les renforts que l'amiral vous enverra au besoin, quand il le jugera opportun, ne suffisent pas pour que vous vous mainteniez sur des positions qu'il est si important de garder. *Signé :* Chanzy.

N° 312.   *Général Chanzy à général Barry, à Mer.*

7 décembre 1870.

Je donne l'ordre au général Camô de tenir en avant de Beaugency. Portez-vous donc demain en avant de Mer, avec ce que vous avez de monde et en bon ordre, pour le soutenir ou pour aider à sa retraite, dans le cas où toute la ligne viendrait à plier. Une partie de votre division est avec le 15e corps ; ce qui vous reste n'est pas dans des conditions de fatigue plus mauvaises que celles des autres corps qui ont combattu depuis le 1er. Si un repos était possible, je le donnerais à tous. Nous sommes en présence de l'ennemi et nous ne nous tirerons d'affaire que par une défensive vigoureuse.

Signé : Chanzy.

NOTE 5.

N° 302. *Général Chanzy à commandant des troupes à Mer.*

Josnes, 7 décembre 1870.

Faites mettre des pièces en batterie devant le pont de Mer pour le protéger. Ce pont ne doit être coupé qu'à la dernière extrémité, étant d'une très-grande importance pour la défense des deux rives de la Loire. *Signé :* Chanzy.

NOTE 6.

N° 308.   *Général Chanzy au colonel Baille, à Mer.*

Josnes, 7 décembre, à huit heures un quart.

J'apprends que vous avez cru devoir envoyer une batterie d'artillerie au delà de la Loire ; faites-moi connaître par quel motif et par quel ordre. Cette batterie, si elle n'est pas bien soutenue, court risque d'être enlevée et devient un embarras pour les francs-tireurs, qui sont en trop petit nombre pour la protéger. Faites-la donc replier immédiatement sur Mer. Toutefois, comme il est possible que j'envoie du renfort au commandant de Foudras, faites étudier l'emplacement d'une batterie à établir derrière un épaulement, et sachez me dire si on peut la replier promptement et sans danger sur Mer, en protégeant sa retraite ainsi que celle des troupes qui seraient engagées sur la rive gauche, par le feu des batteries que j'ai prescrit au génie et à l'artillerie d'étudier sur la rive droite. *Signé :* Chanzy.

NOTE 7.

Général Camô à général Chanzy, à Josnes.

De Beaugency, le 8 décembre 1870, à douze heures trente-cinq du matin.

J'ai reçu votre ordre d'occuper de nouveau le terrain entre Messas et la Loire. Je ne crois pas la chose possible. Les batteries ennemies sur la rive gauche de la Loire ont réglé leur tir et canonneront sûrement Beaugency demain. Les avant-postes prussiens, sur la rive droite, sont aux Vallées, à trois kilomètres, et précèdent un gros corps. Les troupes sont fatiguées, leur moral ébranlé. Je prends mes dispositions pour la retraite sur Mer, demain au jour. J'ai cru devoir vous dire l'état exact des choses, j'attends votre réponse.

Signé : Camô.

N° 314. *Au général Camô, à Beaugency.*

8 décembre 1870.

Faites reconnaître ce qu'il peut y avoir devant vous aux Vallées, et informez-moi. J'envoie des reconnaissances sur toute la ligne de Messas à Binas, avec ordre de les pousser le plus loin possible. Combien y a-t-il de batteries ennemies sur la rive gauche? où sont-elles établies?

Placez-en pour les contre-battre et faites élever des épaulements. Votre artillerie peut facilement régler son tir, puisqu'elle peut savoir les distances exactes sur les plans des environs de Beaugency.

Signé : Chanzy.

NOTE 8.

Villorceau, 8 décembre 1870, neuf heures du soir.

Mon général,

J'apprends à l'instant que Beaugency est occupé en force par les Prussiens. Comment y sont-ils arrivés, je l'ignore, car à six heures du soir ils n'y étaient pas encore; mais un officier qui se rendait dans cette ville y a trouvé toutes les portes fermées, et un habitant l'a engagé à fuir au plus tôt, en lui affirmant que, s'il avançait, il serait immédiatement pris. Ce même officier a remarqué à l'entrée de Beaugency une énorme quantité d'armes françaises brisées, ce qui fait supposer que nos troupes ou plutôt des fuyards auront été surpris et capturés.

Enfin une batterie d'artillerie de la division Camô, qui, après la bataille, avait été envoyée, j'ignore encore pourquoi, à Beaugency avec une faible escorte, a été, au moment où elle approchait de cette ville, assaillie par une vive fusillade; l'escorte et les canonniers ont pris la fuite, et les canons, sauf un, sont tombés entre les mains de l'ennemi. Le capitaine qui commandait cette batterie, et qui s'est réfugié à Vernon, a raconté qu'il avançait avec d'autant plus de confiance qu'en approchant de cette troupe, que dans les ténèbres l'on prenait pour des mobiles, il a été interpellé par un *Qui vive?* prononcé en très-bon français.

Je suppose que l'ennemi aura pénétré à Beaugency à la faveur de l'obscurité, en filant le long de la rivière, dont les abords n'étaient pas gardés, puisqu'on avait évacué la ville le matin même, par ordre du ministre.

Je viens de prescrire au colonel du 59ᵉ régiment de marche, qui occupait avec 5,000 hommes le ravin de Vernon à Beaugency, de se maintenir dans cette même position, ou, s'il est obligé de quitter Vernon, de se placer depuis Pierre-Couverte, en s'étendant aussi près que possible de Beaugency.

Je regrette, après l'heureuse issue du combat de la journée, d'avoir à vous annoncer cette mauvaise nouvelle.

Je ne puis avoir aucun renseignement sur le général Camô; il est probablement resté dans la position qui lui a été assignée par ordre du ministre.

Le contre-amiral commandant le 16ᵉ corps,

JAURÉGUIBERRY.

Villorceau, le 9 décembre 1870, quatre heures trois quarts du matin.

Mon général,

Je vous transmets une lettre que m'adresse à l'instant même le général Tripart, qui, par suite d'une maladie du général Camô, a reçu de ce dernier, hier à huit heures du soir, le commandement de la division mobile de Tours.

Ayant appris que Beaugency est occupé par 800 Prussiens seulement, qui ont, m'assure-t-on, passé la nuit à boire, je prescris au général Tripart de cerner au point du jour cette ville et d'y pénétrer de vive force.

Le colonel Barille, du 59ᵉ, est à Pierre-Couverte avec les troupes que lui avait laissées le général Camô; je lui donne l'ordre de se mettre à la disposition du général Tripart pour la reprise de Beaugency. Si cette opération est bien faite, je pense qu'il ne sera pas très-difficile de capturer tous les Prussiens enfermés dans la ville et de reprendre elle y est encore, la batterie qui a été perdue hier soir.

Je suppose que les ennemis ne sont pas loin de nous, car pendant la nuit nos avant-postes ont échangé avec les leurs de fréquents coups de fusil. Ainsi que je vous l'ai écrit hier au soir, Mer est encombré de fuyards qui pour la plupart ont quitté leurs corps quand l'action était terminée. Il serait urgent que le Gouvernement prît des mesures sérieuses pour nous renvoyer tous ces hommes et en punir très-sévèrement un certain nombre. Ils retournent maintenant chez eux sans être inquiétés, et cette impunité engage les autres à en faire autant, pour fuir les dangers et les privations de la guerre. Ces faits sont d'autant plus faciles à exécuter que les batailles ne se terminent qu'après la nuit, et qu'il est impossible à pareille heure de déployer en arrière des cordons de cavalerie qu'on ne sait où trouver.

. . . .

Le contre-amiral commandant le 16ᵉ corps,
JAURÉGUIBERRY.

N° 343. *Au ministre de la guerre, à Tours ou Bordeaux.*

Un grand nombre de fuyards ont pris la direction de Blois et de Tours, et rejoignent impunément leurs foyers.

Il est urgent de prendre des mesures sévères et de faire des exemples.

Il importe que les autorités locales, civiles et militaires, agissent vigoureusement. *Signé* : CHANZY.

NOTE 9.

Guerre à général Chanzy, à Josnes.

Tours, le 8 décembre 1870, quatre heures quarante-cinq minutes, soir.

Toutes vos nominations sont acceptées d'avance et seront régularisées au fur et à mesure que vous les présenterez. N'ayez donc aucune préoccupation de ce côté, et conférez immédiatement ces nouvelles fonctions à ceux que vous en jugez dignes.

Nous vous félicitons de la fermeté de votre attitude, et nous n'avons qu'un désir, c'est que vous puissiez la faire partager par tous ceux qui vous entourent. *Signé* : DE FREYCINET.

NOTE 10.

N° 336. *Général Chanzy au général Tripart, à Mer.*

On m'assure que Beaugency n'est occupé que par très-peu d'ennemis ; l'amiral a l'ordre, au jour, de chercher à les en débusquer. De votre côté, réunissez tout ce qu'il y a de troupes, de Mer à Beaugency, prenez-en le commandement, et portez-vous résolûment sur Beaugency pour chercher à relier votre gauche avec la droite de l'amiral; et si vous battez en retraite sur Mer, ne le faites que successivement et en bon ordre.

Si l'ennemi menace sur la rive gauche et qu'il vous soit impossible de tenir le pont de Mer, faites-le couper. Débarrassez-vous à l'avance de tous vos bagages et matériel inutiles, en les poussant au delà de Mer. *Signé* : Chanzy.

NOTE 11.

Guerre à général Chanzy, à Josnes.

Tours, 9 décembre 1870, à neuf heures vingt-cinq du matin.

Je vous félicite de la façon dont vous portez depuis trois jours le poids de la lutte..... Je compte que le mouvement de Jauréguiberry réussira ce matin; dans tous les cas j'approuve d'avance toutes les dispositions que vous pourrez prendre pour les provisions et la conservation de vos forces. Ne pensez nullement à Tours; j'ai fait évacuer hier le Gouvernement, et je pars moi-même à dix heures pour Blois, d'où j'irai vous rejoindre. Donc ne pensez qu'à vous-même et nullement au siége du Gouvernement, et tenez selon votre habitude, c'est-à-dire ferme. *Signé* : Gambetta.

NOTE 12.

Guerre à général Chanzy, à Josnes.

Tours, le 9 décembre 1870, à douze heures cinquante du soir.

Voici une dépêche portée par le courrier anglais :

Berlin, 4 décembre.

La position militaire est regardée comme critique dans les cercles bien informés. On a des inquiétudes sur l'issue finale de la lutte. Le général Manteuffel a reçu l'ordre de revenir sous Paris.

Voici maintenant copie d'une dépêche que m'adresse le général Faidherbe, de Lille, à sept heures quarante-cinq minutes soir.

On dit canonnade entendue vers Villers-Cotterets et Compiègne. En conséquence, je vais diriger le 22ᵉ corps en avant.

Signé : L. Gambetta.

NOTE 13.

Général Jaurès à général Chanzy; à Josnes.

Lorges, le 10 décembre 1870, douze heures cinquante minutes du soir.

L'attaque sur la deuxième division est des plus vives depuis ce matin; nous répondons vigoureusement en maintenant nos positions. Je tiendrai bon. Le bataillon d'infanterie de marine a enlevé à la baïonnette le village de Poisioux, sur la droite de l'ennemi. Villermain brûle; j'y ai une brigade de la division Guillon qui opère sur le flanc droit de l'ennemi et soutient mes batteries de Poisly. Tout va donc bien pour nous. J'occuperai ce soir, en repliant un peu la division Colin, les positions que vous m'avez indiquées dans votre rapport de cette nuit. Avez-vous bonnes nouvelles de la droite?

Signé : JAURÈS.

Général Jaurès à général Chanzy, à Josnes.

Lorges, 10 décembre 1870, trois heures dix minutes du soir.

Depuis ce matin nous avons eu devant nous soixante à quatre-vingts pièces de canon. Le feu de cette artillerie a été des plus vifs; nous avons bien répondu, mais usé forcément beaucoup de munitions. En ce moment le feu se ralentit, je ne connais pas nos pertes de la journée; celles d'hier ont été assez fortes. Notre artillerie a un peu souffert de ces quatre jours de combat, mais elle tiendra encore; en somme, tout va bien. *Signé :* JAURÈS.

NOTE 14.

Rapport du général Maurandy. — Affaire de Chambord.

Amboise, le 10 décembre 1870.

Mon général,

Le 7 décembre, à deux heures du soir, à Beaugency, je reçus l'ordre de rétrograder sur Blois, d'occuper sur la rive gauche de la Loire le parc de Chambord et les positions défensives préparées par le comité de défense de Blois pour couvrir les routes de cette rive. Je devais me mettre en communication avec les francs-tireurs du commandant de Foudras, établis à Saint-Laurent-des-Eaux. Je devais aussi reconstituer ma division.

J'arrivai avec ma division le 7 au soir à Blois. Le 8 au matin, j'envoyai ma première brigade (colonel Marty, 36e de marche et 8e mobiles) s'établir à Chambord, dans l'intérieur du parc, avec ordre d'occuper les portes de Muides et Saint-Dié. Les francs-tireurs de Paris et leurs éclaireurs à cheval étaient placés sous les ordres du colonel Marty. Le même jour, suivant instructions reçues, et ainsi que je vous en informai par télégramme, je restai à Blois pour conférer avec le comité de défense présidé par le général Michaud. Il fut décidé en conseil que les différentes portes du parc de Chambord seraient occupées par l'infanterie. L'artillerie, soutenue par des bataillons d'infanterie, devait placer une batterie derrière les épaulements construits en avant du château de l'Orme, une seconde derrière les ouvrages de défense de Bracieux, la troisième, dans l'intérieur du parc comme réserve. Le convoi, escorté par quatre compagnies, devait s'arrêter à Huisseau.

Les lignes de retraite indiquées par le comité étaient : pour les batteries au nord du parc, sur le Mont; le reste par la route de Cellettes, sur Chaumont. On évitait ainsi de se retirer sur Blois, où l'ennemi, profitant d'une retraite en désordre, aurait pu entrer à la suite de nos troupes.

Tous les ordres avaient été donnés en ce sens, lorsque le 9, au point du jour, le général Michaud se présenta chez moi. Il venait d'apprendre du général Barry la prise de Beaugency par l'ennemi, la rupture du pont de Mer, et dans cette occurrence il était urgent de réunir toutes les troupes des environs à Blois, pour y concentrer la défense. Je donnai en conséquence l'ordre à la brigade de Chambord de se replier sur Blois et vous en informai par le télégraphe. Les francs-tireurs Lipouski devaient continuer à surveiller l'ennemi dans Chambord et aux environs, mission qu'ils remplissaient avant l'arrivée de la brigade.

Un conseil de guerre, auquel assistaient le général Peytavin et le comité de défense, se réunissait ensuite à Blois, à la préfecture, où se décidait la question de la ville. Pendant la délibération le général Peytavin recevait de vous une dépêche par suite de laquelle il me prescrivit (onze heures du matin) de me porter immédiatement sur Mer, afin d'y appuyer le mouvement de retraite de l'armée.

Tout était prêt pour ce mouvement, lorsqu'une dépêche de vous vint modifier les dispositions prises en m'ordonnant de ne recevoir d'ordres que de vous, de reprendre position en avant de Blois sur la rive gauche, en me ménageant la possibilité d'une retraite, si j'y étais amené.

J'envoyai immédiatement l'ordre à la 1re brigade qui venait à Blois de reprendre ses positions, et à la 2e, d'aller occuper à Chambord les positions indiquées la veille. Afin de mieux surveiller, je précédai cette 2e brigade et rejoignis bientôt la tête de la 1re compagnie, qui se trouvait en avant de Huisseau. Je lui fis faire demi-tour, dirigeai les bataillons et les batteries, avec leurs sections, vers les postes assignés.

En arrivant près du château, je trouvai l'état-major des francs-tireurs Lipouski (le colonel était absent et remplacé par le commandant la Cécilia). J'étais en train de leur demander des renseignements sur les mouvements de l'ennemi et sur l'emplacement de leurs postes, lorsque arriva un sous-officier annonçant la présence des Prussiens aux portes nord du parc. En même temps la canonnade et la fusillade se faisaient entendre, et les bataillons dirigés vers les portes du parc étaient atteints par le feu de l'ennemi avant d'être arrivés aux murs. Nos troupes étaient frappées par les créneaux percés par nous. L'action s'engageait donc dans des conditions déplorables, que j'aurais évitées si j'avais été prévenu plus tôt de la présence de l'ennemi et des points occupés par lui, par les francs-tireurs de Paris et leurs éclaireurs à cheval. Nos troupes ainsi attaquées ne tinrent guère et se replièrent en désordre, par le bois, sur le reste de la colonne et la batterie qui était en réserve. Ces dernières troupes suivant une route bordée à droite et à gauche par des taillis, ne pouvaient pas prendre position. Je savais la porte de Bracieux gardée par les francs-tireurs de Cathelineau que j'avais vus dans la journée à Blois, j'avais une retraite assurée; j'ordonnai de prendre cette direction. La tête de colonne opéra sa retraite en bon ordre dans la direction de Chaumont; mais je ne pouvais disposer que d'une route. Dans le désordre amené près du château par les troupes repoussées, l'ennemi prit cinq pièces de quatre et fit un certain nombre de prisonniers.

Les forces qui nous ont attaqués sont évaluées à 15,000 hommes et dix-huit canons.

En résumé, cette surprise aurait été évitée si les francs-tireurs avaient fait leur devoir.

Je suis, etc., *Signé* : Général MAURANDY.

NOTE 15.

N° 341. *Général Chanzy au général Michaud, à Blois, et au général Camô, à Mer.*

Josnes, 10 décembre 1870.

Tenez-moi exactement renseigné sur la marche des Prussiens par la rive gauche; communiquez cette dépêche au général Peytavin, qui devra se placer sous vos ordres avec tout ce qu'il a du 15° corps.

Où est le général Maurandy?

Ne dirigez personne sur Tours.

Continuez à bien surveiller le fleuve en amont et en aval de Blois;

il faut à tout prix empêcher l'ennemi d'établir un pont de bateaux; ses forces sur la rive gauche ne peuvent être considérables. Je donne l'ordre à Blois de résister à outrance, faites de même. En réunissant et en organisant tout ce que vous avez de troupes à Mer, vous pouvez faire bonne contenance. Ici nous luttons depuis quatre jours, du matin au soir, contre des forces considérables, sans perdre un pouce de terrain; tout va bien. Faites conserver, à Mer, les vivres nécessaires pour ravitailler toutes les troupes pendant trois jours au moins, et laissez le reste se diriger sur Blois. Les intendants et chefs de gare ont reçu des ordres en conséquence. L'important est de désencombrer Mer, tout en assurant les besoins immédiats de mon armée. Conservez jusqu'à nouvel ordre, pour les utiliser au besoin, les quatre pièces de la 3ᵉ division du 16ᵉ corps.

Le général Tripart n'a nullement été inquiété aujourd'hui.

Signé : Chanzy.

N° 351. *Général Chanzy au général Camô.*

Josnes, 10 décembre 1870, deux heures du matin.

D'après avis donné par préfet de Loir-et-Cher, les Prussiens ne sont pas à Blois : on les dit entre Saint-Dié et Montlivault, ayant jeté un pont à Saint-Dié. Vous avez à Mer tout ce qu'il faut pour défendre ce point. Les affaires vont bien de nos côtés. Ne vous préoccupez pas du général Tripart, que j'ai placé sous les ordres de l'amiral Jauréguiberry, commandant l'aile droite de l'armée. Nous tenons toujours nos positions. En cas de retraite, je vous préviendrai. Si le pont de Mer est réellement coupé et si vous n'avez rien à craindre, envoyez à Blois, pour la défense de cette ville, les deux batteries qui vous restent. Rendez-moi compte. *Signé* : Chanzy.

N° 357 bis. *Général Chanzy au général Camô, à Mer, et au général Peytavin, à Blois.*

Josnes, 10 décembre 1870.

Faites reconnaître et sachez me dire au plus vite ce que tente l'ennemi le long de la Loire et quelles peuvent être sa force et sa position. Empêchez, par tous les moyens possibles, un passage sur pont de bateaux ou en bateaux, et cherchez à bien protéger la ligne du chemin de fer. *Signé* : Chanzy.

N° 360. *Général Chanzy au général Camô, à Mer.*

Josnes, 11 décembre 1870, deux heures du matin.

Je prescris au général Tripart de vous envoyer 2,000 hommes,

1 batterie et 2 mitrailleuses, afin qu'avec ce renfort et ce que vous avez sous la main, vous empêchiez l'établissement d'un pont de bateaux entre Mer et Blois, et aussi toute tentative de passage en deçà et au delà de Mer jusqu'à Blois. *Signé :* Chanzy.

Général Camô à général Chanzy, à Josnes.

Mer, 10 décembre 1870, six heures vingt minutes du soir.

Une reconnaissance de cavalerie, rentrée ce soir, m'apporte les renseignements suivants :

Aucune tentative de passage n'a été faite par les Prussiens, de Mer à Blois. Un camp prussien est établi à Montlivault. On a observé deux colonnes sur la rive gauche se dirigeant sur Blois par Cour-sur-Loire. Une forte colonne de bagages file entre Saint-Dié et les Moêles. Un petit camp, infanterie et cavalerie, est établi entre ces deux localités. Vers onze heures, il a été tiré de la rive gauche quatre coups de canon sur le parc de Ménars. *Signé :* Camô.

Général Camô à général Chanzy, à Josnes.

Mer, le 10 décembre 1870, à douze heures quarante minutes du soir.

Le général Michaud m'informe que pont coupé. Blois évacué en partie.

J'ai fait couper le pont de Mer.

Le général Tripart est engagé à Tavers. *Signé :* Camô.

NOTE 16.

Général Peytavin à général Chanzy, à Josnes.

Blois, le 10 décembre 1870, neuf heures vingt du matin.

Des détachements de la division Maurandy sont rentrés à Blois cette nuit. Ce matin, il nous est arrivé le régiment de marche et deux compagnies de discipline. Avec les 1,000 hommes de ma division, je puis organiser une brigade ; mais les mobiles et les isolés qui sont ici me gênent beaucoup et m'empêchent de me porter en avant. Ne pourrais-je pas les évacuer sur Tours? c'est une colonne avec laquelle il n'est guère possible de marcher. Les forces de l'ennemi sont : 12,000 hommes d'infanterie, nombreuse cavalerie, et 6 batteries d'artillerie. *Signé :* Général Peytavin.

N° 357. *Général Chanzy au général Peytavin, à Blois.*

Josnes, 10 décembre, trois heures du soir.

L'ennemi ne peut être que peu nombreux sur la rive gauche à hau feur de Blois. Réorganisez donc toutes les troupes que vous avez sous la main et tenez bon. Préparez la destruction du pont, mais ne l'exécutez qu'à la *dernière extrémité*. Il est facile de le défendre et de la plus haute importance de le conserver, si c'est possible. Méfiez-vous des exagérations des fuyards. Appréciez *par vous-même* les choses, et ne faites sauter le pont que si l'ennemi forçait le passage.

Tenez-moi exactement informé.   *Signé :* Chanzy.

DÉPÊCHE TÉLÉGRAPHIQUE.

Général Peytavin à général Chanzy, à Josnes.

Blois, le 10 décembre 1870, trois heures du soir.

Prussiens au nombre d'environ 20,000 hommes sortant du village de Saint-Claude, sur deux colonnes, à une heure du soir. L'une a passé entre la ligne des villages de Léry et de Presson. L'ennemi s'avance sur Blois par le plateau compris entre Loire et Cosson; d'après ce mouvement, l'objectif est Blois qu'il compte enlever par la menace d'un bombardement, ce soir probablement. De quel côté et comment faudrait-il évacuer tout mon monde? Trois corps sont déjà sur la route de Mer. Très-urgent.   Peytavin.

Le général Peytavin à général en chef, à Josnes.

Blois, le 10 décembre 1870, sept heures quarante-cinq minutes du soir.

Forces présumées de l'ennemi : 4 régiments de Hesse, 4,800 hommes, 32 compagnies de uhlans, 140 hommes par compagnie, un régiment de cuirassiers, 6 batteries d'artillerie, deux de 6 et quatre de 4. Vous avez dû recevoir une dépêche du général Maurandy datée de Chaumont; troupe débandée.   Peytavin.

NOTE 17.

N° 339. *Général Chanzy au général Barry et au préfet de Blois.*

Josnes, 10 décembre 1870.

Il est de la plus haute importance que l'ennemi, qui est sur la rive gauche, ne puisse passer la Loire. D'après les renseignements que j'ai recueillis aujourd'hui à Tavers et à Mer, il n'aurait encore fait aucune tentative pour établir un pont de bateaux.

Faites surveiller le fleuve de Mer à Blois, et tenez-moi exactement renseigné. Il faut qu'à Blois on défende à outrance toute tentative de passage. On a fait sauter le pont de Blois avec trop de précipitation, puisque l'ennemi n'était pas en vue. Il faut agir avec plus de calme pour celui de Chaumont, et ne le détruire qu'après avoir bien constaté qu'il est impossible d'en défendre l'accès à l'ennemi.

Signé : Chanzy.

N° 340. *Général Chanzy au général Barry, à Blois.*

Josnes, 10 décembre.

Vous devez défendre Blois à outrance. Faites venir d'urgence des munitions de Tours si vous en manquez. Organisez toutes les forces dont vous disposez et utilisez les travaux de défense préparés en vue d'une attaque sur Blois. Rappelez à vous la brigade Desmaisons, qui est de votre division. Nous maintenons l'ennemi depuis quatre jours en luttant avec avantage, du matin jusqu'au soir, et vous ne pouvez avoir affaire qu'à des forces relativement faibles; avec celles dont vous disposerez, vous pouvez bien certainement empêcher l'ennemi de passer le fleuve devant vous; il doit vous rester de l'artillerie, disposez-en et rendez-moi compte. *Signé :* Chanzy.

N° 353. *Général Chanzy au préfet de Blois.*

Josnes, 10 décembre 1870.

Il importe que je sache exactement où est l'ennemi sur la rive gauche, quelle est sa force, et si réellement il a jeté un pont à Saint-Dié?

Si Blois est réellement menacé, j'y enverrai deux batteries d'artillerie qui sont à Mer, si la route est sans danger. Le général Maurandy doit défendre la rive gauche et ne se replier sur Blois qu'en cas de nécessité. J'ai toute confiance dans son énergie. *Signé :* Chanzy.

N° 359. *Général Chanzy au général Barry, à Blois.*

Josnes, 11 décembre 1870, deux heures du matin.

Faites bien surveiller le fleuve entre Blois et Mer. Le général Camô, auquel j'envoie du monde, surveillera de son côté à Mer et en aval. Il faut empêcher l'ennemi de jeter un pont de bateaux, dans votre intérêt, à Blois, et surtout dans l'intérêt de mon armée.

Je prescris au général Maurandy de se porter de suite sur Blois et de s'y placer sous vos ordres. *Signé :* Chanzy.

Général Barry à général Chanzy.

Blois, le 10 décembre 1870.

Copie de l'ordre laissé par le ministre au général Barry :

« La ville de Blois mise en état de siége. Vous tiendrez jusqu'à ce que le général Chanzy vous ait autorisé à céder. »

J'ai pris toutes mes dispositions; je crains de manquer de cartouches d'infanterie, et je n'ai pas ma réserve divisionnaire.

Signé : Barry.

Général Barry à général Chanzy.

Blois, 10 décembre 1870, huit heures du soir.

Il m'est arrivé ici depuis ce matin quelques centaines de traînards. Je les dispose le long des parapets des quais et sur la grande terrasse de l'évêché, pour prévenir toute insulte des tirailleurs ennemis. La ville ne veut pas se défendre et le préfet se dispose à partir en parlementaire. Que faut-il faire ? *Signé :* Barry.

NOTE 18.

N° 363. *Général Chanzy au général Barry.*

Josnes, 11 décembre, huit heures du soir.

Vous êtes chargé de la défense de Blois, et toutes les troupes qui s'y trouvent sont sous vos ordres. Vous êtes également chargé de la défense du fleuve en amont et en aval; agissez donc d'après les renseignements que vous devez avoir le premier, et le mieux connaître. Vous avez à Amboise le général Maurandy et le général Desmaisons. Appelez à Blois la brigade Desmaisons, qui est reposée, et laissez à Amboise le général Maurandy, en faisant passer sur la rive droite ses troupes et son artillerie. *Signé :* Chanzy.

N° 365. *Général Chanzy au commandant militaire et au préfet d'Indre-et-Loire.*

Josnes, 11 décembre 1870.

Si l'ennemi continue son mouvement sur Tours, faites détruire successivement les ponts sur le fleuve, s'il est impossible d'en assurer la défense; il est de la dernière importance que les Prussiens ne puissent pas traverser la Loire. Surveillez leur marche. Empêchez-les d'établir des ponts de bateaux. Renseignez-moi exactement.

Signé : Chanzy.

N° 366. *Général Chanzy au général Barry, à Blois.*

Josnes, 11 décembre, neuf heures quarante-cinq, matin.

Dites-moi ce que vous avez de monde, avec tout ce que j'ai mis sous votre commandement, et d'artillerie pour tenir à Blois et empêcher l'ennemi de passer le fleuve. Vous ferez détruire tous les ponts en aval de Blois, dans le Loir-et-Cher, si l'ennemi continue son mouvement et menace. Je donne le même ordre au commandant militaire d'Indre-et-Loire. Mon quartier général sera ce soir à Talcy, en communication avec vous par Marchenoir. *Signé :* Chanzy.

Général Barry au général Chanzy, à Josnes.

Josnes, de Blois, le 11 décembre 1870, à deux heures vingt minutes, soir.

Je viens de parlementer pendant une demi-heure avec l'ennemi; toute communication par convoi de chemin de fer, entre Tours et Blois et réciproquement, doit être suspendue, parce qu'à partir de trois heures les trains seraient canonnés. Je me tiens sur la défensive en réprimant avec la dernière vigueur toute tentative ayant pour objet de s'approcher de la ville et de passer la rivière. De cette manière, je parviendrai peut-être à éviter à la ville une destruction inévitable, tout en garantissant son intégrité. L'ennemi a établi la nuit dernière des batteries en position devant la ville. Il paraît assez nombreux dans ses cantonnements. J'ai transmis tous ces détails à Tours. Le général Desmaisons s'est replié sur Tours avec les débris qu'il commande. *Signé :* Barry.

NOTE 19.

N° 373. *Général Chanzy à général Camô, à Mer.*

Talcy, le 11 décembre 1870.

L'amiral Jauréguiberry, commandant l'aile droite dans le mouvement de retraite qui s'effectue, a dû vous donner des ordres pour évacuer complétement Mer avant le jour, et pour rallier, avec tout votre monde, les troupes du général Tripart à Aunay. Conformez-vous strictement à ses ordres. Dirigez cette nuit sur la Chapelle, et de là sur Maves et Pontijoux, le convoi de vivres que vous avez confié à un officier d'administration. Il est impossible de songer à la solde avant d'avoir pu réunir tous les corps hors des atteintes de l'ennemi. *Signé :* Chanzy.

NOTE 20.

N° 368. *Général Chanzy à l'intendant en chef de l'armée et au sous-préfet, à Vendôme.*

Josnes, 11 décembre 1870.

L'armée continuant son mouvement de retraite sur Vendôme, il se peut que l'ennemi, qui marche sur la rive droite, arrive demain à

Blois. Je donne l'ordre de replier cette nuit sur Vendôme tout le matériel qui existe à Blois, et de couper ensuite le chemin de fer. Accélérez tous ces mouvements. J'aurai demain mon quartier général au château des Noyers, entre Épiais et Villetrun. J'espère arriver à couvrir Vendôme après-demain dans la journée. Faites toutefois refluer, de Vendôme sur le Mans, tous les approvisionnements et le matériel non indispensables aux besoins de l'armée, si elle doit s'arrêter quelques jours devant Vendôme. *Signé :* Chanzy.

N° 369. *Général Chanzy à l'intendant en chef, à Vendôme.*

Josnes, 11 décembre 1870.

J'approuve votre projet de faire du Mans un grand centre de ravitaillement; mais l'armée se portant demain sur Fréteval et Vendôme, et pouvant avoir à opérer un certain temps sur cette ligne, il importe de préparer sur ces points des approvisionnements suffisants pour la faire vivre quelques jours. *Signé :* Chanzy.

NOTE 21.

N° 361. *Général Chanzy au général Borel, à Bourges.*

Josnes, 11 décembre, quatre heures et demie du matin.

Nous sommes établis depuis quatre jours de Lorges à Tavers, faisant tête à l'ennemi, nous battant du matin au soir et ayant affaire au gros de l'armée du prince Charles, au grand-duc de Mecklembourg et au corps bavarois. Tout l'effort est donc sur nous. Un corps prussien descend la Loire sur la rive gauche, menace Blois, Tours, et cherche à me tourner. Je suis dans une position des plus critiques si vous ne vous portez pas en avant. Vous n'avez devant vous que très-peu de monde. Venez donc sans perdre une minute, et prévenez-moi.

Mon quartier général est à Josnes. *Signé :* Chanzy.

N° 362. *Général Chanzy au général commandant en chef, à Bourges.*

Josnes, 11 décembre, quatre heures et demie du matin.

Établi entre la forêt de Marchenoir et la Loire, je lutte depuis cinq jours du matin au soir avec le gros des forces du prince Charles. L'ennemi n'a que peu de monde à Orléans; un corps qui ne dépasse pas bien certainement 20,000 hommes du côté de Vierzon, et un autre de 12 à 15,000 qui menace Blois, Tours, arrive d'Orléans en passant la Loire.

Marchez donc carrément et sans perdre une minute. Ma position est des plus critiques, et vous pouvez me sauver. *Signé* : Chanzy.

Guerre à général Bourbaki, à Bourges. A communiquer au général Chanzy, à Josnes, et à Gambetta, à Tours.

Bordeaux, le 11 décembre 1870, à dix heures quarante du matin.

Je reçois de Prémery la dépêche suivante : Colonel commandant les forces de l'Yonne à ministre guerre à Bordeaux. Briare, Ouzouer, Gien, évacués précipitamment par ennemi. Tout annonce concentration Prussiens sur Orléans. Les renseignements pris dans la Puisaye paraissent certains. *Signé* : Colonel Palu.

Cette dépêche et plusieurs autres dans le même sens ne me laissent aucun doute sur le fait que vous n'avez devant vous que des rideaux.

Signé : de Freycinet.

DÉPÊCHE.

Guerre à général Chanzy, à Josnes.

Bordeaux, le 11 décembre 1870, à trois heures trente minutes, soir.

J'ai passé depuis hier matin des dépêches réitérées et instantes à Bourbaki pour l'engager à se porter vers Blois en ce moment même. Je télégraphie à M. Gambetta, qui se rend à Bourges, pour lui demander d'user de toute son influence dans le même sens. A l'instant, douze heures cinquante, je reçois une dépêche de Bourbaki, annonçant son intention de se conformer à vos désirs. Je vous engage à télégraphier à la fois à Gambetta et Bourbaki, et à leur faire connaître le point exact où vous comptez vous porter et la direction dans laquelle Bourbaki doit s'avancer pour favoriser vos mouvements.

Signé : de Freycinet.

NOTE 22.

N° 381. *Général Chanzy au général Barry, à Saint-Amand.*

Château des Noyers, 13 décembre 1870, une heure du matin.

Je viens d'apprendre que vous aviez quitté Blois. . . . . . .
. . . .
. . . .

Si vos troupes peuvent le faire, reportez-vous immédiatement sur Blois par Herbault, et faites tout au moins une démonstration qui en impose à l'ennemi, si vous ne pouvez rentrer à Blois et vous y maintenir. *Signé :* Chanzy.

N° 382. *Général Chanzy au général Barry, à Saint-Amand.*

Château des Noyers, 13 décembre 1870.

EXTRÊME URGENCE.

Un officier envoyé ce matin par moi à Blois, et qui a parlé au maire, m'affirme qu'à six heures aucun Prussien n'était en vue sur la rive droite. L'ennemi n'a pas inquiété notre mouvement de retraite aujourd'hui; tout un corps d'armée défend Vendôme au sud, à hauteur de Sainte-Anne. . . . .

. . . .

Puisque vous déclarez ne pouvoir faire une démonstration sur Blois, prenez vos dispositions pour tenir à Saint-Amand, coûte que coûte, pour vous éclairer en avant de vous et dans la direction de la Loire, pour faire venir des vivres si vous en manquez, et pour ne me fournir que des renseignements sérieux et *contrôlés.* . . . . .

. . . .

Signé : Chanzy.

NOTE 23.
Rapport du général Barry.

Château de la Noue, Saint-Amand, le 15 décembre 1870.

Mon général,

Les troupes ennemies, qui s'avançaient par la rive gauche de la Loire, ayant culbuté le 9 décembre dans la soirée, à Chambord, les troupes de la division Maurandy, 3° du 16° corps, il était évident que la ville de Blois allait devenir l'objet de leurs tentatives. Avant tout, il fallait empêcher de franchir la Loire sur les derrières de l'armée du Centre-Ouest, dont l'aile droite appuyée à Mer et à Beaugency tomberait infailliblement si l'ennemi passait sur la rive droite, amenant peut-être ainsi la perte de l'armée.

Les forces de l'ennemi, d'après plusieurs renseignements concordant ensemble, devaient, à ce moment, se composer d'un corps d'avant-garde de quatre régiments d'infanterie de Hesse, trente-deux escadrons de cavalerie légère ou uhlans, et trente-six bouches à feu, dont le tiers du calibre de 6 et le reste du calibre de 4.

Ces forces, placées, dit-on, sous le commandement du grand-duc de Hesse-Darmstadt, flanquaient et éclairaient des masses plus considérables qu'on disait commandées par le prince Frédéric-Charles, et dont la direction présumée était Saint-Aignan, sur le Cher.

L'échec de Chambord jeta une telle panique dans la ville de Blois, où je n'étais point encore arrivé, que tous les convois, une grande partie des troupes d'infanterie et d'artillerie évacuèrent en désordre la ville, se dirigeant sur Château-Renault, et l'ennemi y serait entré sans coup férir, si le général Peytavin, décidé à gagner Mer avec ses troupes après qu'il eut été décidé que la ville ne se défendrait pas, n'avait pris la résolution, malgré la vive opposition des habitants et de l'autorité civile, de faire sauter le pont. J'arrivai à ce moment à Blois, seul de ma personne, et j'y ralliai quelques centaines d'hommes de ma division. D'un autre côté j'approuvai la mesure que se proposait de faire exécuter le général Peytavin, et d'accord, nous décidâmes que le feu serait mis aux fourneaux de mine qui devaient faire sauter une arche du pont, le matin avant le jour.

Les préparatifs de l'opération exigèrent de trois à quatre heures. Le feu fut mis vers sept heures du matin, et l'arche minée s'écroula tout entière dans le lit de la Loire, interrompant ainsi les communications entre les deux rives, sur un espace de dix mètres.

La journée se passa à reconstituer, avec les éléments de toute nature qui composaient la garnison de la ville, quelques troupes à peu près organisées afin de pouvoir faire une défense vigoureuse contre toute tentative de rétablissement du pont. Effectivement, dès deux heures de l'après-midi, tandis que de nombreux cavaliers ennemis se montraient dans les prairies entre Montlivault et Saint-Claude, une batterie échangeait des projectiles avec une de nos batteries installée à la chaussée Saint-Victor; plusieurs obus atteignaient la ville de Blois. En même temps les tirailleurs que j'avais placés le long du quai échangeaient une fusillade assez nourrie avec les tirailleurs ennemis, fusillade que je dirigeai moi-même. . . . .
. . . .
. . . . . . Le drapeau parlementaire fut hissé à la mairie, malgré mes protestations et mes menaces : le feu cessa. Il était environ quatre heures lorsque je fus informé de la présence de M. Gambetta à l'hôtel de la préfecture ; je m'y rendis, et d'accord avec le ministre dont je reçus les ordres, je me déterminai et m'engageai solennellement à opposer la plus vive résistance à l'ennemi s'il essayait de forcer le passage de la Loire à Blois, soit en rétablissant le pont, soit en lançant un pont de bateaux dans les environs. Sur ces entrefaites, l'ennemi m'ayant fait connaître qu'il commencerait le bombardement de la ville à six heures vingt-cinq minutes du soir, n'accordant que vingt-cinq minutes pour faire sortir les femmes et les enfants, je pris immédiatement toutes les mesures pour riposter à son attaque, avec les éléments dont je disposais.

Je fis garnir le quai à droite et à gauche du pont par une longue chaîne de tirailleurs embusqués derrière le parapet, en plaçant des réserves dans les rues parallèles au lit du fleuve et en occupant les maisons voisines du pont, de manière à résister à toute attaque de vive force; en même temps, j'ordonnai la construction d'épaulements pour recevoir quatre pièces de douze sur la terrasse de l'évêché. D'autres épaulements furent ordonnés sur la gauche des premiers.

Le bataillon et une batterie furent postés à la chaussée Saint-Victor.

Cependant l'ennemi, malgré ses menaces, n'ouvrit point le feu et me permit, pendant la nuit du 10 au 11, malgré un froid intense qui gelait la terre à une grande profondeur, d'exécuter mes travaux de défense. On parlementa le 11, sur la demande des Prussiens, au sujet des établissements à respecter, de la circulation des trains sur le chemin de fer; je déclarai catégoriquement, en présence du préfet et du maire, que si la ville était attaquée, je me défendrais.

Les choses en étaient là, lorsque dans la nuit du 11 au 12 un télégramme du général Chanzy, daté du 11 à huit heures du soir, vint m'annoncer que l'armée avait commencé son mouvement de retraite ce jour-là, et que par suite Mer étant au pouvoir de l'ennemi, Blois pouvait s'attendre à être attaqué de ce côté, c'est-à-dire à la fois par la rive gauche et par la rive droite. Il m'était en même temps prescrit de défendre Ménars, de tenir le plus longtemps possible dans Blois, et si j'y étais forcé, de me replier sur Amboise, pour gagner de là Château-Renault, Montoire et Saint-Calais.

Cet événement renversait de fond en comble les conditions de la défense de Blois: l'ennemi étant maître de la rive droite, l'objet de ma mission à Blois se trouvait annulé; d'un autre côté, la défense de Ménars était impossible, parce que les batteries prussiennes établies sur la rive gauche prenaient cette position en écharpe et à revers; Blois, ville ouverte, allait être cernée, ma retraite sur Amboise n'était pas possible, parce que la route sur la rive droite était complètement sous le feu des batteries prussiennes élevées de l'autre côté.

Dans cette situation, je crus devoir réunir un conseil de défense composé des généraux Peytavin, Michaud, de Landreville, des commandants du génie et d'artillerie, du préfet et du sous-intendant militaire Guillemin. J'exposai l'état des choses, je donnai connaissance de la dépêche du général Chanzy, et j'invitai chacun à donner son avis sur les mesures à prendre.

Je joins ici le procès-verbal de la délibération et des conclusions adoptées à l'unanimité par ce conseil :

Général Barry au général Chanzy, à Talcy, par Marchenoir.

Blois, 12 décembre 1870, une heure du matin.

« Voici ce qui vient d'être décidé au conseil composé des généraux

» Barry, Peytavin, Michaud, de Landreville, du colonel du 33e de
» marche, en présence du préfet et de l'intendant Guillemin.

» Dès le moment où Blois est découvert du côté de Mer, sur la rive
» droite, et s'attend à chaque instant à une attaque par la rive gauche,
» vu la composition hétérogène des corps, fractions et détachements
» isolés qui constituent sa force armée, la position n'est plus défen-
» dable, et il y a lieu de ne pas attendre, s'il est possible, l'attaque
» de l'ennemi venant de Mer.

» En conséquence, demain, de bonne heure, je fais partir tous mes
» *impedimenta* en les dirigeant sur Saint-Amand ; j'écris au général
» Maurandy de s'y rendre de son côté, et je compte avec le gros de
» mes forces me mettre en marche à la nuit tombante pour gagner
» Herbault et Saint-Amand, la ligne d'Amboise ne pouvant être suivie
» parce qu'elle se trouve sous le feu des batteries ennemies de la rive
» gauche.

» Si Blois est attaqué demain par la rive gauche, comme je m'y
» attends, je résisterai énergiquement. » *Signé* : Barry. »

J'adressai copie de ce procès-verbal au général Chanzy ; je joins
également copie de la réponse que je reçus à cette notification :

« *Général Chanzy à général Barry, à Blois.*

» J'ai reçu votre dépêche du 12, deux heures du matin. J'approuve ce
» qui a été décidé en conseil de défense de Blois. Faites tous vos efforts
» pour tenir à Blois *le plus tard possible*, comme vous me le dites,
» et dirigez-vous ensuite sur les points que vous m'indiquez.

» Prévenez le général Maurandy en lui donnant l'ordre de quitter
» Amboise de manière à se joindre à vous au point que vous aurez
» fixé. » *Signé* : Chanzy. »

Je ne pouvais songer à attendre l'attaque de l'ennemi par la rive
droite, puisque la défense de ce côté était prise à revers par la rive
gauche. L'attaque de front aurait lieu en même temps, la ville serait
bombardée inutilement, je serais cerné et coupé de ma ligne de retraite, hors de ma défense, par l'ennemi se portant de Mer à Herbault par la Chapelle-Vendômoise, ce qu'il fit en effet le lendemain.

En conséquence, et ma conduite ayant reçu l'approbation du général Chanzy, je fractionnai tous les corps et débris de corps dont je
disposais, en deux brigades, l'une sous mon commandement, l'autre
sous celui du général Peytavin ; la brigade de Landreville devant protéger la retraite. Je rassemblai ces troupes en bon ordre à l'entrée
de la forêt de Blois. Je laissai à Blois, vers le pont, une solide arrière-garde pour dissimuler mon mouvement à l'ennemi, jusqu'à la
nuit close, et s'opposer à toute tentative de passage. Je prévins le

préfet de mon mouvement, qu'il approuva; je lui fis admettre qu'il devait s'opposer à toute capitulation et passage sur la rive droite, au moins jusqu'à ce que ma retraite fût bien assurée, et je me mis en marche vers deux heures pour Herbault et Saint-Amand, sur deux colonnes, m'attendant à être attaqué sur mon flanc droit et sur mes derrières par des avant-gardes prussiennes, Mer étant ouvert à l'ennemi depuis le 11 et mon mouvement s'effectuant le 12 dans la soirée [1].

J'arrivai à Saint-Amand dans la nuit du 12, et je m'y établis.

Telles sont, mon général, les circonstances qui ont précédé, accompagné et suivi l'évacuation de Blois.

Je dois ajouter que pas un Prussien n'est passé de la rive gauche sur la rive droite en face de Blois, et que ce sont les troupes mêmes de Mer qui ont fait leur entrée dans la ville.

Le général de division,

BARRY.

P. S. En admettant que je fusse resté plus longtemps à Blois, je n'empêchais en aucune façon le corps ennemi venant de Mer de se porter vers Pontijoux, sur les derrières de l'armée.

Documents allemands. — La GUERRE DE FRANCE, *par* RUSTOW, 1870-71. (*Ouvrage imprimé à Zurich*, 1871.)

OPÉRATIONS DANS L'OUEST PAR LES ALLEMANDS, DEPUIS LA RÉOCCUPATION D'ORLÉANS JUSQU'A L'ARMISTICE.

Vers la fin de 1870, les efforts du général Faidherbe pour secourir Paris par le nord et établir ses communications avec l'armée de l'Ouest avaient échoué par suite du combat de Halluc. La sortie de Paris, le 21 décembre, était restée sans résultat; en même temps, l'armée de l'Ouest ne pouvait poursuivre le but que toute l'armée française n'avait pu atteindre.

La plus grande partie de cette armée, celle qui fut appelée la deuxième, sous les ordres du général Chanzy, se concentra au-dessous d'Orléans sur la rive droite de la Loire, sur la ligne de Beaugency à Marchenoir, entre la Loire et le Loir. Elle comprenait les 16e, 17e et 21e corps. Dans ces positions, Chanzy couvrait Tours, qui était encore le siège de la délégation; il eut une grande liberté d'action,

---

[1] Il y a là une erreur qui explique l'évacuation prématurée de Blois. Ce n'est que le 12 que l'ennemi est entré à Mer. Il ne pouvait donc menacer sérieusement Blois sur la rive droite que le 12 au soir, et en y tenant jusqu'à la nuit et même jusqu'au 13 au matin, les troupes qui s'y trouvaient pouvaient protéger le mouvement de retraite de l'armée.

quand cette délégation se décida à transporter à Bordeaux le siége du gouvernement.

Bourbaki réunit la première armée entre la rive gauche de la Loire et le Cher, autour de Bourges. Les corps qu'il réunit avaient beaucoup souffert, s'étaient retirés en désordre, et avaient besoin d'être réorganisés. — On pensait que vers le 20 décembre ils pourraient être prêts pour la grande opération que l'on préparait dans l'Est.

Immédiatement après la prise d'Orléans, le prince Frédéric-Charles partagea son armée de la manière suivante : l'armée du grand-duc de Mecklembourg prit position sur la rive droite de la Loire en aval d'Orléans, entre le fleuve et la route de Châteaudun. Le 9e corps d'armée marcha d'Orléans sur la rive gauche de la Loire, sur la route de Blois. La sixième division de cavalerie, soutenue par des détachements du 3e corps d'armée, suivit le chemin de fer de Vierzon à travers la Sologne. La masse principale du 3e corps remonta la Loire dans la direction de Gien. Le 10e corps était en réserve dans Orléans et autour de la ville.

La 17e division, qui tenait la gauche de l'armée du grand-duc de Mecklembourg, rencontra le 7, près de la Corne, en avant de Meung, la division Camô, du 19e corps, que Chanzy avait envoyée de Beaugency. Les Français furent repoussés. Le 8 décembre, Chanzy déboucha des positions de Beaugency et de Marchenoir; le grand-duc lui opposa la 17e, la 22e division prussienne et la division bavaroise. La journée fut favorable aux Allemands, ce qui décida la délégation à abandonner Tours. Les troupes du grand-duc s'emparèrent, le 8 décembre, de Beaugency ainsi que des villages de Grand-Bonvalet, Villorceau et Cernay. Le caractère de ces combats est toujours le même; leur valeur tactique est médiocre. Les Allemands l'emportaient par la constitution et la mobilité de leurs corps d'armée ; les légions françaises improvisées allaient bravement au feu, mais elles ne tardaient pas à reconnaître que leur bravoure était impuissante contre une direction plus habile et contre la cohésion de leurs adversaires.

Les commandants, quelque actifs qu'ils fussent, ne pouvaient tenir leurs bataillons dans la main, et quand ceux-ci étaient en désordre, ils ordonnaient la retraite, en s'appliquant de toutes leurs forces à la faire dans le meilleur ordre possible.

D'autre part, les Allemands avaient l'occasion de constater la bravoure de ces troupes improvisées, et particulièrement les efforts de leur artillerie, aussi mal attelée que possible.

Dès les premiers rapports du grand-duc de Mecklembourg, le 7 décembre, le prince avait fait marcher sa réserve générale, le 10e corps, au secours du grand-duc sur la rive droite de la Loire, et ordonné au 9e corps qui longeait la rive gauche de lui prêter appui si la chose était possible. Le 9ᵉ corps avait soutenu, le 9, un combat à Montlivault et au château de Chambord, au sud-est de Blois. Le 10 décembre, les troupes du grand-duc crurent à un jour de repos dans les positions qu'elles avaient prises entre Beaugency et Cernay, mais Chanzy ne leur laissa aucun répit. Il les attaqua le 10 dans leurs positions; le combat dura jusqu'à la nuit et fut principalement soutenu par l'artillerie. Le but de Chanzy avait été particulièrement de reconnaître encore une fois les positions des Allemands, et d'assurer pour quelques jours sa marche vers le nord, par Vendôme.

On se souvient que, le 4 décembre, Faidherbe avait reçu le commandement supérieur de l'armée du Nord à Lille. Chanzy voulait se mettre en communication avec lui. On n'attendait de lui que la protection de Tours après le départ de la délégation pour Bordeaux.

Les combats du 10 décembre et les rapports qu'il en reçut décidèrent le prince Charles à donner les ordres suivants: les 9ᵉ et 10ᵉ corps d'armée devaient se porter sur Blois, par les deux rives de la Loire, pour empêcher les Français de communiquer d'une rive à l'autre.

Le 3ᵉ corps d'armée devait suspendre son mouvement sur la Loire, en amont d'Orléans, et se diriger sur Beaugency pour soutenir les forces principales. Le prince établit son quartier général le 12 décembre à Beaugency, et le 13 à Suèvres.

La 9ᵉ division de cavalerie était à la poursuite de l'aile droite de l'armée de la Loire à travers la Sologne: le 7 elle atteignit à Salbris l'arrière-garde française et lui livra un combat heureux. Le 9 décembre elle occupa Vierzon et le chemin de fer de Bourges à Tours.

Le 3ᵉ corps d'armée avait battu les détachements envoyés par l'armée de Bourbaki sur la rive droite de la Loire, à Nevoy, au nord-ouest de Gien, et les poursuivait en remontant la Loire jusqu'à Briare. Pendant ce mouvement, il reçut l'ordre de rétrograder sur la basse Loire. Le 13 décembre, Blois, évacué par les troupes françaises, fut occupé par le 10ᵉ corps allemand. Le général Voigt-Retz, qui le commandait, apprit alors que les Français se retiraient sur Vendôme et se mit à leur poursuite.

L'armée du duc de Mecklembourg s'avança dans la même direction, par Maves et Oucques, sur Morée. Son avant-garde livra le 13 décembre plusieurs combats sur cette ligne, et fit un grand nombre de prisonniers. Le 15 décembre, le grand-duc de Mecklembourg à droite et le général Voigt-Retz à gauche, rencontrèrent une vigoureuse résistance sur la ligne de Morée à Vendôme. Le combat resta indécis, bien qu'à l'avantage des Allemands sur plusieurs points.

Le prince Frédéric-Charles, qui jusqu'au 17 décembre eut son quartier général à Suèvres, ordonna au 3ᵉ corps, aussitôt qu'il arrivérait à Beaugency, de se porter sur Vendôme, où le 9⁰ corps devait aussi se rendre en traversant la Loire à Blois. Le projet du prince Frédéric-Charles était, soit de livrer une grande bataille contre Chanzy, près de Vendôme, avec le plus de forces qu'il serait possible de réunir, soit de l'empêcher de se porter vers la Seine et de se joindre à Faidherbe. Le 16 décembre, un conseil de guerre des généraux français fut tenu à Vendôme; Gambetta dut y assister. Le plan des opérations fut changé. On avait pensé que le prince Frédéric-Charles se mettrait à la poursuite de Bourbaki, et que Chanzy aurait toute liberté de mouvements. Le contraire eut lieu : le prince Frédéric-Charles concentrait toutes ses forces contre Chanzy; Bourbaki devenait libre. On pensait que Bourbaki aurait beaucoup d'avance dans les opérations qu'il préparait à l'Est, si Chanzy se retirait dans l'Ouest sur le Mans et le camp de Conlie, en attirant à lui toutes les forces du prince Frédéric-Charles.

On espérait que les Allemands n'avaient plus de forces disponibles pour empêcher Bourbaki de délivrer Belfort, de couper les communications sur la ligne de Paris à Strasbourg, et même d'entreprendre l'invasion de l'Allemagne du Sud. La retraite sur le Mans fut donc résolue et commencée le 16 décembre avec tant de hâte que beaucoup de papiers importants furent laissés à Vendôme. On les porta au quartier général du prince Charles, qui apprit ainsi d'importantes résolutions [1]. Les ponts sur le Loir avaient été détruits par les troupes françaises, mais d'une manière tellement imparfaite, qu'en l'espace de quelques heures ils étaient rétablis par le 10⁰ corps d'armée allemand. Le prince Frédéric-Charles ne voulut pas poursuivre les Français avec toutes ses forces, mais envoyer seulement des détachements pour observer de près tous les mouvements de Chanzy. Il avait pour cela deux raisons : les troupes de la seconde armée, qui dans les dernières semaines avaient éprouvé de grandes fatigues, avaient besoin de repos pendant la saison rigoureuse; d'autre part, il arrivait de Gien des nouvelles annonçant que des forces considérables étaient rassemblées entre Gien et Bourges. De ces nouvelles, le prince conclut, non sans raison, que Bourbaki voulait faire une tentative sur l'armée qui investissait Paris du côté du sud. Il tenait donc à ne pas trop s'éloigner vers l'ouest, afin de pouvoir attaquer Bourbaki dans son mouvement.

En conséquence, le prince renvoya les 9ᵉ et 3ᵉ corps sur la Loire. Le 3ᵉ corps avait déjà été engagé le 15 par ses avant-gardes devant

---

[1] Aucun papier ne fut abandonné à Vendôme. Ceux dont parle l'auteur de cette relation sont les archives de la 1ʳᵉ division du 17ᵉ corps, qui tombèrent au pouvoir de l'ennemi pendant la retraite; la voiture qui les portait, et qui était celle du colonel Beraud, chef d'état-major, ayant dû être abandonnée dans les boues.

Vendôme. Le 9ᵉ avait atteint le pays qui s'étend entre Amboise et Montrichard, sur la rive gauche de la Loire.

Contre Chanzy furent laissés l'armée du grand-duc de Mecklembourg et le 10ᵉ corps d'armée sur une ligne qui s'étendait de Chartres à Blois, sur la Loire inférieure. Le grand-duc prit le commandement direct de l'aile droite. Les Bavarois avaient été détachés de son armée pour surveiller les environs d'Orléans. Le général Voigts-Rhetz commanda l'aile gauche.

Le prince Frédéric-Charles fit poursuivre les Français sur Épuisay et au nord sur Droué. Cette poursuite fit bien connaître le mouvement de retraite de Chanzy vers l'ouest. Le prince mit son quartier général à Meung, le 18 décembre, et le 19, à Orléans. Les détachements qui avaient poursuivi les Français à Épuisay et Droué arrivaient sans résistance à Saint-Calais[1].

LIVRE TROISIÈME.

NOTE 1.

Nº 385. *Général Chanzy à généraux et préfets au Mans et à Tours.*

Château des Noyers, 13 décembre 1870.

Mon armée a achevé aujourd'hui son mouvement de retraite sans être inquiétée. Blois, évacué hier à deux heures par le général Barry, n'était pas occupé ce matin à six heures. Je crois l'ennemi moins nombreux et moins menaçant qu'on ne le dit sur les deux rives de la Loire. Je ne m'explique pas la panique de Tours. Les renseignements que vous me donnez sont fort vagues. Tâchez de les vérifier; ceci est de la dernière importance. *Signé :* Chanzy.

Nº 393. *Général Chanzy au général Sol, commandant à Tours.*

Château des Noyers, 14 décembre 1870.

Il est de la dernière importance pour la deuxième armée que tous les services militaires, le chemin de fer et le télégraphe restent organisés à Tours jusqu'à la dernière extrémité. Rien ne m'explique la panique qui s'est produite dans cette ville. La marche de l'ennemi sur Tours ne me paraît pas inquiétante jusqu'ici. Quelques troupes bien placées entre le Cher et la Loire peuvent l'arrêter de ce côté. Je me maintiens à Vendôme en faisant occuper Saint-Amand et Château-Renault.

Faites-moi connaître les troupes dont vous disposez, les dispositions que vous avez prises et les renseignements exacts sur l'ennemi de vos côtés.

Signé : CHANZY.

Guerre à général Chanzy, à Vendôme.

Vendôme, de Bourges, le 15 décembre 1870.
six heures dix, matin.

J'ai reçu votre dépêche. J'ai passé les ordres les plus précis et les plus rigoureux au général Sol pour qu'il se porte dans la direction d'Amboise, et j'ai communiqué votre dépêche à Bourbaki à son quartier général. Je vais faire l'impossible pour vous faire appuyer.

LÉON GAMBETTA.

Guerre à général Ferri Pisani, à Angers; communication à général Chanzy à Vendôme et Gambetta à Bourges.

Vendôme, de Bordeaux, 15 décembre 1870,
à huit heures cinq minutes du soir.

La droite du général Chanzy, établie vers Saint-Amand et Château-Renault, est menacée d'être tournée par un corps prussien parti de Blois. Prenez toutes les troupes qui peuvent être mises en route à Angers, embarquez-les par le chemin de fer pour Tours où vous vous rendrez vous-même le plus tôt possible. Il y a à Tours actuellement environ 5,000 hommes qui, avec ce que vous ferez partir d'Angers, vous donneront le moyen de faire une diversion sur Amboise pour inquiéter et retarder la marche de l'ennemi. Vous prendrez le commandement des troupes et celui de la 18e division militaire. Vous aviserez le général Chanzy à Vendôme du chiffre des forces que vous aurez réunies et du mouvement que vous tenterez. Je vous recommande de ne pas vous avancer sans vous éclairer soigneusement; ne perdez pas de vue que le but de votre opération est simplement de retarder la marche de l'ennemi sur la droite de Chanzy en l'inquiétant par cette démonstration vivement menée. Le général de Curten est chargé de rallier à Poitiers quelques troupes. Je lui donne l'ordre de vous appuyer dès qu'il aura réuni une force suffisante. Il faudra donc l'aviser aussi de tout ce que vous ferez. Il arrivera à Poitiers cette nuit.

Signé : DE FREYCINET.

Général de division à Tours à général Chanzy, Vendôme.

Vendôme, de Tours, le 15 décembre 1870, à neuf heures
cinquante-cinq minutes du matin.

Ne puis opposer à l'ennemi que 5,000 hommes. Ces troupes sont placées à Vernon, Montlouis, Saint-Martin-le-Beau et Bléré. Je vais faire occuper la forêt d'Amboise abandonnée par le colonel Lipouski et ses troupes, malgré mes ordres. J'attends le retour de mon chef d'état-major, colonel Clary, des avant-postes, pour rendre compte de la position de l'ennemi.

NOTE 2.

Général Chanzy au général Jaurès, à Busloup par Pezou.

Vendôme, 15 décembre 1870, deux heures du matin.

Il est fâcheux que l'ennemi ait traversé le Loir et se trouve sur la rive droite après avoir occupé Fréteval. Tâchez de le déloger demain de cette position. Le général commandant le 17e corps reçoit l'ordre d'appuyer votre mouvement. La 3e division sera prête à se porter à votre aide, si vous en avez besoin, dès que vous le lui ferez connaître.

Faites surveiller le pont de Saint-Hilaire et faites-le sauter si besoin est, dans le cas où la division qui est à Morée serait obligée de se replier.

Comment se fait-il que les reconnaissances que vous avez dû faire faire le long de la forêt de Marchenoir et en avant de vos positions n'aient pas signalé cette marche de l'ennemi et que vous vous soyez laissé surprendre à Fréteval?

LETTRE DU GÉNÉRAL JAURÈS.

Monsieur le général Chanzy, commandant en chef la deuxième armée.

Busloup, 15 décembre 1870.

Mon général,

J'ai l'honneur de vous donner ci-après le résumé des rapports que j'ai reçus cette nuit des généraux commandant les 1re et 3e divisions, sur la journée d'hier.

Le général Guillon a été attaqué vers onze heures et démie; son bataillon de fusiliers marins placé sur les hauteurs de la rive gauche avait dû se replier, voyant l'ennemi arriver à la fois par la route d'Oucques et par celle de Morée, et pouvant par conséquent le tourner. Le général avait dès le matin placé une batterie sur la crête, qui put promptement répondre aux batteries qui couronnaient les crêtes ennemies, et permettre ainsi aux troupes et aux autres batteries de se mettre en mouvement.

Cette batterie de la crête a dû, contrainte par le feu de l'ennemi, se reculer, et après avoir longtemps tiré dans de nouvelles positions, cesser son feu devenu insuffisant.

La seconde batterie de 4, placée sur l'éminence que présente la route de Paris, répondit d'abord aux batteries ennemies, et plus tard protégea le mouvement de nos troupes de la gare. Il en fut de même des sections de 12, d'abord placées aux abords du Plessis et ensuite sur le haut de la route de Paris.

Le bataillon de la gare fut renforcé du bataillon de la Loire-Inférieure et d'un bataillon de marine qui releva le 1er bataillon. L'ennemi était dans Fréteval et la mousqueterie fut violente. L'officier qui commandait le bataillon de la Loire-Inférieure fut blessé. Son bataillon se replia en partie.

Un peu plus tard, j'envoyai le colonel du Temple avec deux bataillons se joindre à l'attaque de la gare, et je leur donnai l'ordre de reprendre Fréteval avec le concours du bataillon de marine Collet.

Ce dernier bataillon pénétra d'abord dans le village soutenu par nos bataillons de la gare, mais l'ennemi était en forces trop supérieures pour qu'il fût possible de le débusquer.

La nuit étant complétement venue, la colonne du Temple et le bataillon Collet regagnèrent leur camp.

Cette attaque du village, où les marins du commandant Collet ont fait vaillamment leur devoir, nous coûte environ 100 hommes hors de combat, et nous avons eu le regret de perdre le commandant Collet, qui n'a pas reparu.

On m'a dit que l'ennemi avait descendu des pièces au bas du village, mais je n'en crois rien.

De son côté, le général Rousseau avait envoyé ses reconnaissances habituelles du matin, lorsque vers onze heures un officier de dragons, M. Daubremont, lui ramenait un prisonnier et lui annonçait que l'ennemi dessinait sa marche sur Morée, ne paraissant pas soupçonner la présence de nos troupes dans les villages sur la droite.

Le général Rousseau résolut alors une attaque de flanc, et, passant le pont Saint-Hilaire, il gravit les hauteurs de la rive gauche avec le 13e bataillon de chasseurs, le bataillon de l'Aude, quatre compagnies du 58e, les francs-tireurs de la Corrèze et deux pièces d'artillerie.

Vers trois heures, les dernières troupes s'engageaient, et toutes s'avancèrent avec assez d'entrain jusqu'à un ravin très-propre à une embuscade.

A quatre heures et demie les Prussiens s'étant avancés en poussant des hourrahs, nos hommes n'ont pas bougé et les ont reçus par une vive fusillade.

En résumé, le général Rousseau est resté maître de ses positions. Une colonne qu'il avait dirigée directement sur Morée, par la route de Saint-Hilaire, ne prononça point son mouvement à cause de la nuit.

Cette journée a été assez pénible pour la colonne Rousseau, qui compte 80 blessés et 12 morts.

Le commandant Dubucquoy, du 6º dragons, a eu son cheval tué sous lui par deux obus.

A mon extrême gauche, le général Goujard a fait une forte reconnaissance sur Châteaudun. Il a fait 7 prisonniers et tué quelques cavaliers à l'ennemi. Il m'annonce qu'il a devant lui, au nord, de l'infanterie et de la cavalerie. Il envoie un bataillon à Châteaudun pour s'éclairer de ce côté.

Agréez, mon général, etc.

Général JAURÈS.

NOTE 3.

Général Chanzy au ministre de la guerre, à Bourges et Bordeaux.

Vendôme, 15 décembre 1870.

Le grand-duc de Mecklembourg attaque depuis hier Fréteval et le cours supérieur du Loir, avec trois divisions d'infanterie et une nombreuse artillerie. Le 21ᵉ corps, soutenu par une partie du 17ᵉ, résiste à cette attaque, dont le but est de s'emparer évidemment de la grande route d'Orléans au Mans. Un autre corps ennemi marche en ce moment de Blois sur nos positions en avant de Vendôme. Château-Renault et Saint-Amand sont occupés par nous pour couvrir le chemin de fer. L'effort de l'ennemi devant se porter tout entier sur la rive droite de la Loire, il est donc plus essentiel que jamais de prononcer vigoureusement et rapidement un mouvement sur la rive gauche, par les troupes de Bourges. J'insiste pour qu'à Tours on fasse bonne contenance et pour que vous donniez l'ordre au général Sol de se porter carrément en avant, dans la direction d'Amboise, avec toutes les forces dont il peut disposer et celles que vous pouvez lui adjoindre.

Signé : CHANZY.

Ministre de la guerre à général Chanzy, à Épuisay.

Épuisay, de Bordeaux, le 16 décembre, à dix heures quarante minutes du matin.

J'ai donné des ordres pour que Bourbaki vous envoie le général Cérez avec les forces qui pourraient appartenir au 17ᵉ corps ou au 16ᵉ corps. Je suis désolé de ne pouvoir vous envoyer du monde, mais les troupes de Bourbaki sont encore incapables de venir vous appuyer. On ne les a pas maintenues pendant la retraite, alors tout s'est confondu. Vous avez fait des prodiges depuis quinze jours pour vous suffire à vous-même. Continuez à tenir en échec des forces bien supérieures. Bien convaincu qu'avec vous la retraite reste toujours une véritable opération militaire, j'approuve pleinement le mouvement que vous m'annoncez sur Saint-Calais et le Mans. On vous a envoyé d'Angers et de Tours tout ce qu'on a pu ramasser. Au cas où vous n'auriez pas reçu le démenti de la fausse nouvelle relative à la Ferté-Bernard, voici la dépêche : Fausse nouvelle de 12,000 Prussiens à la Ferté-Bernard; elle était donnée par un M. Laigle Desmasures, maire de Saint-Pierre-des-Ormes. Il n'y a pas de Prussiens dans un rayon assez éloigné.

Léon Gambetta.

NOTE 4.

DÉPÊCHE.

N° 427. *Général Chanzy au général commandant au Mans.*

Épuisay, le 16 décembre 1870.

Mon armée opère définitivement son mouvement de retraite sur le Mans. Je compte qu'elle sera tout entière, le 19 au soir ou le 20 au matin, derrière la Sarthe. Retenez donc au Mans tout ce qui lui est destiné, hommes, corps et matériel. Télégraphiez-moi à Épuisay jusqu'à demain. Donnez-moi les renseignements que vous pouvez avoir.

Signé : Chanzy.

N° 430. *Général Chanzy à général de division à Tours, et à général à Angers.*

Épuisay, le 16 décembre 1870.

Le prince Charles, qui a passé sur la rive droite, m'a attaqué hier à Vendôme. Je crois donc que les forces ennemies sont sur cette rive. Je me suis mis en retraite sur le Mans, où je compte arriver le 19 ou le 20. Dirigez sur le Mans tout ce qui est destiné à mon armée, hommes, détachements, matériel. Renseignez-moi jusqu'à demain à Épuisay, mon quartier général, que je porterai demain à Saint-Calais.

Signé : Chanzy.

NOTE 5.

N° 428. *Général Chanzy au général Bourbaki.*

Épuisay, le 16 décembre 1870.

J'ai été attaqué hier à Vendôme par le prince Charles, arrivé de Blois dans la matinée avec un corps considérable qu'il a joint à celui du grand-duc de Mecklembourg. La journée a été très-bonne pour nous, et l'ennemi, qui a éprouvé de grandes pertes, n'ayant pas reparu ce matin, je me suis décidé, quoique à regret, à commencer mon mouvement de retraite sur le Mans où je compte être le 19 ou le 20, si je n'ai pas à combattre en route. Envoyez-moi au Mans le général de Colomb et le général Cérez, qu'on me dit être avec vous, et tous les hommes ou détachements appartenant à la deuxième armée. Je suis aujourd'hui à Épuisay, demain à Saint-Calais, relié par un fil.

Signé : Chanzy.

Bourbaki à général Chanzy, à Vendôme; faire suivre.

Vendôme, de Mehun, le 16 décembre 1870, onze heures quarante-cinq minutes du matin.

Vous exprimez le regret que je ne vous vienne pas en aide. Songez que mon secours ne saurait être immédiat, qu'il me faudrait huit jours au moins pour vous rejoindre; marcher de Bourges sur Blois alors que mes éclaireurs se rencontrent journellement avec l'ennemi à Teillay, à Neuvy-sur-Baranjon et à la Chapelle d'Angillon, serait commettre une fausse manœuvre que le prince Charles me ferait expier sans profit pour vous. Je prêterais le flanc à l'ennemi cheminant entre la Loire et le Cher et adossé à cette dernière rivière. Vous pouvez, au contraire, en vous repliant, si c'est nécessaire, ne pas cesser d'avoir votre ligne de retraite assurée et réclamer le concours de l'armée du Mans. Si un mouvement dans l'Ouest est jugé nécessaire, je l'exécuterai volontiers, mais en suivant la rive gauche du Cher; ce sera le seul moyen de rendre votre position possible.

Signé : Bourbaki.

Documents allemands extraits de l'ouvrage La guerre de l'Allemagne contre la France et la fondation de l'Empire allemand, *par* Dr L. Hahn, *conseiller intime au ministère de l'intérieur.* (Berlin, 1871.)

Versailles, 16 décembre. L'ennemi, attaqué le 15 par nos avant-postes en forces supérieures, a évacué le 16 Vendôme sur le Loir.

De Podbielski.

Versailles, 18 décembre. Le 10e corps a pris, le 16, 6 canons et 1 mitrailleuse dans le combat qui lui a valu la possession de Vendôme. Le 17, après un petit combat, les têtes de colonnes du corps d'armée poursuivirent l'ennemi, occupèrent Épuisay, firent 270 prisonniers. Des papiers de service du général Chanzy, commandant au nord de la Loire, ont été pris; ils constatent que les forces ennemies sont réduites à la moitié.

Les têtes des colonnes dirigées de Chartres contre l'ennemi ont

livré un combat victorieux à six bataillons. L'ennemi a perdu plus de 100 morts, plusieurs voitures d'approvisionnement et un convoi de bestiaux; nos pertes : 1 officier et 35 hommes, pour la plupart légèrement blessés.
De Podbielski.

Versailles, 19 décembre. Le 10ᵉ corps a continué, le 18, la poursuite au delà d'Épuisay, pris des traînards et conquis un drapeau [1].

D'autres fractions ont combattu, le 17, au Poislay et à la Fontenelle, un corps ennemi fort d'environ 10,000 hommes, qui est poursuivi dans la direction du Mans.

Les colonnes de l'aile gauche, le 19, sont en marche sur Château-Renault.
De Podbielski.

Versailles, 20 décembre. Sur la Loire, le 20, les colonnes de l'aile gauche continuent leur marche sur Tours, celles de l'aile droite sur le Mans. Sur la route d'Orléans à Blois se trouvent plus de 6,000 blessés français qui ont été abandonnés par leur armée sans le moindre secours médical.
De Podbielski.

Versailles, 21 décembre. Le général Voigts-Rhetz, le 20, a rejeté en désordre sur Tours, de Monnaie, par Notre-Dame d'Oé, environ 6,000 gardes mobiles avec artillerie et cavalerie.
De Podbielski.

Versailles, 23 décembre. Le 21, la 19ᵉ division s'est avancée jusqu'au pont de Tours, a rencontré de la résistance de la part de la population, et, pour ce motif, a envoyé trente obus dans la ville. Sur ce, celle-ci arbora des drapeaux blancs et demanda une garnison prussienne. Mais la division, suivant ses instructions, se contenta de détruire le chemin de fer, et alla occuper les cantonnements qui lui étaient assignés.
De Podbielski.

Versailles, 29 décembre. Le 27, le lieutenant-colonel de Boltenstern a soutenu un combat très-vif entre Montoire et la Châtre, à la tête de 6 compagnies, 1 escadron et 2 canons. A la fin, l'ennemi entoura le détachement; cependant le lieutenant-colonel de Boltenstern parvint à percer, et malgré une perte de 100 hommes, ramena prisonniers 10 officiers et 230 hommes de l'ennemi.
De Podbielski.

Ordre adressé au général de Tann.

Le 1ᵉʳ corps de l'armée royale bavaroise, placé sous vos ordres, a

---

[1] Il n'y a jamais eu de drapeau à la deuxième armée. Cette citation prouve le degré d'exactitude des bulletins que nous croyons devoir reproduire.

été pendant trois mois en face de l'ennemi. Pendant ce temps, il a livré de nombreuses batailles et subi des fatigues comme rarement des troupes en ont eu à subir. Vous avez dans ces jours acquis de nombreux droits à ma reconnaissance, dont je vous donne un témoignage en vous accordant l'ordre pour le Mérite. Avec cette déclaration, je vous transmets, au moment où le corps d'armée revient à son ancienne position dans la troisième armée, quatre-vingts Croix de fer de la deuxième classe, et vous autorise à les distribuer entre les officiers et les hommes du 1er corps royal bavarois qui se sont particulièrement distingués dans des circonstances difficiles.

GUILLAUME.

Ordre d'armée du général de Voigts-Rhetz au 10e corps d'armée.

Quartier général de Blois, le 31 décembre 1870.

Avec l'année qui finit, finit aussi pour l'armée une période riche en gloire, sur laquelle le 10e corps peut reposer ses yeux avec orgueil. Dans les batailles du 16 et du 18 août, il a contribué à la victoire d'une manière décisive. Dans la tâche longue et pénible de l'investissement de Metz, il a supporté virilement privations et fatigues, et dans les combats, toujours victorieux, il a su faire preuve de courage et de persévérance. De grands efforts lui ont été demandés dans la marche de Metz à Orléans : il les a fournis. Les tentatives de l'ennemi de battre le corps isolé de l'armée ont avorté dans une série de combats victorieux contre des forces numériques toujours supérieures, parmi lesquels la journée de Beaune-la-Rolande sera toujours un des plus beaux faits d'armes dans l'histoire du 10e corps. Après que l'armée de la Loire a été vaincue à Orléans, le corps d'armée, sans prendre un moment de repos, a poursuivi l'ennemi, lui a porté des coups nombreux, pris Vendôme après un combat victorieux, et forcé Tours à arborer le drapeau blanc après y avoir culbuté l'ennemi. En reportant ma pensée sur de pareils faits, je me vois naturellement conduit à exprimer aux officiers et aux soldats mon admiration et ma reconnaissance. Autant je plains les lourds sacrifices que la guerre a jusqu'à présent réclamés de nous, autant je suis convaincu que le 10e corps saura, avec sa persévérance et sa bravoure ordinaires, remplir la tâche que la patrie réclame encore de lui. Puisse l'année qui vient apporter à nos armes la victoire, à notre patrie une paix glorieuse, et aux officiers et aux soldats du 10e corps la réalisation des vœux que je forme pour eux du plus profond de mon cœur.

Le général commandant,
V. VOIGTS-RUETZ.

LIVRE QUATRIÈME.

NOTE 1.

N° 461. *Général Chanzy au ministre de la guerre, Bourges et Bordeaux.*

Le Mans, 20 décembre 1870.

Je trouve ici un encombrement de corps de toutes sortes, sans direction aucune. Il me faut quelques jours pour remédier à cette situation. Je prépare un projet de réorganisation de l'armée, de façon à me débarrasser des non-valeurs et à arriver à une constitution forte. Je vous demande instamment d'attendre que je vous soumette ce projet, avant de prendre des dispositions qui pourraient augmenter les difficultés au milieu desquelles je me trouve. J'ai tout intérêt à avoir au plus vite une bonne et belle armée. Autorisez-moi à agir pour arriver à ce résultat. Je regrette que la mesure qui frappe le général Maurandy ait été prise avant que j'aie pu exprimer mon opinion sur sa conduite. Le procès pourrait peut-être s'étendre aux gens qui l'accusent. Je lui notifie votre décision.

J'insiste pour mes demandes au sujet des généraux de Jouffroy et d'Espeuilles. Puisque le général de Colomb commande le 15° corps, ce que j'ignorais, le général Jouffroy serait bien placé à la tête du 17°. Je demande toujours le général Cérez. *Signé* : Chanzy.

NOTE 2.

TÉLÉGRAMME.

Inspecteur Boulogne à directeur général des télégraphes à Bordeaux, communiqué au général Chanzy, au Mans.

Télégramme Reuter, Versailles, 22. . . . .
. . . .
Le correspondant prussien, *Times* du 23, p. 6, après avoir reproduit rapport daté de Versailles le 15 (quartier général du roi) sur l'état présent opinion publique France, apprécie tactique du général Chanzy, qui, pour se retirer vers Paris, continue à se replier où il veut, et qui, chassé de la Loire, s'est arrangé pour se diriger vers Paris où il va causer nouveaux ennuis; il constate que renforts nullement trop tôt, Allemands obligés d'occuper surface de pays con-

sidérable et de combattre ennemi deux fois plus nombreux et armé de fusils se chargeant par la culasse. Après arrivée des renforts, la témérité du général Chanzy sera punie, et cela fait, Allemands occuperont ligne de la Loire et du Cher en attendant chute de la capitale.

Correspondant spécial, quartier général, Versailles, 18 décembre, dit qu'hier au soir, canons nouvellement placés en avant Valérien, ont lancé bombes, à proximité désagréable de Versailles, qu'elles n'ont pas atteint, mais qui sait ce qui arrivera. Il ajoute qu'il ne faut croire en aucune façon à un bombardement ni à une reddition immédiats. Paris a encore 45,000 chevaux mangeables, de plus prince Wittgenstein a dit qu'il y avait approvisionnements en pain, viande salée et vin, encore pour deux mois.

Correspondant spécial, armée allemande de la Loire, à Oucques, 15 décembre, parlant de Fréteval, a toujours même opinion sur tactique du général Chanzy, et s'attend à voir Français abandonner leur forte position de la journée pour se reporter à une ou deux journées de marche dans une autre situation aussi forte, mais d'autant plus rapprochée de Paris. Il insiste de nouveau sur la portée incroyable des fusils français et leurs effets.

Inspecteur à directeur général à Bordeaux.

Dépêche du *Times*, Berlin, 20 décembre.

Bombardement Belfort est mené vigoureusement, après achèvement troisième parallèle, portion considérable, faubourg de France, a été complétement brûlée. Artillerie siège devant Paris a été augmentée. Versailles, 20 décembre, aile gauche a continué aujourd'hui marche sur Tours et aile droite sur le Mans. Entre Orléans et Blois, plus de 6,000 Français blessés ont été abandonnés sans aucune assistance médicale. Ballon tombé en Nassau, un autre tombé en Bavière. On a trouvé dans le premier, dépêche officielle du général Trochu annonçant sortie pour le 20 décembre. — Dépêche de l'*Evening Standard*, du 22. Versailles, 21 décembre. Hier au soir, vive canonnade des forts de Paris, cependant sans dommages. Ce matin attaque faite par environ trois divisions de garnison sur la garde et le 12° corps, repoussée après plusieurs heures de combat, pertes non considérables. Hier six à sept cents gardes mobiles, avec cavalerie et artillerie, ont été dispersés par le général Voigts-Rhetz à Monnaie, et epoussés au delà de Notre-Dame d'Oé.

La correspondance datée de Berlin 19 décembre, *Times* du 22, p. 10, contient observations intéressantes sur le chassepot qui modifie un peu rapport autrefois établi entre une armée régulière et une milice, donnant à cette dernière une chance là où auparavant elle n'en avait aucune, et lui permettant de tenir le champ, pourvu qu'elle se contente de se sacrifier sans autre but plus élevé que celui de tourmenter l'ennemi. Ainsi les recrues de l'armée de la Loire, qui n'auraient pas tenu contre attaque rapprochée, ont pu, à l'aide des effets de cette arme formidable et de l'impunité relative qu'elle procure, combattre à distance et infliger des pertes lourdes aux Allemands dans la dernière quinzaine. Ces faits ont été reconnus; il importe maintenant de manœuvrer de façon que les occasions de victoire ne nous échappent pas indéfiniment.

Inspecteur à directeur général à Bordeaux.

URGENT.

Correspondance spéciale à Versailles écrit, 1ᵉʳ janvier, que déserteurs disent, peuple de Paris malheureux, mais toujours fier; il paraît que Trochu n'a pas essayé dans adresse aux troupes de cacher sa douleur de la perte du mont Avron. Français ont donc été encore une fois surpris, car mont Avron menaçant par sa position communications de l'armée assiégeante du sud avec Lagny, ils devaient être certains d'être attaqués, et cependant ils ont paru n'être nullement préparés. On croit aussi ici qu'approvisionnements, munitions, commencent à diminuer. *Moniteur* de Versailles publie sur organisation militaire de l'Angleterre un article qui paraît avoir ému le correspondant; il le cite en entier, et ajoute que cet article exprime opinion de tous à Versailles, en disant que le système militaire de l'Angleterre, en vue des complications futures, ne lui permet de prendre qu'une attitude, celle de l'effacement. Quant aux volontaires anglais, c'est une réunion d'amateurs militaires auxquels il serait impossible d'imposer les devoirs et la stricte discipline de citoyens soldats de la Prusse. Le correspondant anglais de Berlin, écrit le 2 janvier, que le général Chanzy se reconstitue activement pour reprendre l'offensive. Tous ses mouvements étant rapportés au quartier général, il est douteux qu'il surprenne Allemands, et même il lui sera fait face plus vigoureusement qu'avant. Allemands au lieu de se répandre sur large surface de pays pour empêcher toute colonne d'approcher, Paris, se massent actuellement dans des positions importantes et laisseront passer Français, si ces derniers en ont envie. Ce changement de tactique s'explique par le peu de crainte qu'ils inspirent, aussi par inutilité de soumettre Allemands à des marches et contre-marches pour faire face à toute colonne; — enfin parce qu'on peut sans inconvénient laisser un corps entier pénétrer dans le cercle extérieur formant la deuxième ligne allemande autour de Paris, car la défaite sera bien plus dangereuse pour les Français entre Versailles et Orléans, que

APPENDICES. 525

près ou au delà de la Loire. Malgré avances faites par Prusse à Autriche, cette dernière a toujours du dépit qu'elle manifeste ainsi : Prusse importe dans ce moment beaucoup de grains de Hongrie. Or chemin de fer hongrois, qui appartient à l'État, ne veut pas que son matériel roulant dépasse gare terminée à Vienne ; de là déchargement et rechargement, et de plus transport par chariot d'une gare à l'autre, quand ces deux gares sont reliées par une voie dont on s'est servi autrefois pour transports de grains de Pesth à Paris ; il faudra beaucoup de notes pour effacer impression de ce mauvais procédé.

Times du 5 annonce que M. Washburne ayant informé M. Jules Favre qu'un sauf-conduit était mis à sa disposition afin de pouvoir se rendre à Londres pour conférence sur neutralité de la mer Noire, ce dernier a répondu qu'il ne savait rien de la conférence et qu'il ne quitterait pas Paris.

Directeur Nantes à inspecteur Tamisier, au Mans.

Prière de communiquer au général Chanzy la dépêche suivante, de Boulogne, le 23 décembre.

Service urgent. De Brest, le 23, à onze heures vingt minutes.

Inspecteur Boulogne à directeur général des télégraphes.

Résumé du *Times* des 12, 13, 14, 15, 16 et 17. Dépêches télégraphiques.

Capitulation de Phalsbourg et de Montmédy. — Belfort se défend toujours énergiquement ; nombreuses sorties. Un canon monstre placé sur Mont-Valérien envoie bombes à deux cents yards des portes de Versailles. Plusieurs tentatives d'assassinat ont eu lieu près de Versailles. Allemands ignorent tout à fait ce qui se passe dans Paris ; cependant on sait que toute communication est suspendue entre la ville et les troupes à l'extérieur. Il est impossible comme autrefois de se procurer des journaux aux avant-postes la nuit. Paris, faute de gaz, est dans les ténèbres.

Correspondant du *Times*, accompagnant l'armée allemande, dit que Français se sont très-bien battus et avec une ténacité inattendue ; que l'armée de la Loire ne lui semble pas être de celles qui capitulent. Il loue beaucoup la retraite faite en disputant jusqu'à Orléans le terrain pied à pied, et en fait gloire plutôt au général et aux officiers qu'aux soldats. Il dit, avant d'avoir assisté aux quatre jours de combat autour de Beaugency, que l'armée de la Loire ne lui paraissait pas en état de prendre l'offensive ; mais il écrit de Meung-sur-Loire, qu'une armée composée de recrues, qui peut lutter huit jours sur dix contre des vétérans sans être battue, doit espérer justement que la fortune commence à tourner en sa faveur ; d'autre part, Allemands sont embarrassés de cette ténacité inattendue qui les tient en échec pendant quatre jours, et les oblige à demander des renforts. Le 8 au soir l'avantage était resté aux Français et les fronts étaient sombres au camp allemand. Le défaut de la tactique chez les Français est que bien que très-supérieurs en nombre, ils ne semblent jamais prendre l'offensive, mais se contenter de tenir ce qu'ils ont, sauf à céder le lendemain ce qu'ils ont opiniâtrément défendu la veille. L'artillerie de marine, à Orléans, a parfaitement tiré ; il n'en a pas été de même pour l'artillerie de campagne dans divers engagements. En général, cette artillerie se comporte assez bien à courte portée, mais le défaut est qu'on veut faire tirer les canons à de trop longues distances ; les bombes, dont les fusées deviennent alors trop courtes, éclatent en l'air, et les boulets n'arrivent pas au but. Fusils des Français sont beaucoup plus meurtriers ; leurs balles pénètrent partout et à des distances incroyables. Parmi les blessés, beaucoup plus atteints par les balles que par les bombes. Le tir de l'artillerie a été inefficace. La situation de l'armée allemande, le 9 décembre, était comme suit : prince Frédéric-Charles est resté à Orléans avec 10e corps, qui depuis a été envoyé à Beaugency comme renfort à l'armée du grand-duc de Mecklembourg. Ce dernier avec Bavarois et Hessois marche sur Tours. Le 3e et le 9e corps sont dans le sud, isolés de la rive droite de la Loire, car tous les ponts sont coupés. On signale cependant établissement récent d'un pont de bateaux en amont de Beaugency, en face de la route qui mène à Messas. Von Werder a dû quitter Dijon pour faire jonction avec le 9e corps. — Aucun renseignement précis sur pertes dans l'Orléanais, excepté pour Bavarois, si décimés qu'ils sont revenus à Orléans pour se refaire. Entrés au nombre de 30,000, il en reste aujourd'hui 5,000. La campagne est rude pour les Allemands qui souffrent beaucoup du froid. Les morts sont immédiatement dépouillés de leurs chaussures. La faim s'est fait aussi quelquefois sentir. L'attitude des prisonniers français paraît avoir été peu digne à Orléans. On a fait des recherches pour découvrir un télégraphe supposé établi entre Tours et Paris par Orléans. Le correspondant du *Times* à Versailles rapporte impressions causées au quartier général par événements autour d'Orléans jusqu'au 6 décembre. Perplexité générale. Le son du canon, dans une direction inattendue, faisait qu'on se regardait avec inquiétude. Bagages étaient prêts pour départ ; on craignait qu'à tout moment l'armée du prince royal ne fût obligée de quitter positions. Aujourd'hui 6 décembre, on est pleinement rassuré ; cependant chacun songe à ce qu'eût été la situation si Bazaine avait tenu huit ou dix jours de plus, et si Metz ne s'était pas rendu d'une manière si opportune. Il ajoute encore que les nouvelles venues de

Beaugency le 10 au soir, avaient allongé toutes les mines. Le grand-duc de Mecklembourg craignait l'arrivée de 40,000 Bretons sur son flanc. Les pertes des Allemands dans l'Orléanais paraissent sévères. Leurs succès leur ont coûté plus cher proportionnellement que la victoire de Sedan. Les Allemands n'avancent pas avec cet élan irrésistible qui les a portés sur Paris, mais on veut en finir, et le prince Frédéric-Charles a pour mission de détruire tout noyau de troupes important et en même temps d'occuper rigoureusement les pays envahis en empêchant tout enrôlement qui pourrait grossir la résistance. Pertes dans les combats autour de Paris le 30 novembre et le 2 décembre sont évaluées à 8,000 hommes de chaque côté. Mont Avron a été très-fortifié par les Français; on reparle du bombardement. On est mécontent à Berlin du retard, mais à Versailles on paraît beaucoup moins pressé. De grandes précautions de surveillance sont prises depuis quelques jours à Versailles autour des résidences du roi et du prince royal.

Approche de Noël; Allemands regrettent beaucoup de ne pas pouvoir célébrer cette fête en famille. Des recrues n'appartenant pas à la landwehr arrivent journellement d'Allemagne; on évalue ces renforts à 150,000 hommes. D'autre part, le correspondant du *Times* à Berlin écrit, le 12, que 150,000 landwehr nouvellement incorporés sont en route et destinés à renforcer von Werder à Dijon, et armée allemande de la Loire. Cette levée, qui frappe, après tant d'autres, des hommes de trente-cinq à quarante ans, a produit une certaine émotion; cependant on ne murmure pas. La déclaration de la Prusse relativement au Luxembourg a un peu ému l'opinion en Angleterre. Le *Times* a publié plusieurs *leading articles* pour réfuter la prétention de la Prusse d'agir sans consulter les parties contractantes des traités 1867; mais ces articles sont beaucoup moins violents que ceux provoqués par la déclaration russe au sujet du traité de Paris. Le *leading* du 16 dit: qu'on ne peut trop exagérer la répugnance du sentiment public en Angleterre à trouver un *casus belli* dans la démonstration du traité concernant le Luxembourg...

La région du nord est en meilleur état que pendant les jours qui ont suivi l'entrée des Allemands, à Amiens et à Rouen. On disait à Versailles que Manteuffel allait organiser promptement la Normandie et la Picardie. Ses troupes, en effet, s'étaient avancées dans la Somme jusqu'à Péronne, Doullens et Abbeville, et dans la Seine-Inférieure jusqu'à Dieppe, qui a été occupé, et tout près du Havre. Or, aujourd'hui 17, à l'exception de Rouen, qui est, dit-on, encore occupé, Seine-Inférieure est évacuée, la Somme est également libre, il ne reste que 15,000 Prussiens dans la citadelle d'Amiens. La ville a été évacuée;

Saint-Quentin a été réoccupé par nous. Les ennemis paraissent se replier en masse sur Paris, devant l'armée du Nord qui descend d'Arras et dont le quartier général était le 17 à Corbie, à quatre heures au nord d'Amiens. D'après des dépêches de Versailles du 11 décembre, le 9ᵉ corps était le 9 décembre aux environs de Blois et le 3ᵉ du côté de Gien.

NOTE 3.

Le 22 décembre, le général Jaurès, commandant le 21ᵉ corps, se présenta au grand quartier général avec le duc de Joinville, qui se trouvait en France sous le nom de colonel Lutherod et qui avait assisté à toute la première partie de la campagne dans l'Orléanais. Le prince demandait à voir le général en chef; il fut reçu immédiatement et exposa avec beaucoup de cœur et d'émotion son désir de suivre les opérations de la deuxième armée et de se battre pour son pays. Il promettait de conserver le plus strict incognito, se contentant de servir comme volontaire, et repoussant toute autre idée que celle de se dévouer pour la France. De tels sentiments devaient trouver partout bon accueil; l'autorisation qu'il demandait lui fut accordée.

Toutefois, comme le général en chef voulait éviter au prince les désagréments d'une position mal définie, dans l'opinion publique toute équivoque, au Gouvernement tout sujet de préoccupation, et pour lui-même une fausse interprétation de sa conduite, il fut convenu qu'une démarche officielle serait faite à Bordeaux pour demander la sanction de la délégation.

Le commandant Marois, qui partait le 23 décembre en mission auprès du ministre de la guerre, alors à Lyon, emporta la dépêche ci-après adressée à M. Gambetta:

« Monsieur le ministre,

» Le prince de Joinville est venu trouver hier le général Jaurès, le
» priant de solliciter pour lui l'autorisation de suivre l'armée. Le gé-
» néral me l'a présenté ce matin.

» Le prince est en France sous le nom de colonel Lutherod; il a
» assisté aux affaires du 15ᵉ corps en avant d'Orléans, a pris part au
» combat dans une des batteries de la marine, et n'a quitté la ville
» qu'avec les derniers de nos soldats.

» Il demande à suivre mes opérations, promettant de conserver la
» plus grande réserve et de ne se révéler à personne.

» Ne voyant en lui qu'un soldat, qu'un homme de cœur aimant la
» France et mettant franchement de côté toute idée autre que celle de
» se dévouer pour elle, j'ai cru ne pouvoir lui refuser ce que le Gou-
» vernement de la République accorde à tous les Français.

» Mon devoir est de vous en rendre compte et de prendre vos
» ordres.

» Resté jusqu'ici étranger à la politique, fermement décidé à conti-
» nuer, tout entier à la tâche que le Gouvernement m'a confiée, je
» tiens à ce que personne ne puisse se méprendre sur les sentiments
» qui m'ont guidé dans cette circonstance.

» J'attends donc les instructions que vous me donnerez à ce sujet,
» et vous pouvez être assuré que je m'y conformerai strictement.

» Veuillez, etc. » *Signé* : CHANZY. »

La réponse fut la suivante :

Lyon, le 27 décembre 1870.

« Mon cher général,

» Votre lettre touchant la présence du prince de Joinville à votre
» armée est d'un honnête homme, d'un loyal serviteur du Gouverne-
» ment de la France, et je vous en remercie.

» Vous me demandez, pour les suivre strictement, mes instruc-
» tions sur ce grave sujet ; les voici :

» Le prince, même sous un nom d'emprunt, ne peut rester en
» France sous aucun prétexte. Il a commis une faute très-grave en
» pénétrant sur le territoire subrepticement, et en se rendant aux ar-
» mées, où il pourrait devenir pour la paix publique, si sa présence
» était révélée, un élément de désordre et dans le pays un brandon de
» guerre civile. La question posée par la présence du prince n'est
» d'ailleurs pas nouvelle pour nous : elle s'est posée dès le lendemain
» de la révolution du 4 septembre, et le Gouvernement de Paris fut
» unanime pour faire ramener à la frontière les imprudents qui
» l'avaient franchie. Dans une occasion plus récente, les intentions du
» Gouvernement leur ont été signifiées de nouveau. La conduite du
» prince de Joinville est donc tout à fait coupable. — Comme répu-
» blicain, comme membre du Gouvernement, je dois faire respecter
» les lois ; dès demain M. le colonel Lutherod sera conduit en lieu
» sûr.

» Telles sont les instructions que je vous prie de faire exécuter.

» Agréez, etc. » *Signé* : L. GAMBETTA. »

Dès la réception de cette lettre, le 29, le général en chef fit prévenir le duc de Joinville par le commandant de Boisdeffre, son aide
de camp, que l'autorisation sollicitée pour lui était refusée par le Gouvernement ; l'invitant en même temps à faire connaître l'heure de son
départ du Mans et le lieu où il comptait se rendre pour s'embarquer.
Le prince répondit qu'il partirait le soir même pour Saint-Malo, et
écrivit la lettre ci-jointe au commandant de la deuxième armée, qui
ne l'avait pas revu depuis l'entrevue du 23.

« Le Mans, 29 décembre 1870.

« Général,

» Je ne veux pas m'éloigner sans vous remercier de ce que vous avez fait pour moi.

» Votre loyauté de soldat avait compris qu'on peut vouloir servir son pays uniquement parce qu'on l'aime. Vous aviez compris la douleur de quelqu'un qui a porté l'épée, de rester seul oisif dans la crise terrible que nous traversons. — Tous mes vœux les plus ardents accompagnent vous et votre armée.

» Croyez à mes sentiments reconnaissants.

» *Signé* : Fr. d'Orléans. »

Quelques jours après, le général en chef fut prévenu que l'on disait dans le Mans que le prince avait été arrêté et mis en prison. Voulant savoir d'où pouvait provenir ce bruit auquel il n'ajoutait aucune importance, il fit demander au préfet s'il savait ce qu'était devenu un colonel américain du nom de Lutherod, qui avait séjourné quelques jours dans la ville. Le préfet, M. Lechevalier, répondit qu'il n'avait aucune connaissance de ce personnage.

Ce ne fut que plus tard, à Laval, que la lettre suivante du prince, publiée dans le *Times*, fit connaître ce qui s'était passé. Nous croyons utile de la reproduire pour achever le récit de cet épisode, qu'il était nécessaire de faire connaître dans tous ses détails pour couper court aux interprétations fausses et passionnées auxquelles il a donné lieu.

PRINCE DE JOINVILLE AND M. GAMBETTA.

A Monsieur l'éditeur du *Times*.

Monsieur, — la publicité du *Times* est trop grande pour qu'il me soit possible de laisser accréditer, sans rectification, le récit que vous donnez aujourd'hui de mon arrestation au Mans, et des circonstances qui l'ont amenée.

Voici les faits.

J'étais en France depuis le mois d'octobre. J'étais allé pour offrir de nouveau mes services au Gouvernement républicain, et lui indiquer ce que, avec son aveu, je croyais pouvoir faire utilement pour la défense de mon pays.

Il me fut répondu que je ne pouvais que créer des embarras.

Je n'ai plus songé dès lors qu'à faire anonymement mon devoir de Français et de soldat.

Il est vrai que je suis allé demander au général d'Aurelle de me donner, sous un nom d'emprunt, une place dans les rangs de l'armée de la Loire. Il est vrai aussi qu'il n'a pas cru pouvoir me l'accorder,

APPENDICES. 531

et que ce n'est qu'en spectateur que j'ai assisté au désastre d'Orléans.

Mais lorsque plus tard j'ai fait la même demande au général Chanzy, elle a été accueillie. Seulement, en m'acceptant au nombre de ses soldats, le loyal général a cru devoir informer M. Gambetta de ma présence à l'armée, et lui demander de confirmer sa décision.

C'est en réponse à cette demande que j'ai été arrêté le 13 [1] janvier par un commissaire de police, conduit à la préfecture du Mans, où on m'a retenu cinq jours, et enfin embarqué à Saint-Malo pour l'Angleterre.

Je n'ai pas besoin d'ajouter que, quels que soient les sentiments que j'ai éprouvés en étant arraché d'une armée française la veille d'une bataille, je n'ai tenu aucun des propos que l'on me prête sur M. Gambetta, que je n'ai jamais vu.

Agréez, Monsieur l'éditeur, l'assurance de ma haute considération.

Fr. d'Orléans, prince de Joinville.

Twickenham, le 24 janvier.

NOTE 4.

Gambetta au général Chanzy, au Mans.

26 décembre 1870.

Des renseignements recueillis, il me paraît certain que le prince Frédéric est en personne à Orléans avec à peu près 25,000 hommes, plus 6 à 7,000 Bavarois du comte de Tann. Ils paraissent très-fatigués et assez hésitants sur les opérations que nous entreprenons; il y a, paraît-il, un corps de 20 à 25,000 hommes qui aurait filé d'Orléans sur Chartres dans la direction d'Alençon; ceci sous toutes réserves. Blois et la Sologne paraissent à peu près vides. Le 15e corps occupe Vierzon et Bourges. Notre première armée de la Loire exécute en ce moment un mouvement sur la nature duquel je vous avais envoyé des instructions par un officier, M. Dhendecourt; je suis bien étonné que vous ne les ayez point reçues. Je vous expédierai un autre messager ce soir, mais les chemins sont si mauvais qu'il y a d'énormes retards. Les Prussiens font un mouvement de va-et-vient entre Orléans et Montargis; on dit qu'à partir de ce point ils remontent vers Paris.

Le général de Zastrow et le prince de Reuss, avec à peu près 25 à 30,000 hommes, sont entre Joigny et Auxerre qu'ils occupent. Néanmoins une partie de ces forces, 7 à 8,000 hommes, semble s'être dirigée sur Montargis. Le corps de Werder, qui tient Dijon et Gray,

---

[1] Il y a évidemment une erreur dans cette date du 13 janvier : ce jour-là, l'armée n'était plus au Mans, qu'elle avait quitté le 12, et le préfet était parti avec l'armée. C'est bien le 29 décembre au soir que le prince a été arrêté.

s'élève à 30,000 hommes. C'est ce corps que le général Cremer et Garibaldi tiennent vigoureusement en échec entre Semur, Autun et Nuits. Belfort est investi par une force de 30,000 hommes, mais nous communiquons et nous savons que jusqu'ici les assiégés ont causé de nombreuses pertes aux Prussiens, et les ont empêchés d'établir leurs ouvrages.

La ligne de Dôle à Montbéliard par Besançon est fort bien gardée par les forces de Besançon. Au demeurant, la situation est bonne, et si les opérations que je vous fais connaître par ce rapport réussissent, elle peut devenir magnifique. Dans le nord, le général Faidherbe pousse son organisation; il a eu il y a trois jours, à Pont-de-Noyelles, un combat victorieux qui a duré six heures. Le Havre est dégagé complétement, et nous espérons reprendre promptement Rouen.

J'attends avec impatience que vous soyez refait; je donne tous les jours des ordres à Bordeaux pour qu'on vous donne pleine satisfaction, parce que je sais bien qu'aussitôt en état, vous saurez bien marcher au point sensible.

Signé : Léon Gambetta.

DÉPÊCHE CONFIDENTIELLE.

Guerre à général Chanzy, au Mans. A communiquer à Gambetta, à Lyon.

Bordeaux, 26 décembre, quatre heures quinze minutes.

La première armée allemande, moins les trois quarts du 15e corps, est vers Châlons. A Orléans, l'ennemi paraît se concentrer et en même temps envoyer des forces vers Montargis. Il ne paraît pas avoir grand monde le long de la Loire ni en Sologne. On signale un corps de 15 à 20,000 hommes sur Auxerre, qui paraît se diriger vers Montargis. Dans le nord, la position de Faidherbe est excellente. Je m'occupe d'accélérer les souliers et les vêtements. Vous avez dû en recevoir de fortes quantités. *Signé* : de Freycinet.

NOTE 5.

N° 471. *Général Chanzy au général Barry, à Chahaignes, par Écommoy.*

Le Mans, 21 décembre 1870.

L'ennemi, après avoir repoussé de Monnaie les troupes du général Pisani, est aux environs de Tours. Les communications télégraphiques et par chemins de fer, directement du Mans à Tours, sont interrompues. Le général Pisani, renforcé par le général de Curten venant de Poitiers, a l'ordre de se rabattre du côté du Mans; je l'arrêterai en deçà du Loir qu'il faut défendre. Avec vos troupes et celles dont il s'agit, je formerai une colonne pour repousser l'ennemi de Tours, ou tout au moins pour l'empêcher de descendre sur la rive droite de a Loire. Faites donc étudier les passages du Loir, de la Chartre au Lude, et les défenses de ces passages.

Avez-vous reçu la poudre pour les ponts, qu'il ne faut détruire qu'à la dernière extrémité et dans le cas d'une défense impossible. Envoyez-moi d'urgence la composition exacte et les emplacements de tous les corps, troupes ou détachements sous vos ordres, à Chahaignes, la Chartre, Château-du-Loir, Jupilles, etc., et l'indication des corps qui manquent pour la reconstitution complète de la 2e et de la 3e division du 16e corps.

Je veux en un mot vous reconstituer solidement et vous charger de la défense du Loir en vous reliant par le chemin de fer du Mans à Château-du-Loir, et en me ménageant la possibilité d'opérer sur le Loir dès que cela me sera possible. Donnez-moi tous les renseignements que vous avez de l'ennemi dans les directions de Château-Renault et de Montoire. *Signé :* Chanzy.

N° 472. *Général Chanzy au général Ferri Pisani, à Langeais (par Saumur), et à général de Curten, à Poitiers.*

Le Mans, 21 décembre.

Vous avez reçu l'ordre du ministre de vous réunir et de vous replier sur mon armée. Je fais occuper le Loir, de Château-du-Loir à la Chartre, et défendre les passages jusqu'au Lude. Portez-vous sur Château la Vallière, d'où, réunis, vous pourrez menacer l'ennemi s'il cherche à descendre la Loire. Je vous y ferai renforcer au besoin. L'ennemi ne me paraît pas en force aux environs de Tours. L'opération est possible et de la dernière importance. Votre retraite en deçà du Loir, par le Lude, serait toujours possible; vous couvririez dans tous les cas la droite de l'armée.

Envoyez-moi la composition exacte des troupes sous vos ordres, infanterie, cavalerie, artillerie, et renseignez-moi promptement et chaque jour sur les mouvements et la force de l'ennemi sur la rive droite de la Loire, dans les directions de Tours et de Château Renault. *Signé :* Chanzy.

N° 478. *Général Chanzy au ministre de la guerre, à Bordeaux.*

Le Mans, 21 décembre 1870.

Le général Pisani n'ayant pu tenir à Monnaie, on signale l'ennemi arrivé à Tours. Je prescris aux généraux Pisani et de Curten, une fois réunis comme vous leur en avez donné l'ordre, de se porter sur Château-la-Vallière, avec ligne de retraite sur le Loir, se reliant avec les forces que j'ai disposées le long du Loir pour couvrir l'aile droite de l'armée, si l'ennemi cherche à prolonger son mouvement au delà de Tours, et me donner la possibilité de l'attaquer si je trouve une bonne occasion. L'armée s'installe dans de bonnes conditions autour du Mans; je n'ai pas encore pu faire partir les francs-tireurs Lipouski, qu'il me tarde de lancer dans la direction de Nogent. On me signale 4 à 5,000 Prussiens à la Ferté-Bernard, paraissant se diriger sur Bonnétable; je prends des mesures pour empêcher ce mouvement. Je suis sans nouvelles des opérations des autres armées et des forces ennemies qu'elles peuvent avoir devant elles. Je suis de plus en plus convaincu qu'un mouvement de la première armée sur Troyes est facile, opportun et nécessaire. *Signé :* Chanzy.

N° 484. *Au général Pisani, Saumur.*

Le Mans, 22 décembre 1870.

Ralliez de suite, comme je vous l'ai prescrit, les troupes du général de Curten, et portez-vous sur Château-la-Vallière, ou tout au moins sur le Lude, pour couvrir le Loir. Reliez-vous aux corps que j'ai à Château-du-Loir et à la Chartre, et essayez de tomber sur le flanc droit de l'ennemi s'il s'avançait de Tours sur Saumur ; je crois la chose très-possible. L'ennemi n'est pas nombreux sur la Loire, il ne s'avance que parce que nous nous retirons. Recherchez le colonel Lacombe et employez ses huit escadrons à éclairer le pays jusqu'à Tours. Je regrette que vous ayez quitté prématurément votre position de Langeais. *Signé :* Chanzy.

N° 507. *Le général Chanzy au général Barry, à Chahaignes (par Écommoy).*

Le Mans, 22 décembre 1870.

L'ennemi, après une démonstration sur Tours, n'a pas pénétré dans la ville et se retire sur Château-Renault ; il paraît en désarroi et inquiet de mouvements qui appellent son attention ailleurs. Occupez Château-du-Loir, si vous ne l'avez déjà fait, et envoyez une reconnaissance de cavalerie et d'infanterie, commandée par un officier énergique, dans la direction de Beaumont, afin de savoir quels peuvent être les mouvements de l'ennemi sur la rive gauche du Loir. Je vais organiser une colonne mobile et la diriger sur Château-la-Vallière et Tours, dès que je saurai que le mouvement prescrit aux troupes qui sont à Saumur s'exécute. Le moment est opportun; il ne faut que de la confiance pour réussir, et je compte sur vous.

Signé : Chanzy.

N° 596. *Général Chanzy à général de Curten et à général Cléret, à Neuillé-Pont-Pierre; à général Barry, à Chahaignes (par Écommoy), et à l'amiral Jauréguiberry, à Pontlieue.*

Le Mans, 27 décembre 1870.

D'après les renseignements qui me parviennent, l'ennemi est en très-petit nombre à Blois et sur les deux rives de la Loire, de Blois à Tours. Il y aurait encore une force assez considérable à Vendôme; et enfin des partis battraient le pays du Loir à la Loire, en menaçant Montoire, Château-Renault et jusqu'à Monnaie.

Le général de Jouffroy, avec une colonne mobile, a l'ordre de faire une démonstration en avant de Saint-Calais, sur Vendôme. Il reste à protéger d'une façon efficace la ligne ferrée si importante du Mans à Tours. Le général Barry assure cette protection sur la rive droite du Loir. Le général de Curten, afin de se relier avec la 3° division du 16° corps qu'il commande, s'avancera de Château-la-Vallière à Neuillé-Pont-Pierre, poussant ses avant-postes à Neuvy-le-Roi et à Beaumont-la-Ronce.

Le général Cléret, avec les troupes dont il dispose, prendra position à Saint-Antoine du Rocher, avec avant-postes à Cérelles, à Notre-Dame d'Oé, utilisant pour s'éclairer dans la direction de Monnaie et dans celle de Blois les escadrons du colonel Lacombe, qu'il est inutile de conserver à Saint-Paterne. Le général de Curten pourra ainsi tirer ses approvisionnements du Mans, par le chemin de fer, et le général Cléret de Tours, par la même voie.

La mission de tous est donc, je le répète, de couvrir le chemin de fer du Mans à Tours, et les forces dont on dispose suffisent, et au delà, pour assurer cette protection quoi qu'il arrive.

Me tenir exactement renseigné sur les mouvements de l'ennemi et sa force, en contrôlant avec soin toutes les nouvelles.

Signé . Chanzy.

Corps d'observation de la Chartre.

Chahaignes, le 21 décembre 1870.

Mon général,

Ainsi que je vous l'ai fait connaître, j'ai installé hier matin mon quartier général à Chahaignes, emmenant avec moi de Jupilles la petite brigade Baille avec une batterie de 4 que j'ai postée sur la gauche du village, en un point (la Montrée) d'où elle balaye la route de la Chartre au Mans, pour protéger la retraite. L'infanterie est campée dans les prairies boisées au-dessous, regardant le village de l'Homme.

Trois bataillons, avec quatre pièces et un peloton de lanciers, commandés par un colonel, sont postés au pont de Braye.

Le général Pâris occupe la Chartre avec quatre bataillons, deux escadrons et demi et dix pièces. Pour compléter et assurer ce système, en surveillant de près mon objectif, j'aurais l'intention, si cela n'est pas en dehors de vos vues, d'occuper Château-du-Loir avec les quelques renforts que m'amène le général Desmaisons et une batterie. Je tiendrai ainsi la route du Mans, avec Jupilles pour point intermédiaire.

Je ne puis guère plus rien tirer de Jupilles, qui forme ma réserve et garde la forêt de Bersay.

Dans l'état des troupes que je commande, je ne puis songer à aucun mouvement offensif. Je m'estimerai fort heureux si je tiens nos positions. Si j'avais des francs-tireurs, je pourrais inquiéter l'ennemi.

Je m'occupe de la réorganisation en ce qui concerne ma division, dont je n'ai ici que 800 hommes du 38e, 800 du 31e, 600 hommes de la Mayenne et douze pièces.

Je transmets vos instructions aux autres troupes. J'enverrai les états de besoins au Mans, parce que, avec les divisions et corps différents qui composent mes troupes, ces besoins ne peuvent être assurés par le 16e corps.

Je crois pouvoir renvoyer au Mans les quatre pièces de 12 que j'ai à la Chartre.

On m'annonce que les Prussiens travaillent au rétablissement du pont de Lavardin, et que, d'un autre côté, ils se montrent vers Château-Renault.

J'ai trouvé, dans le pays boisé que j'occupe ici, beaucoup d'empressement et de générosité de la part des maires et des populations; il n'en a pas été de même à Montoire et à la Chartre, où les autorités se sont montrées plus que tièdes vis-à-vis de nous.

Les communications télégraphiques de Chahaignes au Mans me sembleraient plus faciles par Château-du-Loir.

Quelques cartes du pays me seraient indispensables.

Le général : BARRY.

Chahaignes, 23 décembre 1870.

Mon général,

Conformément à vos ordres, j'ai fait reconnaître tous les ponts et gués entre la Chartre et le Lude, et je vous en adresse ci-joint la nomenclature :

. . . .

Tous les ponts et gués sont observés et gardés par des postes permanents du 31°, que j'ai installé aujourd'hui à Château-du-Loir, avec une batterie de six pièces en position sur l'emplacement ménagé à cet effet et admirablement choisi ; il serait à désirer que la défense de la Chartre fût aussi forte. Je ne détruis plus aucun pont. Il me faudrait, pour la surveillance dont je suis chargé, un autre régiment de cavalerie, hussards. Je n'ai pas encore reçu mes mitrailleuses. Mes renseignements sur l'ennemi, reçus de divers côtés, s'accordent à représenter le duc de Mecklembourg se portant rapidement sur Chartres : soixante mille hommes, une grosse cavalerie et cent pièces pour se porter vers Paris, à la suite des événements encore inconnus pour nous du 21 décembre. Autour de moi, toujours des uhlans et des réquisitions ; rien de bien sérieux. On me croit beaucoup plus fort que je ne suis, même dans le pays. Mes francs-tireurs annoncés ne sont pas venus ; ils me font grand'faute : ils purgeraient mon voisinage de ces incursions insolentes. *Le général* : BARRY.

NOTE 6.

N° 477 *bis*. *Général Chanzy au général Jaurès, à Sargé.*

Le Mans, 21 décembre 1870.

On me signale quatre à cinq mille Prussiens, infanterie, cavalerie et artillerie, qui seraient arrivés aujourd'hui à midi à la Ferté-Bernard. D'autres détachements seraient passés au Theil, descendant la route de Bonneval. Toutes ces troupes semblent venir de l'Est ; il importe de ne pas les laisser devant vous atteindre la Sarthe pour s'emparer des ponts qui leur donneraient accès sur la rive droite. Organisez donc vos colonnes mobiles, ainsi que vous me l'avez proposé, et lancez-les à la poursuite de ces détachements.

Les francs-tireurs Lipouski, que je dirige sur la Ferté et Nogent, ne peuvent quitter le Mans que demain. Continuez demain l'installation de vos corps et vos travaux de défense, en vous éclairant le plus loin possible, entre la Sarthe et l'Huisne. *Signé* : CHANZY.

NOTE 7.

DÉPÊCHE.

N° 505.   *Au général Jaurès, à Sargé.*

Le Mans, 22 décembre 1870.

Les renseignements qui m'arrivent ce soir de différents côtés me donnent l'assurance qu'un coup de main, ou tout au moins une poursuite fructueuse, peut être tenté sur la Ferté-Bernard et Nogent. Organisez de suite, sous le commandement du général Rousseau, une colonne mobile de deux mille hommes d'infanterie, choisis dans toute sa division, qui restera en position; pourvoyez-la de trois jours de vivres et d'une réserve de cartouches; tenez-la prête à partir demain vers onze heures. Je demande à la gare si on peut m'assurer son transport d'Yvré-l'Évêque à la Ferté-Bernard. Vous donnerez en même temps l'ordre au colonel Villain de partir de Connerré, avec deux bataillons de ses troupes, pour Sceaux, où il attendra le général Rousseau. Comme il serait trop long de mettre en chemin de fer de l'artillerie, faites partir, demain de bonne heure, une batterie de 4 et deux mitrailleuses bien attelées, sous l'escorte de deux escadrons, pour rejoindre à Sceaux le colonel Villain. Sa colonne, réunie au général Rousseau, se portera sur la Ferté-Bernard, et de là sur le Theil, pour pousser sur Nogent et se rabattre sur Authon ou à gauche sur Bellesme, selon les renseignements qu'il aura de l'ennemi et les chances qui se présenteront à lui. Je compte sur les dispositions que vous prendrez et sur l'énergie du général Rousseau pour un bon résultat. Sa retraite, s'il se heurtait à des forces trop considérables, pourrait toujours se faire le long de l'Huisne ou par Bonnétable, et, tenu au courant de son mouvement, vous le feriez soutenir sur la direction qu'il vous indiquerait.

Ne choisissez que des troupes solides. Tout dépend de la rapidité du mouvement. J'enverrai demain de la cavalerie sur Vibraye. Je veux également essayer une démonstration dans la direction de Tours, où l'ennemi n'a osé pénétrer. Si le transport en chemin de fer n'était pas possible, le général Rousseau irait coucher le plus loin qu'il pourrait, et vous combineriez ses mouvements et ceux du colonel Villain en conséquence.

Les francs-tireurs du colonel Lipouski partent également pour la Ferté-Bernard et Nogent. Si le général Rousseau les rejoint, il les prendra sous son commandement et les fera concourir à son opération. Une fois la voie libre sur la Ferté-Bernard et Nogent, il sera toujours possible de ravitailler le général Rousseau, ce qui le dispense d'un convoi et rend son mouvement plus facile et plus rapide. Rendez-moi compte des dispositions que vous prenez pour l'exécution de cet ordre. *Signé :* Chanzy.

N° 506. *Général Chanzy au général commandant à Alençon.*

Le Mans, 22 décembre 1870.

Je crois l'ennemi en désarroi du côté de Nogent. J'envoie demain une colonne mobile pour le poursuivre dans cette direction et battre le pays sur les deux rives de l'Huisne.

Je compte sur les deux bataillons de l'Orne dont vous m'annoncez l'envoi à Mamers. Du côté de la Loire, l'ennemi, qui n'a osé entrer à Tours, semble rétrograder sur Château-Renault. Ces renseignements sont pour vous seul. *Signé :* Chanzy.

NOTE 8.

N° 609. *Général Chanzy à général de Jouffroy, à Montoire, par Château-du-Loir.*

Le Mans, 28 décembre 1870.

Je vous félicite sur le résultat que vous avez obtenu hier. Continuez à poursuivre l'ennemi, soit sur Vendôme, soit sur Château-Renault, selon les renseignements que vous aurez et les chances qui se présenteront. En marchant sur Château-Renault vous aurez toujours, au besoin, votre ligne de retraite sur Neuvy-le-Roy, occupé par le général de Curten, ou sur la Chartre, occupée par le général Barry. Si vous marchez sur Vendôme, vous avez pour retraite la route que vous avez suivie et celle de Saint-Calais. Les généraux Barry et Michel, avec lesquels vous devez vous tenir en communication, ont l'ordre de vous appuyer si vous le leur demandez, et dans la direction que vous leur indiquerez. Je ne puis d'ici prescrire des dispositions pour vous soutenir, ne sachant à quelles forces vous avez affaire, la route que vous allez suivre et la ligne de retraite que vous adopteriez. Je renouvelle mes ordres aux généraux Barry et Michel, et je préviens le général de Curten. Ne perdez pas de vue qu'il est très-important que l'ennemi, signalé de nouveau à Château-Renault et à Amboise, mais en petit nombre, ne puisse plus arriver ci à Tours, ni sur le chemin de fer de cette ville au Mans.

Signé : Chanzy.

N° 611. *Général Chanzy à général Barry, à Chahaignes.*

Le Mans, 28 décembre 1870.

Le général de Jouffroy a fait un bon coup de main hier en repoussant l'ennemi de Montoire sur Château-Renault ; il importe de poursuivre ce succès. Donnez-lui donc immédiatement l'appui qu'il vous demanderait. Si vos routes le long du Loir sont coupées, il vous est toujours possible, en vous entendant avec lui, de l'appuyer par Bessé et la route qu'il a suivie, s'il opère sur la rive droite du Loir ; ou en passant cette rivière à la Chartre, s'il se porte sur la rive gauche. Dans le cas d'un mouvement, vous ne partiriez qu'avec ce qu'il y a de plus valide et de plus solide dans vos troupes, en laissant sur vos positions ce qui est nécessaire pour les garder et en n'emmenant de voitures que ce qui est indispensable. Ne réparez pas les routes coupées qui aident toujours à la défense de nos positions en deçà du Loir. Je ne vois aucune utilité à occuper le Grand-Lucé ; les troupes qui y sont peuvent vous remplacer celles que vous emmènerez. Le ministre m'autorise à disposer du général Peytavin. Donnez-lui l'ordre de venir ici, je lui donnerai une division au 17° ou 21° corps. Ne perdez pas un moment pour appuyer de Jouffroy, s'il le demande.

Signé : Chanzy.

N° 613. *Général Chanzy à général de Curten,*
Neuillé-Pont-Pierre.

Le Mans, 28 décembre 1870.

Le général de Jouffroy a battu l'ennemi hier à Montoire, lui a fait cent prisonniers, enlevé des bagages, et l'a poursuivi dans la direction de Château-Renault. Je lui prescris de continuer soit sur Vendôme, soit sur Château-Renault, selon les indications qu'il recueillera. Il sait que vous occupez Neuillé-Pont-Pierre, Beaumont-la-Ronce et Neuvy-le-Roy ; soutenez-le dans la direction qu'il indiquera, s'il vous le demande, sans autre ordre de moi. On signale des partis ennemis aux environs de Monnaie et sur Amboise. N'oubliez pas que vous couvrez toute la ligne du chemin de fer du Loir à la Loire. N'hésitez pas à courir sus aux partis de l'ennemi qu'on vous signalerait ; vous disposez de forces supérieures aux siennes. Il n'est pas de cas où il puisse tromper votre surveillance ou forcer votre ligne. Donnez-moi l'indication exacte des positions que vous occupez et celles du général Cléret, provisoirement sous vos ordres. *Signé :* Chanzy.

N° 617. *Général Chanzy à ministre de la guerre.*
Lyon-Bordeaux.

Le Mans, 28 décembre 1870.

Le général de Jouffroy, parti hier de Bessé avec colonne mobile pour surprendre l'ennemi à Montoire, a eu un engagement assez vif entre Fontaine, Saint-Quentin et Montoire. L'ennemi a opéré sa retraite dans la direction de Château-Renault.

Poursuivi jusqu'à cinq kilomètres au delà de Montoire, il a laissé entre nos mains une centaine de prisonniers, des caissons, des équipages, ses ambulances, deux officiers tués et plusieurs blessés. Le général de Jouffroy a l'ordre de continuer soit sur Vendôme, soit sur Château-Renault, suivant les indications qu'il recueillera. Je le fais appuyer. Dans la vallée de l'Huisne, la situation est la même, le général Rousseau est resté à la Ferté-Bernard et surveille le Perche. Le colonel Lipouski est à Nogent, Cathelineau à Vibraye. Le général Jaurès fait observer la direction de Mamers par une colonne mobile placée à Ballon. Le mouvement de l'ennemi sur Chartres et au delà se continue. Dans les lettres prises sur le courrier prussien à la Loupe, on trouve la confirmation de ce mouvement.

Un officier écrit de Châteauneuf qu'ils attendent des vêtements et se préparent à une revue du Roi, qui semble réellement avoir quitté Versailles. *Signé* : CHANZY.

N° 681. *Général Chanzy à général Barry, à Château-du-Loir.*

Le Mans, 30 décembre 1870.

D'après nouvelles du général de Jouffroy, hier à trois heures, il se concentrait à Fortan, Lunay et Mazangé, pour reprendre aujourd'hui son opération sur Vendôme. La 1re brigade envoyée vers lui n'avait pas de vivres, cela est des plus regrettables ; c'est à vous à en assurer à toutes les troupes de votre division, quelles que soient les positions qu'elles occupent. Le général Michel a reçu ses instructions et s'y conforme. Votre rôle est de soutenir le général de Jouffroy de la façon la plus efficace, tout en maintenant vos positions du Loir, qui ne se trouvent du reste aucunement menacées actuellement, puisque l'ennemi est au delà des Roches et de Château-Renault. J'ai prescrit aux généraux de Curten et Cléret de faire aujourd'hui de fortes démonstrations en avant de leurs positions. Nous ne pouvons être tenus en échec par des forces bien certainement inférieures aux nôtres ; il faut de l'initiative et de la vigueur ; vous êtes sur les lieux, appréciez et agissez. *Signé* : CHANZY.

Lettre du général de Jouffroy au général en chef.

Lunay, 30 décembre 1870.

Mon général,

Ainsi que je vous en ai rendu compte, hier, j'ai arrêté dans l'après-midi mon mouvement sur Vendôme. Mes troupes, principalement celles envoyées par le général Barry, étaient fatiguées, les vivres n'étaient pas suffisamment assurés au delà d'un jour, enfin, et surtout, je n'étais pas assez appuyé en raison des difficultés qui m'attendent.

J'ai fait occuper Azay par un bataillon de mobiles ; ce bataillon y est entré sans coup férir à neuf heures du soir. Une reconnaissance ennemie de mille à douze cents hommes, avec six pièces d'artillerie, y était passée le matin vers onze heures, allant dans la direction d'Épuisay.

Je fais occuper ce matin Épuisay par le 36ᵉ de marche ; le lieutenant-colonel Marty, qui commande ce régiment, a avec lui quatre pièces de 4 et deux mitrailleuses. Il a pour mission d'occuper fortement et de défendre Épuisay, si besoin est.

Le lieutenant-colonel Baille, avec le 38ᵉ de marche, le 66ᵉ mobiles et six pièces de 4, arrivera ce matin à Fortan.

Les éclaireurs algériens seront aujourd'hui à Montoire ; les francs-tireurs à Bessé et Lavenay ; le 3ᵉ cuirassiers et le 3ᵉ hussards de marche à Bessé et Lavenay également ; le 2ᵉ chasseurs de marche, à la Chartre.

Le 46ᵉ de marche est à Mazangé ; le 70ᵉ mobiles à Lunay ; le 45ᵉ de marche aux Roches et à la Barre ; le 1ᵉʳ bataillon de chasseurs est à la Mazières ; une compagnie, détachée de Mazangé, occupe le gué du Loir.

J'ordonne au colonel Thierry de se transporter aujourd'hui même de Bessé à Savigny ; je donne le même ordre au régiment de cavalerie qui doit arriver à Bessé aujourd'hui.

Mes renseignements me font craindre une concentration à Vendôme.

Toutefois, et bien que je prenne toutes les mesures de prudence nécessaires, je ne crois pas que cette concentration s'élève à quinze mille hommes, comme on me l'a rapporté.

Avec les ressources de mon convoi, que je vais épuiser *complétement*, je donne aujourd'hui à toutes les troupes répandues d'Épuisay aux Roches, des vivres jusqu'au 2 inclus. Il est donc urgent que je sois immédiatement suivi de *vivres* et de *munitions*.

J'espère demain pouvoir vous annoncer, dans la soirée, l'occupation de Vendôme. Toutefois, quelle que soit la résistance que nous ayons à surmonter, je ne considère Vendôme que comme une étape. Si la fortune me favorise, si les troupes répondent aux espérances que je fonde sur elles, malgré la fatigue qui leur a été imposée, malgré une grande insuffisance dans les cadres, je profiterai de toutes les circonstances qui se présenteront pour chasser l'ennemi et le couper de ses lignes de retraite.

Dans cette hypothèse, permettez-moi de vous exprimer la pensée qu'il faut que toutes les troupes dont vous pouvez disposer se préparent à suivre et à seconder le mouvement hardi pour lequel je ne constitue qu'une avant-garde.

Je vous prie d'agréer, mon général, etc.

Le général commandant la 3e division,

Signé : DE JOUFFROY.

NOTE 9.

N° 721. *Général Chanzy aux généraux de Curten et Cléret, à Neuillé-Pont-Pierre.*

Le Mans, 31 décembre 1870.

Marchez ce matin sur Saint-Amand pendant que le général de Jouffroy attaque Vendôme, afin de couper la retraite de l'ennemi, ou tout au moins de l'inquiéter. Attaquez les avant-postes ou les partis que vous pourrez trouver. Partez à la légère, laissant dans vos cantonnements ce qu'il faut pour les garder, les malades, etc., ne perdez pas un moment. *Signé :* CHANZY.

N° 737. *Général Chanzy à général Barry. Château-du-Loir.*

Le Mans, 1er janvier 1871.

Le général de Jouffroy, après avoir attaqué l'ennemi, auquel il a fait deux cents prisonniers, occupe les positions en avant de Vendôme sur la rive droite ; il est donc de la dernière importance que les secours que vous avez dirigés de son côté lui arrivent promptement. Je regrette que vous ne les ayez pas fait démarrer plus vite.

Le colonel de Curten reçoit l'ordre de prononcer son mouvement sur Saint-Amand. Avec de l'initiative de part et d'autre, il y a évidemment des succès à obtenir. Veillez aux réapprovisionnements en vivres des troupes en avant dans votre direction.

Signé : CHANZY.

N° 755. *Général Chanzy à général Barry, à Château-du-Loir.*

Le Mans, 1er janvier 1871.

Le général de Jouffroy m'annonce que, trouvant l'ennemi renforcé, avec une artillerie nombreuse sur la rive gauche du Loir, il reste sur son succès d'hier et se retire par les directions qu'il a suivies ; il vous est donc possible de communiquer avec lui et de vous entendre sur l'aide que vous pouvez lui prêter.

Je ne puis d'ici apprécier et vous dicter ce que vous avez à faire; il y a assez de monde de vos côtés pour parer à toute éventualité. Je désire savoir ce que fait la colonne Jobé; vos renseignements sur Danzé sont inexacts. Faites fouiller le bois de Bersay; il est inadmissible que l'ennemi ait des coureurs en arrière de vous.

Signé : Chanzy.

NOTE 10.

N° 951.   *A général de Curten, Château-Renault.*

Le Mans, 4 janvier 1871.

Le général Jouffroy est à Lassay, occupant la rive droite du Loir, par Mazangé, le Rocher, Montoire et Troo. Le succès du colonel Lacombe est très-bon. Continuez à harceler l'ennemi dans les directions de Vendôme et Blois, telle est votre mission. L'amiral vous aura donné ses instructions pour la reconstitution de votre division. Je ne puis vous donner les troupes que vous me demandez, elles ont leur place ailleurs. Vous remplacez le général Maurandy dans son commandement, qui était défini.

Signé : Chanzy.

NOTE 11.

N° 801.   *Général Chanzy à ministre guerre, Bordeaux.*

Le Mans, 2 janvier 1871.

L'ennemi ayant fait venir des renforts d'infanterie et d'artillerie de Blois dans la nuit du 31 au 1er, a pu armer fortement les hauteurs qui dominent Vendôme sur la rive gauche.

Le général de Jouffroy attend, sur ses positions de la rive droite, l'effet que produiront les démonstrations en avant de Château-Renault. Les troupes du général de Curten ont repoussé les avant-postes prussiens à Longpré et à Saint-Amand, en leur faisant subir des pertes.

Les éclaireurs algériens du lieutenant-colonel Goursault ont eu un brillant engagement en avant de Lavardin, ont fait quelques prisonniers et tué du monde à l'ennemi. Ils ont eu de leur côté 10 chevaux tués ou blessés, 1 homme tué et 6 blessés, dont un officier. Il est très-important pour moi d'être fixé sur les forces et les intentions de l'ennemi, entre le Loir et la Loire, pour mes opérations ultérieures.

Le 31, une forte reconnaissance de la colonne Rousseau sur la Bazoche-Gouet a poursuivi l'ennemi jusqu'à Courtalin, lui tuant soixante-cinq hommes. Nos éclaireurs à Saint-Calais, et Cathelineau dans la forêt de Vibraye, font une chasse active aux coureurs ennemis qui battent le Perche.

Le général Rousseau doit faire une démonstration sur Bretoncelles.

Signé : Chanzy.

N° 805. *Général Chanzy au capitaine Bernard, à Saint-Calais.*

Le Mans, 2 janvier 1871.

Faites parvenir cette dépêche au colonel Cathelineau : « Reçu vos renseignements très-intéressants.

Je compte toujours sur votre éclaireur.

Votre mission, jusqu'à nouvel ordre, est de tenir la forêt de Vibraye et de Montmirail, et de surveiller le Perche en avant de vous.

Je vous laisse le soin d'apprécier si, pour remplir ce but, vous pouvez modifier vos cantonnements. Le général Rousseau a l'ordre de faire une démonstration au delà de Nogent; il est bon que vous vous entendiez avec lui pour lui prêter tout le concours que vous pourrez lui donner.

Si pour cela vous aviez à dégarnir votre droite, je pourrais envoyer quelques corps francs à Montdoubleau et dans le haut de la Braye; faites-moi parvenir vos renseignements par le télégraphe de Saint-Calais et le capitaine Bernard. » *Signé :* Chanzy.

N° 813. *Général Chanzy à capitaine Bernard, à Saint-Calais, pour le général de Jouffroy.*

Le Mans, 2 janvier 1871.

Général de Curten m'écrit qu'il croit Blois évacué, qu'il s'est entendu avec vous pour faire une démonstration au delà de Saint-Amand. Vous me faites savoir que de votre côté tout va bien, que vous êtes satisfait, et que si vous étiez libre vous feriez plus; vous avez toujours eu pleine liberté, ne craignez donc point d'agir, et si vous avez une bonne chance, profitez-en.

Signé : Chanzy.

N° 827. *Le général Chanzy au capitaine Bernard, pour le général de Jouffroy.*

Le Mans, 2 janvier 1871.

L'ennemi a envoyé, de Blois, des renforts sur Vendôme en prévision de votre attaque, mais je doute qu'il y reste concentré. Surveillez ses mouvements et tâchez de savoir quelle est sa force. Mon but est que vous le harceliez pour dégager le pays entre le Loir et la Loire, en vue d'opérations ultérieures. Avec ce que vous a envoyé le général Barry, vous avez assez d'artillerie pour opérer dans un pays où l'ennemi, pas plus que vous, ne peut en déployer beaucoup. Expliquez-moi ce qui s'est passé pour le colonel Thierry, à Danzé et à Azay.

Signé : Chanzy.

APPENDICES.

N° 829. *Général Chanzy au ministre de la guerre, Bordeaux.*

Le Mans, 2 janvier 1871.

L'ennemi a en vain essayé des attaques contre les avant-postes du général de Jouffroy, que je maintiens sur ses positions de la rive gauche du Loir. Une reconnaissance de cavalerie s'est avancée jusqu'à 6 kilomètres de Vendôme, et a ramené treize prisonniers dont un officier.

J'envoie une batterie de 4 au général de Curten, puisqu'il croit en avoir besoin, et je compte, pour la remplacer, sur celle que vous m'annoncez comme devant arriver le 4, venant de Nantes.

Signé : CHANZY.

N° 905. *Général Chanzy au capitaine Bernard, à Saint-Calais.*

Le Mans, 4 janvier 1871.

Envoyez ma dépêche d'hier au soir au général de Jouffroy. Dites-lui de me faire savoir s'il a reçu les munitions et comment il se fait qu'il ait besoin de 300,000 cartouches. Je répète au général de Jouffroy que la mission que je lui ai confiée ne doit point entraîner un mouvement général de l'armée dans la direction où il opère. Il avait à déloger l'ennemi de Vendôme, si cela lui avait été possible, et, dans ce cas, à le repousser de Blois; il aurait fallu combiner, pour cela, plus exactement ses mouvements sur la rive droite du Loir avec ceux du général de Curten sur la rive gauche. Ce dernier fait journellement des reconnaissances en avant de Saint-Amand, qu'il occupe, et jusqu'auprès de Vendôme. Il se plaint de n'avoir aucun renseignement du général de Jouffroy, malgré les courriers qu'il lui a envoyés. Où est de sa personne le général de Jouffroy? *Signé* : CHANZY.

N° 949. *Général Chanzy à capitaine Bernard, à Saint-Calais, pour général de Jouffroy, à Lunay.*

Le Mans, 4 janvier 1871.

Le général de Curten me télégraphie aujourd'hui, à quatre heures, de vous avertir de ce qui se passe de son côté, parce qu'il ne sait où vous trouver. D'après des renseignements qui lui paraissent certains, les Prussiens de Blois seraient sortis précipitamment de cette ville, ce matin de bonne heure, au nombre de 15,000 environ, avec artillerie. Ils paraissent s'inquiéter de ce qui se passe sur la rive gauche de la Loire, et semblent se disposer à évacuer Blois. Il se peut cependant que leur mouvement soit sur Vendôme. Le général de Curten, dont la mission est de couvrir le chemin de fer du Mans à Tours entre le

Loir et la Loire, ainsi que je vous l'ai fait connaître dès le début de vos opérations, harcèle l'ennemi d'une façon incessante en poussant ses reconnaissances au delà de Saint-Amand et très-près de Vendôme; il a surpris ce matin un poste ennemi à Lancé, a fait quinze prisonniers dont un officier, mis une dizaine d'hommes hors de combat, et enlevé fourrages et bestiaux réquisitionnés. De votre côté, harcelez l'ennemi sur la rive droite du Loir, tout en profitant de votre répit sur les positions d'où vous l'observez, pour organiser et outiller votre division, sans attendre votre retour au Mans, où il se peut que vous ne reveniez pas avant de rejoindre votre corps d'armée pour les opérations que je combine. Il serait très-bon que vous pussiez, par votre attitude et des coups de main, amener l'ennemi à évacuer Vendôme, ainsi que vous paraissez l'espérer; mais, je le répète, vos mouvements ne doivent pas engager des opérations en dehors de celles qu'il est utile d'entreprendre et que je puis seul déterminer. Soyez sûr que vos propositions sont chaudement appuyées par moi, et que je serai heureux de les voir réussir, pour vous prouver, à vous et à vos troupes, toute ma satisfaction. *Signé* : Chanzy.

NOTE 11 *bis.*

Extrait des documents officiels allemands. (La Guerre de 1870-71).

« Le 6, les divisions désignées pour opérer contre l'armée du gé-
» néral Chanzy marchèrent à sa rencontre par Vendôme et se heur-
» tèrent, près de cette localité, à deux corps d'armée ennemis en
» marche. L'ennemi fut, après un violent combat, rejeté au delà
» d'Azay, et cette position enlevée par nos troupes. Nos pertes sont
» sérieuses. » *Signé* : de Podbielski. »

» Versailles, 7 janvier, nuit.

Tel fut le télégramme qui annonça à l'Allemagne un avantage chèrement acheté par les Prussiens. Il contient, en effet, l'aveu de « pertes sérieuses », pertes dont nos renseignements nous ont permis de connaître toute l'importance. Nous savons, de source certaine, qu'à Azay, où le prince Frédéric-Charles commandait en personne, deux généraux et un colonel ont été tués, deux officiers supérieurs ont été grièvement blessés; et, de l'aveu même des officiers prussiens, nous avons lieu de croire à l'exactitude des résultats suivants : 43 officiers et environ 1000 à 1200 hommes mis hors de combat dans cette journée. Nos pertes ont été incomparablement inférieures à celles de l'ennemi.

Notre intention n'est pas de raconter cette journée du 6 janvier, mais seulement d'indiquer ce qui s'est passé sous nos yeux à Azay, pendant un combat qui a duré depuis les dix heures et demie du matin jusqu'à cinq heures et demie du soir, et auquel la nuit seule a mis fin. . . . .

La 2ᵉ brigade (colonel Thiéry) se composait de fractions de différents régiments réunies sous ses ordres depuis la retraite d'Orléans (16ᵉ de ligne, 33ᵉ de marche, trois compagnies de discipline, 32ᵉ mobiles, 4ᵉ bataillon des Bouches-du-Rhône, puis du 66ᵉ mobiles (Mayenne), et d'un bataillon du 74ᵉ mobiles (Lot-et-Garonne); enfin elle n'avait que trois pièces d'artillerie. Dès le 5 au soir, le 74ᵉ alla occuper le village d'Espereuse et le 66ᵉ la forêt de Vendôme du côté de la ville. Ces deux régiments n'eurent à soutenir, le lendemain, qu'un engagement de peu d'importance. Le reste de la brigade, c'est-à-dire en tout 2,000 hommes d'infanterie et trois pièces de canon dont les caissons étaient presque épuisés par les combats des jours précédents, avait pris position vers le village d'Azay, pour défendre la route de Vendôme à Saint-Calais par Épuisay.

Les forces prussiennes, sur ce même point d'Azay, étaient environ de 10 à 12,000 hommes appuyés par une nombreuse artillerie. Le prince Frédéric-Charles était sur le lieu du combat.

Azay est un petit village situé au fond d'une vallée large de cinq à six cents mètres et arrosée par un petit ruisseau, le Boulon.

La route de Vendôme à Épuisay traverse cette vallée sans passer par le village, mais seulement par un groupe de maisons qui s'appelle la Galette. Ce hameau est environ à un kilomètre sur la droite d'Azay, rive droite du Boulon.

Le 6 janvier, vers neuf heures et demie du matin, nous entendîmes le canon et la fusillade sur notre droite, vers le Gué-du-Loir, où était la 1ʳᵉ brigade. Nos reconnaissances ne tardèrent pas à nous apprendre que l'ennemi s'avançait en force sur nous par la route de Vendôme. Les dispositions de défense avaient été prises en prévision d'une attaque venant de ce côté : le plateau qui domine la vallée du côté de Vendôme était garni de tirailleurs; un autre bataillon fut placé dans la forêt de Vendôme avec mission de se jeter dans le flanc droit de l'ennemi, lorsque celui-ci aurait repoussé nos tirailleurs; le village d'Azay fut occupé par deux compagnies; les compagnies de discipline (300 hommes) furent établies à la Galette et sur les hauteurs situées en arrière, afin de défendre la route et le passage du pont; enfin le reste des troupes occupa les pentes ainsi que le plateau de la rive droite. L'artillerie, placée de manière à pouvoir enfiler la route, reçut l'ordre de ne pas répondre à l'artillerie ennemie, mais de réserver ses faibles approvisionnements pour agir contre les colonnes ou les groupes d'infanterie.

Le combat s'engagea sérieusement vers les dix heures et demie du matin; il ne devait cesser qu'après la nuit venue. La lutte a été vive de part et d'autre. Nos tirailleurs, repoussés du plateau de la rive gauche, ne cédèrent le terrain que pied à pied. Attaqué à l'improviste sur son flanc droit, l'ennemi ralentit son mouvement et se montra longtemps hésitant. Il essaya en vain de s'avancer par la route que défendaient les trois cents hommes des compagnies de discipline; ceux-ci lui firent subir des pertes considérables. L'artillerie, qui ne tirait qu'à de longs intervalles et changeait de place fréquemment, employa avec beaucoup d'à-propos et de succès ses obus à balles.

Cependant l'ennemi traversa la vallée et enleva le village d'Azay, qui avait été assez résolûment défendu; il gravit les pentes opposées que son artillerie couvrait de projectiles. Néanmoins nous ne cédions le terrain que lentement et de position en position.

Déjà l'ennemi avait franchi la crête et arrivait sur le plateau; on se fusillait d'un côté à l'autre d'une haie, d'une levée de terre ou d'une ferme. C'est alors que le colonel Thiéry parvint à faire exécuter un retour offensif que favorisa puissamment son artillerie tirant à mitraille.

L'ennemi recula à son tour, et des colonnes traversant la vallée remontèrent les pentes opposées.

Dans ce mouvement de recul précipité de l'ennemi, les compagnies de discipline, qui n'avaient pas quitté leurs positions de la Galette, se virent entourées et obligées de faire feu de tous côtés; elles firent preuve d'une contenance et d'une solidité admirables et firent éprouver à l'ennemi des pertes énormes, surtout au moment où les uns fuyaient et où d'autres s'avançaient à leur secours.

Mais l'artillerie ennemie, au nombre de douze pièces, sans cesse en batterie, réduisit bientôt la nôtre au silence et ne nous permit pas d'essayer de poursuivre notre avantage momentané. Nous fûmes même obligés de reprendre nos positions en arrière de la crête.

Vers les cinq heures et demie du soir le feu cessa des deux côtés, chacun gardant ses positions et les postes avancés étant à cent mètres les uns des autres. Telle était la situation, lorsqu'à huit heures et demie nous reçûmes l'ordre de battre en retraite sur Fortan, où nous arrivâmes à onze heures.

Le 7, la brigade du colonel Thiéry partit de Fortan avant le jour, arriva à Sargé (sur la Braye) vers les dix heures du matin, et de là, vers les trois heures du soir, continua sa retraite sur Saint-Calais après avoir livré un sérieux combat d'arrière-garde à la faveur duquel la brigade put franchir la Braye sur le seul pont qui existât, sans rien laisser aux mains de l'ennemi.

Ajoutons, pour terminer, que déjà le 1er janvier la 2e brigade avait eu un engagement avec les Prussiens à Azay; et qu'après la journée du 6, les officiers prussiens se refusaient à croire qu'ils n'avaient eu contre eux, ce jour-là, que 2,000 hommes. Ils mettaient principalement en doute le petit nombre des défenseurs de la Galette (300 disciplinaires). Le colonel du 5° régiment provisoire.

Signé : THIÉRY.

Paris, le 18 juillet 1871.

NOTE 12.

N° 1055. *Général Chanzy à général de Jouffroy, par Saint-Calais.*

Le Mans, 6 janvier 1871.

Si vous êtes réellement pressé par des forces supérieures, je ne m'explique pas votre retraite sur Épinay : c'était derrière la Braye, votre droite au Loir pour couvrir la Chartre et les autres positions encore occupées, que vous aviez à vous placer, ayant ainsi votre ligne de retraite assurée sur le Mans. J'ai tout lieu de croire que le général de Curten a été lui-même fortement engagé aujourd'hui. Je vous avais recommandé de vous mettre avec lui en communication incessante. Il semble s'attendre à une attaque pour demain et me demande beaucoup de munitions. Je le préviens que vous avez quitté vos positions sur le Loir. Si l'ennemi cherche à descendre le Loir, il est de toute nécessité que vous vous opposiez à son mouvement, qui le porterait rapidement sur la ligne ferrée de Tours.

Le général de Curten m'apprend à l'instant que les choses de son côté ont été vigoureusement menées, qu'il a repoussé l'ennemi, qu'il est maître de ses positions. Il occupe actuellement Saint-Amand.

Signé : CHANZY.

N° 1083. *Général Chanzy à général de Jouffroy, par Saint-Calais.*

Le Mans, 7 janvier 1871.

Votre mission n'a jamais eu qu'un but, celui de reprendre à l'ennemi les passages du Loir et Vendôme, si cela était possible; de menacer, de ces positions, l'ennemi qui paraissait vouloir marcher sur Tours, de protéger avec les troupes de Curten, au sud, le chemin de fer si important pour nous du Mans à Tours, et d'arriver peut-être, par quelque bon succès, à refouler vers le haut de la vallée de la Loire les forces prussiennes, qui ne manqueront pas d'être un embarras pour nous quand nous nous porterons en avant dans une direction qu'il ne m'est pas possible de vous faire connaître.

Voyez ce que vous pouvez faire de tout cela, d'après les forces que vous avez devant vous. Si elles sont une menace sérieuse pour l'une de vos colonnes sur les rives du Loir, la seule chose à faire est de vous entendre avec les généraux Barry et de Curten, de combiner vos mouvements et de vous soutenir mutuellement au besoin. Avec plus d'homogénéité, les mouvements exécutés depuis dix jours auraient eu bien certainement des résultats plus appréciables.

Signé : Chanzy.

NOTE 13.

N° 1145. *Général Chanzy à général Barry, Château-du-Loir.*

Le Mans, 8 janvier 1871.

Je ne serais pas fâché d'acquérir la certitude que le prince Frédéric-Charles est devant nous, car on me le dit à Maintenon. Tâchez donc de le savoir d'une façon exacte. Écrivez de suite au général de Jouffroy de vous renvoyer les renforts que vous lui avez prêtés, en lui envoyant copie de cette dépêche. L'amiral va vous arriver et prendre le commandement des troupes sur les deux rives du Loir. Vos hommes, de fait, doivent être moins fatigués que les Prussiens. Les positions sont toutes à notre avantage ; nos forces de ce côté sont nombreuses. Je ne mets donc pas en doute qu'une résistance vigoureuse ait du succès. *Signé :* Chanzy.

N° 1159. *A l'amiral Jauréguiberry.*

Le Mans, 8 janvier.

Donnez-moi aussi des nouvelles du général de Jouffroy dont je n'entends plus parler. Il est de toute nécessité de reprendre les passages du Loir. Faites bien comprendre à tous qu'il n'est aucun cas où l'on doive quitter des positions sans avoir essayé de les défendre. C'est cette fatale façon d'agir qui fait que l'ennemi marche impunément. Vous avez le commandement de toutes les forces sur les deux rives du Loir, agissez donc pour le mieux, et avec vous ce sera bien.

Signé : Chanzy.

N° 1165. *Général Chanzy à ministre guerre, à Bordeaux.*

Le Mans, 8 janvier.

L'ennemi a continué aujourd'hui ses attaques sur l'Huisne et sur le Loir. Il agit avec des forces considérables, les unes tirées de Chartres et de la direction de Paris, les autres de la vallée de la Loire. Au nord, le général Rousseau a dû se replier sur Connerré ; j'envoie là le général Jaurès et une partie du 21ᵉ corps. Sur le Loir, quelques positions ont été également abandonnées sans assez de résistance. L'amiral Jauréguiberry, parti pour Château-du-Loir, en va prendre le commandement. Je fais occuper la route de Saint-Calais par une division du 17ᵉ corps. On m'annonce que dans l'Orne les mobilisés se sont retirés de Bellesme et de Mortagne devant quelques Prussiens, sans essayer de résister.

J'ai donné l'ordre au général Malherbe de faire reprendre ces points et de faire des exemples sur les chefs de ces troupes.

Signé : Chanzy.

NOTE 14.

Nº 1184.   *Général Chanzy à amiral Jauréguiberry.*

Le Mans, 9 janvier.

Le sous-préfet de Saint-Calais arrive et m'informe que les Prussiens sont entrés dans cette ville, hier matin, au nombre de 10,000 avec quarante canons, commandés par le prince Frédéric-Charles. En venant ici à pied, il a trouvé des troupes ennemies à Saint-Cérotte, Saint-Gervais-en-Vie et Poncé, et une vingtaine de canons, du côté de Bessé. L'attaque se dessine donc de tous les côtés à la fois. Dans ces conditions, je crois préférable de rappeler de suite à vous le général de Curten, trop en flèche à Château-Renault; de ne laisser en avant du chemin de fer de Château-du-Loir à Tours que la brigade Cléret, pour protéger la ligne contre les coureurs, ayant toujours sa retraite assurée sur le Lude; de défendre le Loir avec vos deux divisions Barry et de Curten en poussant à votre gauche sur Grand-Lucé la division Jouffroy, pour fermer cette trouée et se relier avec la division du 17ᵉ corps que j'envoie à Bouloire. Enfin, si vous savez que l'ennemi marche sur votre flanc gauche, rabattez-vous successivement sur vos positions du Mans, sur lesquelles je maintiens en réserve votre 1ʳᵉ division qui est tout ce qui reste ici.

Dans le cas où vous vous rabattriez, ayez des cavaliers à Écommoy pour vous porter les dépêches que j'adresserai à cette station.

Dites-moi de suite quelle est la situation de vos côtés.

Signé : Chanzy.

Nº 1185.   *Général Chanzy à M. le ministre de la guerre.*

Le Mans, 9 janvier, onze heures du matin.

Les projets de l'ennemi sont aujourd'hui manifestes. Son but est de nous attirer en dehors de nos positions du Mans pour chercher à nous battre en détail, ou bien de nous refouler sur ces positions et de nous y bloquer pour empêcher la marche qu'il prévoit sur Paris. Les trois lignes d'attaque sont : par la vallée de l'Huisne, armée du duc de Mecklembourg avec menace sur Alençon, Bellesme et Mortagne; par la route de Vendôme au Mans par Saint-Calais, où se trouverait, dit-on, le prince Frédéric-Charles; et enfin au sud du Loir par Herbault et Château-Renault, pour couper la ligne de Tours au Mans. Ces deux dernières attaques sont faites par l'armée du prince Frédéric-Charles, qui paraît nombreuse et formée de tout ce qu'il a pu tirer de la vallée de la Loire. Dans ces conditions, obligé de faire tête à l'ennemi dans autant de directions, il est indispensable et urgent de faire arriver à Alençon au moins une division du 19ᵉ corps et de diriger immédiatement sur Tours ce que le 25ᵉ corps doit avoir maintenant de disponible à Vierzon. Je renouvelle également et instamment ma demande de faire venir sur Alençon, pour couvrir le chemin de fer du Mans à Caen, les 9,000 mobilisés de la Mayenne que le préfet m'a déclaré être prêts et bien outillés.

Tous ces mouvements sont urgents et devront être faits par les voies les plus rapides. Il nous faut être nombreux partout, et ne pas nous exposer à voir nos lignes forcées en certains endroits.

Signé : Chanzy.

Nº 1201.   *Général Chanzy à amiral Jaurégùiberry,*
Château-du-Loir.

Le Mans, 9 janvier, quatre heures trente-deux minutes, soir.

Un officier de cuirassiers, arrivant de Grand-Lucé, dit avoir entendu le canon du côté de Courdemanche. D'un autre côté, le général Digard m'écrit de Grand-Lucé que Montreuil-le-Henri serait encore occupé par la brigade Thiéry, mais que le général de Jouffroy se serait dirigé, avec son infanterie et son artillerie, sur Jupilles pour rallier le général Barry. L'ennemi occupe Évaillé et Tresson, menaçant Parigné-l'Évêque.

Il résulte de cette situation qu'à part quelques escadrons de cavalerie et quelques francs-tireurs à Parigné et au Grand-Lucé, cette route sur le Mans n'est pas sérieusement défendue.

L'ennemi en profitera dès qu'il en aura la conviction. Faites donc rechercher de suite le général de Jouffroy en envoyant dans toutes les directions, donnez-lui l'ordre de faire occuper solidement Grand-Lucé et Parigné-l'Évêque, et de se mettre en communication avec le général de Colomb, qui couche ce soir à Ardenay.

De votre côté, faites de nouveau rechercher le général Barry qui ne peut être loin puisqu'il s'est replié de Chahaignes. Il doit être à

Jupilles, ou dans la forêt de Bersay ; donnez-lui l'ordre de se replier sur Écommoy.

Quant à vous, il ne faut pas songer à marcher sur la Flèche ; l'important, si vous ne pouvez tenir à Château-du-Loir jusqu'à votre jonction avec de Curten, est de vous rabattre sur Écommoy pour de là rentrer dans vos lignes du Mans. Le mieux, pour éviter une marche de flanc, est de marcher à votre tour sur le flanc de l'ennemi, si de la Chartre il se dirige soit sur le Grand-Lucé, soit sur Jupilles. Quant au général de Curten, en le prévenant de suite, vous pourrez savoir à peu près à quelle heure il vous rejoindra à Château-du-Loir demain. Une fois rallié au général Barry à Écommoy et au général de Jouffroy au Grand-Lucé, vous pouvez inquiéter sérieusement l'ennemi et, dans tous les cas, opérer votre retraite en de bonnes conditions le long du chemin de fer. *Signé* : Chanzy.

N° 1213.   *Général Chanzy à amiral Jauréguiberry,*
              à Château-du-Loir.

Le Mans, 9 janvier.

Je ne puis m'expliquer que vous soyez sans nouvelles des généraux de Curten et Barry, le premier ne pouvant être au delà de Neuillé-Pont-Pierre, le deuxième ne pouvant être, avec le général de Jouffroy, qu'à Jupilles ou dans la forêt de Bersay. Envoyez donc des officiers et des cavaliers dans ces directions. Sur l'Huisne, le général Rousseau a été repoussé jusqu'à Pont-de-Gennes ; je crois la division du 17e corps sérieusement engagée en deçà d'Ardenay. La cavalerie et les francs-tireurs, qui se trouvaient à Parigné et Grand-Lucé, se sont repliés sur Mulsanne, à la nouvelle que des colonnes ennemies approchaient. Je ne sais où est le général de Jouffroy, qui, au lieu de couvrir les grandes routes donnant accès sur le Mans, m'immobilise une partie de l'armée.

Dans cette situation, c'est à défendre nos positions en avant du Mans que nous devons nous acharner. Opérez donc votre retraite avec les généraux de Jouffroy et Barry, tout en assurant celle de Curten, qu'il faut hâter. J'ai donné au général Deplanque ordre de faire reprendre Parigné cette nuit ; à une brigade du 17e corps, ordre de venir s'établir à Pontlieue et Changé ; au général Michel, ordre de tenir à Mulsanne jusqu'à ce que vous lui prescriviez de se replier. Je crois toujours qu'en attaquant demain l'ennemi sur son flanc gauche, vous pouvez lui infliger un échec grave : tentez-le.

Signé : Chanzy.

NOTE 15.

N° 624. *Général Chanzy au général de Colomb, à Saint-Hubert.*

Le Mans, 9 janvier 1871.

Il faut avant de songer à battre en retraite sur le plateau d'Auvours, que le général Pâris attaque à son tour l'ennemi demain au jour et tâche de le culbuter au delà d'Ardenay. La position d'Auvours n'est qu'un dernier refuge; elle est déjà gardée par quelques troupes du général Goujard. Le plateau d'Auvours est une série de positions qu'on ne peut indiquer de loin, et qu'il faut reconnaître soi-même.

Ayant appris que les troupes qui occupaient Parigné-l'Évêque l'avaient abandonné sans combattre, j'ai donné l'ordre au général Deplanque de faire reprendre cette position cette nuit, et au général Roquebrune l'ordre de venir établir demain matin, entre Pontlieue et Changé, la brigade du 17ᵉ corps restée sur la rive droite de la Sarthe. Le général Jaurès se porte demain à Pont-de-Gennes en faisant occuper Champagné, la Belle-Inutile et Saint-Mars-la-Brière.

Signé : Chanzy.

Général commandant le 17ᵉ corps à général Chanzy.

Yvré, 9 janvier, neuf heures trente-cinq minutes.

Je suis à la station d'Yvré, j'ai vu le général Pâris à Saint-Hubert, d'où j'arrive. Il est resté en bonne position jusqu'à la nuit, mais, débordé sur ses deux ailes, il a été obligé de se retirer. La tête de colonne arrive à l'instant, je vais la faire monter sur le plateau d'Auvours et y prendre position de mon mieux pour la nuit. Ma réserve d'artillerie et mes convois s'établissent entre Yvré et le Mans. Aucune nouvelle des généraux de Jouffroy et Goujard. Le général Pâris a entendu la canonnade ce matin sur sa droite; il a eu devant lui des forces très-considérables. J'attends vos instructions à Yvré, veuillez me les envoyer à la station. L. de Colomb.

N° 626. *Général Chanzy au général de Colomb, à Yvré-l'Évêque.*

Le Mans, 9 janvier 1871.

Je vous réitère les ordres que je vous ai déjà donnés, et qui sans doute ne vous étaient pas parvenus quand vous m'avez expédié votre dépêche de neuf heures trente-cinq. Je n'admets la retraite sur Auvours que si vous êtes battu. Faites reporter demain au jour la division Pâris en avant; il faut qu'elle attaque vigoureusement l'ennemi s'il continue sa marche sur le Mans, et qu'elle reprenne les hauteurs d'Ardenay; de ce côté-ci, je fais reprendre Parigné-l'Évêque, cette nuit, par les troupes Deplanque.

Je le répète, les Prussiens n'avancent que parce que nous cédons trop facilement.

A notre tour de les attaquer.

Vous êtes là, et je compte sur vous. *Signé* : CHANZY.

NOTE 16.

N° 727. *Général Chanzy au général Rousseau, à Nogent.*

Le Mans, 31 décembre 1870.

Il résulte des renseignements que je reçois que des détachements ennemis répartis dans le Perche et sur la rive droite de l'Huisne voudraient tenter une démonstration sur Nogent. Vous avez pour déjouer ce projet, outre les forces que comporte votre colonne, les corps francs du colonel Lipouski et les contingents de Cathelineau. Organisez donc une résistance sérieuse, ne perdez pas un pouce de terrain. Si le point de Nogent est mauvais pour la défense, prenez l'offensive, portez-vous dans la direction de Chartres, en ne quittant pas la ligne du chemin de fer. Établissez-vous solidement sur une bonne position, du côté de Bretoncelle, par exemple. Le général Jaurès tient prêts des renforts s'ils vous sont nécessaires.

Signé : CHANZY.

NOTE 17.

N° 1137. *Général Chanzy à général Rousseau, à Connerré.*
A communiquer aux colonels Cathelineau et Lipouski.

Le Mans, 8 janvier 1871.

Le général Jaurès part demain matin pour Montfort avec des renforts et prend le commandement de toutes les forces de ce côté. Mettez-vous en communication avec lui et prenez ses ordres.

Signé : CHANZY.

NOTE 18.

N° 1163. *Général Chanzy à général Jaurès, à Sargé.*

Le Mans, 8 janvier 1871.

Les renseignements d'Alençon signalent l'ennemi entré à Bellesme et Mortagne. Ne perdez pas de vue ces directions. Faites prévenir dès demain Cathelineau, qui est à Vibraye ou à Montmirail, pour qu'il con=

naisse au moins vos mouvements et l'envoi d'une division du 17ᵉ corps à Bouloire, où elle arrivera demain, et qu'il sache que deux sections de montagne, accompagnées par un bataillon de mille hommes, le rejoindront demain. *Signé* : CHANZY.

Nº 1209. *Général Chanzy à général Jaurès, à Sargé.*

Le Mans, 9 janvier 1871.

J'apprends que les Prussiens sont à un kilomètre de Pont-de-Gennes et que les balles tombent sur la gare; je ne sais rien de vos mouvements. Où est et que fait donc la division envoyée au secours du général Rousseau? Portez-vous avant le jour à la division Rousseau pour voir par vous-même.

Vous avez, à Montfort, Cathelineau et un bataillon de la Haute-Garonne avec artillerie de montagne qui sont à votre disposition. Avant de partir prescrivez toutes les mesures nécessaires pour l'occupation solide de toutes vos positions primitives, et tenez-moi constamment au courant de ce qui se passe. *Signé* : CHANZY.

Nº 1215. *Aux généraux Jaurès, à Montfort (station d'Yvré), et de Colomb, à l'amiral Jauréguiberry, à Château-du-Loir ou Écommoy.*

Le Mans, 10 janvier.

Prenez de suite toutes vos dispositions pour que vos troupes soient munies de quatre jours de vivres, qu'elles doivent toujours avoir : deux de réserve du sac, deux de consommation. Il importe de dégager toutes les routes et de se débarrasser de la préoccupation des convois, en renvoyant tous les *impedimenta* sur les emplacements qui leur avaient été assignés sur la rive droite de la Sarthe. Ne faites venir, chaque jour, sur des points bien indiqués, que la quantité de vivres strictement nécessaire pour assurer une distribution et remplacer ceux mangés dans la journée. On peut être ainsi toujours approvisionné à quatre jours de vivres, ce qui est suffisant pour le moment, en laissant libres des communications qu'il ne faut pas obstruer à aucun prix, en mettant à l'abri les convois qu'il ne faut pas compromettre. Tenir strictement la main à l'exécution de cet ordre, dont dépend en grande partie le succès des opérations. *Signé* : CHANZY.

NOTE 19.

Lettre de l'amiral Jauréguiberry.

Château-du-Loir, le 9 janvier 1871.

Mon général,

Grâce à des retards inexplicables sur le chemin de fer, je n'ai pu arriver à Château-du-Loir qu'hier à quatre heures et demie. Je me suis aussitôt rendu sur les positions à défendre auprès de la ville pour les examiner, et j'étais à peine rentré, lorsque j'ai appris que la Chartre avait été évacuée à quatre heures par nos troupes, qui n'avaient pas cru, vu leur petit nombre (il n'y avait qu'un bataillon de mobiles), devoir essayer de défendre cette localité contre une colonne de cinq à six mille Prussiens.

J'ai été presque en même temps informé que l'Homme était enlevé par l'ennemi, et le général Barry m'écrivait que vu le petit nombre d'hommes dont il disposait, il ne croyait pas pouvoir résister à Chahaignes. N'ayant ici sous la main que cinq cents hommes au plus, c'est-à-dire les troupes indispensables pour garder, pendant la nuit, les passages et les chemins voisins, il m'était impossible d'envoyer le moindre renfort en avant.

Comptant cependant sur les deux bataillons qui devaient partir aujourd'hui du Mans, par la voie ferrée, pour me rejoindre, et craignant que, si Chahaignes était abandonné, le général de Curten ne fût complétement coupé de Château-du-Loir, je prescrivis au général Barry de défendre la position à outrance.

Pendant la nuit, je vis arriver à Château-du Loir, d'abord le colonel Bérard avec sept cents mobiles environ, puis, vers trois heures du matin, quatre canons de 4 et deux bataillons incomplets du 41e; tout cela était en désarroi, sans vivres, et venait de parcourir trente à quarante kilomètres.

Au point du jour, Chahaignes était attaqué. Je fis aussitôt porter un bataillon et deux canons à Flée, occuper avec les débris que j'avais ici les hauteurs qui défendent les abords de Château-du-Loir. J'envoyai des messages au général Barry pour savoir ce qui se passait. La première réponse que je reçus, un peu après onze heures, était un billet du général Barry m'informant qu'il ne pouvait plus tenir, qu'il était tourné sur sa gauche, et qu'il ne savait de quel côté se retirer. Je lui fis dire de se replier sur Flée, où il trouverait quelques troupes de soutien. Le porteur de ma lettre arriva probablement trop tard, car le général Barry ne put être trouvé, et bientôt on vit se diriger sur Flée un certain nombre d'hommes débandés.

J'avais pris des mesures, hier en arrivant, pour me mettre en relation avec les généraux de Curten, Cléret et de Jouffroy, et savoir où ils se trouvaient. J'appris, à une heure très-avancée de la nuit, que le premier avait été serieusement attaqué et forcé d'abandonner quelques positions; il était cependant encore à Château-Renault. Comme je le savais complétement tourné sur la gauche, par Montrouveau, les Hermites et la Chartre, je lui envoyai l'ordre de se replier sur Beaumont-la-Ronce.

Le général de Jouffroy se trouvait à Courdemanche ; je lui fis connaître le mouvement sur Bouloire, effectué par la 2e division du 17e corps, et l'invitai à se relier avec cette dernière. Je lui prescrivis aussi de rendre au général Barry les troupes que celui-ci lui avait prêtées et dont il avait un besoin urgent. J'ignore si la lettre qui contenait ces ordres est arrivée à son adresse.

Vers neuf heures et demie, je reçus le télégramme par lequel vous m'invitiez à rappeler le général de Curten, et laisser la protection du chemin de fer entre Château-du-Loir et Tours au général Cléret.

J'expédiai aussitôt un officier porteur des ordres nécessaires. A une heure un quart arriva le convoi, attendu depuis neuf heures et demie du matin, et qui transportait ici un bataillon du 22e mobiles. Il était trop tard pour l'envoyer au secours du général Barry ; je lui fis prendre position à Flée.

Enfin, il est maintenant près de quatre heures. Je suis sans nouvelles des généraux de Curten et Barry ; j'ai envoyé un télégramme prescrivant aux convois arrêtés à Écommoy de se diriger immédiatement sur le Mans ; car j'apprends qu'une colonne ennemie, forte, disent les habitants, de plusieurs milliers d'hommes, a traversé Chahaignes pour aller à Jupilles. Si le général de Curten était ici, je n'hésiterais pas à partir de suite pour le Mans, car je crains bien que demain la route directe ne soit occupée par l'ennemi ; mais je ne voudrais pas laisser dans l'embarras la 3e division, à laquelle je puis donner un renfort de trois mille cinq cents hommes environ que j'ai ralliés ici, et qui, après une nuit de repos, seront peut-être mieux disposés à agir.

Je vous prie, mon général, de me tenir autant que possible au courant des mouvements de l'ennemi, afin que je sache quelle est la meilleure mesure à prendre.

Le vice-amiral commandant le 16e corps d'armée,

Signé : JAURÉGUIBERRY.

Amiral à général en chef, au Mans.

Château-du-Loir, 10 janvier, douze heures quarante-cinq minutes.

J'ai reçu ce matin, à sept heures, le télégramme par lequel vous me prescrivez de me replier sur Écommoy en indiquant au général de Curten, qui arrive ici tout au plus ce soir, une direction et un point de concentration. J'espère pouvoir me mettre en route à onze heures et demie avec neuf mille quatre cents hommes environ, venant de corps éparpillés, y compris la colonne Jobey, et qui m'ont rallié hier après-midi ou cette nuit. J'ai tâché de réorganiser tout cela et de me débarrasser de tous les convois survenus de divers côtés, afin de m'engager sans *impedimenta* sur la route directe du Mans. J'ai l'intention de marcher jusqu'à Écommoy où je n'arriverai probablement que fort tard. Je laisse ici le général de Tucé avec une faible brigade de cavaliers et quatre cents hommes environ d'infanterie. J'ai prescrit au général de Curten de hâter sa marche, de prendre, en passant, les troupes laissées à Château-du-Loir, et de les diriger sur Écommoy.

Signé : JAURÉGUIBERRY.

Amiral Jauréguiberry à général Chanzy, Mans.

Château-du-Loir, 10 janvier, deux heures quarante-cinq minutes.

Aussitôt que le général de Curten m'aura rejoint, je marcherai sur le flanc gauche de l'ennemi, mais je ne puis tenter un pareil effort avec les débris que j'ai ralliés aujourd'hui autour de moi. Je le répète, le général Barry était, aux dernières nouvelles, à Jupilles avec moins de deux mille hommes, et je ne puis réussir à savoir où en est le général de Jouffroy.

Le général de Curten, vu les vingt-huit kilomètres qu'il lui reste à parcourir pour arriver à Château-du-Loir et l'abominable état des routes, ne sera ici que ce soir fort tard.

Signé : JAURÉGUIBERRY.

NOTE 20.

N° 1219. *Général Chanzy à général Jaurès, à Montfort.*

Le Mans, 10 janvier 1871.

J'ai fait reprendre l'offensive partout ; sur tous les points où mes ordres ont été ponctuellement exécutés, le résultat est bon. Toutes les troupes qui ont opéré sont aussi fatiguées que celles du général Rousseau. En attendant, nous donnons à l'ennemi un repos dont il a aussi besoin que nous ; je maintiens donc mes ordres, attaquez quand même. C'est à vous à combiner vos mouvements et à engager vos troupes selon ce qu'elles valent et ce qu'elles peuvent faire. Un de mes officiers, qui rentre à l'instant d'Yvré, m'annonce que le général Goujard et le général de Colomb ont commencé vers midi leur marche en avant, l'un sur la route de Paris, l'autre sur la route de Saint-Calais ; c'est ce qui rend votre effort d'autant plus nécessaire. Nous ne réussirons qu'en agissant simultanément.

Signé : CHANZY.

NOTE 21.

N° 1223. *Général Chanzy à l'amiral Jauréguiberry, à Château-du-Loir.*

Le Mans, 10 janvier 1871.

La brigade Pereira est, dit-on, battue et en pleine déroute à Parigné.

Le général Michel me fait prévenir que les éclaireurs ennemis apparaissent à Mulsanne. La division Barry arrive en désordre à Écommoy. Il est donc de plus en plus indispensable et urgent que vous hâtiez votre marche et que vous tombiez sur les derrières ou sur le flanc de l'ennemi.

J'envoie une brigade du 17° corps au secours de Pereira.

- *Signé :* Chanzy.

DÉPÊCHE.

N° 1225. *A l'amiral Jauréguiberry, à Écommoy.*

Le Mans, 10 janvier 1871.

La situation est celle-ci : Parigné repris par l'ennemi, qui menaçait ce soir Changé ; les troupes du général de Jouffroy rentrées dans les lignes en avant de Ponthieue et chargées avec la division Roquebrune de la défense des positions entre la route de Parigné et la route d'Yvré à Saint-Calais ; la division Deplanque entre la route de Parigné et celle de Mulsanne ; les troupes de Bretagne, de cette dernière route à Arnage ; la place des 2° et 3° divisions du 16° corps est en réserve autour de Ponthieue. Vous commandez tout le secteur entre l'Huisne et la Sarthe, du château d'Hormiers à Arnage ; j'ai donné au général Barry l'ordre formel d'opérer sa retraite sur Mulsanne et d'y rallier sa division, exigez qu'il l'exécute. Ramenez tous les traînards. Je fais partir cette nuit deux trains pour Château-du-Loir, pour faciliter le transport de la division de Curten sur Écommoy. Une fois réunis à vous, mettez-vous en route d'aussi bonne heure que possible demain. Venez prendre vos positions sur la ligne et frappez un coup sur l'ennemi s'il venait à vous prêter le flanc. Vos trains d'Écommoy aideront au transport de vos *impedimenta* sur le Mans. Basez-vous là-dessus et donnez vos instructions en conséquence au général de Curten. *Signé :* Chanzy.

NOTE 22.

Dépêche au crayon du colonel Ribell.

Mon général,

De onze heures à la nuit, la 1re brigade de la 1re division a soutenu le choc de forces considérables qui se sont emparées d'un village à trois kilomètres de Changé, appelé, je crois, la Pelouse. J'ai envoyé prévenir le général commandant la division que l'attaque était des plus sérieuses, et je n'ai pas hésité, dès le commencement de l'action, à appeler deux bataillons du 37ᵉ de marche et deux bataillons des mobiles du 33ᵉ, laissant les trois autres bataillons garder leurs positions. J'ai placé les trois bataillons du 62ᵉ à toucher le village occupé, et sa résistance a été énergique. Le 37ᵉ a bientôt pris position sur la droite de la route, formant ainsi une ligne double de tirailleurs non interrompue. Après plus de quatre heures de résistance la nuit se faisait, et il m'a été impossible d'obtenir de prendre le village à la baïonnette. Il ne restait plus autour de moi que deux officiers du 62ᵉ, et les troupes reculaient. J'ai fait alors occuper le village de Changé, et la lutte a continué. Les deux bataillons de mobiles venaient d'arriver, mais la résistance n'était plus possible, les hommes refusaient de marcher par leur inertie. J'ai dû par suite, sans faire sonner la retraite, rallier les hommes le plus qu'il a été possible, et j'ai occupé les positions des Arches où je me trouve, avec les deux bataillons de mobiles du 33ᵉ, une partie d'un bataillon du 37ᵉ et un autre du 62ᵉ. Les autres troupes auront dû se replier vers le Chemin aux Bœufs. Je ne dois pas cependant vous laisser ignorer que ces troupes, après avoir bien tenu, étaient en déroute.

J'ai tout lieu de croire que la position que j'occupe sera attaquée demain matin. On a fait une quinzaine de prisonniers qui ont déclaré qu'ils étaient huit à dix régiments, et qu'ils étaient suivis par un corps d'armée considérable. Je crois devoir vous informer directement, tout en faisant prévenir le général commandant la division.

Signé : Ribell.

P. S. Nos pertes me paraissent considérables. Le lieutenant-colonel du 62ᵉ, que j'ai vu tomber, est blessé, un ou deux commandants blessés, plusieurs officiers tués ou blessés.

NOTE 23.

Général Goujard à général Chanzy, au Mans.

Yvré, 10 janvier 1871, quatre heures quinze minutes.

C'est à quatre heures du matin seulement, déjà replié par ordre du général Jaurès, que je reçois sa lettre et votre télégramme. Les troupes ont été toute la journée en marche, toute la nuit sous les armes et en alerte. Mes francs-tireurs excellents, mes meilleurs bataillons ont été envoyés par ordre au général Rousseau. Le 62ᵉ, qui n'a pas tenu à la Belle-Inutile et avec lequel je l'ai attaqué de nouveau, ne compte plus que 150 hommes; 3,500 sont à Champagné et Auvours; je n'ai qu'une seule batterie. Mais avant l'ordre de se replier, l'attaque sur Thorigné eût probablement réussi : elle est maintenant bien difficile et, je crois, impossible dans l'état où se trouvent mes troupes. Un officier est au bout du fil pour recevoir vos ordres.

Signé : Goujard.

Général Goujard à général Chanzy, au Mans.

Yvré, 10 janvier 1871, neuf heures quarante-cinq minutes.

Tout allait bien et la journée était bonne; malgré leur fatigue extrême, les troupes avaient bien tenu, lorsqu'à cinq heures et demie du soir le bourg de Champagné, qui était occupé depuis quatre jours par 1,900 hommes de ma division, a été abandonné après une résistance que je crois insuffisante. Je fais établir un état de nos pertes; j'aurai l'honneur de vous l'adresser. *Signé :* Goujard.

N° 1235. *Général Chanzy à général Jaurès, à Yvré (faire suivre sur Montfort).*

Le Mans, 10 janvier 1871.

Le général Goujard s'est laissé déloger, vers cinq heures et demie, de Champagné; je lui donne l'ordre de reprendre cette position et de la tenir. Tenez les vôtres de la rive droite de l'Huisne aussi longtemps qu'il n'y aura pas, pour vous, nécessité de reprendre les premières en avant de Sargé, par suite de menaces sérieuses de Bonnétable ou sur votre flanc gauche. De Montfort, vous êtes toujours une menace pour l'ennemi qui cherche à descendre l'Huisne et à s'approcher d'Auvours. Nous avons à supporter une attaque sérieuse de l'ennemi; il faut le faire de façon à l'en dégoûter et tenir comme à Josnes.

Prenez pour cela telles dispositions que vous jugerez convenables. Je compte sur vous et sur vos troupes; il ne faut pas songer au repos avant d'en avoir fini. *Signé :* Chanzy.

N° 1237. *Général Chanzy au ministre de la guerre, à Bordeaux.*

Le Mans, 10 janvier 1871.

Les armées du prince Charles et du grand-duc de Mecklembourg ont redoublé d'efforts aujourd'hui dans leurs attaques sur l'Huisne et au sud-est du Mans. Pressées de tous côtés, nos colonnes ont dû battre en retraite sur les positions défensives qui leur avaient été assignées à l'avance. L'action a été des plus vives à Montfort, à Champagné, à Parigné-l'Évêque, à Jupilles, à Changé. Sur ce dernier point, la brigade Ribell, après une résistance de plus de cinq heures, a dû abandonner le village à l'ennemi, qui l'occupe depuis la nuit. Nous sommes évidemment en présence d'un effort des plus sérieux de l'ennemi et d'une ferme volonté de sa part d'en finir avec la deuxième armée. Nous allons lutter comme à Josnes. J'ordonne partout la résistance à outrance, je défends formellement toute retraite et tout abandon de positions. Il me faut, pour obtenir cette résistance et un succès, je l'espère, pouvoir ôter tout commandement à tout chef de corps qui n'exécuterait pas strictement les ordres reçus ou ne saurait maintenir sa troupe, mais aussi pouvoir récompenser sur-le-champ les officiers et les soldats qui donneront l'exemple du dévouement et de la ténacité; je vous demande instamment ces droits. La deuxième armée n'a encore rien reçu des récompenses que j'avais sollicitées pour elle ; cet encouragement serait des plus opportuns. Nous avons fait aujourd'hui des pertes sensibles, mais l'ennemi a plus souffert que nous, de l'aveu des prisonniers faits sur plusieurs points. Il a eu beaucoup de morts et de blessés depuis quelques jours, par suite de notre mousqueterie. Dans une brigade, celle à laquelle appartenait le 35ᵉ bataillon de fusiliers, le général Rothmallec a été blessé, le major tué, l'adjudant de brigade et plusieurs officiers tués. Je vous adresse, par lettre, copie de mes instructions.

Signé : CHANZY.

NOTE 24.

DÉPÊCHE.

N° 632. *A général Goujard, à Saint-Mars-la-Brière, et à général Jaurès, à Sargé.*

Le Mans, 10 janvier, une heure trente-cinq, matin.

J'ai donné mes ordres au général Jaurès qui a dû vous les transmettre, et je les maintiens. On juge mal des choses la nuit, et les décisions prises sans savoir exactement où on en est, peuvent être fatales. Tenez donc, et attaquez vigoureusement l'ennemi demain au jour.

Signé : CHANZY.

N° 634. *Général Chanzy à général de Colomb, à Yvré.*

Le Mans, 10 janvier 1871.

Je ne m'explique pas que vous n'ayez pas reçu mes ordres prescrivant d'attaquer l'ennemi demain matin et de reprendre les positions perdues : c'est le seul moyen de l'arrêter. Le plateau d'Auvours ne doit vous servir que si vous êtes battu. Dans ce cas, c'est à vous de prendre les positions les plus favorables et de vous y maintenir coûte que coûte, conjointement avec les troupes que le 21ᵉ corps a dû y laisser, et celles de ce corps qui s'y replieraient dans le cas d'un insuccès. Le mouvement offensif est ordonné sur tous les points, vos troupes ont moins marché que celles de l'ennemi. Débarrassez-vous de vos bagages ; repliez-les sur la rive droite de la Sarthe, et accusez-moi réception. *Signé :* Chanzy.

Nº 638.   *Au général Goujard, à Yvré.*

Le Mans, 10 janvier, huit heures trente minutes.

Exécutez strictement les ordres que je vous ai donnés. Le général de Colomb fait une démonstration sur Ardenay. Le général de Jouffroy, de Grand-Lucé, se porte sur Parigné-l'Évêque.

L'offensive est la seule manière d'arrêter l'ennemi.

Signé : Chanzy.

Nº 644. *Général Chanzy aux généraux de Colomb, Jaurès, Goujard, par la station d'Yvré-l'Évêque (faire suivre), et amiral Jauréguiberry, Château-du-Loir, ou, en cas de départ, par Écommoy.*

Le Mans, 10 janvier 1871.

Le 2ᵉ bataillon du 39ᵉ de marche s'est porté cette nuit sur Parigné-l'Évêque et l'a occupé sans coup férir ; il suffit de vouloir.

Quand le général de Jouffroy, qui est à Grand-Lucé, arrivera à Parigné, il a l'ordre de faire une démonstration soit avec ses troupes, soit avec la brigade envoyée par le général Deplanque, sur le flanc gauche de la colonne ennemie, devant laquelle la 2ᵉ division du 17ᵉ corps s'est repliée hier en lui abandonnant les hauteurs d'Ardenay, qu'elle doit reprendre ce matin. Je réitère donc les ordres donnés hier, de prendre partout l'offensive et de repousser l'ennemi des positions qu'il importe de réoccuper. Le succès est dans la ténacité. L'ennemi est certainement plus fatigué que nous.

Signé : Chanzy.

Général Jaurès à général Chanzy, au Mans.

Sargé, le 10 janvier 1871, douze heures cinquante minutes.

Je vous envoie un officier avec dépêche Rousseau qui annonce sa retraite. Ses troupes, harassées, seront hors d'état, je le crois, d'agir avec succès demain pour reprendre les positions perdues aujourd'hui. je crois urgent de réunir et de reformer les troupes sur les positions défensives, mais je suis prêt à exécuter les ordres que vous m'enverrez. Mes troupes de réserve sont sous les armes, prêtes à marcher, et moi avec. *Signé* : Jaurès.

Général commandant le 17ᵉ corps à général en chef, au Mans.

Yvré, le 10 janvier, douze heures cinquante.

Je viens de voir la 2ᵉ division et de l'établir sur le plateau d'Auvours. Elle a marché une grande partie de la nuit dernière et toute la matinée, a combattu jusqu'à la nuit et marché jusqu'à présent. Elle est extrêmement fatiguée, désorganisée, affaiblie. Je doute qu'elle puisse fournir sur le plateau une résistance solide. Je ne sais pas quelles sont les troupes qui sont à droite et à gauche et qui doivent, avec la 2ᵉ division, occuper le plateau dont le front est beaucoup trop étendu pour qu'elle le défende seule. Faut-il garnir cette position avec des batteries de 8 de réserve? Je crains de les compromettre si la retraite devenait indispensable, ayant à dos une rivière et peu de débouchés. Je suis à Yvré, et j'ai des plantons au télégraphe de la station du chemin de fer. *Signé* : de Colomb.

Général commandant le 17ᵉ corps au général Chanzy, au Mans.

Yvré, le 10 janvier, trois heures quinze du matin.

Je reçois votre dépêche de minuit peu après vos instructions. Vous ne connaissiez pas encore, au moment où vous l'avez adressée, la véritable situation de la division Paris : elle est en ce moment sur le plateau d'Auvours, au moins en partie, extrêmement harassée, incapable, je crois, de repousser une offensive vigoureuse ce matin. Je lui donne l'ordre néanmoins de se mettre sous les armes au point du jour, et je verrai s'il est possible de réunir ses détachements, un peu dispersés par une retraite de nuit, et de la porter en avant. Ma réserve d'artillerie, sur laquelle je comptais, n'est pas encore arrivée, cependant elle avait reçu l'ordre du départ à deux heures quarante minutes.
Signé : de Colomb.

Général Jaurès au général Chanzy, au Mans.

Monfort, le 10 janvier 1871.

Mon général,

A deux heures, nos troupes descendaient pour l'attaque, lorsque l'ennemi, se présentant par les bois qui bordent la route du Mans, a engagé lui-même une attaque sur Pont-de-Gennes par un feu très-nourri. En même temps, des pièces, en position sur les coteaux qui font face à Montfort, ouvraient le feu sur la ville. Nos tirailleurs, postés sur toute la ligne du chemin de fer et occupant la gare du Pont-de-Gennes, soutinrent un feu très-vif et y répondirent avec avantage, ne permettant pas à l'ennemi d'avancer.

J'eusse voulu les porter en avant, mais le général Rousseau me déclara formellement que ses troupes supportaient en ce moment tout l'effort dont elles étaient capables, et que les porter sur les bois et sur les hauteurs fortement occupées par l'ennemi serait vouloir les voir promptement ramenées. Je l'eusse fait cependant, si je n'avais reçu du général Collin l'avis que, tandis que sa 1re brigade s'engageait avec l'ennemi sur le pont de Connerré, sa 2e brigade était attaquée vers la Chapelle-Saint-Remy, et que dès lors il ne pouvait, avec une seule brigade, tenter d'enlever Connerré, où des renseignements positifs annonçaient des forces considérables.

En même temps, la fusillade se faisait entendre sur ma droite ; je dus craindre que l'ennemi ne cherchât à forcer le passage de l'Huisne vis-à-vis Saint-Mars-la-Bruyère. J'avais eu ce matin la précaution de porter sur ce point un bataillon du corps Goujard ; mais, pour plus de sûreté, j'y envoyai d'abord M. de Cathelineau, qui est revenu ce soir, puis un bataillon de mobiles à Fatines.

Je n'ai pas encore le rapport du général Collin, et, pour ne pas tarder, je vous envoie la présente dépêche. J'y joins le rapport d'une reconnaissance de la cavalerie du général Villeneuve, qui annonce l'arrivée d'une avant-garde ennemie à Bonnétable.

Il n'y a aucune crainte que l'ennemi puisse forcer nos positions ici, de même qu'il nous serait difficile de forcer les siennes, tant les positions des deux rives de l'Huisne sont également fortes ; mais je trouve que l'espace entre Montfort et Champagné est bien ouvert, et peut-être serait-il bon que je portasse une partie de la réserve à Fatines, avec mon quartier général à la Ragoterie, pour être au centre de mes divisions.

J'attends, du reste, vos instructions pour demain. La gauche de la division Collin est un peu éloignée à la Chapelle-Saint-Remy ; je crois qu'on pourrait la reporter vers Lombron pour couvrir la route de Bonnétable ; car il va falloir peut-être observer sérieusement ce côté-là.

Il ne faudrait pas être attaqué de face à Montfort et de dos à Lombron ; j'y ferais cependant face au besoin.

Agréez, mon général, etc.

Le général commandant le 21e corps,

Signé : Jaures.

Général Jaurès à général Chanzy.

Montfort, 10 janvier 1871, neuf heures et demie.

Mon général,

Je reçois du général Collin la dépêche suivante :

« J'ai l'honneur de vous rendre compte que je viens de rentrer, au
» moment où la vive fusillade que j'ai eu à soutenir de trois à six
» heures finissait. Des ordres envoyés à une heure à M. des Moutis,
» pour l'attaque de Connerré, n'ont pas eu de ce côté le moindre
» commencement d'exécution ; au moment où l'un de mes officiers est
» arrivé à la Chapelle-Saint-Remy, la brigade des Moutis était engagée
» sur ce point, et soutenait, depuis plusieurs heures déjà, un feu
» assez nourri sur toute l'étendue de son front. J'ai fait à ma droite
» une tentative pour reprendre la gare, occupée dans l'après-midi ; je
» croyais n'y trouver que des forces insignifiantes que j'ai tenté de
» tourner par le bois de Lechêne et en même temps par la plaine ;
» mais mes tirailleurs ont trouvé dans le bois des forces assez consi-
» dérables, et ils se sont battus sur ce point jusqu'à la nuit. Mes
» bataillons de la plaine ont alors dû se replier. J'ai repris à peu près
» mes positions d'hier, et, d'après le récit d'un prisonnier qui vient
» de m'être amené, j'avais devant moi deux divisions, plus une réserve
» dérrière. Le prince Frédéric-Charles est attendu demain avec six
» divisions.

» En vain M. des Moutis a cherché à se relier sur sa gauche et en
» arrière avec la 3e division. Pas de nouvelles d'elle, et on croit avoir
» entendu des coups de feu dans sa direction. Il n'en existe pas moins
» un grand vide à ma gauche. J'attends vos ordres. »

Je ne crois pas que le nombre des divisions qui menacent le général Collin puisse être aussi considérable ; cependant il faut tout prévoir. Je prescris au général Collin de faire tête à l'ennemi, avec la
plus grande vigueur, et s'il venait, malgré ses efforts, à être obligé de
céder du terrain, de ne le faire que pas à pas, et en se rabattant, sa
droite sur Montfort et les bois de Mondoublerain, et sa gauche sur
Saint-Corneille. Il s'appuiera alors sur la 1re brigade de la 3e division
qui est à Savigné et en avant, à la fourche des routes.

Pour moi, je porterai probablement une partie de la réserve à Saint-
Corneille, pour renforcer ce point intermédiaire qui a une grande
importance, à moins que je ne reçoive, dans vos instructions, l'ordre
de faire un autre mouvement.

Il y a en ce moment une grande préoccupation, c'est la difficulté
extrême de faire marcher des convois et de l'artillerie sur des routes.
A un moment donné, cela peut être d'un grand embarras. Je m'ef-

forcerai de le surmonter en m'y prenant à l'avance pour tous les mouvements.

Agréez, mon général, etc. Le général JAURÈS.

P. S. Je n'ai pas encore de renseignements bien exacts sur ce qui s'est passé aujourd'hui vers Champagné et Yvré. Je les attends de l'officier que j'y ai envoyé.

Général Jaurès à général en chef.

Montfort, 10 janvier 1871.

Mon général,

Aussitôt mon arrivée à Pont-de-Gennes, je me suis fait rendre compte par le général Rousseau de la situation de ses troupes. Comme je vous l'ai dit par le télégraphe, il m'a déclaré qu'elles ne tenaient plus debout et qu'elles étaient incapables de combattre aujourd'hui et de se porter de Montfort, où elles sont toutes, sur Connerré.

Le général Collin, que j'avais fait appeler, est arrivé, et sur l'ordre que je lui ai donné de se préparer à attaquer Connerré, il m'a fait observer que, vu l'espace qu'il occupe et le mauvais état des chemins qui relient ses positions, il ne pouvait pas être en mesure de se porter sur Connerré avant trois ou quatre heures de l'après-midi.

Ces deux avis étaient certes peu encourageants, mais votre ordre était formel; j'ai donc dû décider qu'il serait exécuté. Cependant j'ai cru devoir, pendant que les préparatifs se font, vous éclairer par le télégraphe sur les mauvaises conditions dans lesquelles se produira l'attaque de ce soir. Ce devoir rempli, j'agirai, si je ne reçois pas contre-ordre.

Permettez-moi de vous rappeler que Connerré est un trou qui n'est pas tenable si les hauteurs de Duneau ne sont pas occupées. Or, comme l'ennemi y est certainement établi, elles seront fort dures à enlever. En outre, les troupes ne voient pas, sans quelque appréhension, l'obligation, en cas de retraite, de se retirer par un seul pont.

Nos positions seraient peut-être plus fortes si nous occupions seulement la rive droite de l'Huisne, soit en conservant la division Collin devant le pont de Connerré, se reportant vers la Chapelle Saint-Remy ou vers Lombron, pour qu'elle soit moins écartée, soit en prenant la ligne de défense de Montfort, Lombron, les bois de Mondoublerain et Saint-Corneille.

Je voudrais pouvoir répondre à votre désir de nous voir prendre promptement l'offensive, mais la division Rousseau est vraiment presque une division à réformer. En ce moment même, les chefs de corps les plus énergiques viennent dire que leurs hommes ne peuvent se lever, et ils me supplient de ne pas leur demander plus que les forces humaines ne peuvent supporter.

Je ne sais vraiment comment je m'en vais faire pour les faire marcher ce soir. Enfin, si c'est possible, ça se fera. Tout le monde me dit que non : nous le verrons bien.

Agréez, mon général, etc.

Le général commandant le 21ᵉ corps,

Signé : JAURÈS.

NOTE 25.

Le général de Jouffroy au général Chanzy.

Grand-Lucé, 9 janvier 1871, onze heures du soir.

Mon général,

Je suis arrivé ce soir à Grand-Lucé. Pour me conformer aux instructions que m'avait données cette nuit M. l'amiral Jauréguiberry, et au désir que m'avait exprimé M. le général Barry, j'avais disposé mes troupes de manière à prêter aujourd'hui un appui au général Barry et à les rassembler demain à sa portée.

La brigade Bayle et le 46ᵉ de marche qui formaient l'extrême droite de ma ligne, dont Maisoncelles était l'extrême gauche, n'ont pas tenu contre des forces supérieures. Tout le reste de la ligne a été harcelé par l'ennemi.

J'ignorais encore les succès de l'ennemi sur ma droite, lorsque, à trois heures de l'après-midi, j'ai prescrit de prendre des positions qui pussent me permettre de lutter encore vers Chahaignes, l'Homme et la Chartré.

Brives et Saint-Pierre de Lorouer se sont trouvés tout à coup occupés par l'ennemi : mes combinaisons devaient donc échouer.

Jusqu'ici j'ai rassemblé à Grand-Lucé toute la 3ᵉ division d'infanterie du 17ᵉ corps et la brigade Bayle ; j'ai pu aussi y faire arriver mon convoi. Je serai complétement heureux dans ma retraite si je puis réussir à indiquer cette nuit au colonel Thierry, au colonel Falcon et au colonel Marty, qu'ils doivent arriver à Grand-Lucé ou se diriger sur Écommoy.

Je compte demain matin de très-bonne heure, à moins que les circonstances m'en empêchent ou que vous me donniez des ordres contraires, me diriger vers Saint-Mars d'Outillé.

Toutes mes troupes, dont j'ai tant eu à me louer lorsque je prenais l'offensive, montrent dans la retraite, malgré les fatigues incessantes qu'elles ont à supporter, malgré les privations qui leur sont imposées, un dévouement bien méritoire. Le repos leur est absolument nécessaire ; mais que ce repos leur soit accordé, et on pourra, comme par le passé, compter sur leur valeur.

Je vous prie d'agréer, général, etc.

Signé : DE JOUFFROY.

Pontlieue, le 10 janvier 1871, dix heures quarante-cinq.

Mon général,

Vos ordres sont exécutés. J'ai prescrit que toutes les troupes soient prêtes à prendre les armes demain matin, à six heures.

Mais je vous l'ai dit de vive voix, je vous l'ai fait savoir par mon chef d'état-major, ce n'est pas impunément qu'on impose à des soldats trois semaines de marches incessantes et de combats, que sans tenir compte des rigueurs de la saison, du mauvais état de leurs chaussures et de leur habillement, on les conduit de succès en succès jusqu'aux faubourgs de Vendôme pour les faire passer ensuite, sans admettre qu'ils soient entamés, au travers des lignes d'un ennemi dont la seule préoccupation était de nous envelopper.

Ce soir, après avoir soutenu une lutte incroyable depuis le 6, après être restés vingt-quatre heures sans manger, mes soldats, par une neige intense, couchent dans la boue sur la route de Tours.

Malgré tout, il faudra demain aborder Changé : nous y serons. J'en ai pour garant le zèle et le courage des chefs de corps et le dévouement d'une partie de leurs soldats. Je ne peux pas dire que nous y serons avant huit ou neuf heures à peine. En raison des difficultés de la situation, de l'insuffisance des cadres, je commettrais une grande faute en vous cachant, en quoi que ce soit, la vérité. Si j'avais à ma disposition des troupes fraîches, je me ferais certainement fort de sauver le Mans par des manœuvres hardies. Ces troupes fraîches je ne les ai pas. Je dois me renfermer strictement dans les limites de la voie qui m'est tracée. Je ferai pour le mieux, c'est-à-dire ce qu'il est humainement possible de faire. Il reste à savoir ce qu'est le possible.

Je vous prie d'agréer, mon général, etc.

Signé : DE JOUFFROY.

P. S. Le 70e mobiles a repris à l'ennemi 3 pièces d'artillerie et 2 mitrailleuses dont l'ennemi s'était un instant emparé. Je demande que ce régiment soit mis à l'ordre de l'armée. Aucune récompense n'a encore été accordée à ma division.

NOTE 26.

N° 855. *Général Chanzy au ministère, à Bordeaux.*

3 janvier 1871.

Le camp de Conlie étant évacué, je ne vois aucun avantage et je verrais même inconvénient à maintenir armée la redoute de Ténie. Comme il faut armer aux environs du Mans les positions occupées actuellement par mes troupes, et qui devront être défendues par les forces de Bretagne quand je me porterai en avant, je demande de faire venir ici, aussitôt que possible, le colonel commandant l'artillerie à Conlie, les 4 canons de 16 qui lui restent, et toutes les autres pièces dont il peut disposer; je les placerai dans les redoutes que je fais élever. *Signé* : Chanzy.

DÉPÊCHE.

N° 939. *Général Chanzy à ministre guerre, à Bordeaux.*

4 janvier 1871.

Il est indispensable, en prévision des opérations à entreprendre, d'avoir une force suffisante pour défendre les positions et garder le pays.

Il y a tant au camp de Conlie qu'à Redon et à Rennes 5,000 hommes armés; je demande à les faire venir de suite ici. Il y a à Conlie, Pibray, Rennes, Fougères et Redon, 17,000 hommes formés en bataillons; il leur manque des fusils. Il y a à Rennes 40,000 fusils Sprinfeld. Je demande à faire armer d'urgence ces 17,000 hommes (22 bataillons) et à les appeler sur les positions que je leur assignerai. J'organiserai toutes les forces sous le commandement du général Le Bouëdec. Je demande enfin à disposer des canons de montagne qui sont à Rennes, et qui serviront au général Le Bouëdec pour défendre ses positions. Il faudrait de plus de la cavalerie pour éclairer; quelques escadrons d'éclaireurs à cheval ou de cavalerie régulière suffiraient. Il est urgent d'organiser tout cela. Il ne manque que les pleins pouvoirs. Prière de me faire connaître votre décision.

Signé : Chanzy.

NOTE 27.

DÉPÊCHE.

N° 616. *Au général Bourbaki, à Montbozon.*

Le Mans, 9 janvier 1871, sept heures quarante.

Votre télégramme d'hier me fixe sur vos positions; la Marche est le but de vos opérations. Si l'ennemi ne vous offre pas jusqu'ici une grande résistance, il se montre de ce côté très-entreprenant. Depuis notre arrivée au Mans, ce ne sont que combats continuels dans la vallée de l'Huisne, sur la route de Saint-Calais, sur les deux rives du Loir, et en avant du chemin de fer du Mans à Tours. Le duc de Mecklembourg, après avoir concentré ses forces sur l'Eure, et tiré des renforts des contingents venus d'Allemagne, cherche à descendre l'Huisne, nous refoulant sur le chemin de fer de Chartres au Mans et menaçant celui du Mans à Alençon. Le prince Frédéric-Charles, après quelques démonstrations sur Gien et la rive gauche de la Loire, a réuni toute son armée entre Vendôme et Blois, et nous menace par Saint-Calais où il est de sa personne, et par la vallée du Loir, par laquelle il cherche à tourner nos positions et à couper la ligne ferrée du Mans à Tours. Il est évident que le but de l'ennemi est d'en finir avec l'armée de la Loire, soit en l'attirant en dehors de ses positions, soit en la bloquant sur ses positions pour empêcher sa marche sur Paris. Je vais d'abord résister aux attaques. Dès que j'aurai les renforts qu'on m'annonce, je tenterai l'offensive. Votre mouvement est excellent, mais, pour Paris et pour moi, le résultat est à trop longue échéance. Il me tarde de vous voir sur les communications de l'ennemi, et de voir le prince Charles se préoccuper de ce nouveau danger; cela nous dégagera d'autant, et donnera à notre mouvement plus de possibilité et de chance de succès. *Signé* : Chanzy.

Le général Bourbaki au général Chanzy, au Mans.

Montbozon, le 8 janvier 1871, dix heures trente minutes du matin.

Mon quartier général est à Montbozon, il y sera encore demain avec celui du 18ᵉ corps ; ceux du 20ᵉ et du 24ᵉ seront à Rougemont et à Cuze. Le 15ᵉ corps est dirigé sur Clerval ; une brigade sera détachée à Blamont, menaçant Montbéliard. Le reste du corps sera dirigé, au fur et à mesure des débarquements, dans la direction de Fontenelle, et formera l'extrémité droite. J'ai quitté Bourges pour faire évacuer Dijon, Gray, Vesoul et lever le siége de Belfort. Les garnisons de ces deux premières villes, menacées de se voir couper leur retraite sur le Haut-Rhin, se sont retirées sans combat. Je continue l'exécution de mon programme. Mes avant-postes ont eu quelques engagements avec l'ennemi, il peut se faire que notre première rencontre sérieuse ait lieu à Villersexel. Quels que soient les moyens employés, je me propose, une fois Belfort débloqué, de me porter sur les communications de l'ennemi. Mes mouvements ont été retardés par la difficulté de faire vivre des troupes lorsqu'elles s'éloignent des voies ferrées, comme par l'état des chemins et des routes, qu'une couche de verglas rend peu praticables.

On m'annonce que l'ennemi n'occupe plus Orléans, et qu'il dirige des forces considérables vers l'Est. J'ai demandé que les troupes du général de Pointe, à Nevers, fissent des démonstrations et tiennent l'ennemi en respect du côté de Clamecy et sur les bords de la Loire.

Vous pensez sans doute, puisque vous êtes prêt, qu'en prenant maintenant l'offensive vous faciliterez et la tâche des défenseurs de Paris et la mienne. Je chercherai le plus promptement possible à couper les communications de l'ennemi, mais je crois qu'il convient de ne jouer son va-tout qu'à bon escient. C. BOURBAKI.

NOTE 27 *bis.*

Guerre à général Chanzy, au Mans.

Bordeaux, 11 janvier 1871.

Vous êtes pleinement autorisé à enlever son commandement à tout chef de corps qui n'écouterait pas strictement les ordres reçus ou ne saurait pas maintenir sa troupe, et pareillement vous avez pouvoir de récompenser sur-le-champ les officiers et les soldats qui donneront l'exemple du dévouement et de la ténacité. Quant aux récompenses sollicitées par vous pour la deuxième armée, plus des trois quarts ont été accordées, et les décrets ont paru au *Moniteur.* Si vous ne les avez pas reçus, c'est sans doute par suite d'un retard dans le transport des plis. Je vais les hâter. *Signé :* DE FREYCINET.

Intérieur à général Chanzy, Mans.

Bordeaux, 11 janvier, deux heures quarante-cinq minutes.

Nous comptons absolument sur vous pour résister à ce suprême effort.

Vous pouvez faire toutes les nominations, promotions et révocations nécessaires, assuré que la ratification suivra sans retard.

Signé : Léon GAMBETTA.

N° 684. *Au général de Colomb, à Yvré-l'Évêque.*

Le Mans, 11 janvier 1871.

Je vous remercie de ce que vous avez fait aujourd'hui. Je suis sûr que demain vous ferez davantage encore. Vous m'avez dit combien vous êtes satisfait du général Goujard. Je le fais *commandeur.* Le ministre m'a donné pleins pouvoirs pour récompenser ou punir.

Demandez-moi, je ne serai point avare.

Vous allez recevoir mes instructions; il faut à tout prix conserver votre position.

Je ne puis vous envoyer de troupes fraîches, je n'en ai pas. Mais afin de vous venir en aide, je prescris au général Jaurès de se replier par sa droite, de venir défendre les hauteurs en avant de Sargé jusqu'à Yvré-l'Évêque, et de renforcer la division Goujard de toutes les troupes dont il pourra disposer. Il faut que la division Paris rachète demain son hésitation d'aujourd'hui. Faites-lui attaquer demain les positions perdues aujourd'hui, et reprendre Champagné. Prévenez-la que je récompenserai, séance tenante, les braves qui se distingueront. Ce que je vous demande est difficile, je le sais, mais je sais aussi que là où vous commandez on peut tout oser. J'y compte.

Signé : Chanzy.

NOTE 28.

N° 1275.   *A général Goujard, Yvré-l'Évêque.*

Le Mans, 11 janvier 1871.

Je suis très-content de vous et de vos troupes.

Le ministre m'a donné le droit de récompenser ceux qui le mériteraient.

Je vous fais commandeur.

Signalez-moi ceux pour qui vous voulez des récompenses ou des punitions.

Je ne ménagerai ni les unes ni les autres.

Je vous remercie pour aujourd'hui et je compte sur vous pour demain.   *Signé :* Chanzy.

Général Goujard à général Chanzy, Mans.

11 janvier 1871.

La division Paris a abandonné le plateau, elle est en pleine déroute.

L'ennemi a réoccupé le plateau abandonné.

Les troupes de ma division, envoyées en soutien, ont été entraînées par la foule et sont descendues avec les autres.

Si l'attaque du général Jaurès sur Champagné se prononce de bonne heure, elle peut nous donner le temps de nous reconnaître.

Signé : Goujard.

Général Goujard à général Chanzy.

12 janvier 1871.

Vous me récompensez au delà de mes mérites, recevez mes remercîments les plus sincères. Comptez sur tout mon dévouement. Je serai jusqu'à ma dernière heure entièrement dévoué au salut de la patrie. J'ai près de moi des officiers qui ont donné le plus bel exemple, je vous les désignerai dans quelques instants.

Je vous envoie un officier qui vous expliquera en détail la situation militaire. *Signé :* Goujard.

Général de Colomb à général Chanzy, au Mans.

Yvré, 11 janvier 1871.

En rentrant ce soir, j'ai fait à votre officier d'ordonnance le récit aussi exact que possible de la journée. Je complète le rapport verbal qui déjà fait connaître ma situation.

Après occupation du plateau par l'ennemi, les troupes ramenées ont repris la position, grâce au concours énergique des zouaves pontificaux entraînés par le général Goujard. Le chef d'état-major de la 2ᵉ division vient de me dire avoir parcouru une partie du plateau sans rencontrer trace d'ennemi. La 2ᵉ division est complétement désorganisée, le colonel Koch et plusieurs chefs de corps sont blessés; tous les corps sont mélangés. Je vais couvrir la gauche par un bataillon du général Goujard qui le donne comme solide; cela permettra peut-être de réorganiser un peu demain de bonne heure les différents corps. Avec cette infanterie, se trouvent sur le plateau quatre mitrailleuses américaines et deux obusiers de montagne laissés par le général Goujard. Je ne dois pas dissimuler le peu d'espoir que j'ai de tenir demain dans ces conditions, à moins de recevoir des renforts sérieux. Il résulte de l'interrogatoire séparé de plusieurs prisonniers, que le front de la deuxième armée a été attaqué aujourd'hui par les 3ᵉ, 9ᵉ, 10ᵉ corps d'armée prussienne sous les ordres immédiats du prince Frédéric-Charles, soutenus par une artillerie formidable. Beaucoup de contingents ennemis, qui ont donné aujourd'hui, n'étaient pas entrés en ligne depuis les 3 et 4 décembre, et ont fait jusqu'à quarante kilomètres depuis hier pour arriver sur le théâtre de l'action.

Signé : de Colomb.

NOTE 29.

Nᵒ 648. *Au général Barry, par Écommoy. A communiquer à l'amiral.*

Le Mans, 10 janvier 1871.

. . . .
. . . .

Ralliez toute votre division à Mulsanne où je renvoie tous vos fuyards. Vous y attendrez les ordres de l'amiral tout en vous portant au canon, quelle que soit la direction où vous l'entendiez. Si après vous avoir fait reconnaître, votre présence peut être utile comme soutien, et si l'ennemi continue sa marche sur le Mans, votre place, pour défendre les positions confiées au 16ᵉ corps, est en avant de Pontlieue, sur les hauteurs qui dominent le Chemin aux Bœufs qui conduit d'Arnage à Changé. Parigné a été réoccupé cette nuit par des troupes du général Deplanque.

Il m'est de plus en plus démontré qu'il ne faut que de la vigueur pour battre les Prussiens. *Signé :* Chanzy.

NOTE 30.

Amiral à général Chanzy.

Pontlieue, 12 janvier 1871.

Le général Deplanque est attaqué, les fuyards abondent de plus en plus. Je fais passer de l'autre côté de la Sarthe les convois, les bagages, les réserves, l'artillerie qui nous sont inutiles pour le moment. Quel ordre voulez-vous que je donne aux généraux Roquebrune et de Jouffroy?

Le général Le Bouëdec est abandonné du peu de troupes qu'il avait ralliées cette nuit, je ne suis couvert ici, du côté des routes de Tours et d'Angers, que par deux escadrons de chasseurs.

Signé : Jauréguiberry.

Amiral à général en chef, au Mans.

Pontlieue, 12 janvier, cinq heures du matin

Je reçois votre dépêche qui me prescrit de reprendre, dès ce matin, une offensive vigoureuse. J'ai aussitôt donné l'ordre au général de Jouffroy, qui se trouvait chez moi, de faire occuper par les troupes de sa division les positions en avant que défend le général Desmaisons. Le général de Jouffroy m'a répondu que si je lui retire la brigade Desmaisons, il ne peut répondre de rien. J'ai néanmoins maintenu l'ordre, afin d'avoir trois mille hommes à ma disposition. Le général Deplanque m'écrit qu'il lui est impossible de rester dans ses positions, parce que, si la fusillade un moment interrompue recommence, ses troupes ne tiendront plus.

Signé : Jauréguiberry.

TÉLÉGRAMME.

Général Barry à général Chanzy.

Arnage, 12 janvier 1871, douze heures.

Toute l'artillerie partie à cinq heures pour le Mans et Laval. Grand nombre de mobilisés décampent. Attends des ordres. On ne tiendra pas une demi-heure. *Signé :* BARRY.

NOTE 31.

Lettre au crayon du général de Jouffroy au général Chanzy.

Petit-Finet, 11 janvier 1871.

Mon général,

Je suis sur la route, à hauteur du Petit-Finet; mes troupes n'ont ni eau, ni vivres d'aucune espèce.

Mon chef d'état-major n'a pas pu vous dire que l'ennemi avait pris 2 canons de 4. J'ai conservé des positions gagnées à la fin de la journée.

Je fais occuper par un régiment le château de Lepau. Mes corps sont sur les dents, et ils n'ont pas mangé depuis quarante-huit heures; les chevaux d'artillerie n'ont pas bu depuis plusieurs jours.

Signé : DE JOUFFROY.

NOTE 32.

Général de Colomb à général en chef.

12 janvier 1871.

La situation est telle ce matin, que je suis obligé de donner l'ordre à la division Pâris, qui est sans chefs et toute désorganisée, de se replier en arrière du pont d'Yvré en abandonnant le plateau d'Auvours dont elle n'occupe d'ailleurs que les pentes vers Yvré, et qui est couronné par l'armée prussienne, en nombre considérable.

Je vais essayer de placer cette division sur les hauteurs qui commandent la rive droite de l'Huisne. *Signé :* DE COLOMB.

NOTE 33.

Guerre à général Chanzy, au Mans.

Bordeaux, 12 janvier, neuf heures quarante-cinq minutes.

Je comprends votre impatience d'avoir le 19e corps à Alençon, et comme vous je donnerais tout au monde pour qu'il y soit aujourd'hui, mais je n'ai malheureusement pas le don de faire des miracles. Les deux divisions partiront de Cherbourg demain; elles fussent parties aujourd'hui 12, si vous aviez pu me donner plus tôt réponse à la dépêche d'hier matin, par laquelle je vous demandais le point définitif de destination. Ces deux divisions, à l'effectif d'environ 30,000 hommes, voyageant en chemin de fer, nous devrions nous estimer heureux si elles s'embarquent en quarante-huit heures. Vous ne devez donc espérer les faire entrer en ligne, la 1re que le 15 au matin et la 2e que le 16; à ces dates, je crois qu'elles pourront coopérer avec vous d'Alençon, mais plus tôt il serait chimérique d'y compter. Faites-moi connaître le plus tôt possible sur quel point vous voulez que se rende la 3e division.

Pour copie conforme,   L'inspecteur,

TAMISIER.

RÉPONSE.

12 janvier 1871.

Je reçois à l'instant, midi et demi, votre télégramme au sujet du 19e corps. Vous connaissez les événements. Je veux organiser la retraite de façon à établir le 15 au soir mes divers corps d'armée entre Alençon et Prez-en-Pail, pour m'y reconstituer et reprendre les opérations. Il est donc plus urgent que jamais que les deux premières divisions du 19e corps arrivent promptement à Alençon pour me servir de base et d'appui.

Quant à la 3e division, je désire la voir arriver le plus promptement possible à Argentan et connaître le jour.

Le général en chef,

Signé : CHANZY.

NOTE 34.

Joué-en-Charnie, 14 janvier 1871, sept heures dix minutes.

Mon général,

Le général Le Bouëdec et le général Barry ont été successivement obligés de se replier. Trois colonnes prussiennes arrivant par la route de Conlie, par celle de Loué et celle du Mans, ont profité du brouillard pour les tourner. Quelques régiments ont opposé une vigoureuse résistance; d'autres, et c'est le plus grand nombre, se sont débandés. La cohue des fuyards est inimaginable; ils renvoient les cavaliers qui s'opposent à leur passage, ils sont sourds à la voix de leurs officiers, on en a tué deux qui refusaient de s'arrêter; cet exemple n'a rien fait sur les autres.

J'apprends d'autre part, par les reconnaissances que j'ai fait faire, que les Prussiens viennent d'entrer à Loué, à Épineux-le-Chevreuil, et qu'ils continuent leur marche en avant. Le brouillard est toujours tellement épais que je crains une attaque de nuit, à laquelle nos hommes ne résisteront certainement pas.

Pour dégager les routes, j'ai fait filer tous les convois et les bagages sur Laval et sur Évron.

Je trouve autour de moi une telle démoralisation que les généraux du corps d'armée m'affirment qu'il serait dangereux, dans ces circonstances, de rester ici plus longtemps, et je suis désolé de battre encore en retraite.

Si je n'avais pas avec moi un matériel considérable qu'il faut essayer de sauver, je m'efforcerais de trouver une poignée d'hommes déterminés et de lutter, même sans espoir de succès. Mais il serait, ce me semble, insensé de sacrifier huit batteries pour n'arriver, en résumé, à aucun résultat utile.

Je ne me suis jamais trouvé, depuis trente-neuf ans que je suis au service, dans une position aussi navrante pour moi.

Le vice-amiral commandant le 16e corps,

Signé : JAURÉGUIBERRY.

P. S. Veuillez me faire savoir à Vaiges, où je me porterai probablement afin de couvrir mes parcs et mes réserves, quelle direction il faudra que je suive ensuite.

NOTE 35.

N° 746.   *Général Chanzy au ministre de la guerre.*

Sillé, 13 janvier 1871.

Le 21e corps, après avoir combattu hier toute la journée contre trois divisions du grand-duc de Mecklembourg, a pu opérer sa retraite en très-bon ordre et passer la Sarthe sur les ponts de Monbizot, la Guierche et Beaumont.

L'ordre de cette nuit, lui prescrivant de changer son mouvement de retraite, lui est arrivé ce matin, au moment où, en très-bon ordre, il marchait sur Alençon où il serait arrivé demain.

C'est, des trois corps d'armée, celui qui a de beaucoup le mieux tenu dans ces derniers jours ; cela est dû à l'énergie du général Jaurès, pour lequel je demande de nouveau, et plus instamment que jamais, la nomination au grade de contre-amiral. Il est arrivé ce soir à Sillé-le-Guillaume.

D'après les renseignements recueillis, l'ennemi aurait beaucoup souffert dans les trois dernières journées ; c'est ce qui explique probablement son peu d'ardeur à nous suivre. De notre côté nous avons des pertes sérieuses ; au 21e corps, un seul régiment, sur 13 capitaines, en a perdu 10. Il est néanmoins tout prêt à marcher de nouveau. Je vous envoie ce soir d'urgence un rapport détaillé sur les événements qui viennent de se passer. *Signé :* Chanzy.

N° 753. *Général Chanzy au ministre de la guerre.*

Sillé, 14 janvier, minuit quarante.

Je reçois à l'instant votre télégramme de ce jour. Je suis reconnaissant au Gouvernement de la confiance qu'il me conserve : je la justifierai. L'armée sera installée dès demain sur une ligne de défense de Sillé-le-Guillaume à Chassillé sur la route de Laval au Mans. Elle s'y reconstituera. Je prends des dispositions pour faire ramener à leurs corps les fuyards. Je ne puis donc vous donner les renseignements sur les effectifs des troupes et le nombre des fuyards. Je n'aurai que demain le chiffre des pertes.

Mon quartier général est à Sillé-le-Guillaume, ainsi que celui du 21° corps; celui du 17° à Parennes; celui du 16° à Joué-en-Charnie.

Signé : Chanzy.

DÉPÊCHE.

Général Chanzy au ministre de la guerre, à Bordeaux.

14 janvier 1871, quatre heures.

Le temps est exécrable, le pays couvert de neige, les routes de verglas; une brume épaisse retarde l'installation sur nos positions. La marche pénible des convois sur les rares communications n'a pas encore permis de réparer le désordre. Le 21° corps, attardé par ses *impedimenta*, est encore échelonné sur la route de Beaumont. Nos positions sont les suivantes, derrière la Vègre et en avant de Sillé :

La division de Curten, marchant de la Flèche sur Sablé pour rallier le 16° corps à cheval sur la route du Mans à Laval, en avant de Joué-en-Charnie.

Le 17° corps, de Saint-Symphorien à Rouez, son centre à hauteur de Ternie.

Le 21° corps, à cheval sur les trois routes de Sillé au Mans, à Beaumont et au Fresnay, occupant fortement la redoute de Conlie.

La division Goujard, de Montreuil-le-Chétif à Fresnay, reliée à la gauche du 21° corps par une brigade de la 3° division en position sur les abords de la forêt de Sillé. Les parcs et les convois engagés sur les routes dans la direction de Laval, derrière chaque division. Les mobilisés de Bretagne, qui ont lâché pied le 11 au soir, à Pontlieue, sont à Évron. Ceux trouvés à Conlie, et sur lesquels on ne peut compter, sont à Assé-le-Béranger; 3,000 mobilisés de la Mayenne ont quitté ce matin Beaumont devant des uhlans, résistant à quelques officiers qui cherchaient à les maintenir; je les ai dirigés sur Bay. En avant de nos lignes, des avant-postes d'infanterie et de cavalerie couvrent les divisions, et au village de Conlie, pour éclairer tout le pays jusqu'à la Sarthe, les éclaireurs du colonel Goursaud, sur lesquels je compte le plus.

Je voudrais, en leur infusant la confiance, réchauffer le cœur de tous ces hommes transis, hésitants, à bout d'énergie.

Il s'est produit hier au camp de Conlie un fait déplorable : les vivres ont été pillés, des armes et des munitions détruites ou abandonnées; un peu plus de 3,000 mobilisés ont refusé à leurs chefs d'aider à l'évacuation régulière et de rester jusqu'au soir sur une position que rien ne menaçait, puisqu'à l'heure qu'il est l'armée l'occupe encore.

Je donne au général Marivault, dont je ne m'explique pas l'absence, l'ordre de revenir ici et de mettre un terme à la débandade des troupes sous son commandement.   *Signé* : CHANZY.

Général Chanzy à ministre de la guerre, à Bordeaux.

14 janvier 1871.

Les têtes de colonnes ennemies ont paru ce soir sur toutes les routes aboutissant sur nos positions. Il y a eu engagement entre les avant-gardes prussiennes et les éclaireurs algériens à Conlie. Le général Le Bouëdec s'est battu ce soir à Longne avec une colonne assez forte. Je m'attends à être attaqué demain sur plusieurs points. Mes dispositions sont prises. Le préfet d'Alençon signale les Prussiens à Bourg-le-Roi et à Ancines, marchant sur Alençon. Je doute que les mobilisés de la Mayenne puissent tenir mieux qu'à Beaumont. Dans le doute de ce qui va se passer, quoique nos projets de résistance ne soient nullement modifiés, je crois utile de faire arrêter les divisions du 19e corps à Flers, sauf à les diriger plus tard soit sur Alençon, soit sur Domfront, suivant le cas. Vous avez prescrit les mouvements; je vous prie de les modifier dans ce sens. Quant à la division Saussier, je vous prie de la diriger sur Argentan.

Général Goujard a perdu un de ses commandants de brigade. Il me demande et je lui donne le colonel Gehenne, commandant la 2e légion de la Loire-Inférieure, officier très-vigoureux pour cette position, car il sera engagé demain.

Je vous envoie par télégramme la copie de mon ordre à l'armée.

Signé : CHANZY.

NOTE 36.

Billet du général de Colomb.

Les Noyers, une heure.

L'ennemi attaque en ce moment les Noyers, qui se trouve en arrière de ma droite sur la route de Sablé, à deux kilomètres de Parennes. On me signale d'assez fortes colonnes d'infanterie. Je n'ai à leur opposer que des troupes très-faibles et démoralisées.

La 1re division est donc tournée; heureusement, me dit-on, elle bat en retraite, et j'espère qu'elle arrivera à temps à l'embranchement des routes et pour se tirer d'affaire et s'engager sur la route de Sainte-Suzanne. J'ai donné l'ordre au colonel Koch, en arrière de Ternie, et au général de Jouffroy, à Rouez, de se retirer par les points susindiqués, s'il ne leur est pas possible de tenir, et ils risquent d'être pris à dos par la route de Sillé-le-Guillaume à Parennes.

Signé : DE COLOMB.

Réponse du général en chef.

Sillé-le-Guillaume, 15 janvier 1871.

Mon cher général,

Je reçois votre billet à trois heures moins le quart. Le 21e corps, qui est engagé en avant de Sillé, sur les routes de Conlie et de Crissé, tient bon sans perdre un pouce de terrain. Je n'ai quant à présent d'inquiétude que de votre côté, parce qu'en continuant à vous retirer, vous découvrez la droite du 21e corps et l'exposez à être coupé. Il est donc de la plus haute importance que vous teniez bon sur la route d'Angers à Alençon, surtout à sa croisée avec celle de Saint-Symphorien à Neuvillette, et que les divisions à votre gauche se relient avec vous et tiennent la route qui conduit à Sillé.

Tâchez ainsi de gagner la nuit sans vous retirer pour donner aux convois le temps de s'éloigner; si, la nuit venue, il vous est impossible de tenir, faites-moi prévenir afin que j'ordonne la retraite du 21e corps et retirez-vous sur Sainte-Suzanne, où vous pouvez et devez vous établir sur de fortes positions.

Je suis encore jusqu'ici sans nouvelles de l'amiral.

Au reçu de cette note, envoyez-moi un officier, pour me dire où vous en êtes, cet officier voyant en passant les divisions à votre gauche. Ce même officier vous rapportera des ordres pour cette nuit.

Nous n'entendons absolument rien dans la direction de Rouez.

Signé : CHANZY.

NOTE 37.

Rapport du général Jaurès.

Rouessé-Vassé, le 16 janvier 1871.

Mon général,

L'attaque contre le 21e corps a commencé à dix heures du matin. Ainsi que vous le savez, la division de Villeneuve occupait des hauteurs à quatre kilomètres en avant de Sillé-le-Guillaume et était placée à cheval sur la grande route de Conlie. Elle se reliait par sa gauche avec la division Rousseau, placée à peu près à la même distance de Sillé et couvrant la route de Beaumont.

L'ennemi s'est présenté sur la route de Conlie, arrivant en colonne serrée, précédé d'une assez forte avant-garde et avec une confiance qui indiquait qu'il ne s'attendait pas à trouver une résistance sérieuse.

Le général de Villeneuve, laissant approcher cette colonne jusqu'à 12 ou 1500 mètres, a porté ensuite ses mitrailleuses en avant et ouvert sur l'ennemi un feu qui l'a promptement dispersé de chaque côté de la route, et après trois ou quatre retours offensifs de sa part, l'a franchement rejeté en arrière jusqu'à 2,500 mètres environ, en aidant le feu de ses mitrailleuses de celui d'une batterie de 4.

C'est alors que l'ennemi a fait avancer des batteries qui ont pris position vis-à-vis des nôtres, tandis qu'il déployait à droite et à gauche ses colonnes en tirailleurs.

Le tir des batteries de 4 devenant insuffisant vu la distance, elles furent remplacées par des pièces de 8, qui répondirent avec le plus grand succès à l'ennemi, bien que son tir fût d'une grande justesse.

L'effort de l'infanterie, se portant principalement sur la droite, a été d'abord repoussé par les tirailleurs de la 3e division, puis il s'est étendu vers la 1re division. Le général Rousseau ordonnant un mouvement offensif sur l'ennemi, l'a rejeté promptement et vigoureusement en arrière en lui prenant une trentaine de prisonniers dont un chef de bataillon blessé.

A quatre heures du soir l'action était tout à notre avantage, et j'avais déjà donné l'ordre au lieutenant-colonel Magnan d'aller vous prévenir que j'allais faire franchement un mouvement en avant, en faisant tourner la droite de l'ennemi par la division Rousseau qui avait du reste déjà commencé cette manœuvre, lorsqu'une lettre du général de Jouffroy, annonçant que le 17e corps qui couvrait notre droite avait battu en retraite, me fit craindre qu'en me portant encore de quelques kilomètres en avant de la distance à laquelle j'étais déjà de Sillé-le-Guillaume, je ne fusse exposé à voir ma droite ouverte à l'ennemi.

C'est alors que je vins prendre vos ordres, qui furent de maintenir mes positions jusqu'à la nuit. Cet ordre a été exécuté avec ce succès, qu'à la nuit tombante les batteries ennemies se sont repliées les premières.

La retraite s'est alors exécutée avec le plus grand ordre et bataillon par bataillon, la réserve marchant la première vers Rouessé-Vassé où elle vient d'arriver avec la 3° division.

J'accorde aux hommes un repos de quelques heures qui leur est tout à fait indispensable, aussi bien pour les remettre de leurs rudes fatigues que pour leur permettre de compléter leurs vivres.

Avant de terminer ce rapport, je me fais un devoir de vous signaler de nouveau l'ordre parfait dans lequel le général de Villeneuve maintient sa division, ainsi que sa vigueur devant l'ennemi.

Agréez, mon général, etc. *Signé* : JAURÈS.

Le général Jaurès au général Chanzy.

La Guerche, 13 janvier 1871, deux heures du matin.

Mon général,

J'avais remis hier au soir à votre officier d'ordonnance, M. Laprade, un petit mot écrit au crayon, à Savigné, tandis que nous tirions nos derniers coups de canon contre l'ennemi. M. Laprade ayant fait route avec moi, je complète rapidement, avant son départ, les renseignements que je vous avais adressés. Ma première pensée en recevant votre ordre de me replier sur Alençon fut qu'avant tout, je devais couvrir la retraite qui s'opérait par le côté nord du Mans, afin que nos parcs d'artillerie et nos convois de Sargé et du Mans pussent évacuer.

Je donnai donc l'ordre au général de Villeneuve de résister à outrance sur la route de Bonnétable, à la fourche de la route de Sillé-le-Guillaume. Je savais en effet qu'un effort de l'ennemi serait tenté, sur ce point, par des masses assez considérables qui m'étaient signalées à Chanteloup et Sillé-le-Philippe.

L'attaque, commencée à onze heures par l'ennemi, fut en effet très-violente; mais la fermeté de la 3° division ne lui permit pas de forcer le passage, et jusqu'à la nuit nous avons tenu notre position de la fourche où j'avais fait élever une forte barricade défendue par une batterie, deux mitrailleuses et quatre bataillons en tirailleurs, appuyés par quatre autres bataillons en réserve.

Tandis que cette résistance s'opérait, comprenant que la possession de Ballon, où un parti ennemi m'était signalé, était capitale pour le succès de mes mouvements et pour conserver la possession du pont de Montbizot, le seul praticable à l'artillerie, j'ordonnai, dès deux heures, à la 2e division de se porter tout entière sur la route directe de Ballon et de l'occuper de vive force.

Cette division revenant de Saint-Corneille, vint défiler dans le plus grand ordre et en colonne par sections sur la route, à la fourche même où nous faisions tête à l'ennemi, pour de là descendre sur Savigné et y prendre la direction de Ballon. Ce mouvement bien exécuté offrait le coup d'œil satisfaisant d'un corps d'armée marchant en ordre et se battant en même temps. Tandis que ces mouvements s'opéraient, je dirigeais la division Rousseau et la division Goujard sur Montreuil, la Guerche et Montbizot, pour de là remonter sur Beaumont, afin de faire suivre ainsi à mon corps d'armée deux routes parallèles, offrant cet avantage d'éviter l'encombrement et de donner plus de liberté pour le mouvement des divisions dans le cas où il faudrait se retourner contre l'ennemi.

Tout fut ainsi exécuté. A cinq heures, voyant la journée gagnée par moi à la barricade de la fourche, je quittais Savigné, en laissant au général Villeneuve l'ordre d'assurer son mouvement de retraite à la nuit par la seconde route de Ballon qui passe à Souligné-sous-Ballon; et afin de m'assurer par moi-même que mon artillerie, ma 1re division et le corps Goujard étaient en bonne route, je me portai sur la Guerche avec la réserve. Au moment où j'y arrivais, la division Goujard défilait suivie de la division Rousseau.

Voulant alors ne pas trop précipiter le mouvement de retraite, afin de permettre aux convois attardés de rallier, j'ordonnai une halte de quatre heures à la gauche, ce qui a permis en effet à divers détachements et fractions de corps ou de convois de se replier sûrement. En ce moment, il est deux heures, je vais remettre ma colonne en marche pour Montbizot, et cela en bon ordre et de façon à être en mesure de faire face à l'ennemi, s'il tentait de nous poursuivre. En résumé, mon général, placé avec mon corps d'armée dans une position assez difficile, ayant à opérer un mouvement de retraite fort compliqué par l'étendue de mes positions qui allaient de Château-l'Épan à Montfort par Savigné, Saint-Corneille et Lombron, j'ai la satisfaction de vous annoncer que ce mouvement s'est effectué avec ordre, tout en soutenant un vigoureux engagement.

Je savais, mon général, par vos instructions confidentielles, que vous aviez réservé au 21e corps l'honneur de couvrir la retraite et l'évacuation du Mans. J'ai fait de mon mieux pour répondre à votre attente, car les Prussiens étaient entrés depuis deux heures au Mans par le côté sud, que nous les arrêtions encore par le côté nord. Je

APPENDICES. 587

serai heureux si vous pensez que le 21ᵉ corps a mérité votre approbation..

Agréez, etc. *Signé* : Jaurès

NOTE 38.

Amiral à général en chef.

Soulgé, 15 janvier.

Attaqué à midi par ennemi nombreux, j'ai résisté avec succès jusqu'à six heures. A ce moment nous avons été tournés en arrière de notre droite, sur un point où faute de troupes suffisantes je n'avais pu placer que peu de monde et dont l'ennemi s'est approché à la faveur de l'obscurité. Pris de front et à revers, il a fallu abandonner la position, et je me suis replié jusqu'à Soulgé-le-Bruant. — Pertes assez sérieuses; mon chef d'état-major, colonel Béraud, tué à mes côtés. Réussi à sauver toutes nos batteries qui étaient en position. Un cheval tué sous moi. *Signé* : Jauréguiberry.

Saint-Jean-sur-Erve, le 15 janvier 1871, sept heures et demie du matin.

Les Prussiens nous ayant hier au soir beaucoup débordés sur notre droite, ce que j'ai su par les renseignements recueillis et les fusées de signaux lancées au commencement de la nuit, j'ai cru devoir, en présence du manque de résolution des troupes, me replier jusqu'à Saint-Jean-sur-Erve. Autant que je puis en juger dans le brouillard, la position ici est bien meilleure qu'à Joué. Je vais donc tâcher de tenir ici, mais je doute de réussir à arrêter les fuyards, dont le nombre va toujours croissant. Je suis navré de ce qui se passe.

D'après les mouvements de l'ennemi, j'ai tout lieu de supposer qu'il marche rapidement sur Laval. Je laisse des cavaliers pour porter des dépêches à Évron. *Signé* : Jauréguiberry.

NOTE 39.

Guerre à Protais, agent général Compagnie Ouest, Granville, faire suivre; général Girard, Carentan, faire suivre; chef de gare de chemin de fer Carentan à préfet à Alençon, et à général Chanzy, à Sillé-le-Guillaume.

Bordeaux, 14 janvier 1871.

Les deux divisions du 19ᵉ corps d'armée s'embarqueront à Carentan par chemin de fer demain jeudi, à cinq heures du soir, et seront expédiées de jour et de nuit sans interruption sur Alençon, de manière que l'embarquement total soit terminé en quarante-huit heures. Les deux divisions comprennent 30,000 hommes, 12 batteries, de la cavalerie et les accessoires. Je compte sur le patriotisme de la Compagnie de l'Ouest, et en particulier sur celui de M. Protais, ainsi que sur la ponctualité et la vigilance des chefs de corps, pour que le transport ait lieu dans les conditions susindiquées. La Compagnie de l'Ouest est autorisée par la présente à supprimer le service sur telles sections et à tels moments qu'elle jugera utile pour se procurer le matériel nécessaire et assurer la circulation des trains militaires. Réponse urgente.

Signé : DE FREYCINET.

Gambetta, ministre de la guerre, à général Chanzy, à Sillé-le-Guillaume.

Bordeaux, 14 janvier 1871, neuf heures quarante du soir.

Général,

Je prends communication de votre dépêche de deux heures quarante-cinq minutes à mon délégué au ministère de la guerre, dont l'activité et l'initiative nous mettent à même de vous secourir au milieu de votre retraite par la présence du 19e corps. Vous demandez la composition et l'emplacement des troupes qu'il vous envoie. Elles doivent débarquer à Alençon sous les ordres du général Girard; le général Saussier devant commander la 3e division à Argentan. Quant à général Dargent, les instructions qu'il a entre les mains sont fort nettes : il commande la 1re division, et, jusqu'à l'arrivée du général commandant le 19e corps, il remplira l'intérim ; dès lors, il n'a qu'à se rendre à Alençon, comme on le lui a dit, pour surveiller le débarquement des troupes. Quant au délai fixé pour l'ensemble de ces opérations, il ne dépendra pas de M. de Freycinet qu'il ne soit scrupuleusement respecté. Je vous prie d'annoncer au général Jaurès que je suis bien heureux de pouvoir, dans les attributions de mon département, rendre définitif en sa personne, par un décret qui sera demain au *Moniteur*, le grade de général de division dans l'armée régulière qu'il a si valeureusement gagné.

Signé : Léon GAMBETTA.

NOTE 40.

N° 1359. *Général Chanzy à général de Colomb, à Montsurs.*

16 janvier 1871.

La résistance opposée hier par les 16e et 21e corps semble avoir rendu l'ennemi moins entreprenant; la retraite aujourd'hui n'a été

inquiétée nulle part; nos reconnaissances ont, au contraire, repoussé
l'ennemi en lui faisant des prisonniers dont le comte de Moltke,
officier de dragons. Elles ont constaté, en outre, que Sainte-Suzanne
était évacué par l'ennemi. Pour la journée de demain tout est donc
dans l'ordre de la marche, dans la surveillance de toutes les directions par lesquelles l'ennemi peut se présenter, dans de bonnes dispositions à prendre pour couvrir la retraite, et dans une résistance sérieuse sur tous les points où l'on serait attaqué. Je n'ai rien à modifier
à mes instructions d'hier, qui règlent notre marche pour demain et
les positions que vous devez occuper en deçà de la Mayenne. Retirez-
vous lentement en protégeant tout votre matériel. Je ne puis admettre
qu'on perde une voiture et à plus forte raison un canon. J'ai arrêté
vos fuyards partout où je les ai trouvés sur ma route; donnez des instructions précises, et rendez vos généraux responsables de leur exécution. La division de Jouffroy, sans chef, allait faire 31 kilomètres,
alors qu'elle prétend être si fatiguée; je lui ai prescrit de s'arrêter à
Montsurs et d'y attendre vos ordres. J'ai également dirigé sur le pont
de Saint-Jean une grande quantité de votre parc qui restait indécis
en deçà d'Évron. La 3ᵉ division du 21ᵉ corps reste cette nuit à Évron
et continuera demain sur Mayenne. Si quelqu'un devait être débordé,
ce serait donc elle. L'amiral est arrivé sans encombre à Laval. Faites
reconnaître dès le jour la Chapelle-Rainsouin; si l'ennemi s'y trouve,
faites-le observer et contenir par une force suffisante pour l'arrêter et
le battre. . . . .

Signé : Chanzy.

NOTE 41.

DÉPÊCHE.

Nº 1361. *Général Chanzy à général Jaurès, à Montsurs; faire
suivre sur Évron, par des cavaliers du général de Colomb.*

12 janvier 1871.

J'apprends avec satisfaction que votre retraite continue à s'opérer
en bonnes conditions. Je compte que vous serez demain sur vos positions assignées par mes instructions d'hier, auxquelles je n'ai rien à
changer. Je ne vois même aucun inconvénient à ce que vos divisions
les plus en arrière couchent en deçà de Mayenne, si elles sont trop
fatiguées. L'important est de marcher en bon ordre, de résister vigoureusement partout, et de ne perdre ni une voiture ni surtout un
canon. J'ai fait diriger de Laval sur Mayenne tout ce que j'ai trouvé
ici de votre corps d'armée. Le 17ᵉ corps marchera demain d'Évron
sur le pont Saint-Jean. Le 16ᵉ corps est arrivé ici sans encombre en

faisant des prisonniers à l'ennemi, dont le comte de Moltke, officier de dragons. J'attends cette nuit le ministre de la guerre; il faut qu'il trouve l'armée dans le meilleur ordre possible. J'y compte en ce qui concerne le 21e corps. *Signé* : CHANZY.

N° 1363. *A ministre de la guerre, Bordeaux.*

Laval, 16 janvier 1871.

La retraite a continué aujourd'hui dans d'assez bonnes conditions, malgré un temps épouvantable; l'ennemi n'a été pressant sur aucun point; nos reconnaissances lui ont même fait des prisonniers, parmi lesquels le comte de Moltke, officier du 6e dragons (18e corps), parent du chef d'état-major prussien. Je suis arrivé ici à la nuit; le 16e corps en entier a passé la Mayenne, à l'exception d'une division qui défend les abords de Laval; le 17e couche à Montsurs et passera demain la Mayenne sur le pont Saint-Jean. Le 21e, resté ce soir à hauteur d'Évron, passera demain la rivière à Mayenne pour prendre ses positions sur la rive droite. Les mesures sont prises pour préparer la destruction des ponts de Mayenne à Château-Gonthier, malgré une protestation du conseil municipal de Laval. Je fais venir d'Argentan à Flers la 3e division du 19e corps. *Signé* : CHANZY.

Général Jaurès à général Chanzy, à Laval.

Monsurs, 16 janvier 1871.

Le 17e corps est parti d'Évron, que ma cavalerie occupe; ma troisième division y arrivera à quatre heures et y passera la nuit; demain au jour elle prendra la route de Mayenne pour couvrir notre parc, notre artillerie de réserve, nos canons, ainsi que le parc et une partie de l'artillerie du 17e corps, qui ont pris cette route. Demain soir le 21e corps passera la Mayenne. J'ai envoyé une reconnaissance à Sainte-Suzanne; l'ennemi n'y était plus, mais il avait annoncé son retour prochain. Mon quartier général sera ce soir à Mezanger. Tout va bien. L'officier qui porte ce télégramme à Montsurs y attendra jusqu'à ce soir, au télégraphe, pour le cas où vous auriez un ordre à me donner. *Signé* : JAURÈS.

Gambetta à général Chanzy.

Bordeaux, 16 janvier 1871.

Mon cher général,

Continuez votre mouvement de retraite et prenez toutes les mesures pour assurer le salut du matériel et des convois. . . . .
Je pars ce soir, et ne m'arrêterai pas avant d'être rendu. J'ai impa-

tience de vous voir et de m'entendre avec vous ; nous ne pouvons pas ne pas tirer de la situation le meilleur parti.

Signé : GAMBETTA.

NOTE 42.

Général de Curten à général Chanzy et amiral Jauréguiberry.

Aubigné, 12 janvier 1871.

Après trois jours de marches forcées, je suis arrivé aujourd'hui, à deux heures et demie, à Mayet. Avant de me diriger sur Écommoy, où j'avais appris la présence de l'ennemi, j'ai fait reconnaître cette position par le 23ᵉ chasseurs à pied, les francs-tireurs des Deux-Sèvres et les escadrons de cavalerie du général de Tucé. Après un combat qui ne s'est terminé qu'à la nuit close, ces troupes sont entrées dans Écommoy qu'elles occupent. Demain j'y porterai mes forces, mais avant je désirerais être renseigné sur le résultat des combats livrés depuis deux jours, afin de ne pas me heurter à des forces trop considérables. *Signé* : DE CURTEN.

Documents allemands. — GUERRE DE FRANCE, 1870-71. (*Ouvrage imprimé à Zurich en* 1871 ; par ROUSTOW. — 4ᵉ *livraison.*)

SUITE DU CHAPITRE INTITULÉ : LES OPÉRATIONS DANS L'OUEST PAR LES ALLEMANDS, DEPUIS LA RÉOCCUPATION D'ORLÉANS JUSQU'A L'ARMISTICE.

La 19ᵉ division, Schwartzkoppen, du 10ᵉ corps d'armée, se porta vers le sud de Vendôme par Château-Renault, dans la direction de Tours, non pour s'emparer de cette ville, mais pour l'observer et reconnaître si des masses françaises considérables ne s'y trouvaient pas. Elle devait aussi couper le chemin de fer entre Tours et le Mans. La division rencontra le 19 décembre des détachements français, les rejeta sur Notre-Dame d'Oé, et arriva le 21 devant Tours où quelques obus furent lancés. Bientôt on entra en pourparlers. Le général Schwartzkoppen n'entra pas dans la ville, mais prit son quartier général à l'est et près des faubourgs.

Le quartier général du 10ᵉ corps se trouvait à Blois. La 1ʳᵉ division de cavalerie (Hartmann) avait été jointe au 10ᵉ corps ; le grand-duc de Mecklembourg avait à sa disposition deux divisions de cavalerie.

Cette cavalerie eut pour mission de se tenir toujours près de l'ennemi, de donner des nouvelles, et d'apprendre ce qu'il faisait ou ce qu'il voulait faire. Quelques bataillons devaient l'appuyer au besoin.

Quelques rencontres eurent lieu dans les derniers jours de décembre entre la Sarthe et le Loir; bien qu'elles fussent peu importantes, elles montraient aux Allemands que Chanzy rétablissait ses troupes.

Une de ces petites entreprises est digne d'être rapportée :

Le 25 décembre, un détachement de cavalerie, qui traversait le Loir au-dessous de Vendôme, fut salué à coups de fusil par les habitants de Troo et Sougé. Ces villages devaient être châtiés; Kraatz-Koschlau ordonna à un détachement, composé de six compagnies du 76e régiment, d'un escadron du 12e régiment de uhlans et de deux pièces d'artillerie, de se porter de Vendôme par Montoire, Troo et Sougé jusqu'à la Braye, pour incendier les villages qui avaient fait un semblant de résistance, et prendre des otages; en un mot, pour mettre en pratique le système que les Allemands avaient adopté depuis quelques mois.

Le détachement, sous les ordres du lieutenant-colonel de Voltenstern, passa le 26 décembre par Montoire, y laissa, ainsi qu'aux Roches, des postes, s'avança sur Troo, y fut reçu à coups de fusil, et s'arrêta deux heures à fouiller le village. Il se rendit ensuite à Sougé, et y rencontra des troupes ennemies avec lesquelles il engagea le combat. Pendant que cela se passait, de Voltenstern remarqua que des troupes françaises, en quantité considérable, l'enveloppaient sur son flanc droit, et marchaient sur Troo et les Roches pour lui couper la retraite. Il ordonna donc le retour, arriva heureusement à Troo d'où il tira une compagnie qui y avait été laissée, et se dirigea sur Montoire. A Saint-Quentin il fut canonné des hauteurs qui dominent d'environ cent cinquante pieds le cours du Loir, et à l'est de Saint-Quentin il trouva de l'infanterie qui, la droite appuyée aux hauteurs nord, la gauche au Loir, lui barrait le chemin. Il dispersa en tirailleurs les quatre compagnies qu'il avait avec lui, fit suivre de près sa ligne de tirailleurs par ses deux pièces d'artillerie attelées à la légère; son escadron marchait à côté de l'infanterie. Dans cet ordre, il attaqua les Français, les culbuta, fit 240 prisonniers, et ramena en outre les 50 otages qu'il avait pris à Troo et Sougé. A Montoire, il soutint un nouveau combat contre un détachement français qui avait chassé le poste laissé par lui. Après avoir repoussé cette attaque il revint heureusement à onze heures du soir à Vendôme. Il n'avait perdu que 100 hommes dans toute cette expédition.

Un détachement, que le général Voigts-Rhetz avait envoyé à Amboise le 26 décembre, rencontra, près de Rilly, un faible détachement français qui se retira sans combattre sur Montrichard et le Cher.

L'aile gauche de l'armée du prince Frédéric-Charles, le 3e, le 9e corps et la cavalerie, entreprirent, dans la seconde moitié de décembre, plusieurs excursions à travers la Sologne jusqu'à Vierzon, et par Aubigny jusqu'à la Chapelle, dans la direction de Bourges;

et d'autre part sur la rive droite de la Loire du côté de Montargis, de Gien et de Briare. Un détachement bavarois avait dû se retirer de Gien sur Ouzouer.

Un détachement du 9⁰ corps d'armée, qui était allé de Montargis à Briare pour couper le chemin de fer de Gien à Nevers, rencontra les Français entre Miennes et Cosne. Malgré toute l'activité de son aile gauche, le prince Frédéric-Charles fut informé extrêmement tard des projets de Bourbaki (au commencement de janvier 1871), quand déjà ces projets avaient reçu un commencement d'exécution. On demanda au prince s'il devait suivre Bourbaki dans l'Est ou Chanzy dans l'Ouest. Il fut décidé au grand quartier général qu'on emploierait contre Bourbaki d'autres forces disponibles.

Le prince concentra rapidement le 3⁰ corps à Beaugency, le 9⁰ à Orléans, le 10⁰ à Blois. La 20⁰ division de ce corps garda Vendôme sur le Loir, le 13⁰ corps le pays de Chartres.

Le 6 janvier, les grandes opérations furent ouvertes contre l'Ouest.

Dans les premiers jours de janvier, les troupes devaient avoir pris les positions suivantes :

Le 13⁰ corps, grand-duc de Mecklembourg, à Brou, sur l'Ozanne, entre l'Huisne et le Loir, avec un détachement à sa droite sur Nogent-le-Rotrou; la 4⁰ division de cavalerie était attachée au 13⁰ corps.

Le 9⁰ corps, 18⁰ division et artillerie de réserve, avec deux divisions de cavalerie à Morée-sur-Loir;

Le 3⁰ corps, moins la division Kraatz-Koschlau, à Vendôme, sur les deux rives du Loir.

Le 1ᵉʳ corps à Montoire, avec la 6⁰ division de cavalerie.

Une marche concentrique en avant de ces positions fut entreprise contre le Mans, point central des positions françaises.

Les conditions de ce mouvement n'étaient pas favorables.

Du Loir à la Sarthe, près du Mans, le terrain, bien connu par l'histoire de la guerre de Vendée pendant la grande Révolution, est entrecoupé de fossés et couvert de villages d'un accès difficile. Les jardins, les champs sont entourés de haies; le terrain est ondulé; sur les points élevés se trouvent des châteaux qui, pour la plupart construits dans les temps anciens, sont des points favorables à la défense isolée. Cependant les vieux soldats allemands connaissaient de longue date ces sortes de châteaux et ce terrain. Ils se souvenaient de ce qu'ils avaient vu dans le Schleswig-Holstein. Ils pouvaient sans crainte aborder ces difficultés contre les troupes françaises d'à présent.

Pendant les combats que nous allons raconter le temps était très-rude, la gelée, la neige alternaient avec le dégel. Ce dégel produisait une boue fort pénible pour les marches et pour les bivouacs; le froid après le dégel formait du verglas qui rendait impossible toute marche rapide; enfin des tourbillons de neige empêchaient de voir au loin.

Le 4 janvier, le prince Frédéric-Charles transporta son quartier général d'Orléans à Beaugency, et le 5 à Oucques. Le 6, des combats s'engagèrent sur toute la ligne. Le détachement de droite, sous les ordres du grand-duc de Mecklembourg, livra des combats à la Loupe, puis à la Fourche, point de rencontre des routes de Nogent-le-Rotrou à Paris par Chartres, et de Nogent à Dreux. Le détachement n'atteignit pas Nogent-le-Rotrou ce jour-là. Le gros du 13ᵉ corps se concentra à l'ouest de Brou.

Au centre, la masse principale de la division Kraatz-Koschlau déboucha de Vendôme dans la matinée et se porta vers Montoire. Les troupes qui avaient été laissées à Azay et dans la forêt de Vendôme furent aussitôt attaquées par les troupes françaises. A midi les premières troupes du 3ᵉ corps arrivèrent de Villetrun et de Villeromain; elles entrèrent en ligne, et jusqu'à la tombée de la nuit elles repoussèrent les Français au delà d'Azay.

Les détachements du 10ᵉ corps d'armée se concentrèrent de Vendôme et de Saint-Amand, sur la Brenne dans le pays des Roches et de Lavardin, près de Montoire, après des engagements sans importance.

La 1ʳᵉ et la 6ᵉ division de cavalerie avaient été laissées à Saint-Amand pour couvrir la marche du 10ᵉ corps. Attaquées à midi vers le sud par des troupes françaises venant de Château-Renault, elles furent forcées de se retirer sur Ambloy et Huisseau en Beauce.

Le 7, pour ne plus être arrêté dans son mouvement en avant sur la Chartre-sur-Loir, le général Voigts-Rhetz, commandant du 10ᵉ corps d'armée, envoya quatre bataillons de la 37ᵉ brigade sous les ordres du colonel Lehman, pour soutenir le général Hartmann, qui commandait la 1ʳᵉ et la 6ᵉ division de cavalerie à Ambloy.

Le 6 janvier, le prince Frédéric-Charles mit son quartier général à Vendôme. Comme ordre général, il prescrivit à l'armée de s'avancer jusqu'à la ligne de la Braye, affluent de droite du Loir.

Le 13ᵉ corps d'armée se porta le 7 à sa droite, par Nogent-le-Rotrou, jusqu'au Theil-sur-Huisne où il eut à soutenir un combat. Le gros du corps d'armée marcha sur Authon.

Au centre, le 9ᵉ corps s'avança par Dangé sur Épuisay, le 3ᵉ sur Azay, en envoyant vers Savigny un détachement de six bataillons et six batteries sous les ordres de Stulpnagel. A Savigny et Épuisay on combattit malgré le jour nébuleux qui rendait impossible l'usage de l'artillerie; le 3ᵉ corps occupa les positions de Sargé et de Savigny, le 9ᵉ resta en arrière à Épuisay.

Le 10ᵉ corps n'étant pas sûr de son affaire [1] resta autour de Mon-

[1] Traduction littérale.

loire. Le détachement du général Hartmann sur l'extrême aile gauche ne fut pas attaqué le 7; les Français qui lui étaient opposés se retirèrent.

Chanzy, qui au milieu du mois de décembre avait compté que le prince Charles le suivrait et que Bourbaki aurait toute liberté d'action, s'étonna au commencement de janvier que le prince n'eût pas poursuivi Bourbaki.

Le plan des Allemands pour le 8 janvier était le suivant :

Le centre devait forcer la ligne de la Braye sur la route de Vendôme à Saint-Calais ; le 9e corps au nord, le 3e au sud de cette ligne. L'aile droite et l'aile gauche prendraient à revers la ligne de la Braye, pendant que le 13e corps pénétrerait dans la vallée de l'Huisne, et le 10e dans celle du Loir.

Le centre s'avança sans résistance jusqu'à Escorpain et Saint-Calais, où le prince mit son quartier général.

Le 13e corps pénétra dans la vallée de l'Huisne jusqu'à la Ferté-Bernard. Un détachement était envoyé à sa gauche pour assurer la communication entre le centre et la droite; il allait par Vibraye jusqu'à Berfay. Un détachement sur la droite, formé de la 4e division de cavalerie, devait explorer le pays dans la direction d'Alençon ; il s'avança jusqu'à Bellesme sans pouvoir s'en rendre maître.

A l'aile gauche, le 10e corps arriva à la Chartre-sur-Loir, et la brigade Lehman, qui avait été appelée du détachement Hartmann, s'avança jusqu'à Sougé. Hartmann resta au sud aux environs de Saint-Amand, sur les deux rives de la Brenne.

La 14e brigade, Schmidt, établit la communication entre le 3e et le 10e corps par Vancé.

Le 9 janvier, le prince Frédéric voulut concentrer son armée sur l'Huisne : le 13e corps à Montfort, le 3e corps à Ardenay, le 10e à Parigné-l'Évêque. Ce dernier corps devait servir de réserve à Bouloire. Il devait de plus soutenir vers le nord.

Des détachements latéraux devaient en même temps essayer de détruire les chemins de fer du Mans à Alençon et du Mans à Tours.

Le 8 janvier il faisait un beau temps d'hiver ; dans la nuit il tomba de la neige et les routes devinrent extrêmement glissantes pendant la journée du 9. Ce jour-là, des tourbillons de neige durèrent tout le jour. A l'aile droite, le 13e corps arriva après plusieurs combats livrés particulièrement aux environs de Sceaux, sur la ligne de Connerré, Thorigné, sur la Rogue, et sur la rive gauche de l'Huisne.

Au centre, la 6e division du 3e corps d'armée s'empara du village et du château d'Ardenay, et s'arrêta sur la rive droite du ruisseau du Narais ; à sa gauche, la 5e division s'avança jusqu'à la ligne Surfond et

Challes, et occupa, près de ce village, la rive gauche du ruisseau le Narais.

A l'aile gauche, le gros du 10e corps (20e division et réserve d'artillerie) s'avança de la Chartre sur la route de Grand-Lucé, et y arriva après avoir combattu près de l'Homme et de Brives. Pour renforcer la brigade de cavalerie Schmidt, le général Voigts-Rhetz envoya la division Lehman sur Vancé. Sur son flanc gauche il laissa sur la Brenne le détachement du général Hartmann renforcé par la 38e brigade d'infanterie, Cranach, pour couvrir les communications avec Vendôme.

La 15e brigade de la 6e division de cavalerie était cependant séparée du détachement d'Hartmann et suivait la 20e division sur Brives.

Le 9e corps de réserve de l'armée suivit le centre sur la route de Saint-Calais et arriva à Bouloire, où le prince Frédéric-Charles établit son quartier général le 9 janvier.

Le 10 janvier, le prince fit une nouvelle concentration de ses forces dans la direction du Mans. Le 13e corps devait faire un gros détachement sur la rive droite de l'Huisne, pour soutenir la division de cavalerie qui était dirigée sur Bonnétable.

En même temps, la 22e division du 13e corps s'avança de Sceaux sur la rive droite de l'Huisne, prit Beillé et se porta sur Lombron. Dans cette marche, elle fut attaquée sur son flanc droit à la Chapelle-Saint-Remy; elle dut refuser son aile droite et s'arrêta sur le soir, la droite à Château-Couléon, la gauche à Connerré, sur la rive droite de l'Huisne. La 17e division reçut au milieu du jour l'ordre de passer l'Huisne et de se porter comme elle pourrait à Savigné-l'Évêque. Elle essaya de s'emparer du passage de Pont-de-Gennes, au-dessous de Connerré, mais elle fut repoussée par la division française Rousseau, placée à Montfort.

Au centre, le 3e corps d'armée s'avança sur la rive gauche de l'Huisne. La 12e brigade, Bismark, s'avança sur la route d'Ardenay vers le Mans; un bataillon fut détaché à droite sur Saint-Mars-la-Bruyère pour établir une communication avec un autre détachement envoyé antérieurement sous les ordres du comte Lynar. Ce détachement était arrivé, le 9, à la Belle-Inutile sur la route de la Ferté-Bernard au Mans.

La 12e brigade parvint dans l'après-midi à Saint-Hubert par la Coquillière; elle y rencontra les Français, fut enveloppée dans un long combat dans les bois, et prit à la tombée de la nuit une partie du village de Champagné; mais elle l'abandonna sans y être forcée.

A la gauche de la 12e brigade, la 11e, Flottow, s'avança par Rossay à travers les bois, vers Gué-la-Hart et Changé où eut lieu un violent combat.

La 5ᵉ division d'infanterie attaqua les Français avec son aile droite; sa masse principale les repoussa de Parigné-l'Évêque jusqu'au château de la Paillerie.

Le 3ᵉ corps s'arrêta à dix heures du soir, son aile gauche très en avant, sur une ligne dessinée par les points de Saint-Mars-la-Bruyère, Gué-la-Hart et la Paillerie.

Le 10ᵉ corps, à l'aile gauche, ne rencontra aucun adversaire le 10 janvier, mais fut souvent arrêté par les barricades établies sur les routes. Il arriva à Grand-Lucé et forma la réserve de l'aile gauche du 3ᵉ corps d'armée.

Le 9ᵉ corps d'armée se concentra comme réserve générale à Bouloire.

Le général Chanzy voulait livrer une bataille générale devant le Mans. A l'est de cette ville de 46,000 habitants, chef-lieu du département de la Sarthe, le caractère du terrain, dont nous avons donné une idée générale, devient plus accentué; de grands bouquets de bois augmentent les difficultés.

Les forces de Chanzy, le 10 janvier au soir, étaient les suivantes :

A l'aile gauche, sur la rive droite de l'Huisne, de la Chapelle-Saint-Remy à Montfort par Lombron, s'étendait le 16ᵉ corps d'armée, commandé par l'amiral Jauréguiberry; au centre, le 17ᵉ corps, général de Colomb, était placé sur la rive gauche de l'Huisne, à Champagné, près du ruisseau du Narais, sur la route de la Ferté-Bernard et Saint-Calais, et appuyé au plateau d'Auvours, au nord de cette route. Plus loin vers la droite, une partie du 21ᵉ corps, Jaurès, sous le commandement des généraux Goujard et de Jouffroy, était à Changé, entre les routes de Saint-Calais et de la Chartre.

A l'aile droite, la division Roquebrune, du 19ᵉ corps, était placée sur la route de la Chartre, avec un détachement sur la route d'Écommoy à Château-du-Loir. Les gardes mobiles et des gardes nationaux mobilisés, tirés du camp de Conlie, formaient la réserve derrière l'aile gauche et le centre.

La position française avait un développement d'environ trois milles allemands; elle était occupée faiblement, à peu près quatre hommes pour une longueur d'un pas; la position la plus forte était au centre, à Champagné, la plus faible aux ailes.

En arrière de ces positions, des emplacements avaient été désignés aux troupes qui devaient s'y arrêter si elles étaient forcées d'abandonner les premières. C'était à l'aile gauche, Saint-Georges, à l'aile droite, sur la route d'Écommoy, le Vert-Galant ou la Tuilerie, entre les Mortes-Aures et Pontlieue. Ces nouvelles positions, qui n'étaient qu'à trois quarts de mille allemand de la ville du Mans, avaient encore un front d'au moins un mille et demi. On ne devait les occuper que pour couvrir la retraite de l'armée sur la rive droite de la Sarthe.

Le prince Frédéric-Charles prépara pour le 11 janvier une attaque décisive. Au centre, le 3ᵉ corps d'armée ne devait s'engager que faiblement, d'une part pour attendre l'arrivée du 9ᵉ corps de réserve, d'autre part pour donner le temps aux 13ᵉ et 10ᵉ corps opérant sur les ailes d'agir sur les flancs de l'adversaire.

La 17ᵉ division du 13ᵉ corps, qui le 10 n'avait pu passer à Pont-de-Gennes, traversa l'Huisne à Connerré le 11. La 22ᵉ et la 17ᵉ division se portèrent en avant sur la ligne Lombron-la-Chapelle.

L'avant-garde du 3ᵉ corps (aile gauche) occupa le 11 au matin le village de Champagné, abandonné le 10. Les efforts du 3ᵉ corps se concentrèrent sur les châteaux des Arches, des Noyers et de Changé. Ces points furent enlevés en même temps, et les Allemands poussèrent par Changé jusqu'aux bois de l'Épau.

A midi, le 9ᵉ corps arrivait en réserve du 3ᵉ et combattait bravement autour du plateau d'Auvours. Dans l'après-midi, une partie de la 18ᵉ division fut envoyée à Champagné, sur la rive droite de l'Huisne, pour soutenir le 13ᵉ corps.

A l'aile gauche, le 10ᵉ corps, conformément aux ordres qu'il avait reçus, prit position avec sa masse principale sur la route d'Écommoy; une brigade de cavalerie avec un peu d'infanterie et quelques canons furent laissés sur la route de Grand-Lucé.

La 20ᵉ division d'infanterie se porta sur la route d'Écommoy jusqu'à Mortes-Aures; cette route était faiblement occupée par l'infanterie des Français. La brigade Lehman avec l'artillerie du 10ᵉ corps s'avança jusqu'à Mulsanne.

La brigade de cavalerie Schmidt, qui avait été laissée sur le flanc droit du gros du 10ᵉ corps sur la route de Grand-Lucé, arriva par Parigné-l'Évêque jusqu'au château de la Paillerie.

Après que la 20ᵉ division eut atteint les Mortes-Aures, son chef le général Kraatz-Koschlau envoya encore quelques bataillons contre la Tuilerie (le Vert-Galant). Ceux-ci s'emparèrent en effet de ce poste, auquel Chanzy attachait une grande importance.

Le 12 janvier, le prince Frédéric-Charles voulut continuer l'attaque toujours dans la même direction. Chanzy prit lui-même l'offensive dès le matin sur tous les points. Le prince avait établi son quartier général, à onze heures du soir, à Ardenay. Le 12, le temps était froid et nébuleux; le brouillard ne se dissipa que vers midi; toutes les routes étaient gelées et glissantes.

La 22ᵉ division du 13ᵉ corps se porta à la droite de la Chapelle par Saint-Celerin et Forcé, contre la route de Bonnétable au Mans, et arriva à cette route en combattant jusqu'à Sainte-Croix. A sa droite, la 4ᵉ division de cavalerie poussait jusqu'à Ballon et Souligné.

A la gauche de la 22ᵉ division, la 17ᵉ se déploya contre Saint-Corneille, soutenue par la 35ᵉ brigade Blumenthal, qui était alors tout entière sur la rive droite de l'Huisne. Deux de ses bataillons, qui, dès le 11, avaient pris position à Fatines, furent dans la matinée du 12 vigoureusement attaqués par les Français. La 17ᵉ division et la 35ᵉ brigade restèrent jusqu'à la tombée de la nuit sur le ruisseau de la Parance.

Au centre, la partie disponible du 9ᵉ corps combattit avec des alternatives de succès et de revers sur la rive gauche de l'Huisne, autour du plateau d'Auvours. Les Français avaient pris dès le matin l'offensive contre le 3ᵉ corps sur l'Huisne inférieure, dont ils occupaient toujours la rive gauche. On combattit toute la journée sur ce point sans résultat décisif.

A l'aile gauche des Allemands, les opérations furent décisives. Le 10ᵉ corps et la brigade de cavalerie Schmidt se portèrent vers le Mans, sur les routes d'Écommoy et de Grand-Lucé, vers quatre heures de l'après-midi. Une terreur panique s'empara de l'aile droite des Français. Des scènes terribles eurent lieu alors. Des soldats français en désordre jetèrent les blessés hors des wagons où ils avaient été mis pour prendre leur place. Le général Chanzy n'eut plus autre chose à faire que d'ordonner la retraite de son aile gauche et de son centre au plus vite. Il dirigea le 21ᵉ corps, Jaurès, au nord sur Alençon, le 17ᵉ et le reste du 19ᵉ (de Colomb) à l'ouest sur Laval ; il ordonna l'évacuation immédiate du camp de Conlie et chargea l'amiral Jauréguiberry de couvrir la retraite, qui dès lors se changea en déroute.

Le prince Frédéric-Charles, qui pendant le combat du 12 janvier s'était rendu sur le champ de bataille du 3ᵉ corps, ne regardait la journée que comme indécise. Il était retourné à Ardenay à la tombée de la nuit, afin de prendre ses dispositions pour les attaques du lendemain. Là, il reçut à huit heures du soir la nouvelle de l'occupation du Mans par le 10ᵉ corps. Il apprit en même temps que la 5ᵉ division de la troisième armée s'était mise à la poursuite du centre des Français et avait pénétré dans la ville par le château des Arches.

Les pertes de la deuxième armée allemande, de Vendôme au Mans, s'élevaient à 3,500 hommes en tués et blessés. Celles des Français, pendant ces six journées, du 6 au 12 janvier, étaient bien plus considérables ; les Allemands leur avaient fait 16,000 prisonniers non blessés, pris 12 canons ou mitrailleuses, et une grande quantité de bagages.

Dans les jours qui suivirent la prise du Mans, le nombre des prisonniers tombés aux mains des Allemands s'accrut de 6,000.

Le prince Frédéric-Charles n'avait pas l'intention de se porter avec toutes ses forces sur la ligne de la Sarthe ; mais il voulait profiter de sa victoire en poursuivant les Français. Il donna ses ordres en conséquence le 13 janvier. Son quartier général fut mis le 15 au Mans.

Le grand-duc de Mecklembourg, avec le 13e corps d'armée, la 4e division de cavalerie et la 12e brigade de cavalerie de la 5e division, dut prendre la direction d'Alençon vers le Nord. La 22e division d'infanterie eut des affaires d'avant-garde, le 13 et le 14 janvier, à Ballon et Beaumont, le 15 à Frenay. Le 17, Alençon fut occupé. De cette ville un fort détachement fut dirigé sur Rouen pour établir la communication avec la première armée, et en même temps pour déjouer les efforts de quelques détachements de Chanzy qui essayaient de se réunir à Faidherbe. La 14e brigade de cavalerie sous le général Schmidt, soutenue par des détachements du 9e corps, se porta dans la direction du Mans à Laval, en partie sur le chemin de fer par Conlie, en partie sur la grande route par Chassillé. Schmidt rencontra à Chassillé, sur la Vègre, l'arrière-garde française, la refoula et fit quelques centaines de prisonniers. Le 16, il était déjà au delà de Vaiges ; il s'arrêta devant Laval. Pendant ce temps, le camp fortifié de Conlie, où une masse d'effets avaient été abandonnés, fut occupé par les Allemands.

Une brigade combinée du 3e corps d'armée prussien se porta vers le sud à la poursuite de la 17e division française, qui semblait se retirer sur Angers. Enfin, une partie du 10e corps occupa Tours sans résistance le 19 janvier.

L'armée du général Chanzy était pour longtemps hors d'état de combattre.

Le prince Charles avait parcouru les neuf milles qui séparent Vendôme du Mans en remportant sans cesse la victoire. Il avait mis une semaine à parcourir cette distance. Quand même Chanzy, qui se tenait derrière la Mayenne, aurait repris l'offensive dès le 20 janvier, et aurait marché aussi promptement vers l'Est que le prince avait marché vers l'Ouest, il n'aurait pas pu arriver avant le 20 février sous les murs de Paris.

Dans l'état où se trouvaient les choses, Chanzy ne pouvait penser à reprendre l'offensive. Le nombre des troupes qui lui restaient s'élevait à peine à 70,000 hommes, et l'on ne pouvait fonder de grandes espérances sur la qualité des renforts qui pouvaient lui être envoyés les semaines suivantes. D'ailleurs il aurait fallu bien du temps pour rendre ces forces assez puissantes pour l'offensive. Nous pouvons donc dire que dans l'hypothèse la plus favorable, Chanzy ne pouvait être sous Paris que dans les premières semaines de mars.

Le Gouvernement de la défense, à Paris, n'était pas informé du véritable état de l'armée de l'Ouest. Il apprit par les dépêches de Gambetta que Chanzy avait été repoussé sur la Mayenne. Mais il pouvait conclure, par la rédaction de la dépêche, que Chanzy s'était volontairement retiré sur la Mayenne, dans l'intérêt de l'exécution d'un plan profond de Gambetta. En résumé, les opérations de l'Ouest d'une part, la situation de Paris de l'autre, déterminèrent le Gouvernement à conclure l'armistice du 28 janvier.

Extrait de l'ouvrage : LA GUERRE DE L'ALLEMAGNE CONTRE LA FRANCE, ET LA FONDATION DE L'EMPIRE ALLEMAND, *par le* Dr L. HAHN, *conseiller intime au ministère de l'intérieur.*

DEUXIÈME CAMPAGNE DE LA RÉPUBLIQUE FRANÇAISE. (DÉFAITES DE CHANZY, FAIDHERBE ET BOURBAKI.)

223. *Les victoires du prince Frédéric-Charles, de Vendôme au Mans.*

A LA REINE AUGUSTA.

Hier le prince Frédéric-Charles est allé par Vendôme au-devant de l'armée du général Chanzy, qui s'avançait vers lui ; il a victorieusement repoussé les avant-gardes et les poursuit.

GUILLAUME.

Versailles, 7 janvier. Le 6, les divisions désignées pour combattre l'armée du général Chanzy s'avancèrent contre elle par Vendôme, et rencontrèrent deux corps d'armée ennemis en marche sur nous. Ceux-ci, après un combat vif, furent repoussés d'Azay, et cette position, en même temps que Montoire, fut enlevée. Nos pertes ne sont pas sans importance. DE PODBIELSKI.

Versailles, 8 janvier. Nos colonnes poussant en avant contre le général Chanzy, atteignirent le 7 Nogent-le-Rotrou, Sargé, Savigny et la Chartre, en livrant des combats parfois très-vifs.

Nos colonnes parties de Vendôme ont continué leur marche le 8, sans combat important jusqu'au delà de Saint-Calais.

DE PODBIELSKI.

Versailles, 10 janvier. Les troupes du général Chanzy se sont repliées le 9 sur le Mans, devant nos colonnes se portant en avant. La coupure d'Ardenay a été franchie par nos colonnes. Pris plus de 1,000 prisonniers. DE PODBIELSKI.

A LA REINE AUGUSTA.

Versailles, 12 janvier. Le 10 et le 11, combats victorieux dans le Mans; beaucoup de prisonniers, mitrailleuses et canons pris. Pertes modérées dans les 3e, 9e et 13e corps. Détails manquent encore. Des télégrammes français avouent, pour la première fois, la défaite.   GUILLAUME.

Versailles, 11 janvier. Les têtes des colonnes opérant contre le général Chanzy pénétrèrent le 10 jusqu'à deux lieues du Mans, après des combats continuellement victorieux, un canon, trois mitrailleuses et plus de 2,000 prisonniers non blessés sont tombés entre nos mains. Nos pertes ne sont pas très-importantes.
   DE PODBIELSKI.

Versailles, 12 janvier. Le 11, les corps mis en mouvement contre le Mans ont eu des combats très-vifs à soutenir jusque dans la nuit. Le débouché de Champagné a été enlevé; on a pris Arches-Château et conquis sept canons et mitrailleuses. Le nombre des prisonniers faits le 10 n'est pas, comme il été dit jusqu'à présent, de 2,000, mais s'élève, rien que pour la colonne qui a pénétré dans le centre, à 5,000 hommes et quatre mitrailleuses.

A LA REINE AUGUSTA.

Versailles, 13 janvier. Hier, l'après-midi, les 3e et 10e corps prirent le Mans, et les 9e et 13e corps s'avancèrent victorieux au sud jusqu'à Saint-Corneille. Pris de grands approvisionnements; d'autres détails manquent encore.   GUILLAUME.

LE GRAND-DUC DE MECKLEMBOURG A SA FEMME.

Le Mans, 14 janvier, minuit. Hier soir le Mans abandonné par l'ennemi, occupé par les 3e et 10e corps. Pris beaucoup de prisonniers et de matériel de guerre. Mon corps dans le combat d'hier a fait 4,000 prisonniers. Aujourd'hui, en amont du Mans, avancé sans combat jusqu'à la Sarthe, que l'avant-garde a franchie.

Versailles, 14 janvier. Le prince Frédéric-Charles annonce du Mans : L'ennemi se retire en partie sur Alençon, en partie sur Laval, poursuivi par nos colonnes. De l'armée du général Chanzy, rien que dans les combats non interrompus du 6 au 12, 16,000 prisonniers non blessés sont tombés entre les mains de la deuxième armée; en outre, il lui a été enlevé douze canons et mitrailleuses, six locomotives et deux cents voitures.   DE PODBIELSKI.

Versailles, 15 *janvier*. Les colonnes engagées dans la poursuite des armées battues du général Chanzy envoient les rapports suivants sur le 14 :

1° Le général de Schmidt a trouvé près de Chapelle, deux mille et demi à l'ouest du Mans, la division Barry. Énergiquement attaquée, celle-ci se retira sur Laval dans une fuite désordonnée, en laissant plus de 400 prisonniers entre nos mains. Nos pertes en tués et blessés ne s'élèvent qu'à 1 officier et 19 hommes ;

2° Le camp de Conlie a été occupé après quelques coups de fusil ; on y a pris de grands approvisionnements d'armes, de munitions et de vivres ;

3° Beaumont a été occupé après un petit combat de rues ; pris quarante voitures de munitions et environ 1,000 prisonniers. De plus, on annonce que le 14, un détachement sous les ordres du général de Rantzau a été attaqué à Briare par des détachements ennemis considérables, et est cependant parvenu à faire sa trouée sans perdre beaucoup de monde. DE PODBIELSKI.

Versailles, 16 *janvier*. Les rapports de la deuxième armée, arrivés jusqu'à ce moment, chiffrent les pertes totales en tués et blessés, dans les combats victorieux du 6 au 12 de ce mois, à 177 officiers et 3,203 hommes. Jusqu'à présent il a été pris à l'ennemi plus de 22,000 prisonniers non blessés, deux drapeaux, dix-neuf canons, plus de mille voitures chargées, et, en outre, une grande quantité d'armes, de munitions et de matériel de guerre.

DE PODBIELSKI.

Versailles, 17 *janvier*. Le général Schmidt pénétra, en poursuivant l'ennemi qui se retire sur Laval, jusqu'au delà de Vaiges ; il a fait de nouveau plus de 2,000 prisonniers. Dans la nuit du 16 au 17, Alençon a été occupé après un combat sans importance.

DE PODBIELSKI.

Versailles, 19 *janvier*. Tours a été occupé le 19, sans résistance, par des détachements de la deuxième armée. DE PODBIELSKI.

229. *Comment le plan de Gambetta a échoué.* (Militær-Wochenblatt.)

Avec la retraite du général Bourbaki et la cessation des efforts laborieux pour débloquer Belfort, échoua aussi la deuxième partie du grand plan stratégique de Gambetta, après qu'avec la défaite du général Chanzy sous les yeux de Gambetta, la première partie déjà avait pris une fin complétement malheureuse.

La bataille de trois jours près d'Orléans, au commencement de décembre 1870, avait rompu l'armée de la Loire en deux moitiés, l'aile droite se retirant en remontant la Loire, et vers le sud, l'aile gauche en descendant la Loire vers l'ouest. Gambetta consacra cette séparation, en plaçant les fractions de l'armée de la Loire qui se retiraient sur Nevers et Bourges, sous le nom de première armée de la Loire, sous les ordres du général Bourbaki; les autres fractions, comme deuxième armée de la Loire, après la démission du général d'Aurelle de Paladines, sous le commandement du général Chanzy. Les deux armées se réorganisèrent et reçurent des renforts.

Le plan stratégique de Gambetta consista à diriger vers l'Est l'armée de Bourbaki, soit pour se porter contre la principale ligne de communication des armées allemandes devant Paris, par la lacune entre l'armée du prince Frédéric-Charles et le corps du général de Werder, soit pour opérer encore plus vers l'Est, et se jeter avec des forces supérieures sur le corps de Werder pour débloquer Belfort. Les Français espéraient que ce déplacement du théâtre des opérations de l'armée de Bourbaki vers la France orientale, aurait pour eux des conséquences d'une extrême importance. Le moins qu'on en attendait était que le prince Frédéric-Charles s'empresserait d'envoyer vers l'Est une partie de son armée à la suite du mouvement menaçant de Bourbaki, et rendrait ainsi possible au général Chanzy, qui reprenait l'offensive, de battre l'armée allemande affaiblie et de s'avancer pour débloquer Paris. L'armée de Chanzy fut, à cet effet, augmentée du corps de Bretagne.

Les stratégistes français espéraient de plus grands succès encore de l'opération de Bourbaki. Celui-ci devait recevoir des renforts considérables provenant de Belfort, mais surtout de Lyon. On ne doutait pas un instant qu'avec cette supériorité de forces il ne culbutât le corps de Werder; mais on poussa ces espérances imaginaires encore bien plus loin, dans l'hypothèse erronée que rien ne serait fait ou ne pourrait être fait par les Allemands pour éviter ce danger menaçant.

Non-seulement on espérait rompre la route d'étapes de Paris à Nancy et forcer ainsi l'armée ennemie devant Paris à lever précipitamment le siège, mais encore débloquer Belfort, bien plus, envahir même l'Allemagne, pour venger, avec des bandes garibaldiennes choisies sans doute à cet effet, le sol de la France souillé par l'invasion allemande.

Comme déjà souvent dans cette guerre si pleine de péripéties, les gouvernants français se trompaient et trompaient le peuple de la manière la plus amère, les contre-mesures si bien raisonnées et si magnifiquement exécutées du commandement allemand firent échouer ce plan artistement conçu, grâce aussi à la supériorité morale et militaire des troupes allemandes parfaitement disciplinées, ne reculant devant aucunes forces numériques supérieures, sur les troupes françaises ramassées avec précipitation et composées en partie de recrues, en partie de gardes mobiles manquant de toute instruction militaire.

Il est difficile, pour le moment, de fixer l'époque à laquelle le général Bourbaki a commencé sa marche vers l'Est; quoi qu'il en soit, cette marche ne resta pas ignorée du commandement allemand, qui put prendre des contre-mesures en temps opportun. L'armée du prince Frédéric-Charles resta dans toute sa force debout contre le général Chanzy pour couvrir l'armée assiégeante de Paris, et détacha seulement une division du 9ᵉ corps à Orléans. Cette division poussa des détachements vers Gien pour observer le général de Pointe, que Bourbaki avait laissé en arrière à Nevers quand il commença sa marche stratégique vers l'est.

La lacune entre les armées du prince Frédéric-Charles et le corps du général de Werder fut remplie par le 7ᵉ corps, amené de Metz, et le 2ᵉ corps, détaché de l'armée assiégeante de Paris; ces deux corps d'armée et le corps de Werder furent placés sous le commandement en chef du général de Manteuffel et appelés armée de l'Est.

Il arriva ainsi que lorsque le général Chanzy voulut commencer, le 6, son mouvement offensif pour débloquer Paris, non-seulement il fut, contre son attente, attaqué lui-même, mais il trouva devant lui l'armée tout entière du prince Frédéric-Charles. Repoussé de toutes ses positions, et enfin battu au Mans, il dut, après avoir subi des pertes considérables, se retirer vers le Nord et vers l'Ouest, et ne fut plus en état pendant quelque temps d'entreprendre quelque opération décisive avec son armée dispersée, découragée et décimée.

Le général de Werder se tenait, jusqu'au 27 décembre, à Dijon, et avait la double mission de couvrir la principale route d'étapes et de s'opposer à toute tentative qui aurait pour but de débloquer Belfort. Il avait détaché une brigade en arrière pour investir Langres, et soutenu divers combats contre le corps de Garibaldi et le corps du général Cremer.

A la nouvelle qu'à Besançon se réunissaient des forces ennemies considérables, que de nombreuses troupes partaient de Lyon par chemin de fer pour le nord, et que l'armée de Bourbaki était en marche vers l'est, le général de Werder se soustrait à ce menaçant enveloppement en renonçant, le 27 décembre, à sa position si exposée près de Dijon, et en se retirant par marches forcées sur Vesoul, pour être en mesure d'y couvrir le siége de Belfort. Il pouvait d'autant mieux exécuter ce mouvement vers l'Est que les troupes du 7ᵉ corps venaient d'arriver, et pouvaient dès lors se charger de la sécurité de la principale route d'étapes.

Pendant ce temps, le général Bourbaki atteignit, avec ses trois corps d'armée (les 15°, 18° et 20°), Besançon, où le 24° corps, récemment formé, se joignit à lui. Il abandonna à Garibaldi l'opération contre la route d'étapes et employa toutes ses forces à débloquer Belfort.

Pendant qu'il faisait des démonstrations contre le général de Werder, établi à Vesoul, peut-être dans l'espoir de le maintenir dans cette position, il envoya le 15° corps directement contre Montbéliard, tandis qu'il s'avança lui-même contre Belfort, dans une direction nord-est, avec les 18° et 20° corps.

Le général de Werder, qui avait concentré à Vesoul le 14° corps tout entier et rappelé auprès de lui la brigade de Goltz, détachée devant Langres, devina les intentions de l'ennemi et résolut aussitôt de prendre position contre l'armée du général Bourbaki, immédiatement devant Belfort. Il commença sa marche le 9 janvier au matin, rencontra à Villersexel deux corps du général Bourbaki, les repoussa, et continua le lendemain sa marche dans la direction de Belfort. Il arriva avec son corps, le 11 au soir, derrière le ruisseau Lisaine, où il prit aussitôt position, sans que quatre corps ennemis parvinssent à le vaincre dans leurs attaques si vigoureuses des 15, 16 et 17 janvier.

Le 18, le général Bourbaki commença sa retraite. Des détails manquent encore sur ce combat de trois jours, ainsi que des renseignements exacts sur les motifs qui ont pu décider Bourbaki à battre en retraite, soit qu'ils consistassent dans des pertes considérables et dans l'impossibilité de forcer la position du général de Werder, soit dans la crainte que sa ligne de retraite ne fût coupée par les opérations du général de Manteuffel.

Dans tous les cas, la tentative de débloquer Belfort a heureusement échoué, et ce doit être pour le général de Werder et ses braves troupes une douce satisfaction d'apprendre que le royal généralissime a pu, le jour même où il a revêtu à Versailles la dignité impériale, télégraphier à l'impératrice reine Augusta, à Berlin : « Bourbaki, après une bataille de trois jours, s'est retiré devant la résistance héroïque de Werder. Werder mérite, ainsi que ses valeureuses troupes, les plus grands éloges. »

DOCUMENTS ANGLAIS. — *Télégramme adressé au* New-York Herald *(deuxième jour du combat).*

BATAILLE DU MANS.

15 janvier 1871. Ce jour, plein de péripéties, a été un des plus remarquables de l'histoire de France pendant la présente guerre, et c'est évidemment une grande bataille qui a été livrée, puisque le combat a duré jusqu'à la tombée de la nuit.

APPENDICES. 607

Après la défaite d'hier, 10 *janvier*, le général Chanzy, déployant une grande énergie, rallia ses colonnes rompues. Ayant reçu des renforts, il se détermina à frapper un autre coup pour relever sa fortune, sachant que la France comptait sur son armée pour briser l'obstacle qu'opposait le prince Charles et venir au secours de Paris.

Après une nuit de travail incessant et d'anxiété, dès qu'il fit jour les troupes françaises étaient prêtes pour le combat.

L'armée se composait de trois corps, le 16e, le 17e et le 21e, chacun d'eux sous les ordres de l'amiral Jauréguiberry, du général de Colomb et du général de Jouffroy [1]. Chaque corps d'armée se composait de 50,000 hommes, formant ensemble une force effective de 150,000 hommes, le tout sous le commandement suprême du général Chanzy.

A dix heures du matin, le corps Jauréguiberry était en position sur la rive droite de l'Huisne, le général de Colomb sur le plateau d'Auvours, et le général de Jouffroy sur la droite, couvrant le village de Brette.

Les Prussiens s'avancèrent en suivant trois routes; ils se trouvaient sous le commandement du prince Frédéric-Charles en personne. Leur force s'élevait à environ 100,000 hommes.

Vers dix heures du matin, les batteries prussiennes, bien établies sur la gauche des Français, ouvrirent le feu. Il y fut répondu avec vigueur. Bientôt après, une force considérable d'infanterie allemande, flanquée de cavalerie, s'avança sous la protection d'un feu violent de grosse artillerie, et attaqua la droite de l'amiral Jauréguiberry.

Cette colonne fut reçue par un feu d'artillerie bien nourri, dans lequel celui d'un certain nombre de mitrailleuses nouveau modèle.

Le combat devint très-acharné et le terrain fut longtemps disputé. Les Allemands, malgré des pertes énormes, réussirent à la fin à repousser les Français, leur prirent deux canons, et les délogèrent de l'importante position qu'ils occupaient près de la rivière.

Le général Chanzy, apercevant le danger qui menaçait cette position, fit avancer ses réserves d'artillerie au secours de l'amiral Jauréguiberry. Celles-ci ouvrirent un feu terrible, qui arrêta pendant quelque temps les Allemands dans leur marche en avant. Deux ou trois attaques furent faites par ces derniers pour obtenir d'autres avantages; leur projet était de s'emparer de la position de la Tuilerie. Les Français, parfaitement postés, se battirent avec un grand courage et une grande détermination. Chaque attaque fut repoussée avec des pertes énormes pour les Allemands; celles des Français furent aussi très-sensibles.

Pendant ce temps, un vigoureux effort eut lieu contre la ligne fran-

---

[1] Le correspondant confond le général de Jouffroy avec le général Jaurès, et se trompe dans le placement des corps.

çaise qui défendait le chemin de fer de Chartres et de Paris. Après deux heures d'un combat terrible, le centre de la ligne française fléchit; un mouvement de recul s'opéra lentement et en bon ordre, pendant peu de temps, jusqu'à une position en arrière de la première, où un terrain élevé permit d'établir favorablement l'artillerie.

Là, de nombreuses batteries furent installées et servies par des marins; elles ouvrirent un feu violent et bien dirigé sur l'ennemi se portant en avant. Les Allemands éprouvèrent alors un échec qui les força de rétrograder. Les batteries allemandes qui pendant l'engagement s'étaient avancées sur une position dominante à gauche du chemin de fer, répondirent avec vigueur.

La supériorité de l'artillerie allemande devint bientôt sensible. Après un duel inégal, le feu des Français se ralentit, et leurs lignes éprouvèrent de grandes pertes. Ils se maintinrent cependant héroïquement dans leur position; tous les efforts faits pour les en déloger furent inutiles.

Pendant quelque temps, ce ne fut qu'un combat d'artillerie; mais lorsque les Allemands eurent pris les positions qui leur avaient été assignées, une attaque plus vive commença évidemment avec l'intention de leur part de s'emparer de la rive droite de l'Huisne, afin d'exécuter un mouvement de flanc pour couper l'armée du Mans et faire un grand nombre de prisonniers.

A quatre heures, la tactique des Allemands sembla se modifier. Un nombre considérable de troupes se placèrent sur la droite des Français, couvertes par un bois près du village de Brette qu'ils occupaient.

Le bois se trouvait à l'extrême gauche de la position prussienne, s'étendant pendant plusieurs milles au sud-est de la plaine entre la route et des villages. Il était commandé par l'artillerie allemande.

Un feu d'infanterie bien nourri et bien dirigé, à sept cents mètres environ, fut alors ouvert sur la ligne française et sa position à gauche du village de Brette. Il devint bientôt évident qu'il lui serait impossible de tenir plus longtemps si elle n'en délogeait pas l'ennemi.

Une vive canonnade, dirigée alors sur le bois, ne paraissant pas produire beaucoup d'effet, un corps considérable de Français se porta en avant, en bon ordre, pour le traverser.

Ici la dépêche est interrompue.

Londres, 14 janvier 1871.

Le général Chanzy a rallié ses troupes près du Mans, et opère sa retraite en bon ordre.

APPENDICES.

Télégramme adressé au New-York Herald.

BATAILLE DU MANS.

Londres, 16 *janvier* 1871. La première partie qui a été publiée dans le *Herald* d'hier a rendu compte des dispositions prises par les Français pour recevoir les Allemands. Le corps de l'amiral Jaurégüiberry, sur la rive droite de la rivière l'Huisne, fut d'abord repoussé de sa position, mais la marche en avant des Allemands fut arrêtée par les réserves d'artillerie, qui arrivèrent juste à temps.

La position du chemin de fer de Chartres à Paris fut vigoureusement attaquée, ce qui fit reculer le centre des Français quelque peu en arrière; mais ils s'arrêtèrent bientôt.

Dans l'après-midi, les Allemands cherchèrent à couper en deux l'armée du général Chanzy, en se plaçant entre elle et le Mans; ils n'y réussirent pas. A quatre heures cependant, ils changèrent de tactique, se massèrent en grand nombre vers la droite de l'ennemi, et essayèrent de se rendre maîtres du village de Brette.

Un corps d'infanterie française assez considérable s'avança en bon ordre dans la plaine, mais il fut contraint de se retirer après de grandes pertes, ayant subi un feu très-meurtrier d'artillerie et de mousqueterie.

La possession de Brette fut disputée sur ce point jusqu'à la nuit; les Français reçurent alors l'ordre de se replier sur le Mans.

Mon opinion personnelle sur la bataille ne s'établit qu'à une heure, lorsque j'atteignis les hauteurs occupées par la gauche de l'armée française.

Il ne faisait pas froid ce jour-là, quoique le sol fût couvert de près de vingt centimètres de neige qui fondait sous les chauds rayons du soleil. Le temps était clair et le ciel bleu et or. De bonne heure les rues du Mans, qui ne se trouvait qu'à six kilomètres du champ de bataille, étaient remplies d'une foule ahurie, et de nombreux fourgons de munitions et de vivres, prêts à partir pour se mettre dans quelque place de sûreté en arrière, dans le cas où le résultat de la bataille serait défavorable.

A deux heures je me trouvai sur des hauteurs, à cinq kilomètres à l'est du Mans, d'où j'eus la vue d'une partie du champ de bataille.

La crête était occupée par six batteries d'artillerie et par une force importante, composée de gardes mobiles qui ne me parurent pas capables de faire un bon service actif.

Le champ de bataille qui se trouvait au-dessous, et dont l'étendue paraissait être de cinq kilomètres, ressemblait à un échiquier, les cases blanches étaient figurées par des champs couverts de neige, et les noires par des bouquets de bois. Du plus loin qu'on pouvait apercevoir les mouvements qui avaient lieu sur le champ de bataille, il était impossible de distinguer de quel côté était l'avantage.

Une fumée épaisse, çà et là, disait assez où l'artillerie faisait du ravage, et certains mouvements d'infanterie qu'on pouvait distinguer, paraissaient n'avoir aucune importance, vu la distance. Désespérant d'avoir, de la position où j'étais, une idée bien exacte des résultats, et apprenant où se trouvait le quartier général du général Chanzy, je me hâtai de m'y rendre.

J'atteignis cette position à trois heures et demie, et j'aperçus le général Chanzy. . . . .

Je restai donc en cet endroit.

A quatre heures de l'après-midi les Allemands s'avancèrent en colonnes, protégés par un violent feu d'artillerie, contre le château des Arches, jolie propriété près du quartier général.

Ici, pour la première fois, les batteries françaises jusqu'alors en réserve ouvrirent le feu et causèrent une telle surprise aux Allemands que leur mouvement en avant fut immédiatement arrêté.

L'hésitation cependant ne fut pas de longue durée ; l'obstination caractéristique des Allemands les poussa de nouveau en avant, et ils attaquèrent l'infanterie française occupant la route qui se trouve au-dessous du quartier général du général Chanzy. Il devint bientôt évident que les Français ne pourraient soutenir les charges énormes faites par l'ennemi. Néanmoins, le combat fut excessivement disputé, et se maintint parfaitement jusqu'à cinq heures, moment où l'ordre fut donné de battre en retraite.

En même temps que l'infanterie se retirait lentement, l'artillerie recevait l'ordre de se porter en avant et d'entretenir un feu continuel sur la ligne allemande, ce qui couvrit parfaitement la retraite.

Les Allemands, peu satisfaits de leur mince succès, semblèrent peu disposés à poursuivre l'avantage qu'ils avaient obtenu pendant cette journée de combat.

Le général Chanzy s'occupa particulièrement et très-activement de diriger la retraite, qui se fit dans l'ordre le plus complet.

Les Français possédaient encore les plus fortes positions, et l'on pensa que la journée ne leur avait pas été complétement défavorable. Ils avaient été forcés d'abandonner leur première ligne, mais c'était tout.

Il n'y avait eu ni déroute ni désordre dispersant les brigades, ou même les bataillons.

J'ai raison de croire que le général Chanzy ne désespérait pas du succès final. Il s'attendait à une rude bataille qui se serait prolongée pendant plusieurs jours, et espérait recommencer le combat le lendemain sous de meilleurs auspices.

Ainsi, après une rencontre sanglante durant jusqu'à la nuit, pendant laquelle le carnage avait été effrayant des deux côtés, rien de décisif n'avait été obtenu par les Allemands. Tous leurs succès avaient été négatifs, et les officiers et soldats français espéraient toujours qu'à la fin de la journée du lendemain ils auraient vaincu leur ennemi.

Mais un événement imprévu arriva qui changea complétement les prévisions des Français. Ce fut un de ces faits qui se produisent assez souvent dans l'histoire de la guerre. S'il ne se fût pas passé, le résultat eût été désastreux pour les Allemands. Il eut lieu et renversa les espérances des Français.

L'obscurité s'était répandue sur le champ de bataille; je devrais dire plutôt que la journée était finie, car la soirée n'était pas très-obscure. On pouvait distinguer les vastes champs de neige tachetés çà et là par de noirs objets, les corps des victimes du combat de la journée, pendant que des bouquets de bois se dressaient au milieu de ces champs neigeux.

Soudainement, et évitant toute espèce de dispositions préparatoires qui auraient pu attirer l'attention, un corps considérable d'Allemands renouvela la bataille. Ils firent avancer vers la droite des Français, à la Tuilerie, la position la plus importante occupée par l'armée de la Loire, d'immenses masses d'infanterie soutenues par un corps nombreux de cavalerie qui se portèrent en avant avec la plus grande rapidité, rejetant dans toutes les directions les forces qui leur étaient opposées.

L'attaque ne fut pas prévue par les Français; la soudaineté et la rapidité avec lesquelles le mouvement fut exécuté les surprit complétement, ce qui fit que la résistance ne fut pas longue. Les gardes mobiles bretons furent saisis d'une panique qui les fit fuir en désordre, et détruisit ainsi complétement la ligne de bataille française, parce que toutes les forces qu'ils avaient sur la rive droite de l'Huisne furent forcées de battre en retraite rapidement afin de ne pas être faites prisonnières.

Il est impossible, dans cette relation, de décrire l'effet de ce désastre imprévu qui obligeait d'évacuer le Mans, et qui pouvait aussi être cause de la dissolution de l'armée du général Chanzy.

Si la seconde armée française de la Loire est défaite, tout espoir est perdu pour la France.

Extrait du journal le Standard *du 11 février 1871.*

Nous avons appris quelques détails intéressants sur l'armée du général Chanzy; ils nous viennent d'un officier d'un grand mérite, occupant une haute position dans la hiérarchie militaire, et qui est revenu tout récemment de Laval.

L'armée, dit-il, n'est pas convaincue du succès, mais elle est pleine de courage et en meilleur ordre qu'elle ne l'a jamais été.

Le général Chanzy est. . . . .

. . . .

La retraite du Mans, selon nos informations, n'a été en aucune façon une longue fuite, comme les Prussiens l'ont présentée, car pendant qu'ils poursuivaient les Français ils ont, à trois reprises différentes, éprouvé de sérieux échecs.

On ne doit pas s'étonner de l'excellente conduite de l'arrière-garde, car nous savons que le général Chanzy reste toujours avec elle lorsqu'il y a quelque chose à y faire, et que pendant une retraite, comme le maréchal Ney pendant la campagne de Russie, il est toujours le dernier à quitter la place.

Quand le prince Frédéric-Charles commença cette dernière campagne, nous hasardions cette supposition : Que l'intention du général Chanzy était de tourner la droite des Allemands et d'essayer d'atteindre Versailles, opération qu'il lui était très-facile d'exécuter.

Nous apprenons aujourd'hui que telle fut l'intention du général Chanzy, mais qu'il en fut empêché par le Gouvernement[k].

. . . .

LIVRE CINQUIÈME.

NOTE 1.

INSTRUCTIONS.

Au grand quartier général de Laval, 17 janvier 1871.

A huit heures et demie du soir, le général en chef n'a encore aucun renseignement certain sur la façon dont s'est opéré aujourd'hui le mouvement de retraite du 21e corps. — Le 17e corps, parti de Montsurs ce matin, a passé la Mayenne sur les ponts de Montgiroux et de Saint-Jean sans être attaqué par l'ennemi, et s'installe sur la rive droite, sur les positions qui lui ont été assignées.

Le 16e corps passant la Mayenne sur les ponts de Laval, a établi sur la rive droite les 1re et 2e divisions, laissant sur la rive gauche la 3e division, en position sur les routes de Mayenne, du Mans, de

Sablé et de Château-Gonthier. Les reconnaissances ennemies sur ces quatre routes ont pu faire croire un instant à une attaque sérieuse, elle ne s'est pas produite. Les éclaireurs ennemis ont été repoussés partout par ceux de notre cavalerie, qui leur ont tué un officier au village de Forcé et fait six prisonniers.

Tout porte à croire que l'ennemi, qui a fait des pertes sensibles à Sillé et dans les combats livrés par le 16ᵉ corps, n'a point l'intention d'attaquer sérieusement ; qu'il se peut même que les têtes de colonne qu'il montre sur toutes les routes aboutissant à nos positions, ne soient qu'un rideau derrière lequel s'opère un mouvement de retraite de ses forces principales. Quoi qu'il en soit, ce qui s'est passé depuis le Mans, prouve une fois de plus que toutes les fois que nous avons voulu résister, nous avons maintenu les efforts de l'ennemi. Il s'agit aujourd'hui de tenir dans les positions que nous occupons ; on prendra à cet effet les dispositions ci-après :

De Mayenne à Laval, les ponts dont la destruction est préparée devront être couverts sur la rive gauche par des forces en infanterie capables de les défendre, et abritées derrière des ouvrages qui devront être exécutés dès demain matin, en avant de chacun de ces ponts. — Il devra donc y avoir à chaque pont une garde chargée de la défense. — Le 17ᵉ corps doit veiller sur ceux de Mongiroux et de Saint-Jean-sur-Mayenne. — Ces ponts ne devront sauter que si l'ennemi, forçant les défenses, cherchait à s'y engager, c'est-à-dire à la dernière extrémité. Ils sont nécessaires pour les mouvements que l'armée pourrait entreprendre ultérieurement, aussi bien que pour permettre les reconnaissances à faire sur la rive gauche par les cavaleries des 17ᵉ et 21ᵉ corps.

De Laval à Château-Gonthier, l'accès des ponts ne pouvant être défendu d'une façon toujours efficace, ces ponts seront détruits dès cette nuit par le génie. — De Mayenne à Château-Gonthier, la cavalerie devra surveiller d'une façon incessante tous les gués de la rivière. On placera de plus, entre Mayenne et Laval, des tirailleurs d'infanterie pour défendre tous les passages, et, entre Laval et Château-Gonthier, l'amiral disposera, en face de chaque gué et de chaque digue, les corps francs mis à sa disposition.

Le 21ᵉ corps devra couvrir Mayenne sur la rive gauche, en faisant occuper de bonnes positions par des forces suffisantes pour empêcher les approches de la ville à l'ennemi. A Laval, le commandant du 16ᵉ corps organisera solidement la défense sur la ligne du chemin de fer et sur les routes de Mayenne, Argentré, le Mans, Sablé et Château-Gonthier, en installant une division (division de Curten) sur les positions reconnues aujourd'hui par le général en chef, et en faisant occuper la gare et les faubourgs de la rive gauche par des réserves suffisantes.

Les trois corps d'armée organiseront, au moyen de leur cavalerie, un service incessant de reconnaissances sur toutes les routes aboutissant à nos positions. Ces éclaireurs de cavalerie devront être poussés le plus loin possible sur chacune de ces routes; il faut à tout prix percer, en le culbutant, le rideau des uhlans qui nous observent, et arriver à savoir quelle est réellement la force de l'ennemi dans chacune des directions par lesquelles il nous menace.

Les ponts en aval de Laval étant coupés, la cavalerie du 16e corps, en outre de ses reconnaissances sur les routes du Mans, de Sablé et de Château-Gonthier, sur la rive gauche, devra surveiller tout le cours de la rivière sur la rive droite de Laval au delà de Château-Gonthier.

Les éclaireurs algériens devront surveiller toute la rive gauche, depuis les Deux-Évailles jusqu'à Montsurs, la Chapelle-Rainsouin.

Afin de permettre à l'armée de se reposer de ses fatigues et de se refaire, toutes les troupes seront cantonnées dans les fermes et villages à proximité des positions qu'elles auront à défendre.

Ces cantonnements seront couverts par de forts avant-postes qui devront veiller constamment. On fera disposer sur toutes les positions et aux avant-postes des travaux de défense sérieux, des épaulements pour les batteries; on fera reconnaître tous les chemins d'accès, et on les rendra impraticables à l'ennemi.

Les généraux commandant les corps d'armée organiseront des rondes de jour et de nuit qui s'assureront que le service des avant-postes est fait exactement. De plus, en avant de chaque corps d'armée, un commandant de brigade sera chargé spécialement chaque jour du commandement des avant-postes.

Il s'agit de tenir sur nos positions. Le pays se prête à la défense; elle est facile si les dispositions sont bien prises, et si chacun veut faire son devoir.

Le général en chef rappelle à la stricte exécution des ordres si souvent donnés au sujet des vivres et des munitions. Il faut que dès demain les troupes aient deux jours de vivres de réserve dans le sac et deux jours de vivres de consommation; il faut enfin que partout les munitions soient exactement complétées.

Il ne doit y avoir sur la rive gauche aucun convoi, aucune voiture inutile, et seulement l'artillerie nécessaire à la défense des positions. Tout le reste du matériel roulant doit être sur la rive droite, en arrière de chaque division, et sur les routes qui peuvent servir dans le cas d'une retraite.

La gare de Laval devra fonctionner jusqu'à ce que le général en chef donne l'ordre de l'évacuer. Les ponts de la ville et le viaduc du chemin de fer, préparés pour la destruction, ne devront être détruits que sur un ordre du général en chef.

Le service télégraphique reliera le quartier général du 17ᵉ corps à Saint-Germain-le-Fouilloux, à la station de Laval.

Les commandants des corps d'armée devront mettre à la disposition du génie les travailleurs, les escortes et les moyens de transport nécessaires pour les travaux à exécuter.

Le général en chef a remarqué, en visitant aujourd'hui les positions en avant de Laval, des cadavres de chevaux laissés sur les routes : la gendarmerie devra partout faire disparaître ces chevaux morts.

Il sera fait demain à toutes les troupes une distribution extraordinaire de vin ou d'eau-de-vie.

Les fuyards devront être recherchés dans toutes les directions par les soins des commandants des corps d'armée, qui emploieront à cet effet les gendarmes de leur prévôté. Il s'agit de reconstituer le plus rapidement possible les régiments, les brigades et les divisions, et de munir les hommes des effets qui leur manquent. C'est là l'affaire des commandants des corps d'armée, des généraux de division et de l'intendance.

Le général en chef s'est assuré que ses ordres du jour n'étaient point lus exactement aux troupes, et que ses instructions n'étaient pas communiquées *in extenso* aux commandants des divisions et des brigades. Il exige qu'à l'avenir ces instructions soient notifiées exactement. Les commandants des corps d'armée et des divisions y ajouteront en outre les développements nécessaires et les ordres d'exécution.

Chaque commandant de corps d'armée enverra demain au grand quartier général un rapport indiquant : les positions et cantonnements occupés par les troupes, les mesures prises pour la défense, les prescriptions pour le service des reconnaissances et la situation de chacun des corps au point de vue des approvisionnements en vivres et en munitions.

Le général Bourdillon établira la gendarmerie dans la ville, y maintiendra une police exacte, en défendra l'accès aux troupes cantonnées au dehors, et s'assurera que les officiers de ces troupes ne logent point en ville ; chacun doit être sur les positions assignées. Les rues de la ville devront être en outre constamment libres ; on n'y tolérera ni convoi ni embarras d'aucune sorte.

Signé : Chanzy.

NOTE 2.

N° 1415. *Général Chanzy à ministre de la guerre, à Bordeaux.*

URGENCE.

Laval, 20 janvier.

Bien que n'étant point encore fixé d'une façon positive, tout me porte à croire que la menace sérieuse de l'ennemi est sur ma gauche, et que son but est de la tourner pour se porter sur la Manche. Le corps du grand-duc de Mecklembourg paraît se concentrer à Alençon, et ses têtes de colonnes sont signalées par Lipouski en avant de Séez et à Prez-en-Pail. En conséquence, je donne au général Girard, qui a quitté Argentan pour se retirer sur Falaise, l'ordre de se reporter à Argentan, d'y tenir et de ne quitter que s'il est battu; au général Dargent, de renforcer le général Girard avec ce que le général Saussier peut lui amener, de porter sa cavalerie, inutile à Mortain, sur la Ferté-Macé et Briouze, et de se tenir prêt à appuyer lui-même dans cette direction, mon intention étant, une fois bien fixé sur ce que je puis avoir à redouter pour ma droite, de faire appuyer successivement les corps le long de la Mayenne sur Mayenne et sur Domfront. Il est de toute nécessité que l'ennemi ne puisse nous couper de notre ligne de retraite sur la Manche. Il faut donc qu'une partie au moins des troupes qui sont au Havre soient portées promptement sur Caen, se reliant par Falaise avec la gauche de celles dont je dispose. Je vous serai obligé de me tenir très au courant des renseignements que vous pourrez avoir sur les mouvements que l'ennemi peut faire sur Orléans et dans l'Est, et de me dire où en est la démonstration que le 25° corps est en train de faire. Il paraît certain que le prince Frédéric-Charles a quitté le Mans avant-hier. Je ne sais encore vers quel point exactement il se dirige. *Signé :* CHANZY.

N° 1451. *Général Chanzy à guerre, Bordeaux.*

Laval, 21 janvier, une heure et demie.

Je reçois votre télégramme de ce jour, neuf heures vingt. Il résulte de vos instructions que, si après avoir tout fait pour me maintenir, je devais encore battre en retraite, c'est sur la Manche que je dois le faire, pour couvrir Cherbourg et pour gagner les lignes de Carentan; cette résolution me coûterait trop à prendre pour que je ne tente pas tout ce qui est possible pour éviter cette extrémité. Je réorganise aussi promptement que je le puis mon armée, tout en observant les mouvements de l'ennemi et en cherchant à pénétrer ses véritables desseins. Vous m'avez toujours dit que les 19° et 26° corps étaient destinés à coopérer à mes opérations, et vous m'avez demandé de vous faire connaître à quoi je comptais les employer. Je vous ai soumis un plan qui n'a pas été adopté. Dès le moment que vous m'avez interdit la retraite sur Alençon, j'ai été le premier à demander que le 19ᵉ corps se concentrât en arrière, pour lui ménager sa retraite sur Carentan. Il avait même été question, pour mieux couvrir le Calvados et empêcher tout mouvement de l'ennemi marchant sur Caen, de faire passer la Seine aux troupes du Havre; d'autres considérations vous ont amené à modifier ces dispositions, que je n'avais pu provoquer, puisque j'ignorais complétement l'organisation des corps et des forces dont il s'agit. Aujourd'hui, et jusqu'à ce que je puisse reprendre l'offensive, ce qu'il me tarde de faire, il faut opposer partout à l'ennemi une résistance qui lui prouve que notre volonté est de continuer la lutte. La ténacité est notre meilleure chance, et je n'en manquerai pas. *Signé :* Chanzy.

Nº 1693. *Général Chanzy au ministre de la guerre, à Bordeaux.*

Laval, 29 janvier 1871.

Quelque pénible que soit pour l'armée la situation que lui crée l'armistice alors qu'elle était prête à de nouveaux efforts, vos ordres seront exécutés. J'ai prescrit partout de faire cesser les hostilités. Le commandant Marois, de mon état-major, est parti en parlementaire sur Sillé-le-Guillaume pour prendre les renseignements que vous me demandez au sujet du ravitaillement de Paris, et pour déterminer avec le commandant des troupes prussiennes qui sont devant nous, l'heure et le lieu de la réunion des officiers accrédités pour déterminer les emplacements des avant-postes à maintenir dans chacune des deux armées. J'ai indiqué Évron, à mi-distance de Laval à Sillé-le-Guillaume, qui paraît être un des points importants de la ligne ennemie. Je me ferai représenter par un officier d'un grade égal à celui qu'enverra le général prussien. Je propose mon chef d'état-major général. Les généraux Dargent et Cléret, qui sont trop éloignés de moi et en présence de corps ennemis séparés de ceux qui se trouvent devant moi, ont reçu mes instructions pour s'entendre directement avec les commandants de ces corps. A partir de maintenant il ne sera fait aucune modification aux emplacements occupés par nos avant-postes, et je continue jusqu'à leur achèvement les mouvements en cours d'exécution sur mes lignes. Les reconnaissances ennemies se sont faites aujourd'hui comme les jours précédents, et ont eu avec les nôtres quelques petits engagements.

Ne considérant l'armistice que comme un répit, je vais le mettre à profit pour constituer solidement toutes les parties de l'armée et pousser rapidement l'organisation des forces destinées à la défense de la Bretagne. Je vous adresserai dès demain des demandes pour compléter nos effectifs et pour pourvoir les corps de tout ce dont ils ont besoin. *Signé* : Chanzy.

N° 1797. *Général Chanzy au ministre de la guerre, à Bordeaux.*

Laval, 4 février 1871.

Les nouveaux renseignements reçus aujourd'hui ne me laissent plus aucun doute sur les mouvements qu'opère l'armée du prince Charles pour une concentration dans l'Indre-et-Loire. Il me tarde donc de recevoir une réponse de vous à mon télégramme chiffré d'hier, 3 février. Il n'y a pas un moment à perdre pour prendre un parti. Le général Bourdillon, parti ce matin pour Bordeaux où il va se présenter aux élections, est chargé de vous remettre le rapport qui expose mes appréciations et mes propositions. J'insiste de plus en plus pour qu'aucune entrave, de quelque nature qu'elle soit, ne vienne ni retarder ni gêner l'organisation de la défense de la Bretagne, telle que je vous l'ai proposée et que vous l'avez admise. Il faut que dans quelques jours les armes, les effets et tout ce qui manque encore soit complété. Il faut surtout qu'aucune considération n'empêche les légions d'arriver promptement sous les ordres des chefs qui leur ont été désignés et sur les positions qu'elles doivent occuper.

Le 19ᵉ corps n'a pas moins de deux cent cinquante kilomètres à faire pour arriver sur les positions indiquées dans ce rapport.

Signé : Chanzy.

N° 1817. *Général Chanzy au ministre de la guerre, à Bordeaux.*

Laval, 5 février 1871.

L'ennemi, en avant de nos lignes, paraît exécuter strictement les conditions de l'armistice; le général Dargent me rend compte que la ligne de démarcation en avant de lui est bien fixée. Je lui demande si l'ennemi a bien cessé toute menace sur Honfleur. Je tiendrai la main à ce que rien ne soit compromis de ce côté. Nous occupons fortement Mézidon. Les généraux Saussier et Lipouski ont de bonnes positions en avant de Caen. La grosse question est toujours celle du ravitaillement de Paris par les voies ferrées. Les commandants des troupes allemandes auxquels je m'adresse, sur la demande des délégués du gouvernement ou des agents des Compagnies, n'ont aucun des pouvoirs nécessaires pour régler ces questions; continuer dans cette voie c'est perdre du temps; je ne connais du reste rien des conventions qui ont pu être passées, en dehors de celles du 28 janvier. Ces questions ne peuvent se discuter et recevoir de solution qu'à Paris ou à Versailles.

J'ai dû délivrer un assez grand nombre de permissions à des officiers de tout grade qui vont se présenter aux élections ; toute exclusion eût été du plus mauvais effet dans l'armée.

L'ennemi continue ses mouvements vers la Loire. Je regrette que vous ne m'ayez pas fait connaître votre décision au sujet des propositions que je vous ai soumises ; il peut en résulter des retards très-compromettants pour la sécurité de la deuxième armée et le succès des opérations, si les hostilités doivent être reprises.

Signé : Chanzy.

NOTE 3.

INSTRUCTIONS.

Laval, 23 janvier 1871.

L'ennemi semble continuer son mouvement de retraite. Le corps qui a quitté Alençon aurait pris la direction générale de Rouen par Bernay. Aucun parti prussien n'a été signalé en avant de la ligne de la Mayenne, d'Argentan par Ambrières, Couterne, la Ferté-Macé et Écouché.

Quelques uhlans ont paru à Jublains et se sont avancés jusqu'à Conners, demandant des renseignements sur le passage des trains.

Évron, Châtres, la Chapelle-Rainsouin, Sainte-Suzanne, Vaiges, la Bazouge, Meslay, sont complétement évacués par l'ennemi ; on signale un mouvement vers le Mans, par les routes de Conches et de Blois.

Entre la Sarthe et la Loire, le pays est toujours exploré par des colonnes continuellement en mouvement, mais peu nombreuses.

Enfin à Tours la situation est restée la même ; la ville serait toujours occupée par une dizaine de mille hommes, ce qui peut faire supposer que le 3e corps allemand est toujours de ce côté.

Des renseignements positifs ne laissent plus aucun doute sur l'importance des succès obtenus par le 16e à Saint-Jean-sur-Erve.

Les officiers prussiens avouent une perte de 3,000 hommes tués ou blessés. Ce résultat, qui fait honneur aux 1re et 2e divisions du 16e corps, aurait empêché l'ennemi de continuer sa marche sur Laval. Des habitants de Sainte-Suzanne affirment que le 15 il n'est arrivé que tard et en très-petit nombre sur cette position importante, que la moindre résistance nous eût bien certainement conservée.

Le succès de la division Villeneuve, au 21e corps, en avant de Sillé, dans la journée du 15, est également constaté par le témoignage des Prussiens. Il ressort une fois de plus de ces renseignements que chaque fois que nous résistons nous avons l'avantage et que nous infligeons des pertes sérieuses à l'ennemi. Il faut donc que chacun puise dans ces succès, avoués par les Allemands eux-mêmes, la conviction que nous pouvons toujours conserver nos positions quand nous voulons les défendre.

L'ennemi au moment de la retraite du Mans ne se serait emparé, c'est le chiffre de ses bulletins, que de 200 voitures des convois de l'armée.

Ce qui manque aux convois divisionnaires doit donc se retrouver dans le pays en arrière de nous, et des recherches sérieuses doivent amener la reconstitution rapide des convois. A cet effet, les commandants des corps d'armée télégraphieront aux diverses autorités des localités où les voitures peuvent se retrouver, feront battre le pays par des gendarmes pour les ramener, et enverront au besoin des agents de l'administration dans les localités éloignées, pour réunir tous les voituriers qui cherchent à ne plus rejoindre.

Le général en chef a remarqué, sur des instructions données par la cavalerie, que des reconnaissances avaient reçu l'ordre de ne pas se porter trop en avant des lignes. Ces instructions devront être rapportées. La cavalerie doit éclairer le plus loin possible, suivre l'ennemi dans tous ses mouvements et rapporter des renseignements certains et utiles.

Les commandants de ces reconnaissances ne doivent donc pas hésiter à ne rentrer que le lendemain, s'il le faut, pour accomplir complétement leur mission.

L'apparition des uhlans à Conners prouve que la ligne si importante du chemin de fer de Laval à Mayenne n'est pas suffisamment protégée. Les commandants des corps d'armée y remédieront en faisant occuper, par des forces suffisantes, des positions couvrant le chemin de fer, en avant des cantonnements de chacune des divisions.

Le général en chef rappelle à la stricte exécution de ses instructions réglementant les réquisitions. Elles ne peuvent être faites directement par les corps ou détachements qu'en marche et alors qu'il y a impossibilité pour l'administration d'assurer les besoins de ces corps ou détachements. Quand l'armée est cantonnée ou occupe des positions fixes, c'est le cas actuel, l'intendance seule a le droit de réquisition dans le pays, et chaque intendant de corps d'armée doit utiliser les ressources des localités, en avant ou en arrière des positions des corps qu'il a à pourvoir, en évitant d'empiéter sur les localités voisines, qui doivent être laissées complétement aux corps qui les occupent.

INSTRUCTIONS.

Laval, le 24 janvier 1871.

Les rapports des reconnaissances faites aujourd'hui ne signalent aucun fait intéressant modifiant la situation. Quelques uhlans, qui s'étaient avancés jusqu'à Vaiges, se sont retirés devant un peloton de cavalerie du 16ᵉ corps. D'autres éclaireurs ennemis auraient paru à Chemeré. Dans le Nord, le mouvement ennemi continue à s'effectuer dans la direction de Rouen.

Les troupes prussiennes à Tours battent la campagne sur la rive droite de la Loire.

On continuera partout à faire des reconnaissances aussi loin que possible, en n'y employant qu'un petit nombre de cavaliers, de façon à répartir ce service et à laisser aux hommes et aux chevaux le repos nécessaire.

Il faut éviter de tenir constamment tout le monde en alerte et les chevaux sellés. Si quelques éclaireurs veillent bien et au loin dans toutes les directions, on est toujours prévenu à temps des mouvements sérieux que peut faire l'ennemi.

. . . .

NOTE 4.

INSTRUCTIONS.

Laval, 27 janvier 1871.

D'après les renseignements recueillis dans la journée, l'armée du duc de Mecklembourg semblerait couvrir son mouvement vers le Nord par des partis qui se sont présentés à Orbec et jusqu'à portée de Lisieux. Un engagement aurait eu lieu aujourd'hui au village de Villiers, à quatre kilomètres de cette ville, entre la garde nationale et un détachement prussien. On ne signale aucun mouvement de l'ennemi aux environs d'Alençon, qui est toujours occupé par lui. Des reconnaissances des 16ᵉ, 17ᵉ et 21ᵉ corps ont rencontré les avant-postes prussiens dans les localités signalées aux instructions d'hier. Sainte-Suzanne et Chames sont occupés par l'ennemi, qui aurait également reparu à Sablé. D'après une lettre adressée de Sillé, le prince Charles serait encore au Mans; mais ses corps d'armée seraient en partie sur la rive droite de la Sarthe, d'Alençon à la Flèche par Fresnay, Sillé, Brûlon et Sablé. On continuera demain les reconnaissances prescrites hier.

On devra, dans chaque corps d'armée, faire appuyer les éclaireurs de cavalerie par des détachements d'infanterie.

Le 17ᵉ corps fera spécialement reconnaître les environs d'Évron, en organisant dans cette direction une reconnaissance offensive en infanterie et cavalerie assez nombreuse pour fouiller le pays, s'assurer des positions occupées par l'ennemi, refouler ses avant-postes et tendre, en se retirant, des embuscades pour s'emparer des coureurs qui ne manqueront pas de rentrer à Évron dès que nos troupes en seront parties.

Il est de toute nécessité d'empêcher l'ennemi de venir réquisitionner dans les localités que nous pouvons protéger en avant des positions occupées par l'armée. Les reconnaissances de cavalerie ont jusqu'ici complétement réussi. On devra donc continuer à les pousser le plus loin possible.

Le pont de la Valette aurait été incomplétement détruit ; le général commandant le génie le fera reconnaître demain et prendra les dispositions pour le rendre tout à fait impraticable.

Quelques villages, en avant des lignes réquisitionnées par l'ennemi, demandent à se défendre si on leur vient en aide. Les commandants de corps d'armée feront envoyer dans ces villages des détachements composés d'hommes de bonne volonté, commandés par des officiers vigoureux, avec mission de repousser les reconnaissances ennemies et de leur prouver que le pays est surveillé et veut se défendre.

Signé : Chanzy.

NOTE 5.

N° 1521. *Général Chanzy à ministre de la guerre, à Bordeaux.*

CONFIDENTIELLE.

Laval, 23 janvier.

Si j'ai insisté pour organiser la résistance de Bretagne avec des chefs connus et écoutés, c'est qu'il me tarde de pouvoir agir, et je ne le puis sans découvrir un pays que rien ne protégerait plus. Pour laisser Charette avec un simple rôle de partisan, tout en le mettant dans des conditions de résistance sérieuse, il lui faudrait au moins une dizaine de mille hommes qu'on pourrait lui constituer en adjoignant à ses volontaires un certain nombre de bataillons de l'armée de Bretagne, choisis parmi les plus prêts, les mieux armés et les mieux organisés. On lui donnerait pour mission de couvrir Rennes, et de défendre le pays en arrière de la Mayenne et au nord de Laval. On pourrait donner à un autre chef, que vous choisiriez, une même force et la défense de la contrée en arrière de la ligne de l'Orne. Les forces de Bretagne, mal armées, mal commandées, mal organisées, ne peuvent, malgré la bonté incontestable de leurs éléments, être employées plus utilement. Le temps presse. Cathelineau organise avec beaucoup de vigueur, d'activité et d'intelligence la défense du cours inférieur de la Mayenne. Je l'ai autorisé à requérir les habitants pour les travaux à exécuter. Je reçois de Rennes copie du procès-verbal qui vous a été adressé de la séance du 20 janvier du comité militaire de la défense

APPENDICES. 623

d'Ille-et-Vilaine. Cette question de l'évacuation de l'arsenal, qui demande dix-huit jours, ne me préoccuperait plus si la Bretagne était organisée sérieusement; je ne connais point, du reste, vos instructions au sujet de l'évacuation dont il s'agit. *Signé :* Chanzy.

N° 7607. *Général Charette à général Chanzy, commandant en chef la deuxième armée de la Loire.*

Laval, de Rennes, le 25, à neuf heures cinq minutes.

Général Charette prévient général Chanzy que d'après tous les rapports des chefs de légions mobilisées placées sous ses ordres, il est impossible de compter pour le présent sur une résistance efficace de ces troupes non organisées et mal armées; il croit devoir le prévenir qu'en pareille occurrence il ne se sent pas en état de défendre avec ces forces une position quelconque, mais il espère que huit jours de réunion à Rennes, avec les ressources que lui offrent l'intendance et l'arsenal, lui suffiront pour leur donner une force de cohésion capable de mener à bonne fin cette entreprise par trop difficile pour le moment, et pouvoir ainsi faire honneur à la deuxième armée de la Loire; il insiste cependant pour réunir tout son corps, sur lequel il peut compter entièrement, soit pour l'organisation des mobilisés, soit pour servir de centre, et croit qu'une division de ses forces serait fatale; il fait remarquer en outre qu'en retirant le troisième bataillon de ses éclaireurs et l'artillerie, il ne diminuerait que d'une manière insensible l'effectif de la réserve du 21° corps.

Signé : Charette.

N° 7653. *Général Charette à général Chanzy, Laval.*

Laval, de Rennes, le 26, à quatre heures cinquante.

C'est la main sur la conscience que je me suis permis hier d'exprimer mon opinion. Je ne peux ni ne veux mettre mon régiment et les Bretons que je commande dans la position de jeter le déshonneur et sur eux et sur l'armée de la Loire.

J'espère, avec l'aide de Dieu, mener à bonne fin cette périlleuse entreprise, et, selon vos instructions, au fur et à mesure que les légions seront organisées, je les dirigerai et sur Fougères et sur Vitré.

J'apporterai à cette formation toute mon énergie, toute mon intelligence, tout mon dévouement.

Malgré les circonstances périlleuses qui pèsent sur vous, merci d'avoir bien voulu comprendre mes raisons et accédé à ma demande.

Signé : Charette.

Général Chanzy à ministre guerre, Bordeaux.

Laval, 7 février 1871.

Le système militaire à suivre se trouve grandement changé par suite des derniers événements.

Laissé sans nouvelles, j'ignore l'état des autres armées et des forces militaires de la France, mais il me semble que la deuxième armée est en ce moment la seule force réelle qui puisse couvrir Bordeaux et le sud-ouest du pays. Or, l'armistice, en donnant l'Indre-et-Loire aux Allemands, leur permet d'y masser leurs troupes et d'être prêts à couper complétement, de vous, la deuxième armée.

Je sais que le prince Charles a commencé ses préparatifs et va se rendre à Tours.

Il faut prendre des mesures; je vous envoie un rapport complet et détaillé sur ce qu'il y a à faire, à mon avis.

Je crois devoir vous indiquer dès maintenant, d'une manière générale, ce qui m'intéresse particulièrement.

Je voudrais constituer plus solidement l'armée de défense de la Bretagne et de la Normandie; je suis disposé à y ajouter encore deux nouvelles divisions (Saussier et Goujard), et je ramènerais sur la rive gauche de la Loire la deuxième armée.

Il importe, pour ne pas être pris à l'improviste, que vous me fassiez connaître si vous approuvez ce plan général, afin que je puisse préparer et même commencer, dès maintenant, mes mouvements en conséquence.

Signé : Chanzy.

NOTE 6.

INSTRUCTIONS.

Laval, 29 janvier 1871.

Un armistice de vingt et un jours vient d'être conclu par le gouvernement de Paris. Le général en chef reçoit de la délégation de Bordeaux l'ordre de suspendre immédiatement les hostilités, et de s'entendre avec le commandant des forces prussiennes pour déterminer, sur-le-champ et avec précision, les lignes des avant-postes respectifs par l'indication des localités, accidents de terrain et autres points de repère. Le commandant Marois, aide de camp du général en chef, a été envoyé en parlementaire pour convenir du lieu et des conditions de la réunion des officiers délégués par les commandants des deux armées pour régler les questions militaires relatives à l'armistice. En conséquence, les avant-postes de la deuxième armée resteront sur les positions qu'ils occupent actuellement, les corps francs et les forces locales en armes, qui opéraient en avant des lignes, resteront établis dans les localités ou sur les points où ils se trouvent, sans pouvoir modifier leurs positions actuelles ou en occuper de nouvelles.

Les hostilités doivent cesser immédiatement; il ne doit être fait, à partir de la notification des présentes instructions, aucune reconnaissance ou mouvement offensif en dehors des avant-postes et dans la direction de l'ennemi. Les ravitaillements des deux armées ne peuvent se faire en avant des lignes qu'elles occupent.

Les commandants des corps d'armée feront parvenir immédiatement au commandant en chef l'indication exacte des emplacements de leurs avant-postes, et de ceux qu'occupent les corps francs et les forces locales armées opérant sous leur commandement ou dans la zone qu'ils sont chargés de surveiller et de défendre. Les chefs d'état-major des 16e, 17e et 21e corps seront rendus demain au grand quartier général avant huit heures.

Quelque pénible que soit pour l'armée la position que lui crée cet armistice, alors qu'elle se préparait à de nouveaux efforts, le général en chef compte sur tous pour l'exécution complète et loyale des obligations qu'impose cette mesure. Rien n'est changé aux instructions données hier pour l'exécution des mouvements prescrits en deçà de la ligne des avant-postes.

Le quartier général du 16e corps restera à Laval jusqu'à nouvel ordre. Jusqu'à ce que le général de Colomb ait pu prendre le commandement des troupes sur la rive gauche de la Mayenne, l'amiral Jauréguiberry reste chargé de la défense de cette rive; il donnera en conséquence, et dès ce soir, les ordres et instructions que nécessite la mise à exécution de l'armistice.

Le général en chef,
Signé : CHANZY.

NOTE 7.

Quartier général du Mans, ce 29 janvier 1871, neuf heures, soir.

Monsieur le général,

Le document ci-inclus d'une convention arrêtée le 28 de ce mois à Versailles, sera envoyé aux commandants supérieurs en dehors du grand quartier général des armées allemandes. — Il y est conclu un armistice de trois semaines, qui concerne aussi bien l'armée de Paris que les armées opérant en province.

S. A. R. le prince Frédéric-Charles de Prusse se déclare prêt, pour l'armée qu'il commande en face de l'armée française, à partir du 31 janvier, à midi, ou plus tôt, à se retirer en deçà de la ligne de démarcation indiquée dans l'article 1er, dans le cas où vous, Monsieur le général, lui feriez connaître par écrit votre consentement.

Des documents semblables seront envoyés aux avant-postes de Laval, Durtal, Tours, et du sud d'Orléans.

Le chef d'état-major de la deuxième armée,

Signé : STIEHLE.

Général-major et général à la suite de S. M. le Roi.

A Monsieur le général en chef des troupes françaises
devant la deuxième armée allemande.

CONVENTION.

Entre M. le comte de Bismarck, chancelier de la Confédération germanique, stipulant au nom de Sa Majesté l'empereur d'Allemagne roi de Prusse, et monsieur Jules Favre, ministre des affaires étrangères du Gouvernement de la défense nationale, munis de pouvoirs réguliers, ont été arrêtées les conventions suivantes :

ART. 1er. — Un armistice général sur toute la ligne des opérations militaires en cours d'exécution entre les armées allemandes et les armées françaises commencera pour Paris aujourd'hui même, pour les départements dans un délai de trois jours. La durée de l'armistice sera de vingt et un jours à dater d'aujourd'hui, de manière que, sauf le cas où elle serait renouvelée, l'armistice se terminera partout le 19 février à midi.

Les armées belligérantes conserveront leurs positions respectives, qui seront séparées par une ligne de démarcation. Cette ligne partira de Pont-l'Évêque sur les côtes du département de Calvados, se dirigera sur Lignières, dans le nord-est du département de la Mayenne, en passant entre Briouze et Fromentel ; en touchant au département de la Mayenne à Lignières, elle suivra la limite qui sépare ce département de celui de l'Orne et de la Sarthe, jusqu'au nord de Morannes, et sera continuée de manière à laisser à l'occupation allemande les départements de la Sarthe, de l'Indre-et-Loire, de Loir-et-Cher, du Loiret, de l'Yonne ; — jusqu'au point où à l'est de Quarré-les-Tombes se touchent les départements de la Côte-d'Or, de la Nièvre et de l'Yonne. A partir de ce point le tracé de la ligne sera réservé à une entente qui aura lieu aussitôt que les parties contractantes seront renseignées sur la situation actuelle des opérations militaires en exécution dans les départements de la Côte-d'Or, du Doubs et du Jura. Dans tous les cas elle traversera le territoire composé de ces trois départements, en laissant à l'occupation allemande les départements situés au nord, à l'armée française ceux situés au midi de ce territoire.

Les départements du Nord et du Pas-de-Calais, les forteresses de Givet et de Langres avec le terrain qui les entoure à une distance de dix kilomètres, et la péninsule du Havre jusqu'à une ligne à tirer d'Étretat dans la direction de Saint-Romain, resteront en dehors de l'occupation allemande. Les deux armées belligérantes et leurs avant-postes de part et d'autre se tiendront à une distance de dix kilomètres au moins des lignes tracées pour séparer leurs positions.

Chacune des deux armées se réserve le droit de maintenir son autorité dans le territoire qu'elle occupe et d'employer les moyens que ses commandants jugeront nécessaires pour arriver à ce but.

L'armistice s'applique également aux forces navales des deux pays, en adoptant le méridien de Dunkerque comme ligne de démarcation à l'ouest de laquelle se tiendra la flotte française et à l'est de laquelle se retireront aussitôt qu'ils pourront être avertis les bâtiments de guerre allemands qui se trouvent dans les eaux occidentales. Les captures qui seraient faites après la conclusion et avant la notification de l'armistice seront restituées, de même que les prisonniers qui pourraient être faits de part et d'autre dans des engagements qui auraient lieu dans l'intervalle indiqué. Les opérations militaires sur le terrain des départements du Doubs, du Jura et de la Côte-d'Or, ainsi que le siége de Belfort, se continueront indépendamment de l'armistice jusqu'au moment où on se sera mis d'accord sur la ligne de démarcation, dont le tracé à travers les trois départements mentionnés a été réservé à une entente ultérieure.

Art. 2. — L'armistice ainsi convenu a pour but de permettre au Gouvernement de la défense nationale de convoquer une Assemblée librement élue, qui se prononcera sur la question de savoir si la guerre doit être continuée ou à quelles conditions la paix doit être faite.

L'Assemblée se réunira dans la ville de Bordeaux.

Toutes facilités seront données par les commandants des armées allemandes pour l'élection et la réunion des députés qui la composeront.

Art. 3. — Il sera fait immédiatement remise à l'armée allemande par l'autorité militaire française de tous les forts formant le périmètre de la défense extérieure de Paris, ainsi que de leur matériel de guerre. Les communes et les maisons situées en dehors de ce périmètre ou entre les forts pourront être occupées par les troupes allemandes, jusqu'à une ligne à tracer par des commissaires militaires. Le terrain restant entre cette ligne et l'enceinte fortifiée de la ville de Paris sera interdit aux forces armées des deux parties. La manière de rendre les forts et le tracé de la ligne mentionnée formeront l'objet d'un protocole à annexer à la présente convention.

Art. 4. — Pendant la durée de l'armistice, l'armée allemande n'entrera pas dans la ville de Paris.

Art. 5. — L'enceinte sera désarmée de ses canons, dont les affûts seront transportés dans les forts à désigner par un commissaire de l'armée allemande.

Art. 6. — Les garnisons (armée de ligne, garde mobile et marins) des forts et de Paris seront prisonnières de guerre, sauf une division de 12,000 hommes que l'autorité militaire dans Paris conservera pour le service intérieur.

Les troupes prisonnières de guerre déposeront leurs armes, qui seront réunies dans les lieux désignés, et livrées suivant règlement par commissaires suivant l'usage; ces troupes resteront dans l'intérieur de la ville, dont elles ne pourront pas franchir l'enceinte pendant l'armistice. Les autorités françaises s'engagent à veiller à ce que tout individu appartenant à l'armée et à la garde mobile reste consigné dans l'intérieur de la ville.

Les officiers des troupes prisonnières seront désignés par une liste à remettre aux autorités allemandes.

A l'expiration de l'armistice, tous les militaires appartenant à l'armée consignée dans Paris auront à se constituer prisonniers de guerre de l'armée allemande si la paix n'est pas conclue jusque-là.

Les officiers prisonniers conserveront leurs armes.

Art. 7. — La garde nationale conservera ses armes; elle sera chargée de la garde de Paris et du maintien de l'ordre. Il en sera de même de la gendarmerie et des troupes assimilées, employées à un service municipal, telles que garde républicaine, douaniers et pompiers; la totalité de cette catégorie n'excédera pas 3,500 hommes.

Tous les corps de francs-tireurs seront dissous par une ordonnance du Gouvernement français.

Art. 8. — Aussitôt après la signature des présentes et avant la prise de possession des forts, le commandant en chef des armées allemandes donnera toutes facilités aux commissaires que le gouvernement français enverra tant dans les départements qu'à l'étranger, pour préparer tout le ravitaillement et faire approcher de la ville les marchandises qui y sont destinées.

Art. 9. — Après la remise des forts et après le désarmement de l'enceinte et de la garnison stipulés dans les articles 5 et 6, le ravitaillement de Paris s'opérera librement par la circulation sur les voies ferrées et fluviales.

Les provisions destinées à ce ravitaillement ne pourront être puisées dans les terrains occupés par les troupes allemandes, et le Gouvernement français s'engage à en faire l'acquisition en dehors de la ligne de démarcation qui entoure les positions des armées allemandes, à moins d'autorisation contraire donnée par le commandement de ces dernières.

Art. 10. — Toute personne qui voudra quitter la ville de Paris devra être munie de permis réguliers délivrés par l'autorité militaire française et soumis au visa des avant-postes allemands. Ces permis et visa seront accordés de droit aux candidats à la députation en province et aux députés à l'Assemblée.

La circulation des personnes qui auront obtenu l'autorisation indiquée ne sera admise qu'entre six heures du matin et six heures du soir.

Art. 11. — La ville de Paris payera une contribution municipale de guerre de la somme de 200 millions de francs. Ce payement devra être effectué avant le quinzième jour de l'armistice. Le mode de payement sera déterminé par une commission mixte allemande et française.

Art. 12. — Pendant la durée de l'armistice il ne sera rien distrait des valeurs publiques pouvant servir de gage au recouvrement des contributions de guerre.

Art. 13. — L'importation dans Paris d'armes, de munitions ou de matières servant à leur fabrication, sera interdite pendant la durée de l'armistice.

Art. 14. — Il sera procédé immédiatement à l'échange de tous les prisonniers de guerre qui ont été faits par l'armée française depuis le commencement de la guerre. Dans ce but, les autorités françaises remettront dans le plus bref délai des listes nominatives des prisonniers de guerre allemands aux autorités militaires allemandes à Amiens, au Mans, à Orléans et à Vesoul. La mise en liberté des prisonniers de guerre allemands s'effectuera sur les points les plus rapprochés de la frontière. Les autorités allemandes remettront en échange sur le même point et dans le plus bref délai possible, un nombre pareil de prisonniers de guerre français de grades correspondants aux autorités militaires françaises.

L'échange s'étendra aux prisonniers de condition bourgeoise, tels que les capitaines des navires de la marine marchande allemande et les prisonniers français civils qui ont été internés en Allemagne.

Art. 15. — Un service postal pour des lettres non cachetées sera organisé entre Paris et les départements par l'intermédiaire du quartier général de Versailles.

En foi de quoi les soussignés ont revêtu les présentes conventions de leurs signatures et de leurs sceaux.

Fait à Versailles, le 28 janvier 1871.

(*L. S.*) Bismarck.
(*L. S.*) Favre.

NOTE 8.

M. Robert le Fort, chef d'escadron d'état-major auxiliaire, dont il est question dans les négociations avec le grand-duc de Mecklembourg pour régler la ligne de démarcation entre les deux armées pendant l'armistice, n'était autre que le duc de Chartres.

Le prince se trouvait à l'état-major du général Dargent qui, pas plus que son entourage, ne soupçonnait son véritable nom. Le général n'avait pas assez d'éloges à donner au zèle, à l'activité, au dévouement que le commandant d'état-major apportait dans son service. Sa parfaite connaissance de la langue allemande l'avait fait choisir tout naturellement pour les rapports qu'il s'agissait d'avoir avec les Prussiens.

Toutefois la présence du prince dans l'armée n'était point complétement ignorée, et le bruit courait qu'il y servait sous un nom d'emprunt. Beaucoup d'officiers crurent le reconnaître dans un commandant américain, M. Schoensfsky qui était employé au 21ᵉ corps. Le général en chef n'avait point jugé utile d'approfondir cette question. Bien que froissé des mesures prises au Mans, à son insu, par la délégation de Bordeaux à l'égard du prince de Joinville après la conduite qu'il avait tenue dans cette circonstance, s'il avait su officiellement que le duc de Chartres était dans l'armée, son devoir eût été de faire ce qu'il avait fait pour le prince de Joinville; le même refus du Gouvernement se serait sans doute de nouveau produit, et il n'eût point admis qu'il fût accompagné des mêmes procédés, ne voyant là qu'une question d'honneur militaire et non une question politique.

Il préféra donc ne pas tenir compte des bruits vagues qui circulaient, et quand il proposait pour la croix de la Légion d'honneur M. Robert le Fort, il ignorait que ce fût le prince, et ne récompensait que les excellents services d'un officier des plus méritants et des plus distingués.

Lettre adressée par le chef d'état-major général du 13ᵉ corps allemand au général Dargent.

Quartier général, Rouen, 1ᵉʳ février 1871.

Monsieur le général,

S. A. R. le grand-duc de Mecklembourg-Schwerin, commandant général du 13ᵉ corps d'armée, me charge de vous faire la communication suivante :

Le 28 janvier dernier, une convention pour un armistice a été conclue entre M. Jules Favre, ministre des affaires étrangères du

Gouvernement de la défense nationale, et le chancelier de la Confédération, comte de Bismark. Cet armistice devait entrer en vigueur le 31 janvier à midi.

Une ligne de démarcation entre les deux armées a été tracée, partant de Pont-l'Évêque, sur la côte du Calvados, et se dirigeant sur Lignières au nord-ouest du département de la Mayenne, en passant entre Briouze et Fromental. Chacune des deux armées doit rester à dix kilomètres de cette ligne.

Par conséquent, dans les négociations que S. A. R. le grand-duc a l'honneur de conduire avec vous, Monsieur le général, il s'agit seulement de savoir s'il vous convient de reconnaître cette convention, et de donner l'ordre de la faire exécuter par vos troupes, ou bien si vous la désavouez. Les troupes commandées par S. A. R. le grand-duc n'occupent aucun point en deçà de la ligne tracée.

S'il ne vous convenait pas d'accepter cette convention, par ce seul fait les pleins pouvoirs donnés aux officiers chargés de suivre la présente négociation seraient annulés, et S. A. R. le grand-duc donnerait l'ordre de reprendre les hostilités immédiatement.

Agréez, Monsieur le général, etc.

Signé : Comte WALDERSÉE,
Aide de camp de S. M. l'empereur et roi, chef de l'état-major général du 12ᵉ corps.

Pour copie conforme,

Le général DARCENT.

NOTE 9.

SAUF-CONDUIT.

Laissez passer le porteur de ce sauf-conduit, le général en chef de la deuxième armée française, général Chanzy,

EXCELLENCE,

Accompagné de sa suite, se rendant à Paris, de Laval, en passant par le Mans.

Le chef d'état-major général du 3ᵉ corps d'armée,

Signé : VOIGTS-RHETZ.

Le Mans, le 7 février 1871.

Bon pour retourner au quartier général de la deuxième armée.

Signé : Général TROCHU,
Président du Gouvernement.

A Paris, le 9 février 1871.

N° 9. *Au ministre de la guerre, à Bordeaux.*

10 février 1871.

Je rentre à l'instant de Paris que j'ai quitté à dix heures du matin; le résultat des élections n'y était pas connu; tout y était dans le plus grand calme.

J'ai entretenu le Gouvernement du projet dont traite le rapport que j'ai envoyé le 2 au ministre de la guerre par le général Bourdillon; ce projet a été approuvé en ce qui concerne le mouvement à effectuer pour porter la deuxième armée de l'autre côté de la Loire. Les Prussiens se massent dans l'Indre-et-Loire, ainsi que je l'avais prévu; il n'y a donc plus un moment à perdre, et je fais commencer, dès demain, le mouvement dans les conditions indiquées dans mon rapport. *Signé* : Chanzy.

LIVRE SIXIÈME.

NOTE 1.

Le général en chef de la deuxième armée, sollicité par un grand nombre de ses collègues à l'Assemblée nationale, exposa sa manière de voir dans les bureaux et dans la grande commission chargée d'examiner la situation militaire du pays. Pensant qu'il était peut-être nécessaire d'aller plus loin, et de porter jusqu'à la tribune les appréciations qu'on lui demandait, il consulta M. Grévy. Le président de la Chambre répondit que la parole ne pouvait être accordée sur une question qui n'était point livrée aux débats, et qu'en outre il lui semblait inopportun de la soulever en séance, alors que les négociations allaient s'ouvrir à Versailles. Le général, qui comptait parler, communiqua à plusieurs députés, MM. Bethmont et Margaine, entre autres, le discours suivant, qu'il avait préparé et qu'il est bon de reproduire ici, pour bien établir quelle était alors, véritablement, sa manière de voir :

« Messieurs,

» Beaucoup d'entre vous m'ont demandé de faire connaître mon
» opinion, comme chef d'une des armées qui nous restent, sur la
» grande question pour laquelle nous sommes réunis et que l'on
» semble hésiter à aborder : celle de la paix ou de la guerre.

» Je ne viens pas ici exposer la situation qu'ont faite à la France les
» coups qui la frappent si cruellement depuis quelques mois. Nous la

» connaissons tous, sans cependant, je le crains, l'apprécier de la
» même façon.

» Quant à moi, sans chercher à en dissimuler la gravité, je viens
» l'envisager avec calme, et, je l'affirme, avec une confiance qu'aucun
» de nos désastres n'a pu encore ébranler.

» Je n'apporte pas l'illusion. Il m'a été donné de suivre les événe-
» ments d'assez près pour me permettre d'en apprécier les causes, la
» marche et les conséquences. Mais loin d'en être découragé,
» j'apporte la conviction profonde que notre pays doit et peut se
» relever.

» Il le doit, parce que la France n'entend pas déchoir; il le peut,
» parce que nous ne sommes à bout ni de forces, ni d'énergie, ni de
» patriotisme.

» Si des circonstances encore inexplicables pour nous, inespérées
» pour lui, ont donné momentanément le triomphe à l'ennemi, l'hé-
» roïque résistance de Paris, de Belfort, de la plupart de nos places
» fortes, la rude journée de Fræschwiller, nos succès à Coulmiers, à
» Josnes, à Vendôme, à Pont-de-Noyelles, à Villersexel et dans d'au-
» tres combats moins importants que ces véritables batailles, en sau-
» vant notre honneur national et celui de nos armes, font assez
» comprendre à l'Allemagne que la revanche est possible si, dans son
» orgueil, elle nous force à la vouloir.

» On m'a demandé, à différentes reprises, si je croyais la résistance
» encore possible après la réduction de nos armées. Pour moi, elle est
» non-seulement possible, elle ne peut manquer d'être efficace si le
» pays la veut sérieusement, en acceptant toutes ses obligations et
» toutes ses conséquences.

» Je ne puis, vous le comprendrez, entrer publiquement ici dans le
» détail et dans l'appréciation de nos forces. Elles sont, croyez-le
» bien, encore de nature à nous donner espoir et confiance. Nous
» pouvons conserver la tête haute.

» Devons-nous continuer la lutte? Quand ma pensée se reporte sur
» les scènes de dévastation dont j'ai été si souvent le témoin; quand
» je m'arrête au tableau si navrant que j'avais sous les yeux dans mon
» récent voyage à Paris; quand je songe à cette hécatombe de tant de
» victimes, mon cœur de soldat refoule son indignation pour ne son-
» ger qu'aux maux du pays. Je comprends que la meilleure solution
» soit la paix, mais la paix honorable, la paix qui, malgré les sacri-
» fices nécessaires, laissant la France debout, ne l'atteint ni dans son
» honneur ni dans son intégrité.

» Toute autre paix, croyez-le, et que l'Allemagne ne s'abuse pas,
» ne serait qu'une trêve, qu'un répit. La France ne supporterait pas
» longtemps l'humiliation. Si c'est une paix semblable qu'on nous offre,

» repoussons-la énergiquement. Ne léguons pas à ceux qui nous sui-
» vront tout un avenir de haines à assouvir, de hontes à effacer.
» Que la nation, s'habituant à l'idée de nouveaux et cruels sacrifices,
» s'arme tout entière pour combattre l'invasion. Que la résistance
» s'organise partout pour la défense du sol pied à pied. Que le vide
» se fasse devant l'ennemi. Que tous les gens de cœur prennent un
» fusil. Qu'au lieu de discuter, d'écrire ou de conseiller, tous les
» hommes animés du vrai patriotisme agissent et prennent part à la
» lutte. Il n'est pas besoin d'être soldat pour défendre son pays et son
» honneur.

» Cette guerre du droit le plus sacré contre la force brutale, ne le
» mettez pas en doute, sauvera le pays. L'ivresse causée à l'Alle-
» magne par son succès inespéré se dissipera, si cette fois elle ac-
» quiert la conviction que la nouvelle lutte qu'elle engage est pour
» nous celle du désespoir et de la vengeance; si enfin, cédant à la
» raison, elle arrive à comprendre qu'elle peut compromettre dans
» les chances de nouveaux combats où ses forces finiront par s'épuiser,
» les résultats qu'elle a obtenus et qui doivent la satisfaire.

» Enfin le moment n'arrivera-t-il pas où, sortant du rôle d'indiffé-
» rence ou d'ingratitude dans lequel elles se sont maintenues jusqu'ici,
» les puissances étrangères, menacées à leur tour par les vues ambi-
» tieuses de la Prusse, éprouveront fatalement le besoin de mettre un
» terme à une guerre qui compromet les intérêts de l'Europe, la paix
» du monde entier ?

» Vous aurez à prendre bientôt une résolution. Ne vous laissez in-
» fluencer dans l'accomplissement de ce grand devoir par aucune
» considération politique. Ne vous inspirez que du sentiment vrai-
» ment national, de la situation du pays et de la nécessité d'en sortir
» honorablement; que le Gouvernement reste avant tout celui de la
» défense nationale.

» Plus d'esprit de parti, plus d'aspirations politiques cherchant leur
» satisfaction dans les tristes complications du moment. Que la France
» entière, à ce point de vue, imite l'armée et reste comme elle sur le
» champ de bataille où viennent de succomber, pour la cause sacrée
» de la patrie, les hommes de tous les partis, de toutes les croyances
» et de toutes les opinions. — Songeons au mal que nos dissensions
» ont déjà produit. Rappelons-nous que l'ennemi leur doit en grande
» partie la facilité avec laquelle il a obtenu ses succès. — Ne lui don-
» nons pas, à cet ennemi déjà si fier de son triomphe, la satisfaction
» que lui causerait le spectacle de nos luttes intestines dans ce moment
» suprême où tout bon citoyen ne doit songer qu'au malheur du pays.
» Forçons-le à nous conserver son estime sur le terrain de la politique
» comme nous l'avons forcé à le faire sur le champ de bataille. Don-

» nons enfin à nos mandataires, pour les négociations qui vont s'ouvrir,
» cet appui moral qui leur assurera qu'ils peuvent parler haut et ferme,
» parce que la France, qui désire la paix, est tout entière debout
» derrière eux, unie et prête à continuer la lutte si elle est inévitable.

» Je vous devais ma pensée. Déjà mon devoir avait été de le faire
» connaître à mon armée. Je l'avais résumée, en apprenant l'armis-
» tice, dans un ordre du jour que je vous demande la permission de
» vous lire, parce qu'il exprime, je m'en porte garant, le sentiment
» qui anime les troupes que j'ai l'honneur de commander. » (*Voir
l'ordre du jour du* 31 *janvier,* page 407.)

NOTE 2.

Troupes fournies à l'armée de Versailles chargées de rétablir l'ordre dans Paris, par les divers corps ayant fait partie de la deuxième armée.

Bataillons de chasseurs à pied : 10e, 22e, 23e.

Régiments d'infanterie de marche : 48e, 87e, 51e, 45e, 39e, 31e, 36e, 82e, 85e, 46e, 38e, 41e, 70e, 71e, 26e, 94e, 55e, 58e, 64e, 65e, 37e.

Régiments de cavalerie : 6e lanciers, 3e, 4e et 8e hussards, 11e chasseurs, 4e et 8e dragons, 3e et 4e cuirassiers.

Batteries d'artillerie : 7 batteries de 12, 4 batteries de 7, 3 batteries de mitrailleuses. Total : 14 batteries.

3e, 4e, 5e et 6e bataillons de marins, formant le 2e régiment de marins.

DOCUMENTS DIVERS.

DEUXIÈME ARMÉE DE LA LOIRE.

ÉTAT-MAJOR GÉNÉRAL [1].

NOTE 1.

GÉNÉRAL DE DIVISION CHANZY, COMMANDANT EN CHEF.

AIDES DE CAMP ET OFFICIERS D'ORDONNANCE.

DE BOISDEFFRE, chef d'escadron d'état-major.
MAROIS, chef d'escadron d'état-major.
HENRY, capitaine du génie.
BERNARD, capitaine de cavalerie, commandant un escadron d'éclaireurs.
ROUSSEL, capitaine de cavalerie, ancien lieutenant démissionnaire.
BELBEZE, capitaine de cavalerie.
CHABRILLAT, capitaine d'état-major auxiliaire.
DE PIERREBOURG, sous-lieutenant de cavalerie.

ÉTAT-MAJOR GÉNÉRAL.

VUILLEMOT, général de brigade, chef d'état-major général.
CHAMVOUX, lieutenant-colonel d'état-major (provisoire), sous-chef.
BOIS, chef d'escadron d'état-major.
DE LA GATINERIE, capitaine d'état-major.
DE CHOLET, capitaine de cavalerie, ancien capitaine démissionnaire.
DE VIRIEU, capitaine au 68ᵉ de marche, ancien lieutenant démissionnaire.
LA BAYLE, capitaine de cavalerie.

---

[1] Le général en chef est heureux de donner un témoignage d'estime et de reconnaissance aux officiers qui l'ont aidé dans sa tâche, en affirmant ici leur dévouement de chaque jour. Il doit une mention toute spéciale au général Vuillemot, son chef d'état-major, officier général du plus grand mérite.

Dufresnel, lieutenant (provisoire) d'infanterie.
Daumas, sous-lieutenant de chasseurs d'Afrique.
La Prade, sous-lieutenant de spahis.
Duflos, capitaine d'état-major auxiliaire.
Trézel, lieutenant d'état-major auxiliaire.
Chanu, lieutenant d'état-major auxiliaire.

SERVICES DU GRAND QUARTIER GÉNÉRAL.

Bouché, intendant en chef de la deuxième armée.
De Prez, sous-intendant du quartier général.
Combarieux, médecin principal de 1re classe, médecin en chef de l'armée.
Mora, lieutenant-colonel de gendarmerie, grand prévôt.
L'abbé de Beuvron, aumônier en chef.
De Vézian, ingénieur des ponts et chaussées, attaché au grand quartier général.
Meyer, interprète.
Duhamel, capitaine de cavalerie, commandant l'escorte.
De la Pance, capitaine de cavalerie, commandant l'escorte.
Decret, vétérinaire.
Leclerc, payeur en chef.
D'Harcourt, payeur particulier.
Descranges, directeur du service des postes.
Tamisier, chef de la mission télégraphique.
Pineson du Sel des Monts, sous-chef de la mission.

NOTE 2.

ARTILLERIE.

Composition des états-majors de l'artillerie de la deuxième armée de la Loire.

Le général Robinot-Marcy, commandant l'artillerie de l'armée.
Jullien, capitaine d'artillerie, aide de camp.
Le Serrec de Kervilly, lieutenant-colonel d'artillerie de marine, au titre auxiliaire, chef d'état-major.
Hamelin, chef d'escadron d'artillerie de marine, au titre auxiliaire, adjoint.
De Mieulle, capitaine de la garde nationale mobile, adjoint.
Verneuil, lieutenant de la garde nationale mobile, adjoint.

16e CORPS.

De Noue, colonel, au titre provisoire, commandant l'artillerie du corps.

Keim, chef d'escadron, chef d'état-major.
Cottave, capitaine, adjoint.
Martin, sous-lieutenant, adjoint.
Mayer, sous-lieutenant, adjoint.

17ᵉ corps.

Gresset, colonel, commandant l'artillerie du corps.
Béra, chef d'escadron, chef d'état-major.
Villemur, capitaine d'artillerie, adjoint.
De la Narde, capitaine de la garde nationale mobile, adjoint.

19ᵉ corps.

Schwerer, capitaine de vaisseau, commandant l'artillerie du corps.
Wartelle, chef d'escadron d'artillerie, chef d'état-major.
Schwerer, sous-lieutenant auxiliaire, adjoint.
Virvaire, sous-lieutenant auxiliaire, adjoint.
Jean, sous-lieutenant auxiliaire, adjoint.

21ᵉ corps.

Suter, colonel d'artillerie, commandant l'artillerie du corps.
Portes, lieutenant-colonel, chef d'état-major.
Dubois, lieutenant auxiliaire, adjoint.
Béeseau, sous-lieutenant auxiliaire, adjoint.
Coffey, lieutenant étranger, adjoint.
Noché, sous-lieutenant auxiliaire, adjoint.

CONSOMMATIONS
EN MUNITIONS D'ARTILLERIE DE LA DEUXIÈME ARMÉE DE LA LOIRE.

Nombre de coups tirés.

16ᵉ corps.	22,773
17ᵉ corps.	18,578
21ᵉ corps.	7,297
Total général.	48,648

Les 19ᵉ et 26ᵉ corps n'ont pu être compris faute de renseignements positifs.

ÉNUMÉRATION DES DIVERSES ESPÈCES D'ARMES EMPLOYÉES A LA DEUXIÈME ARMÉE.

1° *Armes françaises.*

Fusil à piston, ancien et nouveau. — Mousqueton d'artillerie.
Fusil m^{le} 1868 (dit à tabatière). — Mousqueton de gendarmerie.

Fusil m^lə 1866 (chassepot).
Carabine m^le 1866.

2° *Armes étrangères.*

Fusil Remington, proprement dit.
Fusil Remington espagnol.
Fusil Remington égyptien.
Fusil Snider.
Carabine Snider.
Fusil Enfield.
Fusil Sharps.
Fusil Springfield.
Carabine Springfield.
Fusil Spencer.
Carabine Spencer.

Le général de brigade commandant l'artillerie
de la deuxième armée de la Loire,

Signé : Marcy.

NOTE 3.

GÉNIE.

Javain, général de brigade, commandant le génie de l'armée.
Lagrenée, colonel, chef d'état-major.

		Officiers.	Hommes.	Chevaux.
A la réserve.	9° comp^ie *bis* du 2° régiment.	4	140	15
16° corps.	18° comp^ie du 1er régiment.	4	140	51
	20° comp^ie du 3° régiment.	3	140	21
17° corps.	3° comp^ie *bis* du 3° régiment.	4	140	14
	4° comp^ie *bis* du 3° régiment.	4	140	20
19° corps.	2° comp^ie *bis* du 3° régiment.	3	140	19
	14° comp^ie *bis* du 3° régiment.	3	140	19
20° corps.	4° comp^ie *bis* du 2° régiment.	4	140	11
	8° comp^ie *bis* du 1er régiment.	3	140	21
	Totaux.	32	1260	191

Non compris les effectifs des parcs.

NOTE 4.

TRAIN DES ÉQUIPAGES MILITAIRES[1].

Biérent, lieutenant-colonel, commandant supérieur.
  120 officiers.
  2,500 hommes.
  3,000 chevaux ou mulets.
  600 voitures.
(Pour les 16e, 17e, 19e, 21e et 26e corps.)

NOTE 5.

TROUPES D'ADMINISTRATION[1].

  Bureaux de l'intendance. . . . . 67 hommes.
  Infirmiers 600
  Ouvriers d'administration. . . . 750

NOTE 6.

COMPOSITION DES CORPS QUI ONT FORMÉ LA DEUXIÈME ARMÉE DE LA LOIRE[2].

17e CORPS D'ARMÉE.

Commandants (successivement).
- Durrieu, général de division.
- De Sonis[3], général de division (provisoire).
- De Colomb, général de division.

Chefs d'état-major général (successivement).
- De Rouvre, général de brigade (n'a pas paru).
- Bouillé, colonel.
- Forgemol, général de brigade provisoire.

Commandant de l'artillerie : Barbary de Langlade, colonel.
Chef d'état-major de l'artillerie : Gresset, lieutenant-colonel.
Commandant du génie : Charrier, colonel.
Chef d'état-major du génie : Noché, lieutenant-colonel.
Intendant : Airolles, Costé, intendants.

---

[1] Il faut ajouter à ces chiffres, qui ne donnent que les hommes appartenant à l'armée régulière, les auxiliaires pris dans la garde mobile (3,000 hommes environ pour le train et les troupes d'administration) et environ 6,000 voitures fournies par le service des transports.

[2] La composition du 16e corps a été donnée au livre Ier.

[3] Quand le général de Sonis a été blessé à Loigny, le 2 décembre, le général de brigade Guépratte, à défaut de généraux de division, a pris le commandement provisoire du 17e corps et l'a conservé jusqu'à l'arrivée du général de Colomb (du 2 au 21 décembre).

Médecin en chef : Folie-Desjardins, médecin principal.
Prévôt : Le Doyen, chef d'escadron.
Payeur : Lejeune.
Aumônier : L'abbé Roudil.

1re DIVISION D'INFANTERIE.

Commandant : de Roquebrune, général de division auxiliaire.
Chef d'état-major : Béraud, colonel ; Linet, chef d'escadron.
Commandant de l'artillerie : Chanel, chef d'escadron.
Commandant le génie : Secoing d'Augis, chef de bataillon.
Sous-intendant : de Brunier, Keller, sous-intendants.
Prévôt : Fournier, capitaine.

1re *Brigade.*

Commandant : Paris, Bevard, généraux de brigade de l'armée auxiliaire.
  41e de marche : N., lieutenant-colonel.
  74e de mobiles (Lot-et-Garonne) : Falcon, lieutenant-colonel.

2e *Brigade.*

Commandant : Faussemagne, colonel.
  11e bataillon de chasseurs à pied : Goetchy, chef de bataillon.
  43e de marche : N.
  72e de mobiles (Cantal, Yonne) : Cournier, lieutenant-colonel.

Artillerie. { 19e batterie du 6e régiment : Fichaux, capitaine.
             19e batterie du 7e régiment : Rouvillois, capitaine.
             19e batterie du 15e régiment : Daudier, capitaine.
Génie. . . 1re section, 3e compagnie *bis* du 1er régiment : Joly, capitaine.

2e DIVISION D'INFANTERIE.

Commandant : Dubois de Jancigny, général de brigade ; Paris, général auxiliaire.
Chef d'état-major : De Mecquenem, chef d'escadron.
Commandant de l'artillerie : Petit-Jean, chef d'escadron.
Commandant du génie : Guillemot, chef de bataillon.
Sous-intendant : Retault, sous-intendant.
Prévôt : Suplice, lieutenant.

1re Brigade.

Commandant : Koch, colonel.
    10e bataillon de chasseurs à pied : Tarrillon, chef de bataillon.
    48e d'infanterie de marche : Bourrel, chef de bataillon.
(Plus tard) 80e de mobiles (Isère), 1er bataillon : de Quinsonas, chef de bataillon.
    64e de marche, 1er bataillon : Jollivet, chef de bataillon.
    Comp. de tirailleurs toulonnais : F. Clair, capitaine.

2e Brigade.

Commandant : Thibouville, lieutenant-colonel.
    51e d'infanterie de marche : Thibouville.
    85e de gardes mobiles (Gers) : Tabern, lieutenant-colonel.

Artillerie.
- 3e batterie du 3e régiment : Crespy, capitaine.
- 4e batterie du 3e régiment : Croux, capitaine.
- 20e batterie du 13e régiment : Chabaury, capitaine.

Génie. . . 2e section de la 3e compagnie *bis* du 1er régiment : Camus, lieutenant.

3e DIVISION D'INFANTERIE.

Commandant : de Flandre, général de brigade ; de Jouffroy, général de division auxiliaire.
Chef d'état-major : Forgemol, colonel ; Burr-Porter [1] ; de Mourlan, chef d'escadron.
Commandant de l'artillerie : Serron, chef d'escadron.
Commandant du génie : Pavillon, chef de bataillon.
Intendant : Thouroude, sous-intendant.
Prévôt : Boucheseiche, sous-lieutenant.

1re Brigade.

Commandant : de Jouffroy d'Abbasse, colonel ; Didier, colonel.
    1er bataillon de chasseurs à pied : Rodde, chef de bataillon.
    45e d'infanterie de marche : Didier, lieutenant-colonel.
    70e de mobiles (Lot) : Feuillade, chef de bataillon.

2e Brigade.

Commandant : Sautereau, colonel.
    46e d'infanterie de marche : Tartrat, lieutenant-colonel.

---

[1] M. Burr-Porter était Américain. Il était venu se mettre au service de la France et a été tué à la bataille de Villorceau, le 8 décembre 1870.

76° de mobiles (Ain, Aude, Isère) : D'ANGEVILLE, lieutenant-colonel.

ARTILLERIE. { 20° batterie du 8° régiment : GRADOZ, capitaine.
20° batterie du 10° régiment : FRESCHARD, capitaine.
21° batterie du 14° régiment : BACQUE, capitaine.

GÉNIE. . . 1re section de la 4° compagnie *bis* du 1er régiment : MARION, capitaine.

DIVISION DE CAVALERIE.

Commandant : DE LONGUERUE, général de division; GUÉPRATTE et D'ESPEUILLES, généraux de brigade.
Chef d'état-major : LE GUERN; MOUTZ, chef d'escadron.
Sous-intendant : PERNOT, DE PONTEVÈS.
Prévôt : GIRVÈS, lieutenant.

1re *Brigade.*

Commandant : DE LANDREVILLE, général de brigade.
6° mixte léger : VASTA, lieutenant-colonel.
4° lanciers de marche : DE ROUOT, lieutenant-colonel.
5° mixte de ligne : N.

2° *Brigade.*

Commandant : GUÉPRATTE, général de brigade; BARBUT, général de brigade provisoire.
4° mixte léger : DE JOYBERT, lieutenant-colonel.
4° cuirassiers de marche : DE TINSEAU, lieutent-colonel.
7° cuirassiers de marche : BERGERON, lieutenant-colonel.

RÉSERVE D'ARTILLERIE.

Commandant : SMET, lieutenant-colonel d'artillerie de marine.
32° batterie d'artillerie de marine : DUPAN, capitaine.
33° batterie d'artillerie de marine : BOURDEAUX, capitaine.
1re batterie *bis* du 2° régiment : DELAISSEZ, capitaine.
2° batterie *bis* du 2° régiment : MARION, capitaine.
15° batterie *bis* du 18° régiment : BÉRA, capitaine.
16° batterie *bis* du 18° régiment : COUTURES, lieutenant.
20° batterie *bis* du 12° régiment : DEBATISSE, capitaine.
22° batterie *bis* du 13° régiment : WOLF, lieutenant.

PARC.

Commandant : RABOT, chef d'escadron.
15° compagnie du 3° régiment du train des équipages militaires.

PARC ET RÉSERVE DU GÉNIE.

2ᵉ section, 4ᵉ compagnie *bis* du 3ᵉ régiment : Sottas, sous lieutenant.

NOTE 7.

19ᵉ CORPS D'ARMÉE.

Commandant : Dargent, général de division.
Chef d'état-major général : Colin, colonel d'état-major.
Commandant de l'artillerie : Schvérer, capitaine de vaisseau.
Chef d'état-major de l'artillerie : Poizat, lieutenant-colonel.
Commandant le génie : Bourgeois, lieutenant-colonel.
Chef d'état-major du génie : Follie, chef de bataillon.
Intendant : Rossignol, sous-intendant militaire de 1ʳᵉ classe.
Prévôt : Azaïs, chef d'escadron de gendarmerie.

1ʳᵉ DIVISION D'INFANTERIE.

Commandant : Bardin, général de brigade (provisoire).
Chef d'état-major : Mangin, lieutenant-colonel d'état-major (auxilʳᵉ).
Commandant de l'artillerie : Faure-Durif, chef d'escadron d'artillerie.
Commandant le génie : Gazel, chef de bataillon.
Sous-intendant : Chodruc de Crazannes, sous-intendant de 3ᵉ classe.
Prévôt : Populus, capitaine de gendarmerie.

1ʳᵉ *Brigade.*

Commandant : Ritter, général de brigade (auxiliaire).
  55ᵉ régiment de marche d'infanterie.
  66ᵉ régiment de marche d'infanterie.
  96ᵉ régiment de gardes mobiles (1 bataillon du Rhône, 1 bataillon de la Charente).

2ᵉ *Brigade.*

Commandant : Luzeux, général de brigade (auxiliaire).
  71ᵉ régiment de marche d'infanterie.
  1ʳᵉ légion de mobilisés de la Gironde.
  2ᵉ légion de mobilisés de la Gironde.
Artillerie. { 2 batteries de 4, 7ᵉ régiment, 25ᵉ batterie.
            { 1 batterie de montagne.
Génie. . . . 1ʳᵉ section de la 14ᵉ compagnie *bis* du 3ᵉ du génie.

2ᵉ DIVISION D'INFANTERIE.

Commandant : Girard, général de division (provisoire).

DOCUMENTS DIVERS. 645

Chef d'état-major : Chrétien, chef d'escadron.
Commandant de l'artillerie : Schubler, chef d'escadron.
Commandant le génie : Monchablon, chef de bataillon.
Sous-intendant : Sérant, sous-intendant militaire de 3ᵉ classe.
Prévôt : Deneure, lieutenant de gendarmerie.

1ʳᵉ *Brigade.*

Commandant : Robert, général de brigade (auxiliaire)[1].
       22ᵉ bataillon de marche de chasseurs à pied.
       64ᵉ régiment de marche d'infanterie.
       1ʳᵉ légion de mobilisés de la Seine-Inférieure.

2ᵉ *Brigade.*

Commandant : de Brême, lieutenant-colonel du 65ᵉ de marche.
       65ᵉ régiment d'infanterie de marche.
       70ᵉ régiment d'infanterie de marche.
       Bataillon de mobiles de la Charente-Inférieure.

Artillerie. { 10ᵉ régiment d'artillerie, 25ᵉ batterie de 4.
             13ᵉ régiment d'artillerie, 25ᵉ batterie de 4.
            1 batterie de montagne.

Génie. . . . 2ᵉ section de la 14ᵉ compagnie *bis* du 3ᵉ du génie.

3ᵉ DIVISION D'INFANTERIE.

Commandant : Saussier, général de brigade.
Chef d'état-major : Le Gonidec, lieutenant-colonel (auxiliaire).
Commandant de l'artillerie : Wartell, chef d'escadron.
Commandant le génie : Schwaab, capitaine.
Sous-intendant : Dauvergne, sous-intendant.
Prévôt : N.

1ʳᵉ *Brigade.*

Commandant : Roy, général de brigade (auxiliaire).
   10,000 hommes répartis dans le département de l'Eure.

2ᵉ *Brigade.*

Commandant : N.
   8,000 hommes répartis dans le département du Calvados.
       12ᵉ régiment de chasseurs.

Artillerie. { 4 canons Amstrong.
             2 canons de 12.
             8 canons de montagne.
             1 batterie de 4.

Génie. . . . 2ᵉ section de la 2ᵉ compagnie *bis* du 3ᵉ du génie.

DIVISION DE CAVALERIE.

Commandant : ABDELAL, général de division.
Chef d'état-major : HEILMANN, chef d'escadron.
Sous-intendant : DE PERUSSIS, sous-intendant.
Prévôt : CHEVRY, lieutenant de gendarmerie.

1re Brigade.

Commandant : KERHUÉ, colonel du 3e hussards.
    3e régiment de hussards.
    4e régiment de marche de hussards.

2e Brigade.

Commandant : DE VOUGUES DE CHANTECLAIR, général de brigade (provisoire).
    8e régiment de marche de dragons.
    9e régiment de marche de cuirassiers.

RÉSERVE D'ARTILLERIE.

Commandant : GEILLE, lieutenant-colonel.
    3 batteries de 12.
    1 batterie à cheval de 4.
    2 batteries à balles.

PARC.

Commandant : FAURE, capitaine d'artillerie.
    Train d'artillerie pour réserves divisionnaires et parc.

RÉSERVE DU GÉNIE.

1re section de la 2e compagnie *bis* du 3e régiment du génie.

TROUPES D'ADMINISTRATION.

8e compagnie du 1er régiment du train des équipages militaires.

NOTE 8.

21e CORPS D'ARMÉE.

Général commandant : JAURÈS, général de division.

Aides de camp et officiers d'ordonnance.	RIVALS, lieutenant de vaisseau. DE MAISTRE, capit. d'état-major auxilre. LESTRADE, lieutenant de vaisseau. ANDRADE, ingénieur du génie maritime.

État-major général.
- Loysel, général de brigade, chef d'état-major général.
- Magnan, lieutenant-colonel, sous-chef.
- Linet, capitaine d'état-major.
- de Pellieux, capitaine d'état-major.
- d'Aigneaux, chef d'escadron d'état-major (auxiliaire).
- d'Houtetot, chef d'escadron d'état-major.
- de la Guéronnière, capitaine d'état-major.
- Valframbert, chef de bataillon de garde mobile (hors cadre).
- Froger des Chesnes, capitaine de cavalerie.
- Vincent, capitaine de cavalerie.

Commandant de l'artillerie : Suter, colonel.
Chef d'état-major de l'artillerie : Portes, lieutenant-colonel.
Commandant du génie : d'Endeville, colonel.
Chef d'état-major : d'Ormont, lieutenant-colonel, puis Besnier, chef de bataillon.

Génie civil.
- Delaunay, ingénieur en chef.
- le Bail, ingénieur ordinaire.
- Lendé, ingénieur ordinaire.

Intendant : Lachevardière de la Granville, intendant militaire.
Médecin en chef : Lecomte, médecin principal de 1re classe.
Grand prévôt : Perrotin, lieutenant-colonel.
Commandant l'escorte : de Montholon, capitaine au 5e hussards.
Trésorier : de Courcy, payeur en chef.
Postes : Boudet, commis principal.
Interprète : Demeurer.

1re DIVISION D'INFANTERIE.

Commandant : Rousseau, général de brigade (provisoire).

Chef d'état-major.
- Du May, chef de bataillon de garde mobile.
- Faliès, capitaine de garde mobile.
- Dugué, lieutenant de garde mobile.
- de Kergorlay, sous-lieutenant.

Commandant l'artillerie : N.
Commandant le génie : Pierre, chef de bataillon.
Intendant : de Planaz, sous-intendant.
Prévôt : Allemand, capitaine.

1re Brigade.

Commandant : Roux, lieutenant-colonel du 58e de marche.

58e d'infanterie de marche : Roux, lieutenant-colonel.

13ᵉ bataillon de chasseurs à pied : Lombard, chef de bataillon.

1ᵉʳ bataillon de la garde mobile des Deux-Sèvres Chirac, chef de bataillon.

1ᵉʳ bataillon de la garde mobile de la Loire-Inférieure : Heriveau, chef de bataillon.

1ᵉʳ bataillon de mobilisés de la Sarthe : commandant Lamblin.

2ᵉ Brigade.

Commandant : de Villars, lieutenant-colonel de cavalerie.

26ᵉ d'infanterie de marche (3 compagnies) : Barafort, capitaine.

94ᵉ d'infanterie de marche (3 compagnies) : N.

1 bataillon mobiles de la Corrèze : N.

2 bataillons mobiles du 90ᵉ (Sarthe et Corrèze) : de Feugeas, lieutenant-colonel.

49ᵉ de marche (2 compagnies) : N.

1 bataillon des mobilisés de la Sarthe (commandant Vollioume).

Artillerie. { 25ᵉ batterie de marine. 25ᵉ batterie *bis* de marine. 2 pièces de 12 de Maine-et-Loire. } Commandant Chauvet.

Génie. . . . 1 section de la 4ᵉ compagnie *bis* du 2ᵉ régiment.

Francs-tireurs. { Volontaires de la Dordogne : Legros, commandant. Phalange niçoise. Éclaireurs de la Sarthe. Éclaireurs à cheval.

2ᵉ DIVISION D'INFANTERIE.

Commandant : Collin, général de brigade auxiliaire.
Chef d'état-major : de la Batut, capitaine d'état-major.
Commandant l'artillerie : N.
Commandant le génie : Debons, chef de bataillon.
Intendant : Boissonnet, sous-intendant.
Prévôt : Lalois, capitaine.

1ʳᵉ Brigade.

Commandant : de la Marlière, lieutenant-colonel.

10ᵉ bataillon d'infanterie de marine : Herbillon, commandant.

63ᵉ de gardes mobiles (Eure-et-Loir) : de la Marlière, lieutenant-colonel.

6ᵉ bataillon de mobiles d'Ille-et-Vilaine : Sisson, chef de bataillon.

4ᵉ bataillon de mobiles d'Eure-et-Loir : Castillon, chef de bataillon.

56ᵉ de marche : de la Vieleuse, lieutᵗ-colonel auxiliaire.

Une compagnie de marche de mobiles de l'Yonne : de Truchis, capitaine.

2ᵉ Brigade.

Commandant : des Moutis, lieutenant-colonel ᵐ.

49ᵉ de mobiles : des Moutis, lieutenant-colonel.

94ᵉ de ligne (2 compagnies).

59ᵉ de marche : Barilles, lieutenant-colonel.

41ᵉ de ligne (1 bataillon) : Lévy, capitaine.

9ᵉ bataillon d'infanterie de marine : Campy, capitaine.

Artillerie.
{ *Commandant* : de Vaucuyon, chef d'escadron de la garde mobile d'Ille-et-Vilaine.
22ᵉ batterie du 7ᵉ régiment : Gibault, capitaine.
25ᵉ batterie de la marine : Fournier, capitaine.
2 pièces de 12 de Maine-et-Loire. }

Génie. . . . 1ʳᵉ section de la 8ᵉ compagnie *bis* du 1ᵉʳ régiment.

Francs-tireurs.
{ Francs-tireurs du Gard.
Guerrilla de la Seine.
Éclaireurs de Mamers.
Francs-tireurs de la Sarthe et d'Argentan. }

3ᵉ DIVISION D'INFANTERIE.

Commandant : de Villeneuve, général de brigade.
Chef d'état-major : Champflour, capitaine d'état-major.
Commandant l'artillerie : N.
Commandant le génie : Bénier, chef de bataillon.
Intendant : Baratier, sous-intendant.
Prévôt : Mignote, capitaine.

1ʳᵉ Brigade.

Commandant : Stéphanie, lieutenant-colonel de gendarmerie.

78ᵉ de mobiles (Vendée, Gironde, Lot-et-Garonne) : de Lautrec, lieutenant-colonel.

4ᵉ bataillon du Calvados : Fournès, lieutenant-colonel.

4ᵉ bataillon du Finistère : Rigullan, chef de bataillon.

Bataillon de la Loire-Inférieure : de Condo, chef de bataillon.

15ᵉ de mobiles du Calvados : DE LA BARTHE, lieutenant-colonel.

6ᵉ bataillon de fusiliers marins : MICHAUT, capitaine de frégate.

2ᵉ Brigade.

Commandant : DU TEMPLE (capitaine de frégate), général auxiliaire.

30ᵉ de mobiles (Manche) : LE MOINE DES MARES, lieutenant-colonel.

1ᵉʳ, 4ᵉ, 5ᵉ bataillons : GRAINVILLE, chef de bataillon.

2ᵉ et 3ᵉ bataillons de la Manche : TOCQUEVILLE et PEYRONN, chefs de bataillon.

Bataillon du Gard : FROMENT, chef de bataillon.

Bataillon des Côtes-du-Nord : RADINAC, chef de bataillon.

3ᵉ bataillon de fusiliers marins : PICOT, lieutenant de vaisseau.

ARTILLERIE.
- *Commandant :* DE MAGALLON, chef d'escadron.
- 21ᵉ batterie du 10ᵉ régiment.
- 21ᵉ batterie du 12ᵉ régiment.
- 2 pièces de 12 de Maine-et-Loire.

GÉNIE. . . . 4ᵉ compagnie *bis* du 2ᵉ régiment : LAURIER, capitaine.

FRANCS-TIREURS.
- Francs-tireurs d'Eure-et-Loir.
- Francs-tireurs des Alpes-Maritimes.
- Éclaireurs de la Ferté-Macé.

4ᵉ DIVISION D'INFANTERIE (CORPS DE BRETAGNE).

Commandant : GOUJARD (capitaine de frégate), général auxiliaire.

1ʳᵉ Brigade.

3ᵉ bataillon des mobilisés de la Loire-Inférieure.

1 bataillon du 62ᵉ de ligne.

1 bataillon du 97ᵉ de ligne.

1 bataillon des mobilisés d'Ille-et-Vilaine.

1 détachement des 25ᵉ et 86ᵉ de ligne.

2ᵉ Brigade.

1 bataillon du 19ᵉ de ligne.

2 bataillons des mobiles de la Mayenne.

1 détachement de la légion étrangère.

1 bataillon des mobilisés du Morbihan.

1 bataillon des mobiles de la Loire-Inférieure.

Détachés à Saint-Georges du Plain.

Bataillons de Brest, du Morbihan, de Quimper, de Saint-Brieuc, de la Loire-Inférieure, de la Vendée, de Lannion.

ARTILLERIE.
- 1 batterie de 12.
- 14 pièces de montagne.
- 5 mitrailleuses américaines.

GÉNIE AUXILIAIRE : 400 hommes.
CAVALERIE ET PRÉVÔTÉ : 140 cavaliers.

DIVISION DE CAVALERIE.

Commandant : GUILLON, général de brigade provisoire.

    8ᵉ hussards : LACOMBE, colonel.
    1ᵉʳ hussards de marche : DE BONNE, lieutenant-colonel.
    3ᵉ mixte de cavalerie légère : DE BONIE, lieutenant-colonel.
    8ᵉ cuirassiers de marche : HUMBLOT, lieutenᵗ-colonel.
    6ᵉ dragons de marche : DUTILLET DE VILLARS, lieutenant-colonel.
    8ᵉ mixte de cavalerie légère : PALANQUE, lieutenant-colonel.

RESERVE DU CORPS D'ARMÉE.

Brigade Collet.

Bataillon de mobiles des Deux-Sèvres.
Bataillon de mobiles du Gard.
9ᵉ bataillon d'infanterie de marine.
4ᵉ bataillon de fusiliers marins (commandé successivement par M. Collet et M. Lot, lieutᵗ de vaisseau.

Réserve.

Commandant : EFFANTIN, major du 6ᵉ dragons.

INFANTERIE.
- 8ᵉ compagnie *bis* du 1ᵉʳ du génie : BERNARD, capitaine.
- 5ᵉ bataillon de fusiliers marins : SARTAT, capitaine.
- Volontaires de l'Ouest : DE COPESSEN, capitaine.

CAVALERIE.
- 2 escadrons de gendarmerie de marche : SEIGLE, chef d'escadron.
- 2 escadrons du 6ᵉ dragons : DE JESSÉ, chef d'escadron.
- 1 escadron du 5ᵉ hussards : DE MONTHOLON, capitaine.
- 2 escadrons de hussards : DE CONIAC et DE CHATILLON, capitaines.

ARTILLERIE.
- 2 batteries de 12 d'Ille-et-Vilaine : Cocheret-Lemery, capitaine.
- 20ᵉ batterie du 6ᵉ régiment (mitrailleuses) : Bègue, capitaine.
- Batterie à pied de Maine-et-Loire : Léger, capitaine.

NOTE

26ᵉ CORPS D'ARMÉE.

Général commandant : Billot, général de division (provisoire).
Chef d'état-major : Goury, colonel du génie.
Commandant de l'artillerie : d'Articuelongue, colonel.
Chef d'état-major de l'artillerie : Pion, lieutenant-colonel.
Commandant du génie : Dormont, lieutenant-colonel.
Chef d'état-major du génie : Girardin, chef de bataillon.
Intendant : Millon, *intendant militaire.*
Grand prévôt : N.

1ʳᵉ DIVISION D'INFANTERIE.

Général commandant : d'Aries, général de division (provisoire).
Chef d'état-major : d'Ollonne, lieutenant-colonel d'état-major à titre auxiliaire.
Commandant de l'artillerie : Wilmet, chef d'escadron.
Commandant du génie : Barisien, chef de bataillon.
Intendant : Guillemin, intendant militaire.
Prévôt : N.

1ʳᵉ *Brigade.*

Commandant : Hue de la Colombe, général de brigade (auxiliaire).
- 80ᵉ régiment d'infanterie de marche.
- Une légion de mobilisés des Basses-Pyrénées.
- 27ᵉ bataillon de marche de chasseurs à pied.

2ᵉ *Brigade.*

Commandant : Delatouche, colonel d'infanterie de marine.
- 81ᵉ régiment de marche d'infanterie.
- Une légion de mobilisés des Basses-Pyrénées.

ARTILLERIE.
- Une batterie de 4, 14ᵉ régiment, 28ᵉ batterie.
- Une batterie de 4, 13ᵉ régiment, 27ᵉ batterie.
- Une batterie à balles des mobiles de la Charente.

GÉNIE. . . . Une section de la 2ᵉ compagnie *bis* du 1ᵉʳ régiment.

DOCUMENTS DIVERS. 653

2ᵉ DIVISION D'INFANTERIE.

Général commandant : FORMY-BLANCHETÉE, général de brigade.
Chef d'état-major : DE COSMI, chef d'escadron.
Commandant de l'artillerie : GARDOT, chef d'escadron.
Commandant le génie : GILLES, chef de bataillon.
Intendant : D'AMADE, sous-intendant.
Prévôt : N.

1ʳᵉ Brigade.

Commandant : VILLAIN, lieutenant-colonel d'infanterie.
  82ᵉ régiment de marche d'infanterie.
  Une légion de mobilisés du Gers.
  28ᵉ bataillon de marche de chasseurs à pied.

2ᵉ Brigade.

Commandant : PERRIN, colonel (auxiliaire).
  85ᵉ régiment de marche d'infanterie.
  Une légion de mobilisés du Gers.

ARTILLERIE. { Une batterie de 4, 7ᵉ régiment, 27ᵉ batterie.
    Une batterie de 4, 15ᵉ régiment, 26ᵉ batterie.
    Une batterie à balles des mobiles de la Vendée.

GÉNIE. . . . 2ᵉ section de la 2ᵉ compagnie du 1ᵉʳ régiment.

3ᵉ DIVISION D'INFANTERIE.

Général commandant : DE BOUILLÉ, général de brigade.
Chef d'état-major : GALLY-PASSEBOSC, lieutenant-colonel d'infan-
    terie de marine.
Commandant de l'artillerie : LEDAS, chef d'escadron.
Commandant du génie : TESSIER, chef de bataillon.
Intendant : VIROUX, sous-intendant.
Prévôt : N.

1ʳᵉ Brigade.

Commandant : N.
  86ᵉ régiment de marche d'infanterie.
  Une légion de mobilisés d'Indre-et-Loire.
  29ᵉ bataillon de marche de chasseurs à pied.

2ᵉ Brigade.

Commandant : N.
  87ᵉ régiment de marche d'infanterie.
  Une légion de mobilisés d'Indre-et-Loire.

Artillerie. { Une batterie de 4, 14ᵉ régiment, 29ᵉ batterie.
{ Une batterie de 4, 13ᵉ régiment, 28ᵉ batterie.
{ Une batterie à balles, 2ᵉ régiment, 28ᵉ batterie.

Génie. . . . 1ʳᵉ section de la 3ᵉ compagnie du 3ᵉ régiment.

DIVISION DE CAVALERIE.

Général commandant : Boerio, général de brigade.
Chef d'état-major : Vincent, chef d'escadron.
Intendant : Durand de Grossouvre, sous-intendant militaire.
Prévôt : N.

1ʳᵉ Brigade.

Commandant : Létuvé, général de brigade (provisoire).
    10ᵉ régiment de marche de cuirassiers.
    11ᵉ régiment de marche de cuirassiers.

2ᵉ Brigade.

Commandant : Pollard, général de brigade (provisoire).
    10ᵉ régiment de marche de dragons.
    6ᵉ régiment de marche de lanciers.

RÉSERVE D'ARTILLERIE.

Commandant : Avril, lieutenant-colonel.
    9ᵉ régiment, 27ᵉ batterie, batterie de 7.
    12ᵉ régiment, 27ᵉ batterie, batterie de 7.
    18ᵉ régiment, 21ᵉ batterie, batterie de 7.
    18ᵉ régiment, 22ᵉ batterie, batterie à balles.

PARC.

Commandant : Olive, chef d'escadron.
    Train d'artillerie pour parc et réserve divisionnaire.

RÉSERVE DU GÉNIE.

Commandant : N.
    2ᵉ section de la 3ᵉ compagnie *bis* du 3ᵉ régiment du génie.

NOTE 10.

RENSEIGNEMENTS RECUEILLIS SUR LES PERTES ÉPROUVÉES PAR QUELQUES RÉGIMENTS DE LA GARDE MOBILE [1].

8ᵉ mobiles (Charente-Inférieure) : DE VAST-VIMEUX, lieutenant-colonel.

Officiers tués.

PARIS, chef de bataillon, mort des suites de blessures reçues à Villechaumont.
BLAY, capitaine, tué à Chahaignes.

Officiers blessés.

DANTON, capitaine, à la tête.
BISEUIL, lieutenant, à la cuisse.
DUSAULT, capitaine, à la jambe.
CHAUDREAU, lieutenant, contusionné.
ROY DE LOULAY, lieutenant, contusionné.

Sous-officiers et soldats.

580 hommes tués ou blessés.

66ᵉ mobiles (Mayenne) : BRUNET DE LA CHARIE, lieutenant-colonel.

Officiers tués.

SALMON, capitaine, à Loigny.
MARCHAIS, sous-lieutenant, à Saint-Jean-de-Lorouer.

Officiers blessés.

DUBOURG, capitaine, à Loigny.
CARTIER, capitaine, à Loigny.
POLLET, lieutenant, à Loigny.
VELAY, lieutenant, à Loigny.
PÉCHER, lieutenant, à Loigny.
COURTE DE LA GOUPILLIÈRE, sous-lieutenant, à Loigny.
BAGLION, sous-lieutenant, à Loigny.
RABEAU-LAUMAILLÉ, lieutenant, le 4 décembre.
CAMILLE HUNEAU, sous-lieutenant, le 4 décembre.

---

[1] Ces renseignements ont été fournis, dans les premiers jours de juillet 1871, par les lieutenants-colonels qui commandaient ces régiments. Le travail complet pour les pertes subies dans tous les autres corps de la deuxième armée n'a pu encore se faire au ministère de la guerre.

DE QUATREBARBES, capitaine, le 31 décembre.
DEROUART, sous-lieutenant, le 6 janvier 1871.
JARRET DE LA MAIRIE, sous-lieutenant, le 10 janvier.
JOUSSELIN, sous-lieutenant, le 14 janvier.

Sous-officiers et soldats.

Nombre considérable, mais inconnu.

33ᵉ mobiles (Sarthe) : DE LA TOUANNE, lieutenant-colonel.

Officiers tués.

DE LAMENDIE, sous-lieutenant, le 9 novembre, à Coulmiers.
DE LUYNES, capitaine, le 2 décembre, à Loigny.

Officiers blessés.

DE MONTESSON, chef de bataillon, le 9 novembre, à Coulmiers.
DE JUIGNÉ, capitaine,   *id.*
ROBERT, lieutenant,   *id.*
BOULART, sous-lieutenant,   *id.*
DE BATTINE, sous-lieutenant,   *id.*
DE CHEVREUSE, sous-lieutenant,   *id.*
DE BASTARD,   *id.*
ROUSSEAU,   *id.*
POCHÉ,   *id.*
DENEAU,   *id.*
DE LA TOUANNE, lieutenant-colonel, le 2 décembre, à Loigny.
POCHÉ, contusionné.
VÉTILLART, capitaine, le 7 décembre.
DE CHAVAGNAC, sous-lieutenant, *id.*
DE MONTERNIER (Georges), sous-lieutenant, *id.*
POCHÉ et ROUSSEAU, lieutenants, le 8 décembre.
JOLY et LEMEUNIER, lieutenants, 15 janvier.

Sous-officiers et soldats.

1,100 tués, blessés ou contusionnés, sur 2,700 hommes au début de la campagne[u].

22ᵉ mobiles (Dordogne) : DE CHADOIS, colonel.

Officiers tués.

DESVIGNES, capitaine, le 2 décembre, à Loigny.
DU SAULX, lieutenant, le 2 décembre, à Loigny.
DU SOULAS, sous-lieutenant, le 2 décembre, à Loigny.

DESMAISONS, sous-lieutenant, le 2 décembre, à Loigny.
DUPUIS, capitaine, le 11 janvier, au Mans.
DE LANGLADE, sous-lieutenant, le 11 janvier, au Mans.

Officiers blessés.

DE CHADOIS, lieutenant-colonel, 9 novembre, à Coulmiers.
DURRIEU, capitaine, 9 novembre, à Coulmiers.
VISCONTI, capitaine, 2 décembre, à Loigny.
PENSANNE, capitaine, 2 décembre, à Loigny.
DUPUIS, capitaine, 2 décembre, à Loigny.
DE BEAUROYRE, capitaine, 2 décembre, à Loigny.
DU POUGET, capitaine, 2 décembre, à Loigny.
DE BELLEVILLE, lieutenant, 2 décembre, à Loigny.
DE BOYS, capitaine, 2 décembre, à Loigny.
LAGRANGE, capitaine, 2 décembre, à Loigny.
SCHNEIDER, capitaine, 2 décembre, à Loigny.
VISCONTI, capitaine, 15 janvier, à Saint-Jean-sur-Erve.
DU POUGET, capitaine, 15 janvier, à Saint-Jean-sur-Erve.
LÉTARD, capitaine, 15 janvier, à Saint-Jean-sur-Erve.
DE BOUILHAC, sous-lieutenant, 15 janvier, à Saint-Jean-sur-Erve

Sous-officiers et soldats.

Tués, 135. — Blessés, 480.

N. B. Le régiment de la Dordogne fut cité à l'ordre de l'armée, par la délégation de Tours, pour sa belle conduite à la bataille de Coulmiers.

74e mobiles (Lot-et-Garonne et Sarthe) : FALCON, lieutenant-colonel

Officiers tués.

DE MAILLY-CHALONS, chef de bataillon, à Loigny.
D'ARCY, lieutenant, à Loigny.
CASTAING, lieutenant, à Josnes.
MARCHAND, lieutenant, au Mans.

Officiers blessés.

DE SAINT-PREUVE, capitaine, 2 décembre, à Loigny.
DUPÉRIÉ, lieutenant, à Loigny et à Josnes.
FALCON, lieutenant-colonel, à Josnes.
DE SAINT-EXUPÉRY, lieutenant, à Josnes.
DE COMBARIEU, capitaine, au Mans.

DELAUNAY, lieutenant, au Mans.
DE SISCALAS, lieutenant, au Mans.

Sous-officiers et soldats.

114 tués, 397 blessés, 215 disparus.

27° mobiles (Isère) : VIAL, lieutenant-colonel.

Officier tué.

JULHIET (Casimir), sous-lieutenant, 18 janvier, à Saint-Mélaine.

Officiers blessés.

BRUN (Antoine), capitaine, 7 décembre, à Josnes.
CRAPONNE DE VILLARD, lieutenant, 7 décembre, à Josnes.
PEYRON (Félix), 10 décembre, à Josnes.
FONTENAY (Max-Melchior), sous-lieutenant, 7 décembre, à Josnes.
COINDRE (Joseph), sous-lieutenant, 8 décembre, à Josnes.
MAGNIN (Charles), capitaine, 8 décembre, à Josnes.
BOUVARD (Barthélemy), lieutenant, 8 décembre, à Josnes.
MONIN (Pierre), lieutenant, 8 décembre, à Josnes.
GUIGNES (Pierre), lieutenant, 8 décembre, à Josnes.
DAVID (Léon), sous-lieutenant, 8 décembre, à Josnes.
ROUTAUD (Raoul), chef de bataillon, à Josnes.
KLÉBER (Gaston), lieutenant, 27 octobre.
DE SÉRÉZIN (Paul), sous-lieutenant, 27 octobre.
COINDRE, sous-lieutenant, 7 janvier 1871.
FRACHON (Charles-Félix), chef de bataillon.
Le lieutenant-colonel VIAL a eu deux chevaux tués sous lui.

Sous-officiers et soldats.

800 tués ou atteints par le feu de l'ennemi.

71° mobiles (Haute-Vienne) : PINELLI, colonel.

Officiers tués.

BARDINET, capitaine, 2 décembre, à Loigny.
DESCRANGES, sous-lieutenant, 2 décembre, à Loigny.
DESHAYES, capitaine, 9 décembre, à Chambord.

Officiers blessés.

CHABROL, chef de bataillon, à Chambord.
TUNIS, capitaine, 2 décembre, à Loigny.
LOUPIAS, capitaine, 2 décembre, à Loigny.

Henri, capitaine, 2 décembre, à Loigny.
De Bruchard, capitaine, à Loigny (deux blessures).
Constant, lieutenant, 2 décembre, à Loigny.
Chevalier du Fau, lieutenant, 2 décembre, à Loigny.
Mazabreau, sous-lieutenant, 2 décembre, à Loigny.
Pinelli, lieutenant-colonel, 9 décembre, à Chambord.
De Bruchard, capitaine, 9 décembre, à Chambord (trois blessures).

Sous-officiers et soldats.

Tués, officiellement constatés.	55	
Blessés, recueillis après le combat.	96	641
Disparus, non rentrés, morts peut-être.	383	
Morts à l'hôpital à la suite de blessures.	107	

75ᵉ mobiles (Loir-et-Cher) : de Montlaur, lieutenant-colonel.

Officiers tués.

Morin, capitaine, 1ᵉʳ décembre 1870.
Schneider, capitaine, 2 décembre.
D'Espinay Saint-Luc, capitaine, 4 décembre.
De Meckenheim (Odon), capitaine, 10 janvier 1871.
Dubois, sous-lieutenant, 15 décembre 1870.
Quentin, sous-lieutenant, 2 décembre.
Delagrange, sous-lieutenant, 2 décembre.

Officiers blessés.

De Montlaur, lieutenant-colonel, 2 décembre 1870.
Clauzel, chef de bataillon, 2 décembre.
De Terras, chef de bataillon, 2 décembre.
De Maricourt, capitaine, 2 décembre.
Lébert, capitaine, 2 décembre.
De Fourcault, capitaine, 2 décembre.
De Thiville, capitaine, 2 décembre.
Jallot, capitaine, 2 décembre.
De Beaucorps (Robert), capitaine, 11 décembre.
De Gallard, capitaine, 11 décembre.
De Beaucorps (Geoffroy), lieutenant, 2 décembre.
De Flers, lieutenant, 2 décembre.
De Meckenheim, lieutenant, 2 décembre.
De la Paumelière, lieutenant, 10 décembre.
Chauvin, lieutenant, 2 décembre.
Pille, lieutenant, 4 décembre.

Deville, lieutenant, 2 décembre.
Richon, lieutenant, 2 décembre.
De Saint-Venant (R.), lieutenant, 2 décembre.
De Saint-Venant (J.), sous-lieutenant, 2 décembre.
De Brisault, sous-lieutenant, 2 décembre.
Buineau, sous-lieutenant, 10 janvier 1871.
Marut de l'Ombre, lieutenant, 1er décembre 1870.
Breton (Paul), lieutenant, 9 janvier 1871.
Allain-Targé, lieutenant, 2 décembre.
De Trédern (Christian), lieutenant, 2 décembre.

Officiers prisonniers.

Deroussen, capitaine, 2 décembre.
Anthoine, sous-lieutenant, 2 décembre.
Bataille, sous-lieutenant, 2 décembre.
Besnard, sous-lieutenant, 2 décembre.

Résumé.

Le 75e de mobiles avait, au commencement de la campagne, un effectif de 3,140 hommes présents dans les rangs (plus, 370 dans les dépôts). Ses pertes ont été de :
- 7 officiers tués;
- 30 officiers blessés;
- 352 sous-officiers et soldats tués;
- 873 sous-officiers et soldats blessés.

85e mobiles (Gers) : Taberne, lieutenant-colonel.

Officiers tués.

De la Vayssière, capitaine, mort à Laval, le 30 janvier, des suites de ses blessures.
Darré (Eugène), capitaine, le 11 janvier.
Castaing, lieutenant, le 11 janvier.
Duffour, lieutenant, mort à Châteaudun.

Officiers blessés.

Taberne (Ernest), lieutenant-colonel, le 11 janvier.
Solerène, capitaine, le 11 janvier.
Perrin, capitaine, le 11 janvier.
De Carsalade du Pont, lieutenant, le 11 janvier.
Labadie, lieutenant, le 11 janvier.
Dubarry, lieutenant, aux environs de la Flèche.

Sous-officiers et soldats.

Tués ou morts des suites de blessures. . . . 105
Blessés. 221

70e mobiles (Lot) : DELGAL, lieutenant-colonel.

Officiers tués.

FOUILHADE, chef de bataillon, à Aurigny, le 10 décembre 1870.

DE TULLE, capitaine, blessé à Ley-sous-Cravant, 8 décembre 1870, mort des suites de sa blessure.

AYOT, capitaine, blessé à Ourcelles, le 10 décembre 1870, mort des suites de ses blessures.

JEHER, capitaine, blessé à Aurigny, 10 décembre 1870, mort des suites de ses blessures.

DÉCAT, capitaine, fait prisonnier à Parigné, 10 janvier 1871, tué dans une rencontre de trains lorsqu'il allait en captivité.

BOUYGUES, lieutenant, blessé à Aurigny, le 10 décembre 1870, mort des suites de ses blessures.

GUYOT, lieutenant, blessé à Aurigny, 10 décembre 1870, mort des suites de ses blessures.

LINOL, lieutenant, à Parigné, le 10 janvier 1871.

DE BEAUREGARD, lieutenant, à Parigné, le 10 janvier 1871.

Officiers blessés.

VIGOUROUX, lieutenant-colonel, à Ley-sous-Cravant, 8 décembre 1870.

GUIRAUDIE-CAPDEVILLE, chef de bataillon, à Parigné-l'Évêque, le 10 janvier 1871.

LALLEMAND, capitaine, à Ley-sous-Cravant, 8 décembre 1870.

CAMPEROS, capitaine, à Gué-du-Loir, 6 janvier 1871.

DE CARDAILLAC, capitaine, à Gué-du-Loir, 6 janvier 1871.

LAFON, capitaine, à Gué-du-Loir, 6 janvier 1871.

MALADEN, capitaine, à Parigné-l'Évêque, 10 janvier 1871.

MOUSSIÉ, capitaine, à Ourcelles, le 10 décembre 1870.

BRUE, capitaine, à Parigné, le 10 janvier 1871.

MAURY, capitaine, à Ley-sous-Cravant, 8 décembre 1870.

HOUGIÉ, lieutenant, à Aurigny, le 10 décembre 1870.

BOUYGUES, sous-lieutenant, à Aurigny, le 10 décembre 1870.

FOUILHADE, sous-lieutenant, à Aurigny, le 10 décembre 1870.

72e mobiles, 3e bataillon.

Officiers tués.

JOSSON DE BILHEM, commandant le 3e bataillon, le 11 janvier 1871.

DESLIEU, capitaine, blessé le 12, mort des suites de ses blessures.

Bècue, sous-lieutenant, le 11 janvier 1871.
Driat, sous-lieutenant, le 12 janvier 1871.

Officiers blessés.

Sirmain, capitaine, le 12 janvier 1871.
Dufour, lieutenant, le 12 janvier 1871.

Sous-officiers et soldats.

Environ 200 tués et blessés.

Dans les journées du 10 et du 11 janvier, à Champagné et à Auvours, les pertes des trois premiers bataillons des mobilisés de la Loire-Inférieure s'élevèrent à environ :

Officiers.

Tués, 3; blessés, 2.

Troupes.

Tués, 26; blessés, 45; disparus, 137.

Circulaire ministérielle pour le licenciement des gardes mobiles. Mars 1871.

« Gardes mobiles de Paris et des départements,

» Après six mois d'une campagne laborieuse, où vos courages ont
» été à la hauteur de tous les sacrifices qui vous étaient imposés, vous
» allez rentrer dans vos familles justement fières de vous. Vous y
» porterez la consolation que donne le sentiment d'un devoir no-
» blement accompli. La fortune a trahi vos efforts, mais vous avez
» sauvé l'honneur de notre patrie; et un jour viendra, pas trop éloigné,
» j'espère, où il nous sera donné de lui rendre, à force d'énergie et
» de dévouement, toute sa grandeur passée.

» Soyez-en sûrs, rien, ni personne, ne saurait arrêter longtemps les
» destinées providentielles de notre nation.

» Courage donc, patience et patriotisme !

» Le ministre de la guerre,
» Général Le Flô. »

NOTE 11.

Tableau donnant les effectifs des forces en arrière de la Mayenne, à la date du 8 février, d'après les revues passées dans chaque corps par l'intendance.

	Officiers.	Hommes.	Chevaux.
États-majors.	231	1,889	897
Infanterie de ligne. .	1,124	44,170	1,207
Troupes de marine. .	96	3,308	43
Garde mobile	1,443	62,163	410
Mobilisés	658	79,845	68
Corps francs.	247	5,115	79
Cavalerie	632	9,313	9,030
Artillerie.	229	12,639	11,476
Génie.	60	2,425	229
Gendarmerie.	68	1,727	817
Services divers. . . .	164	4,767	2,541
Totaux. . . .	4,952	227,361	26,797

Sur lesquels la partie de l'armée passant sur la rive gauche de la Loire comptait pour : 128,733 hommes, 20,048 chevaux et 54 batteries.

Le reste devait défendre la Bretagne, sous le commandement du général de Colomb.

Artillerie.

L'artillerie de ces forces se composait de :

 5 batteries de 12.
 4 batteries de 8.
 4 batteries de 7.
 29 batteries de 4.
 7 batteries de 4 de montagne.
 10 batteries de mitrailleuses.
 15 batteries de calibres non définis.

Total. . 74 batteries, 430 bouches à feu.

FIN.

NOTES ET ADDITIONS

Page 71, ligne 26, *a*. Le 38ᵉ de ligne montra dans cette attaque une grande bravoure, et subit des pertes considérables.

P. 76, l. 32, *b*. Le général avait en outre avec lui une partie de la 2ᵉ division du 17ᵉ corps.

P. 125, l. 34, *c*. Les francs-tireurs de l'Ain occupèrent également le village de Messas, et s'y défendirent vigoureusement.

P. 141, l. 29, *d*. Le 70ᵉ mobiles (du Lot) prit part à cette affaire et s'y distingua.

P. 290, ligne 15, *e*. Le lieutenant-colonel Feugeas, grièvement blessé dans ce combat en portant en avant le 1ᵉʳ bataillon de la Corrèze, remit alors le commandement au commandant Safflet (5ᵉ bataillon des mobiles de la Sarthe).

P. 300, l. 30, *f*. Le 70ᵉ mobiles (du Lot) mérita les éloges du général de Jouffroy, pour sa conduite dans cette journée.

P. 312, l. 29, *g*. Voir la note *k*, ci-dessous.

P. 320, l. 29, *h*. Il convient toutefois de dire, à la décharge des mobilisés bretons, qu'arrivant du camp de Conlie, leur organisation laissait beaucoup à désirer, et que leur armement était fort défectueux.

P. 362, l. 10, *i*. Le colonel Tardy, commandant supérieur des mobilisés de l'Orne, prit aussi une grande part au combat d'Alençon, à la tête de ses troupes.

APPENDICES.

P. 480, l. 20, *j*. La division hessoise engagée à Montlivault n'eut affaire qu'au 1ᵉʳ bataillon du 36ᵉ de marche, fort de 1,100 hommes (commandant Senault), qui dans la journée du 9 reprit le village de Montlivault, s'y maintint, et ne battit en retraite que le lendemain, sur l'ordre du général Peytavin, après avoir eu 100 hommes hors de combat et infligé à l'ennemi des pertes sérieuses.

P. 513, *jj*.   NOTE 24 du livre III.

Lors du recul du bataillon du 51ᵉ de ligne, le village de Cernay ne fut pas repris par l'ennemi. Le 10ᵉ bataillon de chasseurs à pied, qu'on avait eu le temps d'y faire entrer, ne trouva l'ennemi qu'à l'extrémité, le repoussa et garda le village.

P. 612, *k*.   NOTE 43 du livre IV.

Par suite d'une erreur de copie dans le rapport primitif, quelques inexactitudes se sont glissées dans l'exposé des mouvements de la 1ʳᵉ brigade de la 2ᵉ division du 21ᵉ corps, pendant la journée du 11 janvier.

Cette brigade n'a fait dans la journée qu'un seul mouvement : elle a quitté le plateau de Cohernières, qu'elle occupait depuis l'avant-veille, pour venir, en traversant la vallée de Puiseaux, garnir les hauteurs de Loresse, et ne s'est repliée à la nuit sur la deuxième ligne de défense que sur l'ordre du général de division, après avoir vigoureusement combattu, supporté plus de trois heures le feu de l'artillerie, subi des pertes cruelles, et devant des forces supérieures.

P. 645, l. 7, *l*. M. Robert n'ayant pas paru, la 1ʳᵉ brigade fut commandée par M. Laperrine, colonel de la 1ʳᵉ légion des mobilisés.

P. 649, l. 9, *m*. Le lieutenant-colonel des Moutis a été, dans cette campagne, blessé d'une balle à l'épaule droite, et a eu un cheval tué sous lui.

P. 656, l. 31, *n*. — N. B. Le régiment de la Sarthe fut cité à l'ordre de l'armée par la délégation de Tours, pour sa belle conduite à la bataille de Coulmiers.